U0488293

中国社会史

吕思勉 ◎著

应急管理出版社
·北京·

图书在版编目（CIP）数据

中国社会史/吕思勉著. -- 北京：应急管理出版社，2022
 ISBN 978-7-5020-9551-2

Ⅰ.①中… Ⅱ.①吕… Ⅲ.①社会发展史—中国 Ⅳ.①K20

中国版本图书馆CIP数据核字（2022）第191185号

中国社会史

著　　者	吕思勉
责任编辑	王　坤
封面设计	胡椒书衣
出版发行	应急管理出版社（北京市朝阳区芍药居35号　100029）
电　　话	010-84657898（总编室）　010-84657880（读者服务部）
网　　址	www.cciph.com.cn
印　　刷	三河市中晟雅豪印务有限公司
经　　销	全国新华书店
开　　本	710mm×1000mm $^1/_{16}$　印张　43$^1/_4$　字数　555千字
版　　次	2022年11月第1版　2022年11月第1次印刷
社内编号	20220999　　　　　定价　118.00元

版权所有　违者必究

本书如有缺页、倒页、脱页等质量问题，本社负责调换，电话：010-84657880

目　录

第一章　农工商业 /1

第二章　财　产 /47

第三章　钱　币 /87

　　　附录一　二十五史札记·论金银之用 /115

　　　附录二　二十五史札记·续论金银之用 /122

第四章　饮　食 /127

第五章　衣　服 /151

第六章　宫　室 /201

第七章　婚　姻 /235

第八章　宗　族 /269

第九章　阶　级 /301

第十章　国　体 /335

第十一章　政　体 /359
　　　　　附录一　三皇五帝考 /388
　　　　　附录二　广疑古篇 /393

第十二章　户　籍 /403
　　　　　附录　论中国户口册籍之法 /425

第十三章　赋　役 /429

第十四章　征　榷 /473

第十五章　官　制 /527

第十六章　选　举 /567

第十七章　兵　制 /611

第十八章　刑　法 /643

第一章

农工商业

人民之生业,必始自渔猎,进于畜牧,乃渐及于农耕。盖好逸恶劳人之天性,而畜牧种植之利,皆在日后,非演进太浅之民所知也。

寒地之民好肉食,热地之民则多食草木之实。我国古者盖兼此两者而有之。《礼记·礼运》曰:"昔者先王,未有火化,食草木之实、鸟兽之肉,饮其血,茹其毛。未有麻丝,衣其羽皮。"《王制》曰:"东方曰夷,被发文身,有不火食者矣。南方曰蛮,雕题交趾,有不火食者矣。"此盖皆食草木之实。又曰:"西方曰戎,被发衣皮,有不粒食者矣。北方曰狄,衣羽毛穴居,有不粒食者矣。"此盖皆食鸟兽之肉。中国未进化之时,地偏于东南者,其俗盖与夷蛮同;偏于西北者,其俗盖与戎狄同也。然我族之进化独早。

《古史考》曰:"太古之初,人吮露精,食草木实,穴居野处。山居则食鸟兽,衣其羽皮,饮血茹毛,近水则食鱼鳖螺蛤。未有火化,腥臊多害肠胃。于是有圣人以火德王,造作钻燧出火,教人熟食,铸金作刃,民人大说,号曰燧人。"(据《绎史》卷一引。)《白虎通》曰:"燧人钻木取火,教民熟食,养人利性,避臭去毒。"《含文嘉》曰:"燧人钻木取火，炮生为熟，令人无复腹疾。"此并足征燧人为游猎之世首出庶物之主。伏羲之号，盖谓其能驯伏羲牲。亦曰庖羲，则谓其取牺牲以充庖厨也。伏羲盖游牧之世首出庶物之主也。燧人、伏羲、神农并称三皇，（详见本书第十一章附录《三皇五帝考》）俨然代表生计进化之三时代焉。其年代不可确考。姑以通行之说计之，夏四百年，商六百年，周八百年，三代合千八百年，五帝在其前，约计二百年，三皇距周末当在二千年左右也。神农事迹明见《易·系辞传》曰："庖牺氏没，神农氏作，斫木为耜，揉木为耒，耒耨之利，以教天下。"此确为教民稼穑之君。我国数千年来以农立国之基，肇于此矣。

　　黄帝、颛顼、帝喾之时，人民生计如何，古书难可确考。然《系辞传》云："神农氏没，黄帝、尧、舜氏作，通其变，使民不倦，神而化之，使民宜之。"则下文所述九事，盖皆指黄帝、尧、舜时言之也。其九事，曰"黄帝、尧、舜垂衣裳而天下治"。（《系辞传·正义》："以前衣皮，其制短小；今衣丝麻布帛，所作衣裳，其制长大，故云垂衣裳也。"）惟农业盛，故蚕织与之并兴也。曰"刳木为舟，剡木为楫"。曰"服牛乘马，引重致远"。曰"重门击柝，以待暴客"。惟农业盛，故盖藏多须谋守御，而数石之重，中人弗胜，非如畜产可驱而行，故陆运有待于马牛，水运必资于舟楫也。曰"断木为杵，掘地为臼"。其与农事相资，尤不俟论。曰"弦木为弧，剡木为矢"。戎器皆资于木，亦耕稼之世，民斩伐树艺，故能然也。曰"上古穴居野处，后世圣人易之以宫室，上栋下宇，以待风雨"。曰"古之葬者，厚衣之以薪，葬之中野，不封不树，丧期无数，后世圣人易之以棺椁"。惟去猎牧，事耕农，不得不去岩穴而居平土，故所以蔽风雨者必资栋宇；亦惟种树既盛，材木日繁，故宫室棺椁咸有所取资也。曰"上古结绳而治，后世圣人易之以书契。百官以治，万民以察"。书契者，《九家易》曰："百官以书治职，万民以契明共事。"郑云："书之于木，刻其侧为契，各持其一，后以相考合。"盖《周官》质剂之论。农业盛，故通工易事，随之而盛也。以情事度之，黄帝以降，稼事之日兴，无可疑矣。（少昊究为帝王与否难定，其时代则必在黄帝、颛顼之间。《左》昭十七年述其官有"九扈为九农正"，可见五帝之初，农业之盛也。）而尧、舜之尽力于民，事尤有明征。《孟子》述洪水之祸曰："草木畅茂，禽兽繁殖；五谷不登，禽兽逼人。"（《孟子·滕文公上》。）此容以后世之情形推度古事，然《尧典》详载尧命羲和四子"历象日月星辰，敬授民时"。授时为古代农政要端。又《禹贡》于兖州言"桑土既蚕，是降丘宅土"，与《孟子》言"民无所定，下者为巢，上者为营窟"，及治水功成，"然后人得平土而居之"合。（《孟子·滕文公下》。）居于平土，固耕稼之民所急也。即谓此等皆不可尽信，而《生民》一诗，实周人自颂其始祖之辞，后稷教民稼穑，必非后人所附会明矣。然则当时之洪水，以正当农业既盛之时，故觉其为祸之烈也。

唐虞以后，农业之盛，可以《书》之《无逸》为征。是篇首言"君子所其无逸，先知稼穑之艰难，乃逸，则知小人之依"。下文历举殷之贤君中宗、高宗、祖甲以至周之太王、王季、文王，盖皆重农之主也。（其称高宗之辞曰："旧劳于外，爰暨小人。"称祖甲之辞曰："旧为小人，作其即位，爰知小人之依，能保惠于庶民，不敢侮鳏寡。"称文王之辞曰："卑服，即康功田功。"皆可为其重农之证。）《史记·周本纪》曰："后稷之兴，在陶唐、虞、夏之际，皆有令德。（此后稷指弃以后相继居稷官者，非一人。）后稷卒，（此后稷为不窋之父，最后居稷官者也。）子不窋立。不窋末年，夏后氏政衰，去稷不务，不窋以失其官而奔戎狄之间。不窋卒，子鞠立。鞠卒，子公刘立。公刘虽在戎狄之间，复修后稷之业，务耕种，行地宜，自漆、沮渡渭，取材用，行者有资，居者有畜积，民赖其庆。百姓怀之，多徙而保归焉。周道之兴自此始，故诗人歌乐思其德。公刘卒，子庆节立，国于豳。庆节卒，子皇仆立。皇仆卒，子差弗立。差弗卒，子毁隃立。毁隃卒，子公非立。公非卒，子高圉立。高圉卒，子亚圉立。亚圉卒，子公叔祖类立。公叔祖类卒，子古公亶父立。古公亶父复修后稷、公刘之业,积德行义,国人皆戴之。薰育戎狄攻之,欲得财物,予之。已复攻,欲得地与民。民皆怒,欲战。古公曰:'有民立君,将以利之。今戎狄所为攻战,以吾地与民。民之在我,与其在彼,何异。民欲以我故战,杀人父子而君之,予不忍为。'乃与私属遂去豳,度漆、沮,逾梁山,止于岐下。豳人举国扶老携弱,尽复归古公于岐下。及他旁国闻古公仁,亦多归之。于是古公乃贬戎狄之俗,而营筑城郭室屋,而邑别居之。作五官有司。民皆歌乐之,颂其德。"周之先世,盖皆以能修农业而兴者也。读《公刘》《绵》《七月》诸诗,而其世德可见矣。

《禹贡》一篇,或谓非夏时史官作,盖诚然。然无以证其非追述禹时事。后史追述禹事,诚不敢必其可信,亦无以必其不可信也。古人考证,诚不如后人之精,然风气质朴,伪造之事亦必少。如今人疑古之说,几于古书十八九皆出作伪,实予所不敢从也。《禹贡》述九州之田,雍州居最,而周人实以农业兴,即其可信之一证矣。何休称《周官》为六国阴谋之书,其所述盖皆东周后事。合二书所载九州土田及农牧所宜,可见古代农业之一斑矣。列表如后。

《禹贡》			《周官》		
州名	土田	田	州名	畜	穀
冀州	白壤	中中	冀州	牛、羊	黍、稷
			幽州	四扰(马、牛、羊、豕)	三种(黍、稷、稻)
			并州	五扰(马、牛、羊、犬、豕)	五种(黍、稷、菽、麦、稻)
兖州	黑坟	中下	兖州	六扰(马、牛、羊、鸡、犬、豕)	四种(黍、稷、稻、麦)
青州	白坟	上下	青州	鸡、狗	稻、麦
徐州	赤埴坟	上中			
扬州	涂泥	下下	扬州	鸟、兽	稻
荆州	涂泥	下中	荆州	鸟、兽	稻

续表

《禹贡》			《周官》		
豫州	壤坟垆	中上	豫州	六扰	五种
梁州	青黎	下上			
雍州	黄壤	上上	雍州	牛、马	黍、稷

三代之世，我国既已重农，而田猎畜牧之事，遂退居其次。其时非不田猎，然特以祭祀宾客所须，习惯相沿，不能不有取于此。（《王制》："天子诸侯无事，则岁三田，一为干豆，二为宾客，三为充君之庖。"桓四年，《公羊》《谷梁》皆同。）又其所重者在讲武，意不在于得禽也。（《左氏》隐公五年："春，公将如棠观鱼者。臧僖伯谏曰：'凡物不足以讲大事，其材不足以备器用，则君不举焉。君将纳民于轨物者也。故讲事以度轨量谓之轨，取材以章物采谓之物，不轨不物谓之乱政。乱政亟行，所以败也。故春蒐夏苗，秋狝冬狩，皆于农隙以讲事也。三年而治兵，入而振旅，归而饮至，以数军实，昭文章，明贵贱，辨等列，顺少长，习威仪也。鸟兽之肉不登于俎，皮革齿牙，骨角毛羽，不登于器，则公不射，古之制也。若夫山林川泽之实，器用之资，皂隶之事，官司之守，非君所及也。'"可见古代田猎，意最重于讲武。）"从兽无厌"，"弃田以为苑囿"，并为人君之大戒，而田猎之意，亦以为农除害。（《月令》：孟夏，"驱兽，毋害五谷，毋大田猎。"《公羊》桓四年何注曰："已有三牲，必田狩者，孝子之意，以为己之所养，不如天地自然之牲逸豫肥美。禽兽多则伤五谷，因习兵事，又不空设，故因以捕禽兽，所以共承宗庙，示不忘武备，又因以为田除害。"述田猎之意最备。）畜牧之事，特行之远郊之地，任之薮泽之民。（《周官》太宰以九职任万民，"四曰薮牧，养蕃鸟兽"，载师"以牧田任远郊之地"。）农耕与田猎畜牧之重轻，昭然可见矣。至于渔则仅足以供口实，不足以肄武事，而古人于口实之中，亦不以此为贵。（古以鱼为贱者少者之食。《王制》曰："诸侯无故不杀牛，大夫无故不杀羊，士无故不杀犬豕。"

此以牛羊犬豕为贵者之食也。《孟子》言："鸡豚狗彘之畜，无失其时。""七十者可以食肉。"此以鸡豚狗彘为老者之食也。又言"数罟不入洿池，鱼鳖不可胜食"，与"不违农时，谷不可胜食"并举，此则少年之食也。《无羊》之诗曰："牧人乃梦，众维鱼矣。""大人占之，众维鱼矣，实维丰年。"笺云："鱼者，庶人之所以养也。今人众相与捕鱼，则是岁熟相供养之祥也。"此以鱼为贱者之食也。）故尤视为鄙事，为人君所弗亲。

斯时可供猎牧之地，盖已不多，故所以管理之者甚严。（文王之囿，方七十里，民犹以为小，固由其与民同之，亦由其时土尚广，民尚希尔。战国之齐，鸡鸣狗吠相闻，达于四境。而宣王之囿，方四十里，杀麋鹿如杀人之禁，民亦将以为大矣。）"国君春田不围泽，大夫不掩群，士不取麛卵。"（《礼记·曲礼》。）"子钓而不纲，弋不射宿。"（《论语·述而》。）虽曰仁不尽物，亦无暴天物之意也。（《公羊》桓四年，"春曰苗，秋曰蒐，冬曰狩"。注："不以夏田者，春秋制也，以为飞鸟未去于巢，走兽未离于穴，恐伤害于幼稚，故于苑囿中取之。"案，《左》《谷》《周官》《尔雅》皆四时，已无古制也。《左氏》春蒐、夏苗、秋狝、冬狩，见上。《周官》《尔雅》皆同。《谷梁》曰："春曰田，夏曰苗，秋曰蒐，冬曰狩。"）渔猎畜牧之事，一切设官管理，虽所以导民，亦珍惜其物之意也。（《周官》管理田猎者为迹人，管理捕鱼之事者为川衡、泽虞。《月令》：仲春，"毋竭川泽，毋漉陂池，毋焚山林"。季春："田猎罝罘，罗网，毕翳，餧兽之药，毋出九门"。仲冬："山林薮泽，有能取蔬食田猎禽兽者，野虞教道之。其有相侵夺者，罪之不赦"。）"国君无故不杀牛，大夫无故不杀羊，士无故不杀犬豕。""七十者可以食肉。"庶人少壮之食，止于鱼鳖，仍设"数罟不入洿池"之禁，可见口食之艰矣。此田猎畜牧所由进为农耕耶。

田猎畜牧所得有为国用所资者，则设官掌之，或征赋于其地之民，如《月令》所记水虞渔师之事，（季夏，"命渔师伐蛟，取鼍，登龟，取鼋"。孟冬，"乃命水虞渔师，收水泉池泽之赋"。季冬，"命渔师始渔"。）及逐月之牧政。（孟春，"命祀山林川泽，牺牲毋用牝"。季春，"乃合累牛腾马游牝于牧，牺牲驹犊，举书其数"。仲夏，"则絷腾驹，班马政"。）《周官》所设兽人、（掌罟田兽。）䱷人、（掌以时䱷为梁。梁，水偃也。偃水两畔，中央通水为关孔，以簿承其关孔，鱼过者以簿承取之。）鳖人、（掌取互物。互物，龟鳖之属。）牧人、（掌牧六牲。六牲谓牛、马、羊、豕、犬、鸡。）牛人、（掌养国之公牛。）充人、（掌系祭祀之牲牷。）迹人、（掌邦田之地政，为之厉禁而守之，凡田猎者受令焉。）角人、（掌征齿角骨物于山泽之农。）羽人、（掌征羽翮于山泽之农。）掌蜃、（掌敛互物蜃物。蜃，大蛤。）囿人、（掌囿游之兽禁。）鸡人、（掌共鸡牲。）羊人、（掌羊牲。）服不氏、（掌养猛兽。）射鸟氏、（掌射鸟。）罗氏、（掌罗乌鸟。）掌畜、（掌养鸟。）校人、（掌王马之政。）趣马、（趣养马者。）巫马、（掌养治疾。）牧师、（掌牧地。）廋人、（掌十有二闲之政。）圉人、（掌养马。）犬人、（掌犬牲。）冥氏、（掌攻猛兽。）穴氏、（掌攻蛰兽。）硩蔟氏、（掌覆夭鸟之巢。夭鸟，恶鸣之鸟，若鸮鵩。）庭氏（掌射国中之夭鸟。）诸职是也。其中以马政为特重，盖为戎事所须。民间所养有六畜，而马牛亦特重，为县师所简阅，亦以其有关戎事，兼利交通，非若鸡豚狗彘，徒厌口腹之欲也。《曲礼》曰："问庶人之富，数畜以对。"《管子·八观》曰："六畜有征，闭货之门也。"《乘马数》曰："若岁凶旱水泆，民失本，则修宫室台榭，以前无狗后无彘者为庸。"知耕农之世，畜养虽非正业，亦有关于贫富矣。

东迁以还，农业弥重。《管子·治国》曰："昔者七十九代之君，法制不一，号令不同，然俱王天下者何也？必国富而粟多也。凡为国之急者，必先禁末作文巧。末作文巧禁，则民无所游食。民无所游食，则必农。民事农，则田垦。田垦，则粟多。粟多，则国富。国富者兵强，兵强者战胜，战胜者地广。是以先王知众民、强兵、广地、富国之必生于粟也，故禁末作，止奇巧，而利农事。"又曰："农事胜则入粟多，入粟多则国富，国富则安乡重家，安乡重家则虽变俗易习，驱众移民，至于杀之,而民不恶也。此务粟之功也。上不利农则粟少,粟少则人贫,人贫则轻家,轻家则易去,易去则上令不能必行,上令不能必行,则禁不能必止,禁不能必止,则战不必胜,守不必固矣。夫令不必行,禁不必止,战不必胜,守不必固,命之曰寄生之君。"法家重农之旨,尽此数语,两言蔽之,于国求其富强,于民求其治理而已。九流之中,切于治国者,莫若儒法。儒家以天下为旨,非如法家之徒求富强,然其言治,亦曰先富后教,曰"有恒产而后有恒心",以人人有士君子之行为究极。其所求与法家异,其所以致之者则与法家同也。秦汉而后,宇内一统,无事求富强以胜敌,然民农则朴,朴则易治,农为本业,工商为末业,及先富后教,有恒产而后有恒心等义,迄未尝变。故汉代法律最尊农夫,薄赋轻徭,惟恐不及,孝弟力田,置有常员。后世虽不能然,然法律政事之重农,则二千年来未尝改也。虽或有其名而无实,然其意则固于此矣。

然秦汉而后,重农之意虽笃,而农政实日以荒,此则封建与统一之世,政治不同为之也。举其大者,盖有两端。

一曰教民稼穑之意不复存。隆古之世,贤者与民并耕而食,饔飧而治,斯时之君,固与人民相去极近。其后省耕省敛,"曾孙来止,以其妇子,馌彼南亩,田畯至喜,攘其左右,尝其旨否",其相去犹不甚远。(《诗·小雅·甫田》笺云:"曾孙谓成王也。攘,读当为饟。馌、饟,馈也。田畯,司啬,今之啬夫也。喜,读为饎。饎,酒食也。成王来止,谓出观农事也。亲与后、世子行,使知稼穑之艰难也。为农人之在南亩者,设馈以劝之。司啬至,则又加之以酒食,饟其左右从行者。成王亲为尝其馈之美否,示亲之也。")而有司之巡行,田官之教道,尤为纤悉备至。(《月令》:孟春,"王命布农事,命田舍东郊,皆修封疆,审端经术。善相丘陵、阪险、原隰,土地所宜,五谷所殖,以教道民,必躬亲之"。田即田畯。《噫嘻》郑笺所谓"三十里者一部,一吏主之"者也。《公羊》宣十五年何注:"在田曰庐,在邑曰里,一里八十户,八家共一巷。选其耆老有高德者,名曰父老,其有辩护伉健者为里正。民春夏出田,秋冬入保城郭。

田作之时，春，父老及里正旦开门坐塾上，晏出后时者不得出，暮不持樵者不得入。"此盖所谓田畯，则大夫也。《曲礼》曰："地广大，荒而不治，此亦士之辱也。"《管子·权修》曰："土地博大，野不可以无吏。"古之大夫勤于民事如此。又《月令》：孟夏，"命野虞出行田原，为天子劳农劝民，毋或失时。命司徒巡行县鄙，命农勉作，毋休于都"。仲秋，"乃劝种麦，毋或失时"，"乃命有司，趣民收敛，务畜菜，多积聚"。季冬，"令告民出五种，命农计耦耕事，修耒耜，具田器"。则神农之事，时烦庙堂之廑虑，又不仅部分之吏矣。）后世则县令等于国君，名为亲民，实为高拱。三老啬夫之职既废，与民接近者，莫非蠢愚之徒，知识无异乡农，经验或且不逮。士不以农为学，有履田畴而不辨菽麦者，间有一二从事讲求，亦徒立说著书，而不能播其学于氓庶。凡事合才智者以讲求，则蒸蒸日上，听其自然迁流，未有不日益衰蔽者也。我国朝野上下，于农事莫或措意如此，农业安得而不窳敝也。

　　一则土地变为私有，寸寸割裂。农人既无知识，又无大土地，不克规划全局，事之关系一乡数乡、千亩万亩者，遂莫或克举，而人人自谋其私利，或且至于彼此相害焉。而农田之丰歉，遂一听诸不可知之天时。（民国八年，农商部统计，全国不及十亩之农户居百之四十，不及三十亩者百之二十七，不及五十亩者百之十六，不及百亩者百之十八，有百亩以上者仅百之五耳。地产均平，固是美事，然于使用机器，作豫防水旱等大工程，殊不便也。）且如水利于农田，至切之事也。古者沟洫之制详矣，后世悉颓废，间有贤牧令能讲求陂塘井泉之利者，实千百不得一，而人民贪田，退滩废堰，见小利而昧远图，则或利其开科以攘安集之功，或慑于占据者之强顽而莫敢过问，比比也。官吏如此，地方人士又莫能自谋其公益，水利安得不日坏乎？夫水利特其一端耳，他事类此者何限，一切应兴应革之事，莫或主持而听其自然迁流，此又农业之所由日敝也。（沟洫之事，论者率以为难行，其实不然。今引清陈斌之言以明之。陈氏之言曰："沟洫者，万世之利也。后世虑其弃地之多，而实无多也。一井之步约百有八十丈，其为沟者八尺而已。

一成之步约万有八千丈，其为洫与涂者九，积十有四丈四尺而已。通计所弃之地，二百分之一而弱也。今更新为之，必有虑其事之难成者，则更非甚难之事也。斌观甽田之法，一尺之畎，二尺之遂，即耕而即成者也。今苏湖之田，九月种麦，必为田轮，两轮中间，深广二尺，其平阔之乡，万轮鳞接，整齐均一，弥月悉成，古之遂径，岂有异乎？设计其五年而为沟洫，则合八家之力，而先治一横沟田首，步之为百八十丈者，家出三人，就地筑土，二日而毕矣。明年以八十家之力治洫，广深三沟，其长十之，料工计日，三日而半，七日而毕矣。及明年，以八百家之力为浍，广深三洫，其长百沟，料工计日，一旬而半，三旬而毕矣。即以三旬之功，分责三岁，其成必矣。及功之俱成，民甽田以为利，一岁之中，家修其遂，众治其沟洫，官督民而浚其浍，有小水旱可以无饥，十分之饥，可救其五，故曰万世之利也。"按《旧唐书·姜师度传》，谓其"好沟洫，所在必发众穿凿，虽时有不利，而成功亦多"。《册府元龟》载开元八年褒美师度之诏，谓"顷职大农，首开沟洫，今原田弥望，畎浍联属，繇来榛棘之所，遍为秔稻之所"，则固有行之而成者矣。程含章与所属牧令书曰："水为粒食之原，百姓宁不知自谋，而顾令之不从，何哉？望利之心，不敌其虑害之心也。一陂之开，必合数十百家之人为之，且必请勘于官而后决之。众心不同，可虑也；众论不协，可虑也；众论不齐，可虑也。官司之守候，书役之需索，夫马之供顿，在在可虑也。陂水之利，杳不知其何乡，而切身之忧，纷然莫解，此其虑之在于始者也。工作方兴，人怀观望，乡邻有诟谇之声，银钱有垫支之累，陂头甫筑而挠之者来矣，沟洫所经而挠之者又来矣，伐人一木一石而挠之者又来矣，让之则功不可成，争之则讼端立起，万一半途而废，则虚縻之工料，众不与偿，跋前踬后，转悔此举为多事，此其虑之在于继者也。陂幸告成，水汨汨来矣，近者以其水过己前也则争，远者以其水难到田也则又争，强者恃力则又争，富者恃财则又争，争之不已，必继以斗，或伤或死，产业破亡。且新筑之工，多不坚实，大雨之后，冲决必多，怨谤纷腾，呼众莫应，前累未清，后累踵至，首事之心力既倦，二三年后废为丘墟，而前功尽弃矣。此其虑之在于终者也。"观程氏之言，则水利之不修，仍是人谋之不臧耳。

其他兴利除弊之事,皆此类矣。沟洫之制,见于《周官·遂人》及《考工记·匠人》。《遂人》云:"夫间有遂,遂上有径。十夫有沟,沟上有畛。百夫有洫,洫上有涂。千夫有浍,浍上有道。万夫有川,川上有路,以达于畿。"《匠人》云:"匠人为沟洫,耜广五寸,二耜为耦。一耦之伐,广尺深尺谓之㽙。田首倍之,广二尺、深二尺谓之遂。九夫为井,井间广四尺、深四尺,谓之沟。方十里为成,成间广八尺、深八尺,谓之洫。方百里为同,同间广二寻、深二仞,谓之浍,专达于川。"注虽以为二法,然其释《遂人》遂、沟、洫、浍之深广,皆与《匠人》同,则其实不异也。沟洫所需之地,具如陈氏所计。郑注成方百里出田税,缘边一里治洫,同方八十里出田税,缘边十里治浍,以古有山陵川泽等三分去一之制,故引以为言,非谓治沟洫费地如此之多也。沟洫之制,人或疑其方罫如棋局,不合地势,不知古书多设法之谈,其言封建井田皆如此,沟洫亦然也。《匠人》云:"两山之间,必有川焉。"又云:"凡沟逆地阞,谓之不行。水属不理孙,谓之不行。""凡沟必因水势,防必因地势。善沟者水漱之,善防者水淫之。"其重理脉如此。所谓川者,必自然之川可知矣。即《遂人》之川,疏家以为人造,亦未可信也。然则亦顺地势为之可矣,安取方罫如棋局哉?予谓水少之地,沟洫纯出人为者,方罫如棋局,盖尚简易。若多水之区,不妨顺水势为之曲直,深广一随自然,但岁以人力浚治,浚出之土,即于其上筑路,沟愈深则路愈高,水旱有备,而往来亦益便矣。)

要而言之,农业者,非人人各耕其地,彼此不相知之事也。在一区域之中,其利害恒相关。土地公有之世,固易于合力而谋,即使人各自私,而有专主农事之官以督之,有深明农学之人以教之,犹可以不至于大坏。而后世又一切无有,此农业之所以不振也。

虽然,时日者,进化之母也。我国农政虽云陵替,社会自然之进化固不能无。故论其大体,仍有今胜于古者,此可以其耕作之精粗判之。古者一夫受田百亩,又有爰田之制。(爰,即换也。《公羊》宣十五年何注:"司空谨别田之高下善恶,分为三品,上田一岁一垦,中田二岁一垦,下田三岁一垦。肥饶不得独乐,墝埆不得独苦,故三年一换土易居。"此为爰田之一义。一授三百亩,一新而再休之,亦爰田之一义也。《周官·大司徒》"不易之地,家百亩;一易之地,家二百亩;再易之地,家三百亩"是也。《尔雅·释地》:"田一岁曰菑,二岁曰新田,三岁曰畬。"即指此。)其耕作所获,则"上农夫食九人,其次食八人,其次食七人,其次食六人。下农夫食五人"。(《管子·揆度》则云:"上农挟五,中农挟四,下农挟三。上女衣五,中女衣四,下女衣三。")而今日江南,上农所耕,不及十亩,其所食未有以减于古也,则其耕作之精粗,相去远矣。江南固今日农耕最精之所,然即以北方论,其精于古人者,亦已倍蓰矣。此固由人口之日繁,地亩之日狭有以迫之使然,智巧之降而日开,亦不可诬也。

然今世各地方之耕作精粗,亦殊不一,尽有民甚惰而技甚拙者,此则又当归咎于农学之不兴,农政之不举矣。今试举一二事,以证其状。

李兆洛《凤台县志》曰:"地之值下者,止数百钱,贵者不过四五缗。一犁必驾二牛,谓之一犋。(按,犋即《说文》之䩂字,旧以为㸬字,非也。"㸬,二岁牛。""犙,三岁牛。""牭,四岁牛。""䩂,籀文牭。"段氏曰:"㸬字见《尔雅·释畜》,牛体长也。"㸬无驾二牛义。"䩂,两壁耕也。")贫者代以驴,佃百亩者谓之一犋牛。一夫所治,常数犋牛,惟耕获时须佣僦,余皆暇日矣。凡县中田地,当得四百万亩有奇,计亩岁收二石,当得米谷八百万石。丁口计三十万,别其士工商民不在农者约五万,计实丁之在南亩者,不过二十五万。以二十五万治四百万亩之地,人可得十六亩。家有三丁,用力合作,治其屋下之田,不为兼并所取,计岁米谷常在九十石以上。家不过八口,人日食一升,岁所食三十石。以其余具粪溉,供租赋,与工商交易其有无,为婚嫁丧葬宴会之具,又以余力治塘堰,穿窦窖,为水旱之备。塘可以鱼,堰可以树,亦足以优游乡里,长子养孙,为安足之氓矣。乃一有小水旱,菜色满野,流亡载途。郑念祖者,邑素封家也,佣一兖州人治圃,问能治几何?曰:二亩,然尚须僦一人助之。问亩之粪几何？曰：钱二千。其邻之闻者哗曰：吾一人治地十亩，须粪不过千钱，然岁之所出，常不足以偿值。若所治少而须钱多，地将能产钱乎？郑亦不能尽信，姑给地而试之。日与其人辟野治畎，密其篱，疏其援，萌而培之，长而导之，燥而灌之，湿而利之，除虫蚁，驱鸟雀，虽所治少而终日捐捐不休息，他圃未苗而其圃蔬已实，蔬已繁矣。鬻之市，以其早也，价辄倍，比他圃入市，而其所售者已偿其本，与他圃并市者，皆其赢也。又蔬蓏皆鲜美硕大，殊于他圃，市之即速售。岁终而会之，息数倍。其邻乃大羡，然亦不能夺其故习也。尝行县邑，值小旱，见苗且僵矣。其旁有塘汪然，诘之曰：何不戽？曰：水少而田多，不敷也。曰：少救数亩，不愈于萎乎？曰：无其具。曰：何不为？曰：重劳且恐所得不足偿费。其愚而无虑，盖大率如此。使邑之民皆如郑之圃而募江南民为田师，以开水田，其利岂可数计乎？"

吕星垣《宝相寺记》曰："宿松田瘠而赋重，安庆属县六，宿松次五，其广轮不及怀宁、桐城远甚。怀宁、桐城田皆三千余顷，宿松则四千四百余顷。《志》称明令屠叔芳虚增亩额，求媚上官，后不良于死。宿松之民，至今蒙害未已也。《诗》曰：三之日于耜，四之日举趾。此而北，高寒气候不同耳。若东南则未有逮春始耕者也。宿松濒湖，冬遂鱼蛤之田，弃田不治，始春乃耕矣。《诗》曰：载芟载柞，其耕泽泽。必芟柞其草木，以罨藏之，而发其土膏，未有徒耕者也。宿松举耜覆土，犹或不全，盖无不徒耕者矣。《诗》曰：千耦其耘，徂隰徂畛。盖始则周行畛隰，足治草之萌芽，使不得生也。又曰：其镈斯赵，以薅荼蓼。盖继则操持利器，手壅草之芜秽，使助荣滋也。宿松则有植而不芸，芸而不复至田者矣。田且如此，其他一切沟洫、蚕桑、畜牧之法，皆置不讲，然则民之贫者，困也，惰废之害未已也，不尽屠令加亩之罪也。予考天下税粮，莫重于苏州、松江，然其田直十金以上，宿松则亩不过五六铢而已。甚或弃之听人耕，又甚则出钱以资受者，求脱田而去。"云云。

张士元《农田议》曰："予不能周行天下，不知四方治田若何。然以足迹所至，咨访所及者言之，则天下之田，未有如大江以南之治者。江南本水乡，虽无古井田之法，而沟洫畎浍，防水泻水之制犹古也。其民虽有游手，然田无不耕者。阡陌之中，春荣菜麦，秋荣禾稻，桑麻茂密，鸡犬相闻。方二三千里，几尺土必垦，所以公私粮食，常取给于东南一隅也。逾淮而北，过山东、直隶之境，则平原旷野，千里荒芜，虽有种禾黍者，亦少深耕易耨之功，岁收益薄，而不足之处，又不种桑而种柳枣。其民不出于农亩，则业于商贩。其尤无藉者，鸎歌取食，男女年八岁以上，十四五以下，便趿屣鸣弦，伺候客馆，而优笑滋多矣。此无他，北方久无沟洫之制，其田专仰雨水，命悬于天，田者少利，则而之末作耳。"尹会一《陈农商四务疏》曰："南方种田一亩，所获以石计；北方种地一亩，所获以斗计，非尽南智而北拙，南勤而北惰，南沃而北瘠也。盖南方地窄人稠，一夫所耕，不过十亩，多则二十亩，力聚而功专，故所获甚厚。北方地土辽阔，农民惟图广种，一夫所耕，自七八十亩以至百亩不等，意以多种则多收，不知地多则粪土不能厚壅，而地力薄矣；工作不能遍及，而人力疏矣。是以小户自耕己地，种少而常得丰收，佃户受地承耕，种多而收成较薄。应令地方官劝谕田主，多招佃户，量力授田，每佃所种，不得过二十亩。至耘耔之生，又须去莱务尽，培壅甚厚。犁则以三覆为率，粪则以加倍为准，锄则以四次为常。棉花又不厌多锄，则地少力专。佃户既获丰收，田主自享其利。"合此两说观之，则田作最精者，厥惟江南，他处则尚多未脱粗耕之域。民国八年，农商部统计，南方田主少而佃户反多，北方田主多而佃户反少，其明验也。盖南方气和土沃，受惠于天然者多，北方气寒土燥，有待于人功者大。人事既已不修，北方之农业自不能如南方也。人事之旷废亦有其由。我国开化本自北而南，故历代政治之重心，恒在于北。其地形平衍，每直兵争，受祸必烈。又自永嘉之乱以来，阅数百年，即为各少数族贵族所蹂躏，不徒财物遭其劫掠，室庐为所摧毁，即人民粗犷之性质，亦有潜滋暗长于不自觉者焉。（古代人民之性质，南剽悍而北重厚，今则南柔懦而北粗犷矣。其强弱适相反也。）此北方之农业所以衰退之大原因也。而历代帝都多在于北，率漕他处之粟以自给，畿辅之农业转致就荒，亦为一原因。（历代帝都所在，不徒恒漕他处之粟以自给，而不知重本地之农业也，又往往导其民于巧伪奢侈。且如雍州，自古即以农业称，商君以农战强其国，其事尤昭昭也。乃自秦并天下，为强干弱枝之计，而徙齐、楚大族于关中。汉人踵之，复徙齐、楚诸侯功臣家等充奉陵邑，而诸陵之地，遂为斗鸡走狗、轻侠驰骋之场。周秦遗民诚朴勇悍之气衰矣，所谓爱之适以害之也。《日知录》"水利"条曰："欧阳永叔作《唐书·地理志》，凡一渠之开，一堰之立，无不记之其县之下，实兼河渠一志，亦可谓详而有体矣。盖唐时为令者，犹得以用一方之财，兴期月之役。而志之所书，大抵在天宝以前者居什之七，岂非太平之世，吏治修而民隐达，故常以百里之官，而创千年之利。至于河朔用兵之后，则以催科为急，而农功水道，有不暇讲求者欤。然自大历以至咸通，犹皆书之不绝于册。而今之为吏，则数十年无闻也已。"案，《马可·波罗游记》尚称中国北方林木郁翳，今则山皆童秃，陆行者赤日当空，无蔽荫之所矣。此可见战事摧毁实业之烈，而为少数族贵族所蹂躏，其为祸犹酷也。）

种植之物，盖随世而益精。古有恒言曰"百谷"，又曰"嘉谷"。盖其始供食之物极多，后乃专取其最美者，则五谷及九谷是也。[《周官》：大宰九职，"一曰三农，生九谷"。注："郑司农云：九谷：黍、稷、秫、稻、麻、大小豆、大小麦。""玄谓九谷无秫、大麦，而有粱、苽。"五谷皆熟为有年，大熟为大有年，见《谷梁》桓三年、宣十六年。《公羊》宣十五年何注曰："（市井）种谷，不得种一谷，以备灾害。"此亦要图也。今日又患所种之谷太少，以致易遇歉岁。于稻麦之外，提倡多食杂粮，亦足食之一策也。且所食之物多，则可以种植之地亦广矣。]菜之供食，次于谷；果之供食，又次于菜，故"谷不熟为饥，蔬不熟为馑，果不熟为荒"。（《尔雅·释天》。）菜果有种于宅旁疆畔者。宣十五年《公羊》何注所谓"瓜果种疆畔"，《谷梁》所谓"古者公田为居,井灶葱韭尽取焉"者也。有别辟地,秋以为场,种植时则号为圃者。(《周官·场人》疏:"场圃同地耳。春夏为圃,秋冬为场。其场因圃而为之,故并言之也。")《周官》:大宰九职,"二曰园圃,毓草木";(注:"树果蓏曰圃。园,其樊也。")场人"掌国之场圃,而树之果蓏珍异之物"是也。(注:"果,枣李之属。蓏,瓜瓠之属。珍异,蒲桃、枇杷之属。")齐桓伐山戎,得戎菽。谷类移植中原可考者,当以是为始。其后葡萄、苜蓿等输入者亦不少,而木棉为利尤溥焉。

食物取之山泽者,《周官》谓之疏材。太宰九职,"八曰臣妾,聚敛疏材"。注:"疏材,百草根实可食者。"是也。亦有官掌之。委人"掌敛野之赋,敛薪刍,凡疏材木材,凡畜聚之物"(注:"凡畜聚之物,瓜瓠葵芋,御冬之具也。")是也。古代此等利源,盖亦不少。故《管子》谓"万家以下,则就山泽可矣;万家以上,则去山泽可矣"。(《管子·八观》。)韩献子谓"山、泽、林、盐,国之宝也。国饶则民骄佚,近宝,公室乃贫"也。(《左》成六年。)后世人口日繁,则此等遗利日少,耕作之法渐变,宅旁疆畔所种,不足自给,而土地既为私人所有,山泽亦为豪强所占,于是有专事种树畜牧以取利者。《史记·货殖列传》所谓"陆地牧马二百蹄,牛蹄角千,千足羊,泽中千足彘,水居千石鱼陂,山居千章之材。安邑千树枣;燕秦千树栗;蜀、汉、江陵千树橘;淮北、常山已南,河济之间千树萩;陈夏千亩漆;齐鲁千亩桑麻;渭川千亩竹;及名国万家之城,带郭千亩亩钟之田,若千亩卮茜,千畦姜韭。此其人皆与千户侯等"者也。贫富之阶级,自此渐起。然就产业言之,固合于分业之理矣。

古代山泽之地,非徒蔬食所在,亦材木之所自出也。《周官》:山虞"掌山林之政令,物为之厉,而为之守禁"。林衡"掌巡林麓之禁令,而平其守"。柞氏"掌攻草木及林麓"。所司者皆其事也。《月令》:季夏,"乃命虞人,入山行木,毋有斩伐"。季秋,"草木黄落,乃伐薪为炭"。仲冬,"日短至,则伐木取竹箭"。盖皆取之于山。季夏,"命泽人纳材苇",则取之于泽者也。古于林木，保护甚严。山虞"令万民时斩材，有期日"，"凡窃木者有刑罚"。即《孟子》所谓"斧斤以时入山林"者也。《曲礼》曰："为宫室不斩于丘木。"《左》昭十六年："郑大旱，使屠击、祝款、竖柎有事于桑山。斩其木，不雨。子产曰：有事于山，艺山林也，而斩其木，其罪大矣。夺之官邑。"其法之严可想，然不能皆如是。故《孟子》言"牛山之木尝美矣，以其郊于大国也，斧斤伐之"。"其日夜之所息，雨露之所润，非无萌蘖之生焉"，则"牛羊又从而牧之"，而遂至于濯濯也。古于山泽，视为人君所私有，（汉世尚然。）故以不封禁为美政。（《王制》："名山大泽不以封。"注："与民同财，不得障管。"盖人君食禄，亦仅土田之所出而已，然《曲礼》"问国君之富，数地以对，山泽之所出"，则已视为人君之私奉养矣。《左》襄十一年，同盟于亳，载书曰："毋壅利。"注："专山川之利。"所谓专山川之利者，一设官典守，不许人民取用，《谷梁》庄二十八年"山林薮泽之利，所以与民共也。虞之，非正也"是也。人民有取用者，税之。《荀子·王制》："山林泽梁，以时禁发而不税。"《左》昭三年："山木如市，弗加于山。鱼盐蜃蛤，弗加于海。"皆对税之者言也。）然亦因此渐失其典守之职，遂致为私家所占，而业日以荒。

《周官》：司险"设国之五沟五涂，而树之林以为阻固"。此树木于平地者。后世天下一统，无事于此，故此等人造之林木，几不可睹焉。树木之利甚多。实可食，一也。材可用，二也。芟其枝可以为薪，三也。《管子》言："一年之计，莫如树谷；十年之计，莫如树木。"（《管子·权修》。）然不可植谷之处，无不可树木者，人工之省，又去树谷不可以道里计，四也。（张履祥言："绍兴祁氏，资送其女，费至千金。人怪其厚。祁曰：吾费不过十金耳。人益骇。问其故，曰：于女生之年，山中人已种杉秧万株，株费一厘。女十六七而嫁，杉木大小每株值价一钱，则嫁资裕如矣。"此所谓十年之计树木者也。）调节水旱，五也。此等利益，有属于公者，亦有属于私者。其属于公者，人民固莫能为，而官吏又莫为之倡导，坐使山原错杂，幅员万里之国，山皆童秃，地尽荒芜，营造所须，转资于外，亦可慨矣！（洪荒未辟之世，林木可资于自然，如今日之东北等是。中国春秋时之桃林，秦汉时两粤之深林密箐，盖亦此类。地日开辟，则此等自然之利渐尽，不得不有待于人为矣。森林可防水旱，中国人亦未尝不知，故间有封闭林木、禁止斩伐者。清梅曾亮《书棚民事》曰："予为董文恪公作行状，尽览其奏议。其任安徽巡抚奏准棚民开山事甚力。大旨言与棚民相告讦者，皆溺于龙脉风水之说，至有以数百亩之田，保一棺之土，弃典礼，荒地利，不可施行。而棚民能攻苦茹淡，于崇山峻岭人迹不可通之地，开种旱谷，以佐稻粱，人无闲民，地无遗利，于策至便，不可禁止，以启事端。予览其说而是之。及予来宣城，问诸乡人，皆言未开之山，土坚石固，草树茂密，腐叶积数年，可二三寸。每天雨，从树至叶，从叶至土石，历石罅，滴沥成泉，其下水也缓，又水下而土不随其下，水缓故低田受之不为灾，而半月不雨，高田又受其浸溉。今以斤斧童其山，而以锄犁疏其土，一雨未毕，沙石随下，奔流注壑，涧中皆填污不可贮，水毕至洼田中乃止。及洼田竭而山田之水无继者。是为开不毛之土，而病有谷之田，利无税之佣，而瘠有税之户也。予亦闻其说而是之。嗟矣！利害之不两全也，久矣。由前之说，可以息事，由后之说，可以保利。若无失其利，而又不至于董公之所忧，则吾盖未得其术也。"此事在今日，一言可决耳。梅氏不为无学，而其低徊持两端如此，以见农学不讲，士大夫莫或知农事矣。李兆洛《凤台县志》曰："《晋书》称八公山草木皆如人形，而《水经注》则云八公山草木为童阜耳。今北山固濯濯也，询之山民，或云不宜木，然其故老皆云：北山向时木甚美，中多栋梁，今城中老屋，多北山木所构。其产有青檟、红檟，大皆合围以上，发老屋者犹时时得之。青檟色青黑，坚致类海楠，红檟红泽，皆他处所无。明季兵火，刊伐逐尽。今欲求青檟红檟之蘖，而辨其枝叶，亦不可得矣。居民每冬月，则入山划草根以爨，木之槎枿长尺余者，并其根掘而鬻之以为薪。"读此，可知兵燹之贻害于森林，及我国近代林业败坏之状。）

农学肇端甚早，古称畎田起于后稷，区田始于伊尹，虽未必可信，（《汉书·食货志》：武帝末年，"以赵过为搜粟都尉。过能为代田，一晦三甽。岁代处，故曰代田,古法也。后稷始畖田,以二耜为耦,广尺深尺曰畖,长终晦。一晦三畖,一夫三百畖,而播种于畖中。苗生叶以上,稍耨陇草,因隤其土,以附苗根。故其《诗》曰:或耘或芓,黍稷儗儗。芸,除草也。芓,附根也。言苗稍壮,每耨辄附根,比盛暑,陇尽而根深,能风与旱,故儗儗而盛也"。区田见《农政全书》云:汤有七年之旱,伊尹以此救之。其法一亩之地,阔十五步,步五尺,计七十五尺,行占地一尺五寸,计分五十区,长阔相间,通二千七百区,空一行下种。于所种行内,又隔一区,种一区,可种者六百七十五区。区深一尺,用熟粪一升,与区土相和,布谷匀覆,以手按实,令土种相著。苗出,看稀稠存留。锄不厌频,旱则浇灌。结子时锄区上土,深壅其根,以防大风。《齐民要术》谓兖州刺史刘仁之,以尺田七十步之地为之,收粟三十六石。然则一亩之收,有过百石矣。古斗斛固较今为小,然据后人所试,亦断不能多收至此,大约较诸缦田可多收倍以上,至于四五耳。区田之获丰收,在于耕之深,壅之厚,施肥充足,下种精实,爱护周至,与代田同一理也。盖古人耕作之法本粗,故寻常缦田所收,较诸区田,相去悬绝耳。若与今日耕作之精者较,其相去亦不甚多。大抵粗耕之区,人口渐增,田亩渐形不足者,教以区田之法最宜。然亦惟当变粗为精耳,不必拘执一法也。)然后稷以教稼居官,其在当时,必能深通农事,有过恒人,则无疑矣。古者教稼之事,今略见于《周官·大司徒》:"辨十有二壤之物,而知其种。"司稼"掌巡邦野之稼,而辨穜稑之种,周知其名,与其所宜地以为法,而悬于邑闾"。此辨土壤、择谷种之法也。(《论衡·商虫篇》:"神农、后稷藏种之方,煮马矢以汁渍种者,令禾不虫。")草人"掌土化之法,以物地,相其宜而为之种"。此变化土壤之法也。(《月令》:季夏,"是月也,土润溽暑,大雨时行。烧薙行水,利以杀草,如以热汤,可以粪田畴,可以美土疆"。)庶氏"掌除毒蛊"。翦氏"掌除蠹物",赤犮氏"掌除墙屋",(除虫豸藏逃其中者。)蝈氏(蝈,读如蜮。)"掌去鼃黾",壶涿氏"掌除水虫",则除害之法也。(《诗·大田》:"去其螟螣,及其蟊贼。毋害我田稚。田祖有神,秉畀炎火。")此等若博搜古书,所得尚不止此,惜乎徒存其事,莫考其法耳。详其法者，盖在农家之书，《汉书·艺文志》所著录《神农》《野老》之书是也，（《汉志》农九家，惟此二家出于秦以前，《宰氏》不知何世，余六家皆汉世作矣。）今皆亡矣。《汉志》论农家之语曰："及鄙者为之，以为无所事圣王，欲使君臣并耕，悖上下之序。"此指许行言之。许行所言，乃农政，非农业。又，颜师古引刘向《别录》，谓神农"疑李悝及商君所说"。李悝尽地力之教，今见《汉书·食货志》。《商君书》具存，亦皆重农教战之谈，罕及耕耨树艺之事。因有谓九流中之农家，实言农政，非言农学者。《管子·轻重》诸篇，侈陈重农贵粟，亦古农家者流也。予谓农家者流诚多注意农政，然论种植之法者亦必有之。《管子》之《地员》，《吕览》之《任地》《辩士》《审时》，即论及耕种之道。始皇燔诗书百家语，不去种树之书，盖此类也，惜其语不易解耳。汉代农书以《氾胜之》为最著，（《周官·草人》注："土化之法，化之使美，若氾胜之术也。"疏："汉时农书有数家，《氾胜》为上，故《月令》亦引《氾胜》。"）今亦不传。今所传者，后魏贾思勰《齐民要术》，其最古者也。其后著名者，官修之书则有元之《农桑辑要》，清之《授时通考》，私家所著则有元王祯之《农书》，明徐光启之《农政全书》。虽详略不同，而后先相袭，惟徐氏书采及泰西水法，为取资域外耳。世有好古博闻之士，从事研究，虽不必有当于耕耨，实足考见农业盛衰进退之迹也。（中国农书所该颇广。蚕桑、菜果、树木、药草、孳畜等事，靡不该焉。田制、劝课、救荒等，亦多详列。然仍有须参考他家之书，方能周全者，如茶经、酒史、食谱、花谱、相牛经、相马经等，前史皆隶农家，清《四库》书改入谱录。又如兽医之书，历代皆附医家是也。授时为古代农政要端，《夏小正》一书虽未必果夏时物，亦必出于周初。《月令》所详，皆古代明堂行政之典，虽有太尉等官名，乃后人以今语述古事，不害其书之古。不能以《吕览》有十二纪，遂强断为秦时物也。此二者当为中国最古之农书矣。）

《淮南子》曰："古者剡耜而耕，（注："剡，利也。耜，臿属。"）

摩蜃而耨，（注："蜃，大蛤。摩，令利，用之耨。耨，除苗秽也。"）木钩而樵，抱甀而汲，民劳而利薄。后世为之耒耜耰锄，斧柯而樵，桔槔而汲，民逸而利多。"（《氾论训》。）可见古代之农具，已几经进化矣。此等改进，后世当尚不绝，惜乎吾侪非专门之士，不能道其详也。

古代农器，率由官造，后世则不复然。《六韬·农器篇》曰："武王问太公曰：天下安定，国家无争，战攻之具，可无修乎？守御之备，可无设乎？太公曰：战攻守御之具，尽在于人事。耒耜者，其行马蒺藜也。马牛舆者，其营垒蔽橹也。锄耰之具，其矛戟也。蓑笠簦笠者，其甲胄干橹也。钁锸斧锯杵臼，其攻城器也。"此言寓兵于农，不徒用其人，亦且用其器也。当此之时，其农器不容苟简可知，惜乎后世时异势殊，而此风遂不可复睹也。

蚕桑之利，我国亦发明甚早。世称黄帝元妃嫘祖，实始教蚕，未必可信。然《易·系辞》称："黄帝、尧、舜垂衣裳而天下治。"其时既有蚕桑之利，则可信矣。夫耕妇织，古代人并视为本业。故神农之教，谓"一夫不耕，或受之饥；一女不织，或受之寒"。天子亲耕，后亦有亲蚕之典也。孟子谓"五亩之宅，树之以桑"，"五十者可以衣帛"。《诗》讥"妇无公事，休其蚕织"。太宰九职，"七曰嫔妇，化治丝枲"。则举国妇女能勤于织久矣，宜其当西历纪元前，蚕丝即能输入欧洲，为彼邦所珍重也。[日本桑原骘藏《东洋史要》："中国缯彩，上古即开贩路于波斯、印度，亚历山大东征以来，更输入罗马。市人得之珍重不置，指行贾者曰瑟列司，绢商之义也，指其地曰瑟里加，绢产地之义也。"（据山阴樊炳清译本）]

今日蚕利盛于东南，然溯厥初兴，实在西北。清周凯知襄阳府，尝劝其民种桑。其言曰："《禹贡》兖州曰桑土既蚕。青州曰厥篚檿丝。檿，山桑也。扬徐东南亦仅曰厥篚织贝，厥篚玄纤缟而已。《诗·豳风》：蚕月条桑。《唐风》：集于苞桑。《秦风》：止于桑。桑者闲闲，咏于魏。鸤鸠在桑，咏于曹。说于桑田，咏于卫。利不独东南也。襄阳介荆豫之交，荆州厥篚玄纁玑组，豫州厥篚纤纩。纩，细绵也。纁绛币组绶属，皆丝所织。北燕冯跋下书令百姓种桑。辽无桑，慕容庞通晋求种江南。张天锡归晋，称北方之美，桑葚甘香。《先贤传》载司马德操躬采桑后园，庞士元助之。《齐书》载韩系伯桑阴妨他地，迁界，邻人愧谢。三子皆襄阳人，襄之宜桑必矣。"案中国疆域广大，各地方之风气不能齐一，故蚕桑之兴虽久，穷乡僻壤庸有不知其利者。又北方屡遭少数族蹂躏，治化皆停滞不进，民生日以憔悴，民贫且愚。虽以蚕利之兴之久，至于近世，转若有待于官吏之教道焉。《日知录》"纺织之利"条曰："今边郡之民，既不知耕，又不知织，虽有材力，而安于游惰。华阴王宏撰著议，以为延安一府，布帛之价，贵于西安数倍，既不获纺织之利，而又岁有买布之费，生计日蹙，国税日逋。非尽其民之惰，以无教之者耳。今当每州县发纺织之具一副，令有司依式造成，散给里下，募外郡能织者为师，即以民之勤惰工拙，为司之殿最。一二年间，民享其利，将自为之，而不烦程督矣。计延安一府，四万五千余户，户不下三女子，固已十三万余人，其为利益，岂不甚多！按《盐铁论》曰：边民无桑麻之利，仰中国丝絮，而后衣之，夏不释复，冬不离窟，父子夫妇，内藏于专室土圜之中。崔寔《政论》曰：仆前为五原太守，土俗不知缉绩，冬积草，伏卧其中，若见吏，以草缠身，令人酸鼻。（原注："今大同人多是如此。妇人出草则穿纸袴，真所谓倮虫者也。"）吾乃卖储峙，得二十余万，诣雁门、广武，迎织师，使巧手作机，乃纺以教民织。是则古人有行之者矣。"（《集释》引唐氏甄曰："吴丝衣天下，聚于双林。吴越闽番，至于海岛，皆来市焉。五月载银而至，委积如瓦砾。吴南诸乡，岁有百千万之益。是以虽赋重困穷，民未至于空虚，室庐舟楫之繁庶胜于他所，此蚕之厚利也。四月务蚕，无男女老幼，萃力靡他，无税无荒。以三旬之劳，无农四时之久，而半其利，此蚕之可贵也。夫蚕桑之地，北不逾淞，南不逾浙，西不逾湖，东不至海，不过方千里，外此则所居为邻，相隔一畔，而无桑矣。其无桑之方，人以为不宜桑也。今楚、蜀、河东，及所不知之方，亦多有之。

何万里同之,而一畔异宜乎?桑如五谷,无土不宜。一畔之间,目睹其利而弗效焉。甚矣民之惰也!吾欲使桑遍海内,有禾之土,必有桑焉。其在于今,当责之守令,于务蚕之乡,择人为师,教民饲缫之法,而厚其廪给。其移桑有远莫能致者,则待数年之后,渐近而分之。而守令则省骑时行,履其地,察其桑之盛衰,入其室,视其蚕之美恶,而终较其丝之多寡,多者奖之,寡者戒之,废者惩之,不出十年,海内皆桑矣。昔吾行于长子,略著于篇,可以取法焉。")清代如陈宏谋之如陕西,宋如林之于贵州,以及唐甄、周凯等,皆可谓能行亭林之议者也。(清代陕西蚕利,起于宁羌牧刘某。刘,山东人。山东夙有山蚕,刘以教其民,织成茧绸,称刘公绸,此康熙时事也。乾隆时,陈宏谋抚陕,于省城、三原、凤翔皆设蚕馆织局,招南方机匠为师。又教民种桑,桑叶茧丝,皆许卖于官。民之愿养蚕者,蚕种蚕具皆由官给,亦许借给资本。又有官雇人试养,或与民同养,以资效法焉。贵州蚕利,起于知遵义府陈某。陈亦山东人,以遵义有橚栎可饲山蚕,使至山东买蚕种,延蚕师,以教其民。后宋如林为按察使,又行其法于全省焉。)

田猎畜牧,在三代时视之,即已远较农业为轻,已如前述。然当列国并立之世,其君必有苑囿之奉,牧畜之官。故郑有原圃,秦有具圃。(《左》僖三十三年。)而齐宣王之囿,至于方四十里。(《孟子·梁惠王下》。)其弃地不可谓不多。读《无羊》及《駉》之诗,天子诸侯畜牧之盛,亦可想见矣。一统而后,有人君之奉者益少,而好武之风亦渐衰,不复好驰骋驱逐。两汉之世,既以弃苑地与民为美谈,后世则此等空地益少矣。牧畜之官,惟牧马尚少留意,以为交通戎事所资也。然苑监诸职,亦多徒有其名,如唐张万岁等能克举其职者盖少。民间畜牧亦益衰,有之,则大率在边地。如《史记·货殖传》称天水、陇西、北地、上郡畜牧为天下饶是也。(卜式尽以田宅财物与弟,独取畜羊百余,入山牧十余年,买田宅。弟尽破其产,辄复分与,亦以河南多山,为不食之地故也。《后汉书·马援传》:亡命北地,遇赦,因留牧畜。宾客多归附者,遂役属数百家。转游陇汉间,因处田牧,至有牛马羊数千头,谷数万斛。则正以在边郡,故能就其业矣。)

《日知录》"马政"条曰:"汉晁错言:令民有车骑马一匹者,复卒三人。文帝从之。故文景之富,众庶街巷有马,阡陌之间成群,乘牸牝者摈而不得会聚。若乃塞之斥也,桥桃致马千匹,班壹避地,于楼烦致马牛羊数千群,则民间之马,其盛可知。武帝轮台之悔,乃修马复令。唐玄宗开元九年诏:天下之有马者,州县皆先以邮递、军旅之役,定户复缘以升之。百姓畏苦,乃多不畜马,故骑射之士减曩时。自今诸州民,勿限有无荫,能家畜十马以下,免帖驿邮递。征行定户,无以马为赀。古之人君,其欲民之有马如此。惟魏世宗正始四年十一月丁未,禁河南畜牝马。元世祖至元二十三年六月戊申,括诸路马,凡色目人有马者,三取其二,汉民悉入官,敢匿与互市者罪之。《实录》言:永乐元年七月丙戌,上谕兵部臣曰:比闻民间马价腾贵,盖禁民不得私畜故也。汉文、景时,闾里有马成群。民有即国家之有,其榜谕天下,听军民畜马勿禁。又曰:三五年后,庶几马渐蕃息。此承元人禁马之后,故有此谕。而洪熙元年正月辛巳,上申谕兵部,令民间畜官马者两岁纳驹一匹,俾得以余力养私马。至宣德六年,有陕西安定卫土民王从义,畜马蕃息,数以来献。此则小为之而小效者也,然未及修汉唐复马之令也。"读此可知汉代牧畜最盛,后世则日以式微,一由农业愈盛,牧地愈少,一由尚武之风日衰,故畜马之人日希也。(《汉书·匈奴列传》:元朔六年,卫青之出定襄,"私负从马凡十四万匹"。可见民间有马者,多能事征战之人矣。私负从马,师古曰:"私负衣装者,及私将马从者,皆非公家发与之限。")牧畜利厚而工力省,今日内地虽已鲜放牧之区,然内蒙、新、青、藏,固皆天然牧场,苟能善为规画,十年之后,必已其效可睹矣。(历代牧畜之盛,见于史者莫若辽。《辽史·食货志》谓:太祖时,"括富人马,不加多,赐大小鹘军万余匹,不加少。"又云:"自太祖及兴宗垂二百年,群牧之盛如一日。天祚初年,马犹有数万群,每群不下千匹。"又述诸国岁贡马之数,东丹千,女直、直不古等国各万,阻卜及吾独婉、惕德各二万,西夏、室韦、越里笃、剖阿里、奥里米、蒲奴里、铁骊等各三百,其地皆今日之域内也。明代以茶易西番之马，故茶禁最严。明之西番，亦今日之域内也。）

田猎畜牧，皆以农业之盛而见其衰微，惟渔业不然，以其利在河海，与农田无涉也。我国沿海渔业，起源盖亦甚早。《史记》称"太公望封于营丘，地潟卤，人民寡，于是太公劝其女工，极技巧，通鱼盐"。(《史记·货殖列传》。)《左》昭三年，晏子述陈氏之厚施，谓"鱼盐蜃蛤，弗加于海"。则三代之世，已极盛矣。汉耿寿昌为大司农，增海租三倍。萧望之谏以为往年加海租，及武帝时县官自渔海，鱼皆不出，则汉世鱼税数已不菲，且有官自采捕者矣。

矿业之兴，盖亦在五帝之世。《管子·地数》：黄帝问于伯高曰：吾欲陶天下而以为一家，为之有道乎？伯高对曰："上有丹砂者，下有黄金。上有慈石者，下有铜金。上有陵石者，下有铅、锡、赤铜。上有赭者，下有铁。此山之见荣者也。苟山之见其荣者，君谨封而祭之。距封十里而为一坛，是则使乘者下行，行者趋，若犯令者罪死不赦，然则与折取之远矣。修教十年，而葛卢之山发而出水，金从之，蚩尤受而制之，以为剑铠矛戟。是岁相兼者诸侯九。雍狐之山发而出水，金从之，蚩尤受而制之，以为雍狐之戟芮戈。是岁相兼者诸侯十二。故天下之君，顿戟一怒，伏尸满野，此见戈之本也。"蚩尤盖始以金为兵，故后世祠兵则祭之。(祠兵见《公羊》庄八年。《左》《谷梁》皆作治兵，非也。何休《解诂》曰："礼，兵不徒使，故将出兵必祠于近郊，陈兵习战，杀牲享士卒。"疏曰："何氏之意，以为祠兵有二义也，一则祠其兵器，二则杀牲享士卒。"案《史记》高祖立为沛公，"祠黄帝，祭蚩尤于沛庭"，即祠兵也。) 或曰：《易大传》称黄帝、尧、舜"弦木为弧，剡木为矢"。《禹贡》荆州之贡"砺砥砮丹"。伪《孔传》曰："砮，石中矢镞。"贾逵亦曰："砮，矢镞之石也。"（疏引。）则三皇、五帝时兵犹以木石为之。案《吕览·荡兵》曰："人曰：蚩尤作兵，蚩尤非作兵也，利其械矣。未有蚩尤之时，民固剥林木以战矣。"《龙鱼河图》曰："蚩尤兄弟八十一人，并兽身人语，铜头铁额，食沙石子，造立兵仗刀戟大弩，威振天下。"(《史记·五帝本纪》正义引。）说虽荒怪，必有依附，则蚩尤以金为兵，事实有之，特用之犹未广耳，然不可执是遂谓是时矿利未盛。盖古贵人多侈靡，重金玉，好事鬼神，故得金则先以铸重器。汉有司言："黄帝作宝鼎三，象天地人。禹收九牧之金，铸九鼎，象九州，皆尝鬺享上帝鬼神。"(《汉书·郊祀志》）。）则其时惟好战如蚩尤，乃以金为兵。然铸金为币，以济饥困，则惟禹汤之主，又必遭直水旱乃为之耳。(《管子·山权数》。《左》僖十八年："郑伯始朝于楚，楚子赐之金，既而悔之，与之盟曰：无以铸兵。故以铸三钟。"以春秋时战争之烈，而得金犹不以铸兵，古代事从可推想矣。）《淮南子·本经训》谓："逮至衰世，镌山石，鍥金玉，摘蚌蜃，消铜铁，而万物不滋。"意以开矿为侈靡之事，固有由也。

《管子》言水出而金从，则其得金似由地变，"上有丹砂"云云，未知果伯高之言否。然既能以金制兵，且以铸鼎，其不能专恃水中之金沙可知，则虽谓察视矿苗之法，三皇五帝之时即有知者可也。《周官》：卝人"掌金玉锡石之地，而为之厉禁以守之。若以时取之，则物其地，图而授之"。注："物地占其形色，知咸淡也。"疏："郑以当时有人采者，尝知咸淡，即知有金玉。"此亦探察之法也。《管子》又曰："地之东西二万八千里，南北二万六千里，其出水者八千里，受水者八千里，出铜之山四百六十七山，出铁之山三千六百九山。"(《地数》。）则天下矿产，并有会计矣。要之，矿利究起何时不可考，然由来必甚久也。(《考工记》："金有六齐。六分其金而锡居一，谓之钟鼎之齐。五分其金而锡居一，谓之斧斤之齐。四分其金而锡居一，谓之戈戟之齐。参分其金而锡居一，谓之大刃之齐。五分其金而锡居二，谓之削杀矢之齐。金锡半，谓之鉴燧之齐。"此化合之术也。栗氏"为量，改煎金锡则不耗"。此化分之术也，知古冶金之术亦颇精。）

古代开矿之术，视后世精粗者若何，盖难言之。然古所有金，实较后世为少，则矿业不如后世之盛，可推知也。始皇收天下之兵，铸以为钟鐻金人十二，而陈涉发难，遂以揭竿斩木闻，固或形容过甚之词，然永初羌人起事，至于执镜以象兵，(《后汉书·西羌传》。)则秦末群雄之不尽有兵，固亦理所可有矣。古代甲兵，本藏于库，故临战有授甲祠兵之举，而始皇欲销天下之兵，汉时亦有禁民挟弓弩之议。若铜铁广布民间如后世，民岂不能自造乎？故汉时郡国有起事者，往往先劫武库。贾生说汉文收铜，勿令布，若在今日，虽黄金可得而尽收耶？然则后人艳称汉代黄金之多，亦以其聚于上见为多耳，实则古代之金，固少于后世也。盖此二千年来，举国上下，虽未尝专心于矿利，然陆续开采，所得固已不少矣。(开矿之事，历代皆有之，今不复胪举。)

工业之缘起及变迁，尤为繁杂，非有专门研究之士若干人，分途并进，其史实情状，殆不易明。若以大势言之，则古代工业，率由官营，而后世渐变为民业，即其一大进化。盖官营则能者少，民业则能者多；官营则惟守成规，民业则竞矜智巧也。旧时札记中有论古代工业者一则，今录如下：

古者工业皆由官办，后世则听人民自为，此亦足征智巧之日进也。古代工业必由官办者，何也？以其时技巧未精。故《考工记》曰："粤无镈，燕无函，秦无庐，胡无弓车。粤之无镈也，非无镈也，夫人而能为镈也。燕之无函也，非无函也，夫人而能为函也。秦之无庐也，非无庐也，夫人而能为庐也。胡之无弓车也，非无弓车也，夫人而能为弓车也。"注："言其丈夫人人皆能作是器，不须国工。"此特日用最切又不烦智巧者耳。若其器较难，为用较狭者，则皆不能自为。故曰："智者创物，巧者述之，守之世，谓之工。百工之事，皆圣人之作也。"(下文又曰："烁金以为刃，凝土以为器，作车以行陆，作舟以行水，此皆圣人之所作也。"盖此两语之注。《易·系辞传》亦曰："备物致用，立成器以为天下利，莫大乎圣人。")《谷梁》成元年："丘甲，国之事也。丘作甲，非正也。丘作甲之为非正，何也？古者立国家，百官具，农工皆有职以事上。古者有四民：有士民，有商民，有农民，有工民。夫甲，非人人之所能为也，丘作甲，非正也。"(《周官·小司徒》：“九夫为井，四井为邑，四邑为丘。"丘作甲者，使一丘之民皆作甲也。）古列国并立，战事繁多，甲之为用亦广，然非人人所造，他有待智巧之物，皆是类矣。

职是故，古于工政颇重。《考工记》曰："国有六职，百工与居一焉。"《曲礼》曰："天子之六工，曰土工、金工、石工、木工、兽工、草工，典制六材。"郑注以为殷制。《考工记》又曰："有虞氏上陶，夏后氏上匠，殷人上梓，周人上舆。"（注："官各有所尊，王者相变也。"）可见其由来久矣。《考工记》所载："凡攻木之工七，攻金之工六，攻皮之工五，设色之工五，刮摩之工五，抟埴之工二。"注曰："其曰某人者，以其事名官也。其曰某氏者，官有世功，若族有世业，以氏名官者也。"此所谓巧者述之，守之世。《淮南子·本经训》："周鼎著倕。"注："倕，尧之巧工也。周铸鼎，著倕象于鼎。"此殆所谓圣人，如学校之有先圣也。管理百工者，谓之工师。《荀子·王制篇》：序官，"论百工，审时事，辨功苦，尚完利，便备用，使雕琢文采，不敢专造于家，工师之事"是也。《月令》：季春，"命工师，令百工，审五库之量，金、铁、皮、革、筋、角、齿、羽、箭、干、脂、胶、丹、漆，毋或不良。百工咸理，监工日号，毋悖于时，毋或作为淫巧，以荡上心"。季秋，"霜始降，则百工休"。孟冬，"命工师效功，陈祭器，按度程，毋或作为淫巧，以荡上心。必功致为上。物勒工名，以考其诚。功有不当，必行其罪，以穷其情"。盖工师之所以课督其下者如此。《中庸》曰："来百工则财用足。""日省月试，既廪称事，所以劝百工也。"盖物非加以人工，则不可用。（《考工记》曰："天有时，地有气，材有美，工有巧，合此四者，然后可以为良。"）故有国有家者，百工之事孔亟，不得不谋所以招怀之也。

古重工政如此，宜其工业甚精而日进矣，亦未必然，何也？曰凡事必日竭智巧，思改作而后能精。工既设，官随之以赏罚，则必奉行故事，以顾考成。故"工用高曾之规矩"，古人传为美谈。《檀弓》曰："季康子之母死，公输若方小，敛，般请以机封，将从之，公肩假曰：不可。夫鲁有初，公室视丰碑，三家视桓楹。般尔以人之母尝巧，则岂不得以其母以尝巧者乎？则病者乎？噫！弗果从。"新发明之事，皆不许试用，其不能精进也宜矣。又其业守之以世，子孙之材性，不必尽与父祖同，则有长于上而不得自效，苦其事而不得去者，束缚驰骤，将败绩厌覆是惧，何暇致远，此政治为之也夫！工用高曾之规矩，非徒以考成，亦以防侈靡也。《月令》一再言："毋或作为淫巧，以荡上心。"所以防人君之侈靡也。《荀子》言"雕琢文采，不敢造于家"，所以防卿大夫之侈靡也。《管子》曰："菽粟不足，末生不禁，民必有饥饿之色，而工以雕文刻镂相稺也，谓之逆。布帛不足，衣服无度，民必有冻寒之伤，而女以美衣锦绣綦组相稺也，谓之逆。"（《重令》。）此汉景帝"雕文刻镂伤农事，锦绣綦组害女红"诏语所本，所以防庶民之侈靡者尤急。故《王制》称：作"奇技、奇器，以疑众，杀"，"不以听"。《墨子·鲁问》："公输子削竹木以为鹊，成而飞之，三日不下。公输子自以为至巧。子墨子谓公输子曰：子之为鹊也，不如匠之为车辖，须臾刘三寸之木，而任五十石之重。故所为巧，利于人谓之巧，不利于人谓之拙。"徒讲实用，则智巧之途塞矣。又古人最重朴质，《礼记·郊特牲》曰："酒醴之美，玄酒明水之尚，贵五味之本也。黼黻文绣之美，疏布之尚，反女功之始也。莞簟之安，而蒲越稿鞂之尚，明之也。大羹不和，贵其质也。大圭不琢，美其质也。丹漆雕几之美，素车之乘，尊其朴也，贵其质而已矣。所以交于神明者，不可同于所安亵之甚也，如是而后宜。"然则图便安、矜技巧则为不敬，为忘本，而知巧之士益无途以自奋矣。此则风俗限之者也。此皆古代工政虽重，而工业不必其精而日进之由也。

　　工业之由官办变为民业，何也？曰有二端焉。一由需用日繁，官不能给。孟子之诘白圭曰："万室之国，一人陶，则可乎？曰：不可，器不足用也。"（《孟子·告子下》。）明古立工官，皆度民用之多少以造器。

人口之增加无限，生计之程度日高，工官所造，势不能比例俱增，器用安得给足。故古四民之中，久有工。《管子》问："工之巧，出足以利军伍，处可以修城郭补守备者几何人？"（《问篇》。）此皆名不籍于官，饩不廪于上，故其有无多寡不可知，而必有待于问矣。一亦由奇巧之物，官不肯造，则人民之需用者，不能不迫而自为。《管子》曰："今为末作奇巧者，一日作而五日食。农夫终岁之作，不足以自食也。"（《治国》。）《史记》亦谓"用贫求富，农不如工"。（《货殖列传》。）工人获利之厚，正以其技艺之精也。此皆官办之工业所以渐变为民业也。

工业官办之意，汉世犹有之。《汉书·地理志》：怀、（河内郡。）宛、（南阳郡。）东平陵、（济南郡。）奉高、（泰山郡。）雒县（广汉郡。）咸有工官，皆古制之仅存者也。史称"孝宣之治，信赏必罚，综核名实，政事文学法理之士，咸精其能，至于技巧工匠器械，自元、成间鲜能及之"。（《汉书·宣帝纪》。）陈承祚《上诸葛氏集表》亦曰"工械技巧，物究其极"。盖官用之物，由官造者犹多，非如后世冬官，徒有考工之名而已。（札记原文止此。）

工业进步，必由人民生计程度增高自然而致。往史所载一二奇巧之物，世每艳称之。此等或由智巧出众之人冥心创造，或则贫富不均，达官世家、豪民驵贾，日用饮食，殊异于人，重赏是怀，良工竞劝。夫智巧由于天授，则人云亡而其技亦湮，炫鬻专于一家，则制虽工而其传不广，优昙一现，遗制旋沦，实不足以言真进化也。然智巧之士之多少，亦足觇国民工业才技之低昂，此则简策流传，有非偻指可尽者。姑举最著者数人，我国民其亦可以自奋矣。案《论衡·儒增篇》曰："儒书称：鲁般、墨子之巧，刻木为鸢，飞之三日而不集。（案今见《淮南子·齐俗训》。）夫言其以木为鸢飞之，可也；言其三日不集，增之也。夫刻木为鸢，以象鸢形，安能飞而不集乎？既能飞翔，安能至于三日？如审有机关，一飞遂翔，不可复下，则当言遂飞，不当言三日。犹世传言曰：鲁般巧，亡其母也。

言巧工为母作木车马，木人御者，机关备具，载母其上，一驱不还，遂失其母。如木鸢机关备具，与木车马等，则遂飞不集。机关为须臾间，不能远过三日，则木车等亦宜三日止于道路，无为径去以失其母。二者必失实者矣。"仲任论事，最为核实，但言三日不集之诬，不以木鸢飞翔为罔，明其事为当时巧匠所能为也。此犹传言，无足深考。后世记载确可信据者，则如汉之张衡、魏之马钧、南齐之祖冲之、元之郭守敬，（马钧事见《三国志·魏志·杜夔传》注。余人之事，并见本传。）暨造木牛流马之士人，（木牛流马为蜀士人所献，见《华阳国志》。）造水精碗之交、广人，（《抱朴子·内篇·论仙》："外国作水精碗，实是合五种灰以作之。今交广多有得其法而铸作之者。"案《北史·大月氏传》：魏太武时，其国人商贩京师，自云能铸五色琉璃。于是采矿山中，于京师铸之。既成，光泽美于西方来者。乃诏为行殿，容百余人，光色映彻，观者惊以为神明所作。自此琉璃遂贱，人不复珍之。《隋书·何稠传》："中国久绝琉璃之作，稠以绿瓷为之，与真无异。"并即今日之玻璃也。）咸能利物，前民无惭智者。遐稽西史，则号称近世富强文明之原之利器，印刷术、火药、罗盘针，咸自我昉。盖我之所缺者，近世之科学及据科学之理所造之械器而已，智力则固非不逮人也，我国民其亦可以自奋矣。

商业缘起，吾昔札记中亦有一篇论之，今并录于下：

商业之始，其起于各部落之间乎？孟子之诘彭更曰："子不通工易事，以羡补不足，则农有余粟，女有余布。"（《孟子·滕文公下》。）其诘陈相曰："一人之身，而百工之所为备，如必自为而后用之，是率天下而路也。"（《孟子·滕文公上》。）此为商业之所由起。然古代部落，率皆共产，力之出不为己，货之藏不于己，取公有之物而用之，以己所有之物资人，皆无所谓交易也。惟共产限于部落之内，与他部落固不然，有求于他，势不能无以为易，而交易之事起矣。往来日数，交易日多，则敦朴日漓，嗜欲日起，而私产之习渐萌。私产行，则人与人之相资亦必以为易，此则商业之所由广也。

《老子》曰："至治之极，邻国相望，鸡狗之声相闻，民各甘其食，美其服，安其俗，乐其业，至老死不相往来。"《盐铁论》曰："古者千室之邑，百乘之家，陶冶工商，四民之求，足以相更。故农民不离畎亩而足乎田器，工人不斩伐而足乎陶冶，不耕田而足乎粟米。"（《水旱》。）《管子》曰："市不成肆，家用足也。"（《权修》。）可见古者一部落之中，及此部落与他部之间，交易皆极少。然生事愈进，则分工愈密，分工愈密，则彼此之相资益深，而交易遂不期其盛而自盛。故《管子》又谓"聚者有市，无市则民乏"矣。（《乘马》。《管子·乘马》曰："方六里命之曰暴，五暴命之曰部，五部命之曰聚。"）

陈相曰："从许子之道，则市贾不贰，国中无伪，虽使五尺之童适市，莫之或欺。布帛长短同，则贾相若；麻缕丝絮轻重同，则贾相若；五谷多寡同，则贾相若；屦大小同，则贾相若。"（《孟子·滕文公上》。）不论精粗，但论多少，战国时人断无从发此奇想。盖古自有此俗，而农家称颂之。许行治农家言，亦从而主张之也。交易之初，情状奚若，据此可以想见矣。

《易·系辞传》谓"日中为市"，"交易而退"。此盖定时定地为之，今之所谓作集也。斯时交易盖盛于农隙之时。《书·酒诰》曰："妹土嗣尔股肱，纯其艺黍稷，奔走事厥考厥长。肇牵车牛，远服贾。"伪《孔传》曰："农功既毕，始牵车牛，载其所有，求易所无。"故《郊特牲》谓"四方年不顺成，八蜡不通"；"顺成之方，其蜡乃通"也。稍进乃有常设之市，在于野田墟落之间，《公羊》何注所谓"因井田而为市"，（宣十五年。《陔余丛考》"市井条"曰："市井二字，习为常谈，莫知所出。《孟子》：在国曰市井之臣。注疏亦未见分析。《风俗通》曰：市亦谓之市井，言人至市有鬻卖者，必先于井上洗濯香洁，然后入市也。颜师古曰：市，交易之处；井，共汲之所，总言之也。按《后汉书·循吏传》：白首不入市井。注引《春秋》井田记云：因井为市，交易而退，故称市井。此说较为有据。"愚谓此说与《公羊》何注盖系一说。市之设，所以便农民，而设市之处，则因众所共汲之井，颜说亦此意也。）管子所谓"聚者有市"者也。《孟子》曰："有贱丈夫焉，必求龙断而登之，以左右望，而罔市利。"（《公孙丑下》。）注："龙断，谓堁断而高者也。"明其贸易行之野田墟落之间，所居高则易望见人，人亦易望见之，故一市之利为所罔矣。更进乃有设肆于国中者。《管子》曰："百乘之国，中而立市，东西南北度五十里。一日定虑，二日定载，三日出竟，五日而反，百乘之制轻重，毋过五日。百乘为耕田万顷为户，万户为开，口十万人，为分者万人，为轻车百乘，为马四百匹。千乘之国，中而立市，东西南北度百五十余里。二日定虑，三日定载，五日出竟，十日而反。千乘之制，轻重毋过一旬。千乘为耕田十万顷，为户十万户，为开口百万人，为当分者十万人，为轻车千乘，为马四千匹。万乘之国，中而立市，东西南北度五百里。三日定虑，五日定载，十日出竟，二十日而反。万乘之制，轻重毋过二旬。万乘为耕田百万顷，为户百万户，为开口千万人，为当分者百万人，为轻车万乘，为马四万匹。"（《揆度》。）此虽辜较之言，然其所规画欲以给一国之人，则审矣。古者建都，必中四境之内，曰中国，而立市即在国都之中，《考工记》所谓"匠人营国，面朝后市"者也。故《孟子》曰"在国曰市井之臣"也。（《万章下》。市井二字，初盖指野田墟落间之市，后乃以为市之通称。）

古代之商，非若后世之易为也。古代生计，率由自给，生事所须，不资异国。其有求于异国者，必其遭遇灾祸，以致空无庚财，乞粜莫予，交易所得，资以续命，故必有商人焉。而其时之贸易，不如今日之流通。我所求者，何方有之，何方较贱，所持以为易者，何方有之，何方较贵，非若今日安坐可知，亿度可得，皆有待于定虑之豫，决机之果者也。故白圭曰："吾治生产，犹伊尹、吕尚之谋，孙、吴用兵，商鞅行法是也。是故其智不足与权变，勇不足以决断，仁不能以取予，强不能有所守，虽欲学吾术，终不告之矣。"（《史记·货殖列传》。）然则豪商驵贾，其有才智，不始晚近，自古昔则然矣。故曰"商之为言章也"。（《白虎通》。《汉书·食货志》："大司农中丞耿寿昌以善为算，能商功利，得幸于上。"师古曰："商，度也。"）郑商人弦高能矫命以却秦师，（《左》僖三十三年。）其贾于楚者，又密虑欲出荀䓨，（《左》成三年。）其明征矣。子产之告韩宣子曰："昔我先君桓公，与商人皆出自周。庸次比耦以艾杀此地，斩之蓬蒿藜藿，而共处之。世有盟誓，以相信也，曰：尔无我叛，我无强贾，毋或匄夺。尔有利市宝贿，我弗与知。"（《左》昭十六年。）所以重商如此。其甚者以肇造之国，货财或有阙乏，必恃商人致之也。卫国破坏，文公通商，卒致殷赈，亦同此理。（《左》闵二年。）

曷言古者生事所须，不资异国也？《史记·货殖列传》曰："百里不贩樵，千里不贩籴。"又曰："夫神农以前，吾不知已。至若《诗》《书》所述虞夏以来，耳目欲极声色之好，口欲穷刍豢之味，身安逸乐，而心夸矜执能之荣。使俗之渐民久矣，虽户说以眇论，终不能化。""夫山西饶材、竹、谷、纑、旄、玉石；山东多鱼、盐、漆、丝、声色；江南出楠、梓、姜、桂、金、锡、连、丹沙、犀、玳瑁、珠玑、齿革；龙门、碣石北多马、牛、羊、旃裘、筋角；铜、铁则千里往往山出棋置：此其大较也。皆中国人民所喜好，谣俗被服饮食奉生送死之具也。"此亦其所喜好而已，谓必待以奉生送死，非情也。《周书》曰："商不出则三宝绝。"三言其多，曰宝则亦非生活所必资矣。声子之说子木也，曰："晋卿不如楚，其大夫则贤，皆卿材也。如杞、梓、皮革，自楚往也。虽楚有材，晋实用之。"（《左》襄二十六年。）杞、梓、皮革，固非宫室器用所必资，亦其所喜好而已。当时商人所贩鬻者如此，故多与王公贵人为缘，故子贡"废著鬻财"，"结驷连骑，束帛之币以聘享诸侯，所至，国君无不分庭与之抗礼"。（《史记·货殖列传》。）晁错论汉之商人，犹谓其"交通王侯，力过吏势"。（《汉书·食货志》。）夫固有以中其所欲，非独以其富厚也。然生事日进，分工愈密，交易愈盛，则其所恃以牟利者，不必皆王公贵人，而固在于平民。其术一时谷物之轻重而废居焉，一备百物以待取求。《管子》曰："岁有四秋，（农事作为春之秋，丝纩作为夏之秋，五谷会为秋之秋，纺绩缉缕作为冬之秋。见《管子·轻重乙》。）物之轻重相什而相伯。"（《轻重乙》。）又曰"君朝令而求夕具，有者出其财，无有者卖其衣屦"是也。（《轻重甲》。）故曰："今君躬垦犁田，耕发草土，得其谷矣。民人之食，有人若干步亩之数，然而有饿馁于衢间者，何也？谷有所藏也。今君铸钱立币，民通移，人有百十之数，然而民有卖子者，何也？财有所并也。"（《轻重甲》。）管子所欲摧抑者，正此等人。故曰："岁有凶穰，故谷有贵贱。令有缓急，故物有轻重。然而人君不能治，故使蓄贾游市，乘民之不给，百倍其本。分地若一，强者能守；分财若一，智者能收。智者有什倍人之功，愚者有不赓本之事。然而人君不能调，故民有相百倍之生也。夫民富则不可以禄使也，贫则不可以罚威也。法令之不行，万民之不治，贫富之不齐也。"（《国蓄》。）故曰："使万室之都，必有万钟之藏，藏镪千万。使千室之都，必有千钟之藏，藏镪百万。春以奉耕，夏以奉耘，耒耜械器，种饷粮食，毕取赡于君。故大贾蓄家不得豪夺吾民矣。"（《国蓄》。）汉代之抑商，盖由此也。

计然曰："夫粜，二十病农，九十病末。末病则财不出，农病则草不辟矣。上不过八十，下不减三十，则农末俱利。"（《史记·货殖列传》。）然则斯时粜价，轻重相去，盖四而又半之焉。而李悝为魏文侯作尽地力之教，农民之生谷，石以三十钱计，然则农夫所得，最下之价耳，上此则利皆入于商人矣。此农家者流，所以欲重农而抑商耶，亦势有所激也。（古农家言，非徒道耕稼之事。许行为神农之言，而讥切时政，其明征矣。《管子》书最杂，昔人隶之道家或法家，实可入杂家。《轻重》诸篇，所陈亦皆农家言也。）

右所言乃古代之豪商驵侩，其寻常者初不能。然古者行曰商，处曰贾。商须周知四方物产登耗，又周行异国，多历情伪，其才智自高。贾即不能然，然犹有廛市以处。至求垄断之贱丈夫，则又其下焉者矣。《周官》有贩夫贩妇，盖亦此曹也。又廛人掌敛总布。杜子春云："总当为儳，谓无市立持者之税也。"郑玄不从，而注肆长叙其总布取之。又《诗·有瞽》笺："箫，编小竹管，如今卖饧者所吹也。"（疏："《史记》称伍子胥鼓腹吹箫，乞食吴市，亦为自表异也。"）此即《说文》所谓"衔，行且卖也"。此并垄断而不能得，又下之下者矣。（札记原文止此。）

古人之贱商，予昔札记中亦有一则论之，今并录以资参考：

子贡废著鬻财，而结驷连骑，束帛之币以聘享诸侯，所至，国君无不分庭与之抗礼。乌氏倮以畜牧富，秦始皇帝令比封君，以时与列臣朝请。巴寡妇清擅丹穴之利，则以为贞妇而客之。晁错论当时商人，谓其交通王侯，力过吏势。其重富人如此，然言及商贾，则又恒以为贱，何哉？杨恽《报孙会宗书》曰："恽幸有余禄，方籴贱贩贵，逐什一之利。此贾竖之事，污辱之处，恽亲行之。下流之人，众毁所归，不寒而慄。"可谓若将浼焉。又其甚者，"国君过市，则刑人赦；夫人过市，罚一幕；世子过市，罚一布；命夫过市，罚一盖；命妇过市，罚一帷"。（《周官·地官·司市》。）几于刑余之贱矣。岂真以其皇皇求财利，非士大夫之意，故贱之乎？非也。隆古之民好争，惟武健是尚，耕稼畜牧，已非所问，贸迁有无，更不必论矣，是惟贱者为之。其后居高明者，非不欲自封殖，则亦使贱者为之。《货殖列传》曰："齐俗贱奴虏，而刀閒独爱贵之。桀黠奴，人之所患也，惟刀闲收取，使之逐渔盐商贾之利。"今所传汉人乐府《孤儿行》曰："孤儿生，孤儿遇生，命当独苦。父母在时，乘坚车，驾驷马。父母已去，兄嫂令我行贾，南到九江，东到齐与鲁。"王子渊《僮约》曰："舍后有树，当裁作船，上至江州下到湔，主为府掾求用钱。推访垩，贩棕索，绵亭买席，往来都落。当为妇女求脂泽，贩于小市，归都担枲。转出旁蹉，牵犬贩鹅。武都买茶，杨氏担荷。往来市聚，慎护奸偷。入市不得夷蹲旁卧，恶言丑骂。多作刀矛，持入益州，货易羊牛。"虽风刺之辞，或溢其实，游戏之文，不为典要，然当时贩鬻皆使贱者为之，则可见矣。《货殖列传》

所列诸人，度亦深居发踪指示，坐收其利，非真躬与贾竖处也。不然，安得曰"千金之子，不死于市"哉？且达官贵人，因好利，故至于与贾竖抗礼，而语及其人，则又贱之，亦非自舛倍也。近世淮南鹾贾有起自奴仆者，士人或从之求句，犹不欲与通婚姻。乡人有嫁女军人者，军人故盗也，戚党耻之，虽其人亦自惭恶，然耻之者亦未尝不以其从军人餔啜为幸。为贪财利，乃蚁慕小人，语及家世，则又自矜夸。承流品之余习，丁好利之末世，人之情固然，其无足怪。（以上札记原文。）

商业之演进，不征诸富商大贾之多，而征诸普通商人之众。普通商人众，则可见分工之密，易事之烦，而社会生计互相依倚，融成一片矣。《货殖列传》谓关中自秦汉建都，"四方辐凑并至而会，地小人众，故其民益玩巧而市末也"。又谓邹鲁地小人众，"好贾趋利，甚于周人"。以地小人众而为商，其必负贩之流，而非豪商大贾明矣。今日到处皆有小商人，自此昉也。

古代之市，皆自为一区，不与民居相杂，所以治理之者甚备，监督之者亦严。其见于《周官》者，有胥师以察其诈伪，贾师以定其恒贾，司虣以禁其斗嚣，司稽以执其盗贼，胥以掌其坐作出入之禁令，肆长以掌其货贿之陈列，而司市总其成。（郑注云："司市，市官之长。"又云："自胥师以及司稽，皆司市所自辟除也。胥及肆长，市中给繇役者。"）又有质人以掌其质剂、书契、度量、淳制，廛人以敛其布。凡治市之吏，居于思次。（司市以次叙分地而经市，"凡市入，则胥执鞭度守门。市之群吏平肆展成奠贾，上旌于思次以令市。市师莅焉，而听大治大讼。胥师、贾师莅于介次，而听小治小讼"。注："思次，若今市亭也。介次，市亭之属别，小者也。郑司农云：思，辞也。次，市中候楼也。玄谓思当为司字，声之误也。"《天官》：内宰，"凡建国，佐后立市，设其次，置其叙，正其肆，陈其货贿，出其度量淳制，祭之以阴礼"。）通货贿则以节传出入之。（司市，"凡通货贿，以玺节出入之"。司关"掌国货之节，以联门市"，"凡货不出于关者，举其货，罚其人。凡所达货贿者，则以节传出之"。注："货节谓商本所发司市之玺节也。自外来者，则案其节而书其货之多少，通之国门，国门通之司市。自内出者，司市为之玺节，通之国门，国门通之关门。"又云："商或取货于民间，无玺节者至关，关为之玺节及传出之。其有玺节，亦为之传。传，如今移过所文书。"）物之藏则于廛，（《孟子·公孙丑上》："市廛而不征，法而不廛。"注："廛，市宅也。"《王制》："市廛而不税。"注："廛，市物邸舍。"《周官·载师》："以廛里任国中之地。"注："故书廛或作坛。郑司农云：坛读为廛。廛，市中空地未有肆，城中空地未有宅者。""玄谓廛里者，若今云邑居里矣。廛，民居之区域也。里，居也。"又《序官·廛人》注："故书廛为坛。杜子春读坛为廛，说云市中空地。玄谓：廛，民居区域之称。"又，廛布注云："邸舍之税。"又，《遂人》"夫一廛"注："郑司农云：廛，居也。扬子云有田一廛，谓百亩之居也。玄谓廛，城邑之居。孟子所云：五亩之宅，树之以桑麻者也。"愚案廛为区域之称，所谓市中、城中空地者，正区域之谓也。但乡间可居之区域，亦称为廛。筑室其上，亦得沿廛之称，初不论其在邑在野、有宅无宅、为民居为邸舍也。孟子言"廛而不税"，指商肆，下又言"廛无夫里之布"，则指民居。《载师》"以廛里任国中之地"，明言在国中。《遂人》"夫一廛"，则必在野矣。《荀子·王制》："定廛宅"，似以廛与宅为对文。许行"愿受一廛而为氓"，则又似为通名，不必确指其为空地，抑为宅舍也。）虽关下亦有之。（司关"司货贿之出入者，掌其治禁，与其征廛"。注："征廛者，货贿之税与所止邸舍也。关下亦有邸客舍，其出布如市之廛。"）是货物之运贩、囤积、鬻卖，皆有定处，有定途也。（《周官》：司市，"大市日昃而市，百族为主。朝市朝时而市，商贾为主。夕市夕时而市，贩夫贩妇为主"。疏云："大市于中，朝市于东偏，夕市于西偏，《郊特牲》所云是也。"案《郊特牲》云："朝市之于西方，失之矣。"注："朝市宜于市之东偏。"引《周官》此文为说，此疏所据也。然则一市之中，亦有部分不容紊越矣。）《礼记·王制》："有圭璧金璋，不粥于市。命服命车，不粥于市。宗庙之器，不粥于市。牺牲不粥于市。戎器不粥于市。用器不中度，不粥于市。兵车不中度，不粥于市。布帛精粗不中数，幅广狭不中量，不粥于市。奸色乱正色，不粥于市。锦文珠玉成器，不粥于市。衣服饮食，不粥于市。五谷不时，果实未熟，不粥于市。木不中伐，不粥于市。禽兽鱼鳖不中杀，不粥于市。"又曰：天子巡守，"命市纳贾，以观民之所好恶、志淫奸辟"。惟市有定地，故监督易施，而物价亦可考而知也。秦汉而降，此意仍存。《三辅黄图》谓长安市有各方二百二十六步，六市在道西，四市在道东，凡四里为一市，是汉之市有定地也。《唐书·百官志》谓："市肆皆建标筑土为候。凡市，日中击鼓三百以会众，日入前七刻，击钲三百而散。有果毅巡逝。平货物为三等之直，十日为簿。"（两京诸市署令。）是唐之市有定地也。此犹京国云尔。王莽于长安及大都市立五均官，长安及洛阳、邯郸、临淄、宛、成都等地皆有五均司市师，则大都市皆有市长矣。隋开皇中以钱恶，京师及诸州邸肆之上，皆令立榜置样为准，不中样者，不入于市，（则天长安中，亦悬样于市，令百姓依样用钱。）则诸州邸肆皆有定所矣。（北魏胡灵后时，尝税入市者人一钱。）《辽史》谓太祖置羊城于炭山北，起榷务以通诸道市易。太宗得燕，置南京，城北有市，令有司治其征；余四京及他州县货产懋迁之地，置亦如之。（《食货志》。）则辽之市亦由官设，由官管理矣。要之，邸肆民居，毫无区别，通衢僻巷，咸有商家，未有如今日者，此固由市制之益坏，亦可见贸易之日盛也。

我国中原与边疆以及外国之通商，亦由来已久，且自古即颇盛。盖两地所有，不得尽同，易事通工，因斯而起。而两地所有之不同，则因国族之异而益盛也。《左》襄十四年，戎子驹支告晋人曰："我诸戎饮食衣服，不与华同，贽币不通，言语不达。"以乎彼此绝无交涉矣，然此特以国交言之。至于民间，则魏绛说晋侯和戎曰："戎狄荐居，贵货易土，土可贾焉。"（《左》襄四年。）知已有以货物易土地者矣。《史记·货殖列传》谓栎邑北却戎狄，"多大贾"。巴蜀"南御滇僰，僰僮。西近邛笮，笮马、旄牛"。天水、陇西、北地、上郡"西有羌中之利，北有戎翟之畜"。杨、平阳"西贾秦、翟，北贾种、代"。上谷至辽东，"北邻乌桓、夫余，东绾秽貉、朝鲜、真番之利"。凡接壤之处，商利几无不饶。汉初，粤地如同化外，西域尤绝未闻知，而枸酱竹杖既已远至，其地商人之无远勿届，亦可惊矣。《盐铁论》：大夫难文学，谓"中国一端之缦，得匈奴累金之物"，"异物内流则国用饶，利不外泄则民用给"。文学反难之，谓"骡驴之用，不中牛马之功；鼲鼦旃罽，不益锦绨之实。美玉珊瑚，出于昆山，珠玑犀象，出于桂林。此距汉万有余里，计耕桑之功，资助之费，是一物而售百倍，其价一也，一揖而中万钟之粟也。夫上好珍怪，则淫服下流；贵远方之物，则货财外充。是以王者不珍无用以节其民，不爱其货以富其国"。（《力耕》。）通商之为损为益，在当时已成为争辩之端矣。西域既通，来者益多。罽宾杀汉使，遣使谢罪。汉欲遣使报送，杜钦言：其"悔过来，而无亲属贵人，奉献者皆行贾贱人，欲通货市买，以献为名，（案，历代所谓外国朝贡，实其贾人者甚多。）故烦使者送至县度，恐失实见欺。凡遣使送客者，欲为防猲寇害也。起皮山南，更不属汉之国四五，斥候、士百余人，五分夜击刁斗自守，尚时为所侵盗。驴畜负粮，须诸国禀食，得以自瞻。国或贫小不能食，或桀黠不肯给，拥强汉之节，馁山谷之间，乞匄无所得，虽一二旬，则人畜弃捐旷野而不反。又历大头痛、小头痛之山，赤土、身热之阪，令人身热无色，头痛呕吐，驴畜尽然。又有三池、盘石阪，道狭者尺六七寸，长者径三十里。临峥嵘不测之深，行者骑步相持，绳索相引，二千余里乃到县度。畜队，未半坑谷尽靡碎；人堕，势不得相收视。险阻危害，不可胜言"。（《汉书·西域传》。）使节之艰难如此，贾人之来往可知，而犹能矫其君命，远来东国，贾胡重利，可谓甚矣。自此至南北朝，内地与西域之交通，虽或盛或衰，而迄未尝绝。（史所云绝者，皆以国交言之。若民间之往来，则可谓终古未绝也。）《隋书·食货志》言：南北朝时，河西、交广皆以金银为市。内地固不以金银为泉布，而二方独用之者，以与他处通商故也。隋唐之世，国威遐畅，西域之来者益多，大抵利贾市也。当时裴矩所招致者，盖皆此曹。日本桑原骘藏《东洋史要》曰："东西陆路之互市，至唐极盛。先是隋炀帝时，武威、张掖、河西诸郡，为东西交易之中枢，西方贾人来集其地者，溢四十国。唐兴，中央亚细亚天山南路之路开，西方诸国来通东方通商者益众。支那人之商于中央亚细亚、波斯、印度地方者，亦不少。彼素谙商业之犹太人，乘机西自欧洲、阿非利加，东至支那、印度间，商权悉归掌握。或自红海经印度洋来支那之南海，或自地中海东岸之安地凹克，经呼罗珊、中央亚细亚、天山南路，而来支那之长安。及大食国勃兴，阿剌比亚人渐拓其通商之范围，无论陆路海路，当时世界商权，殆在阿剌比亚人掌中云。"（据樊炳清译本。桑原氏之说，盖兼采西史。今未能博考其所自出，姑引其说。）

海路通商，似亦先秦即有之。《史记·货殖列传》言番禺为"珠玑、犀、玳瑁、果、布之凑"，此即后世与外地交易之品也。《汉书·地理志》曰："自日南障塞、徐闻、合浦船行可五月，有都元国。又船行可四月，有邑卢没国。又船行可二十余日，有谌离国。步行可十余日，有夫甘都卢国。自夫甘都卢国船行可二月余，有黄支国，民俗略与珠崖相类。其州广大，户口多，多异物，自武帝以来，皆献见。有译长，属黄门，与应募者俱入海市明珠、璧流离、奇石异物，赍黄金杂缯而往。所至国皆禀食为耦，蛮夷贾船，转送致之。亦利交易，剽杀人。又苦逢风波溺死，不者数年来还。大珠至围二寸以下。平帝元始中，王莽辅政，欲耀威德，厚遗黄支王，令遣使献生犀牛。自黄支船行可八月，到皮宗。船行可二月，到日南、象林界云。黄支之南，有已程不国，汉之译使自此还矣。"汉勤远略，不在于南，知此道必非因国家之力而开，亦贾人所通也。大秦尝欲通中国，为安息所阂，不得达。至桓帝延熹九年，其王安敦遣使自日南徼外，献象牙、犀角、玳瑁，始乃一通焉。（《后汉书·西域传》。）孙权黄武五年，大秦贾人字秦伦，又来交阯，太守吴邈遣送权，（《梁书·诸夷列传》。）亦自海道来者也。桑原氏云："当时日南、交阯之地，为东、西洋交通中枢，西邦贾人多集其地。"时则"罗马商船独专印度洋之航海权。及佛教次第东渐，锡兰及南洋诸国与支那间，道路已通，因而支那海运渐兴，经爪哇、苏门答腊而至锡兰之航路，遂归支那人手。经南北朝以至隋唐初叶，支那商船更推广其航路。或自锡兰沿西印度海岸入波斯湾内，或沿阿拉比亚海岸至红海湾头之阿丁。当时锡兰为世界商业中枢，支那人、马来人、波斯人、哀西比亚等四方国民，来集于斯，以从事交易。及大食勃兴，阿非利加与西方亚细亚沿岸及印度河口所有港湾，前后归其版图。以故阿拉比亚人与其属波斯人、犹太人等，益恢张海运。遂东向经南洋诸国而通商于支那沿岸，代支那人而专有亚细亚全境之航海权。至武后天授中，阿拉比亚人之商于广州、泉州、杭州诸港者颇多，时以数万计。唐于诸港置提举市舶之官，征海关税，为岁入大宗"云。(《东洋史要》，樊炳清译本。)案，国史于南方诸国记载最详者，当推《宋》《梁》《唐》三书，所记诸国，大抵为通市来者也。互市置官，始于隋之互市监，而唐因之。市舶司之置，新旧《唐书》《六典》皆不载。《文献通考》曰："唐有市舶使，以右威卫中郎将周庆立为之。唐代宗广德元年，有广州市舶使吕太一。"案，庆立事见《新书·柳泽传》，(《传》云："开元中，转殿中侍御史，监岭南选。时市舶使、右威卫中郎将周庆立造奇器以进，泽上书曰：不见可欲，使心不乱，是知见可欲而心必乱矣。庆立雕制诡物，造作奇器，用浮巧为珍玩，以谲怪为异宝，乃治国之巨蠹，明王所宜严罚者也。昔露台无费，明君不忍；象箸非大，忠臣愤叹。庆立求媚圣意，摇荡上心。陛下信而使之乎，是宣淫于天下；庆立矫而为之乎，是禁典之所无赦。陛下新即位，固宜昭宣菲薄，广示节俭，岂可以怪好示四方哉！书奏，玄宗称善。"案，雕制诡物，或亦抚放异国之物欤？)吕太一事，见《旧书·代宗纪》。(《纪》云："广德元年十二月甲辰，宦官市舶使吕太一逐广南度使张休，纵下大掠广州。")又《新书·卢怀慎传》：子奂，"天宝初，为南海太守。南海兼水陆都会，物产瑰怪，前守刘巨鳞、彭杲皆以赃败，故以奂代之。污吏敛手，中人之市舶者，亦不敢干其法，远俗为安。时谓自开元后四十年，治广有清节者，宋璟、李朝隐、裴三人而已"。然则唐市舶使之置，多以武人、宦官为之，黩货无厌，以利其身，损国体而敛怨于远人，云为岁入大宗，盖《东洋史要》亿度之语。泉杭诸州曾置市舶司，亦无文谓于诸港皆置提举，亦不审之谈也。及宋代而设置渐多，其可考者有杭、明、温、秀、泉、广诸州及华亭、江阴、板桥（镇名，属密州，即今青岛也。）初以州郡兼领，元丰中，令转运司兼提举，后又专置提举，亦数罢归转运。又有令提刑安抚兼领者。所税香药、犀、象，往往以酬入边充钞本，始真于国用有裨矣。（《宋史·食货志》：崇宁三年，"令蕃商欲往他郡者，从舶司给券，毋杂禁物、奸人。初，广南舶司言，海外蕃商至广州贸易，听其往还居止，而大食诸国商亦丐通人他州及京东贩易，故有是诏"。）

蒙古勃兴，疆域广远，商业亦因之益盛。桑原氏曰"自蒙古建国，四方割据诸小国悉灭，商贾往来日便。又新开官道，设驿站，分置守兵，旅客无阻，东西两洋之交通，实肇于此。是时西亚及欧洲商人，陆自中亚经天山南路，或自西伯利亚南部经天山北路，而开贩路于和林，及燕京。波斯与印度及支那之间，海上交通亦日繁，泉州、福州诸港，为世界第一贸易场，外人来居其地者以万数"云。案，成吉思汗之西侵，实因讹打剌城主杀蒙古人而起，而此蒙古人，则成吉思汗使随西域商人西行市买者也。先是汗尝致书于花剌子模王，请通商，各守疆场，所因者亦商人也。（详见《元史译文证补·西域补传》。）则知漠南北之地甫定，而西域商人之踪迹已至矣。宋时南方诸国，与我往来最密者为三佛齐。（今苏门答腊。）三佛齐之南有阇婆。（今爪哇。）阇婆西北海行十五日，至渤泥。（今婆罗洲。）此皆今南洋群岛。又有南毗，在大海西南，自三佛齐风飘月余可止，则似在印度沿海。又有注辇，《宋史》云："距广州四十一万一千四百里。"里程必误。《宋史》谓注辇东南二千五百里，有悉兰地，悉兰地即锡兰，则注辇当在印度西岸。《元史》云："海外诸国，以俱蓝、马八儿为最大。"马八儿，今麻打拉萨。"俱兰为马八儿后障"，岂即所谓注辇者邪？元时招致来朝者，为国凡十，曰马八儿，曰须门那，曰僧急里，曰南无力，曰马兰丹，曰那旺，曰丁呵儿，曰来来，曰急兰亦䚟，曰苏木都剌。而元尝一用兵于爪哇。马兰丹者，今麻六甲。苏木都剌，即苏门答腊也。其余诸国，一时未暇悉考。要之，宋元二代，海路所通颇远。明祖御宇，亦使驿四通，陆路远至天方，海路几遍今南洋群岛，其袭元遗迹，播声威于远方欤，抑知胡元疆域之广，虑其百足之虫，死而不僵，抚慰之使实寓伐交之意邪？皆未可知。成祖之遣郑和下西南洋，则又袭太祖之遗迹。或谓其虑建文遁迹海外，从事搜求，则罗织之谈矣。和之航海，在明永乐三年，即西历千四百有五年，哥伦布得亚美利加事在西历千四百九十三年，当我明孝宗弘治六年，后于和者实八十八年也。自郑和航行以后，中国之声威，颇张于海外，华人之谋生南洋者不少，且有作当地大长者，《明史》虽语焉不详，亦有一二，可考见也。新大陆既发见，西人陆续东航，而通商之情形，乃一变矣。其详更仆难穷，其大略则人多知之，其利害又当别论，今不具述。

市舶司之设，元明二代亦皆有之。元设于上海、澉浦、杭州、庆元、温州、泉州、广东，凡七处，时有省置。明洪武初设于太仓黄渡，寻罢，复设于宁波以通日本，泉州以通琉球，广州以通占城、暹罗及西洋诸国，诸国皆听时至，惟日本限其期为十年，人数为二百，舟为二艘，以金叶勘合表文为验，以防作伪，以其时正值倭寇为患也。嘉靖初给事中夏言言，倭患起于市舶，遂罢之。嘉靖三十九年凤阳巡抚唐顺之议复三市舶司，部议从之。四十四年浙江以巡抚到畿言仍罢，福建开而复禁，万历中悉复。永乐中又尝设交阯云南市舶提举司。明之设司，意不在于收税，而在以此抚治诸夷，消弭衅隙，以其时倭寇方张也。在当时未尝不收制驭之效，然习之久，而畏恶外人之心日增，欧人之传教，又颇与华人习俗相违。清嘉庆时，又有西北教匪，东南艇盗之祸，遂并攘夷排教御寇为一谈，中西之交涉,生出无穷胶葛焉。原因虽多,而倭寇滋扰,致中国之视海客咸有畏恶之心,亦其中之一也。(《明史·食货志》曰:"明初东有马市,西有茶市,皆以驭边省戍守费,海外诸国入贡,许附载方物,与中国贸易,因设市舶司,置提举官以领之。所以通夷情,抑奸商,俾生禁有所施因,以消其衅隙也。"明之与外国通市,其意皆非以为利,故永乐初西洋剌泥国回回哈只马哈没奇等来朝,附载胡椒,与民互市,有司请征其税,成祖不许。武宗时提举市舶太监毕真言"旧制泛海诸船,皆市舶司专理,近领于镇巡及三司官,乞如旧便"。礼部议"市舶职司进贡方物,其客商及风泊番船,非敕旨所载,例不当预也"。夫许外国互市而日入贡,许附载方物贸易,而市舶司且若以接待贡使为职,永乐三年又置驿于三市舶司,以待诸番贡使,岂真以其来为入贡而不为贸易哉?夫亦曰必入贡而后许贸易,则不至与沿海之民私相市,而官司无所稽考,以是为制驭之一策云尔。此等办法似乎多事,而亦不能尽谓为不然。盖客强主弱,乃亡清中叶以后之情形,前此则适相反。故嘉靖倭变,朱纨访知"由舶主皆贵官大姓市番货,皆以虚值转鬻牟利,而值不时给"。而史且谓"市舶既罢,日本海贾往来自如,海上奸豪与之交通,法禁无所施"也。盖市舶官吏原来未尝不有赃私之行,然视土豪势家,则终有间矣。)

北方游牧民,虽时与中国以兵戎相见,然通市亦恒不绝,史所载虽不详,亦可考见其盛者,则如汉设马邑之权,匈奴单于觉之而去,自是绝和亲,攻当路塞,然尚"乐关市,嗜汉财物,汉亦关市不绝以中之",又如唐杀突董,九姓胡死者千人。突董回纥毗伽可汗叔父也,而毗伽谓唐使,"国人皆欲尔死,我独不然。突董等已亡,今又杀尔,犹以血濯血,徒益污。吾以水濯血,不亦善乎!为我言有司所负马值百八十万,可速偿我也"。若宽仁能以德报怨者,实贪马值不能绝耳。明初设马市三,一在开原南关,以待海西。一在开原城东,一在广宁,以待朵颜三卫。正统三年始设马市于大同以待也先,其后王振裁其马价,遂有土木之变,也先桀骜固终必反。然非裁马价有以激之,其叛或不至于是其速也。其后北抚俺答，东驭女直，亦藉大同马市、辽东义州木市。努尔哈赤之攻尼堪外兰，明人不能讨，顾开抚顺、清河、宽甸、瑷阳四关，许其互市。论者谓满洲之致富厚、习华事实于此有关焉。盖中国与外夷通商，不徒资其困乏，亦足牖其文明矣。蠢彼建夷，不思木桃之报，而为封豕长蛇，荐食上国，其罪可胜诛乎！

第二章

财　产

　　人与物并生，人以其力取物以自养；至于人与人之间，则只有协力以对物，更无因物而相争。此邃古之世然也。

　　此等情状，其在诸小部落，各自独立，不相往来之世乎？老子称："至治之极，邻国相望，鸡狗之声相闻，民各甘其食，美其服，安其俗，乐其业，至老死不相往来。"（《史记·货殖列传》。今见于《老子》者，词小异而意大同。）《管子》亦称：佸（即帝喾。）尧之时，"牛马之牧不相及，人民之俗不相知，不出百里而来足。"（《管子·侈靡》。来，疑当作求。）盖各小部落，各自独立，所与处者，皆本部落之人，故能和亲康乐如此也。迨各部落互相并兼，而其形势一变。

　　《礼记·礼运》载孔子之言曰："大道之行也，与三代之英，丘未之逮也，而有志焉。大道之行也，天下为公，选贤与能，讲信修睦。故人不独亲其亲，不独子其子，使老有所终，壮有所用，幼有所长，鳏寡孤独废疾者皆有所养。男有分，女有归。货恶其弃于地也，不必藏于己。力恶其不出于身也，不必为己。是故谋闭而不兴，盗窃乱贼而不作，故外户而不闭，是谓大同。今大道既隐，天下为家。各亲其亲，各子其子，货力为己。大人世及以为礼,城郭沟池以为固,礼义以为纪。以正君臣,以笃父子,以睦兄弟,以和夫妇,以设制度,以立田里,以贤勇知,以功为己。故谋用是作,而兵由此起。禹、汤、文、武、成王、周公,由此其选也。"《淮南子·本经训》亦言古者"机械诈伪,莫藏于心",而以"分山川溪谷,使有壤界。计人多少众寡,使有分数。筑城掘池,设机械险阻以为备。饰职事,制服等,异贵贱,差贤不肖,经诽誉,行赏罚",为后世之事。言民生必兼及国政、外交,固知争夺之原,为部落之与部落,而人之于人,其小焉者也。然以一人而私有财产,亦即萌于此时。

《白虎通》述三皇以前之俗曰:"卧之詓詓,行之盱盱。饥即求食,饱即弃余。"此时之人,盖全未知物之可占为己有也,但知其可供人用而已。物虽可供人用,取而用之,亦须劳力。然斯时之人,又未知劳力之可贵也。既不谓我取之即为我有,则以我所取之物与人,自亦无所谓以我之物与人,盖纯然不分人我者也。然物有限而人之欲无穷,取用之余,稍感不足,而人我之界,乃随之而渐起焉。

人我之分,初亦以群而不以人。此群占此山以猎,则不许他群之人来猎。彼群占彼泽以渔,则不许此群之人往渔。是为"分地"之始。游牧之世,人之待养于土地益著,则其宝爱土地之情弥殷。《史记·匈奴列传》谓东胡"与匈奴间,中有弃地,莫居,千余里,各居其边为瓯脱。东胡使使谓冒顿曰:匈奴所与我界瓯脱外弃地,匈奴非能至也,吾欲有之。冒顿问群臣。群臣或曰:此弃地,予之亦可,勿予亦可。于是冒顿大怒曰:地者,国之本也,奈何予之!诸言予之者,皆斩之。冒顿上马,令国中有后者斩。遂东袭击东胡。"此事信否不可知,然游牧之国,亦有重视土地之意,则于此可见矣。虞芮让所争为间田,(《尚书大传》。)宋郑约皆勿有隙地,(《左》哀十二年。)盖犹古之遗制也。

然斯时之土地,但为部落所有。私人占有土地之制,尚未萌芽也。

逮其益进，则入于耕农之世。耕农之世，种植之地，不能不分，垦辟之地，不容轻弃。农夫多有盖藏，不易移徙。于是人民渐土著。土著，则与其地关系益密矣。（如所耕之田施肥多，所居之宅修葺完，皆不愿轻以与人。即不然，游钓之乡，亦不肯轻弃。）而世世据有之之情生。土地私有之萌芽，实伏于此。

然斯时之土地，循其名，固犹未为私人所有也。一部落之土地，即为其部落所垦辟者，其为其部落所公有，固无待言。即为异部落所征服，亦举其土地，悉为异部落所有而已。《诗》曰："普天之下，莫非王土。率土之滨，莫非王臣。"盖以一部落征服他部落，则他部落之地，悉为所有；而此部落之中，有管理财产之权者，为其酋长。（酋长亦只有管理之权，财产实非所有。）遂举土地之所有权，以属之也。此部落之酋长，以此土地分人，盖有两法：一将所有之地，分与亲戚勋旧，使食其入，且治其人，是为封建之制。所谓"王者有分土"也。一将此等土田，分给耕作之人，是为井田之制。耕作者仅得耕作，土地初非所有，故有还授之法，及换土易居之制焉。

《公羊》桓二年："夏，四月，取郜大鼎于宋，此取之宋，其谓之郜鼎何？器从名，（《解诂》：从本主名名之。）地从主人。（《解诂》：从后所属主人。）器何以从名，地何以从主人？器之与人，非有即尔。（《解诂》：即，就也。凡人取异国物，非就有。取之者，皆持以归为有。为后不可分明，故正其本名。）宋始以不义取之，故谓之郜鼎。至于地与人则不然，俄而可以为其有矣。（《解诂》：俄者，谓须臾之间，制得之顷也。诸侯土地，各有封疆里数。今日取之，然后王者起，兴灭国，继绝世，反取邑，不嫌不明，故卒可使以为其有，不复追录系本主。）然则为取可以为其有乎？（《解诂》：为取，恣意辞也。）曰：否。何者？若楚王之妻，无时焉可也。"（《解诂》：妹也。引此为喻者，明其从不可名有也。）此可见古人视分土之严。孟子诘慎子曰："周公之封于鲁，为方百里也。今鲁方百里者五。子以为有王者作，则鲁在所损乎？在所益乎？"（《告子下》。）亦春秋义也。斯时之土地，除农田分赋外，余皆作为公有。人民但依定法，皆得使用。《礼记·王制》曰："名山大泽不以封。"郑注谓"与民同财，不得障管"是也。《王制》又曰："天子诸侯无事，则岁三田：一为干豆，二为宾客，三为充君之庖。无事而不田，曰不敬。田不以礼，曰暴天物。天子不合围，诸侯不掩群。天子杀则下大绥，诸侯杀则下小绥，大夫杀则止佐车。佐车止，则百姓田猎。獭祭鱼，然后虞人入泽梁。豺祭兽，然后田猎。鸠化为鹰，然后设罻罗。草木零落，然后入山林。昆虫未蛰，不以火田。不麛，不卵，不杀胎，不殀夭，不覆巢。"《孟子》亦曰，"数罟不入洿池"，"斧斤以时入山林"。（《梁惠王上》。）《周官》有山虞、林衡、川衡、泽虞、迹人等官，以掌斩林、田猎之事。又有丱人，"掌金玉锡石之地，而为之厉禁以守之。若以时取之，则物其地图而授之"。皆此等公地使用之法也。（《孟子·梁惠王下》，谓"文王之囿方七十里，刍荛者往焉，雉兔者往焉"。亦与民同财不障管之意也。《荀子·王制》："君者，善群也。群道当，则万物皆得其宜，六畜皆得其长，群生皆得其命。故养长时，则六畜育；杀生时，则草木殖；政令时，则百姓一，贤良服。圣王之制也：草木荣华滋硕之时，则斧斤不入山林，不夭其生，不绝其长也；鼋鼍鱼鳖鳅鳝孕别之时，罔罟毒药不入泽，不夭其生，不绝其长也；春耕夏耘，秋收冬藏，四者不失时，故五谷不绝，而百姓有余食也；污池渊沼川泽，谨其时禁，故鱼鳖优多，而百姓有余用也；斩伐养长，不失其时，故山林不童，而百姓有余材也。"《淮南子·主术训》："故先王之法，畋不掩群，不取麛夭。不涸泽而渔，不焚林而猎。豺未祭兽，罝罦不得布于野。獭未祭鱼，网罟不得入于水。鹰隼未挚，罗网不得张于溪谷。草木未落，斤斧不得入山林。昆虫未蛰，不得以火烧田。孕育不得杀，鷇卵不得探。鱼不长尺不得取，彘不期年不得食。是故草木之发若蒸气，禽兽之归若流泉，飞鸟之归若烟云，有所以致之也。"《汉书·货殖传》："于是辨其土地、州泽、丘陵、衍沃、原隰之宜，教民种树畜养；五谷六畜及至鱼鳖、鸟兽、蘿蒲、材干、器械之资，所以养生送终之具，靡不皆育。

育之以时,而用之有节。草木未落,斧斤不入于山林;豺獭未祭,罝网不布于野泽;鹰隼未击,矰弋不施于徯隧。既顺时而取物,然犹山不茬蘖,泽不伐夭,蠖鱼麛卵,咸有常禁。所以顺时宣气,蕃阜庶物,稸足功用,如此之备也。")

斯时之分职,为士农工商。农人以田亩均平,无甚贫甚富。工业则械器之简易者,悉由人民自造。人民不能自造者,则国家设工官造之。其造械器,所以共民用,非以牟利也。商业则贩易大者行诸国外,盖亦为本国计,与他国通有无,非其人藉以牟利。其商人藉以牟利者,如孟子所谓求垄断之贱大夫,获利有限。士虽可入官,然禄亦仅足代耕,故斯时之社会,除君卿大夫有封地者外,实可谓无甚贫甚富之别也。

斯时之社会,所最重者为分。《荀子》曰:"(人)力不若牛,走不若马,而牛马为用,何也?曰:人能群,彼不能群也。人何以能群?曰:分。分何以能行?曰:义。故义以分则和,和则一,一则多力,多力则强,强则胜物。""故人生不能无群,群而无分则争。争则乱,乱则离,离则弱,弱则不能胜物。""君者,善群也。群道当,则万物皆得其宜,六畜皆得其长,群生皆得其命。"(《荀子·王制》)。《荀子·富国》:"人之生不能无群,群而无分则争,争则乱,乱则穷矣。故无分者,人之大害也;有分者,天下之本利也。而人君者,所以管分之枢要也。")又曰:"天下害生纵欲。欲恶同物,欲多而物寡,寡则必争矣。故百技所成,所以养一人也。而能不能兼技,人不能兼官。离居不相待则穷,群而无分则争。穷者患也,争者祸也。救患除祸,则莫若明分使群矣。"(《富国》)。《管子·乘马》:"圣人之所以为圣人者,善分民也。圣人不能分民,则犹百姓也。于己不足,安得名圣?")又曰:"足国之道,节用裕民,而善藏其余。""上以法取焉,而下以礼节用之。""量地而立国,计利而畜民,度人力而授事。使民必胜事,事必出利,利足以生民,皆使衣食百用,出入相揜,必时藏余,谓之称数。"(《富国》。)《孟子》亦曰:"易其田畴,薄其税敛,民可使富也。食之以时,用之以礼,财不可胜用也。"(《尽心上》。)《大学》曰:

"生财有大道。生之者众，食之者寡，为之者疾，用之者舒，则财恒足矣。"皆致谨于生财、用财，而不以财之不足为患。故曰："田野县鄙者，财之本也；垣窖仓廪者，财之末也；百姓时和，事业得叙者，货之原也；等赋府库者，货之流也。"故曰："夫有余不足，非天下之公患也，特墨子之私忧过计也。天下之公患，乱伤之也。"(《荀子·富国》。)故曰："有国有家者，不患寡而患不均，不患贫而患不安。盖均无贫，和无寡，安无倾。"(《论语·季氏》。)故曰："君子先慎乎德。有德此有人，有人此有土，有土此有财，有财此有用。德者本也，财者末也。"(《大学》。)故曰："天地之大德曰生，圣人之大宝曰位，何以守位曰仁，何以聚人曰财。理财正辞，禁民为非曰义。"(《易·系辞》。)

斯时之制用，盖皆量入以为出。《礼记·王制》曰："冢宰制国用，必于岁之杪。五谷皆入，然后制国用。用地小大，视年之丰耗，以三十年之通制国用，量入以为出。""国无九年之畜，曰不足；无六年之畜，曰急；无三年之畜，曰国非其国也。三年耕，必有一年之食；九年耕，必有三年之食。以三十年之通，虽有凶旱水溢，民无菜色，然后天子食，日举以乐。"《曲礼》曰："岁凶，年谷不登，君膳不祭肺，马不食谷，驰道不除，祭事不县，大夫不食梁，士饮酒不乐。"《郊特牲》曰："四方年不顺成，八蜡不通，以谨民财也。顺成之方，其蜡乃通，以移民也。"(移，羡也。)合全社会共策力作，其事储蓄，共谋节省，俨然今日之家人父子焉。《管子·八观》曰："入国邑，视宫室，观车马衣服，而侈俭之国可知也。夫国城大而田野浅狭者，其野不足以养其民。城域大而人民寡者，其民不足以守其城。宫营大而室屋寡者，其室不足以实其宫。室屋众而人徒寡者，其人不足以处其室。囷仓寡而台榭繁者，其藏不足以共其费。故曰：主上无积而宫室美，氓家无积而衣服修，乘车者饰观望，步行者杂文采，本资少而末用多者，侈国之俗也。国侈则用费，用费则民贫，民贫则奸智生，奸智生则邪巧作。故奸邪之所生，生于匮不足。匮不足之所生，生于侈。

侈之所生，生于毋度。故曰：审度量，节衣服，俭财用，禁侈泰，为国之急也。不通于若计者，不可使用国。"古人之理财，固非若后世之苟求足用而已。

又《管子·事语》："桓公问管子曰：事之至数可闻乎？管子对曰：何谓至数？桓公曰：秦奢教我曰：帷盖不修，衣服不众，则女事不泰。俎豆之礼不致牲，诸侯太牢，大夫少牢，不若此，则六畜不育。非高其台榭，美其宫室，则群材不散。此言何如？管子曰：非数也。桓公曰：何谓非数？管子对曰：此定壤之数也。彼天子之制，壤方千里。齐诸侯方百里。负海子七十里，男五十里，若胸臂之相使也。故准徐疾赢不足，虽在下也，不为君忧。彼壤狭而欲举与大国争者，农夫寒耕暑耘，力归于上，女勤于缉绩徽织，功归于府者，非怨民心伤民意也，非有积蓄，不可以用人。非有积财，无以劝下。秦奢之数，不可用于危隘之国。桓公曰：善。"案此秦奢谓奢侈可以生财，而管仲辟之也。定壤之数，即《王制》用地之大小，以制国用之说。

斯时之分财，盖因其位之高下而有差等。《荀子》曰："夫贵为天子，富有天下，是人情之所同欲也。然则从人之欲，则势不能容，物不能赡也。故先王案为之制礼义以分之，使有贵贱之等，长幼之差，知愚能不能之分，皆使人载其事而各得其宜，然后使悫禄多少厚薄之称，是夫群居和一之道也。故仁人在上，则农以力尽田，贾以察尽财，百工以巧尽械器，士大夫以上至于公侯，莫不以仁厚知能尽官职，夫是之谓至平。故或禄天下而不自以为多，或监门、御旅、抱关、击柝，而不自以为寡。故曰：斩而齐，枉而顺，不同而一。夫是之谓人伦。"（《荣辱》。）孔子曰："圣人之制富贵也，使民富不足以骄，贫不至于约，贵不慊于上，（注："慊，恨不满之貌也。慊或为嫌。"）故乱益亡。"（《礼记·坊记》。）知此时除君卿大夫食禄稍厚外，其余固无甚贫甚富之差也。

然君卿大夫，食禄虽厚，其待下亦多以宽为训，以聚敛为戒，以与民争利为耻。《大学》曰:"德者本也,财者末也。外本内末,争民施夺。是故财聚则民散,财散则民聚。是故言悖而出者,亦悖而入;货悖而入者,亦悖而出。"又曰:"仁者以财发身,不仁者以身发财。"又曰:"孟献子曰:畜马乘,不察于鸡豚。伐冰之家,不畜牛羊。百乘之家,不畜聚敛之臣。与其有聚敛之臣,宁有盗臣。此谓国不以利为利,以义为利也。(《礼记·坊记》:"子云:君子不尽利以遗民。《诗》云:彼有遗秉,此有不敛穧,伊寡妇之利。故君子仕则不稼,田则不渔,食时不力珍。大夫不坐羊,士不坐犬。")长国家而务财用者,必自小人矣。彼为善之,小人之使为国家,菑害并至。虽有善者,亦无如之何矣。此谓国不以利为利,以义为利也。"可谓言之深切著明矣。古所谓战胜之族,其初虽亦以兵力击服异族而臣之。然其人必有不好利之美德。(好利则奢惰而易流于弱,且易起内争,不能战胜矣。)亦必有哀矜降伏者之仁心。而朘民自肥,终招亡灭,在古代亦必数见不鲜,又足以资其鉴戒。故积之久,而损上益下,遂垂为明训也。

《礼记·王制》谓岁之成,大司徒、大司马、大司空,"以百官之成,质于天子。百官齐戒受质,然后休老劳农"。此即《月令》所谓"腊先祖五祀,劳农以休息之";《郊特牲》所谓"蜡,黄衣黄冠而祭,息田夫"者也。《郊特牲》曰:"既蜡而收民息已,故既蜡,君子不兴功。"《杂记》:"子贡观于蜡。孔子曰:赐也乐乎?对曰:一国之人皆若狂,赐未知其乐也。子曰:百日之蜡,一日之泽,非尔所知也。张而不弛,文武弗能也。弛而不张,文武弗为也。一张一弛,文武之道也。"此古者农耕既毕,所谓"施惠于民"之事。《祭统》曰:"凡馂之道,每变以众,所以别贵贱之等,而兴施惠之象也。""祭者,泽之大者也。是故上有大泽,则惠必及下。""是故上有大泽,则民夫人待于下流,知惠之必将至也。"此则国家有庆典,行恩泽于民者也。凡此,皆古战胜之族,所以抚绥其所征服之族者也。

共产之世,力作皆以为群,相养亦惟群是待。故老弱疾病之民,亦皆有以食之；死亡迁徙之事，则必有以协助之。其遗规尚流传后世，如《礼记·王制》曰："五十不从力政，六十不与服戎，七十不与宾客之事，八十齐丧之事弗及也。"又曰："八十者，一子不从政。九十者，其家不从政。废疾非人不养者，一人不从政。父母之丧，三年不从政。齐衰大功之丧，三月不从政。将徙于诸侯，三月不从政。自诸侯来徙家，期不从政。"又曰："少而无父者谓之孤。老而无子者谓之独。老而无妻者谓之鳏。老而无夫者谓之寡。此四者，天民之穷而无告者也，皆有常饩。瘖、聋、跛、躃、断者、侏儒、百工，各以其器食之。"（《荀子·王制》："五疾，上收而养之。"）此等盖皆原始共产时代之遗规也。《乐记》曰："强者胁弱，众者暴寡，知者诈愚，勇者苦怯，疾病不养，老幼孤独不得其所，此大乱之道也。"呜呼！苟以此言为治乱之衡，则虽号称治平如中国之汉唐，富强如今日之欧美，以曷尝一日能免于乱哉？

　　原始共产之世，不徒一社会之中，能尽相生相养之道也，即其彼此之间，亦恒能互相救恤。其遗规亦尚流传于后世。如《公羊》襄三十年，"晋人、齐人、宋人、卫人、郑人、曹人、莒人、邾娄人、滕人、薛人、杞人、小邾娄人，会于澶渊，宋灾故"，"诸侯相聚，而更宋之所丧，曰：死者不可复生，尔财复矣"。（《谷梁》襄三十年："其曰人，何也？救灾以众。何救焉？更宋之所丧财也。"）此其用意，与现在之保险同，然不必豫行出资，则真可谓之义举矣。《墨子·非攻》下篇云："今若有能信效，（孙诒让云："效，读为交。"）先利天下诸侯者：大国之不义也，则同忧之；大国之攻小国也，则同救之；小国城郭之不全也，必使修之；布粟之绝则委之，币帛不足则共之。"城郭不全使修之，齐桓合诸侯而城杞其事也。（《公羊》僖十四年。）布粟之绝则委之，币帛不足共之，卫为狄灭，立戴公以庐于曹，齐侯"归公乘马，祭服五称，牛羊豕鸡狗皆三百，与门材。归夫人鱼轩，重锦三十两"其事也。（《左》闵二年。）《孟子》曰："汤居亳，与葛为邻，葛伯放而不祀。汤使人问之曰：何为不祀？曰：无以供牺牲也。

汤使遗之牛羊。葛伯食之，又不以祀。汤又使人问之曰：何为不祀？曰：无以供粢盛也。汤使亳众往为之耕。"(《滕文公下》。)以后世之事衡之，殊属不近情理。然在古代，固不足为异，盖保留有原始之遗风也。齐桓公葵丘之盟，五命曰：无遏籴。(《孟子·告子下》，《谷梁》僖九年。)《左》僖十三年，晋荐饥，使乞籴于秦。秦伯谓百里："与诸乎？"对曰："天灾流行，国家代有。救灾恤邻，道也。行道有福。"此亦古代各部落互相救恤之遗制也。

　　原始部落共产之制，随世运之进步而逐渐破坏。其所由然，则以社会组织之改变，由于私有制之产生，私利之心日盛也。邃古之人，只有合力以对物，更无因物而相争，前已明之。斯时所谓合力者，其事至简。迨其稍进，则分工易事之道兴。既有分工，则必有分职。分职如何？部落小，人民少，事务简之时，编制甚易。国大，人众，事既繁复；一物所需之多少，又时有不同，则编制甚难。斯时各部落时时互相吞并。两部落并为一部落，则其社会已非其故，分职之法，亦各舍其旧而新是图。然欲如此时时改变则甚难。且交通渐便，往来日繁，则有无之相资亦日多，各物孰宜自造？孰可不造而求之于外？孰当多造以与人为易？其情形亦月异而岁不同。旧时之分职，至此不徒不复相宜，并足为此时获利之障。私有制既兴，人之欲利，如水就下。旧制既为获利之障，自将堕坏于冥漠之中。而欲利之心，因可欲之物多而益盛。在上者日剥其下，诈伪兴而淳朴漓，原始共产之制，弥不可行矣。此非一朝一夕之故，欲凿指其在何时，实不可得。然合全局而观之，其迹固有可征也。今试略述其事如下。

　　共产制度之坏，其第一事，即在井田之废。我国古代井田制，为贵族剥削庶人之法。但名义上尚保存有平均分田之制，既有还受之法，又有换土易居之制。及春秋战国之际，社会经济之最大变化，即在井田之废。《孟子》曰："经界不正，井地不均，谷禄不平。是故暴君污吏，必慢其经界。"(《孟子·滕文公上》。)朱子《开阡陌辨》曰："《汉志》言秦废井田，开阡陌。说者之意，皆以开为开置之开。言秦废井田，而始置阡陌也。按阡陌者，旧说以为田间之道。盖因田之疆畔，制其广狭，辨其横纵，以通人物之往来，即《周礼》所谓遂上之径，沟上之畛，洫上之涂，浍上之道也。然《风俗通》云：南北曰阡，东西曰陌。又云：河南以东西为阡，南北为陌。二说不同。今以《遂人》田亩夫家之数考之，则当以后说为正。盖陌之为言百也，遂洫从而径涂亦从，则遂间百亩，洫间百夫，而径涂为陌矣。阡之为言千也，沟浍横而畛道亦横，则沟间千亩，浍间千夫，而畛道为阡矣。阡陌之名，由此而得。至于万夫有川，而川上之路，周于其外，与夫《匠人》井田之制，遂沟洫浍，亦皆四周，则阡陌之名，疑亦因其横从而命之也。然遂广二尺，沟四尺，洫八尺，浍二寻，则丈有六尺矣。径容牛马，畛容大车，涂容乘车一轨，道二轨，路三轨，则几二丈矣。此其水陆占地，不得为田者颇多。先王之意，非不惜而虚弃之也，所以正经界，止侵争，时蓄泄，备水旱，为永久之计，有不得不然者，其意深矣。商君以其急刻之心，行苟且之政，但见田为阡陌所束，而耕者限于百亩，则病其人力之不尽。但见阡陌之占地太广，而不得为田者多，则病其地利之有遗。又当世衰法坏之时，则其归授之际，必不免有烦扰欺隐之奸。而阡陌之地，切近民田，又必有阴据以自私，而税不入于公上者。是以一旦奋然不顾，尽开阡陌，悉除禁限，而听民兼并买卖，以尽人力，垦辟弃地，悉为田畴，而不使其有尺寸之遗，以尽地利。使民有田即为永业，而不复归授，以绝烦扰欺隐之奸。使地皆为田，而田皆出税，以覈阴据自私之幸。此其为计，正犹杨炎疾浮户之弊，而遂破租庸以为两税。盖一时之害虽除，而千古圣贤传授精微之意，于此尽矣。故《秦纪》《鞅传》皆云：为田开阡陌封疆而赋税平。蔡泽亦曰：决裂阡陌，以静生民之业，而一其俗。详味其言，则所谓开者，乃破坏划削之意，而非创置建立之名；所谓阡陌，乃三代井田之旧，而非秦之所制矣；所谓赋税平者，以无欺隐窃据之奸也；所谓静生民之业者,以无归授取予之烦也。以是数者,合而证之,其理可见,而蔡泽之言,尤为明白。且先王疆理天下,均以予民,故其田间之道,有经有纬,不得无法。若秦既除井授之制矣,则随地为田,随田为路,尖斜屈曲,无所不可,又何必取其东西南北之正,以为阡陌,而后可以通往来哉?此又以物情事理推之,而益见其说之无疑者。或乃以汉世犹有阡陌之名,而疑其出于秦之所置。殊不知秦之所开,亦其旷僻而非通路者耳。若其适当衝要而便于往来,则亦岂得而尽废之哉?但必稍侵削之,不使复如先王之旧耳。"(《晦庵先生朱文公文集》。)朱子此文,于井田之废坏,洞若观火。盖一由人多而地不足,故田间旷土,竞图垦辟。一由斯时有土之君,及各地方之豪强,竞思剥民以自奉,占公地以自肥,遂益破坏昔日之疆界也。还受之制既废,所占即为所有,则并公有之名而不复存,而土地尽入私人之手矣。斯时占有土地者,自系强有力之徒。愚弱之民,则任其兼并而无如何矣。职是故,乃生秦汉之世所谓田连阡陌之家。

秦汉之世,农田以外之土地,亦为私家所占。《史记·货殖列传》所载事畜牧、盐铁、丹穴之利者皆是也。《货殖列传》曰:"陆地牧马二百蹄,牛蹄角千,千足羊,泽中千足彘,水居千石鱼陂,山居千章之材。安邑千树枣;燕、秦千树栗;蜀、汉、江陵千树橘;淮北、常山已南,河济之间千树萩;陈、夏千亩漆;齐、鲁千亩桑麻;渭川千亩竹;及名国万家之城,带郭千亩亩钟之田,若千亩卮茜,千畦姜韭:此其人皆与千户侯等。"此等广大之土地,皆前此衡虞、迹人、卝人等之所掌也。此时亦皆入私人之手矣。是即秦汉之世所谓擅山泽之利之徒也。

古代工业,本由官营,读《考工记》可见。孟子难白圭曰:"万室之国,一人陶,则可乎?"曰:"不可,器不足用也。"(《孟子·告子下》。)明古者立工官,度需用之多少以造械器,贵族之需用,皆仰给于官也。逮夫春秋以后,社会发生变革,民所需用之器日多,或为官所不能造。人口日繁,则旧时官造之器,又或不能给民用。情势既异,工官之制虽尚保存，而私家之制造业日渐兴起矣。《史记·货殖列传》谓："用贫求富，农不如工，工不如商。"王莽之行六筦也，下诏曰："夫盐，食肴之将；酒，百药之长，嘉会之好；铁，田农之本；名山大泽，饶衍之臧；五均赊贷，百姓所取平，卬以给澹；铁布铜冶，通行有无，备民用也。此六者，非编户齐民所能家作，必卬于市，虽贵数倍，不得不买。豪民富贾，即要贫弱。"（《汉书·食货志》）。可见当时恃此以致富者众矣。

商业之盛，尤为共产制度破坏之大原。共产之世，本部落中虽更无交易，然交易之事，未尝不行于异部落之间。人之欲利，如水就下。交易既盛，为公家尽力之外，势必竞造私货，售诸异部落，以易其所欲得。于是一部落中，有私财者日多，共产之组织，既日以陵夷，而部人之有私财者又日多，其制安得不荡焉以尽乎？凡此，皆共产制度之所由废坏也。《汉书·货殖传》曰："及周室衰，礼法堕，诸侯刻桷丹楹，大夫山节藻棁，八佾舞于庭，雍彻于堂。其流至乎士庶人，莫不离制而弃本，稼穑之民少，商旅之民多，谷不足而货有余。陵夷至乎桓、文之后，礼谊大坏，上下相冒，国异政，家殊俗，耆欲不制，僭差亡极。于是商通难得之货，工作亡用之器，士设反道之行，以追时好而取世资。伪民背实而要名，奸夫犯害而求利。篡弑取国者为王公，圉夺成家者为雄桀。礼谊不足以拘君子，刑戮不足以威小人。富者木土被文锦，犬马余肉粟，而贫者裋褐不完，唅菽饮水。其为编户齐民，同列而以财力相君，虽为仆虏，犹亡愠色。故夫饰变诈伪奸轨者，自足乎一世之间；守道循理者，不免于饥寒之患。"《史记·货殖列传》曰："天下熙熙，皆为利来；天下攘攘，皆为利往。"又曰："贤人深谋于廊庙，论议朝廷，守信死节隐居岩穴之士设为名高者安归乎？归于富厚也。是以廉吏久，久更富，廉贾归富。富者，人之情性，所不学而俱欲者也。故壮士在军，攻城先登，陷阵却敌，斩将搴旗，前蒙矢石，不避汤火之难者，为重赏使也。其在闾巷少年，攻剽椎埋，劫人作奸，掘冢铸币，任侠并兼，借交报仇，篡逐幽隐，不避法禁，走死地如骛者，其实皆为财用耳。今夫赵女郑姬，设形容，揳鸣琴，揄长袂，蹑利屣，目挑心招，出不远千里，不择老少者，奔富厚也。游闲公子，饰冠剑，连车骑，亦为富贵容也。弋射渔猎，犯晨夜，冒霜雪，驰阬谷，不避猛兽之害，为得味也。博戏驰逐，斗鸡走狗，作色相矜，必争胜者，重失负也。医方诸食技术之人，焦神极能，为重糈也。吏士舞文弄法，刻章伪书，不避刀锯之诛者，没于赂遗也。农工商贾畜长，固求富益货也。此有知尽能索耳，终不余力而让财矣。"人自为谋，惟利是图，惟力是视，俨然今日之情形矣。(《淮南子·齐俗训》："衰世之俗，以其知巧诈伪，饰众无用。贵远方之货，珍难得之财。不积于养生之具。浇天下之淳，析天下之朴，牿服马牛以为牢。滑乱万民，以清为浊。性命飞扬，皆乱以营。贞信漫澜，人失其情性。于是乃有翡翠犀象，黼黻文章，以乱其目；刍豢黍梁，荆吴芬馨，以嚂其口；钟鼓管箫，丝竹金石，以淫其耳；趋舍行义，礼节谤议，以营其心。于是百姓糜沸豪乱，暮行逐利，烦拿浇浅。法与义相非，行与利相反。虽十管仲，弗能治也。且富人则车舆衣纂锦，马饰傅旄象，帷幕茵席，绮绣条组，青黄相错，不可为象。贫人则夏被褐带索，含菽饮水以充肠，以支暑热；冬则羊裘解札，短褐不掩形，而炀灶口故其为编户齐民无以异。然贫富之相去也，犹人君与仆虏，不足以论之。夫乘奇技伪邪施者，自足乎一世之间；守正修理不苟得者，不免乎饥寒之患。而欲民之去末反本，是由发其原而壅其流也。夫雕琢刻镂，伤农事者也；锦绣纂组，害女工者也。农事废，女工伤，则饥之本而寒之原也。夫饥寒并至，能不犯法干诛者，古今未之闻也。故仕鄙在时，不在行；利害在命，不在智。夫败军之卒，勇武遁逃，将不能止也；胜军之陈，怯者死行，惧不能走也。故江河决沈一乡，父子兄弟，相遗而走，争升陵阪，上高丘，轻足先升，不能相顾也。世乐志平，见邻国之人溺，尚犹哀之，又况亲戚乎？故身安则恩及邻国，志为之灭；身危则忘其亲戚，而人不能解也。游者不能拯溺，手足有所急也；灼者不能救火，身体有所痛也。夫民有余即让，不足则争。让则礼义生，争则暴乱起。扣门求水，莫弗与者，所饶足也。林中不卖薪，湖上不鬻鱼，所有余也。故物丰则欲省，求澹则争止。秦王之时，或人葅子，利不足也。刘氏持政，独夫收孤，财有余也。故世治则小人守政，而利不能诱也；世乱则君子为奸，而法弗能禁也。"可与《史》《汉·货殖传》之言参看。《管子·禁藏》："夫凡人之情，见利莫能勿就，见害莫能勿避。其商人通贾，倍道兼行，夜以续日，千里而不远者，利在前也。渔人之入海，海深万仞，就彼逆流，乘危百里，宿夜不出者，利在水也。故利之所在，虽千仞之山，无所不上；深源之下，无所不入焉。故善者势利之在，而民自美安，不推而往，不引而来，不烦不扰，而民自富。如鸟之覆卵，无形无声，而惟见其成。"案此谓任人自谋，人自各止于其所利，而公利存焉。与斯密亚丹之说相近。又《轻重甲》："渾然击鼓，士忿怒。枪然击金，士帅然策桐鼓从之，舆死扶伤，争进而无止。口满用，手满钱，非大父母之仇也，重禄重赏之所使也。故轩冕立于朝，爵禄不随，臣不为忠。中军行战，委予之赏不随，士不死其列陈。然则是大臣执于朝，而列陈之士执于赏也。故使父不得子其子，兄不得弟其弟，妻不得有其夫，唯重禄重赏为然耳。故不远道里，而能威绝域之民，不险山川，而能服有恃之国，发若雷霆，动若风雨，独出独入，莫之能圉。"此则借利以倾邻国矣。)

　　人类之始，不知自私其力也。寖假而知自私其力矣。其所私者，一身一家，日用饮食之物而已矣。稍进，乃及于奢侈之物。此古之诸侯大夫等，所以宝珠玉重器也。(《孟子·尽心下》曰："诸侯之宝三：土地、人民、政事。宝珠玉者，殃必及身。"可见是时宝珠玉者之多。《左》桓十年："初，虞叔有玉，虞公求旃。弗献，既而悔之。曰：周谚有之，匹夫无罪，怀璧其罪。吾焉用此，其以贾害也。乃献之。又求其宝剑。叔曰：是无厌也。无厌，将及我。遂伐虞公，故虞公出奔共池。"《左》定三年："蔡昭侯为两佩与两裘，以如楚，献一佩一裘于昭王。昭王服之，以享蔡侯。蔡侯亦服其一。子常欲之，弗与。三年止之。唐成公如楚，有两肃爽马，子常欲之，弗与。亦三年止之。"卒以此启入郢之祸。此其大者，其他类此者尚多。昭十二年：楚灵王谓子革曰："昔我先王熊绎，与吕伋、王孙牟、燮父、禽父，并事康王，四国皆有分，我独无有。"数世之后，追溯之，犹有怏怏之情焉。子革对曰："齐，王舅也。晋及鲁、卫，王母弟也。楚是以无分,而彼皆有。"又可见是时厚待懿亲,乃颁之重器,而非疏逖之臣所得比矣。卫蒯聩久居于外,仅乃复国,而其谓浑良夫曰:"吾继先君而不得其器,若之何?"乐毅《报燕惠王书》,亦以"珠玉财宝,车甲珍器,尽收入于燕。齐器设于宁台,大吕陈于玄英,故鼎反乎磨室",盛夸功伐,皆可见是时视重器之重也。)然此等物仅可以供玩弄,而不可以作母财。故虽或因此以肆诛求,究不能藉是以资剥削。及其益进,则玩好之情渐减,货币之用益弘。周转既灵,借贷弥易,而所谓息钱者起焉。《史记·货殖列传》谓"子贷金钱千贯"者,"比千乘之家"。又谓"吴楚七国兵起时,长安中列侯封君行从军旅,赍贷子钱,子钱家以为侯邑国在关东,关东成败未决,莫肯与。惟无盐氏出捐千金贷,其息什之。(《史记》索隐:"谓出一得十倍。")三月,吴楚平。一岁之中,则无盐氏之息什倍,用此富埒关中。"可见汉初已有专事放债之人,及其利息之厚。晏子谓齐景公曰:"春省耕而补不足,秋省敛而助不给。夏谚曰:吾王不游,吾何以休?吾王不豫,吾何以助?"(《孟子·梁惠王下》。)《管子·五辅》篇曰:"养长老,慈幼孤,恤鳏寡,问疾病,吊祸丧,此谓匡其急。衣冻寒,食饥渴,匡贫窭,振罢露,资乏绝,此谓振其穷。"(《管子·幼官》篇:"再会诸侯,令曰:养孤老,食常疾,收孤寡。")可见是时民有乏绝者,在上之人,皆负匡救之责。齐景公闻晏子之言而悦,大戒于国,出舍于郊,于是始兴发补不足,盖即其事。陈氏"以家量贷,而以公量收之";(《左》昭三年。)冯煖为孟尝君收责,尽焚其券以市义,(《战国策》。)犹其遗制也。《管子·问》篇:"问乡之良家,其所牧养者几何人矣?问邑之贫人,债而食者几何家?""贫士之受责于大夫者几何人?""问人之贷粟米,有别券者几何家?"良家所牧养之人,后盖渐变为奴婢,贫士受责于大夫,则养士之始也。债而食,贷粟米有别券,盖皆民家借贷。一有别券,一无之,则是时借贷,出于情面者尚多。出于情面者,盖不必皆有利息。然其后,则多变为有利息者矣。盖制民之产之政既亡,人民之失养者日多,在上者既不能振救，而放债之人乃乘之而牟利也。

富厚所在，权力随之。子贡结驷连骑，束帛之币，以聘享诸侯。所至，国君无不分庭与之抗礼。乌氏倮以畜牧起，秦始皇帝令比封君，以时与列臣朝请。巴寡妇清能用财自卫，秦皇以为贞妇而客之，为筑女怀清台。万乘之君如此，平民之畏惮之，又曷足怪乎？谚曰："千金之子，不死于市。"可见是时富人之声势矣。(《史记·货殖列传》。《庄子·盗跖》篇述富人之苦曰："内则疑劫请之贼，外则畏寇盗之害，内周楼疏，外不敢独行。"则斯时盗贼之觊觎富人，亦如今世。此富人之所以不敢轻出。此千金之子，不死于市之注脚也。)

欲利之心如此，而廉让之节遂亡。《韩非子》曰："古者丈夫不耕，草木之实足食也；妇人不织，禽兽之皮足衣也。不事力而养足，人民少而财有余，故民不争。是以厚赏不行，重罚不用，而民自治。今人有五子不为多，子又有五子，大父未死而有二十五孙。是以人民众而货财寡，事力劳而供养薄，故民争。虽倍赏累罚，而不免于乱。尧之王天下也，茅茨不剪，采椽不斫；粝粢之食，藜藿之羹；冬日麑裘，夏日葛衣。虽监门之服养，不亏于此矣。禹之王天下也，身执耒臿，以为民先，股无胈，胫不生毛。虽臣虏之劳，不苦于此矣。以是言之，夫古之让天子者，是去监门之养，而离臣虏之劳也，故传天下而不足多也。今之县令，一日身死，子孙累世絜驾，故人重之。是以人之于让也，轻辞古之天子，难去今之县令者，薄厚之实异也。夫山居而谷汲者，媵腊而相遗以水；泽居苦水者，买庸而决窦。故饥岁之春，幼弟不饷；穰岁之秋，疏客必食，非疏骨肉爱过客也，多少之实异也。是以古之易财，非仁也，财多也；今之争夺，非鄙也，财寡也。轻辞天子，非高也，势薄也；重争土橐，非下也，权重也。"(《五蠹》。)其于争夺之祸，可谓能烛其原矣。又曰："今世之学士语治者，多曰：与贫穷地，以实无资。今夫与人相若也，无丰年旁入之利而独以完给者，非力则俭也；与人相若也，无饥馑疾疚祸罪之殃，独以贫穷者，非侈则惰也。侈而惰者贫，而力而俭者富。今人征敛于富人以布施于贫者，是夺力俭而与侈惰也。"（《显学》。）然则古者，遇民之无告者，则哀矜之；今也，遇民之无告者，则督过之，而人情大变矣。《庄子》曰："柏矩至齐，见辜人焉。推而强之，解朝服而幕之，号天而哭之曰：子乎！子乎！天下有大菑，子独先离之，曰莫为盗！莫为杀人！荣辱立，然后睹所病；货财聚，然后睹所争。今立人之所病，聚人之所争，穷困人之身使无休时，欲无至此，得乎？""匿为物而愚不识，大为难而罪不敢，重为任而罚不胜，远其涂而诛不至。民知力竭，则以伪继之，日出多伪，士民安取不伪！夫力不足则伪，知不足则欺，财不足则盗。盗窃之行，于谁责而可乎？"（《则阳》。）此深悲社会制度之不善，民生其间者，实无以自全也。可谓恻然仁者之言矣。

邃古财产公有之制，犹有遗存于三代时者。晏子谓齐景公："今也，师行而粮食。"（《孟子·梁惠王下》。）粮同量。量食者，酌留人民所自食，余悉供军，此古者合一社会之食，以食一社会之人之遗制也。古者生之为之也同，食之用之也亦同。后虽不复然，然醵与乡饮酒，犹是合食之遗制。《酒诰》曰："群饮，汝勿佚。尽执拘以归于周，予其杀。"当禁酒之时，岂不知群饮之易罹禁网，独酌之可避耳目？而犹有群饮者，习不可猝变也。汉世所谓赐酺犹然。《诗》曰："言私其豵，献豣于公。"此田猎所得，公之于众也。周行彻法。释者曰："耕则通力合作，收则计亩而分。"此农作之役，不分彼此也。此等遗制尚多，难以枚举。后世距共产之世日远，则其迹亦日湮矣。

土地私有制之缘起，盖有四端：一曰先占，如垦辟荒地是也。古之分地，后遂变为私有者，当属此类。二曰劫夺。胜者以败者为奴，没收其财产为己有是也。大而灭国，小而亡家，皆属此类。三曰兼并。则私产既兴之后，恃其财力，以攘夺人者也。四曰由公产变为私产。私有制既兴，一部落之公财，散而为家族之私财。家族管理财产之权，在其族长。

久之，财产遂变为族长所独有。故曰："子妇无私蓄。"(《礼记·内则》。)又曰："父母存，不有私财。"(又《曲礼上》。)后世卑幼不得擅用财之律由此。

东周以降，社会组织发生变化。秦汉时，大地主及大工商皆极跋扈。(斯时所谓商人者，实为兼营工业之豪民，如煮盐、铁冶之类是也。)《汉书·食货志》载董仲舒之言，谓"至秦则不然，用商鞅之法，改帝王之制，除井田，民得卖买，富者田连阡陌，贫者无立锥之地。又颛川泽之利，管山林之饶，荒淫越制，逾侈以相高；邑有人君之尊，里有公侯之富，小民安得不困"？又谓"或耕豪民之田，见税十五。(王莽行王田之诏曰："汉氏减轻田租，三十而税一，而豪民侵陵，分田劫假，厥名三十，实什税五也。")故贫民常衣牛马之衣，食犬彘之食"。晁错述当时农商情形曰："今农夫五口之家，其服役者不下二人，其能耕者不过百亩，百亩之收不过百石。春耕夏耘，秋获冬藏，伐薪樵，治官府，给繇役；春不得避风尘，夏不得避暑热，秋不得避阴雨，冬不得避寒冻，四时之间，亡日休息。又私自送往迎来，吊死问疾，养孤长幼在其中。勤苦如此，尚复被水旱之灾，急政暴虐，赋敛不时，朝令而暮改。当具有者半贾而卖，亡者取倍称之息，于是有卖田宅鬻子孙以偿责者矣。而商贾大者积贮倍息，小者坐列贩卖，操其奇赢，日游都市，乘上之急，所卖必倍。故其男不耕耘，女不蚕织，衣必文采，食必粱肉，亡农夫之苦，有阡陌之得。因其富厚，交通王侯，力过吏势，以利相倾；千里游敖，冠盖相望，乘坚策肥，履丝曳缟。此商人所以兼并农人，农人所以流亡者也。"汉世救正之法，则减轻其田租（即地税）。"高祖令贾人不得衣丝乘车，重税租以困辱之。孝惠、高后时，为天下初定，复弛商贾之律。然市井子孙亦不得宦为吏。"(武帝天汉四年，发天下七科谪以击匈奴。七科谪者，张晏曰："吏有罪一，亡命二，赘婿三，贾人四，故有市籍五，父母市籍六，大父母有市籍七。"商贾居其四焉。)然荀悦谓"官家之惠，优于三代；豪强之暴，酷于亡秦。文帝不正其本，而务除租税，适足以资豪强"。晁错谓"法律贱商人，商人已富贵矣；尊农夫，农夫已贫贱矣"。则当时之政令，实无救正之效，反以资豪强也。汉时儒者所梦想者，为恢复井田，次则欲限民名田。哀帝时，师丹、孔光、何武等执政，曾定其法，为丁、傅、董贤等所不便，卒不果行。至王莽，乃决然"更名天下田曰王田，奴婢曰私属，皆不得卖买。其男口不满八，而田过一井者，分余田与九族乡党。犯令，法至死"。然"制度又不定，吏缘为奸，天下謷謷然，陷刑者众。后三年，莽知民愁，下诏：诸食王田及私属皆得卖买，勿拘以法"。(《汉书·食货志》。) 限田之制，实不能行。

摧抑豪强，限制末作，汉世久有此论。桑弘羊之行均输也，其言曰："大农诸官，尽笼天下之货物，贵则卖之，贱则买之。如此，富商大贾，亡所牟大利，则反本，而万物不得腾跃。""故抑天下之物，命曰平准。"其所行算舟车缗钱之法，所税遍及于各种人。又令贾人不得名田。虽意在聚敛，未尝不以平物价、抑末业为口实也，惜其说不尽传耳。(桑弘羊并非无学问之人，读《盐铁论》可知。) 迨王莽变法，乃有五均司市泉府之官，及六筦之制。《汉志》曰："国师公刘歆言周有泉府之官，收不雠，与欲得，即《易》所谓理财正辞，禁民为非者也。莽乃下诏曰：夫《周礼》有赊贷，《乐语》有五均，(邓展曰："《乐语》《乐元语》，河间献王所传，道五均事。"臣瓒曰："其文云：天子取诸侯之土，以立五均，则市无二贾，四民常均。强者不得困弱，富者不得要贷，则公家有余，恩及小民矣。") 传记各有斡焉。今开赊贷，张五均，设诸斡者，所以齐众庶，抑并兼也。遂于长安及五都立五均官，更名长安东西市令及洛阳、邯郸、临淄、宛、成都市长皆为五均司市师。(今本作"司市称师"，称字衍，今删。) 东市称京，西市称畿，洛阳称中，余四都各用东西南北为称，皆置交易丞五人，钱府丞一人。工商能采金银铜连锡登龟取贝者，皆自占司市钱府，顺时气而取之。又以《周官》税民：凡田不耕为不殖，出三夫之税；城郭中宅不树艺者为不毛,出三夫之布;民浮游无事,出夫布一匹。其不能出布者,冗作,县官衣食之。诸取众物鸟兽、鱼鳖、百虫于山林水泽及畜牧者,嫔妇桑蚕、织纴、纺绩、补缝,工匠、医、巫、卜、祝及它方技商贩、贾人、坐肆列里区谒舍,皆各自占所为于其在所之县官,除其本,计其利,十一分之,而以其一为贡。敢不自占,自占不以实者,尽没入所采取,而作县官一岁。诸司市常以四时中月实定所掌,为物上中下之贾,各自用为其市平,毋拘它所。众民卖买五谷、布帛、丝绵之物,周于民用而不雠者,均官有以考检厥实,用其本贾取之,毋令折钱。万物卭贵,过平一钱,则以平贾卖与民。其价氐贱减平者,听民自相与市,以防贵庾者。民欲祭祀丧纪而无用者,钱府以所入工商之贡但赊之,祭祀毋过旬日,丧纪毋过三月。民或乏绝,欲贷以治产业者,均受之,除其费,计所得受息,毋过岁什一。羲和鲁匡言:名山大泽,盐铁钱布帛,五均赊贷,斡在县官,唯酒酤独未斡。酒者,天之美禄,帝王所以颐养天下,享祀祈福,扶衰养疾。百礼之会,非酒不行。故《诗》曰:无酒酤我。而《论语》曰:酤酒不食。二者非相反也。夫《诗》据承平之世,酒酤在官,和旨便人,可以相御也。《论语》孔子当周衰乱,酒酤在民,薄恶不诚,是以疑而弗食。今绝天下之酒,则无以行礼相养;放而无限,则费财伤民。请法古,令官作酒,以二千五百石为一均,率开一卢以卖,雠五十酿为准。一酿用粗米二斛,曲一斛,得成酒六斛六斗。各以其市月朔米曲三斛,并计其贾而参分之,以其一为酒一斛之平。除米曲本贾,计其利而什分之,以其七入官,其三及醋酨灰炭给工器薪樵之费。羲和置命士督五均六斡,郡有数人,皆用富贾。洛阳薛子仲、张长叔、临菑姓伟等,乘传求利,交错天下。因与郡县通奸,多张空簿,府臧不实,百姓俞病。莽知民苦之,复下诏曰:夫盐,食肴之将;酒,百药之长,嘉会之好;铁,田农之本;名山大泽,饶衍之臧;五均赊贷,百姓所取平,卬以给澹;铁布铜冶,通行有无,备民用也。此六者,非编户齐民所能家作,必卬于市,虽贵数倍,不得不买。豪民富贾,即要贫弱,先圣知其然也,故斡之。每一斡为设科条防禁,犯者罪至死。奸吏猾民并侵,众庶各不安生。"案莽之法,将事业之大者,皆归官办。其较小者,虽听民自营,亦设官管理。凡事皆收其税,以供贫民借贷之资。有田宅而惰游者有罚。无业者得冗作县官。贵庾虽有禁防,周于民用而不雠之物,亦可得平价。合各方面而兼筹并顾,其用意在改革,其如不能行何?

莽之法所以不能行者?由是时去共产之世已远,人民虽有怨恨私产之心,已无复共产之世不分人己之美德。推行共产之制于人人皆务私利之世,自觉綦难。若恃官吏监督,则斯时之设治,已极阔疏,其力必不能及。况官吏亦莫非罔利之徒乎?莽所定制,亦实有不可行者。如欲以官力平万物之价,安得此雄厚之资本?《盐铁论》贤良之言曰:"县官鼓铸铁器,大抵多为大器,务应员程,不给民用。民用钝弊,割草不痛。是以农夫作剧,得获者少,百姓苦之矣。"又曰:"故民得占租、鼓铸、煮盐之时,盐与五谷同贾,器和利而中用。今县官作铁器,多苦恶,用费不省,卒徒烦而力作不尽。家人相一,父子勠力,各务为善器。器不善者不集。农事急,挽运,衍之阡陌之间。民相与市买,得以财货五谷新币易货,或时贳民,不弃作业。置田器各得所欲,更繇省约。县官以徒复作,缮治道桥,诸发民便之。今总其原,一其价,器多坚硋,善恶无所择。吏数不在,器难得。家人不能多储,多储则镇生。弃膏腴之日,远市田器,则后良时。盐铁贾贵,百姓不便。贫民或木耕手耨,土耰淡食。铁官卖器不雠,或颇赋于民。卒徒作不中程,时命助之。发征无限,更繇以均剧。故百姓疾苦之。"(《盐铁论·水旱》。)官制器之弊如此,莽独能免之乎?且改制,难事也。改变社会制度,则难之又难者也。敏事深谋,犹惧不克,而莽徒殚思于制度,不思制度之何以行,且不省目前之务。(《汉书·王莽传》曰:"莽意以为制定则天下自平,故锐思于地里,制礼作乐,讲合《六经》之说。公卿旦入暮出,议论连年不决,不暇省狱讼冤结民之急务。县宰缺者数年,守兼一切,贪残日甚。"又曰:"又好变改制度,政令烦多。当奉行者,辄质问乃以从事,前后相乘,愦眊不渫。苶常御灯火,至明,犹不能胜。")将来之利未形,目前之务先已败坏决裂,不可收拾矣,安得而不败乎?

共产社会之生财,与私有社会异。共产社会之生财,为用之而生之者也。私有社会之生财,为持以交易而生之者也。既不能皆自为而后用之,则易事通功,必不能废。司通工易事之键者,则商业也。何也?用财者皆仰给焉,生财者亦必视此物之有消路而后为之也。故必先有一法,可以代商贾分配须用之物之人,而后商贾可废。今也分财之法未立,而先强平市价,大更币制,(别见《钱币篇》。)使商贾不行,则生财者无不失职,用财者皆无所取赡焉。此"农商失业,食货俱废"之所由来也。

王莽变法,虽召大乱,而土地却因乱而渐均。荀悦云:"井田之制,不宜于人众之时。田广人寡,苟为可也。然欲废之于寡,立之于众,土地布列在豪强,卒而革之,并有怨心,则生纷乱,制度难行。若高祖初定天下,光武中兴之后,人众稀少,立之易矣。"观此,可知东汉之初,实有地广人稀,土田无主之象,向之田连阡陌,又颛川泽之利,管山林之饶者,至此则皆因兵燹而丧其所有矣。此其所以获暂安也。

部落共产之世,人之生财,皆以为社会。其所须,亦受诸社会。其欲利之心,自不如财产私有之世之甚,则风气可以淳朴,而机械变诈之事希,堕于饥寒不如后世之易,则人可以优游自乐,不至若后世芒芒若丧家之狗。即或天灾人祸,陷于空乏,亦系公共之事,可以合力而谋。身虽困苦,心无愤懑,非如后世,"朱门饱粱肉,路有冻死骨",犹若秦越人之相视肥瘠,漠不关心。使集于枯者,益觉其情有难堪也。其制虽坏,而常为学士所称道,万民所讴思,亦固其所。然虽称道之,讴思之,而人之才德,卒不足以复之。王莽欲复之,而转致大乱,后之人遂莫敢更作此想,历时既久,则事渐淡忘,而称道讴思,亦稍稍衰矣。财产私有之制，遂相沿以迄于今。

凡一种制度，为人心所同欲，学者所同然，一时虽未克行，久之，未有不见诸施行者。限民田之论，两汉儒者之公言也。两汉迄未能行，而晋以后行之。晋之户调式、魏之均田令、唐之租庸调法是也。此三法之详，当于讲田赋时述之。今撷其大要，则三法皆以成年为丁，丁因男女之异，而受田有差。其所受之田既均，则其所纳之税亦均，乃按户而征之，是曰户调。魏制有桑田、露田之别。桑田为世业，露田有还受。盖以在官之荒田，授民为露田，其所私有，亦不夺之，则为桑田。（《孟子》曰："五亩之宅，树之以桑。"桑田盖屋庐所在。）桑田得卖其盈，亦得买所不足，而不得卖其分，亦不得买过所足。盖欲以渐平均地权也。唐制还受者曰口分，不还受者曰永业。乡有宽狭，田多可以足其人者为宽乡，不足者为狭乡。田，乡有余以给比乡，县有余以给比县，州有余以给比州。庶人徙乡，及贫无以葬，得卖世业田。自狭乡徙宽乡者，得并卖口分田。其立法弥详矣，然史称开元而后，其法大坏，并兼逾汉成、哀。

田赋而外，诸山海川泽之利，（如盐铁等。）理应归官管理，一以防豪强之把持，一则国家得此大宗收入，可以兴利除弊。且可藉以均平贫富也。然历代于此，当国用饶足时，则一切置之不问，必国用窘乏，乃思所以取之。盖一由官吏办理不善，后遂引以为戒；（观前所引《盐铁论》可知。后汉章帝尝复盐铁官，和帝即位，罢之。其诏曰："昔孝武皇帝，致诛胡越，故权收盐铁之利，以奉师旅之费。自中兴以来，匈奴未宾，永平末年，复修征伐。先帝即位，务休力役，然犹深思远虑，安不忘危，探观旧典，复收盐铁，欲以防备不虞，宁安边境。而吏多不良，动失其便，以违上意。先帝恨之，故遗戒郡国，罢盐铁之禁，纵民煮铸，入税县官，如故事。"可知后汉盐铁官有之不可行，亦由官吏办理之不善也。）一则狃于旧见，以为天子当衣食租税而已，他皆非所宜取也。（《汉书·食货志》："卜式言曰：县官当食租衣税而已，今弘羊令吏坐市列，贩物求利。亨弘羊，天乃雨。"案租谓田租，税谓口税也。

国家取民，无当专于田租口税之理。古代名山大泽，皆与民同之，故不得障管。后世此等利源，既为私人所有，重税之以减田租口税，实为裒多益寡之道。然思想之变迁，往往较事实之变迁为缓，故此等旧说，犹为人所称引。隋文帝有天下，尝将一切杂税，悉行罢免，亦狃于此等旧见也。）然诸物放任不税，未必遂为平民之利。《魏书·食货志》曰："河东郡有盐池，旧立官司，以收税利，是时（孝静帝时。）罢之，而民有富强者，专擅其用，贫弱者不得资益。延兴末，复立监司，量其贵贱，节其赋入，于是公私兼利。世宗即位，复罢其禁。自后豪贵之家，复乘势占夺，近池之民，又辄障吝。"举此一端，其余可以推想矣。此等自唐中叶后皆有税，且降而弥重。然皆仅为度支计，能注意于利民者甚寡也。

　　田法自唐开元后，迄未能整顿。（两税只可云整顿税收，不可云整顿田制。）加以唐中叶后，藩镇割据，竞行剥民之政，豪强乘之兼并，（丧乱之际，豪强兼并最易。其故约有数端：田多荒芜，乘机占为己有，一也。贫者无以自立，或迫于苛税，弃田而去，亦为豪强所占，二也。乱时民或弃农，田益易荒，三也。暴政皆择小民而施，民不得不托庇于豪强，四也。吏治苟简，莫能摧抑豪强，且或与相结托，五也。）故宋时农民，困苦殊甚。《宋史·食货志》述其情形曰："太宗时，比年多稼不登，富者操奇赢之资，贫者取倍称之息，一或小稔，富家责偿愈急，税调未毕，资储罄然。遂令州县戒里胥乡老察视，有取富民谷麦资财，出息不得逾倍，未输税，毋得先偿私逋，违者罪之。"又曰：宣仁太后临朝，司马光抗疏言农民疾苦曰："幸而收成，公私之债，交争互夺。谷未离场，帛未下机，已非己有。所食者糠籺而不足，所衣者绨褐而不完。直以世服田亩，不知舍此之外，有何可生之路耳。"其言可谓哀切矣。仁宗时，曾下诏限田，未几即废。景祐时，谏官王素言天下田赋，轻重不等，请均定。欧阳修亦言：秘书丞孙琳尝往洺州肥乡县，与大理寺丞郭谘，以千步方田法，括定民田。愿诏二人任之。三司亦以为然。且请于亳、寿、蔡、汝四州，择尤不均者均之。于是遣谘蔡州括一县，均其赋。既而谘言州县多逃田，未可尽括。朝廷亦重劳人，遂罢。嘉祐五年，复诏均定，遣官分行诸路，才数郡而止。神宗熙宁五年，乃重修定方田法，诏司农以《方田均税条约并式》，颁之天下。以东西南北各千步为方，岁以九月，县委令，佐分地计量，随陂原平泽而定其地，因赤淤黑垆而辨其色。方量毕，以地及色参定肥瘠而分五等，以定税则。至明年三月毕，揭以示民，一季无讼，即书户帖，连庄帐付之，以为地符。均税之法，县各以其租额税数为限。若瘠卤不毛，及众所食利，山林、陂塘、沟路、坟墓，皆不立税。令既具，以济州钜野尉王曼为指教官，先自京东路行之，诸路仿焉。至元丰八年，乃罢。（时天下之田，已方者二百四十八万四千三百四十九顷。）徽宗崇宁三年，蔡京请诏诸路提举常平官选官习熟其法，谕州县官吏，以丰稔日推行，自京西、河北两路始。五年，罢。大观二年，复诏行之。四年，罢，其税赋依未方旧则输纳。政和时，复行其法。宣和二年，又罢之，并诏自今诸司，毋得请方田。盖徽宗时所行新政，率皆有名无实，故有此诏也。南渡后，兼并之患尤甚，乃有经界之法，然亦罕能实行。（惟朱熹行之漳州，赵彦夫行之婺州，颇著成效。）

绍兴六年，知平江府章谊言："民所甚苦者，催科无法，税役不均。强宗巨室，阡陌相望，而多无税之田，使下户为之破产。"（《宋史·食货志》。）淳祐六年，殿中侍御史兼侍讲谢方叔言："今百姓膏腴，皆归贵势之家，租米有及百万石者。小民百亩之田，频年差充保役，官吏诛求百端，不得已，则献其产于巨室，以规免役。小民田日减，而保役不休。大官田日增，而保役不及。"（《宋史·食货志》。）咸淳十年，御史陈坚等言："今邸第戚畹，御前寺观，田连阡陌，亡虑数千万计。皆巧立名色，尽蠲二税。州县乏兴，鞭挞黎庶，鬻妻卖子，而钟鸣鼎食之家，苍头庐儿，浆酒藿肉；梵宫琳宇之流，安居暇坐，优游死生。"（《宋史·食货志》。）南渡兼并之情形，可以见矣。其时害民最烈者，又有所谓官田及圩田。官田，谓籍没之田，募民耕者，皆仍私租旧额。私租额重而纳轻，承佃犹可，公租额重而纳重，民乃不堪。而州县胥吏，与仓库百执事，又皆从而侵渔之。季世金人乍和乍战，战则军需浩繁，和则岁币重大，国用常告不继。于是因民苦官租之重，命有司括卖官田以给用。其初弛其力役以诱之，其终不免于抑配，此官田之弊也。嘉定以后，又有所谓安边所田者。先是韩侂胄诛，金人讲解，用廷臣言，置安边所。凡侂胄与他权幸没入之田，及围田、湖田之在官者皆隶焉，收其租以给岁币。迨与北方绝好，则军需边用每于此取之。至其将亡，又限民名田，买其限外所有，谓之公田。初，议欲省和籴以纾民力，而其弊极多，其租尤甚。宋亡，遗患尤不息也。（浙西田亩，有直千缗者。贾似道均以四十缗买之。数稍多，与银绢。又多，与度牒告身。吏又恣为操切，浙中大扰。奉行不至者，提领刘良贵劾之，有司争相迎合，务以买田多为功，皆谬以七八斗为石。其后田少与硗瘠亏租，与佃人负租而逃者，率取偿田主。六郡之民，破家者众。）湖田、圩田者，明、越皆有陂湖，大抵湖高于田，田又高于江海。旱则放湖水溉田，涝则决田水入海，故无水旱之灾。庆历、嘉祐间，始有盗湖为田者，其禁甚严。政和以来，创为应奉，始废湖为田。自是两州之民，岁被水旱之患。余姚、上虞每县收租不过数千斛，而所失民田常赋，动以万计。（其他会稽之鉴湖、鄞之广德湖、萧山之湘湖等处尚多。）濒太湖之地，多为兵卒侵据，累土增高，长堤弥望，名曰坝田。旱则据之以溉，而民田不占其利；涝则远近泛滥，不得入湖，而民田尽没矣。此湖田、围田之害也。凡此虽由政治之不善，而原其始，则皆兼并之家为之也。然遗毒且不仅此，明之定天下也，官田亩税五升三合五勺，民田减二升，重租田八升五合五勺，没官田一斗二升。惟苏、松、嘉、湖，怒其为张士诚守，乃籍诸豪族及富民田为官田，按私租簿为税额。而司农卿杨宪，又以浙西地膏腴，增其赋，亩加二倍。于是浙西官、民田，有亩税至二三石者，后虽累经减免，其重犹甲于全国也。此虽明太祖之暴政，而豪族收租之重，实有以导其先路矣。

明时行黄册及鱼鳞册之法。黄册以户为主，以田从之。鱼鳞册则以土田为主,诸原阪、坟衍、下隰、沃瘠、沙卤之别毕具。据黄册,则知各户所有丁粮,由之定赋役。而田之所在,则稽诸鱼鳞册而可知。其法本甚精详,使能实行,则户口土田,皆有可考。顾积之久,鱼鳞册漫漶不可问,而田所在不可复知。于是黄册亦失实,卒至富者有田而无税,贫者有税而无田。其或田弃粮存,则摊征于细民,责偿于里甲。劣绅又立官户、儒户、子户等名,为下户纳赋税而私其所入,其弊不可胜穷。嘉靖时,乃有履亩丈量之议。神宗初,张居正为相,行之,限三岁竣事。史称"豪猾不得欺隐,里甲免赔累,而小民无虚粮"焉。清代丁税摊入地粮,但计按田征税,而人户之有田无田,及其田之多少,不复过问。地权之情况,国家遂无从知之矣。

　　李悝谓"籴甚贵伤民,甚贱伤农",此至论也。农夫耕耘,亦须资本。谷价贱,肥料人工等,未必与之俱贱,粜谷或不偿其本,而农人困矣。食为民天,苟使口实不乏,他事皆可徐图,否则蹙然不可终日矣。故不耕之民,于谷价贵贱,亦利害相关甚切也。职是故,他种物价,政府虽久任其自然,而于谷价,则犹思调剂。其法最古者,为和籴及常平仓。《汉书·食货志》曰:"宣帝即位,用吏多选贤良,百姓安土,岁数丰穰,谷至石五钱,农人少利。时大司农中丞耿寿昌以善为算能商功利得幸于上,五凤中奏言:故事,岁漕关东谷四百万斛以给京师,用卒六万人。宜籴三辅、弘农、河东、上党、太原郡谷足供京师,可以省关东漕卒过半。"又"白令边郡皆筑仓,以谷贱时增其贾而籴,以利农,谷贵时减贾而粜,名曰常平仓。"此两法,后世亦多行之。然籴本甚微,不能左右谷价。常平既由官办,惠仅及于城市之民。(朱子《建宁府崇安县五夫社仓记》曰:"予惟成周之制,县都皆有委积,以待凶荒。而隋唐所谓社仓者,亦近古之良法也。今皆废矣。独常平义仓,尚有古法之遗意,然皆藏于州县,所恩不过市井游惰辈。至于深山长谷,力穑远输之民,则虽饥饿濒死,而不能及也。又其为法太密,使吏之避事畏法者,视民之孚而不肯发,往往全其封鐍,递相付授,至或累数十年不一訾省。一旦甚不获已,然后发之,则已化为浮埃聚壤而不可食矣。夫以国家爱民之深,其虑岂不及此?然而未之有改者,岂不以里社不能皆有可任之人,欲一听其所为,则惧其计私以害公;欲谨其出入,同于官府,则钩校靡密,上下相遁,其害又必有甚于前所云者。是以难之而有弗暇耳。")隋时,乃又有所谓义仓者。其事始于开皇五年。工部尚书长孙平请令诸州百姓及军人,劝课当社,共立义仓,收获之日,随其所得,劝课出粟及麦,于当社造仓窖贮之,即委社司执帐检校。每年收积,勿损败。若时或不熟,当社有饥馑者,即以此谷振给。史称"自此诸州储峙委积"云。此法既能遍及各地,又令人民自谋,实为善举。然各地未必能遍行,又或以人民不善管理而移之于县,则全失立法之本意矣。宋以来,乃又有所谓社仓者。淳熙八年,朱子提举浙东,言"乾道四年间,建民艰食,熹请于府,得常平米六百石。请本乡土居朝奉郎刘如愚,共任振济。夏受粟于仓,冬则加二计息以偿。自后逐年敛散,或遇少歉,即蠲其息之半;大饥,即尽蠲之。凡十有四年,得息造成廒,及以元数六百石还府。见储米三千一百石,以为社仓,不复收息,每石只收耗米三升。以故一乡四五十里间,虽遇凶年,人不阙食。请以是行于司仓"云云。后多有于行之者。《文献通考》谓"凶年饥岁,人多赖之。然事久而弊,或主之者倚公以行私,或官司移用而无可给,或拘纳息米而未尝除免,甚者拘催无异正赋。良法美意,胥此焉失。必有仁人君子,以公心推而行之,斯民庶乎其有养矣"。(《文献通考·社仓》。)盖此为人民自治之事,故必人民程度高,能善其事,而后其效可睹也。

以常平之蓄积,推及借贷者,则为宋王安石之青苗法。常平,汉以平谷价;义仓,隋以备凶灾。惠民仓者,周显德间,以杂配钱分数折粟贮之,岁歉减价,出以惠民。宋兼存其法。又有广惠仓者,则募人耕没入户绝田,收其租,以给州县郭内老幼贫疾不能自存之人者也。宋时民间举债,出息颇重,甚至约偿缗钱,而谷粟、布缕、鱼盐、薪莜、耰锄、斧锜之属,皆杂取之。(见《宋史·陈舜俞传》。)故农民无资耕种,在当时实为大忧。

李参官陕西，始令民自隐度谷粟之赢，贷以钱，俟谷熟还官，号为青苗钱。安石秉政，请以诸路常平广惠仓钱谷，依陕西例预借于民，令出息二分，随夏秋税输纳。（如遇灾伤，许展至丰熟日纳。）自河北、京东、淮南三路施行，俟有绪，推之诸路。谓"常平广惠之物，收藏积滞，必待年俭物贵，然后出粜，而所及又不过城市游手之人。今通一路有无，贵发贱敛，可以广蓄积，平物价，使农人有以赴时趋事，而并兼者不得乘其急"也。当时反对者甚众，综其所论，厥有六端：以钱贷民，出纳之际，吏缘为奸，法不能禁，一也。钱入民手，良民不免非理使用，及其纳钱，富民不免违限。如此，鞭笞必用，州县多事，二也。良懦者不愿与州县交易，不免抑配。且上户必不愿请，近下等第与无业客户，虽或愿请，必难催纳，必有行刑督索，及勒干系人同保均陪之患，三也。无赖子弟，谩昧尊长，钱不入家，甚有他人冒名诈请，莫知为谁者，四也。乡村上等户及坊郭有物业者，亦依乡户例支借，是官自放钱取息，与初诏违戾，五也。出息二分太重，六也。案青苗立法之意颇善，但奉行不善，事亦有之。试观元祐元年罢此法，未几，范纯仁即以国用不足，建议复散，则当时行此，不免藉以取息可知。（惟纯仁虽号持平，究近旧党。亦主俵散，则青苗虽有弊，亦不至如旧党所言之甚可知。）盖此等事宜令人民自相扶助，一经官手，则因设治之疏阔，监督有所难周，法令之拘牵，于事情不能适合，有不免弊余于利者。此安石所以行之一县而效，行之全国而不能尽善也。（宋俵法中，有所谓俵粜者。度民田入多寡，都提举市易司预给钱物，秋成，于指定之地入米麦。或召农民相保，预贷官钱。或坊郭乡村，以等第给钱，俟收成依时价入粟。亦与青苗相类。）

中国有一等计臣，其才力极有可取者。桑弘羊之行均输也，《汉书·食货志》谓其"以诸官各自市相争，物以故腾跃，而天下赋输或不偿其僦费，乃请置大农部丞数十人，分部主郡国，各往往置均输盐铁官，令远方各以其物，如异时商贾所转贩者为赋，而相灌输。置平准于京师，都受天下委输。召工官治车诸器,皆仰给大农。大农诸官尽笼天下之货物,贵则卖之,贱则买之"。此非周知四方之物价不可。《新唐书·刘晏传》曰:"初,晏分置诸道租庸使,慎简台阁士专之。时经费不充,停天下摄官,独租庸得补署,积数百人,皆新进锐敏,尽当时之选,趣督倚办,故能成功。虽权贵干请,欲假职仕者,晏厚以廪入奉之,然未尝使亲事,是以人人劝职。尝言:士有爵禄,则名重于利;吏无荣进,则利重于名。故检劾出纳,一委士人,吏惟奉行文书而已。所任者,虽数千里外,奉教令如目前,颇伸谐戏不敢隐。惟晏能行之,他人不能也。"又曰:"京师盐暴贵,诏取三万斛以赡关中,自扬州四旬至都,人以为神。至湖峤荒险处,所出货皆贱弱,不偿所转,晏悉储淮、楚间,贸铜易薪,岁铸缗钱十余万。其措置纤悉如此。诸道巡院,皆募驶足,置驿相望,四方货殖低昂及他利害,虽甚远,不数日即知,是能权万货重轻,使天下无甚贵贱而物常平,自言如见钱流地上。每朝谒,马上以鞭算。质明视事,至夜分止,虽休浣不废。事无闲剧,即日剖决无留。所居脩行里,粗朴庳陋,饮食俭狭,室无媵婢。然任职久,势轧宰相,要官华使多出其门。自江淮茗橘珍甘,常与本道分贡,竞欲先至,虽封山断道,以禁前发,晏厚资致之,常冠诸府,由是娼怨益多。馈谢四方有名士无不至,其有口舌者,率以利啖之,使不得有所訾短。故议者颇言晏任数固恩。"案欲立功名,必不免于委曲,此古今所同慨,实当局之苦心。观其清节挺挺,则知不为身谋。固恩不免厚诬,任数未足为病。古度支多以实物,非如纯用泉币,易于较计,而能周知各地之盈虚,以谋流通,以权轻重,其才力则不易几矣。今后欲行公产,必不能如古者以一小部自封,必合天下之财,通计其所生所耗之量,以定其运输颁布之方。行之百年,或事虽至繁,而有至简之法可守。初行之时,则其委曲繁重,必非今日亿度所及也。此等人正相需甚殷矣。

宋神宗时,尝行均输市易之法。熙宁二年,制置三司条例司言:"典领之官，拘于弊法，内外不相知，盈虚不相补。诸路上供，岁有常数。丰年便道，可以多致而不能赢；年俭物贵，难于供亿而不敢不足。远方有倍蓰之输，中都有半价之鬻，徒使富商大贾乘公私之急，以擅轻重敛散之权。今发运使实总六路赋入，其职以制置茶、盐、矾、酒税为事，军储国用，多所仰给。宜假以钱货，资其用度，周知六路财赋之有无而移用之。凡籴买税敛上供之物，皆得徙贵就贱，用近易远。令预知中都帑藏年支见在之定数，所当供办者，得以从便变易蓄买，以待上令。稍收轻重敛散之权归之公上，而制其有无，以便转输，省劳费，去重敛，宽农民。庶几国用可足，民财不匮。"（《宋史·食货志》。）诏本司具条例以闻，而以发运使薛向领均输平准事。案此所领者，即桑弘羊、刘晏之所为也。然其后绝无成效，则知理财之事，必待其人而后行矣。市易始于熙宁五年，先是有魏继宗者，自称草泽，上言："京师百货无常价，贵贱相倾。富人大姓，乘民之亟，牟利数倍，财既偏聚，国用亦绌。请假榷货务钱，置常平市易司，择通财之官任其责，求良贾为之转易。使审知市物之价，贱则增价市之，贵则损价鬻之，因收余息，以给公上。"（《宋史·食货志》。）于是中书奏在京置市易务官。凡货之可市及滞于民而不售者，平其价市之，愿以易官物者听。若欲市于官，则度其抵而贷之钱，责期使偿，半岁输息十一，及岁倍之。（金帛田宅，皆可为抵。田宅抵久不还者，估实直，如卖坊场河渡法。）以吕嘉问为都提举市易司，诸州市易务皆隶焉。案此所为，颇近王莽之司市泉府。其事亦卒不能行，盖后世商业日盛，操纵固非易事也。

关于借贷情况，《陔余丛考》三十三有一条考历代放债起息之重轻者，今录之如下："放债起息，后人皆以《周礼》泉府之官，凡民之贷，与其有司辨之，以国服为之息一语为口实。按国服为之息一语，本不甚了了。郑众释之云：贷者，从官借本贾也，故有息，使民弗利，以其所贾之国所出为息也。郑康成因释之云：以其于国服事之税为息也。于国事受园廛之田，而贷万泉者，则期出息五百。此亦亿度之词。盖《周礼》园廛二十而税一，近郊十一，远郊二十而三，甸稍县都，皆无过十二，唯漆林之征，二十而五。漆林自然所生，非人力所作，故税重。康成乃约此法，谓从官贷钱，若受园廛之地。贷万钱者，期出息五百也。贾公彦因而疏解，谓近郊十一者，万钱期出息一千；远郊二十而三者，期出息一千五百；甸稍县都之民，万钱期出息二千也。此后世放债起息之所本也。《汉书·谷永传》：为人起责，分利受谢。颜师古注曰：富贾有钱，假托其名，代为之主，放与他人以取息，而共分之。是汉时已有放债之事。然师古谓代富人为主，放与他人，亦恐未确。盖如今之中保，为之居间说合，得以分利受谢耳。《汉书·货殖传》：农工商贾，大率岁万息二千，百万之家即二十万。注云：每万得利二千，故百万之家，得二十万。此加二之息，见于《汉书》者也。郑康成注"国服为息"句又云：王莽时，贷以治产业者，但计赢所得，受息无过岁什一。公彦疏云：莽时虽计本多少为定，及其催科，惟计所赢多少。如岁赢万泉则催一千，如赢五千则催五百，皆据利催什一也。然则王莽时，收息仅加一也。然《汉书·莽传》：令市官收贱卖贵，赊贷与民，收息百月三。如淳曰：出百钱与民，月收其息三钱也。则莽收息乃加三，而非如康成所云什一也。此加三起息之见于《莽传》者也。宋《青苗条例》云：人户所请价钱斛斗，至秋成应纳时，如物价稍贵，愿纳见钱者，当比附元请价钱，不得过三分。如一户请过一贯文，送纳见钱，不得过一贯三百文。此后世官利加三之始也。（原注："《元史·世祖本纪》：至元十九年，诏民间贷息，以三钱为率，著为令。"）然韩琦疏又云：今放青苗钱，凡春贷十千，半年之内，令纳利二千。秋再放十千，至年终，又令纳利二千。则又加四利息矣。《元史·太宗本纪》：国初官民贷回鹘金，岁加倍。太宗著令；凡假贷岁久，惟子本相侔而止。（原注："时因耶律楚材言回鹘金取息太重，名羊羔利，请以本利侔而止，故有是诏。见《楚材传》。"）世祖至元六年，又申明此制，令民间贷钱虽逾限，止偿一本息。（原注："时又因刘秉忠言：宜确计官民欠负，依前者使一本一利偿还，诏从之。见《秉忠传》。又布鲁海牙宣抚真定，以富民收息，不逾时倍之，乃定令息如本而止。见《布鲁海牙传》。"）此近代远年债负一本一利之所始也。至近代京债之例，富人挟赀住京师，遇月选官之不能出京者，量其地之远近，缺之丰啬，或七八十两作百两，谓之扣头。甚至有四扣五扣者。其取利最重。按此事古亦有之。《史记·货殖传》：吴、楚七国反时，长安列侯当从军者，欲贷子钱。子钱家莫肯贷。惟无盐氏捐金出贷，其息十之。吴、楚平，而无盐氏之息十倍。曰子钱家，则专有此出钱取息之人，如今放京债者也。曰息十倍，则如今京债之重利也。又《旧唐书·武宗纪》：中书奏选官多京债，到任填还，致其贪求，罔不由此。乃定户部预借料钱到任扣还之例。此又后世京债故事，又官借俸钱之始。"（《陔余丛考》"放债起利加二加三加四并京债"条。）

吾国虽久行私产之制，然贫富之相去实不可谓之悬殊。（一）因封建久废，有广土者甚少。（二）则财产久由各子均分。大家族在后世既已罕见，即有巨富之家，一再传后，财产亦以分而日薄。（三）则恤贫抑富，久为政治家所信奉。人民亦能互相救恤。（四）则地处大陆，人事之变迁甚剧。每一二百年，辄有大战乱。贫富之变易较易。此吾国民所以久有均贫富之思想，而数千年来，卒能相安无事者也。然今后之情形则非复曩昔矣。

今日生计之情形，所以大异于昔者，在舍器械，（有口曰器，无口械，合二字，为凡用具之总名。）而用机器。器械仅能少助人力。且其为物单简，一人能用之，则人人皆能用之；一家能有之，则家家皆能有之。故众人生利之具，无大不同。其所生之利，亦略相等。至于机器，则非复人人所能制，亦非复家家所能有。于是购机器，设工厂，不得不望诸资本家。其物必合众力而后可用，则其业必集多人而后可营。而管理指挥，遂不得不有企业者。资本家安坐而奉养甚厚，劳动者胼胝而饱暖犹艰，则易致人心之不平,企业者之利害,恒与资本家同,其于工人,督责既严,又或肆行朘削,则易为工人所怨恨。旧日商工之家,师徒如父子之亲,主佣有友朋之谊,至此则皆无之矣。况手工造物,皆略有乐趣。机器既用,所事益简,终日反覆,不出一两种动作,则易生厌倦之情。于是劳资相疾如仇矣。吾国之用机器,盖起于同、光之朝。初办者为军事,(如江南制造局,福州船政局。)后渐进于交通,(如汽车、汽船。)又渐进于开矿纺织等业,(如汉冶萍煤铁矿厂公司,李鸿章所设上海机械织布局,张之洞所设广东缫丝、汉口织布、制麻等局。)其初多由官办,或官督商办,其后民业渐起。而外人亦投资中国,经营一切。中日战后,又许外人设厂于通商口岸。于是新式事业,日增月盛。劳资相轧,遂日甚一日矣。今之论者,每谓中国人只有大贫小贫,而无所谓富。人民只患失业,不患业之不善。此诚然。然此特今日内乱不息,百业凋敝之时为然耳。一旦战事息而国内安,人民率其勤俭之习,以从事于实业。将见财富之增,一日千里。美利坚自赤贫以至富厚,不过50年,况于吾国,人口本庶,国土久辟者乎?《诗》曰:"逮天之未阴雨,彻彼桑土,绸缪牖户。"今日之劳资,虽若未成阶级,然其成为阶级甚易,固不容不早为之计也。

  社会主义,派别甚多。约其大旨,不越两端:一主各尽所能,各取所需。人之尽其能否,固无督责之人。其取其所需,不致损及他人,或暴天物与否,亦复无人管理,一凭其良心而已。此非民德大进,至"货恶其弃于地,不必藏于己;力恶其不出于身,不必为己"之时,未易几及。程度不及,而欲强行之,将有后灾,岂徒说食不能获饱而已。一则主按劳力之多少,智识技艺之高下,以定其酬报之厚薄。其主张急进者,欲以国家之力,管理一切。主张渐进者,并只欲徐徐改良而已。此则于现在情形为近。马克思曰:"新社会之所须者,必于旧社会中养成之。"今欲行社会主义,所须者何物乎?以人言:一曰德,一曰才。以物言:一曰大规模之生产器具,一曰交通通信机关。必有大规模之生产事业,而后生产可以集中;

而后可由公意加以管理。否则东村一小农，西市一小工，固无从合全国而通筹并计也。大规模之生产器具，交通通信机关，既非一时所能有。人之经营擘画之才能，又非既有此等事，无从练习。其公德心，亦不能凭空增长。则人我不分之理想，断非今日所能行，无俟再计矣。故今日者，以"各尽所能，各取所需，合全世界而通筹并计，以定生产之法，分配之方；而人之生产，仍无一不为公，其消费则无一不仰给于公，与部落共产时代无以异，为最终之蕲向。而且前则暂于较小之范围内，求生产之渐趋于协力，分配之渐进于平均，随生产之渐次集中，徐图管理擘画之才能之增长；日培养公德心使发达，而徐图尽去其利己之私"。则进行之正规也。

无政府主义，我国无之。近人或以许行之说相附会。案许行之说，乃欲取法于极简陋之国家耳，非无政府也。说见《政治史·政体篇》[1]，至于凭借国家权力，大之则制民之产，谋贫富之均平；小之则扶弱抑强，去弊害之大甚。则我国之人，夙有此思想。以政治放任既久，幅员辽远，政府之威权，不易下逮，奉行之官吏，难得其人，故迄未能行耳。然其思想，则未尝消灭也。试引王安石、龚自珍两家之言以明之。

王安石《度支副使厅壁题名记》曰："夫合天下之众者财，理天下之财者法，守天下之法者吏也。吏不良，则有法而莫守；法不善，则有财而莫理。有财而莫理，则阡陌闾巷之贱人，皆能私取予之势，擅万物之利，以与人主争黔首，而放其无穷之欲，非必贵强桀大而后能。如是而天子犹为不失其民者，盖特号而已耳。虽欲食蔬衣弊，憔悴其身，愁思其心，以幸天下之给足，而安吾政，吾知其犹不行也。然则善吾法，而择吏以守之，以理天下之财，虽上古尧、舜犹不能毋以此为先急，而况于后世之纷纷乎？"（《王文公文集》。）此为安石变法首重理财之故。

---

[1] 编者注：见本书《政体篇》。

盖国不能贫富予夺人，则贫富予夺之权，操于豪强，国家欲有所为，其事恒不得遂。然国家所行，多为公义。豪强所行，多为私利。国家所欲不能遂，而豪强则所为必成，则公义不伸，正道灭绝，社会将永无太平之日矣。安石之言，自有至理。后人或訾其挟忿戾之心，以与豪暴争，误也。

龚自珍《平均篇》曰："有天下者，莫高于平均之尚也，其邃初乎！降是，安天下而已；又降是，与天下安而已；又降是，食天下而已。最上之世，君民聚醵然。三代之极其犹水。君取盂焉，臣取勺焉，民取卮焉。降是，则勺者下侵矣，卮者上侵矣。又降，则君取一石，民亦欲得一石，故或涸而踣。石而浮，则不平甚，涸而踣，则又不平甚。有天下者曰：吾欲为邃初，则取其浮者而挹之乎？不足者而注之乎？则群然哗之矣。大略计之，浮不足之数相去愈远，则亡愈速，去稍近，治亦稍速。千万载治乱兴亡之数，直以是券矣。人心者，世俗之本也；世俗者，王运之本也。人心亡，则世俗坏；世俗坏，则王运中易。王者欲自为计，盖为人心世俗计矣。有如贫相轧，富相耀；贫者阽，富者安；贫者日愈倾，富者日愈壅。或以羡慕，或以愤怨，或以骄汰，或以啬吝，浇漓诡异之俗，百出不可止，至极不祥之气，郁于天地之间，郁之久，乃必发为兵燹，为疫疠，生民噍类，靡有孑遗，人畜悲痛，鬼神思变置。其始，不过贫富不相齐之为之尔。小不相齐，渐至大不相齐；大不相齐，即至丧天下。呜呼！此贵乎操其本原，与随其时而剂调之。上有五气，下有五行，民有五丑，物有五才，消焉息焉，渟焉决焉，王心而已矣。是故古者天子之礼，岁终，太师执律而告声，月终，太史候望而告气。东无陼水，西无陼财，南无陼粟，北无陼士，南无陼民，北无陼风，王心则平，听平乐，百僚受福。其《诗》有之曰：秉心塞渊，騋牝三千。王心诚深平，畜产且腾跃众多，而况于人乎？又有之曰：皇之池，其马歕沙，皇人威仪。其次章曰：皇之泽，其马歕玉，皇人受谷。言物产蕃庶，故人得肆威仪，茹内众善，有善名也。太史告曰：东有渚水，西有渚财，南有渚粟，北有渚土，南有渚民，北有渚风，王心则不平，听倾乐，乘敧车，握偏衡，百僚受戒，相天下之积重轻者而变易之。其《诗》有之曰：相其阴阳，观其流泉。又曰：度其夕阳。言营度也。故积财粟之气滞，滞多雾，民声苦，苦伤惠；积民之气淫，淫多雨，民声嚣，嚣伤礼义；积土之气垢，垢多日，民声浊，浊伤智；积水积风，皆以其国瘥昏，官所掌也。且夫继丧亡者，福禄之主；继福禄者，危迫之主。语百姓曰：尔惧兵燹乎？则将起其高曾于九京而问之。惧荒饥乎？则有农夫在。上之继福禄之盛者难矣哉！龚子曰：可以虑矣！可以虑，可以更，不可以骤。且夫唐、虞之君，分一官，事一事，如是其谆也，民固未知贸迁，未能相有无，然君已惧矣。曰：后世有道吾民于富者，道吾民于贫者，莫如我自富贫之，犹可以收也。其《诗》曰：不识不知，顺帝之则。夫尧固甚虑民之识知，莫如使民不识知，则顺我也。水土平矣，男女生矣，三千年以还，何底之有？彼富贵至不急之物，贱贫者犹且筋力以成之，岁月以靡之，舍是则贱贫且无所托命。然而五家之堡必有肆，十家之村必有贾，三十家之城必有商。若服妖之肆，若食妖之肆，若玩好妖之肆，若男子呫嗫求爵禄之肆，若盗圣贤市仁义之肆，若女子鬻容之肆，肆有魁，贾有枭，商有贤桀，其心皆欲并十家、五家之财而有之，其智力虽不逮，其号既然矣。然而有天下者更之，则非号令也。有五挹五注，挹之天，挹之地，注之民；挹之民，注之天，注之地；挹之天，注之地；挹之地，注之天。其《诗》曰：挹彼注兹，可以饙饎。岂弟君子，民之父母。有三畏：畏旬、畏月、畏岁。有四不畏：大言不畏，细言不畏，浮言不畏，挟言不畏。而乃试之以至顺之法，齐之以至一之令，统之以至澹之心。龚子曰：有天下者，不十年，几于平矣。"（《定盦文集》。）此篇大意，以贫富不齐为致乱之原。而以操其本原，随时调剂，责诸人主。盖古者国小民寡，政府之威权易于下逮。而其时去部落共产之世未远，财产之分配，较为平均。此等情形,习为后人所讴歌,所想望。后世虽以时异势殊,政府不克复举此责,然特为事势所限,以理论,固无人谓政府不当举此责;且皆以克举此职,为最善之治也。故借国家之权力,以均贫富,实最合于我国之国情者也。

然借国家之力以均贫富,亦必行之以渐,而断非一蹴所能几。何也?借国家之力,以均贫富,则国家之责任必大。为国家任事者,厥惟官吏。服官之成为谋食之计旧矣。监督不至,焉不朘民以自肥?监督苟严,又虑厩长立而马益瘝也。况夫监督官吏者,亦官吏也。任事之官吏不可信,为得可信之官吏,而任以监察之责乎?借使大业皆由官营,挟其权力,以为身谋,民之疾之,犹其疾资本家也;犹其疾企业者也。其自视,徒为求食故而劳动,而绝无劝功乐事之心,与今日之工人同也。安保其不反抗?而是时一反抗,即涉及政治。较之今日,劳资之争斗,愈可忧矣。且今日欲图生利,必借外资。借用外资,必所兴举之事,皆能获利而后可。否则有破产之忧矣。前清末叶,议借外资。即有人谓:宜以银行承受之,而转贷于民者。以民业较易获利,必多能复其本;其规模不如官业之大,即有亏败,成功者多,足以偿之;非若官业,一失败,即有破产之虞也。然如此,则有助长资本之忧。若一切由国家自营,又虑官吏之不足任,而破产之终不可免也。何去何从?若何调剂?诚可深长思矣。

第三章

钱 币

吾国币制大略可分五期，自殷以前，盖珠玉金银龟贝粟帛等杂用，此为第一期。周代渐开金铜并用之端，至秦汉而大定，此为第二期。南北朝以降，黄金渐少，乃代之以帛，此为第三期。及宋而纸币兴，金人效之，元明沿焉，至宣宗宣德三年而废，此为第四期。纸币既已极弊，铜钱又不足，用银乃乘之而起，肇于金之末造，盛于明，废纸币以后，以迄于今，此为第五期。今略述其事。

《汉书·食货志》云："凡货，金钱布帛之用，夏殷以前，其详靡记云。"此语最确。《史记·平准书》云："虞夏之币，金为三品，或黄，或白，或赤；或钱，或布，或刀，或龟贝。"《平准书》本伪物，此数语又在篇末，必读者记识之语，溷入正文无疑。《通考》曰："自太昊以来，则有钱矣。太昊氏、高阳氏谓之金，有熊氏、高辛氏谓之货，陶唐氏谓之泉，商人、周人谓之布，齐人、莒人谓之刀。"此数语未知所出，疑系隐括古书而成，未必可据。殷以前事，书史无征，然知其为珠玉、金银、龟贝、粟帛等杂用者，以凡事不能突然而起，周以后事，必前有所承。《汉志》曰："太公为周立九府圜法：黄金方寸，而重一斤；钱圜函方，轻重以铢；布帛广二尺二寸为幅,长四丈为匹。故货宝于金,利于刀,流于泉,布于布,束于帛。太公退,又行之于齐。"是周初之易中金铜布帛并用。《管子》曰:"玉起于禺氏,金起于汝、汉,珠起于赤野。东西南北,距周七千八百里,水绝壤断,舟车不能通。先王为其途之远,其至之难,故托用于其重,以珠玉为上币,以黄金为中币,以刀布为下币。"(《国蓄》。《地数》《揆度》《轻重乙》略同。)所谓先王,盖亦周武王、齐太公之类,(《轻重乙》以为癸度对周武王之言。)则周初又兼用珠玉。孟子谓彭更曰:"子不通功易事,则农有余粟,女有余布。"(《滕文公下》。)陈相述许行衣、冠、械器,皆以粟易之,(《滕文公下》。)粟虽重滞,然切日用,便分割,用为易中,亦固其所。《盐铁论》曰:"夏后以玄贝,周人以紫石,后世或金钱、刀布。"(《错币》。)《说文解字》曰:"古者货贝而宝龟,周而有泉,至秦废贝行钱。"则贝行于夏,至周仍极通用,足征其前有所承。然则黄金方寸而重一斤,与钱圜函方轻重以铢之制,盖周初所定,其余则皆殷以前旧俗也。此中国邃古之世泉币之情形也。

泉币之用,自以金属为便,故自周以后,他物逐渐淘汰,而金铜专行。《汉志》曰:"秦兼天下,币为二等:黄金以溢为名,上币;铜钱质如周钱,文曰'半两',重如其文。而珠玉、龟贝、银锡之属,为器饰宝藏,不为币。"此实上承周之圜法者也。汉虽改秦钱法,又易黄金计重之法为一斤,然其并用金铜,固无以异。晁错说文帝,谓:"珠玉、金银轻微易藏,在于把握,可以周海内而无饥寒之患。"此即《汉志》所谓珠玉、龟贝、银锡之属,虽不为币,"然各随时而轻重无常"者,虽为俗所宝用,要不能径指为钱币矣。

然金在当时,特以供王公贵人之用,不则富商大贾或资焉,与平民实绝无关系。详见附录《二十五史札记》。当时切于民用者,惟钱而已,今试一论其沿革得失。

《汉书·食货志》:"汉兴,以为秦钱重难用,更令民铸荚钱。"《高后纪》：二年，"行八铢钱"。应劭曰："本秦钱，质如周钱，文曰半两，重如其文，即八铢也。汉以其太重，更铸荚钱，今民间名榆荚钱是也。民患其太轻，至此复行八铢钱。"六年，"行五分钱"。应劭曰："所谓荚钱者。"文帝以五分钱太轻小，更作四铢钱，文亦曰半两，今民间半两钱最轻小者是也。案《食货志》言：汉更荚钱之后，"不轨逐利之民，畜积余赢以稽市物，痛腾跃，米至石万钱，马至匹百金"。而下接"天下已平"云云，则汉之铸荚钱，实在天下未平以前。当时似借铸钱为筹款之策，物价腾踊，固有他因，币价之落，亦必其一。高后时复行八铢，不闻民患其重，则所谓"秦钱重难用"者，乃欲行小钱借口之辞，非其实也。高后虽复八铢，而仍不能绝荚钱。文帝欲减半两钱之半而强齐其价，其不能行固无待再计矣。而放民私铸，为害尤烈。贾生陈其币曰："法使天下公得顾租铸铜锡为钱，敢杂以铅铁为它巧者，其罪黥。然铸钱之情，非殽杂为巧，则不可得赢；而殽之甚微，为利甚厚。夫事有召祸而法有起奸，今令细民人操币之势，各隐屏而铸作，因欲禁其厚利微奸，虽黥罪日报，其势不止。乃者，民人抵罪，多者一县百数，及吏之所疑，榜笞奔走者甚众。夫县法以诱民，使入陷阱，孰积于此！曩禁铸钱，死罪积下；今公铸钱，黥罪积下。为法若此，上何赖焉？又民用钱，郡县不同：或用轻钱，百加若干；或用重钱，平称不受。法钱不立，吏急而壹之乎，则大为烦苛，而力不能胜；纵而弗呵乎，则市肆异用，钱文大乱。苟非其术，何乡而可哉！今农事弃捐而采铜者日蕃，释其耒耨，冶镕炊炭，奸钱日多，五谷不为多。善人怵而为奸邪，愿民陷而之刑戮，刑戮将甚不详，奈何而忽！"是时之币制，固无解于罔民之讥矣。

武帝之初，亦以改币为筹款之策。《志》载其事曰："天子与公卿议，更造钱币以澹用，而摧浮淫并兼之徒。是时禁苑有白鹿而少府多银锡。自孝文更造四铢钱，至是岁四十余年，从建元以来，用少，县官往往即多铜山而铸钱，民亦盗铸，不可胜数。钱益多而轻，物益少而贵。

有司言曰：'古者皮币，诸侯以聘享。金有三等，黄金为上，白金为中，赤金为下。今半两钱法重四铢，而奸或盗摩钱质而取鋊，钱益轻薄而物贵，则远方用币烦费不省。'乃以白鹿皮方尺，缘以繢，为皮币，直四十万。王侯宗室朝觐聘享，必以皮币荐璧，然后得行。又造银锡白金。以为天用莫如龙，地用莫如马，人用莫如龟，故白金三品，其一曰重八两，圜之，其文龙，名'白撰'，直三千；二曰以重差小，方之，其文马，直五百；三曰复小，椭之，其文龟，直三百。令县官销半两钱，更铸三铢钱，重如其文。盗铸诸金钱罪皆死，而吏民之犯者不可胜数。"又曰："有司言三铢钱轻，轻钱易作奸诈，乃更请郡国铸五铢钱，周郭其质，令不可得摩取鋊。""自造白金五铢钱后五岁，而赦吏民之坐盗铸金钱死者数十万人。其不发觉相杀者，不可胜计。赦自出者百余万人，然不能半自出，天下大氐无虑皆铸金钱矣。"其罔民尤甚于文帝矣。

自然之势不可逆也，逆之者必还从之，而后可几于治，汉武之专令三官铸五铢是也。《汉志》曰："郡国铸钱，民多奸铸，钱多轻，而公卿请令京师铸官赤仄，一当五，赋官用非赤仄不得行。白金稍贱，民弗宝用，县官以令禁之，无益，岁余终废不行。""其后二岁，赤仄钱贱，民巧法用之，不便，又废。于是悉禁郡国无铸钱，专令上林三官铸。钱既多，而令天下非三官钱不得行，诸郡国前所铸钱皆废销之，输入其铜三官。而民之铸钱益少，计其费不能相当，惟真工大奸乃盗为之。"此时所行，可谓与生计原理相合，故币制自此遂定，然亦以汉世币重，铜之流布民间者少，故能致此也。（详见附录《二十五史札记》。）

古代与金铜并行之物，周以后多废，而金铜专行，此亦势也，无可如何者也。而王莽以周钱有子母相权，更造大钱，径寸二分，重十二铢，文曰"大钱五十"。又造契刀、错刀。契刀，其环如大钱，身形如刀，长二寸，文曰"契刀五百"。错刀，以黄金错其文，曰"一刀直五千"。与五铢钱四品并行。即真，以为书"刘"字有金刀，乃罢错刀、契刀及五铢钱,而更作金、银、龟、贝、钱、布之品,名曰"宝货"。凡五物,六名,二十八品。(钱货六品,银货二品,龟货四品,贝货五品,布货十品,黄金重一斤,直钱万,仍旧制。)币所以定物价,可一而不可二,而莽错乱之至于如此,其不能行审矣。于是百姓愤乱,其货不行,民私以五铢钱市买。莽患之,下诏"挟五铢钱者,为惑众,投诸四裔以御魑魅"。农商失业,食货俱废,民涕泣于市道。坐卖买田宅奴婢铸钱抵罪者,自公卿大夫至庶人,不可称数。莽知民愁,乃但行小钱直一,与大钱五十,二品并行,龟贝布属且寝。天凤元年,复申下金银龟贝之货,颇增减其价直。而罢大小钱,改作货布,长二寸五分,广一寸,首长八分有奇,广八分,其圜好径二分半,足枝长八分,间广二分,其文右曰"货",左曰"布",重二十五铢,直货泉二十五。货泉径一寸,重五铢,文右曰"货",左曰"泉",枚直一,与货布二品并行。又以大钱行久,罢之,恐民挟不止,乃令民且独行大钱,与新货泉俱枚直一,并行尽六年,毋得复挟大钱矣。每一易钱,民用破业,而大陷刑。莽以私铸钱死,及非沮宝货投四裔,犯法者多,不可胜行,乃更轻其法:私铸作泉布者,与妻子没入为官奴婢;吏及比伍,知而不举告,与同罪;非沮宝货,民罚作一岁,吏免官。犯者愈众,及五人相坐皆没入,郡国及槛车铁锁,传送长安钟官,(主铸钱者。)愁苦死者十六七。自有货币以来,未有以私意败民而又自败如此其甚者也。莽乱后,遂至杂用布帛金粟交易。

《汉书·食货志》云:"诛莽后二年,世祖受命,荡涤烦苛,复五铢钱。"是事在建武元年,而《后汉书·光武纪》:建武十六年"始行五铢钱",注:"武帝始为五铢钱,王莽时废,今始行之。"不合。案《马援传》:"初援在陇西,上书言宜如旧铸五铢钱,事下三府。三府奏以为未可许,事遂寝。及援还,从公府求得前奏难十余条,乃随牒解释,更具表言,帝从之,天下赖其便。"则铸五铢在建武十六年,而复行五铢在建武初元也。

五铢在铜钱中最为民所宝用,汉末董卓坏之,而币制乃大乱,迄于六朝,莫能复理矣。今略述其事如下。(据五朝史志及《文献通考》。)

献帝初平元年,董卓坏五铢钱,更铸小钱,悉取洛阳、长安钟簴、铜马、飞廉之属以充铸,货贱物贵,谷石数万。又钱无伦理文章,不便人用。

先主攻蜀,与士众约:事定,府库百物,孤无取焉。入成都,士庶皆舍干戈,赴库藏,取宝物。军用不足,以刘巴言,铸直百钱。

魏文帝黄初二年,罢五铢钱,使百姓以谷帛为市。至明帝世,巧伪渐多,竞湿谷造薄绢,严刑不能禁,乃立五铢钱。

孙权嘉平五年,铸大钱一当五百。赤乌元年,又铸当千钱,既太贵,但有空名,乃罢之。

晋用魏五铢钱,不闻更有所创。元帝过江,用孙氏旧钱,轻重杂行,大者谓之比轮,中者谓之四文。吴兴沈充又铸小钱,谓之"沈郎钱"。钱既不多,由是稍贵。桓玄辅政,议用谷帛,朝议不可,乃止。河西自太始中不用钱,裂匹为段,索辅言于张轨,乃用钱焉。(辅谓徒耗女工,亦用帛一币也。)

宋文帝元嘉七年,立钱置法,铸四铢,重如其文。人间颇多盗铸,剪凿古钱取铜,帝甚患之。江夏王义恭议以一大钱当两,行之经时,公私非便,乃罢。元嘉中,铸四铢,轮廓形制,与古五铢同。孝武孝建新铸四铢,文曰"孝建",一边为"四铢"二字,其后除去四铢二字,仅留孝建年号。孝建所铸钱,形式薄小,轮廓不成。于是盗铸者云起,杂以铅锡,并不牢固。又剪凿古钱,以取其铜。钱既转小,稍违官式。虽严刑,人、吏、官长坐免者相系,而盗铸弥甚,百物踊贵,人患苦之。乃立品格,薄小无轮廓者,悉加禁断。议者又以铜转难得,欲铸二铢钱。废帝景和二年铸之,文曰"景和",形式转细。官钱每出,民间即模效之,而大小厚薄,皆不及也。无轮廓,不磨鑢,如今剪凿者,谓之来子,尤轻薄者,谓之荇叶,市井通用之。永光元年,沈庆之启通私铸,由是千钱长不盈三寸,大小称此,谓之鹅眼钱。劣于此者,谓之綖环钱。入水不沉,随手破碎,市井不复料数,十万钱不盈一掬,斗米一万,商贾不行。明帝泰始初,惟禁鹅眼、綖环,余皆通用。复禁民铸,官署亦废工。寻又并断,惟用古钱。

梁初,惟京师及三吴、荆、郢、江、襄、梁、益用钱,其余州郡,则杂以谷帛,交广全用金银。武帝乃铸"五铢""公式女钱"二品并行。(重皆四铢三参二黍。)民间或私以古钱交易,频下诏非新铸二种钱不许用,而私用转甚。普通中,尽罢铜钱,更铸铁钱。铁易得,并私铸。大同后,所在如丘山,物价腾贵,交易者以车载钱,论贯不计数。于是商贾奸诈,因以求利,破岭以东,(黄汝成云:破或庾字之讹,见《日知录》"短陌"条《集释》。)八十为百,名东钱;江、郢以上,七十为百,名西钱;京师九十,名长钱。大同元年,下诏通用足陌,而人不从,钱陌益少,末年,遂以三十五为陌。

陈初,承梁丧乱之后,铁钱不行。始梁末,又有两柱钱及鹅眼钱,时人杂用,其价同,但两柱重而鹅眼轻。私家多镕铸,又间以锡钱,兼以粟帛为货。文帝天嘉五年,改铸五铢,初出一当鹅眼十。宣帝太建十一年,又铸大货六铢,以一当五铢之十,与五铢并行,后还当一。人不便,乃讹言六铢钱有不利县官之象。未几,帝崩,遂废六铢而行五铢,至于陈亡。其岭南诸州,多以盐、米、布交易,俱不用钱。

后魏初,置太和钱,货无所用也,孝文始诏天下用钱。十九年,公铸粗备,文曰"泰和五铢",在所遣钱工备炉冶,人有欲铸,就听铸之。宣武帝永平三年冬,又铸五铢钱。京师及诸州镇或不用,或止用古钱,商货不通,贸迁颇隔。孝明熙平初,以任城王澄言下诸方镇,太和及新铸并古钱内外全好者,不限大小,悉听行之。鹅眼、环凿,依律而禁。而河北诸州,旧少钱货,犹以他物交易。二年冬,尚书崔亮奏并许开铸,从之。自后人多私铸,钱稍小薄,孝庄初益甚,乃至风飘水浮,米斗几直一千。以杨侃言铸五铢钱，永安二年秋更铸，文曰"永安五铢"，官自立炉，亦听人就铸，自九月至三年正月止。官欲知贵贱，乃出藏绢，分遣使人于三市卖之，绢匹止钱二百，而私市者犹三百。利之所在，盗铸弥众，巧伪既多，轻重非一，四方州镇，用各不同。

北齐神武伯政之初，犹用永安五铢，迁邺已后，百姓私钱，体制渐别，遂各以为名，有雍州青赤，梁州生厚、紧钱、吉钱、河阳生涩、天柱、赤牵之称。冀州之北，交贸皆以绢布，神武乃收境内之铜及钱，仍依旧文更铸，流之四境。未几，复细薄，奸伪竞起。文襄欲于京邑二市、天下州镇郡县之市，各置二秤，县于市门，私铸不禁，但重五铢，然后听用，不果。文宣受禅，除永安钱，改铸常平五铢，重如其文，甚贵而制甚精。未行，私铸已兴，一二年间，即有滥恶。杀戮不止，令市长铜价，私铸少止，然乾明皇建间，往往私铸，武平后转甚，至齐亡，卒不能禁。

后周初，用魏钱。武帝保定元年，更铸布泉之钱，以一当五，与五铢并行。梁、益之境，又杂用古钱交易。河西诸郡，或用西域金银之钱。建德三年，更铸五行大布钱，以一当十。五年，以布钱渐贱，而人不用，废之。宣帝大象元年，又铸永通万国钱，以一当十，与五行大布，五铢，凡三品并用。

隋文帝开皇元年，以天下钱货轻重不一，乃更铸新钱，背面肉好，皆有周郭，文曰"五铢"，重如其文，每千钱重四斤二两，严禁私铸，及前代五行大布、永通万国、常平等。钱货始一，所在流布，百姓便之。是时见用之钱，皆须和以锡蜡；锡蜡既贱，私铸不可禁约，乃禁出锡蜡处，不得私采。其后奸猾稍多，渐磨鑢钱郭，取铜私铸，又杂以铅锡，递相仿效，钱遂轻薄，乃下恶钱之禁。京师及诸州邸肆之上，皆令立榜置样为准，不中样者不入于市。十八年，钱益滥恶，乃令有司检天下邸肆，见钱非官铸者，皆毁之，其铜入官。而京师以恶钱贸易，为吏所执，有死者，数年之间，私铸颇息。大业以后，王纲弛紊，巨奸大猾，遂多私铸，钱转薄恶，每千渐至一斤。或剪铁叶，裁衣糊纸以为钱，相杂用之，货贱物贵，以至于亡。

唐武德四年，废五铢钱，铸开元通宝钱，每十钱重一两，一千重六斤四两，置钱监于洛、并、幽、益诸州。显庆五年，盗铸恶钱，官为市之，以一善钱售五恶钱，民间藏恶钱，以待禁弛。乾封元年，改铸乾封泉宝钱，径寸，重二铢六分，以一当旧钱之十，逾年而旧钱多废。明年，以商贾不通，米帛踊贵，复行开元通宝钱，天下皆铸之。然私钱犯法日蕃，有以舟筏铸江中者，诏所在纳恶钱，奸亦不息。武后长安中，令悬样于市，百姓依样用钱。俄而拣择艰难，交易留滞，乃令钱非穿穴及铁锡铜液，皆得用之。自是盗铸蜂起，江、淮尤甚，更莫能捕。先天之际，两京钱益滥，郴、衡钱才有轮廓，铁锡五铢之属，皆可用之。或镕锡模钱，须臾千百。玄宗开元初，宰相宋璟请禁恶钱，行二铢四参钱，毁旧钱不可用者。监察御史萧隐之使江、淮收恶钱，又槖十万斛收恶钱毁之。二十六年，于宣、润等州置钱监，时两京用钱稍善，米粟价亦下。后又渐恶，诏出钱所在置监，铸开元通宝钱，京师库藏皆满，天下盗铸益起，广陵、丹阳、宣城尤甚。京师权豪，岁岁取之，舟车相属。肃宗乾元元年，铸乾元重宝钱，以一当十。后又铸重轮乾元钱，一当五十。法既屡易，物价腾踊，斗米七千，死者满道。上元元年，减重轮钱一当三十，开元旧钱与乾元钱一当十。代宗即位，乾元重宝钱一当二，重轮钱一当三，凡三日，而大小钱皆一当一焉。

历代善币，五铢而外，首数开元，然开元之能专行及久行，远不逮五铢，则以其时铜已流布，私铸不易禁也。（详见附录《二十五史札记》。）五代纷纷不足道，北宋币制亦迄不能善，其弊有三：一铸钱太多，流入外国；一多铸大钱；一行用铁钱，皆足以紊乱币制也。宋代铸铁之数见于史者，至道中八十万贯，景德中一百八十三万贯，天禧末一百有五万贯，皇祐中，池、江、建、韶等五州一百四十六万缗，嘉、邛、兴三州大铁钱二十七万缗，治平中，饶、池、江、建、韶、仪六州一百七十万缗，兴州三万缗。（嘉、邛自嘉祐四年起，停铸十年。）熙宁诏京西、淮南、两浙、江西、荆湘五路，各置铸钱监，江西、湖南以十五万，余路以十万缗为额。（神宗增监十四，元祐皆罢。神宗弛钱禁，元祐亦复之。）张方平言边关重车而出，海舶饱载而回，沿海州军钱出外，但每贯收税而已。盖辽用宋钱甚多，而宋与南洋贸易，当时亦通用钱也。又西北边内属，戎人赍货帛于秦，阶、成州，易铜钱出塞，销铸为器，则以钱为输出矣。徒耗鼓铸之劳，以供他国之用，不亦亡谓之甚乎？

大钱之铸，始于陕西军兴之时，初用知商州皮仲容议，采铜铸钱。既而陕西都转运使张奎、知永兴军范雍请铸大铜钱，与小钱兼行，一当十，及奎徙河东，又铸大铁钱于晋、泽二州，亦以一当十。（供陕西军费。）未几，三司奏罢。河东铸大铁钱，而陕西复采铜置监，铸大钱，因敕江南铸大铜钱。江、池、饶、仪、虢又铸小铁钱，悉辇致关中。大约小铜钱三，可铸当十大铜钱一，盗铸者众，钱文大乱，物价翔踊。奎复奏晋、泽、石三州及威胜军日铸小铁钱，独留用，河东铁钱既行，盗铸获利十六，钱轻货重，患如陕西。契丹亦铸铁钱，以易并边铜钱。于是知并州郑戬请河东铁钱以二当铜钱一。行之一年，又以三当一，或以五当一。罢官炉日铸，且行旧钱。庆历末，叶清臣为三司使，与学士张方平等上陕西钱议，请以江南、仪商等州大铜钱一当小钱三，小铁钱三当铜钱一，河东小铁钱亦三当一。后又令陕西大铁钱皆以一当二，盗铸乃止。熙宁中，陕西转运副使皮公弼言："自行当二钱，铜费相当，盗铸衰息。请以旧铜铅尽铸。"从之，折二钱遂行于天下。其后蔡京党陕西转运副使许天启创议铸当十钱，乃先铸当五。熙宁折二钱之行，不许运致京师，故诸州所积甚多，咸请以铸当十。于是罢当五，各处皆铸当十，除陕西、河东、四川铁钱地外，均许行使，私铸寖广。崇宁四年后，以当十为当五。然小平钱益少，贸易濡滞。乃命以折五、折十上供，小平钱留本路，罢铸当十，添铸小平钱。时各路当十钱或当三，或当五，俄命行于畿内、陕西、河东北，余路禁之。又命禁用之钱，悉输官藏之于库，然一旦更用，所损甚大。诸路或用或否，亦不尽送官。私贩私铸仍甚，乃许搜索舟车，重官司失察之罪。大观元年，蔡京再相，（京之相，在崇宁二年。折十之法，至四年乃渐变。五年，京去位，乃诏谕中外不复用。）复行折十钱，重私铸搜捕劝告之法。（至四年，获罪者十余万人。）三年，京再罢，四年，乃停铸。政和三年，令当十钱并作当三焉。（熙、丰时，陕西、河东铜钱千，易铁钱千五百。绍圣时易二千五百。）

宋代行使铁钱之地，尚有四川。（元丰间，毕仲衍进《中书备对》，以陕西、河东为兼行铜铁钱之地，成都、梓州、利州、夔州为专行铁钱之地。）初，江南西蜀平，皆听用铁钱，铜钱许入界。太平兴国二年，弛铜钱渡江之禁，广鼓铸以给之，铁钱遂不用，惟蜀中铁钱仍不准出界。由是铁钱日贱，商贾争以铁钱入界，与民为市。官亦言民乐输铜钱，增赋税所收铜钱分数，以俸给所得铜钱，厚直与民市。沈伦又增铸铁钱，易民铜钱上供，四川遂成铁钱世界。以交通最不便之地，行运输最不便之币，而纸币乃应运而兴矣。

古代黄金，专供王公、贵人、富商、大贾之用，说已具前。夫资生愈厚，则物之有待于交易者愈多；交易愈繁，则泉币之为用愈广。用币既多，必求轻赍，黄金之流衍全国，宜也。然而卒不然者，则一以金铜异物，其价不齐，并为易中，殊觉不便；一亦以金之渐少也。前说详见予所撰《二十五史札记》，后说则顾亭林《日知录》、赵瓯北《陔余丛考》皆论之。

顾氏之言曰："汉时黄金上下通行，故文帝赐周勃至五千斤，宣帝赐霍光至七千斤。而武帝以公主妻栾大，至赍金万斤。卫青出塞，斩捕首虏之士，受赐黄金二十余万斤。梁孝王薨，藏府余黄金四十余万斤。馆陶公主近幸董偃，令中府曰：'董君所发，一日金满百斤，钱满百万，帛满千匹，乃白之。'王莽禁列侯以下不得挟黄金，输御府受直。至其将败，省中黄金万斤者为一匮，尚有六十匮。黄门钩盾藏府中尚方处,处各有数匮。而《后汉·光武纪》,言王莽末,天下旱蝗,黄金一斤,易粟一斛,是民间亦未尝无黄金也。董卓死,坞中有金二三万斤,银八九万斤。昭烈得益州,赐诸葛亮、法正、关羽、张飞金各五百斤,银千斤。《南齐书·萧颖传》:长沙寺僧业富沃,铸黄金为龙数千两,埋土中,历相传付,称为下方黄铁,莫有见者。颖胄起兵,乃取此龙,以充军实。《梁书·武陵王纪传》:黄金一斤为饼,百饼为簉,至有百簉,银五倍之。自此以后,则罕见于史。《尚书》疏:汉、魏赎罪,皆用黄金。后魏以金难得,令金一两,收绢十匹,今律乃赎铜。"

赵氏之言:曰"汉以来金银皆以斤计。如汉高祖赐陈平金十万斤,赐田肯金五百斤。文帝赐周勃金五千斤,陈平、灌婴金二千斤。武帝以东方朔谏起上林,赐金百斤。以及南北朝时,犹以斤计。如魏孝文帝赐抱睋生葬事黄金八千斤、梁武陵王以金银百斤为饼之类是也。侯景围城,羊侃率兵御之,诏送金五千两、银一万两赐战士,则金银以两计起于梁时。其后陈将周罗睺彭城之战,拔出萧摩诃于重围,以功赐金银各三千两。梁睿平剑南,隋文帝赐金二千两。又平王谦赐金二千两、银三千两。王谦作乱,王述执其使上书,文帝亦赐金五百两。又文帝尝赐萧岿金五百两、银千两。周法尚破李光仕,文帝赐黄金百五十两、银百五十斤,则金以两计,银犹以斤计。炀帝以来护儿破杨玄感功,赐黄金千两;以王辨击破山东贼盗功,赐黄金二百两,事俱见《南》《北史》。则金银之以两计,起于梁、陈、隋之世也。《通考》谓:萧梁间交、广以金银交易,既是民间交易,则零星多寡不齐,自必细及铢两。又《宋书·徐豁传》:中宿县俚民课银一子输半两,则国制收银课亦以两计,因而上下通行,俱论两不论斤。且古时金银价甚贱,故以斤计,后世金银日贵,故不得不以两计也。"

其渐少之原因,顾氏论之曰:"宋太宗问学士杜镐曰:'两汉赐予,多用黄金,而后代遂为难得之货,何也?'对曰:'当时佛事未兴,故金价甚贱。'今以目所睹记，及《会典》所载国初金价推之，亦大略可考。《会典钞法》卷内云：洪武八年，造大明宝钞，每钞一贯，折银一两，每钞四贯，易赤金一两。是金一两，当银四两也。《征收》卷内云：洪武十八年，令凡折收税粮，金每两准米十石，银每两准米二石，是金一两当银五两也。三十年，上曰：'折收逋赋，欲以苏民困也。今如此其重，将愈困民。'更令金每两准米二十石，银每两准米四石，然亦是金一两当银五两也。永乐十一年，令金每两准米三十石，则当银七两五钱矣。又令交阯召商中盐，金一两，给盐三十引，则当银十两矣。岂非承平以后，日事侈靡，上自宫掖，下逮勋贵，用过乎物之故与？幼时见万历中赤金止七八换，崇祯中十换，江左至十三换矣。投珠抵璧之风，将何时而见与？"又曰：古来用金之费，如《吴志·刘繇传》：笮融大起浮图祠，以铜为人，黄金涂身，衣以锦采，垂铜盘九重。《何姬传》注引《江表传》：孙皓使尚方以金作华燧步摇假髻以千数，令宫人着以相扑，朝成夕败，辄出更作。《魏书·释老志》：兴光元年，敕有司于五假大寺内，为大祖已下五帝，铸释迦立像五，各长一丈六尺，都用赤金二万五千斤。天安中，于天宫寺造释迦立像，高四十三尺，用赤金十万斤，黄金六百斤。《齐书·东昏侯纪》：后宫服御，极选珍奇，府库旧物不复周用，贵市民间，金银宝物，价皆数倍京邑，酒租皆折使输金，以为金涂，犹不能足。《唐书·敬宗纪》：诏度支进铜三十斤，金箔十万，翻修清思院新殿及昇阳殿图障。《五代史·闽世家》王昶起三清台三层，以黄金数千斤，铸宝星及元始天尊、太上老君像。宋真宗作玉清昭应宫，薨栱栾楹，全以金饰，所费巨亿万，虽用金之数，亦不能全计。《金史·海陵纪》：宫殿之饰，遍傅黄金，而后间以五采，金屑飞空如落雪。《元史·世祖纪》：建大圣寿万安寺，佛像及窗壁，皆金饰之，凡费金五百四十两有奇，水银二百四十斤。又言缮写金字藏经，凡糜金三千二百四十两。此皆耗金之由也。杜镐之言，颇为不妄。《草木子》云：金一为箔无复再还元矣。故《南齐书·武帝纪》

禁不得以金银为箔。而《太祖实录》言："上出黄金一锭，示近臣曰：'此表笺袱盘龙金也。'令宫人洗涤销镕得之。呜呼！俭德之风远矣。"余谓用金之费，诚为消耗之一因，然其大原因，则仍在于金之渐散。见附录《二十五史札记》。（赵氏《廿二史札记》"汉多黄金"一条，历举《汉书》本纪、列传所载汉史多金之事而论之曰："后世黄金日少，金价亦日贵，盖由中土产金之地，已发掘净尽。而自佛教入中国后，塑像涂金，大而通都大邑，小而穷乡僻壤，无不有佛寺，即无不用金涂。以天下计之，无虑几千万万。此最为耗金之蠹。加以风俗侈靡，泥金写经，贴金作榜，积少成多，日消月耗。故老言黄金作器，虽变坏，而金自在。一至泥金涂金，则不复还本。此所以日少一日也。"愚案，金如俗所宝重，虽有消耗，还本者仍多。谓产金之地，已发掘净尽，尤不其然。历代淘采虽不盛，然产金之数合计之，亦当不少也。）

因金少，故用币多者，乃代之以帛。《陔馀丛考》曰："六朝则钱帛兼用，而帛之用较多。《北史》魏张普惠疏曰：高祖废长尺大斗重秤，后因军国需用，故绢上加绵八两，布上加麻十五斤，是纳赋皆以绢布也。孝文帝始制百官之禄，每户增调绢三匹，谷二石九斗，以为俸禄之用。夏侯道迁岁禄三千余匹，李冲一门岁禄万匹，是官俸皆以谷帛也。张谠妻为魏所虏，谠以千匹赎之，是赎罪亦绢帛也。高允死，赐以粟五百石，绢千匹，高澄生子，魏孝静帝赐锦采布帛万匹，是赐予皆谷帛也。西魏赏擒高敖曹者，布绢万端，是购赏亦布绢也。""唐初，租出谷，庸出绢，调出缯布，并未尝征钱。天宝中，杨国忠请令各道义仓及丁租地课，皆易布帛，充禁藏。玄宗诏百宫观库物积如山，是亦尚皆用布帛。"愚按，开元二十二年诏庄宅口马交易，并先用绢布、绫罗、丝绵等，其余市买至一千以上，亦令钱物并用，违者科罪。《旧唐书》宪宗元和三年六月诏曰：天下有银之山，必有铜矿。铜者可以资鼓铸，银者无益于人生。其天下自五岭以北见采银坑，并宜禁断。则明以布帛为货币，而金银不得与焉矣。金银价贵，专用则失之重，与铜并用则比价岂能不变？钱币者，度物价之尺，尺宜一不宜二，此其所以不获为钱币欤？然以布帛为币，究亦非宜，于是纸币兴焉。

纸币之前驱为飞钱。《唐书·食货志》：贞元时，"商贾至京师，委钱诸道进奏院及诸军、诸使、富家，以轻装趋四方，合券乃取之，号飞钱"。此可谓之汇兑，而不可谓之纸币。（京兆尹裴武请禁之，元和时，以"自京师禁飞钱，家有滞藏，物价寖轻。判度支卢坦、兵部尚书判户部事王绍、盐铁使王播请许商人于户部、度支、盐铁三司飞钱，每千钱增给百钱。然商人无至者。复许与商人敌贯而易之。然钱重帛轻如故"。案三司飞钱之不行，以不为商人所信也。一禁飞钱而京师物遂滞销，可见飞钱之行，出于不容已矣。）宋太祖取飞钱故事，许民入钱京师，于诸州便换，（初许商人入钱左藏库，以诸州钱给之。商旅先经三司投牒，乃输于库。开宝三年，置便钱务，令商人入钱者，诣务陈牒，即辇至左藏库，给以券。仍敕诸州，凡商人赍券至，当日给付，不得住滞，违者科罚。自是无复停滞。至道末，商人入便钱一百七十余万贯。天禧末，增一百一十三万贯。）亦所以省运输耳。逮交子兴，始具纸币之意。《文献通考》曰："初，蜀人以铁钱重，私为券，谓之交子，以便贸易。富人十六户主之。其后富人稍衰，不偿所负，争讼数起。寇瑊尝守蜀，乞禁交子。薛田为转运使，议废交子，则贸易不便，请官为置务，禁民私造。诏从其请，置交子务于益州。"《宋史·薛田传》曰："田请置交子务，以榷其出入，未报。寇瑊守益州，卒奏用其议，蜀人便之。"二说互歧，未知孰是。《食货志》："真宗时，张咏镇蜀，患蜀人铁钱重，不便贸易，设质剂之法，一交一缗，以三年为一界而换之。六十五年为二十二界，谓之交子，富民十六户主之。"一似法为咏所创者，恐非也。交子初行，谨守分界之法。天圣以后，界以二十五万三百四十缗为额。熙宁五年，交子二十二界将易，而后界给用已多，诏更造二十五界一百二十五万，以偿二十三界之数，两界并行自此始。时交子给多而钱不足，致价太贱，既而竟无实钱。绍圣以后，界率增造，以给陕西沿边籴买及募兵之用，少者数十万，多至数百万缗；而成都乏用，又请印造，故每岁书放亦无定数。熙宁二年，以河东公私共苦运铁钱劳费，诏置潞州交子务。明年，漕司以其法行则盐、矾不售，有害入中粮草，罢之。又明年，复行于陕西，而罢永兴军盐钞务。文彦博言其不便，未几竟罢，盖尚与入中之法相依附也。崇宁三年，置京西北路专切管干通行交子所。四年，令诸路更用钱引，准新样印制，四川如旧法。钱引通行诸路，惟闽、浙、湖、广不行。自用兵湟、廓，借交子之法以助边费，较天圣一界逾二十倍，而价逾损。及更界之年，新交子一当旧者四。大观元年，并改为钱引交子务，曰钱引务。旧造一界，备本钱三十六万缗，新旧相因。大观中，不畜本钱而增造无艺，卒致一缗当钱十数。张商英秉政，奉诏复循旧法。至宣和中，乃引界复平焉。盖钞之不及百年，而其跌价已屡见矣。

高宗绍兴六年，行在置交子务，旋罢之，令榷货务储见钱印造关子。关子始绍兴元年，令商人入中，执关子于榷货务请钱，以给婺州军也。二十九年，户部造会子。三十年，诏会子务隶都茶场。会子初行于两浙，后通行于淮、浙、湖北、京西。隆兴元年，江州置会子务。四年，立三年为一界，界以千万贯为额，然有展限及前后界并行之弊。绍定五年，两界会子之数至二亿二千九百万。嘉定四年，乃令十七、十八两界会子更不立限，永远行使。盖以数界并行，轻重不等，民益眩惑，故用此举。然纵能齐诸界会子价，不能使会子不跌价。况《宋志》云："前之二界，尽用川纸，物料既精，工制不苟，民欲为伪，尚或难之。迨十七界之更印，已杂用川、杜之纸，至十八界则全用杜纸矣。纸既可以自造，价且五倍于前，故昔之为伪者难，今之为伪者易。"更立永远行使之法，伪会不益无术剔除乎？贾似道执政，又造关子，与会子并行。《五行志》云："宋初，陈抟有纸钱使不行之说，其后会价愈低，有'使到十八九，纸钱飞上天'之谣，似道恶十九界之名，乃名关子，而关子价益低。"案《食货志》："咸淳四年，以近颁见钱关子，贯作七百七十文足，十八界每道作二百五十七文足,三道准关子一贯,同见钱转使。"则新出关子,不及八折矣。

川引自赵开为总饷,以供籴本,给军需,增印日多。前宋时,放出两界,每界一百二十万余缗。绍兴七年,三界至三千七百八十万。末年,至四千一百四十七万。淳熙五年,以四千五百万立额,然嘉泰末,放至五千三百万。旧例引三年一易,开禧始展年收,遂两界、三界通使。嘉定九年,定以十年为一界,著为令。宝祐四年,以台臣奏,拘印造之权归之朝廷。咸淳五年,以会板发下成都运司掌之,从制司抄纸发往运司印造毕功,发回制司,用总所印行使,岁以五百万为额。

辽铸钱甚早,《辽史》谓先代撒剌的为夷离堇,以土产多铜,始造钱币。太祖其子,袭而用之是也。然实取中原钱为多。《辽史》云:石敬瑭又献沿边所积钱,圣宗凿大安山取刘守光所藏钱,散诸五计司。更益以宋代钱禁有名无实,其为数之巨可知矣。然辽自景宗以后,历代亦皆铸钱,新旧听民并用,故其钱币极为饶足。

金初用辽、宋旧钱,天会末,虽刘豫阜昌元宝、阜昌重宝亦用之。贞元二年,户部尚书蔡松年复钞引法,遂制交钞,与钱并用。正隆二年,始议鼓铸。三年,于中都立钱监二,曰宝源,曰宝丰;京兆一,曰利用。世宗大定十八年,于代州立监,曰阜通。二十七年,曲阳别为一监,曰利通。章宗即位,罢代州、曲阳二监,以役民运铜有弊,而铜仍不足,复销铜器及旧钱以铸也。阜通、利用两监,岁铸十四万贯,所费至八万贯,其弊可谓深矣。

金初既患钱少,亦患铜少。初括民铜器以铸,于是铜禁极严。铜器初皆官造,其后官不胜烦,民不胜弊,乃听民造,而官为立价。以售铜不许越界,与外国贸易,亦不许用钱。以宋用铜钱,淮南乃用铁钱,以防流出。陕西有用银布姜麻者。承安三年,立制以钱与外方人使及与交易者,徒五年,三斤以上死。其后乃渐兴窑冶,然无大效。钞法既敝,钱遂为所逐，虽立七年之限，极力设法流通，而亦无济矣。

金代行钞，始于海陵。贞元二年，以户部尚书蔡松年请行钞引法，遂设交钞库及印造钞引库，印一贯、二贯、三贯、五贯、十贯五等，谓之大钞；一百、二百、三百、五百、七百五等，谓之小钞。与钱并行，以七年为限，纳旧易新，循宋张咏四川交子之法，而纾其期，盖以铜少权制之法也。章宗即位，有欲罢钞法者，有司言："商旅利于致远，往往以钱买钞，盖公私俱便之事，岂可罢去。止因有厘革年限，不能无疑，乞削七年厘革之法，令民得常用。若岁久字文磨灭，许于所在官库纳旧换新，或听便支钱。"从之。《食货志》论之曰：自此"收敛无术，出多入少，民寖轻之。厥后法屡更，而不能革，弊亦始于此焉"。案当时交钞之制，上有文曰："圣旨印造逐路交钞，于某处库纳钱换钞，更许于某处库纳钞换钱。"则钱钞相易，皆有定处，此其所以不便，初不关七年厘革之限也。自厘革之限既废，有司以出钞为利，收钞为讳，渐苦钞多，乃欲以银权之。承安二年十二月，尚书省议，官俸军需皆以银钞兼给，旧例银每锭五十两，其直百贯，民间或有截凿之者，其价亦随低昂，遂改铸银名承安宝货，一两至十两分五等，每两折钱二贯，公私同见钱用，亦代钞本，仍定销铸及接受稽留罪赏格。后私铸者多，杂以铜锡，寖不能行。五年十二月，罢之。卫绍王时，钞法大敝，会河之役，至以八十四车充军赏。宣宗立，欲重之，贞祐二年，更造二十贯至百贯、二百贯，至千贯钞。三年四月，河东宣抚胥鼎言："市易多用见钱，而钞每贯仅值一钱，曾不及工墨之费。"请权禁见钱，从之。自是钱多入于宋。《志》谓"富家内困藏镪之限，外弊交钞屡变，皆至窘败，谓之坐化。"三年七月，改交钞名为贞祐宝券。宝券初行，民甚重之。已而河北、陕西诸路，所支既多，民遂轻之。商贾争收入京市买，物价顿昂。乃令宝券路各殊制，河北者不许入河南。四年，以河东行省胥昇言，仍许不限路行使。兴定元年二月，造贞祐通宝，一贯当贞祐宝券千，四贯直银一两。五年闰十二月，造兴定宝泉，每贯当通宝四百贯，以二贯为银一两。元光元年二月，诏行之。是年五月，造元光重宝，每贯当通宝五十。又以绫印制元光珍货，同银钞及余钞行之。未久，银价日贵，宝泉日贱，民但以银论价，宝泉几不用，乃定法，银一两不得过宝泉三百贯，凡物可值银三两以下者，不许用银，以上者三分为率，一分用银，二分用宝泉及重宝、珍货。京师及州郡置平准务，以宝泉银相易，私易及违法而能告者罪赏有差。是令既下，市肆昼闭，商旅不行。七月，乃除市易用银及银宝泉私相易之法。至义宗正大间，民间遂全以银市易焉。

《元史·食货志》：元初"有行用钞，其制无文籍可考。世祖中统元年，始造交钞，以丝为本。每银五十两，易丝钞一千两，诸物之直，并从丝例。是年十月，又造中统元宝钞。其文以十计者四：曰一十文、二十文、三十文、五十文。以百计者三：曰一百文、二百文、五百文。以贯计者二：曰一贯文、二贯文。（按《王文统传》云：中统交钞，自十文至二贯文，凡十等，此所载止九等。）每一贯同交钞一两，两贯同白银一两。又以文绫织为中统银货。其等有五：曰一两、二两、三两、五两、十两。每一两同白银一两，而银货盖未及行云。五年，设各路平准库，主平物价，使相依准，不致低昂，仍给钞一万二千锭，以为钞本。至元十二年，添造厘钞。其例有三：曰二文、三文、五文。初，钞印用木为板，十三年铸铜易之。十五年，以厘钞不便于民，复命罢印。然元宝、交钞，行之既久，物重钞轻。二十四年，改造至元钞，自二贯至五文，凡十有一等，与中统钞通行。每一贯文当中统钞五贯文。依中统之初，随路设立官库，贸易金银，平准钞法。每花银一两，入库其价至元钞二贯，出库二贯五文；赤金一两，入库二十贯，出库二十贯五百文。伪造钞者处死，首告者赏钞五锭，仍以犯人家产给之。""至大二年，武宗复以物重钞轻，改造至大银钞，自二两至二厘，（本纪作一厘，此当系误刻。《志》又云：至大通宝钞一文准至大银钞一厘，可见。）定为一十三等。每一两准至元钞五贯，白银一两，赤金一钱。元之钞法，至是盖三变矣。大抵至元钞五倍于中统，至大钞又五倍于至元。然未及期年，仁宗即位，以倍数太多，轻重失宜，遂有罢银钞之诏。而中统、至元二钞，终元之世，盖常行焉。"

至正十年，丞相脱脱议更钞法，下诏"以中统交钞一贯文省权铜钱一千文，准至元宝钞二贯，仍铸至正通宝钱与历代铜钱并用，以实钞法。至元宝钞，通行如故。"十一年，置宝钱提举司，铸至正通宝钱，印造交钞，令民间通行。行之未久，物价腾踊，价逾十倍。值海内大乱，军储赏犒，每日印造，不可数计。交料散满人间，京师料钞十锭，易斗粟不可得。既而所在郡县，皆以物货相贸易，公私所积之钞，遂俱不行，人视之若弊楮焉。

明太祖初设局以铸钱，京师曰宝源，各直省曰宝泉。有司责民出铜，民毁器皿输官，颇以为苦。而商贾沿元之旧习用钞，多不便用钱。洪武七年，乃设宝钞提举司以造钞。其等凡六：曰一贯，曰五百文，曰四百文，曰三百文，曰二百文，曰一百文。每钞一贯，准钱千文，银一两；四贯准黄金一两。禁民间不得以金银物货交易。遂罢宝源、宝泉局。越二年，复设宝泉局。二十五年复罢。铸小钱与钞兼行，百文以下止用钱。商税兼收钱钞。（钱三钞七。）十六年，户部置宝钞广源库、广惠库，入则广源掌之，出则广惠掌之。在外卫所军士月盐，各盐场工本，天下有司官禄米，皆给钞。时两浙、江西、闽、广民重钱轻钞，有以钱百六十文折钞一贯者。成祖时，乃行户口食盐之法，大口月食盐一斤，纳钞一贯，小口半之。税粮课程赃罚俱折收钞。盐官纳旧钞支盐，发南京抽分场积薪、龙江提举司竹木罂之军民，收其钞。应天岁办芦柴，征钞十之八。仁宗监国，令犯笞杖者输钞。及即位，加市肆门摊课程。宣宗宣德初，府县卫所仓粮积至十年以上者，盐粮悉收钞，秋粮亦折钞三分，门摊课钞增五倍，塌房店舍月纳钞五百贯，果园、骡车并令纳钞。户部言民间交易，惟用金银，乃益严其禁。四年，始设钞关。先一年六月，停造新钞。英宗即位，收赋有米麦折银之令，遂灭诸纳钞者，而以米银钱当钞，弛用银之禁。于是朝野皆用银，其小者乃用钱，惟折官俸用钞而已。宪宗令内外课程钱钞兼收，官俸军饷亦兼支钱钞。是时钞一贯不能直钱一文，而计钞征之民，则每贯征银二分五厘，民以大困。孝宗弘治元年，京城税课司，顺天、山东、河南户口食盐，俱收钞，各钞关俱钱钞兼收。其后皆改折用银。世宗嘉靖四年，令宣课分司收税，钞一贯折银三厘，钱七文折银一分。是时钞久不行，钱亦大壅，益专用银矣。

　　明初铸洪武钱。成祖永乐九年铸永乐钱。宣宗宣德九年铸宣德钱。孝宗弘治十六年以后，铸弘治钱。至世宗嘉靖六年，大铸嘉靖钱。每文重一钱三分，且补铸累朝未铸者。三十二年，铸洪武至正德九号钱，每号百万锭，嘉靖钱千万锭，一锭五千文。税课抽分诸厂，专收嘉靖钱。民患钱少，乃令通行历代钱。先是，民间行滥恶钱，率以三四十当银一分。后益杂铅锡，薄劣无形制，至以六七十文当银一分。用给事中李用敬言，以制钱与前代杂钱相兼行，上品者俱七文当银一分，余视钱高下为三等，下者二十一文当银一分，私造滥恶钱悉禁不行。小钱行久，骤革之，民颇不便。又出内库钱给官俸，不论新旧美恶，悉以七文折算。诸以俸钱市易者，亦悉以七文抑勒予民，民亦骚然。乃采御史何廷钰议，许民用小钱，以六十文当银一分。且定嘉靖钱七文，洪武诸钱十文，前代钱三十文，当银一分。诸滥恶小钱，以初禁之严，虽奉旨间行，竟不复用，而民间竟私铸嘉靖钱，与官钱并行焉。时以两京铜贵，就云南鼓铸。越数年，部议"钱法壅滞者，由宣课司收税以七文当一分。奸民乘机阻挠，钱多则恶滥相欺，钱少则增直罔利，故禁愈繁而钱愈滞。自今准折听民便，不必定文数，而课税及官俸且俱用银"。乃罢云南铸钱。于时铸钱日恶，盗铸日滋，从大学士徐阶言，停鼓铸，税课征银而不征钱。民间又止用制钱，不用古钱，隆庆初钱法不行，兵部侍郎谭纶言："今钱惟布于天下，而不以输于上，故其权在市井。请令民得以钱输官，则钱法自通。"

于是课税银三两以下复收钱，民间交易一钱以下止许用钱。时钱八文折银一分，禁民毋得任意低昂。高拱再相，言："钱法朝议夕更，迄无成说。小民恐今日得钱，而明日不用，是以愈更愈乱，愈禁愈疑。请一从民便，勿多为制以乱人耳目。"帝深然之。钱法复稍通矣。万历时十三布政司皆铸钱。嘉靖钱最工，隆、万钱加重半铢，故鼓铸后十年而钱价犹涨至加倍。天启元年，铸当十、当百、当千三种大钱，于是"开局遍天下，重课钱息"，"自启、祯新铸出，旧钱悉弃置。然日以恶薄，大半杂铅砂，百不盈寸，捽掷辄破碎"。崇祯时，定钱式，每文重一钱，每千直银一两，钱价亦稍落矣。初制，历代钱与制钱通行。自神宗初，从金都御史庞尚鹏议，古钱止许行民间，输税赎罪俱用制钱。启、祯时广铸钱，始括古钱以充废铜，民间市易亦摈不用，盖自隋世尽销古钱，至是凡再见云。(《日知录》曰："钱者，历代通行之货，虽易姓革命而不得变古。后之人主，不知此义，而以年号铸之钱文，于是易代之君，遂以为胜国文物而销毁之。"然"未有废古而专用今者，惟王莽一行之耳"。南北朝皆铸五铢钱，隋悉禁古钱而所铸亦为五铢钱，唐则二百八十九年独铸开元通宝钱。"自天启、崇祯，广置钱局，括古钱以充废铜，于是市人皆摈古钱不用。而新铸之钱，弥多弥恶，旋铸旋销。宝源、宝泉二局，只为奸蠹之窟。故尝论古来之钱，凡两大变，隋时尽销古钱一大变，天启以来一大变也。昔时钱法之弊，至于鹅眼、綖环之类，无代不有，然历代之钱尚存，旬日之间，便可澄汰。今则旧钱已尽，即使良工更铸，而海内之广，一时难遍，欲一市价而裕民财，其必用开皇之法乎？"案亭林谓当时"听炉头之说，官吏工徒，无一不衣食其中。而古钱销尽，新钱愈杂"。以此推之，金代虽事窖冶，而仍销古钱，虽日事铸造，而钱仍不足于用，其弊亦当如此，时莫能道其详耳。当日钱销为铜，仍在中国，设欲铸造，不过重费功力耳。有清之季，内外竞铸铜元，以牟余利。购铜于外国，而固有之钱，遂为奸徒销毁以尽。民国之初，至有特设公司以销小钱者。青岛役起，日人占据山东，又广搜小钱，销镕运载以去，而赤金之流于外国者，不知几何矣！使亭林见之，其感慨又当如何乎？又案先生《钱法论》谓："莫善于明之钱法，莫不善于明之行钱。""古之行钱，不特布之于下，而亦收之于上。""明之钱下而不上，伪钱之所以日售，而制钱所以日壅。"此由当时官吏利征银不利征钱也，读先生之《钱粮论》可知。)

　　清代承明，钱法极敝，又鉴于宋、金、元、明四代钞法之弊，不敢用钞，自不得不鼓铸铜钱，与银并行。案历代论钱法者，每以不爱铜、不惜工为鼓铸之良规，清代颇能力行其议，所惜者未明泉币之理，徒欲使银铜并用，而不知定其一为本位，又不知既已成币，即当论枚，不当论重。时时变铜钱之重，欲求适宜，转益纷杂，且使人民益视钱与铜为同物耳。

　　历代铜钱之重，《清通考》尝考之曰："钱之轻重，古以铢与累黍计，今以钱与分厘计。盖分厘之数，古者但以为度名，而不以为权名。权之为数，则十黍为累，十累为铢，二十四铢为两。自太公圜法轻重以铢，汉以后每以铢之数铸于钱文，唐开元通宝为二铢四絫，积十钱重一两，是每文为今之重一钱。后人以为繁而难晓，故十分其两，而代以钱字，盖宋之前已然。考宋太宗淳化二年诏定称法，其时以太府权衡但有一钱至十觔之数，乃别为新制，以御书三体淳化钱较定，实重一铢四絫为一钱，就黍絫铢参之度尺，以忽丝毫厘各积分为一钱之则，然后制取等称。新制既定，中外以为便。是则十厘为分，十分为钱之计数，始于宋时。所谓钱者，即借钱币之名，以为数名。所谓分厘者，即借度尺长短之名，以为轻重之名也。若夫古之称法，至后世而加重。隋文帝铸五铢钱，重如其文。而每钱一千，重四斤二两，则古称三斤为隋一斤而少。《隋书》亦谓开皇以古称三斤为一斤。孔颖达《左传正义》谓周隋称于古三而为一。杜佑《通典》谓六朝称三两当唐一两。今以古称三之一约之，则汉之五铢钱，止当今七分而弱。而今之重一钱二分者，实为古八铢有赢。"顾栋高《汴宋历朝钱文记》云："乾隆四年，余就九江榷使幕，设馆大孤山塘，西去府治德化县四十里，又东十里为青山，俱滨鄱阳湖，为设税口岸。十月水涸，有客舟青山下，移舟举碇，重逾常，悉力举之，则累然有物，发视之，皆古钱也。居民闻之，竞来取，日集三四十小舟，凡得钱数十百万。盖往日运钱，曾覆舟于此，积水中六百余年矣。钱皆宋时物，杂出唐开通钱一二文，兼用八分篆隶。余取其轻重一一较之，唐开通元宝重一钱。（开通系武德四年铸，每十钱重一两，历代遵为定式，世目为开元通宝者，读误也。余较其轻重果信。）又有唐国通宝，重一钱一分，盖南唐李氏所铸。宋太宗时，始用纪元铸钱，曰太平通宝，其轻重一准唐开通，重一钱或钱二分不等。真宗朝，天禧重一钱二分，咸平重一钱，祥符重一钱一分或九分半不等。景德重一钱三分或一钱。仁宗朝，嘉祐及至和俱重一钱一分，景祐一钱二分。天圣一钱五分，庆历一钱八分。又有皇宋通宝及圣宋通宝，俱重一钱一分。（《文献通考》云：国朝钱文皆用通宝，而冠以年号。及改号宝元，文当曰宝元元宝，诏学士议，因请改曰丰济元宝。仁宗时，命以皇宋通宝为文，庆历以后，乃复冠以年号。）神宗朝，熙宁重二钱四分或一钱不等，元丰二钱或一钱八分。哲宗朝，元祐一钱一分，绍圣二钱一分或九分不等。徽宗朝，元符二钱二分或一钱一分，大观三钱，崇宁三钱二分。余所见钱文之重，无逾于此。且铜质润泽坚厚，轮廓端好，钱文堆起如金剜成。宣和二钱，政和二钱七分。自是汴宋亡矣。自熙宁而后，钱重者文俱云重宝。高宗朝建炎一钱七分，绍兴一钱六分，南宋钱止此两年号，盖余之所见止此。"（观此知历代之钱皆重在一钱左右，庆历之钱独重者，以时方有事，元昊用张奎、范雍言，铸大钱与小钱兼行也。自熙宁至绍兴重至一钱六分以上者，准此皆非小平钱也。）予案钱币所以须铸造者，固以鉴定成色，亦以省称量之烦也。若既为币，仍权其轻重而用之，则与用未铸之金何异。泉币初行，民之重之，仍以其质，固不能无计较轻重之情习焉。则此等见解，当化除矣。乃中国之行泉币，载历三千，而其斤斤于轻重如故。轻重小有歧异，民听即为眩惑，贪吏奸商乘之罔利，而国法遂致靡靡大乱，实由只知泉币为交易之媒，而未知其为度价之尺，知铸造当求美精而不知行用当统于一。即号圜法整治之时，亦仍有多种泉币并行于市。民之用之，实未能全与生金异也。此等见解，不能化除，实于币制整治颇有关碍。然非统一泉币历有年所，此等见解亦不易尽行化除也。

　　清自太祖、太宗时即已铸钱，（天命元年所铸者，曰天命通宝。天聪元年所铸者，曰天聪通宝。）入关后设宝泉、（属户部。）宝源（属工部。）二局，铸钱曰顺治通宝，（嗣后历朝所铸，亦均用其年号。）每文重一钱，颁其制于直隶、河南、陕西等省，令开局设铸。二年，改为每钱重一钱二分，七文准银一分，旧钱二当新钱之一。后又禁用前代旧钱。四年，更定钱直，每十文准银一分。八年，改钱重每文一钱二分五厘。十年，又改为一厘，铸一厘二字于其上。十五年，又改重一钱四分，铸满文于其幕。以各省铸造不精，概令停铸。十七年，以难于流通，仍命开铸。康熙初，以钱多价落，又命停铸，改每文之重为一钱。四十八年，以私铸竞起，仍复一钱四分之制。先所铸重一钱者，每百准银七分。雍正十一年，复定钱之重为一钱二分。乾隆时同。嘉庆时，乃改为八分。至光绪三十一年，改为六分。三十四年，又定为三分二厘，则以其时已视为辅币也。乾隆五十二年，各省炉局复先后开炉。五十九年，以其私行减小，停之。嘉庆元年，因各局员役生计艰难，仍许开铸，盖铸钱之弊窦深矣。旋以钱小而劣，复令停铸。至二十一年，乃又许开铸焉。

　　清铸大钱，始于咸丰三年，所以济军饷也。分当十、当五十、当百、当五百、当千五种。（当千者重二两。）四年，以不能流通，只铸当十、当五十两种，然流布仍艰，而私铸竞起，其后卒废不行。时又议铸铁钱，设局四，未几，即废。至光绪二十五年，又造当十大钱，亦不能行。三十年，停之。时则各省铜元已竞起矣。

　　清自乾隆以前，钱文铸造颇精，嘉、道渐劣，咸丰以后，乃日坏。恶钱既多，良钱稍绝，末造颇以钱荒为患，故以铜元之名实不副，初起亦能通行。铜元铸造，始于广东，事在光绪二十六年。明年，谕令各省仿造。于是相继设局者十有五省，无不借以图利，而其价遂日跌。各省颇有减折行使者，清末物价之骤昂，铜元实阶之厉也。

金银加以铸造，由来甚旧，而其铸之为币，则实始晚近。《清通考》云："古者金银，皆有定式，必铸成币而后用之。颜师古注《汉书》，谓旧金虽以斤为名，而官有常形制，亦犹今时吉字金挺之类。武帝欲表祥瑞，故改铸为麟趾褭蹄之形，以易旧制。然则麟趾褭蹄即当时金币式也。汉之白选与银货，亦即银币之式。《旧唐书》载内库出方圆银二千一百七十二两，是唐时银亦皆系铸成。《金史·食货志》载，旧例银每锭五十两，改铸银名承安宝货，一两至十两分五等。此今日以重五十两者为元宝，重十两或五两、三两者为中锭所由始也。元至元三年，以银五十两铸为锭，文以元宝，嗣后或铸重四十九两，或铸重四十八两。又有扬州元宝、辽阳元宝等名色。此元宝命名之始。盖古者多以元宝之名，铸于钱面，自元以后，银始蒙钱文元宝之称，于是钱面始专铸通宝字矣。其称银为锭者，考锭字，《说文》：镫也。《广韵》：豆有足曰锭，无足曰镫。又《博古图》有虹烛锭。当时皆以为器物之名。其在古之称银，多称为鉼。《三国志》魏嘉平五年，赐郭修子银千鉼。《水经注》岭南林水石室有银，有奴窃其三鉼归是也。亦有称为钣及笏及版者，犹之称鉼之意。所谓鉼者，以其倾银似饼，则与今所称锭者，其式原自不同。盖今之称锭者，即古之称铤。《南史》梁庐陵威王续子应至内库，见金铤。《唐书》太宗赐薛收黄金四十锭。（原注：《旧唐书》作挺。）《唐书》耿先生握雪为铤，爇之成金。《五代史》贾纬言："桑维翰身后有银八千锭。自宋以后，遂转称银为锭云。"又曰："直省解银，由布政使起解者，曰地丁银；由运使起解者，曰盐课银；由粮道起解者，漕项银；由关监督起解者，关税银。皆必倾镕成锭然后起解。其解银之具，曰鞘，每银一千两为一鞘。或委员押解，或即由吏胥押解。例填给勘合、火牌及兵牌，于所过地方，拨夫抬送，拨兵防护，所以慎重帑项也。"予案《汉书·食货志》言：太公为周立圜法，黄金方寸而重一斤，疑亦言其铸造之式。秦人盖有意于变古，故改以镒计。虽有此制，未及改铸。当时之金，盖仍以一斤范为方寸形者为多，故汉仍行周制。《管子》言：禹以历山、汤以庄山之金铸币，虽未知其式何如，然既言铸，则必有定式。可知古之用金，皆以为币。用为币者，岂容即仍其出土之形哉？则金银之加以铸造，并不始于夏、殷矣。然加以铸造，是一事，铸为泉币，又是一事。铸为泉币者，不徒必当有定形，并亦不容有两形。今观古金银之称，曰挺，曰版，曰笏，曰鉼，曰方，曰圆，观其名之不同，即可知其形之各异。故汉世金有形制，而及其用之，则必以斤为名。清代银已广行，而千两为鞘，特就起解之便，此断不能谓之铸币以供民用也。清时银两通行较广者，为元宝及马蹄银，用之则仍权其重。而计重之法，又错杂不一，库平、漕平、关平等皆不能通行全国，于是外国银元乘之流入矣。

外银输入，亦由来甚早。清慕天颜尝谓"银所由生，一为矿产，一则番舶。顺治六、七年，海禁未设，市井贸易，多以外国银钱。各省流行，所在多有。自一禁海，绝迹不见"。足征明、清间已有之矣。其后海禁重开，外银又复输入，以西班牙、墨西哥所铸为多。论者皆谓其以杂有他质之银，易我纯银以去为不利。然自铸造，直至光绪之世始有之。首创之者为粤，文曰光绪元宝，重漕平七钱三分，形制重量皆准外国银元，所以便推行也。时为光绪十三年，张之洞督粤所为也。二十二年，湖北继之。二十四年，山东继之，江苏、安徽、浙江、直隶、奉天等省亦次第铸造。二十七年，谕"近年各省所铸银圆，以广东、湖北两省成色较准，沿江沿海均已通行，应即就该两省所筹银款，源源铸造，即应解京饷。亦准酌量拨作成本。仍以每圆重七钱三分为准，并兼铸小银圆，以便民用"。自是银圆、银角铸出日多，然主辅之制不定，民各以市价用之，又增一纠纷矣。

厘定币制，始于光绪三十年。度支部奏定银币之重为七钱二分，辅币三等，曰三钱六分，曰一钱四分五厘，曰七分二厘，文曰大清银币。

铜币亦四等，最重者四钱，当小钱二十；次二钱，当十；次一钱，当五；次四分，当一。文亦曰大清铜币。明年，裁宝泉、宝源局，设户部造币厂于天津。三十三年，并各省铸局为九处。宣统二年，定造币厂章程，宁、鄂两厂始铸大清银币，总厂及奉、粤等厂，则先铸铜币。（仅铸成当十、当二十两种。）未几而清社覆矣。

清行纸币，始于咸丰二年，谓之银钱票。招商设官立银钱号，以司兑换收放。地丁杂税均得以钱票二千，当银一两。其推行不广，末造乃又有行钞之议。光绪三十一年，户部银行始印行纸币。三十三年，设印制局于北京，造纸厂于汉口。宣统元年，定通用银钱票章程。二年，又定纸币则例。时户部银行改为大清银行，以发钞之权专归之，然交通银行亦发纸币，终未能统于一也。

民国既立，大清银行改为中国银行，于时造币总厂仍铸宣统元宝银币，川厂则别铸大汉银币。三年春，始定造币厂官制，又定国币铸造条例。定银主币之重为六钱四分八厘，又定造币厂及化验新币章程。始铸袁世凯肖像之银币，津、宁、鄂、粤等厂继之。五年，津厂又铸半元、二角、一角银辅币，仅行于北方诸省。七年，议改金本位，颁金券条例。先是定交通银行则例，许发兑换券，后又明令中国、交通并为中央银行，而以政府借款过多，两行所发兑换券，尝两次停兑。其余银行发行纸币者亦多，虽有取缔条例，（定于三年十月。）不能尽行也。开国时曾铸开国纪念铜币及国旗铜币，四川亦别铸大汉铜币。六年，津厂铸一分及五厘两种铜币，中有圆孔，面绘嘉禾，亦不行于南方云。

附录一　二十五史札记·论金银之用

中国用金银为币，果始何时乎？曰用银为币，始于金末，而成于明之中叶，金则迄未尝为币也。自明废纸币以前，可称为币者惟铜耳。何以言之？

《史记·平准书》云："虞、夏之币，金为三品，或黄，或白，或赤。"此为书传言用金银最古者。《平准书》本伪物，此数语在篇末，又系后人记识之语，混入正文。《汉书·食货志》云："凡货，金钱布帛之用，夏殷以前，其详靡记云。"记识者何由知之？《汉志》又言："太公为周立九府圜法：黄金方寸，而重一斤。"《管子·国蓄》《地数》《揆度》《轻重》皆言先王以"珠玉为上币，黄金为中币，刀布为下币。"所谓先王，盖亦指周。（《轻重乙》以为癸度对周武王之言。）则用黄金为币，当始于周也。（《管子·山权数》言禹以历山、汤以庄山之金铸币，未言何金，然下文系言铜。）然此时所谓币者，与后世之所谓币，其意大异，不可不察。

凡物之得为易中者，必有二因：一曰有用，一曰玩好。《汉志》释食货之义曰："食谓农殖嘉谷可食之物，布谓布帛可衣，及金刀龟贝，所以分财布利通有无者也。"所谓食，即今所谓消费；所谓货，即今所谓交易也。《志》又云："货宝于金，利于刀，流于泉，布于布，束于帛。"则所谓货者，实兼指金、铜、龟、贝、布、帛言之。是时之金，果可行用民间为易中之物乎？则不能无疑矣。

《汉志》载李悝尽地力之教，粟石三十。《史记·货殖列传》亦言："粜二十病农，九十病末。"则三十实当时恒价。古权量当今四之一，则百二十钱得今粟一石，一钱得粟八合余矣。此可供零星贸易之用乎？而况于黄金乎？然则古之金，果用诸何处？曰用诸远方。《管子》曰："玉起于禺氏，金起于汝、汉，珠起于赤野，东西南北距周七千八百里。（《通典》引作七八千里。）水绝壤断，舟车不能通。先王为其途之远，其至之难，故托用于其重。"（《国蓄》。《地数》《揆度》《轻重乙》略同。）又曰："汤七年旱，禹五年水，民之无糟卖子者。汤以庄山之金铸币，而赎民之无饘卖子者。禹以历山之金铸币，而赎民之无饘卖子者。"（《山权数》。）盖古者交易未兴，资生之物，国皆自给，有待于外者，厥惟荒歉之年。故《周官·司市》"国凶荒札丧，则市无征而作布"。布者铜币，所以通寻常之贸易。（《揆度》所谓"百乘之国，中而立市，东西南北度五十里"；"千乘之国，中而立市，东西南北度百五十余里"，"万乘之国，中而立市，东西南北度五百里"者也。）

至于相距七八千里之处，则铜又伤重赍，而不得不以黄金珠玉通其有无也。此黄金珠玉，岂持以与平民易哉？非以为聘币而乞巢于王公贵人，则以与所谓万金之贾者市耳。至于民间，则钱之用且极少，而黄金珠玉无论也。（李悝言粟石三十，乃用以计价耳，非必当时之籴粜者，皆以钱粟相易也。《管子·轻重丁》：桓公欲借国之富商畜贾，管子请使宾胥无驰而南，照朋驰而北，宁戚驰而东，鲍叔驰而西，视四方称贷之间，受息之民几何家。反报西方称贷之家，多者千钟，少者六七百钟，其出之中也一钟，其受息之萌九百余家。南方称贷之家多者千万，少者六七百万，其出之中伯五也，其受息之萌八百余家。东方称贷之家丁、惠、高、国，多者五千钟，少者三十钟，其出之中钟五釜也，其受息之萌八九百家。北方称贷之家多者千万，少者六七百万，其出之中伯二十也，受息之泯九百余家。凡称贷之家，出泉参千万，出粟参数千万钟，受子息民参万家。可见当时称贷钱谷并用，及当时富家藏粟之多。其中丁、惠、高、国，乃大夫也。桓公又忧大夫并其财而不出，腐朽五谷而不散，可见大夫与富商畜贾，并为多藏钱粟之家矣。大夫如此，国君可知。《山权数》：北郭有得龟者，管子请命之曰："赐若服中大夫。东海之龟，托舍于若。"四年，伐孤竹。丁氏家粟，可食三军之师行五月。召丁氏而命之曰："吾今将有大事，请以宝为质于子，以假子之邑粟。"当时以珠玉黄金等为币，皆用之。此等人非如后世帛币用诸寻常贸易之间也。）

然则货币之原始可知已矣。布帛泉刀，物之有用者也，所以与平民易也。（泉为钱之借字。钱本农器名，钱刀并以金为之。械器粗拙之时，日用之物，人民并能自造，惟金所成之械器不然。《易·大传》曰：神农"斫木为耜，揉木为耒"，黄帝、尧、舜"弦木为弧，剡木为矢"，则兵及农器，亦不用金。然究为难造之物，非夫人所能为，故为人所贵，而可用为易中也。）珠玉黄金，可资玩好者也，所以与王公贵人易也。龟为神物，贝属玩好，龟少而难得，惟王公贵人有之，贝则较多，故民间亦用为易中焉。故曰"古者货贝而宝龟"。（《说文》：宝者，保也。字或作儤，与俘相似。故庄六年"齐人来归卫宝"。左氏讹为俘货者，非也，对居言之。《书》曰："懋迁有无非居。"《史记·货殖列传》作"废著"。《汉志》云："货宝于金。"可见黄金与龟，并皆宝藏，不用于市。）周时之钱，则贝之后身也。（钱之圜所以像贝，函方所以便贯穿。古者贝亦贯而用之，故《说文》云："贯，钱贝之贯。"毌，"从一横贯"。囗，所以像宝货之形也。）汉武帝以白鹿皮为币，又造白金三品，以龙、马、龟为文，则古珠玉、黄金、宝龟之属也。王侯宗室朝觐聘享，必以皮币荐璧，然后得行，正合古者用上币中币之法。白金欲强凡人用之，则终废不行矣。王莽变法，黄金重一斤，直钱万。朱提银重八两为一流，直一千五百八十。它银一流直千。宣帝时，谷石四钱。然则挟它金一流者，将一举买谷二百五十石乎？其不行宜矣。（买谷十石，用钱四十，取携毫无不便也。用银尚不及三分之一两。古权量当今四之一，尚不及一钱，如何分割乎？王莽造错刀，以黄金错其文，曰一刀，直五千。张晏曰："刻之作字，以黄金填其文，上曰一，下曰刀。"汉时黄金，一斤直钱万。错刀所错之黄金，固必不及半斤，亦以金价太贵，不便分割，故欲错之于铜而用之也。）

职是故古所谓子母相权者，非谓以金银铜等不同之物相权，乃谓以铜所铸之钱大小不同者相权。周景王将铸大钱，单穆公曰："不可。古者天降灾戾，于是乎量资币，权轻重，以救民。民患轻，则为之作重币以行之，于是有母权子而行，民皆得焉。若不堪重，则多作轻而行之，亦不废重。于是乎有子权母而行，小大利之。今王废轻而作重，民失其资，能无匮乎？"是其时金所以宜为币者，以其可分。什之伍之，其价亦必什之伍之。百取其一，千取其一，其价亦必为百之一，千之一。夫物之不齐，物之情也。三品之金，其物固异，其价安能强齐？今世以金银为主币，银铜为辅币，其视辅币，以为主币若千分之一耳，不复视为本物。犹恐其物故有直，民或舍其为辅币之直，而论其故直也。故必劣其成色，限其用数以防之，若防川焉，而犹时有溃决。汉世钱之重，几牟于今之银圆，安得欲用金银？既不欲用金银，安得喻今主辅币相辅而行之理？既不喻今主辅币相辅而行之理，相异之金安得并用为币乎？《汉志》曰："秦兼天下，币为二等：黄金以溢为名，上币；铜钱质如周钱，文曰半两，重如其文。而珠玉龟贝银锡之属为器饰宝藏，不为币。"珠玉龟贝银锡之属不为币固矣。黄金虽号上币，实亦非今之所谓币也。今之所谓币者，必周浃于日用市易之间，秦汉之黄金能之乎？则亦用为器饰宝藏，特以有币之名，故赐予时用之耳。得之者固与今之人得珠玉钻石等同，非如今之人之得金银也。或曰晁错言"珠玉金银轻微易藏，在于把握，可以周海内而无饥寒之患"，则固极通用矣，安得云不足为币？曰此言其易藏，非谓其可以易物。可以易物者，凡物之所同。轻微易藏，则珠玉金银之所独也。凡物之有用而为人所欲者，果能挟以周行，皆可以无饥寒之患，然则凡物皆可谓之币邪？

顾亭林《日知录》以金哀宗正大间，钞废不行，民间但以银市易，为上下皆用银之始。王西庄《十七史商榷》谓专用银钱二币，直至明中叶始定。以生计学理衡之，说皆不误。赵瓯北《陔余丛考》驳王氏之说，殊为不然。然瓯北又谓当时用银，犹今俗之用金，则说亦不误，而又驳王氏者，昔人于泉币与人民寻常用为易中之物，分别未清也。亭林引《后汉书·光武纪》王莽末天下旱蝗，黄金一斤易粟一斛，为当时民间未尝无黄金之证，则殊不然。此特以金计价，非谓真持金一斤易粟一斛，即有其事其人几何。今日荒歉之区，固亦有持黄金易粟者，可谓中国今日用金为币乎？

然则用银为币，晚近以前果绝无其事，而用金为币，则更从来未有乎？曰是亦不然，特其有之皆在偏隅之地与外国交市之区，犹今日通商之地或用外国之币，不可谓为中国之钱币耳。《五朝史志》云：梁初，"交广以金银为货"；后周时，"河西诸郡或用西域金银之钱"。（或者，不尽然之词。《志》又云：陈时，"岭南诸州多用盐、米、布交易，不用钱"。盖通用盐、米、布；直巨，或须行远，则济以金银。）《日知录》引韩愈奏状云："五岭买卖一以银。"元稹奏状言："自岭以南，以金银为货币。"张籍诗曰："海国战骑象，蛮州市用银。"《宋史·仁宗纪》："景祐二年，诏诸路岁输缗钱，福建、二广以银。"则与偏隅之地交易，用金银由来已久，且迄不绝。然终不能行之全国者，以其与铜异物，价不齐，相权固不便也。历代钱法大坏，民至以物易物，数见不鲜。据《陔余丛考》所考，其时金银初未尝乏，然民终不用为币。（《旧唐书》：宪宗元和三年六月诏曰："天下有银之山，必有铜矿。铜者，可资于鼓铸。银者，无益于生人。其天下自五岭以北见采银坑，并宜禁断。"则明言银之不可为币矣。）宋代交会跌价，香药犀象并供称提，而民仍不用金银。金以银为钞本，亦弗能信其钞。其后民间以银市易，则钞既不用，钱又无有，迫于无如何耳。故知中国人之用银，乃迫不得已为之，而非其所欲也。

夫民之所以不用金银为币者，何也？曰以其与铜异物，物异则价不齐，不能并用为币也。故在古代，患物之重，宁铸大铜钱，与小钱相权。然生事日进，则资生之物有待于交易者日多；交易愈多，用币愈广；用币既广，泉币之数，势必随之而增；泉币日增，其价必落；币价落而交易又多，势必以重赏为患。大钱之名直，与其实直不符，民所弗信也。符则大钱之重赏与小钱等矣。（古之作大钱，非患小钱重赏，乃患钱币数少耳。）专用铜币，至此将穷，安得不济以金银乎？曰斯时也，实当以纸币济铜钱之穷，不当以金银也。《唐书·食货志》载飞钱之始，由"商贾至京师，委钱诸道进奏院及诸军、诸使、富家"，而"以轻装趋四方，合券乃取之"。《文献通考》载交子之始，由蜀人患铁钱重，私为券以便贸易，皆以为钱之代表，而非遂以纸为钱。其后宋造交、会、关子，金行钞，或不畜本，或虽畜本而不足，或则所以代本者为他物而非钱，故为民所弗信耳。若其可以代钱，则唐于飞钱，宋于交子，并弗能禁。（飞钱之行，京兆尹裴武请禁之。元和时，遂以"家有滞藏，物价寖轻"为患。交子之行，富人十六户主之。后富人资稍衰，不能偿所负，争讼数起。寇瑊尝守蜀，请禁之。薛田为转运使，议废交子，则贸易不便，请官为置务，禁民私造，乃置交子务于益州。）金章宗初立，或欲罢钞法，有司亦言"商旅利于致远，往往以钱买钞，公私俱便之事，岂可罢去"。以钞代钱，有轻赍之益，而无价格不齐之患，实非并用金银所逮，惜乎人民已自发明此策，而为理财者所乱也。故曰："善者因之。"又曰："代大匠斫，希不伤手。"

今日纷纷，莫如径用银为币，其直巨者，以钞代之。若虑汇兑之际，外人操纵金银之价，则定一比率，设法维持之可也。银之辅币，不必以铜，可别以一种合金为之，为一角、一分、一厘诸种。此犹以纸代银，视为十分圜、百分圜、千分圜之一，而不复视为本物，特不用纸而用一种合金耳。所以不用纸者，以币之直愈小，其为用愈繁，纸易敝坏，多耗废也。所以并不用铜者，以铜行用久，民或不视为银币之十分一、百分一、千分一，而仍论其铜之价，则圜法不立。用新造之合金，其物为旧日所无，自无固有之价，民自视为银币之化身矣。此亦暂时之事，若论郅治，则必如孔子所言："货恶其弃于地也，不必藏于己；力恶其不出于身也，不必为己。"如今社会学家所言，有分配而无交易，乃可。即以小康论，亦必支付，虽用泉币定数，则以实物，如今谓货物本位者。整齐钱币，特姑取济目前而已。

用钞之弊，昔人有言之者，亭林所谓"废坚刚可久之货，而行软熟易败之物"也。纸直最贱，贱则弥利伪造矣。其质易败，又不可以贮藏也。（新旧钞异价之事，往往有之。钞法行时，民多用钞而藏实币，钞价由是贱，实币由是贵，久则实币与钞异价，而钞法坏矣。固由民信实币，不信虚钞，亦由纸质易败，不可久藏也。）旷观历代直小之币，未有能用纸者。宋之交、会，本以代表见钱，金之行钞，则为铜少权制。元中统元年造钞，始于十文，至元十一年，添造厘钞为一文、二文、三文，十五年而罢。明初设局铸钱，后以无铜，乃更行钞，然百文以下，皆用钱。至洪武二十七年，以民重钱轻钞，乃令悉收钱归官，依数换钞，不许更用，则钞法亦寖坏矣。钞可以行钱，而不可以为钱，固由虚不敌实，亦由辅币之直愈小，愈便于用。金利分割，坚刚可久，纸不然也。故主币可用纸，辅币用纸易败耳。

附录二　二十五史札记·续论金银之用

予尝论古代之黄金，仅行于王公贵人、富商畜贾之间，人民初未以为用，故不可以为钱，观于亭林论铜之语而益信。亭林之言曰："乏铜之患，前代已言之。江淹谓古剑多用铜，如昆吾、欧冶之类皆铜也。楚子赐郑伯金，盟曰无以铸兵，故以铸三钟。（原注：杜氏注：古者以铜为兵。《汉书·食货志》：贾谊言：收铜勿令布，以作兵器。《韩延寿传》：为东郡太守，取官铜物，候月蚀，铸作刀剑钩镡，放效尚方事。）古金三品，黑金是铁，赤金是铜，黄金是金。夏后之时，九牧贡金，乃铸鼎于荆山之下。董安于之治晋阳公宫，令舍之堂，皆以炼铜为柱质。荆轲之击秦王中铜柱，而始皇收天下之兵铸金人十二，即铜人也。（原注：《三辅旧事》曰：聚天下兵器，铸铜人十二，各重二十四万斤。汉世在长乐宫门。《魏志》云：董卓坏以铸小钱。）吴门（杨氏曰：门当为王之误。）阖闾冢，铜椁三重。秦始皇冢，亦以铜为椁。战国至秦，攻争纷乱，铜不充用，故以铁足之。铸铜既难，求铁甚易，是故铜兵转少，铁兵转多，年甚一年，岁甚一岁，渐染流迁，遂成风俗，所以铁工比肩，而铜工稍绝。二汉之世，愈见其微。建安二十四年，魏太子铸三宝刀、二匕首，天下百练之精利，而悉是铸铁，不能复铸铜矣。考之于史，自汉以后，铜器绝少，惟魏明帝铸铜人二，号曰翁仲。又铸黄龙、凤凰各一。而武后铸铜为九州鼎，用铜五十六万七百一十二斤。（原注：唐韩滉为镇海军节度，以佛寺铜钟铸弩牙兵器。）自此之外，寂尔无闻，止有铜马、铜驼、铜瓯之属。昭烈入蜀，仅铸铁钱。而见存于今者，如真定之佛、蒲州之牛、沧州之狮，无非黑金者矣。"亭林论铜之渐少甚精，然谓铜所以少，由于攻争纷乱，铜不充用，则非也。果如所言，秦、汉而后，天下统一，兵争旷绝，民亦不挟兵器以自卫，往往历一二百年，即战争亦不以铜为兵器，何以铜不见多乎？盖铜之少，非真少也，乃以散在民间而见其少耳。铜之所以散在民间，则因人民生计渐裕，所以资生者降而愈厚，用为器者多也。无论如何巨富之家，一人之藏，断不敌千万人之积。秦始皇帝收天下之兵，铸以为金人十二，重各二十四万斤。（此数尚未必实。）散诸民则家得一斤，有铜者亦仅二百八十八万家耳，不见其多也。推此论之，则古代黄金之多，亦以其聚觉其然耳，非直与后世相去悬绝也。（今日中国人口号四万万，女子半之，姑以十分之一人有黄金一钱计，已得二百万两，当汉八百万两、五十万斤矣。）

贾生说文帝"收铜勿令布"。武帝时，钱法大乱，卒之"悉禁郡国无铸钱，专令上林三官铸。钱既多，而令天下非三官钱不得行，诸郡国前所铸钱皆废销之，输入其铜三官"。钱法乃理，所行实即贾生之策也。汉世钱重，宣帝时粟石四钱，汉权量当今四之一，则一钱得今粟六升余矣。其时之民，所以资生者尚菲，所用之钱盖无几，故可悉收而改铸。若在今日，虽黄金岂可得而悉收，虽银圆亦岂易尽改铸邪？汉世黄金一斤直钱万，以宣帝时谷价除之，得粟二千五百石，岂人民所能有邪？

金之渐见其少，始于南北朝时。以《陔余丛考》考金银以两计始于梁，而《书疏》谓汉、魏赎罪皆用黄金。后魏以金难得，令金一两收绢十匹也。案《齐书·东昏侯纪》："后宫服御，极选珍奇，府库旧物，不复周用，贵市民间，金银宝物，价皆数倍京邑，酒租皆折使输金，以为金涂，犹不能足。"此虽用之侈，亦府库金渐少，民间金渐多之证。盖三代以前，贵族平民阶级甚著，秦、汉而后，天下一统，封建废绝，官吏虽或贵富，较诸乡者传世之君、卿大夫，则不可以道里计，其数之多少，亦相悬绝矣。昔之富有者，既以世变之剧烈，人事之推移，其财日趋于散。新兴者之数不足与之相偿。平民之财产，则以铢积寸累，而日有所增，财货之下流，夫固不足为怪。然因此故，而钱币之措置，乃较古倍难，何者？钱法当大乱时，必尽举所有改铸之，然数少收之易，数多则收之难，贾生"收铜勿令布"之说，惟汉武几于行之，后世卒莫能行，以此也。（后世尽收旧钱而铸新钱者有两次，一隋一明也。隋已无以善其后，明则以销铸有利，旧钱逐渐消磨以尽耳，非国家能悉收而改铸之也。详见《日知录》"钱法之变"条。铜禁金世最烈，铜器不可缺者，皆造于官。其后官不胜烦，民不胜弊，乃听民冶造，而官为立价以售。然其铸钱，资铜于销钱如故也。明初，置局鼓铸，有司责民输铜，民毁器皿以进，深以为苦，乃改而行钞。凡此皆铜散而不可复收之证也。北齐以私铸多，令市长铜价。隋时，铸钱须和锡蜡，锡蜡既贱，私铸不可禁约，乃禁出锡蜡处不得私采。此二者，一禁之于售卖之处，一禁之于开采之乡，亦非今日矿产遍地，冶肆遍于穷乡僻壤者之所能行矣。清雍正间，李绂疏言：钱文入炉，即化为铜，不可得而捕，惟禁断打造铜器之铺，则销毁亦无所用，其弊不禁自除。此仍"收铜勿令布"之意也。然其事岂可行乎？晚近康有为又欲令金肆之金，先尽国家收买，积之以行金币。一时之积或可致，然如是金价必贵，私销之弊必起，非尽积之银行，而以纸代之不可。然民信实币既欠，金不可见，而纯以纸代，信亦不易立也。若谓钱币之用，只在市买；市买必须，虽不见金，民亦不得不用；不得不用则信立矣，则又何必用金乎？谓金价贵，利轻贵，纸币不益轻乎？故行金币，究劳扰而无益，尚不如就见已流通之银，而权之以纸也。）

欲齐币制，所难者不在私铸，而尤在私销。私铸但能行不爱铜、不惜工之论即可防，政治苟清明，虽恃法令，亦足齐其末也。私销则钱一入炉，即化为金，无形迹可求。其事不待技艺，人人可以为之，又不必集众置器，可各为之隐屏。此直防无可防，非特防不胜防矣。以银为器，贵不如金，用不如铜，私销初无所利，但使名直与实直相符，即为能行不爱铜之论矣。以纸为币，制必极精，务使奸人不能仿为，所以行不惜工之论也。纸质无直，不虑私销。辅币以合金为之，故无此物，众所不贵，使用之数不待限而自有限。故无此物，则莫以为器，自亦不虑私销。或谓可以为币之物，不能使人不以为器，则造此物，专以为币，可定法令，不许以造他器。苟见此物所造之器，即为奸，法禁之自易，非如金银铜等为法为奸，卒不可辨也。然则私铸私销，两无可虑，不劳而币制可理矣。

《日知录》"以钱为赋"一条，引《白氏长庆集·策》曰："夫赋敛之本者，量桑地以出租，计夫家以出庸。租庸者，谷帛而已。今则谷帛之外，又责之以钱。钱者，桑地不生铜，私家不敢铸，业于农者，何从得之。至乃吏胥追征，官限迫蹙，则易其所有，以赴公程。当丰岁，则贱粜半价，不足以充缗钱；遇凶年，则息利倍称，不足以偿逋债。丰凶既若此，为农者何所望焉。是以商贾大族，乘时射利者日以富豪，田垄罢人，望岁勤力者，日以贫困。"《李翱集·疏改税法》一篇言："钱者，官司所铸。粟帛者，农之所出。今乃使农人贱卖粟帛，易钱入官，由是豪家大商，皆多积钱，以逐轻重，故农人日困，末业日增。"宋绍熙元年，臣僚言："古者赋出于民之所有，不强其所无。今之为绢者，一倍折而为钱，再倍折而为银。银愈贵，钱愈难得，谷愈不可售。使民贱粜而贵折，则大熟之岁，反为民害。愿诏州郡，凡多取而多折者，重置于罚。民有粜不售者，令常平就籴，异时岁歉，平价以粜，庶于民无伤，于国有补。"从之。顾氏《钱粮论》曰："往在山东，见登、莱并海之人，多言谷贱，处山僻不得银以输官。今来关中，自鄠以西，至于岐下，则岁甚登，谷甚多，而民且相率卖其妻子。至征粮之日，则村民毕出，谓之人市。问其长吏，则曰一县之鬻于军营而请印者，岁近千人，其逃亡或自尽者又不知凡几也。何以故？则有谷而无银也。"其与蓟门当事书，谓"目见凤翔之民，举债于权要，每银一两，偿米四石"，"请举秦民之夏麦秋米及豆草，一切征其本色，贮之官仓，至来年青黄不接之时而卖之，则司农之金固在也，而民间省倍蓰之出。"清任源祥《赋役议》亦谓"征愈急则银愈贵，银愈贵则谷愈贱，谷愈贱则农愈困，农愈困则田愈轻"。昔人之非折色而欲征本色者，其论大率如此。予谓此固由民贫，平时略无余畜，欲完税即不得不急卖其新谷;亦由乡间资生,皆属实物,即有余畜,亦非银钱也。近代之民如此,况于古昔。予谓古者金铜之多,特以其聚而见为然,审矣。(《钱粮论》又曰:"今若于通都大邑行商麕集之地,虽尽征之以银,而民不告病。至于遐陬僻壤舟车不至之处,即以什之三征之,而犹不可得。"可见银钱特乏于乡间。)或谓如此则近世之民,其乏泉币与秦、汉等耳。予谓金铜散之民间,岂尽在城市间乎?曰金大略在城市间,钱则近世乡民亦皆有之。然征税又不以钱而以银,此其所以觉其难得也。读顾氏论火耗之说可知。

第四章

饮　食

言古人衣食居处之进化者，莫明于《礼运》。《礼运》曰："夫礼之初，始诸饮食。其燔黍捭豚，（《注》："中古未有釜甑，释米捭肉，加于烧石之上而食之耳。今北狄犹然。"《疏》："以水洮释黍米，加于烧石之上以燔之，或捭析豚肉，加于烧石之上而孰之。"）污尊而抔饮，蒉桴而土鼓，犹若可以致其敬于鬼神。及其死也，升屋而号，告曰：皋某复，然后饭腥而苴孰。"（《注》："饭以稻米，上古未有火化，苴孰取遣奠，有火利也。苴或为俎。"《疏》："饭用生稻之米，故云饭腥，用上古未有火化之法。苴孰者，至欲葬设遣奠之时，而用苴裹孰肉以遣送尸，法中古修火化之利也。"）又曰：昔者先王"未有火化，食草木之实，鸟兽之肉，饮其血，茹其毛"。（《疏》："虽食鸟兽之肉，若不能饱者，则茹食其毛以助饱也。若汉时苏武以雪杂羊毛而食之，是其类也。"）"后圣有作，然后修火之利。""以炮、（《注》："裹烧之也。"）以燔、（《注》："加于火上。"）以亨、（《注》："煮之镬也。"）以炙、（《注》："贯之火上。"）以为醴酪。"（《注》："烝酿之也。酪，酢酨。"）"故玄酒在室，醴盏在户，粢醍在堂，澄酒在下，陈其牺牲，备其鼎俎。"（《注》："此言今礼馔具所因于古。"）"玄酒以祭，荐其血毛，腥其俎，孰其殽。""醴盏以献，荐其燔炙。"(《注》："此谓荐上古、中古之食也。腥其俎，谓豚解而腥之，及血毛，皆所以法于大古也。孰其殽，谓体解而燗之。此以下皆所法于中古也。")"然后退而合亨，体其犬豕牛羊，实其簠、簋、笾、豆、铏、羹。"(《注》："此谓荐今世之食也。体其犬豕牛羊，谓分别骨肉之贵贱以为众俎也。"案铏羹对大羹言之也。《周官·天官》"亨人"："祭祀，共大羹铏羹，宾客亦如之。"《注》："大羹，肉湆。郑司农云：大羹，不致五味也。铏羹，加盐菜矣。"《士昏礼》曰："大羹湆在爨。"《注》："大羹湆，煮肉汁也。大古之羹无盐菜，爨火上。今文湆皆作汁。"《礼记·郊特牲》："大羹不和，贵其质也。"《少仪》："凡羞有湆者不以齐。"《疏》引"贺玚云：凡湆皆谓大羹，大羹不和也。"《左》桓二年臧哀伯曰："大羹不致。"《注》："大羹，肉汁，不致五味。"《亨人》疏曰："云铏羹者，皆是陪鼎臐膮脮，牛用藿，羊用苦，豕用薇，调以五味，盛之于铏器，即谓之铏羹。若盛之于豆，即谓之庶羞，即公食大夫十六豆臐膮脮等也。")古人最重本，凡礼皆必存最初之俗以为纪念。观于祭祀，所荐三古之食，固足知饮食进化之序矣。

《诗·豳风》："九月筑场圃。"《笺》云："耕治之以种菜茹。"《疏》曰："茹者咀嚼之名，以为菜之别称，故书传谓菜为茹。"案：毛言茹，菜亦言茹，则古人之食菜，乃所以代茹毛也。《墨子·辞过》曰："古之民，未知为饮食时，素食而分处。故圣人作，诲男耕稼树艺，以为民食。其为食也，足以增气充虚，强体适腹而已矣。"孙氏《间诂》曰："素食，谓食草木。《管子·七臣七主》云：果蓏素食当十石。素，疏之叚字。《淮南子·主术训》云：夏取果蓏，秋畜疏食。疏俗作蔬。《月令》：取疏食。郑注云：草木之实为疏食。《礼运》说上古云：未有火化，食草木之实。即此素食也。"予案《周官·太宰》九职："八曰臣妾，聚敛疏材。"(《注》："疏材，百草根实可食者。")《委人》："掌敛野之赋，凡疏材木材，凡畜聚之物。"《管子》谓："万家以下，则就山泽。"(《八观》。)可见疏食之利之溥矣。疏本训草木之实。草木之实,较之谷食为粗,故引申为粗疏。凡谷之不精者,亦以疏食称之。《杂记》:"孔子曰:吾食于少施氏而饱,少施氏食吾以礼。吾祭,作而辞曰:疏食不足祭也。吾飧,作而辞曰:疏食也,不足以伤吾子。"《疏》曰,"疏粗之食,不可强饱,以致伤害"是也。《吕览·审时》曰:"得时之稼,其臭香,其味甘,其气章,百日食之,耳目聪明,心意睿智,四卫变强,(《注》:"四卫,四枝也。")殃气不入,身无苛殃。黄帝曰:四时之不正也,正五谷而已矣。"谷食精者之胜粗,犹其粗者之胜疏食,亦犹疏食之胜鸟兽之毛也。此饮食进化之由也。

古人饮食必祭者,《曲礼》郑注曰:"祭先也,君子有事不忘本也。"《疏》曰:"君子不忘本,有德必酬之,故得食而种,种出少许,置在豆间之地,以报先代造食之人也。"《周官·膳夫》注:"礼,饮食必祭,示有所先。"《释文》引干宝云:"祭五行六阴之神,与人起居。"案:古人最重报本,干说非也。今者人习于谷食,不知始教饮食之功。观《墨子》《吕览》言古伤生者之多,追想古代茹毛与菜之苦,则知孔子之"疏食菜羹瓜,祭,必齐如也",礼亦宜之矣。古人凡事皆隆先圣之报者以此。(《考工记》曰:"百工之事,皆圣人之所为也。"非独学校释奠所祭。)

酒之缘起,予昔有札记一则考之,今录如下。原文曰:《史记》谓纣"以酒为池"。《正义》引《六韬》云:"纣为酒池,回船糟丘而牛饮者三千余人为辈。"此其池当大几何?其酒当得几许?不问而知其诞谩矣。然其说亦有所本。《礼运》述大古之俗,"污尊而抔饮"。郑注云:"污尊,凿地为尊也。抔饮,手掬之也。"《周官·萍氏》:"掌国之水禁,几酒,(《注》:"苛察沽买过多及非时者。")谨酒,(《注》:"使民节用酒也。")禁川游者。"夫凿地而饮,则所饮者水也。几酒、谨酒与掌水禁同官,尤邃初酒与水无别之明证。盖大古仅饮水,后乃易之以酒也。何以知其然也?古之饮者,必以群。《酒诰》曰:"群饮,汝勿佚。尽执拘以归于周，予其杀。"夫当酒禁甚严之世，宁不可杜门独酌，以远罪戾，而必群饮，以遭执杀之刑哉！则习之不可骤改也。《礼器》："周礼其犹醵与。"《注》："王居明堂之礼，仲秋乃命国酿。"《周官·酒正》："掌酒之政令，以式法授酒材。凡为公酒者，亦如之。"《注》谓："乡射饮酒，以公事作酒者，亦以式法及酒材授之，使自酿之。"《族师》："春秋祭酺。"《注》谓："族长无饮酒之礼，因祭酺而与其民以长幼相献酬焉。"《疏》曰："知因祭酺有民饮酒之礼者，郑据《礼器》明堂礼，皆有酿法。"然则醵之由来尚矣。盖部落共产之世，合食之遗俗也。夫当部落共产之世，其尚不能造酒，而惟饮水也审矣。斯时之聚合，盖或就水边，或则凿地取水，至后世犹袭其风群饮者，必在水边。其初凿地取水，后虽易以酒，亦或凿地盛之，故凡酒与掌水禁同官。而纣亦作大池，以示其侈也。云牛饮者三千人为辈，固《论衡》所谓语增之流，然其说固有所本，非尽子虚也。（《易·序卦》言："饮食必有讼。"盖由群饮酒以致争斗，非争食也。汉世赐民牛酒，盖实授以酒。古给公酒之遗其赐民酺，则听其合钱聚饮，古所谓醵也。）

或曰：焉知酒之兴必后于部落共产之世乎？曰：有征焉。《礼运》言"污尊抔饮"与"燔黍捭豚""蒉桴土鼓"并举。又曰："昔者先王，未有火化，食鸟兽之肉，饮其血，茹其毛。后圣有作，然后修火之利。以炮、以燔、以亨、以炙、以为醴酪。"《疏》曰：未有火化，据伏牺以前。以燔黍捭豚，即是有火。燔黍捭豚，污尊抔饮，指神农。以《明堂位》云：土鼓苇籥，伊耆氏之乐。《郊特牲》曰：伊耆氏始为蜡。旧说以伊耆氏为神农。今此云蒉桴土鼓，故知谓神农也。《士昏礼》疏云："污尊抔饮，谓神农时虽有黍稷，未有酒醴。后圣有作，以为醴酪，据黄帝以后。"案《礼运》言"污尊抔饮"与"以为醴酪"对举，此疏是。《礼运》疏谓："污尊，乃凿地污下而盛酒。"恐非。（然亦可证后来有凿地盛酒之事。）然则酒醴之作盖在黄帝以后也。"凡酒，稻为上，黍次之，粟次之。"（《聘礼》

注。)"五齐三酒,俱用秫、稻、曲蘖,鬯酒用黑黍。"(《周官·酒正》疏。)皆有资于农产。神农时,农事初兴,农产未盛,未必能以之为酒。谓酒起黄帝以后,近于实也。

《战国策》曰:"仪狄作酒,禹饮而甘之,遂疏仪狄,而绝旨酒。曰:后世必有以酒亡其国者。"则夏时酒尚不甚通行。《明堂位》曰:"夏后氏尚明水,殷尚醴,周尚酒。"《注》:"此皆其时之用耳,言尚非。"案《礼器》《郊特牲》皆言"玄酒之尚。"(《礼记·郊特牲》作"玄酒明水之尚。"《仪礼·士昏礼》疏曰:"相对,玄酒与明水别。通而言之,明水亦名玄酒。")《玉藻》曰:"凡尊必尚玄酒,惟君面尊,惟飨野人皆酒。"(《注》:"蜡饮不备礼。"《疏》:"飨野人,谓蜡祭时也。野人贱,不得比士,又无德,又可饱食,则宜贪味,故惟酒而无水也。"案如予说,玄酒所以和酒而饮,飨野人之酒盖不多,故无待于和也。见下。)则古祭祀饮食皆尚玄酒。(《仪礼·士昏礼》:"酌玄酒三属于尊。"《疏》云:"明水,若生人相礼,不忘本,亦得用。")康成所知者,作记者无由不知,则所谓尚者,正即康成所谓用耳。(《疏》云:"《仪礼》设尊尚玄酒,是周家亦尚明水也。《礼记·礼运》云:澄酒在下,则周世不尚酒。")

《周官》酒正有五齐、三酒、四饮。五齐者:泛齐、醴齐、盎齐、缇齐、沈齐。《注》云:"自醴以上尤浊,盎以下差清。"三酒者:一曰事酒。《注》云:"即今醳酒。"疏云:"冬酿春成。"二曰昔酒。《注》云:"今之酋久白酒,所谓旧醳者也。"《疏》云:"久酿乃熟,故以昔酒为名。""对事酒为清,对清酒为白。"三曰清酒。《注》:"今中山冬酿,接夏而成。"《疏》云:"此酒更久于昔,故以清为号。"四饮者:一曰清,即《浆人》醴清。二曰医,即《内则》所谓或以酏为醴。(谓酿粥为醴。)三曰浆。四曰酏。郑《注》曰:五齐之中,醴恬"与酒味异"。(《疏》曰:"恬于余齐,与酒味稍殊,故亦入于四饮。")"其余四齐,味皆似酒。"盖四饮最薄,五齐次之,三酒最厚。(《疏》云:"五齐对三酒,酒与齐异。通而言之,五齐亦曰酒。")四饮去水最近，五齐醴以上近水，盎以下近酒，而古人以五齐祭三酒饮。(《周官·酒正》疏："五齐味薄，所以祭。三酒味厚，人所饮。")其陈之也，则玄酒为上，醴酒次之，三酒在下。(《礼运》："玄酒在室，醴盏在户，粢醍在堂，澄酒在下。"《坊记》："醴酒在室，醍酒在堂，澄酒在下。"醴即醴齐，盏即盎齐，粢醍即缇齐，澄即沈齐，酒即三酒。《玉藻》："五饮：上水、浆、酒、醴、酏。"《注》："上水，水为上，余其次之。")可见酒味之日趋于厚矣。

知酒味之日趋于厚，则知古人初饮酒时，其酒实去水无几。酒之厚者，或和水而饮之，未可知也。《周官》浆人：六饮有凉。司农曰："凉，以水和酒也。"康成不从，未知何故。《疏》谓"和水非人所饮"，则以后世事度古人矣。果古无和水而饮者，司农岂得亿为之说邪？案古人饮酒之器，《韩诗》说："一升曰爵，二升曰觚，三升曰觯，四升曰角，五升曰散，觥亦五升。"古《周礼》说：爵一升，觚二升，献以爵，而酬以觚，一献而三酬，则一豆矣。(亦见《考工记·梓人》。)《毛诗》说："金罍大一石，觥大七升。"许慎云："一献三酬当一豆，若觚二升不满一豆，觥罚有过，一饮而尽，七升为过多。"郑驳之云："觯字角旁箸支，汝颍之间师读所作。今《礼》角旁单，古书或作角旁氏"，"角旁氏则与觚字相近。学者多闻觚，寡闻觯，写此书乱之而作觚耳。又南郡太守马季长说：一献而三酬则一豆，觚当为觯，豆当为斗，与一爵三觯相应。"《礼器》："宗庙之祭，贵者献以爵，贱者献以散，尊者举觯，卑者举角，五献之尊，门外缶，门内壶，君尊瓦甒。"郑《注》：爵、散、觯、角，与《韩诗》同。又曰："壶大一石，瓦甒五斗，缶大小未闻也。"《正义》："壶大一石，瓦甒五斗者，汉礼器制度文也。此瓦甒即燕礼公尊瓦大也。《礼图》：瓦大受五斗，口径尺，颈高二寸，径尺，大中身锐下平。瓦甒与瓦大同。以小为贵。近者小，则远者大。缶在门外，则大于壶矣。"《周官》疏引汉礼器制度，亦云"觚大二升，觯大三升"。《诗》疏引《礼图》"罍大一斛,觥大七升"。古十斗为斛,即汉所谓一石。然则古酒器大小,惟觥未能定,缶不可知。自爵至罍,《韩》《毛诗》《周礼》《礼图》礼器制度略同。(《论语》:"觚不觚。"马曰:"一升曰爵,二升曰觚。"亦同。)据器之大小,可以考古人饮酒之多寡矣。《韩诗》说诸爵名之义曰:"觚,寡也,饮当寡少。觯,适也,饮当自适也。角,触也,不能自适,触罪过也。散,讪也,饮不能自节,为人所谤讪也。"又曰:"觚、觯、角、散,总名曰爵。其实曰觞。觞者,饷也。觥亦五升,所以罚不敬。觥,廓也,所以著明之貌。君子有过,廓然明著,非所以饷,不得名觞。"《玉藻》曰:"君子之饮酒也,受一爵而色洒如也,二爵而言言斯,三爵而油油以退。"然则古人饮酒不过三爵,过三爵则不能自持矣。古权量于今,不逮三之一,其饮酒之多寡,略与今人等也。乃《考工记》曰:"食一豆肉,饮一豆酒,中人之食。"淳于髡之说齐王曰:"臣饮一斗亦醉,一石亦醉。"虽讽谏之辞,不必尽实,亦不容大远于情,知必有和水饮之之法,故能如是也。《射义》曰:"酒者所以养老也,所以养病也,求中以辞爵者辞养也。"《孟子》谓:"曾子养曾晳,曾元养曾子,必有酒肉。"《曲礼》曰:"五十不致毁,六十不毁,七十惟衰麻在身,饮酒食肉处于内。"《周官·酒正》:"凡飨士庶子,飨耆老孤子,皆共其酒,无酌数。"(注:"要以醉为度。")"凡有秩酒者,以书契授之。"(注:"所秩者谓老臣。《王制》曰:九十日有秩。")此所谓所以养老也。《曲礼》又曰:"居丧之礼,头有创则沐,身有疡则浴,有疾则饮酒食肉。"《檀弓》曰:"曾子曰:丧有疾,食肉饮酒,必有草木之滋焉,以为姜桂之谓也。"《周官·疾医》:"以五味、五谷、五药养其病。"《疡医》亦曰:"以五味节之。"注:"五味,醯、酒、饴蜜、姜、盐之属。"《酒正》:"辨四饮之物,二曰医。"《注》:"醫,《内则》所谓或以酏为醴。凡醴浊,酿酏为之,则少清矣。醫字从殹,从酉。"疑正指其以酒为养,此所谓所以养病也。酒者兴奋之剂,古人以为可以养神。《郊特牲》曰:"凡饮,养气也。"(又曰："凡食，养阴气也。"疏曰："饮是清虚，食是体质。"《周官·酒正》注曰："王致酒，后致饮，夫妇之义。"饮较酒，兴奋之用较少也。）射与角觝等事，其初不必如后来之有礼，败者或致创夷，故宜以是饮之。《投壶》曰："当饮者皆跪奉觞曰：赐灌。胜者跪曰：敬养。"此所谓所以辞养也。夫以酒养人，厚薄必适如其量，不然是困之已。人之饮酒，多寡不同，而相饷之爵，大小若一，明亦必和水饮之，而后其礼可行也。

以酒为养生之物，则宜有以胜争饮者，古盖亦有此俗。《战国策》：陈轸曰："有祠者赐其舍人卮酒。舍人相谓曰：数人饮之不足，一人饮之有余。请画地为蛇，先成者饮酒。"此以胜争饮者也。礼戒争而教让，故以饮败者为常耳。又酒以为养，而又以为罚不敬之具者，所以愧耻之也。此亦可见古人之贵礼而贱财，厚厉人之节而重加之以罚矣。（札记原文止此。后读《观堂集林》卷三，有《说盉》一篇，明玄酒所以和酒，古人之酒皆和水而饮，足与鄙说相发明，惟多引甲骨文耳。）

野蛮之人多好肉食，然后卒改食植物者，实由人民众多、禽兽不足之故。观前文所述，由茹毛进为疏食之事可知矣。故古必大夫乃得食肉，（《左氏》庄公十年："齐师伐我。公将战，曹刿请见。其乡人曰：'肉食者谋之，又何间焉。'"杜注："肉食，在位者。"疏曰："昭四年，传说颁冰之法，云食肉之禄，冰皆与焉。大夫命妇丧浴用冰。"盖位为大夫，乃得食肉也。）庶人所食鱼鳖而已。（《诗》："牧人乃梦，众维鱼矣。""大人占之，众维鱼矣，实维丰年。"笺曰："鱼者，庶人之所以养也。今人众相与捕鱼，则是岁熟相供养之祥也。"）《王制》言："六十非肉不饱。"《孟子》言："七十者可以食肉矣。"然孔子告子路："啜菽饮水，尽其欢，斯之谓孝。"（《檀弓》。）则亦非贫者所能得也。然其王公大人，饮食皆极奢侈。《墨子·辞过》曰："古之民，未知为饮食时，素食而分处。故圣人作，诲男耕稼树艺，以为民食。其为食也，足以增气充虚，强体适腹而已矣。故其用财节，其自养俭，民富国治。今则不然，厚敛于百姓，以为美食刍豢。

蒸炙鱼鳖，大国累百器，小国累十器，前方丈，（《孟子·尽心》："食前方丈。"赵注："极五味之馔食，列于前方一丈。"）目不能遍视，手不能遍操，口不能遍味。冬则冻冰，夏则饰饐。人君为饮食如此，故左右象之。是以富贵者奢侈，孤寡者冻馁，虽欲无乱，不可得也。"今案人君之食，《周官·膳夫》举其凡曰："凡王之馈，食用六谷，膳用六牲，饮用六清，羞用百有二十品，珍用八物，酱用百有二十瓮。"（《食医》职云："掌和王之六食、六饮、六膳、百羞、百酱、八珍之齐。"）六谷者，秫、黍、稷、粱、麦、苽，皆嘉谷也。（《内则》："饭黍、稷、稻、粱、白黍、黄粱稰穛。"下言白黍，则上谓黄黍。下言黄粱，则上谓白粱也。孰获曰稰，生获曰穛。《正义》曰："按《玉藻》，诸侯朔食四簋：黍、稷、稻、粱。此则据诸侯。其天子则加以麦、苽为六。"）六牲者，马、牛、羊、犬、豕、鸡。六清者，水、浆、醴、凉、医、酏。（郑注，据《浆人》也。《酒正》无水、凉二物。）羞即庶羞，"出于牲及禽兽，以备滋味"。郑注云："《公食大夫礼》《内则》，下大夫十六，上大夫二十，其物数备焉。天子诸侯有其数，而物未得尽闻。"（《疏》云："此经云百有二十者，是天子有其数。《掌客》云：上公食四十，侯伯三十二，子男二十四。是诸侯有其数也。"）今案《内则》云："膳：膷、臐、膮、醢、（郑云衍字。）牛炙醢、（熊氏云：豕、牛、羊之下即其肉之醢。）牛胾醢、牛脍、羊炙、羊胾醢、豕炙醢、豕胾、芥酱、鱼脍、雉、兔、鹑、鷃。"（《公食大夫礼》鷃作鴽。）自鱼脍以上十六豆为下大夫之礼。雉、兔、鹑、鷃，则上大夫所加，此《公食大夫》所设也。《内则》又云："牛修、鹿脯、田豕脯、麋脯、麇脯、麇、鹿、田豕、麕，皆有轩。雉、兔，皆有芼。爵、鷃、蜩、范、芝栭、菱、椇、枣、栗、榛、柿、瓜、桃、李、梅、杏、柤、梨、姜、桂。"郑云："三十一物，皆人君燕食所加庶羞也。"《内则》又云："食：（注："目人君燕食所用也。"）蜗醢而苽食、雉羹、麦食、脯羹、鸡羹、析稌、犬羹、兔羹、和糁不蓼。（注："凡羹齐宜五味之和，米屑之糁，蓼则不矣。"《疏》："此等之羹，宜以五味调和。米屑为糁，不须加蓼。"）濡豚包苦实蓼，（注："凡濡谓亨之以汁和也。苦，苦荼也。以包豚杀其气。"）濡鸡、醢酱实蓼，濡鱼卵酱实蓼，（注："卵读为鲲。鲲，鱼子。"）濡鳖醢酱实蓼，腶脩、蚳醢、脯羹、（重出。）兔醢、麋肤、鱼醢、鱼脍、芥酱、麋腥、醢、酱、桃诸、梅诸、卵盐。"郑云："二十六物似皆人君燕所食也。"（《疏》云："按《周礼·掌客》云：诸侯相食，皆鼎簋十有二，其正馔与此不同。其食臣下，则《公食大夫礼》具有其文，与此又异，故疑是人君燕食也。"）

《周官》百有二十品，虽不得尽闻，亦可以见其概矣。珍，郑注云："谓淳熬、淳毋、炮豚、炮牂、捣珍、渍、熬、肝膋也。"亦见《内则》。酱，郑云："醢醢"即《醢人》职云"王举，则共醢六十瓮，以五齐七醢七菹三臡实之。"《醢人》云"王举，则共齐菹醢物六十瓮"者也。五齐者：昌本（昌蒲根，切之四寸为菹。）、脾析、蜃、豚拍、（郑大夫、杜子春皆以拍为膊，谓胁也。或曰豚拍，肩也。）深蒲（郑司农云："蒲蒻入水深，故曰深蒲。或曰桑耳。"）也。七醢：醓、蠃、蠯、蚳、鱼、兔、雁。七菹：韭、菁、茆、葵、芹、菭、笋。三臡：麋、鹿、麇。"凡醯酱所和，细切为齑，全物若脄为菹。""作醢及臡者，必先膊干其肉，乃后莝之，杂以粱曲及盐，渍以美酒，涂置甀中，百日则成矣。"此与八珍作之皆极费时者也。王日一举，（《注》："杀牲盛馔曰举。王日一举，以朝食也。"）鼎十有二，物皆有俎。（赵商问：王日一举，鼎十有二，是为三牲备焉。商案《玉藻》：天子日食少牢，朔月太牢，礼数不同，请闻其说。郑答云：《礼记》后人所集，据时而言，或以诸侯同天子，或以天子与诸侯等，礼数不同，难以据也。《王制》之法与礼违者多，当以经为正。案《周官》，六国时书。《玉藻》所述盖较古，愈近愈侈也。）齐则日三举。有小事而饮酒，谓之稍事，（此康成说。司农以为非日中大举时而间食。）设荐脯醢。其内羞，则笾人所供四笾之实，醢人所供四豆之食也。[朝事之笾八：曰麷，熬麦也；曰蕡，麻子也；曰白，熬稻米也；曰黑，熬黍米也；曰形盐（司农曰：筑盐为形；康成曰：盐之似虎者）；曰膴，朊生鱼为大脔；曰鲍鱼；曰鱐，干鱼也。馈食之笾：曰枣、曰栗、曰桃、曰干䕩、曰榛实。干䕩即干梅。《疏》云：

当别有干桃、湿梅。枣亦宜有干者，凡八也。加笾以菱、芡、栗、脯四物为八笾。司农云：栗当为脩。司农之意，以栗与馈食之笾同也。羞笾二：曰糗饵；曰粉餈。见《内则》。朝事之豆八：曰韭菹；曰醓醢；曰昌本；曰麋臡；曰菁菹；曰鹿臡；曰茆菹；曰麇臡。馈食之豆八：曰葵菹；曰蠃醢；曰脾析；曰蠯醢；曰蜃；曰蚳醢；曰豚拍；曰鱼醢。加豆之实八：曰芹菹；曰兔醢；曰深蒲；曰醓醢；曰箈菹；曰雁醢；曰笋菹；曰鱼醢。羞豆之实二：曰酏食；曰糁食。亦见《内则》。］"列之方丈，目不能遍视，手不能遍操，口不能遍味，冬则冻冰，夏则饰饐。"信矣。案《王制》曰："羹食自诸侯以下，至于庶人，无等。"注曰："羹食，食之主也。庶羞乃异耳。"（疏曰："此谓每日常食。"）《左氏》隐公元年言颍考叔有献于公，公赐之食，食舍肉。公问之，对曰："小人有母，皆尝小人之食矣，未尝君之羹，请以遗之。"杜注曰："宋华元杀羊为羹享士，盖古赐贱官之常。"《疏》曰："《礼·公食大夫》及《曲礼》所记，大夫士与客燕食，皆有牲体殽烝，非徒设羹而已。此与华元享士，惟言有羹，故疑是赐贱官之常。"愚案：孔子称颜回"一箪食，一瓢饮"。其《述而》则曰："饭疏食饮水。"《乡党》记孔子之行则曰："虽疏食菜羹，必祭。"《孟子》言："箪食豆羹，得之则生，弗得则死。"《檀弓》言黔敖"左奉食，右执饮"。《墨子》称尧"黍稷不二，羹胾不重，饭于土塯，啜于土形"。（《节用》中。《韩非子·十过》：尧饭于土簋，饮于土铏。《史记·李斯传》：二世曰：尧饭土匦，啜土铏。《韩诗外传》：舜饭乎土簋，啜乎土型。《史记自序》：墨者亦尚尧舜道，言其德行曰："食土簋，啜土刑，粝粱之食，藜藿之羹。"）凡古人之言食，无不以羹食并举者。元凯之言虽亿度，固事实也。《曲礼》曰："凡进食之礼，左殽右胾。食居人之左，羹居人之右。脍炙处外，醯酱处内。葱渫处末，酒浆处右。以脯脩置者，左朐右末。"《弟子职》曰："凡彼置食，鸟兽鱼鳖，必先菜羹。羹胾中列，胾在酱前。其设要方。饭是为卒，左酒右酱。"《曲礼》所加，不过殽胾、脍炙、醯酱、葱渫、酒浆。《弟子职》所加，不过酒酱及肉。一为大夫士与宾客燕食之礼，一为养老之礼矣。食以羹食为主，信不诬也。《弟子职》谓："凡彼置食，其设要方。"盖古人设食之礼。如所云，设之方不数尺耳。而当时之王公大人，设食至于方丈，其侈固可见矣。（《内则》又曰："大夫燕食，有脍无脯，有脯无脍。""士不贰羹胾。"又曰："谓士燕食也。若朝夕常食。则下云：羹食，自诸侯以下至庶人无等。"饮食愈后则愈侈。墨子用夏政，孔子言"禹菲饮食"。而墨子亦病时人之侈于食，可见夏时之俭。《内则》曰："大夫无秩膳，大夫七十而有阁。天子之阁，左达五，右达五。公侯伯于房中五，大夫于阁三，士于坫一。"注曰："秩，常也。""五十始命，未为老。"故必七十而后有秩膳也。"阁，以板为之，庋食物。""五者，三牲之肉及鱼腊。"此则较常人少侈耳，尚未至食前方丈也。）

古代外交之礼，亦可见其饮食之侈。据《聘礼》：客始至，则设飧，饪一牢，在西鼎九，（牛、羊、豕、鱼、腊、肠胃、肤、鲜鱼、鲜腊。肤，豕肉也。）羞鼎三，（膷臐膮即陪鼎。）腥一牢，在东鼎七。（无鲜鱼鲜腊。）此中庭之馔也。其堂上之馔八，（八豆：醯醢、昌本、麋臡、青菹、鹿臡、葵菹、蜗醢、韭菹。八簋：黍、稷。六铏：牛、羊、豕。两簠：粱、稻。八壶：稻酒、粱酒。）西夹六。（六豆、六簋、四铏、两簠、六壶。六豆无葵菹、蜗醢，余实与前同。）门外米禾皆二十车。薪刍倍禾，上介饪一牢，在西鼎七，羞鼎三，堂上之馔六。（西夹无。）门外米禾皆十车，薪刍倍禾，众介皆少牢。（鼎五：羊、豕、肠胃、鱼、腊。堂上之馔，四豆、四簋、两铏、四壶，无簠。）既见而归饔饩，（牲杀曰饔，生曰饩。《周官·司仪》注："小礼曰飧，大礼曰饔饩。"）则五牢，饪一牢，鼎九，腥二牢，鼎七，堂上八豆八簋，六铏两簠八壶，西夹六豆六簋，四铏两簠六壶，馔于东方亦如之。（东夹无。）醯醢百瓮，（瓮受斗二升。）饩二牢，米百筥，（黍、粱、稻、稷。）门外米三十车，（车秉有二籔，凡二十四斛。）禾三十车，（车三秅，凡千二百秉。）薪刍倍禾。上介三牢，饪一牢，鼎七，羞鼎三，腥一牢，鼎七，堂上之馔六。西夹亦如之。筥及瓮如上宾。饩一牢，门外米禾视死牢，牢十车，薪刍倍禾。

士介四人，皆饩大牢，米百筥。夫人归礼，堂上笾豆六，（脯醢。）醆黍清皆两壶。（稻黍粱酒，皆有清白。醆言白清，指粱各举一也。）大夫饩宾，大牢米八筐。（黍、粱各二，稷四。筐五斛。）上介亦如之。众介皆少牢，米六筐。公于宾，一食再飨。燕与羞，（雁鹜之属。）俶献（始献四时新物，《聘仪》所谓时赐。）无常数。上介一食一飨。大夫于宾，一飨一食。上介若食若飨。既致饔旬而稍，（谓廪食也。行聘礼一旬之后，或逢凶变，或主人留之不得反，即有稍礼。）宰夫始归乘禽，（雁鹜之属。）日如其飨饩之数。士中日则二双。

《周官·掌客》：王合诸侯，而飨礼（公侯伯子男尽在，兼享之。）则具十有二牢，庶具百物备。王巡守殷国，则国君膳以牲犊，令百官百姓皆具。从者三公视上公之礼，卿视侯伯之礼，大夫视子男之礼，士视诸侯之卿礼，庶子一视其大夫之礼。凡诸侯之礼，（诸侯自相待。天子待诸侯亦同。）上公五积，（侯伯四，子男三。）皆视飧牵，（谓所共如飧而牵牲以往，不杀也。一积视一飧，飧五牢。五积则二十五牢。又云视飧则有刍薪米禾之等。）三问皆脩。（侯伯再，子男一。）群介行人宰史，皆有牢。飧五牢，（侯伯四，子男三。）食四十，（庶羞器，侯伯三十二，子男二十四。）簋十，（稻粱器，侯伯八，子男六。）豆四十，（菹醢器，侯伯三十二，子男二十四。）铏四十有二，（羹器，郑云宜为三十八。侯伯二十八，子男十八。）壶四十，（酒器，侯伯三十二，子男二十四。）鼎（牲器。）簋（黍稷器。）十有二，（侯伯同。）牲三十有六。（郑云牲当为腥。侯伯二十七，子男十八。）飨饩九牢，（侯伯七，子男五。）其死牢如飧之陈，牵四牢，（侯伯三，子男二。）米百有二十筥，（侯伯百，子男八十。）醯醢百有二十瓮，（侯伯百，子男八十。）车米视牲牢。牢十车，车秉有五籔。（侯伯三十车，子男二十。）车禾视死牢。牢十车，车三秅，（侯伯四十车，子男三十。）刍薪倍禾。乘禽日九十双，（侯伯七十，子男五十。）殷膳（中致膳。）大牢，以及归三飨三食三燕。（侯伯再，子男一。）凡介行人宰史，皆有飧饔饩，以其爵等为之牢礼之陈数，惟上介有禽献。夫人致礼八壶、八豆、八笾，（子男六。）膳大牢，致飨大牢，（子男不飨。）

食大牢。卿皆见以羔膳大牢。（侯伯特牛。）侯伯子男各有差等。卿大夫不从君而来聘者，如其介之礼以待之。《大行人》：上公之礼，礼九牢。（注："礼，大礼飧饩也。三牲备为一牢。"侯伯七，子男五。）三享王礼，再祼（再饮公也。侯伯子男同。）而酢，（报饮王也。子男不酢。）飧礼九献，（侯伯七，子男五。）食礼九举，（司农云："举，举乐也。"后郑曰："举牲体九饭也。"疏云：礼九献相连，故以为举牲体，其实举中可以兼乐。侯伯七，子男五。）出入五积，（谓馈之刍米也。侯伯七，子男三。《疏》云：在路供宾来去皆五积。）三问三劳。（问，问不恙也。劳，谓苦倦之也。皆有礼，以币致之。侯伯再，子男一。）侯伯子男亦各有差等。盖其一食之费，足当平民终岁之饱矣。《聘仪》曰："古之用财者，不能均如此。然而用财如此其厚者，言尽之于礼也。尽之于礼，则内君臣不相陵，而外不相侵。故天子制之，而诸侯务焉尔。"此固然，然其时王公大人之食用，与平民相去之远则可见矣。

　　《玉藻》：天子"皮弁以日视朝，遂以食，日中而馂，（《注》："馂，朝食之余也。"）奏而食。（《注》："奏，奏乐也。"）日少牢，朔月大牢，五饮：上水、浆、酒、醴、酏"。诸侯"朝服以日视朝于内朝"。"退适路寝听政，使人视大夫。大夫退，然后适小寝，释服。又朝服以食，特牲，三俎，祭肺。（《注》："食必复朝服，所以敬养身也。三俎：豕、鱼、腊。"）夕深衣，祭牢肉。（《注》："祭牢肉，异于始杀也。天子言日中，诸侯言夕。天子言馂，诸侯言祭牢肉，互相挟。"）朔月少牢，五俎四簋。（《注》："五俎：加羊与其肠胃也。朔月四簋，则日食粱稻各一簋而已。"）子卯，稷食菜羹，（《注》："忌日贬也。"）夫人与君同庖。（《注》："不特杀也。"《疏》："举诸侯，天子可知。"）君无故不杀牛，大夫无故不杀羊，士无故不杀犬豕。（注："故，谓祭祀之属。"《疏》："言祭祀之属者，若待宾客飨食，亦在其中。"案此三语，亦见《王制》。又曰："庶人无故不食珍，庶羞不逾牲。"）君子远庖厨。凡有血气之类，弗身践也。"（《注》："践，当为翦。翦，犹杀也。"）所言与《周官》大同小异。（如《周官》，天子日食大牢，则无故得杀牛矣。）

《玉藻》又曰："年不顺成，则天子素服，乘素车，食无乐。"又言诸侯之礼曰："至于八月不雨，君不举。年不顺成，君衣布搢本，关梁不租，山泽列而不赋，土功不兴，大夫不得造车马。"《王制》曰："以三十年之通，虽有凶旱水溢，民无菜色，然后天子食，日举以乐。"《曲礼》曰："岁凶，年谷不登，君膳不祭肺，马不食谷，驰道不除，祭事不县，大夫不食粱，士饮酒不乐。"此盖隆古共产社会同甘苦之遗制。三代制礼，犹有存者，特不能尽守耳。后世去古愈远，遗意寖沦。"朱门饱粱肉，路有冻死骨。"视为固然，曾无愧恻。不惟大同之世之人所梦想不到，即视三代守礼之贵族，亦有愧色矣。（因事限制民食，古代亦有之。《十三经诘答问》五："问师行而粮食，饥者弗食，劳者弗息。"《周礼·廪人》注：行道曰粮，谓糒也。止居曰食，谓米也。赵注：人君行师兴军，皆远转粮食而食之，有饥不得饱食者，劳者致重亦不得休息。与《晏子》内篇所引，互有异同，果何从耶？曰《晏子·问下》篇："师行而量食，贫苦不补，劳者不息。"粮食作量食。《管子·戒》篇：夫师行而量食其民者谓之亡。洪氏颐煊曰："量食者，量限其食也。"义较粮食为长。今本《晏子》皆作粮者，后人据《孟子》而改耳。）

《东塾读书记》云："《通典》卷六十三，天子诸侯玉珮剑绶玺印。自注云：秦汉以降，逮于周隋，既多无注解，或传写舛讹，研覃莫辨。澧案：此不独玉佩剑绶玺印为然。凡汉以来，衣冠读史者皆难明，而周之冠冕衣裳易明，赖有诸经注疏故也。"愚案：又不独衣冠，饮食、宫室、器用，无不如此。此由经约而易精，治之者必求其事事明白。史既不然，而读者于此诸端，又多不措意故也。此等处，非有专门名家之士数十百人，一人钩考一事，穿贯群书，证以古代遗物，通以异邦之制，孰思而详考之，未易了了。今既未能无取杂博，故于秦汉以后，衣食宫室等，皆但取其荦荦大端，足以考见进化之迹者，略事讲述而已。古代阶级以贵贱分，后世则以贫富分。讲财产时已言之，饮食之侈俭亦然。《盐铁论·散不足》：贤良曰："古者谷物菜果，不时不食；鸟兽鱼鳖，不中杀不食。

故缴网不入于泽，杂毛不取。今富者逐驱殀网罝，掩捕麑㱿，耽湎沈湎，铺百川鲜，羔豺麂胎，扁皮黄口，春鹅秋雏，冬葵温韭，浚茈蓼苏，丰奕耳菜，毛果虫貉。"又曰："古者污尊抔饮，盖无爵觞尊俎。及其后，庶人器用，即竹柳陶瓠而已。唯瑚琏觞豆，而后雕文彤漆。今富者银口黄耳，金罍玉钟，中者舒玉纻器，金错蜀杯，夫一文杯得铜杯十，价贱而用不殊。箕子之讥，始在天子，今在匹夫。古者燔黍食稗，而燀豚以相飨。其后乡人饮酒，老者重豆，少者立食，一酱一肉，旅饮而已。及其后，宾昏相召，则豆羹白饭，綦脍孰肉。今民间酒食殽旅，重叠燔炙，满案臑鳖，脍腥麑卵，鹑鷃橙枸，鲐鳢醢醯，众物杂味。古者庶人，春夏耕耘，秋冬收藏，昏晨力作，夜以继日。《诗》曰：昼尔于茅，宵尔索绹，亟其乘屋，其始播百谷。非膢腊不休息，非祭祀无酒肉。今宾昏酒食，接连相因，折醒什半，弃事相随，虑无乏日。古者庶人，粝食藜藿，非乡饮酒膢腊祭祀无酒肉，故诸侯无故不杀牛羊，大夫士无故不杀犬豕。今闾巷县伯，阡伯屠沽，无故烹杀，相聚野外，负粟而往，挈肉而归。夫一豕之肉，得中年之收，十五斗粟，当丁男半月之食。"又曰："古者不粥纴，不市食。及其后，则有屠沽，沽酒市脯鱼盐而已。今熟食遍列，殽施成市，作业堕怠，食必趣时，杨豚韭卵，狗臄马朘，煎鱼切肝，羊淹鸡寒，蜩马骆日，寒捕庸脯，腼羔豆赐，毂䐏雁羹，自鲍甘瓠，热梁和炙。"盖古者君卿大夫之食，渐为平民所共享矣。亦未闻汉时之民，以饕餮而至于贫窭。可见食用之渐侈，实由生计之日裕也。然较诸今日，究尚相悬。《论衡·讥日》谓："海内屠肆，六畜死者日数千头。"持视当今，不过十一之于千百耳。《隋书·地理志》谓：梁州汉中之人，"性嗜口腹，多事田渔，虽蓬室柴门，食必兼肉"。此在今日，亦恬不为怪矣。故知社会生计，在无形之中实日以增长也。

　　食物随时代而变，如古言百谷，或言九谷，或言五谷。今则主于麦及稻米。古人兼食牛羊犬豕之肉，今则主于食豕。此盖因农业之进步，及畜牧情形之不同。嗜味亦以今古之殊。如古人好食荤辛，（《仪礼·士相见礼》："夜侍坐，问夜，膳荤，请退可也。"《注》："膳荤，谓食之荤辛物葱薤之属，食之以止卧。古文荤作薰。"《疏》曰："云古文荤作薰者，《玉藻》云：膳于君，有荤桃茢。作此荤。郑注《论语》作焄，义亦通。若作薰，则春秋一薰一莸。薰，香草也，非荤辛之字，故叠古文不从也。"案：香草之薰，与荤辛之荤，同为气之烈者，义亦可通。又案：葱薤之属，其气皆荤，而味非辛。故郑言之属以该之辛，如姜桂是也。）今则好荤者惟北方为然，好辛者惟楚蜀为烈。古人调羹多用盐梅，秦汉则用盐豉。（《左》昭二十年："异。和如羹焉，水火醯醢盐梅，以烹鱼肉。"《疏》："此说和羹而不言豉，古人未有豉也。《礼记·内则》《楚辞·招魂》备论饮食而言不及豉。史游《急就篇》乃有芜荑盐豉，盖秦汉以来始为之焉。"）此等亦必皆以其所以然时，非专门研究，未易言之耳。

后世食物有为古所无而极重要者，一为蔗糖，一为茶，一为烟。《唐书·西域传》：摩揭陀，"太宗遣使取熬糖法，即诏扬州上诸蔗，拃沈如其剂，色味愈西域远甚。"则其法实始唐初。宋王灼撰《糖霜谱》，其第二篇备言以蔗为糖始末。《四库提要》曰：宋时产糖霜之地有福唐、四明、番禺、广汉、遂宁，而遂宁最盛。灼遂宁人，故能详言之也。（《说文》有饴字，无糖字。徐铉新附中有之，亦训饴，不言蔗。则五代宋间尚未大盛。）我国食物自西域输入者，尚有苜蓿，人皆知之，而西瓜亦来自西域。（《陔余丛考》："或谓西瓜自元世祖时始入中国。然元初方夔已有《食西瓜诗》。夔系浙之淳安人。是时浙中已有之，则非元初入中国可知矣。南宋末，方回亦有秋热诗云：西瓜足解渴，割裂青瑶肤。又文信国《吟啸集》有《西瓜吟》。陆俨山《菽园杂记》云：金时，王予可南云《咏西瓜》云：一片冷裁潭底月，六弯斜卷陇头云。则金时已有之矣。按《五代史·四夷》附录，胡峤居契丹七年，自上京东去四千里，至真珠寨始食菜。明日东行，始食西瓜。土人云，契丹破回纥得此种，以牛粪覆棚而种，大如中国东瓜而味甘。是西瓜由峤而创见于寨外，尚未入中国。杨用修云：

余尝疑《本草》瓜类中不载西瓜，后读五代胡峤《陷虏记》云：峤于回纥得瓜种，结实大如斗，味甘，名曰西瓜。则西瓜由峤入中国也。今西瓜已遍天下，而台湾则并种于秋，至十月采取，贡入京，以备腊月庙祭之用。台湾在闽海东，则西瓜又可称东瓜矣。")此等物，若能详考，当尚不少也。

《日知录》曰："荼字自中唐始变作茶，其说已详之《唐韵正》。按《困学纪闻》，荼有三，谁谓荼苦，苦菜也。有女如荼，茅秀也。以薅荼蓼，陆草也。（陆清献曰："王肃云：荼，陆秽；蓼，水草。田有原有湿，故并举水陆秽草。依此，则荼与蓼是二物。《朱子诗传》，谓一物而有水陆之异，前后儒者所见似不同。愚谓草木之类，有种一而臭味别者，胡荼与蓼一物，而有水陆之异。《邶风》之荼，与《周颂》之荼，一物而有苦菜秽草之异。正义以其分者言之，朱子以其合者言之，非牴牾也。"陈氏曰："《尔雅》，荼者，荼委叶也。蓼者，蔷虞蓼也。王肃皆以为秽草，分水陆当矣，但未详荼之性状。《尔雅》：蔈，委叶。郭注引《诗》而外，亦不著其形。案《古今注》云：荼，蓼也。紫色者荼也，青色者蓼也。其味辛且苦，食之明目。或谓紫叶者为香荼，青色者为青荼。亦谓紫者为紫蓼，青者为青蓼。其长大不苦者为高蓼。此与王氏水陆二秽意同。朱子所谓辣蓼，或即斯草，但不当以苦菜当之耳。"）今按《尔雅》荼蔈字，凡五见而各不同。《释草》曰：荼，苦菜。注引《诗》：谁谓荼苦，其甘如荠。《疏》云：此味苦可食之菜。《本草》一名选，一名游冬。《易纬·通卦验元图》云：苦菜生于寒秋，经冬历春乃成。《月令》：孟夏，苦菜秀是也。叶似苦苣而细，断之有白汁。花黄似菊，堪食，但苦耳。又曰蘱薵荼。注云即芀。疏云：按《周礼·掌荼》，及《诗》有女如荼，皆云荼，茅秀也。蘱也，薵也，其别名。此二字皆从草，从余。又曰：蔈，虎杖。《注》云：似红草而粗大，有细刺，可以染赤。《疏》云：蔈，一名虎杖。陶注《本草》云：田野甚多，壮如大马蓼，茎斑而叶圆是也。又曰：蔈，菱叶。注引《诗》以茠蔈蓼。《疏》云：蔈，一名菱叶。王肃说《诗》云：蔈，陆秽草。然则蔈者原田芜秽之草，非苦菜也。今《诗》本茠作薅。此二字皆从草从涂。《释木》曰：槚苦荼。注云：树小如栀子，冬生叶，可煮作羹饮。今呼早采者为荼，晚取者为茗。一名荈，蜀人名之苦荼。此一字亦从草从余。以《诗》考之，《邶·谷风》之荼苦，《七月》之采荼，《绵》之堇荼，皆苦菜之荼也。（原注：《诗》：采苦采苦。《传》：苦，苦菜。正义曰：此荼也。陆玑云：苦菜生山田及泽中，得霜恬肥而美。所谓堇荼如饴。《内则》云：濡豚包苦，用苦菜是也。）又借而为荼毒之荼，《桑柔》《汤诰》，皆苦菜之荼也。《夏小正》取荼莠。《周礼·地官》掌荼，《仪礼·既夕礼》，茵著用荼，实绥泽焉。《诗》：鸱鸮捋荼。《传》曰：荼，萑苕也。《正义》曰：谓薍之莠，其物相类，故皆名荼也。茅秀之荼也，以其白也而象之，出其东门，有女如荼。《国语》：吴王夫差万人为方陈，白常白旗素甲白羽之矰，望之如荼。《考工记》：望而眂之，欲其荼白，亦茅秀之荼也。良耜之荼蓼，萎叶之荼也。唯虎杖之蒤，与槚之苦荼，不见于《诗》《礼》，而王褒《僮约》云：武都买荼。张载《登成都白菟楼诗》云：芳荼冠六清。孙楚诗云：姜桂荼荈出巴蜀。《本草衍义》：晋温峤上表，贡荼千斤，茗三百斤。是知自秦人取蜀而后，始有茗饮之事。"又曰："王褒《僮约》：前云烹鳖烹荼，后云武都买荼。《注》：以前为苦菜，后为茗。"又曰："《唐书·陆羽传》：羽嗜茶，（原注：自此后荼字减一画为茶。）著《经》三篇，言茶之原之法之具尤备，天下益知饮茶矣。有常伯熊者，因羽论复广著茶之功，其后尚茶成风。时回纥入朝，始驱马市茶。至明代，设茶马御史。而《大唐新语》言：右补阙綦母熯性不饮茶，著《茶饮序》曰：释滞消壅，一日之利暂佳，瘠气侵精，终身之害斯大，获益则功归茶力，贻患则不谓茶灾，岂非福近易知，害远难见。宋黄庭坚《茶赋》，亦曰寒中瘠气，莫甚于茶。或济之盐，勾贼破家。今南人往往有茶癖而不知其害，此亦摄生者之所宜戒也。"案：《三国·吴志·韦曜传》："皓每飨宴，无不竟日，坐席无能否率以七升为限，虽不悉入口，皆浇灌取尽。曜素饮酒不过二升，初见礼异时，常为裁减，或密赐茶荈以当酒。"又

《世说新语》谓，王濛好饮茶，客至，尝以是饷之。士大夫欲诣，濛辄曰：今日有水厄。则茗饮初行于南方，其盛行全国，要始唐代，故其时始有茶税。然观《日知录》所引綦母煛之论，则当时茗饮者尚有用为药物之意，与今日用代水饮者不同。《金史》谓金人所需之茶，除宋人岁供外，悉贸于宋界之榷场。章宗承安三年，以为费国用而资敌。四年，于淄密宁海蔡州各置一坊造茶。至泰和五年乃罢。六年，尚书省奏：茶，饮食之余，非必用之物。比岁上下竞啜，累民尤甚。市井茶肆相属，商旅多以丝绢易茶，岁贾不下百万。遂命七品以上官方许食茶，仍不得卖及馈献不应留者，以斤两立罪赏。七年，八年，及宣宗重光二年，又更定其制，亦可见当时饮茶，尚不如今日之盛。若在今日，可得而限制邪？（古人饮茶之法与今不同，读《茶经》可知。）

《陔余丛考》曰："王阮亭引姚露《旅书》，谓烟草一名淡巴菰，出吕宋国，能辟瘴气。初漳州人自海外携来，莆田亦种之，反多于吕宋矣。然唐诗云'相思若烟草'，似唐时已有服之者。据王肱枕《蚓菴琐语》，谓烟叶出闽中，边上人寒疾，非此不治。关外至以一马易一觔。崇祯中，下令禁之，民间私种者问徒。利重法轻，民冒禁如故。寻下令犯者皆斩。然不久因军中病寒不治，遂弛其禁。予儿时尚不识烟为何物。崇祯末，三尺童子莫不喫烟矣。据此，则烟草自崇祯时乃盛行也。"予案张岱《陶菴梦忆》云："余少时不识烟草为何物。十年之内，老壮童稚妇人女子无不喫烟，大街小巷尽摆烟草，此草妖也。"岱，明清间人，亦烟草盛于明末之一证。

清郭起元《论闽省务本节用书》曰："闽地二千余里，原湿饶沃，山田有泉滋润，力耕之原足给全闽之食。无如始辟地者多植茶蜡麻苎蓝靛糖蔗离支柑橘青子荔奴之属，耗地已三之一，其物犹足供食用也。今则烟草之植，耗地十之六七，原烟出自西北边外，谓可以驱寒耳。今则遍于东南，饮烟者无间暑寒，为用与食盐等，而又胜之，闽中更甚。""闽地耗于植烟,既严其禁,然小民不知大计,终以烟草为利,久且复植。"云云。岳震川《府志食货论》云:"《府志食货》中无烟草,安康之民,果不种此,此俗之善也。今汉中郡城,商贾所集,烟铺十居其三四。城固渭水以北,沃土腴田,尽植烟苗。盛夏晴霁,弥望野绿,皆此物也。当其收时,连云充栋,大商贾一年之计,夏丝秋烟,烟乌得与丝并论邪?""甘肃士人赋《烟草诗》曰:饷宾先饼饵,种地碍桑麻。南郑城固大商,重载此物,历金州以抵襄樊、鄂渚者,舳舻相接,岁縻数千万金,可谓好之僻矣。""又闻紫阳务滋烟苗,较汉中尤精,尤易售。此可以为戒,弗可效也。"云云。(《经世文编》卷三十六。)可见入清代而吸烟者益盛。《癸巳类稿》云"明四译馆同文堂,外国来文八册,有译出暹罗国来文",云"进皇帝""鸦片二百斤"、"进皇后""鸦片一百斤"之语。又"《大明会典》九十七、九十八,各国贡物,暹罗、爪哇、榜葛剌三国,俱有乌香,即鸦片"。"唐译《毗耶那杂事律》云:在王城婴病,吸药烟瘳损,苾刍白佛,有病者听吸烟。佛言以两碗相合,底上穿孔,中著火,置药,以铁管长十二指,置孔吸之,用了,用小袋盛挂杙筦竿上。后用时,置火中烧以取净,不应用竹,不应水洗。此则西域古有之。明徐伯龄《蟫精隽》云:成化癸卯,令中贵收买鸦片,其价与黄金等,其国自名合浦融。(俞氏又云:入中国曰乌香,或曰乌烟,就其本名,还音曰鸦片,亦曰阿片,亦曰亚荣,亦曰阿芙蓉,亦曰合浦融。)是成化时市廛已有货卖者。万历时,李时珍《本草纲目·谷部》云:鸦片,前代罕闻,近方有用者,是已行于民间。"云云。近人《鸦片源流考》曰:"鸦片或称阿片,花曰罂粟,亦名阿芙蓉,来自西洋。"其初盖先有罂粟。罂粟之名见于《开宝本草》,归入米谷下品,云"一名米囊,一名御米"。是为罂粟入药之始首。唐宋时,亚拉伯人航海至广州等口,携来各种药材,相与交易,罂粟之来,当自斯始。唐明皇时陈藏器述嵩阳子语曰:"罂粟花有四叶,红白色,上有浅红晕子,其囊形如髇头箭,中有细米。"米囊之名,所自始也。是时大食人往来中国已足百载，罂粟花当亦如芙蓉等花流入内地矣。唐雍陶《西归出斜谷》诗云："行过险栈出褒斜，历尽平川如到家。万里客愁今日散，马前初见米囊花。"雍陶，成都人，罂粟当时已流入四川，如野花之遍种矣。由唐至德到宋乾德二百年间，大食人往来中国者虽无可稽，然西人所著书则往往可见一斑焉。想是时罂粟当较前更广。《开宝本草》之以作药，岂亦传自西洋耶？宋时亦有作汤食者。东坡诗云："道人劝饮鹤苏水，童子能煎莺粟汤。"莺粟，即罂粟也。以罂粟作药者，宋人书多著之。如寇宗奭《本草衍义》云："一罂凡数千万粒，大小如葶苈子，其色白，服石人甚宜饮。"是已。洎乎南宋，又以壳入药。宋末杨士瀛《直指方》云："粟壳治痢，人皆薄之固矣。然下痢日久，腹中无积病，当止涩者岂容不涩，不有此剂，何以对除乎？"是已。元李杲云："粟壳收敛固气，能入肾，故骨病尤宜。"则元人尚未知煎粟壳为鸦片之法也。明时医书乃有用罂粟壳作膏者，盖鸦片之制所自始，然亦仅作药用。明王玺《医林集要》云："阿芙蓉是天方国种。"又云："罂粟花花卸结壳，复三五日，午后于壳上用大针刺开外面青皮十余处，次日早津出，以竹刀刮出，磁器内阴干，每用小豆一粒，空心温水化下。"是制鸦片之法也。但不知是否传自西洋耳！明李梴《医学入门》，论制鸦片法綦详。盖因嘉靖二年罢市，舶外洋货物不得入，故详言之。知中国内地早有自制之鸦片矣。自宋而明，用罂粟法不同，而其为药则一。洎乎明末，西洋有吸黄烟之法入。黄烟者美国土产，始及台湾，后及大陆。清人称为淡巴菰者也。中国人因以为吸鸦片之法。清宛平黄玉圃《台海使槎录》云："鸦片烟，用麻葛同鸦片土切丝，于铜铛内煎成拌烟，另用竹筒实以棕丝贮之，群聚吸之，索值数倍于常烟，专治此者名之开鸦片馆，吸一二次后即不能离，暖气直注丹田，可竟夜不眠。土人服此，为导淫之具，肢体萎缩，脏腑溃出，不杀身不止。官吏每为严禁，常有身被鞭击，犹求缓须臾再吸一筒者。"棕丝指黄烟。玉圃，乾隆时人也。雍正年间，鸦片遗害已烈，故治之之律颇严,凡开鸦片馆者拟绞监候,为从杖一百,流三千里。道光十九年,黄爵滋、朱成烈奏请再禁,鄂督林则徐奏,有"烟不禁则国日贫、民日弱,数十年后,岂惟无可筹之饷,抑且无可用之兵"等语。皇帝即命则徐莅粤查办,此则《江宁条约》所自始也。予案:鸦片税则定于咸丰八年,见《中英通商章程》第五款,当时实以洋药为名而税之也。

第五章

衣　服

　　衣服之制，可考者亦始于三皇、五帝之时。《礼运》曰："昔者先王，未有麻丝，衣其羽皮。后圣有作，治其麻丝，以为布帛。"《墨子·辞过》曰："古之民未知为衣服时，衣皮带茭，冬则不轻而温，夏则不轻而清。圣王以为不中人之情，故作诲妇人，治丝麻，捆布帛，以为民衣。"《礼运》所谓先王，《墨子》所谓古之民，盖当三皇时。《礼运》所谓后圣，《墨子》所谓圣王，则在五帝之世。何以知其然也？《礼记·冠义》疏云："案略说称周公对成王云：'古人冒而句领。'注云古人谓三皇时，以冒覆头，句领绕颈，至黄帝时则有冕也。故《世本》云黄帝造火食旒冕，是冕起于黄帝也。但黄帝以前，则以羽皮为之冠，黄帝以后，乃用布帛。"《淮南·氾论训》曰："古者有鍪而绻领，伯余之初作衣也，緂麻索缕，手经指挂，其成犹网罗。后世为之机杼胜复，以领其用，而民得以掩形御寒。"《注》曰："古者盖三皇以前也。鍪头著兜鍪帽，言未知制冠也。绻领皮衣屈紩之，如今胡家韦袭反褶以为领也。一说鍪放发也，绻绕颈而已，皆无饰。伯余，黄帝臣。《世本》曰：伯余制衣裳。一曰伯余黄帝。"《易·系辞传》曰："黄帝、尧、舜垂衣裳而天下治。"《疏》曰："以前衣皮，其制短小，今衣丝麻布帛，所作衣裳，其制长大，故曰垂衣裳也。"合观诸说，则布帛为用之广，衣裳制作之精，其必在五帝之世，无可疑矣。（《禹贡》：兖、青、徐、扬、荆、豫六州皆有织物，不知所记果禹时事否？）

《士冠礼》郑注："皮弁者，以白鹿皮为冠，象上古也。"《易纬乾凿度》注："古者田渔而食，因衣其皮，先知蔽前，后知蔽后。后王易之以布帛。而独存其蔽前者，重古道而不忘本也。"（《左》桓二年疏引。）《郊特牲》曰："黄衣黄冠而祭，息田夫也。野夫黄冠，黄冠，草服也。大罗氏，天子之掌鸟兽者也。诸侯贡属焉。草笠而至，尊野服也。"《诗》曰："彼都人士，台笠缁撮。"《毛传》曰："台所以御暑，笠所以御雨也。"笺曰："台夫须也。都人之士以台为笠。"《左》襄十四年，晋人数戎子驹支曰："乃祖吾离被苫盖。"《注》曰："盖，苫之别名。"《疏》曰："言无布帛可衣，惟衣草也。"孙诒让《墨子间诂》谓带荗疑即丧服之绞带，（《传》云："绞带者，绳带也。"）亦即《尚贤》篇所谓带索，（《尚贤》篇："传说被褐带索。"）此皆邃古之遗制也。《禹贡》：冀州鸟夷皮服，扬州鸟夷卉服，邃古之情形，固与蛮夷近矣。

古者冠与服相因，故以冠名服。冠之尊者莫如冕。冕之制以木为干，用布衣之，上玄下朱，前俯后仰。《礼运》曰："天子之冕，朱绿藻十有二旒，诸侯九，上大夫七，下大夫五，士三。"《周官·弁师》："掌王之五冕，皆玄冕，朱里延纽，（注："小鼻在武，上笄所贯也。"）五采缫，十有二就，皆五采玉十有二。（注："缫，杂文之名也。合五采丝为之绳，垂于延之前后各十二，所谓邃延也。就，成也。绳之每一帀而贯五采玉，十二斿则十二玉也，每就间盖一寸。"《疏》："玉有五色，以青赤黄白黑于一斿之上，以此五色玉贯于藻绳之上，每玉间相去一寸。"郑司农曰："缫当为藻。"）玉笄朱纮。（注："以朱组为纮也。纮一条，属两端于武。"《疏》："谓以一条绳，先属一头于左旁笄上，以一头绕于颐下，至句上，于右相笄上绕之。是以郑注《士冠礼》云：有笄者屈组以为纮，垂为饰；无笄者缨而结其绦。

彼有笄据皮弁爵弁。此五冕皆有笄，与彼同。此言属于武者据笄贯武，故以武言之，其实在笄。"）《司服》云："王之吉服，祀昊天上帝，则服大裘而冕，祀五帝亦如之。享先王则衮冕；享先公飨射，则鷩冕；祀四望山川，则毳冕；祭社稷五祀，则希冕；祭群小祀，则玄冕。"郑注谓"冕服有六，而言五冕者，大裘之冕，盖无旒不联数也。"前后皆有旒，旒贯玉十二。"衮衣之冕十二旒，则用玉二百八十八；鷩衣之冕缫九旒，用玉二百一十六；毳衣之冕七旒，用玉百六十八；希衣之冕五旒，用玉百二十；玄衣之冕三旒，用玉七十二。"《弁师》云："诸侯之缫旒九就，瑉玉三采。"（《注》："朱白苍也。"）"玉瑱玉笄。"（《疏》："王不言玉瑱，于此言之者，王与诸侯互见。"）《注》曰："侯当为公之误也。""公之冕用玉百六十二。"又谓："侯伯缫七就，用玉九十八；子男缫五就，用玉五十，缫玉皆三采；孤缫四就，用玉三十二；三命之卿缫三就，用玉十八；再命之大夫缫再就，用玉八，缫玉皆朱绿；一命之大夫冕而无旒，士变冕为爵弁。"（《疏》云："公以下皆一冕而冠五服。"）案《大戴记》云：冕而前旒，所以蔽明也；黈纩塞耳，所以掩聪也。（薛综注《东京赋》："黈纩以黄绵，大如丸，县冠两边当耳，案后以玉，曰瑱。《左》桓二年疏：纮者，县瑱之绳，垂于冠之两旁。《鲁语》敬姜曰：王后亲织玄纮，则纮必织线为之，若今之绦绳。郑玄《诗》笺云：充耳所以县瑱者，或名为纮，织之人君五色，臣则三色是也。绦必杂色。而《鲁语》独言玄者，以玄是天色，故特言之，非谓纯玄色也。"）后旒失蔽明之义矣。《续汉书·舆服志》："孝明皇帝永平二年初，诏有司采《周官》《礼记》《尚书·皋陶》篇，乘舆服从欧阳氏说，公卿以下从大小夏侯氏说，冕皆广七寸，长尺二寸，前圆后方，朱绿里，玄上，前垂四寸，后垂三寸，系白玉珠为十二旒，以其绶采色为组缨。三公诸侯七旒，青玉为珠。卿大夫五旒，黑玉为珠。皆有前无后，各以其绶采色为组缨，旁垂黈纩。"此盖有所受之，郑说非也。（《玉藻》曰："天子玉藻，十有二旒。"《郊特牲》亦曰："戴冕璪十有二旒。"无自十二旒至三旒之说，更无祀上帝冕无旒之说。○《玉藻》："天子玉藻，十有二旒，前后邃延。"《注》："杂采曰藻。天子以五采藻为旒，旒玉十有二。前后邃延者，言皆出冕前后而垂也。天子齐肩，延冕上覆也。"《疏》："天子齐肩者，以天子之旒十有二就，每一就贯以玉，就间相去一寸，则旒长尺二寸，故垂而齐肩也。言天子齐肩，则诸侯以下，各有差降。则九玉者九寸，七玉者七寸，以下皆依旒数垂而长短为差。旒垂五采玉，依饰射侯之次，从上而下，初以朱，次白，次苍，次黄，次玄，五采玉既质遍，周而复始。其三采者，先朱，次白，次苍。二色者，先朱后绿。皇氏、沈氏并为此说，今依用焉。后至汉明帝时，用曹褒之说，皆用白旒珠，与古异也。"《周官·弁师》疏："凡冕体《周礼》无文，叔孙通作汉礼器制度，取法于周，今还取彼以释之。按彼文凡冕以版广八寸，长尺六寸，以此上玄下朱覆之，乃以五采缫绳贯五采玉，垂于延前后，谓之邃延。"《王制》疏："凡冕之制，皆玄上纁下。故注《弁师》云，皆玄覆朱里，师说以木版为中，以三十升玄布衣之于上，谓之延也。以朱为里，但不知用布缯耳。当应以缯为之，以其前后旒用丝故也。按汉礼器制度，广八寸，长尺六寸也。又董巴《舆服志》云：广七寸，长尺二寸。皇氏谓此为诸侯之冕。应劭《汉官仪》：广七寸，长八寸，皇氏以为卿大夫之冕服也。若如皇氏言，岂董巴专记诸侯，应劭专记卿大夫，盖冕随代变异，大小不同，今依汉礼器制度为定也。"《左》桓二年疏："《世本》云：黄帝作冕。宋仲子云：冕，冠之有旒者。礼文残缺，形制难详。《周礼》弁师掌王之五冕，皆玄冕朱里，止言玄朱而已，不言所用之物。《论语》云：麻冕，礼也。盖以木为干，而用布衣之，上玄下朱，取天地之色。其长短广狭，则经传无文。阮谌《三礼图》汉礼器制度云：冕制皆长尺六寸，广八寸，天子以下皆同。沈引董巴《舆服志》云：广七寸，长尺二寸。应劭《汉官仪》云：广七寸，长八寸。沈又云：广八寸，长尺六寸者，天子之冕；广七寸，长尺二寸者，诸侯之冕；广七寸，长八寸者，大夫之冕。但古礼残缺，未知孰是，故备载焉。司马彪《续汉书·舆服志》云：孝明帝永平二年初，诏有司采《周官》《礼记》《尚书》之文制冕，皆前圆后方，朱里玄上，前垂四寸，后垂三寸，天子白玉珠十二旒，三公诸侯青玉珠七旒，卿大夫黑玉珠五旒，皆有前无后，此则汉法耳。"按疏家皆郑学，故以夏侯、欧阳说为不然，其实郑说显与古违者多也。○《论语·子罕》："子曰：麻冕，礼也。今也纯俭，吾从众。"《集解》：孔曰："古者绩麻三十升布以为之。"《疏》："郑注《丧服》云：布八十缕为升。三十升则二千四百缕矣，细缕难成，故孔子以为不如纯之俭也。"案《丧服》注："布八十缕为升，升字当为登。登，成也。今之礼皆以登为升，俗误已行久矣。"《疏》："布八十缕为升者，此无正文，师师相传言之，是以今亦云八十缕，谓之宗。宗即古之升也。"○《说文》："冕大夫以上冠也。"《杂记》："大夫冕而祭于公，弁而祭于己；士弁而祭于公，冠而祭于己。"与《礼运》异。○《左》桓二年："衡纮纮綖"，《注》："綖冠上覆"，《疏》："冕以木为干，以玄布衣其上，谓之綖。"案此即"前后邃延"之延也。）

凡冕则衮衣，《玉藻》所谓"天子玉藻，十有二旒，前后邃延，龙卷以祭"者也。（《觐礼》疏引《白虎通》："天子升龙，诸侯降龙。"）衮衣之制，盖自虞、夏而有之。《书·益稷》曰："予欲观古人之象，日、月、星、辰、山、龙、华、虫、作会、宗彝、藻、火、粉、米、黼、黻、絺、绣，以五采章施于五色，作服，汝明。"（今本《益稷》。）孔安国云："日月星，为三辰；华，象草华；虫，雉也。画三辰、山龙、华虫于衣服旌旗。""会，五采也，以五采成此画焉。宗庙彝樽，亦以山龙华虫为饰。""藻，水草有文者。火为火字。粉若粟冰。米若聚米。黼若斧形。黻为两已相背。葛之精者曰絺。五色备曰绣。"如孔此言，日也，月也，星辰也，山也，龙也，华也，虫也，七者画于衣服旌旗；山、龙、华、虫四者，亦画于宗庙彝器；藻也，火也，粉也，米也，黼也，黻也，六者绣之于裳。如此数之，则十三章矣。天之大数，不过十二，若为十三，无所法象。或以为孔并华虫为一，其言华象草华虫雉者，言象草华之虫，故为雉也。若华别似草，安知虫为雉乎？未知孔意必然以否。郑玄读会为缋，谓画也；絺为绣，谓刺也；宗彝，谓虎蜼也。《周礼》宗庙彝器有虎彝、蜼彝，故以宗彝为虎蜼也。《周礼》有衮冕、鷩冕、毳冕，其衮鷩、毳者，各是其服章首所画，举其首章以名服耳。衮是衮龙也，衮冕九章，以龙为首。鷩是华虫也，鷩冕七章，以华虫为首。毳是虎蜼也，毳冕五章，以虎蜼为首。虎毛浅，蜼毛深，故以毳言之。毳，乱毛也。如郑此言，则于《尚书》之文其章不次。故于《周礼》之注，具分辨之。郑于《司服》之注，具引《尚书》之文，乃云：此古天子冕服十二章。绨或作绣，字之误也。王者相变，至周而以日、月、星辰画于旌旗，所谓三辰旌旗，昭其明也。而冕服九章，登龙于山，登火于宗彝，尊其神明也。九章：初一曰龙，次二曰山，次三曰华虫，次四曰火，次五曰宗彝，皆画以为缋。次六曰藻，次七曰粉米，次八曰黼，次九曰黻，皆绨以为绣，则衮之衣五章，裳四章，凡九也。鷩画以雉，谓华虫也。其衣三章，裳四章，凡七也。毳画虎蜼，谓宗彝也。其衣二章，裳三章，凡五也。是郑玄之说，华虫为一，粉米为一也。（以上录《左》昭二十五年疏。杜预亦以日、月、星辰画于旌旗，以山也、龙也、华也、虫也、藻也、火也、粉米也、黼也、黻也为九，释左氏之九文。〇王肃以为舜时三辰，即画于旌旗，不在衣，见《书》疏。）郑又云："希（郑读为缔，纻也。）刺粉米，无画也。其衣一章，裳二章，凡三也。玄者，衣无文，裳刺黻而已，是以谓之玄焉。"郑释冕服如此。（《王制》疏述郑说又云："此是天子之服，其诸侯以下，未得而闻。"案《皋陶谟》云："五服五章哉。"郑注云："五服，十二也，九也，七也，五也，三也。如郑之意，九者谓公侯之服，自山而下七也，是伯之服，自华虫而下五也，是子男之服，自藻而下三也，卿大夫之服，自粉米而下，与《孝经》注不同者，《孝经》举其大纲。或云《孝经》非郑注。"）清宋绵初驳之曰："谓古天子冕服十二章，至周而冕服九章，其说无据。凡车服旂章，天子以十二为节，公以九为节，侯、伯以七为节，子男以五为节，礼有明文。天子玉藻十二旒，则冕服亦十二章矣。公之冕九旒九就，则冕服亦九章矣。郑以《虞书》冕服龙在次五，而周曰龙衮，则是龙章为首。以日、月、星辰之于旌旗，而引《左传》

三辰旂以实之。今案旂章与章服两事，虞、夏之旂旗，何尝不画日月乎？日、月、星不可以名服，故以龙衮为名而统十二章，犹《论语》言黻冕，举一章以该他章，不当因龙衮之名而谓无日、月、星也。贾公彦云：九章。无正，文并郑以意解之。然则郑氏之说，未可即以为周公之礼矣。"案《司服》又云："公之服，自衮冕而下，如王之服。侯伯之服，自鷩冕而下，如公之服。子男之服，自毳冕而下，如侯伯之服。孤之服，自绨冕而下，如子男之服。卿大夫之服，自玄冕而下，如孤之服。士之服，自皮弁而下，如大夫之服，其齐服有玄端素端。"（《王制》疏："谓之端者，已外之服，其袂三尺三寸，其祛尺八寸。其玄端则袂二尺二寸，祛尺二寸。端，正也，以幅广二尺二寸，袂广二尺二寸，与之正方，故云玄端也。"）《大行人》："上公之礼，冕服九章；侯伯之礼，冕服七章；子男之礼，冕服五章。"（《诗·无衣毛传》同。）宋氏之说是也。宋氏又云：绘之为画，乃假借之文，非本训。经典无衣服用画之文，而《周官·典丝》《考工记》皆以画缋并举，绘缋一字。《说文》：绘，会五采绣也。缋，织余也。绘绣对文异，散则通。绘者，合五采丝为之，织功也。缔绣者，刺五采丝为之，箴功也。衣以绘，裳以绣，上下相变，其为采色彰施则同。其说新而确，观此知以作会为古代绘画者之非，而唐、虞之世，已有五采之丝织物，则得一新发见矣。

弁之制，与冕略同，所异者"弁前后平，冕则前低一寸余"耳。（《周官·弁师》疏。）《公羊》宣元年注："皮弁武冠，爵弁文冠，夏曰收，殷曰冔，周曰弁，加旒曰冕，王所以入宗庙。"《士冠礼记》："委貌，周道也。章甫，殷道也。毋追，夏后氏之道也。周弁，殷冔，夏收，三王共皮弁素积。"（《礼记·郊特牲》同。）注谓其制之异同皆未闻。宋绵初谓：经意若言"周之委貌者，弁也；殷之章甫者，冔也；夏后氏之毋追者，收也。盖大同而小异"。可为《解诂》作疏。（《周官·弁师》注："弁者，古冠之大称，委貌缁布曰冠。"《疏》曰："六冕皆得称弁。委貌缁布，散文亦得言弁。"案士冠三加，初加缁布冠，古冠也，士无緌。天子玄冠朱组缨，诸侯缁布冠缤緌，见《玉藻》。再加皮弁素积，庙廷之服也。三加爵弁缥裳，宗庙之服也。既冠，易玄冠玄端，斋戒之服也。○《郊特牲》："大古冠布，齐则缁之。其緌也，孔子曰：吾未之闻也。"注："唐、虞以上曰太古。"盖太古吉凶，同服白布冠，三代改制，以为丧冠，惟始冠冠之，反本修古之意也。既冠，即不复用，所谓"冠而敝之"也。《杂记》注："大白冠，大古之布冠也。《春秋传》曰：卫文公大布之衣、大白之冠。"此乃乘丧败之后，非常制也。）

冠制与冕弁大殊。《白虎通》曰："冠者，卷也，所以卷持其发也。"《说文》曰："冠，豢也，所以豢发。"《释名》："冠，贯也，所以贯韬发也。"古之冠，略如今之丧冠，中有梁，广二寸。（丧冠广二寸，见《丧服》贾疏。吉冠当亦同之。）冠形穹窿，其长当尺有数寸，秦始皇改为六寸，汉文帝增为七寸而梁始阔，而古之冠制不可见矣。古人重露发，必先韬之，以缅结之为纷，然后固之以冠。（《士冠礼》："缁缅，广终幅，长六尺。"《注》："缅，今之帻梁也。终，充也。缅一幅长六尺，足以韬发而结之矣。"《疏》："既云韬发，乃云结之，则韬讫乃为纷矣。"○《内则》："栉、缅、笄、总。"疏："总者，裂练缯为之，束发之本，垂余于髻后，故以为饰也。""栉讫，加缅。缅讫，加笄。笄讫，加总。"《曲礼》："敛发毋髢。"《注》："髢，发也，毋垂余，如发也。髢或为肆。"《疏》："古人重发，以缅韬之，不使垂也。"）幼时剪发为鬌，下垂至眉，稍长，乃结为两角，而犹留其象为髦，此为人子之饰。亲殁，则亦去之矣。（《内则》："三月之末，择日，剪发为鬌，男角女羁，否则男左女右。"《注》："鬌，所遗发也。夹囟曰角，午达曰羁。"《疏》："囟是首脑之上缝。夹囟两旁，当角之处，留发不剪。女剪发留其顶上，纵横各一，相交通达。不如两角相对，故曰羁。羁者，只也。"又《内则》："栉、缅、笄、总，拂髦。"《注》："缅，韬发者也。总，束发也，垂后为饰。拂髦振去尘著之，髦用发为之，象幼时鬌，其制未闻也。"《诗·柏舟》传："髦者，发至眉，子事父母之饰。"《既夕礼》："既殡，主人脱髦。"《注》："儿生三月，剪发为鬌，男角女羁，否则男左女右，长大犹为饰存之，谓之髦，所以顺父幼小之心。至此尸柩不见,丧无饰,可以去之。髦之形象未闻。"《柏舟》疏曰:"若父母有先死者,于死三日脱之,服阕,又著之。若二亲并没,则因去之矣。《玉藻》云:亲没不髦是也。"案《玉藻》注云:"去为子之饰。"○《诗·氓》:"总角之宴,言笑晏晏。"《传》:"总角,结发也。"《笺》:"我为童,女未笄,结发宴然之时。"《疏》:"《甫田》云:总角丱兮,未几见兮,突而弁兮。是男子总角未冠,则妇人总角未笄也。《内则》亦云:男女未冠笄者,总角衿缨,以无笄,直结其发,聚之为两角。故《内则》注云:收发结之。《甫田》传云:总角,聚两髦也。"《杂记》:"女虽未许嫁,年二十而笄,燕则鬈首。"注:"既笄之后去之,犹若女有鬓纷也。"《疏》:"谓既笄之后,寻常在家,燕居则去其笄而鬈首,谓分发为鬓纷也。此既未许嫁,虽已笄,犹为少者处之。")冠之卷谓之武,或谓之委缨,以组二属于武,结颐下,有余则垂之为饰,是曰缕。丧冠以绳为武,故缨武同材。武之始,盖以布围发际,自前而后,及项则有绳以结之,故缺而不周,故谓之缺项也。(《士冠礼》:"缁布冠缺项青组,缨属于缺,缁纚广终幅,长六尺,皮弁笄,爵弁笄,缁组纮纁边,同箧。"《注》:"缺读如,有頍者弁之頍,缁布冠,无笄者著,頍围发际结项,中隔为四,缀以固冠也。项中有绳,亦由固頍为之耳。今未冠笄者著。卷帻,頍象之所生也。滕、薛名蔮,为頍属犹著。笄,今之簪,有笄者屈组为纮,垂为饰。无笄者缨而结其绦。"《疏》:"頍之两头皆为绳,别以绳穿绳中结之,然后頍得牢固。""屈组谓以一条组于左笄上,系定绕颐下,又相向上仰属于笄屈,系之有余,因垂为饰也。"无笄"则以二条组两相属于頍,既属讫,则所垂绦于颐下结之"。○《杂记》:"丧冠条属,以别吉凶。"《注》:"条属者,通屈一条绳若布为武,垂下为缨,属之冠,象大古丧事略也。吉冠则缨武异材焉。"《丧服》:"冠绳缨条属。"《注》:"通屈一条绳为武,垂下为缨,著之冠也。"《疏》:"谓将一条绳从额上约之,至项后交过,两相各至耳,于武缀之,各垂于颐下结之云。著之冠者武缨,皆上属著冠。"《左》桓二年:"衡、纮、綖。"《注》:"衡,维持冠者。紞,冠之垂者。纮,缨从下而上者。綖,冠上覆。"《疏》:

"《周礼》追师掌王后之首服，追衡笄。郑司农云：衡，维持冠者。郑玄云：祭服有衡，垂于副之两旁当耳，其下以纮县瑱。彼妇人首服有衡，则男子首服亦然，冠由此以得支立，故云维持冠者。追者，治玉之名。王后之衡，以玉为之，故追师掌焉。弁师掌王之五冕，弁及冕皆用玉笄，则天子之衡，亦用玉。其诸侯以下，衡之所用则未闻。纮缨皆以组为之，所以结冠于人首也。缨用两组，属之于两旁，结之于颔下，垂其余也。纮用一组，从下屈而上属之于两旁，垂其余也。弁师掌王之五冕，皆玉笄朱纮。《祭义》称诸侯冕而青纮。《士冠礼》称缁布冠青组缨，皮弁笄，爵弁笄，缁组缨。郑玄云：有笄者屈组为纮，垂为饰。无笄者缨而结其绦。以其有笄者用纮力少，故从下而上属之，无笄者用缨力多，故从上而下结之。冕弁皆有笄，故用纮。缁布冠无笄，故用缨也。《鲁语》称公侯夫人织纮綖，知纮亦织而为之。《士冠礼》言组缨组纮，知天子诸侯之纮，亦用组也。"○《癸巳存稿》"衿缨"条："《内则》：妇事舅姑，衿缨。《注》云：衿，犹结也。妇人有缨，示系属也。按《说文》云：贝贵，颈饰也。婴，颈饰也。缨，冠系也。衿，衣系也。冠系亦在颈，垂于下为饰，所谓冠緌双止。妇人之缨，由颈交于胸，所谓亲结其褵也。男缨亦曰緌，女缨亦曰褵。缨与婴字通用。《荀子·富国》篇云：处女婴宝珠，言颈饰缀珠也。《释名》云：缨者，自上而系于颈也。婴儿者，胸前曰婴，抱之婴前乳养之。是婴颈饰至胸。妇人乳子者犹有缨，是缨为妇人常饰也。")

《周官·弁师》曰："王之皮弁，会五采玉（注："会，缝中也。皮弁之缝中，每贯结五采玉十二，以为饰，谓之綦。《诗》云：会弁如星。又曰：其弁伊綦。是也。"）璂，（《注》："结也。"）象邸（《注》："邸，下柢也，以象骨为之。"《疏》："谓于弁内顶上，以象骨为柢。"）玉笄。王之弁绖，弁而加环绖。（《注》："弁绖，王吊所服也。其弁如爵弁而素，所谓素冠也。"）诸侯及孤卿大夫之冕，韦弁皮弁，弁绖各以其等为之。"《注》："各以其等，缫斿玉璂，如其命数也。冕则侯伯缫七就，用玉九十八。子男缫五就，用玉五十。缫玉皆三采。孤缫四就，用玉三十二。三命之卿缫三就，用玉十八。再命之大夫藻再就，用玉八。藻玉皆朱绿。韦弁皮弁，则侯伯瑻饰七，子男瑻饰五，玉亦三采。孤则瑻饰四，三命之卿瑻饰三，再命之大夫瑻饰二，玉亦二采。弁绖之弁，其辟积如冕缫之就。然庶人吊者素委貌，一命之大夫冕而无旒，士变冕为爵弁，其韦弁皮弁之会无结饰，弁绖之弁不辟积。""不言冠弁，冠弁兼于韦弁皮弁矣。不言服弁，服弁自天子以下无饰无等。"

《司服》曰："凡兵事，韦弁服。"《注》："韦弁以韎韦为弁，又以为衣裳。《春秋传》曰晋郤至衣韎韦之跗注是也。（《聘礼》疏："晋郤至衣韎韦之跗注，郑《志》以跗为幅，以注为属，谓制韦如布帛之幅，而连属为衣及裳。"与《周官》疏引郑《志》异，疑《周官》疏误。）今时伍伯缇衣，古兵服之遗色。"《疏》："贾服等说，跗谓足跗；注，属也，袴而属于跗。郑《杂问志》则以跗为幅，注亦为属，以韎韦幅如布帛之幅，而连属以为衣。而素裳既与诸家不同，又与此注裳亦用韎韦有同者异者。郑君两解此注，与贾服同，裳亦用韎韦也。至彼《杂问志》裳用素者，从白舄之义。若然，案《聘礼》云：卿韦弁，归饔饩。《注》云：韦弁，韎韦之弁，盖韎布为衣，而素裳与此又不同者。彼非兵事入庙，不可纯如兵服，故疑用韎布为衣也。言素裳者，亦从白屦为正也。以其屦从裳色，天子诸侯白舄，大夫、士白履，皆施于皮弁故也。"（《聘礼》疏："晋郤至衣韎韦之跗注，郑《志》以跗为幅，以注为属，谓制韦如布帛之幅，而连属为衣及裳。"与《周官》疏引郑《志》异，疑《周官》疏误。）

《周官》又曰："眡朝，则皮弁服。"注："十五升白布衣积素以为裳。"（积，犹辟也。《士冠礼》："皮弁，服素积，缁带，素韠。"）此即《士冠礼记》所谓"三王共皮弁素积"者也。其用之甚广，（《玉藻》：天子皮弁以日视朝，遂以食。乡党素衣麑裘。郑注：视朝之服，君臣同服也。《小雅》有频弁。《注》：弁，皮弁也，天子诸侯朝服以燕。《郊特牲》：祭之日，王皮弁以听祭报。《明堂位》：皮弁素积，裼而舞大夏。《学记》：大学始教，皮弁祭菜。《聘礼》：

宾皮弁以聘。又，宾射燕射亦用之。）后世以为吊服。

《司服》又曰："凡甸冠弁服。"《注》："甸，田猎也。冠弁委貌，其服缁布衣，亦积素以为裳，诸侯以为视朝之服。"（宋氏曰：《郊特牲》注：或谓委貌为玄冠。《晋语》：范文子退朝，武子击之以杖，折委笄。《士冠礼》：有缨者无笄。玄冠即缁布冠有缨，而皮弁爵弁有笄，则委貌乃弁，非冠也。）《左》襄十四年："卫献公戒孙文子、宁惠子食，皆服而朝。日旰不召，而射鸿于囿。二子从之，不释皮冠而与之言。二子怒。"《注》："皮冠，田猎之冠也。"《疏》："诸侯每日视朝，其君与臣，皆服玄冠、缁布衣素积以为裳，礼通谓此服为朝服。宴食虽非大礼，要是以礼见君，故服朝服。公食大夫之礼宾朝服，则臣于君虽非礼食，亦当朝服也。""虞人掌猎，昭二十年《传》曰：皮冠以招虞人。又十二年《传》言，雨雪，楚子皮冠以出，出田猎也。是诸侯之礼，皮冠以田猎。《周礼·司服》云：凡甸冠弁服。郑玄云：彼天子之礼，故以诸侯朝服而田，异于此也。昭十二年《传》又云：右尹子革夕，王见之，去皮冠。杜云：敬大臣。是君敬大臣，宜释皮冠。"

《司服》又云："凡凶事，服弁服。凡吊事，弁绖服。凡丧，为天王斩衰，为王后齐衰，王为三公六卿锡衰，为诸侯缌衰，为大夫士疑衰，其首服皆弁绖，大札、大荒、大灾素服。"《注》："服弁，丧冠也。其服斩衰齐衰。""弁绖者，如爵弁而素加环绖。其服锡衰、缌衰、疑衰。"郑注："郑司农云：锡，麻之滑易者，十五升去其半，有事其布，无事其缕。缌亦十五升去其半，有事其缕，无事其布。（案，此皆《丧服》传文。《杂记》曰："朝服十五升，去其半而缌，加灰锡也。"《大射礼》注："锡，细布也。今文锡，或作緆。"）疑衰十四升，（此无文。）玄谓疑之言拟也，拟于吉。"（《疏》："吉服十五升，今疑衰十四升，少一升而已，故云拟于吉。"）《注》："大札，疫病也。大荒，饥馑也。大灾、水火为害，君臣素服缟冠，若晋伯宗哭梁山之崩。"（《礼记·间传》："斩衰三升，齐衰四升、五升、六升，大功七升、八升、九升,小功十升、十一升、十二升,缌麻十五升去其半。有事其缕,无事其布,曰缌。此哀之发于衣服者也。斩衰三升,既虞、卒哭,受以成布六升,冠七升。为母疏衰四升,受以成布七升,冠八升。去麻服葛,葛带三重,期而小祥,练冠縓缘,要绖不除。""又期而大祥,素缟麻衣,中月而禫,禫而纤,无所不佩。"《注》:"此齐衰多二等,大功、小功多一等,服主于受,是极列衣服之差也。""麻衣十五升布,亦深衣也。谓之麻者,纯用布,无采饰也。黑经白纬曰纤,旧说纤,冠者采缨也。"《疏》:"《丧服记》云:齐衰四升,此经云齐衰四升、五升、六升,多于《丧服》篇之二等。《丧服记》云:大功八升,若九升,此云大功七升、八升、九升,是多于《丧服》一等也。《丧服记》又云:小功十升,若十一升,此云小功十升、十一升、十二升,是多于《丧服》一等也。以《丧服》既略,故记者于是经极列衣服之差。")

《司服》又云:"公之服,自衮冕而下,如王之服。侯伯之服,自鷩冕而下,如公之服。子男之服,自毳冕而下,如侯伯之服。孤之服,自希冕而下,如子男之服。卿大夫之服,自玄冕而下,如孤之服。其凶服,加以大功小功。士之服,自皮弁而下,如大夫之服,其凶服亦如之。其齐服,有玄端素端。"《注》:"自公之衮冕,至卿大夫之玄冕,皆其朝聘天子及助祭之服。诸侯非二王后,其余皆玄冕而祭于己。《杂记》曰:大夫冕而祭于公,弁而祭于己。士弁而祭于公,冠而祭于己。大夫爵弁。自祭家庙,唯孤尔,其余皆玄冠,与士同。玄冠自祭其庙者,其服朝服玄端。诸侯之自相朝聘,皆皮弁服。此天子日视朝之服。《丧服》,天子诸侯齐斩而已。卿大夫加以大功小功,士亦如之,又加缌焉。士齐有素端者,亦为札荒。有所祷,请变素服。言素端者,明异制。郑司农云:衣有襦裳者,为端玄。玄谓端者,取其正也。士之衣袂,皆二尺二寸,而属幅是广袤等也。其袪尺二寸,大夫以上侈之。侈之者,盖半而益一焉。半而益一,则其袂三尺三寸,袪尺八寸。"(案,此亦无正文。)案《玉藻》云:"天子玉藻,十有二旒,前后邃延,龙卷以祭。玄端而朝日于东门之外,听朔于南门之外。闰月,则阖门左扉,立于其中。(《注》:"端当为冕。"《疏》:"知端当为冕者,凡衣服,皮弁尊,次以诸侯之朝服,次以玄端。按,下诸侯皮弁听朔,朝服视朝,是视朝之服,卑于听朔。今天子皮弁视朝,若玄端听朔,则是听朔之服卑于视朝,与诸侯不类。且听朔大,视朝小,故知端当为冕。")皮弁以日视朝,遂以食。日中而馂。卒食,玄端而居。诸侯玄端以祭,(《注》:"端亦当为冕。")裨冕以朝,(《注》:"裨冕,公衮,侯伯鷩,子男毳也。")皮弁以听朔于大庙。朝服以日视朝于内朝,(《注》:"朝服,冠玄端素裳。")朝,辨色始入。君日出而视之,退适路寝听政,使人视大夫。大夫退,然后适小寝,释服。(《注》:"服玄端。")又朝服以食,特牲三俎,祭肺,夕深衣,祭牢肉。"《公羊》昭二十五年《解诂》云:"《礼》天子朝皮弁,夕玄端。朝服以听朝,玄端以燕,皮弁以征不义,取禽兽行射。诸侯朝朝服,夕深衣,玄端以燕,裨冕以朝。天子以祭其祖祢,卿大夫冕服而助君祭,朝服祭其祖祢。士爵弁纁衣裳以助公祭,玄端以祭其祖祢。"案,如《玉藻》《解诂》之文,天子诸侯大夫士之服,皆递降一等,惟天子玄端以朝日听朔。又玄端以燕居为错乱,且玄端用之朝日听朔,诸侯用之以祭亦太轻。宋绵初谓玄端当作玄衮,指《周官》之衮鷩以下。(后世以衮必龙章,误。)服玄衮则裨冕,诸侯玄衮以祭,裨冕以朝,乃互言以相备云。玄端齐服,即《祭统》所谓"王后蚕于北郊,以供纯服"者。(《士冠礼》疏曰:"古缁紃二字并行。若据布为色者,则为缁字;若据帛为色者,则为紃字。但缁布之缁,多在本字,不误。紃帛之紃,则多误为纯。"《诗·都人士》疏:"缁虽古布帛两名,但字从才者为帛,从甾者为布。")《郊特牲》曰:"齐之玄也,以阴幽思也。"故其冠亦玄冠,所谓"大古冠布齐则缁之"者也。玄裳(《士冠礼》:"玄端、玄裳、黄裳、杂裳可也。")缁带黑履,皆见《士冠礼》,天子以为燕居之服。朝服缁衣,即《周官》之冠弁服,已见前。朝服委貌,齐服玄冠,其制不同。凡言端委,皆指朝服,与连言玄端者亦异。《论语》端章甫,即《左氏》太伯端委之端委,郑注以为玄端，误也。(《续汉书·舆服志》："委貌冠、皮弁冠同制，长七寸，高四寸。制如覆杯，前高广，后卑锐，所谓夏之毋追，殷之章甫者也。")爵弁见《士冠礼》。《士冠礼》云："爵弁，服纁裳，纯衣，缁带，韎韐。"《注》："爵弁者，冕之次，其色赤而微黑，如爵头，然或谓之緅。其布三十升。纁裳，浅绛裳。纯衣，丝衣也。余衣皆用布，惟冕与爵弁服用丝耳。"案《杂记》谓朝服十五升，郑注因谓天子、诸侯、大夫、士朝服通用布。宋绵初则谓此语惟指深衣言之，经典别无朝服用布之文。吉服止于深衣者，惟庶人为然云。(经典言缁布衣者，必加布字。《说文》：缁，黑色布也。○祭服通上下，皆玄衣纁裳，齐服通上下，皆玄衣玄裳。)韎韐，《注》曰："韫韨也。士染以茅蒐，因以名焉。韨之制似韠。"《疏》谓："祭服谓之韨，其他服谓之韠。""但有饰无饰为异耳。""《明堂位》云：有虞氏服韨，夏后氏山，殷火，周龙章。郑云：后王弥饰，天子备焉。诸侯火而下，卿大夫山，士韎韦而已。是士无饰，则不得单名韨，一名韎韐，一名缊韨而已。"又谓"染韦为韨，天子与其臣及诸侯与其臣有异"，"天子纯朱，诸侯与其臣黄朱"云。(本《诗》"朱芾斯黄"，《笺》又引《易·乾凿度》云："天子三公诸侯同色。")

	祭	朝日听朔	视朝及食	燕居
天子	龙衮	玄端	皮弁	玄端
诸侯	玄端	皮弁	朝服	深衣
大夫	冕而祭于公，弁而祭于己。			
士	弁而祭于公，冠而祭于己。			

以上诸服，皆殊衣裳，其裳皆有襞积，所谓帷裳也。(朝祭服皆帷裳。帷裳之制，经无考。《丧服》郑注云："前三幅，后四幅，襞积无数，皆以正裁。"○

《王制》疏："衣服之制，历代不同。按《易·系辞》云：黄帝、尧、舜垂衣裳而天下治。盖取诸乾坤，玄衣法天，黄裳法地，故《易·坤》六五，黄裳元吉。虞氏以来，其裳用纁。""郑注《易》下《系辞》云：土配位南方，南方色赤黄而兼赤，故为纁也。""凡衣服著其身，有章采文物，黄色太质，故用纁也。""天色昼则苍，夜则玄。衣不用苍，亦以其太质故也。"○"妇人之服，不殊衣裳，上下同色。"见《绿衣》郑笺。《疏》曰："言不殊裳者，谓衣裳连，连则色同。""故云上下同色也。""《丧服》云：女子子在室，为父布总箭笄髽，衰三年。直言衰，不言裳，则裳与衰连，知非吉凶异者。"《士昏礼》云："女次纯衣。及《礼记》子羔之袭缣衣纁袡为一，称讯袭妇服，皆不言裳，是吉服亦不殊裳也。若男子朝服，则缁衣素裳，丧则斩衰素裳，吉凶皆殊衣裳也。"）惟深衣则否。深衣者，古上下之通服也，其制见于《礼记》之《玉藻》《深衣》两篇。其领两襟相交而方，即后世之方领深衣，所谓"曲袷如矩以应方"也。（《深衣》注云："袷，交领也。"《曲礼》："天子视不上于袷。"《玉藻》："视带以及袷。"注皆同。《释名》："直领斜直而交下。"交领以外右襟内左襟相交，交处象矩，故曰方领。袷与襟同体，襟交则袷交矣。与对襟异。○《深衣》注又曰："古者方领如今小儿衣领。"《后汉书·儒林传》："习方领，能矩步。"《马援传》："朱勃衣方领，能矩步。"则汉时犹有其制。○《左》昭十一年："衣有襘。"襘即袷也。"袷三寸。"见《玉藻》。）衣袂当掖之缝曰袼，为"二尺二寸之节"。（郑注。）袂二尺二寸，肘尺二寸。故《玉藻》曰："袂可回肘。"《深衣》曰："袼之高下，可以运肘"也。（《诗·遵大路》疏："袂是袪之本，袪为袂之末。"）人从脊至肩尺一寸，从肩至手二尺四寸，布幅二尺二寸，衣幅之覆臂者尺一寸。袂属于衣，长二尺二寸，并缘寸半，二尺三寸半，除缝之所杀，各一寸，余二尺一寸。故《深衣》曰"袂之长短，反诎之及肘"也。（据《深衣》疏。《管子·弟子职》："凡拚之道，实水于盘，攘臂袂及肘。"注："恐湿其袂，且不便于事也。"）"袂圜以应规。"（《深衣》文。）袂口曰袪，"袪尺二寸"。（《玉藻》文。）裳前后各六幅，《深衣》所谓"制十有二幅，以应十有二月"也。其幅皆以二尺二寸之布，破为二中四幅正裁。"上下皆广一尺一寸，各边去一寸为缝。上下皆九寸。八幅七尺二寸。又以布二幅，斜裁为幅，狭头二寸，宽头二尺，各去一寸为缝。狭头成角。宽头一尺八寸，皆以成角者向上，广一尺八寸者向下。四幅下广，亦得七尺二寸。"（江永《深衣刊误》。）《玉藻》所谓"深衣三袪，缝齐倍要"也。（《疏》："齐谓裳之下畔，要谓裳之上畔。"）斜裁之"四幅，连属于裳之两旁，名衽"，（《深衣刊误》。）《深衣》所谓"衽当旁"也。其左连之，是为深衣，所谓"续衽"。其右"别用一幅布，上狭下阔，缀于后内衽，使钩曲而前，以掩裳际"，则其所谓"钩边"也。（《礼记·儒行》：孔子曰："丘少居鲁，衣逢掖之衣。"《注》："逢，犹大也。大掖之衣，大袂禅衣也。此君子有道艺者所衣也。""庶人禅衣，袂二尺二寸，袪尺二寸。"《疏》："礼大夫以上，其服侈袂。郑注《司服》云：侈之者半而益，一袂三尺三寸，袪尺八寸。"《杂记》："凡弁绖，其衰侈袂。"注："侈，犹大也。弁绖服者，吊服也。其衰锡也，缌也，疑也。袂之小者，二尺二寸，大者半而益之，则侈袂三尺三寸。"《疏》："若士，则其衰不侈也。故《周礼·司服》有玄端素端，《注》云变素服，言素端者，明异制。大夫以上侈之，明士不侈，故称端。"案，逢掖之衣，即深衣，特侈其袂耳。）"短毋见肤，长毋被土。""负绳及踝以应直。（谓裂与后幅相当之缝也。）下齐如权衡以应平。""带，下毋厌髀，上毋厌胁，当无骨者。"（皆《深衣》文。）"以白布十五升为之。"（《诗·蜉蝣》笺。）"缘广寸半。"（《玉藻》文。）"具父母，大父母，衣纯以缋。具父母，衣纯以青。如孤子，衣纯以素。"（《深衣》文。）"可苦衣（《疏》："苦事衣著以完牢。"）而易有。"（《深衣》注。）士以上别有朝祭之服，庶人即以此为吉服，故曰"完且弗费，善衣之次"也。深衣为吉凶上下男女之通服。（《礼记集说》："吕氏曰：深衣之用，上下不嫌同名，吉凶不嫌同制，男女不嫌同服。诸侯朝朝服，夕深衣。大夫朝玄端，夕深衣。庶人吉服深衣而已。此上下之同也。有虞氏深衣而养老。诸侯、大夫夕深衣。将军文子除丧而受越人吊，练冠深衣。亲迎，女在涂，婿之父母死，深衣缟总以趋丧。此吉凶男女之同也。盖深衣者，简便之服，虽不经见，推其义类，则非朝祭皆可服之。故曰可以为文，可以为武，可以摈相，可以治军旅也。") 其为用甚广，（详见任大椿《深衣释例》。）故曰"可以为文，可以为武，可以摈相，可以治军旅"也。（《深衣》疏引郑《目录》云："深衣连衣裳，而纯之以采者。素纯曰长衣，有表则谓之中衣。大夫以上祭服之中衣用素。《诗》云：素衣朱襮。《玉藻》曰：以帛里布，非礼也。士祭以朝服，中衣以布，明矣。"《疏》曰："长衣、中衣及深衣，其制度同。中衣在朝服、祭服、丧服之下，知丧服亦有中衣者。《檀弓》云：练衣黄里。《注》云：练中衣以黄为内是也。吉服中衣，亦以采缘。其诸侯得绡黼为领，丹朱为缘。《郊特牲》云：绡黼丹朱中衣，大夫之僭礼。则知大夫士不用绡黼丹朱，但用采纯而已矣。其长衣以素缘，知者若以采缘，则与吉服中衣同，故知以素缘也。若以布缘，则曰麻衣。知用布缘者，以其称麻衣故知也。其丧服之中衣，其纯用布，视冠布之粗细，至葬可以用素缘也。练则用缥也。称深衣者，以余服则上衣下裳不相连。此深衣衣裳相连，被体深邃，故谓之深衣。"）

古人衣裘之等，见于《玉藻》。《玉藻》曰："君衣狐白裘，锦衣以裼之。君之右虎裘，厥左狼裘。士不衣狐白。君子狐青裘豹褎，玄绡衣以裼之。麝裘青犴褎，绞衣（苍黄之色。）以裼之。羔裘豹饰，（饰，犹褎也。）缁衣以裼之。狐裘，黄衣以裼之。"《注》以君子为大夫，《正义》因以君为天子，与下云"锦衣狐裘，诸侯之服"不合。（《秦风·终南》："君子至止，锦衣狐裘。"亦必非指天子。）《白虎通义》曰："天子狐白，诸侯狐黄，大夫狐苍，士羔。"岂诸侯在其国得衣狐白，对天子则狐黄与？《玉藻》又云："犬羊之裘不裼。"《注》："质略，亦庶人无文饰。"则庶人衣犬羊之裘也。

《玉藻》又云："惟君有黼裘以誓省，大裘非古也。"《注》："僭天子也。大裘，羔裘也。黼裘以羔与狐白杂为黼文也。"《周官·司裘》："掌为大裘，以共王祀天之服。中秋，献良裘，王乃行羽物。季秋，献功裘，以待颁赐。"郑司农云:"大裘,黑羔裘服,以祀天示质。良裘,王所服也。功裘,卿大夫所服。"后郑云:良裘,《玉藻》所谓麛裘。功裘,人功微粗,谓狐青麖裘之属。

古人衣裘,皆如今之反著。故曰:"虞人反裘而负薪,彼知惜其毛,不知皮尽而毛无所附也。"裘之上更有裼衣,露其裘曰裼,掩之曰袭。故曰:"裘之裼也,见美也。服之袭也,充美也。"(《玉藻》文。《注》:"充,犹覆也。"〇"裼以尽饰为义,故曰不文饰也。不裼吊则袭不尽饰也。君在则裼尽饰也。所敬不主于君则袭,是故尸袭。尸尊,无敬于下也。执玉龟,袭,重宝瑞也。无事则裼,弗敢充也。"案,无事谓已致龟玉也。〇《聘礼》注:"凡当盛礼者,以充美为敬。非盛礼者,以见美为敬。礼尚相变也。"《表记》:"裼袭之不相因也,欲民之无相渎也。"《注》:"不相因者,以其或以裼为敬,或以袭为敬。")若裘上无衣,则为表裘,则为不敬。故曰:"表裘不入公门。"(《玉藻》文。)夏日绨绤上必加衣,与裘同。故曰:"振绨绤不入公门。"(《玉藻》文。《注》:"振读为袗。袗,禅也。")又曰:"当暑袗绨绤,必表而出之。"(《乡党》文。言必加表衣。)凡裼衣象裘色,故《论语》亦曰:"缁衣羔裘,素衣麑裘,黄衣狐裘"也。(《玉藻》:"君衣狐白裘,锦衣以裼之。"《注》曰:"以素锦为衣,覆之,使可裼也。袒而有衣曰裼。必覆之者,裘袭也。《诗》云:衣锦䌹衣,裳锦绢裳。然则锦衣复有上衣,明矣。"《聘礼》:"公侧授宰玉,裼降立。"注曰:"裼者,免上衣,见裼衣。"贾疏曰:"凡服四时不同,假令冬有裘,傀身裈衫,又有襦袴,襦袴之上有裘,裘上有裼衣,裼衣之上又有上服、皮弁、祭服之等。若夏则以绨绤,绨绤之上则有中衣,中衣之上复有上服、皮弁、祭服之等。若春秋二时,则衣袷褶,袷褶之上加以中衣,中衣之上加以上服也。言见裼衣者,谓袒袊前上服见裼衣也。"《诗·羔裘》正义曰:"崔灵恩等以天子诸侯朝祭之服,先着明衣,又加中衣,又加裘,裘外又加裼衣,裼衣之上乃加朝祭之服。其二刘等则以《玉藻》云:君衣狐白裘,锦衣以裼之。又云:以帛里布,非礼也。郑注云:冕服中衣用素,朝服中衣用布。

若皮弁服之下，即以锦衣为裼，便是以帛里布，故知中衣在裼衣之上，明矣。"《终南》正义主崔说。《曲礼》正义曰："凡衣近体，有袍泽之属，其外有裘。夏日则衣葛，其上有裼衣，裼衣上有袭衣，袭衣之上有常着之服，则皮弁之属也。掩而不开，则谓之为袭。若开此皮弁及中衣，左袒出其裼衣，谓之为裼。"则二刘之说也。《玉藻正义》："皇氏云：凡六冕及爵弁无裘，先加明衣，次加中衣。冬则次加袍茧。夏则不袍茧，用葛也。次加祭服。若朝服布衣，亦先以明衣亲身，次加中衣。冬则次加裘，裘上加裼衣，裼衣之上加朝服。夏则中衣之上不用裘而加葛，上加朝服。"《乡党》邢疏用之。宋绵初谓：《玉藻》言裼即锦衣等，锦衣之上更有衣覆，无正文，郑乃以诗为证。其实衣锦䌹衣，一见《卫硕人》篇，一见《郑丰》篇，皆嫁子之服，上加禅衣，蔽御风尘，以释袭则可，以释裼则非。郑注谓以锦为衣，乃使可裼，实误。祭无裼袭，故《玉藻》曰：大裘不裼，谓祭服在裼衣之上，尤非也。明衣者，齐时亲体之衣也。《论语·乡党》曰："齐必有明衣布。"《士丧礼》："明衣用幕布，袂属幅，长下膝。"《注》："帷幕之布，升数未闻。长下膝，又有裳以蔽下体深。"《诗·无衣》："与子同泽。"《笺》："禅亵衣受污垢。"《广雅》："禅，长襦也。"《说文》："禅，袴也。"《正义》从之。盖衣袴皆可言禅。《诗》先言同袍，后言同禅。《周官·春官》注："巾絮寝衣，袍禅之属。"亦以袍禅连言。盖即《广雅》所谓长襦也。《既夕礼》："设明衣，妇人则设中带。"《注》："中带，若今之禅襂。"）

以上所言，为朝祭之服。若私家之居，则《论语·乡党》曰："亵裘长，短右袂。"盖其制较朝祭之服为长。又曰："狐貉之厚以居。"貉裘他处不见，盖亦燕居之服也。《左》定九年："皙帻而衣狸制。"狸与貉皆狐类，岂皆该于狐裘之中与？

妇女之服，见于《天官·内司服》。《内司服》曰："掌王后之六服，袆衣，揄狄，阙狄，鞠衣，展衣，缘衣，素沙。辨外内命妇之服，鞠衣，展衣，缘衣，素沙。"郑司农云："袆衣，画衣也。""揄狄、阙狄，画羽饰。""展衣，白衣也。""鞠衣，黄衣也。素沙，赤衣也。"后郑曰："狄当为翟。翟，雉名。伊雒而南，素质，五色皆备成章，曰翚。江淮而南，青质，五色皆备成章，曰摇。王后之服，刻缯为之形而采画之，缀于衣以为文章。祎衣画翚者，揄翟画摇者，阙翟刻而不画，此三者皆祭服。从王祭先王则服祎衣，祭先公则服揄翟，祭群小祀则服阙翟。""鞠衣，黄桑服也。色如鞠尘，（《疏》："鞠、鞫，古通用。"）象桑叶始生。""展衣，以礼见王及宾客之服。字当为襢，襢之言亶。亶，诚也。""缘衣，御于王之服，亦以燕居。男子之褖衣黑，则是亦黑也。六服备于此矣。以下推次其色，则阙狄赤，揄狄青，祎衣玄。妇人尚专一德，无所兼连，衣裳不异其色。素纱者，今之白缚也。（缚声类，谓即绢字。）六服皆袍制，以白缚为里，使之张显。""内命妇之服：鞠衣，九嫔也。展衣，世妇也。缘衣，女御也。外命妇者，其夫孤也，则服鞠衣。其夫卿大夫也，则服展衣。其夫士也，则服缘衣。三夫人及公之妻，其阙狄以下乎？侯伯之夫人揄狄，子男之夫人亦阙狄，惟二王后祎衣。"《玉藻》："王后祎衣，夫人揄狄。""君命屈狄，再命祎衣，一命襢衣。士缘衣。"《注》："夫人，三夫人，亦侯伯之夫人也。王者之后，夫人亦祎衣。""君，女君也。屈，《周礼》作阙。""此子男之夫人，及其卿、大夫、士之妻命服也。祎当为鞠字之误也。礼，天子、诸侯命其臣后夫人，亦命其妻以衣服，所谓夫尊于朝，妻荣于室也。子男之卿再命而妻鞠衣，则鞠衣、襢衣、缘衣者，诸侯之臣皆分为三等，其妻以次受此服也。公之臣，孤为上，卿、大夫次之，士次之。侯伯子男之臣，卿为上，大夫次之，士次之。""凡世妇以下，蚕事毕，献茧，乃命之以其服。天子之后、夫人、九嫔，及诸侯之夫人，夫在其位，则妻得服其服矣。"（疏云："世妇及卿大夫之妻并卑，虽已被命，犹不得即服命服，必又须经入助蚕，蚕毕献茧，茧多功大，更须君亲命之着服，乃得服耳。"）《明堂位》："君卷冕立于阼，夫人副祎立于房中。"《注》："《周礼》追师掌王后之首服为副祎，王后之上服，惟鲁及王者之后夫人服之。诸侯夫人则自揄翟而下。"康成好以他经牵合《周官》，其然否亦无以言之耳。

《周官·追师》:"掌王后之首服,为副、编、次、追、衡、笄,为九嫔及外内命妇之首服,以待祭祀宾客。"《注》曰:"副之言覆。""其遗象若今步繇矣。服之以从王祭祀。(《疏》:"汉之步繇,谓在首之时,行步繇动。此据时目验以晓。古至今去汉久远,亦无以知之矣。案,《诗》有副笄六珈,谓以六物加于副上,未知用何物。故郑注《诗》云:副既笄而加饰,古之制所有,未闻是也。")编,编列发为之。其遗象若今假纷矣。服之以桑也。次,次第发长短为之,所谓髲髢。(《疏》:"谓剪鬄,取贱者刑者之发而为髢。")服之以见王。王后之燕居,亦缁笄总而已。(《疏》:"《士冠礼》:缁长六尺以韬发,笄者所以安发。总者既系其本,又总其末。")追,犹治也。王后之衡笄,皆以玉为之。惟祭服有衡,垂于副之两旁当耳,其下以纮县瑱。《诗》云:玼兮玼兮,其之翟也。鬒发如云,不屑髢也。玉之瑱也,是之谓也。(《疏》:"鞠衣已下虽无衡,亦应有纮以县瑱,是以著。《诗》云,充耳以素、以青、以黄,是臣之纮以悬瑱,则知妇人亦有纮以悬瑱也。云垂于副之两旁当耳,其下以纮县瑱者。《传》云:衡纮纮綖,与衡连明,言纮为衡设矣。笄既横施,则衡垂可知。若然衡训为横,既垂之而又得为横者,其笄言横,据在头上,横贯为横,此衡在副旁当耳。据人身竖为从,此衡则为横。其衡下,乃以纮县瑱也。")外内命妇,衣鞠衣襢衣者服,编衣褖衣者服次。非王祭祀宾客佐后,自于其家,则亦降焉,少牢馈食。《礼》曰:主妇髲鬄,衣移袂,特牲馈食。《礼》曰:主妇缁笄宵衣是也。昏礼女次纯衣,(即褖衣。)摄盛服耳。凡诸侯夫人于其国,衣服与王后同。"

裳"前三幅,后四幅"。(《丧服》郑注。《疏》:"前为阳,后为阴,故前三后四,各象阴阳也。")"祭服朝服辟积无数。"(《丧服》郑注。)丧服则三襞积。(《丧服》:"凡衰外削幅,裳内削幅,幅三袧。"《注》:"削,犹杀也。太古冠布衣布,先知为上,外杀其幅,以便体也。后知为下,内杀其幅,稍有饰也。后世圣人易之,以此为丧服。袧者,谓襞两侧空中央也。"

《疏》曰:"衰外削幅者,谓缝之边幅向外。裳内削幅者,谓缝之边幅向内。云幅三袧者,据裳而言。为裳之法,前三幅,后四幅。幅皆三襞摄之。以其七幅布,幅二尺二寸,幅皆两畔各去一寸,为削幅则二七十四尺。若不襞积,其腰中则束身不得。腰中广狭,在人粗细。故袧之襞摄,亦不言寸数多少,但幅则以三为限耳。")凡祭服玄衣纁裳,裳之外为韨,韨为古蔽前之遗制,已见前。故《诗·采菽》笺曰:"芾,太古蔽膝之象也。"《笺》又曰:"冕服谓之芾,其他服谓之韠。"《玉藻》曰:"韠,君朱,大夫素,士爵韦。(注:"此玄端服之韠也。凡韠以韦为之,必象裳色,则天子、诸侯玄端朱裳,大夫素裳,惟士玄裳、黄裳、杂裳也。皮弁服皆素韠。"○《毛传》:"天子纯朱,诸侯黄朱。")圜、杀、直。天子直。(《注》:"四角直,无圜杀。")公侯前后方。(《注》:"杀四角使之方,变于天子也。所杀去者,上下各五寸。")大夫前方,后挫角。(《注》:"圜其上角,变于君也。韠以下为前,以上为后。")士前后正。(《注》:"士贱,与君同,不嫌也。天子之士则直,诸侯之士则方。")韠,下广二尺,上广一尺,长三尺。其颈五寸。肩革带,博二寸。"(《注》:"颈五寸,亦谓广也。颈中央,肩两角,皆上接革带以系之,肩与革带广同。凡佩,系于革带。"《疏》:"颈长五寸,则肩亦长五寸,肩博二寸,则颈亦博二寸。"○《杂记》:"韠长三尺,下广二尺,上广一尺。会去上五寸。纰以爵韦六寸,不至下五寸,纯以素,纰以五采。"《注》:"会,谓领上缝也。领之所用,盖与纰同。在旁曰纰,在下曰纯。素,生帛也。纰六寸者,中执之表里各三寸也。纯纰所不至者五寸,与会去上同。䌪,施诸缝中,若今时绦也。")又曰:"一命缊韨幽衡,(缊,赤黄之间色,所谓韎也。幽读为黝,黑谓之黝。衡,佩玉之衡也。)再命赤韨幽衡,三命赤韨葱衡。"(青谓之葱。○注:"此玄冕爵弁服之,韨尊祭服异其名耳。"○此三语,《候人》《毛传》同。)《明堂位》曰:"有虞氏服韨,夏后氏山,殷火,周龙章。"《注》:"后王弥饰也。天子备焉。诸侯火,而下卿大夫山,士韎韐而已。"(《左》桓二年疏:"《玉藻》说玄端服之,韠云,韠君朱,大夫素,士爵韦。发首言韠句,末言韦,明皆以韦为之。凡韍,皆象裳色。言君朱,大夫素,则尊卑之,韠直色别而已,无他饰也。其韍则有文饰焉。"下引《明堂位》云。○又曰:"徐广《车服仪制》曰:古者韍如今蔽膝。战国连兵,以韍非兵饰,去之。汉明帝复制韍,天子赤皮蔽膝。然则汉世蔽膝,犹用赤皮。魏晋以来,以绛纱为之。")

带有大带,有革带。(《白虎通》:"男子有鞶革者,示有金革之事。"《内则》:"男鞶革,女鞶丝。")大带以素丝为之,亦曰鞶。革带,在大带之上,韠韍杂珮之所系也。带之制,亦详于《玉藻》。《玉藻》曰:"天子素带朱里,终辟。"(《注》:"辟读如褌冕之褌。褌谓以采缯饰其制。")"而素带,终辟。(《疏》:"终辟者,谓诸侯也。以素为带,不以朱为里,终竟带身在要,及垂皆褌。")大夫素带,辟垂。(《疏》:"但以玄华褌其身之两旁及屈垂者。")士练带,率下辟。(《疏》:"两边绰而已。绰,谓缏缉也。唯辟向下垂者。")居士锦带。(《注》:"居士,道艺处士也。")弟子缟带。""凡带,有率,无箴功。"(《疏》:"凡带,有司之带也。无箴功,则不褌之下士也。")"并纽(带交结之处。)约(谓以物穿纽约结其带。)用组。""三寸绅(带之垂者。)长,制士三尺,有司二尺有五寸。"(《注》:"有司,府史之属也。")"大夫大带四寸。(广四寸。)杂带,(杂,犹饰也。)君朱绿,(《注》:"君褌带上以朱,下以绿终之。")大夫玄华,(注:"外以玄,内以华。华,黄色也。")士缁辟。(《注》:"士褌垂之下,外内皆以缁,是谓缁带。")绅韠结三齐。"(带之交处曰纽,合其纽穿以组曰结。)

《曲礼》:"凡奉者当心,提者当带。"《疏》曰:"带有二处。朝服之属,其带则高于心。深衣之类,其带则下于胁。何以知然?《玉藻》说大带云三分带下,绅居二焉。绅长三尺,而居带之下三分之二,则带之下去地四尺五寸矣。人长八尺为限,若带下四尺五寸,则带上所余,正三尺五寸。故知朝服等带则高也。而深衣云带下毋厌髀,上毋厌胁,当无骨者。故知深衣之带则下也。今云提者当带,谓深衣之带。"《左》桓二年:"鞶厉游缨。"注:"鞶,绅带也,一名大带。"《疏》:"以带束腰，垂其余以为饰，谓之绅。上带为革带，故云鞶。绅带所以别上带也。"（又云："贾、服等说鞶厉皆与杜同，惟郑玄独异。《礼记·内则》注以鞶为小囊，读厉，如裂繻之裂，言鞶囊必裂缯缘之以为饰。案《礼记》称男鞶革，女鞶丝。鞶是带之别称，遂以鞶为带名，言其带革带丝耳。鞶非囊之号也。《礼记》又云：妇事舅姑，施鞶帙，帙是囊之别名。今人谓裹书之物为帙，言其施带施囊耳。其鞶亦非囊也。若以鞶为小囊，则帙是何器，若帙亦是囊，则不应带二囊矣。以此知鞶即是绅带，为得其实。"）

布衣之士，则惟有韦带，故古恒以韦布并言。（《淮南子·修务训》："布衣韦带之人。"《说苑》："大王常闻布衣韦带之士乎？"阮嗣宗《诣蒋公奏记》："夫布衣韦带穷居之士。"）《汉书·贾山传》注："韦带以革韦为带，无饰也。"《后汉书·周磐传》："尝诵《诗》至《汝坟》之卒章，慨然而叹，乃解韦带，就孝廉之举。"《注》："以韦皮为带，未仕之服也。"马缟《古今注》："古革带自三代以来，降至秦、汉，皆庶人服之。"《宋书·舆服志》："今单衣裁制与深衣同，惟绢带为异。"则古深衣之带，不用绢也。

佩有德佩、事佩。德佩者，玉也。《玉藻》曰："古之君子必佩玉，（《注》："君子，士已上。"）右徵角，左宫羽，（《注》："玉声所中也。"）趋以《采齐》，行以《肆夏》，周还中规，折还中矩，进则揖之，退则扬之，然后玉锵鸣也。故君子在车则闻鸾和之声，行则鸣佩玉，是以非辟之心，无自入也。""凡带必有佩玉，唯丧否。"（《论语》："去丧，无所不佩。"）"君子无故，玉不去身。（注："故，谓丧与灾眚。"）君子于玉比德焉。天子佩白玉而玄组绶，公侯佩山玄玉而朱组绶，大夫佩水苍玉而纯组绶，世子佩瑜玉而綦组绶，士佩瓀玟而缊组绶。（注："绶者，所以贯佩玉相承受者也。纯当为缁。綦，文杂色也。缊，赤黄。"）孔子佩象环五寸而綦组绶。"（疏："尊者玉色纯，公侯以下玉色渐杂，世子及士惟论玉质，不明玉色也，则玉色不定也。"）"君在不佩玉，左结佩，右设佩，（注："谓世子也。出所处而君在焉，则去德佩，而设事佩，辟德而示即事也。结其左者，若于事有未能也。结者，结其绶，不使鸣也。"）居则设佩，（注："谓所处而君不在焉。"）朝则结佩，（注："朝于君亦结左。"）齐则綪结佩，而爵鞸。"（注："綪，屈也。结又屈之，思神灵不在事也。"疏："此谓总包凡应佩玉之人，非唯世子。"）

事佩者，所以备劳役。《内则》："左右佩用，左佩纷帨、（拭物之巾。）刀、（小刀。）砺、（䃏。）小觿、（解小结。觿貌如锥，以象骨为之。）金燧，（可取火于日。）右佩玦、捍、（捍，拾也，可以捍弦。）管、（笔彄。）遰、（刀鞞。）大觿、木燧"是也。

插于带间者为笏，所以书思对命。《玉藻》曰："凡有指画于君前，用笏。造受命于君前，则书于笏。笏，毕用也。因饰焉。"又曰："见于天子，与射，无说笏。入大庙说笏，非古也。（注："言凡吉事，无所说笏也。太庙之中，唯君当事说笏也。"）小功不说笏，当事免则说之。既搢必盥，虽有执于朝，弗有盥矣。"其物，《玉藻》曰："天子以球玉，诸侯以象，大夫以鱼须文竹，士竹本，象可也。"（注："球，美玉也。"疏："庾氏云：以鲛鱼须饰竹以成文，士以竹为本质，以象牙饰其边缘。卢云：以鱼须及文竹为笏，非郑义也。"）又曰："笏度，二尺有六寸。其中博三寸，其杀六分而去一。"（注："杀，犹杼也。天子杼上终葵首，诸侯不终葵首，大夫、士又杼其下首，广二寸半。"疏："其中博三寸者天子，诸侯上首广二寸半，其天子椎头不杀也。大夫、士下首又广二寸半，惟笏之中央同博三寸，故云其中博三寸也。其杀六分而去一者，天子、诸侯从中以上，稍稍渐杀，至上首六分三寸，而去其一分，余有二寸半在。大夫、士又从中以下，渐渐杀至下首，亦六分而去一。"）"天子搢珽，方正于天下也。(注："此亦笏也。谓之珽，珽之言，挺然无所屈也。或谓之大圭，长三尺，杼上终葵首。终葵首者，于杼上又广其首，方如椎头，是谓无所屈，后则恒直。"）诸侯荼，前诎后直，让于天子也。（注："荼，读为舒迟之舒。舒懦者，所畏在前也。诎谓圜杀其首，不为椎头。"）大夫前诎后诎，无所不让也。"（注："又杀其下而圜。"）○《士丧礼》疏曰："虽不言士，士与大夫同。"○江永《乡党图考》曰："珽与大圭不同。天子冕弁诸服，皆搢珽，惟朝日搢大圭，故《典瑞》特言之。

若大圭即珽，不必于《典瑞》见之矣。考《玉人》文言，大圭长三尺，杼上终葵首，谓圭上杀又别为椎头，若珽则无终葵首之制。且《玉藻》下文言笏度二尺有六寸，尊卑皆然，亦不长三尺也。"宋绵初《释服》曰："其中博三寸，此上下之通制也。其杀六分而去一。有不杀者，天子之珽不杀而无所诎，故曰方正。其杀者，诸侯圜杀而诎曲。其前言后直，不言后直方，后亦杀也。大夫则前后皆圜杀而又屈曲之也。"）案，笏后世不插而执之于手，故有持簿、执手版之说。

古服下体亲身者为裈。《史记·司马相如传》："身自着犊鼻裈，与保庸杂作，涤器于市中。"（集解："韦昭曰：今三尺布作形如犊鼻矣。"）《三国·魏志·韩宣传》："宣以当受杖，预脱裤裈。及见原，裈要不下，乃释而去。"《东观记》："黄香家贫，经冬无裤。"《魏略》：贾逵"冬常无裤，过其妻兄柳孚宿，其明无何，着孚裤去"。并可见裤在裈外，去裤所以就劳役。故《淮南子·原道训》谓"短绻不裤，以便涉游"也。《方言》："无裥之裤谓之襣。"其实裈为胫衣，无裥则不可谓之裈矣。《事物纪原》："裈，汉、晋名犊鼻，北齐则与裤长短相似。"裈裤之无别，盖自北齐始也。姚令威曰："医书膝上二寸为犊鼻，盖裈之长及此。"（据任大椿《深衣释例》。）

裤，《说文》作绔，云"胫衣也"。《释名》：裤，"跨也，两股各跨别也"。《广雅》："襣谓之绔。"《说文》亦曰："裳，绔也。"又曰："襱，绔踦也。"此即俗所谓裤裆。《方言》曰："裤，齐鲁之间谓之襣，或谓之襱。"郭注："今俗呼裤踦为襱，音铜鱼。"案，今音犹然，惟裤有襱，故以襱名裤，非谓裤止有襱也。毳（读若奥。）部："氍，羽猎韦绔。"王氏筠曰："此或即今之套裤，有衩无要者也。音而陇切，与襱音文冢切相近。"（《说文释例》卷十五。）恐非。

裤之制，原于裳，主为蔽胫，故不缝其裆。马缟《古今注》曰："裤，盖古之裳也。周武王以布为之，名曰褶。敬王以缯为之，名曰裤，但不缝口而已。至汉章帝时，以绫为之，加下缘，名曰口。"《汉书·外戚传》：

"光欲皇后擅宠有子,帝时体不安,左右及医皆阿意,言宜禁内。虽宫人使令皆为穷绔,多其带,后宫莫有进者。"服虔曰:"穷绔有前后当,不得交通也。师古曰:穷绔,即今之绲裆袴也。"(《集韵》:绲,缝也。)《朱博传》:"又敕功曹、官属,多襃衣大祒,不中节度。"师古曰:"祒,谓大袴也。"案,《说文》:"祒,绔上也。"《广雅》:"襣谓之袴,其裆谓之祒。"惟不缝故大也。前汉时祒尚不缝,马缟之言自有所本。

《诗·采菽》:"赤芾在股,邪幅在下。"《毛传》:"幅,逼也,所以自逼束也。"《笺》曰:"邪幅如今行縢也,逼束其胫,自足至膝,故曰在下。"则幅为盛服矣。然其始则所以便行走,故《战国策》谓苏秦嬴縢,负书担囊也。"《吴志》:吕蒙为兵作绛衣行縢。《旧唐书》:德宗入骆谷,值霖雨,道涂险滑,卫士多亡归朱泚。东川节度使李叔明之子昇及郭子仪之子曙、令狐彰之子建等六人,恐有奸人危乘舆,相与齧臂为盟,着行縢钉鞾,更鞚上马,以至梁州,它人皆不得近。及还京师,上皆以为禁卫将军,宠遇甚厚。"(《日知录》"行縢"条。)案此物今犹有之,所以用之不如古之广者,以今多缚袴也,见下。

"古人席地而坐,故登席必脱其履,《礼记》所谓户外有二履是也。然臣见君,则不惟脱履,兼脱其韤。《诗》:赤芾在股,邪幅在下。邪幅,行縢也。韤去,故行縢见也。《左传》:卫出公辄为灵台,与诸大夫饮酒。褚师声子韤而登席。公怒。对曰:臣有疾,若见之,君将骰之。是不敢。公愈怒,欲断其足。杜注:谓有足疾也。骰,呕也。《注》又云:古者臣见君解袜。然则古人以跣足为至敬也。汉制,脱袜虽无明文,然优礼萧何,特命剑履上殿,则群臣上殿犹皆脱袜可知。卫宏《汉官旧仪》:掾吏见丞相脱履,丞相立席后答拜。《魏志》曹操令曰:祠庙上殿当解履。吾受命剑履上殿。今有事于庙而解履,是尊先公而替王命也。故吾不敢解履。可见是时祭先祖,见长官,尚皆脱履。(三国时,吴贺邵美容止,坐常着袜,则是时家居亦多有不袜者。)宋改诸王国制度,内有'藩国官正冬不得跣登国殿'一条。（是时藩国朝贺，其王尚皆跣，故诏改之，以叙其礼。）梁天监中，尚书议云：礼，跣袜登席，事由燕坐。（阎若璩据此语，谓古惟燕饮，始跣而为欢，祭则不跣也。按《韩诗》：不脱屦而即席谓之礼，跣而上坐谓之燕。则古人行礼尚着屦，燕乃跣袜，阎说盖本此。）今则极敬之所，莫不皆跣。清庙崇严，既绝恒礼，凡屦行者，应皆跣袜。（盖是时庙祭有不跣袜者，故申禁之。）曰极敬之所，莫不皆跣，则是时朝会祭祀，犹皆跣袜。陈祥道《礼书》所谓汉魏以后，朝祭皆跣也。《唐书》：刘知几以释奠皆衣冠乘马，奏言冠履只可配车，今袜而鞯，跣而鞍，实不合于古。是唐时祭祀，亦尚有跣袜之制。至寻常入朝，则已有着履者。《唐书》：棣王琰有二妾争宠，求巫者密置符琰履中。或告琰厌魅，帝伺其朝，使人取其履，验之果然是也。盖古者本以脱袜为至敬，其次则脱履，至唐则祭祀外，无脱履之制，然朝会亦尚着履，此唐初之制也。"（《陔余丛考》"脱袜登席"条。○《释服》曰："凡自外入内者，必解屦然后升堂。既解屦，则践地者袜也。久立地，或渍污，故有解袜就席之礼，失之亦为不敬。解袜见逼，《诗》曰邪幅在下，正燕饮而跣，以为欢之时也。其仪制汉时已亡。"《日知录》"行縢"条曰："古人之袜，大抵以皮为之。今之村民，往往行縢而不袜者，古人之遗制也。吴贺邵为人美容止，坐常着袜，希见其足。则汉魏之世，不袜而见足者多矣。"案原注谓贺邵坐常着袜之袜，"始从衣字"。）

古之屦有复有单，其材则有皮有葛，其饰则有绚、有繶、有纯，又有綦以系之。《周官·屦人》注："复下曰舄，禅下曰屦。（《疏》："下谓底。"）古人言屦以通于复，今世言屦以通于禅，俗易语反与？"疑古多用禅，汉世多用复也。《士冠礼》："屦夏用葛，冬皮屦可也。"（《疏》："春宜从夏，秋宜从冬。"）○《诗·葛屦》："纠纠葛屦，可以履霜。"《毛传》曰："夏葛屦，冬皮屦，葛屦非所以履霜。"《疏》曰："凡屦，冬皮夏葛，则无用丝之时，而《少仪》云'国家靡敝，君子不履丝屦'者，谓皮屦以丝为饰也。《天官·屦人》说屦舄之饰，有絇繶纯，是屦用丝为饰。夏日之有葛屦，犹缔绤所以当暑，特为便于时耳,非行礼之服。若行礼之服,虽夏犹当用皮。郑于《周礼》注及《志》言朝祭屦舄,各从其裳之色,明其不用葛也。")又曰:"素积白屦,以魁柎之。"《注》:"蜃蛤柎注也。"《疏》曰:"柎注者,以蛤灰涂注于上,使色白也。"故《士丧礼》又言"夏葛屦,冬白屦"也。(《注》:"冬皮屦变言白者,明夏时用葛亦白也。")絇,《士冠礼》注曰:"絇之言拘也,以为行戒。状如刀鼻,在屦头。"(《丧服》注:"旧说小功以下吉,屦无絇也。"《疏》:"吉时有行戒,故有絇;丧中无行戒,故无絇。以其小功轻,故从吉,屦为其大饰,故无絇也。")又曰:"繶,缝中紃也。"(《疏》:"牙底相接之缝,中有绦紃也。")又曰:"纯,缘也。"(疏:"谓绕口缘边也。"○经文:"纯博寸。")《周官·屦人》注曰:"有絇有繶有纯者,饰也。"綦,《士丧礼》注曰:"屦系也,所以拘止屦也。"(《士丧礼》:"夏葛屦,冬白屦,皆繶缁絇纯,组綦系于踵。"《疏》:"经云系于踵,则綦当属于跟后,以两端向前,与絇相连于脚跗踵足之上,合结之,名为系于踵也。")案屦又有用草者,《孟子》:"犹弃敝蹝。"《注》云:"草履。"《左氏》:"资粮扉屦。"《注》云:"草屦"是也。(《疏》引《方言》:"丝作者谓之履,麻作者谓之扉。")

《周官·屦人》:"掌王及后之服屦,为赤舄、黑舄、赤繶、(《注》:"王黑舄之饰。")黄繶,(《注》:"王后玄舄之饰。")青句,(《注》:"王白舄之饰。")素屦,(《注》:"非纯吉,有凶去饰者。"下《注》曰:"素屦散屦者惟大祥时。"《疏》曰:"无絇繶纯。")葛屦。(《注》:"言葛屦,明有用皮时。"○《注》曰:"凡舄之饰,如绩之次。"又曰:"絇纯繶者同色,今云赤繶、黄繶、青句,杂互言之,明舄屦众多,反复以见之。")辨内外命夫命妇之命屦、(《注》:"命夫之命屦、纁屦,命妇之命屦、黄屦以下。"○《疏》:"不得服舄,皆自鞠衣以下。")功屦、(《注》:"于孤卿大夫则白屦、黑屦,九嫔内子亦然。世妇、命妇以黑屦为功屦。女御、士妻命屦而已。")散屦。"(《注》:"亦谓去饰。")《注》曰:"屦自明矣,必连言服者,着服各有屦也。"凡屦舄，各象其裳之色。"王吉服有九，舄有三等，赤舄为上，冕服之舄，《诗》云：王锡韩侯，玄衮赤舄。则诸侯与王同。(《疏》："司服六冕。")下有白舄、(《疏》："韦弁、皮弁。")黑舄。(《疏》："冠弁。")王后吉服六，惟祭服有舄，玄舄为上，袆衣之舄也。下有青舄、(《疏》："配摇翟。")赤舄，(《疏》："配阙翟。")鞠衣以下皆屦耳。""天子诸侯吉事皆舄，其余惟服冕衣翟着舄耳。"

《史记·货殖列传》："女子则鼓鸣瑟，跕屣。"臣瓒曰："蹑跟为跕。"案，此即《说文》所谓"躧，舞履也"。

古朝祭之服皆上衣，而下裳深衣，则连衣裳而一之。在内则长者曰袍，短者曰襦，下体亲身者为裈，其外为袴。去衣裳而以袍襦为外衣，即成后世之服。不着长衣而着短衣，则为戎服，所谓袴褶也。袴褶，魏、晋以来为车驾亲军中外戒严之服，唐时以为朝见之服，盖亦自古有之。王静庵以为全出胡服，似非也。录旧作《胡服考书后》一篇如次。

《胡服考书后》曰：古服上衣下裳，连衣裳而一之，则曰深衣，无以袴为外服者。此篇因谓袴褶之制，始于赵武灵王，其原出于胡服，似未必然也。康成说韨之缘起曰："古者田渔而食，因衣其皮，先知蔽前，后知蔽后。后王易之以布帛，而独存其蔽前者，不忘本也。"夫但知蔽前为韨，兼知蔽后，则为裳矣。朝祭之必裳，犹其存韨，皆不轻变古之意也。(谓古人凡事因仍，不知改变，亦可。)至就劳役，则有裈而不袴者，《淮南·原道》："短绻不袴，以便涉游。"司马相如"着犊鼻裈，与庸保杂作"是也。有袴而不裳者，《礼记》"童子不衣裘裳"是也。劳役有之，戎事亦宜。然王氏谓："《周礼·司服》郑注云：今伍伯缇衣。崔豹《古今注》云：今户伯绛帻繡衣。伍伯者，车前导引之卒。(见《释名》《续汉志》《古今注》。)今传世汉画像车前之卒，皆短衣着袴，由伍伯之绛帻繡衣为袴褶之服，知光武之绛衣赤帻及赤帻大冠，不独冠胡服之冠，亦服胡服之服矣。"又曰："《汉书·匈奴传》：中行说曰：其得汉絮缯，以驰草棘中，衣袴皆裂弊，以视不如旃裘坚善也。案中国古服如端衣深衣，袴皆在内，驰草棘中，不得裂弊。袴而裂弊，是匈奴之服，袴外无表，即同于袴褶服也。"案，《司服》郑注兼引《左氏》成公十六年"有韎韦之跗注"，杜注曰："跗注，戎服，若袴而属于跗。"郑引此，盖仅证其衣裳之同色。《疏》谓郑以跗当为幅者，非若袴而属于跗，则与衣不连，其制盖亦有跨。杜云：若袴而不径云袴者，以袴不皆属于跗也。此古戎服着袴之征，不待胡也。《曲礼》："童子不衣裘裳。"《玉藻》："童子不裘不帛。"《内则》："十年，衣不帛襦袴。""衣不帛"句，即《曲礼》所谓"童子不裘"，《玉藻》所谓"不裘不帛"也。（不言裘者，与下文"二十而冠，可以衣裘帛"互相备也。）"襦袴"，则《曲礼》所谓"童子不衣裘裳"也。所以"不裘"者，《曲礼》郑注曰"裘太温，消阴气，使不堪苦，（《正义》："使不堪苦者，热消阴气，则不堪苦使。"）不衣裘裳便易"。《疏》曰："给役，着裳则不便，故童子并缁布襦袴也。"说初不误。《内则》注云："不用帛为襦袴，为太温，伤阴气也。"正以"不用帛"句，绝恐人不知古人言语互相足之例，故备言之。《疏》云："衣不帛襦袴者，谓不以帛为襦袴。"则误矣。童子之不裘不帛，固以太温，亦以不堪苦使，不裳则专为便易，可见服劳者之必去裳矣。戴德《丧服变除》："童子当室，谓十五至十九，为父后，持宗庙之重者，其服深衣不裳。"《玉藻》：童子"无缌服，听事不麻"。《注》："虽不服缌，犹免，深衣，无麻，往给事也。"盖丧祭不可以襦袴，故加之深衣。《曲礼》疏曰："童子不衣裘裳，二十则可。故《内则》云：二十可以衣裘帛。"二十而后裘帛，则亦二十而后裳，不言者，与上文互相备故。《大戴》言：童子不裳，以十九为限也。然则裳冠者之服也，冠而不裳者，将责成人之礼焉。然则裳礼服也，服劳役者，非童子则贱者，礼不下庶人，其不必裳明矣。故庶人但以深衣为吉服，同于襦袴之童子也。《左氏》昭公二十五年：师己称童谣曰："鸜鹆跦跦，公在乾侯，征褰与襦。"《说文》："褰，袴也。"《方言》："袴，齐鲁之间谓之襱。"褰之言"袪也"，（《曲礼》："暑无褰裳。"见注。）举也。褰裳，则利遐举也。故《诗》曰："子惠思我，褰裳涉溱。"然则欲远行者，亦必袴而不裳矣。《说文》："襦，短衣也。"《方言》："复襦，江、湘之间谓之褌。"褌从竖，竖者，童竖。《广雅》："儒，短也。"故短人称侏儒。古有恒言："寒者利短褐。"短褐者，襦之以褐为之者也。然则古之贱贫人，殆无袴而不裳也。《玉藻》曰："纩为茧，缊为袍，襌为䌹，帛为褶。"（《诗》："岂曰无衣，与子同袍。"传："袍，襺也。"正义："袍，襺，《释言》文。《玉藻》云：纩为襺，缊为袍。注云：衣有著之异名也。缊谓今纩及旧絮也。然则纯著新绵名为襺，杂用旧絮名为袍，虽著有异名，其制度是一，故云袍襺也。"）《释名》："袍，丈夫著下至跗者也。袍，苞也，苞内衣也。"《周官·内司服注》谓王后六服，皆袍制，然则古惟贱贫人但有短褐，贵人衣裳之内，固有长袍，特外必加以衣裳，若深衣耳。去之则贵者长袍，贱者短褐，与今同矣，岂待胡服哉？（《丧大记》："袍必有表。"《士丧礼》疏："禒衣，连衣裳者，用以表袍。"）王君此篇，考索之功深，而于事理未尝深思也。（以上《胡服考书后》原文。）

任大椿《深衣释例》曰："古以殊衣裳者为礼服，祭服及朝朔之服是也；不殊衣裳者为燕服，深衣是也。后世自冕服外，以不殊衣裳者为礼服，以殊衣裳者为燕服，此古今之异制也。《续汉志》云：若冠通天冠，服衣深衣制，有袍，随五时色。梁刘昭注曰：今下至贱吏、小吏，皆通制袍、襌衣、皂缘领袖为朝服云。盖古者天子以白布衣、素裳为朝服，诸侯以缁布衣、素裳为朝服，皆衣裳殊，后汉始以袍为朝服，不殊衣裳，故司马彪谓袍为古之深衣。晋、宋以后，以绛纱袍、皂纱袍、五色纱袍、纱朱衣、绛单衣、绛皂襈衣为朝服。具服从省服，《隋志》亦云制本深衣。然则不殊衣裳，古以为便服，汉、晋以为礼服矣。《隋志》：乘舆鹿皮弁服，绯大襦，白罗裙，在宫听政则服之。"又云："今复制白纱高屋帽，其服练裙襦，宴接宾客则服之。《北史·柳世隆传》：令王著白纱高顶帽，傧从皆裙襦袴褶。《长孙俭传》曰：晚着裙襦纱帽，引客宴于别斋。上襦而下裙，即殊衣裳之遗制也。然则六朝时转以殊衣裳者为便服矣。"

又曰："妇人以深衣之制为礼服，不殊衣裳。故《内司服》注：妇人尚专一，德无所兼，连衣裳不异其色。则《周礼》王后六服，制度皆本深衣。《通典》载：宋制，太后、皇后入庙，服袿襹大衣，谓之袆衣。公、特进、列侯夫人，卿、校世妇，二千石命妇年长者，入庙佐祭，皂绢上下；助蚕则青绢上下。自皇后至命妇二千石，皆以蚕衣为朝服。齐、梁以后并同。即《续汉志》所云深衣制，徐广所云单衣也。其不殊衣裳，古今无异。然《古乐府·陌上桑》曰：缃绮为下裳，紫绮为上襦。襦与裳不相连者也。繁钦《定情诗》曰：何以合欢欣？纨素三条裾。《西河记》：西河无蚕桑，妇女着碧缬裙，加细布裳。《东观记》：鲍宣之妻，悉归侍御，更着短布裳。又云：王良为司徒，妻布裙徒跣。此皆别言裙裳，可知衣裳之殊矣。然则汉时妇人朝祭之服，制同深衣，燕闲之服，衣裳自殊，亦犹丈夫以袍、单衣为礼服，而其便服雅尚裙襦。《通典》载后周命妇服制云：诸命秩之服曰公服，盖即制本深衣，不殊衣裳者也。又云：其余裳服曰私。衣，盖即衣裙异著者也。"

如任氏说，可见后世服制之所由来。案《士丧礼》正义："上下通直，不别衣裳者曰通裁。"此深衣改为长袍之始。《方言》注："今或呼衫为襌襦。"《急就篇》注："长衣曰袍，下至足跗。短衣曰襦，自膝以上。"《释名》："衫，芟也，末无袖端也。"此衫之本制。《新唐书·车服志》："中书令马周上议：礼无服衫之文。三代之制有深衣，请加襕袖褾襈，（《类篇》："衣与裳连曰襕。褾，袖端也。襈，缘也。"）为士人上服。开胯者名曰缺胯衫，庶人服之。"《事物纪原》曰："马周以三代之制有深衣，请于其下着襕及裾，名襕衫，其开袴者名缺袴衫，即今四胯衫也。"（即前后左右俱开胯者。）此衫变为外服之由来也。六朝以后，将士多服袄。

唐将帅之服多曰袍，军士之服多曰袄，袄亦有缺胯者，可见亦为袍衫之类，非胡服也。

《急就篇》注："褶谓重衣之最在上者也。其形若袍，短身而广袖，一曰左衽之袍也。"案被发左衽皆北俗。《日知录》"左衽"条曰："宋周必大《二老堂诗话》云：陈益为奉使金国属官，过滹沱光武庙，见塑像左衽。岳珂《桯史》云：至涟水宣圣殿，像左衽。泗州塔院，设五百应真像，或塑或刻，皆左衽。此制盖金人为之，迄于明初而未尽除。其见于《实录》者，永乐八年，抚安山东给事中王铎之奏，宣德七年，河南彰德府林县训导杜本之奏，正统十三年，山西绛县训导张幹之奏，屡奉明旨，而未即改正。"又曰："《丧大记》：小敛大敛，祭服不倒，皆左衽。注：左衽，衽乡左，反生时也。正义曰：衽，衣襟也，生乡右，左手解，抽带便也。死则襟乡左，示不复解也。"然则左衽中原惟用诸死者，北狄则自古皆然。褶之左衽者胡服，其不然者，自中原之戎服也。

《陔余丛考》"马褂缺襟袍战裙"条曰："凡扈从及出使，皆服短褂、缺襟袍及战裙。短褂亦曰马褂，马上所服也，疑即古半臂之制。《说文》：无袂衣谓之䘳。赵宧光以为即半臂，其小者谓之背子，此说非也。既曰半臂，则其袖必及臂之半，正如今之马褂，其无袖者，乃谓之背子耳。（原注："背子即古裲裆之制。《南史·柳元景传》：薛安都着绛衲裲裆衫，驰入贼阵。《玉篇》云：裲裆其一当背，其一当胸。朱谋㙔《骈雅》：裲裆，胸背衣也。"）刘孝孙《事原》：隋大业中，内官多服半除，即今之长袖也。唐高祖减其袖，谓之半臂，则唐初已有其制。《唐书》：韦坚为租庸使，聚江、淮运船于广运潭，令陕尉崔成甫着锦半臂缺胯绿衫而裼之，唱《得宝歌》，请明皇临观。又曾三异《同话录》有'貉袖'一条云：近岁衣制，有一种长不过腰，两袖仅掩肘，以帛为之，仍用夹里，名曰貉袖。起于御马院圉人。短前后襟者，坐鞍上不妨脱着，以其便于控驭也。此又宋人短褂之制。然短袖之服，又不仅起于唐、宋。按《魏志·杨阜传》：

阜尝见明帝着帽披缥绫半袖,问帝曰:此于礼何法服也?则短袖由来久矣。《北史》:周武帝着短衣,享二十四军督。马缟《中华古今注》:隋文帝征辽,诏武官服缺胯袄子,三品以上皆紫。《唐书》:高祖武德元年,诏诸卫将军每至十月一日,皆服缺胯袄子。是缺襟之制,亦起于隋、唐时。至战裙之始,按《国语》:鄢之战,郄至以韎韦之跗注,三逐楚平王。注:跗注者,兵服自腰以下注于跗。则今之战裙,盖本此也。邲之战,屈荡逐赵旃,得其甲裳,又裙之有甲者耳。"《深衣释例》曰:"案裲裆甲,一名裲裆衫,《宋书》:薛安都惟着绛衲裲裆衫,《隋书·舆服志》:正直绛衫,从则裲裆衫是也。考《宋史·舆服志》曰:太祖建隆四年,范质议云:《开元礼》:武官陪立大仗,加螣蛇裲裆,如袖,无身,以覆其膊胳。(从肩领覆膊胳,共二尺二寸。)《释文》:《玉篇》相传曰:其一当胸,其一当背,谓之两当。请兼存两说,择而用之。今剧演将帅所被金银甲,即所谓其一当胸,其一当背者也。裲裆甲古既称裲裆衫,安有无身之衫乎?刘孝标《乐府》:裲裆双心共一抹,袙腹两边作一褊。盖一当胸,一当背,故曰双心。属合两边,以固前后。又曰袙腹,则《广雅》所谓裲裆谓之袙腹也。"又曰:"又案《隋书·舆服志》:诸将军侍从之服,一曰紫衫金玳瑁装裲裆甲,一曰紫衫金装裲裆甲,一曰绛衫银装裲裆甲,盖外着裲裆甲,内衷紫绛衫,衫制短小,为裲裆之衬服,尤便捷也。《南史·齐崔慧景传》:恭祖秃马绛衫,手刺倒敬则,直以衫代裲裆矣。古之甲,自身至腰,自腰至胫,分而为三,以组属之,故曰三属之甲。裲裆不殊上下,自肩直垂,此深衣之制,便于军旅者也,故曰可以武也。"石林叶氏《燕语》曰:"余见大父时,家居及燕见宾客,率多顶帽而系勒帛,犹未甚服背子。帽下戴小冠簪。以帛作横幅约发,号额子。处室中则去帽见冠簪,或用头巾也。古者士皆有冠,帽乃冠之遗制,头巾贱者不冠之服耳。勒帛亦垂绅之意,虽施之外不为简,背子本半臂,武士服,何取于礼乎?或云:勒帛不便于搢笏,故稍用背子。然须用上襟,腋下与背子垂带。余大观间见宰执接堂吏，押文书，犹冠帽用背子，今亦废矣。而背子又引为长袖，与半臂制亦不同。裹贱者巾，衣武士服，而习俗之久不以为异，古礼之废，大抵类此也。"（据《文献通考》卷百三十。）此可见今日马褂及坎肩之所由来也。

《日知录》"冠服"条引《太康县志》："弘治间，妇女衣衫，仅掩裙腰，富者用罗缎纱绢织金彩，通袖裙，用金彩膝襕，髻高寸余。""正德间，衣衫渐大，裙褶渐多，补惟用金彩补子，髻渐高。正德初，衣衫大至膝，裙短褶少，髻高如官帽，皆铁丝胎，高六七寸，口周回尺二三寸余。"此皆殊衣裳之服。又引《内丘县志》曰："先年，妇人非受封不敢戴梁冠，披红袍，系拖带，今富者皆服之。又或着百花袍，不知创自何人。"此则不殊衣裳之服也。清世女子嫁及死后，画像犹用之。又丧服亦沿古制，故有"男降女不降"，"生降死不降"之谚。

《南史·宋袁淑传》：劭就主衣取锦，裁三尺为一段，又中裂之，分斌与淑及左右，使以缚袴褶。隋服制定后，百官俱服袴褶，车驾亲军则缚袴，此戎服之袴，异于常时者。

《梁书·陈伯之传》："褚緭在魏，魏人欲擢用之。緭戏为诗曰：帽上著笼冠，袴上著朱衣，不知是今是？不知是昔非？魏人怒，出为始平太守。"盖尔时中原之俗，袴褶别为一服，不与他服相溷也。

诸服之中，惟靴确为胡制，盖以北地苦寒故也。《陔余丛考》"着靴"条曰："朝会着靴，盖起于唐中叶以后。《唐书》：皇甫镈以故缯给边兵，军士焚之。裴度奏其事。镈在宪宗前引其足曰：此靴亦内府物，坚韧可用。韦斌每朝会，不敢离立，尝大雪立庭中，不徙足，雪几没靴。崔戎为华州刺史，徙兖海，民遮留不得行，抱持取其靴。戎单骑遁去。温造节度兴元，杀倡乱者八百人，监军杨叔元拥造靴祈哀，乃免之。是唐时已多着靴。欧阳公《归田录》：和凝以二千钱买靴，问冯道靴价若干。道举左足曰：一千。凝遂嗔其仆。道徐举其右足曰：此亦一千。是又五代着靴之证。宋以后则朝靴且形之歌咏，而《朱文公家礼》内'冠仪'一条，并有襕衫带靴之制，则靴固久为公服矣。按靴本北俗，自赵武灵王始用之，然秦、汉、魏、晋尚罕有着靴者。《晋书·儒林刘兆传》：有人着靴骑驴，至门外问刘延世。又《毛宝传》：宝与祖焕战，血流满靴，此盖骑者用之。靴字从革，盖皆皮为之，便于骑也。惟齐豫章王嶷不乐闻人过，有告讦者，辄置靴中不视。梁王俭宴客乐游苑，萧琛着虎皮靴，直造其坐。陈徐陵为吏部，陈暄袍拂髁，靴至膝，亦直上其坐。南朝之着靴，见于史者，止此数事而已。其时多着屐，齐明帝辅政时，百官皆脱屐到席，蔡约独蹑屐不改。则其时见尊长，尚以脱屐为敬，固无论于着靴也。而是时北朝则靴已盛行。《北史》：慕容永被擒入长安，夫妻常卖靴自给。北齐娄太后病，童谣有紫綖靴之语。徐之才曰：紫者此下丝，綖者熟，当在四月中。太后果崩。高澄被刺时，杨愔逃出，遗一靴。《任城王湝传》：有妇人浣衣，一乘马者以旧靴换其新靴而去。又乐陵王百年被害，后有人于其处掘得一足有靴。琅琊王俨被害，亦不脱靴而埋之。及北齐亡后，嫔妃入周，亦以卖靴为业。是北朝着靴，累代盛行。盖自刘、石之乱，继以燕、秦、元魏、齐、周各从其本俗，故中土久以着靴为常服，沿及于唐，遂浸寻为朝制耳。风会所趋，随时而变，古以脱袜为敬，其后不脱袜而但脱履，又其后则不脱履，最后则靴为朝服，而履反为亵服，设有着履入朝会及见长官者，反为大不敬，更无论于跣而见也。或疑古人脱袜而登，近于裸袒，然常见暹罗国人入朝拜舞，以行縢裹足，颇斑烂可爱，想古人邪幅在下，亦复如是，则亦未为污渎也。按《明史》：洪武初，定制朝服祭服，皆白袜黑履，惟公服则用皂靴，故有赐状元朝靴之制。洪武二十五年，令文武官父兄子弟及婿皆许穿靴，校尉力士上直穿靴，出外不许，庶人不许穿靴，止许穿皮扎䩞，北地苦寒，许穿牛皮直缝靴。"《胡服考》引《说文》曰："鞮，革履也，胡人履连胫，谓之络鞮。"（九字今本无，《韵会》引有。）《广韵》八戈引《释名》："靴本胡服，赵武灵王所服。"《御览》六百九十八引《释名》："靴本胡名也，赵武灵王始服之。"《隋书·礼仪志》："履则诸服皆服，惟褶服以靴。靴，胡履也，取便于事，施于戎服。"《旧唐书·舆服志》："常服六合靴，起自魏、周。"（以上皆王氏《胡服考》所引。）皆靴出于胡之证也。

钉鞾见《旧唐书》，已见前。《陔余丛考》"钉鞾"条曰："《明史·礼志》：百官入朝，遇雨皆蹑钉靴，声彻殿陛。太祖曰：古者入朝有履，唐始用靴，其令朝官为软底皮鞾，冒于靴外，出朝则释之。此又钉靴之见于记载者也。"（赵氏又曰："古人雨行，多用木屐。"）

《吕览·上农》曰："古者庶人不冠弁。"《仪礼·丧服》注曰："庶人不冠爵弁，则冠素委貌。"（委貌，即玄冠。庶人吊服深衣素冠，吉服则深衣玄冠也。）《都人士》正义曰："庶人冠缁布冠或玄冠。"盖惟行礼时或用之，平时则否。《释名》曰："二十成人，士冠庶人巾。"巾以覆髻，则曰帻。《说文》："发有巾曰帻。"《广雅》："帻巾，覆结也。"是也。（《后汉书·刘盆子传》注："帻巾，所以覆髻也。"）其制齐眉而折其后，亦所以覆发，使头严整。《释名》曰："帻，迹也，下齐眉迹然也。或曰䈂，䈂折其后也。"《续汉书·舆服志》："帻者，赜也，头首严帻也。"是也。《独断》曰："帻者，古之卑贱执事不冠者之所服也，或以巾。"《宋书·舆服志》："居士野人皆服巾焉。"（《文选·秋胡诗》注："巾，处士所服。"《北山移文》注："巾，隐者之饰。"）《三国志·魏文帝纪》注引《魏书》："杨彪着布单衣皮弁以见。"则虽着单衣，亦不用巾。《后汉书·蔡义传》："诏事逼切，不得已解巾之郡。"《韩康传》："及见康柴车幅巾，以为田叟也。"此居士野人服巾之证也。《郭泰传》注引周迁《舆服杂事》："巾以葛为之，形如幍，本居士野人所服。"《玉篇》："幍，帽也，绢帻也。"《隋书·舆服志》："帽，古野人之服。"则巾近于帽也。《说文》："帽，小儿蛮夷头衣也。"《书大传》："古之人，衣上有冒而句领者。"注："冒，覆也。"冒而句领，《淮南》

以为太古之俗，已见前。盖冠弁等皆稍进化时所制，特用为饰，帽则诚所以覆首无饰者，犹沿服之也。《日知录》"冠服"条引《豫章漫钞》曰："今人所戴小帽，以六瓣合缝，下缀以檐如筒。阎宪副闳谓予言：亦太祖所制，若曰六合一统云尔。杨维桢廉夫以方巾见，太祖问其制，对曰：四方平定巾。上喜，令士人皆得戴之。商文毅用自编民，亦以此巾见。"案六合帽，今上下通服，而明时起自编民者用巾，可见巾与帽为平民通服，今古皆然矣。(《日知录》"冠服"条又引《内丘县志》曰："万历初，童子发长犹总角，年二十余始戴网，天启间，则十五六便戴网，不使有总角之仪矣。万历初，庶民穿腾鞡，儒生穿双脸鞋，非乡先生，首戴忠靖冠者，不得穿厢边云头履。至近日，而门快舆皂，无非云履，医卜星相，莫不方巾。又有晋巾、唐巾、乐天巾、东坡巾者。")

《陔余丛考》"帽顶"条曰："《辍耕录》记元大德间，有回回臣商，卖红剌石一块于官，重一两三钱，直中统钞十四万锭。用嵌帽顶上，累朝皇帝正旦及天寿节大朝贺则服用之。又河南王卜怜吉歹尝郊行，天暖欲易凉帽，左右捧笠侍，风吹堕石上，跌碎御赐玉顶，王不嗔责。又有猴盗者，使所畜猴入人家窃物。在韶州旅邸服绣衣，琢玉为帽顶。又《元史》：仁宗为皇太子时，淮东宣慰使撒都献七宝帽顶，却之。据此，则帽之有顶，元制已然。《辽史·重元传》：兴宗赐重元四顶帽二色袍，则帽顶之制，并始于辽也。"

《陔余丛考》"木棉布行于宋末元初"条又曰："古时未有棉布，凡布皆麻为之。记曰：治其麻丝，以为布帛是也。木棉作布，邱文庄谓元时始入中国。而张七泽《浔梧杂佩》，引《通鉴》梁武帝送木棉皂帐事，据史炤《释文》，木棉以二三月下种，至夏生黄花结实，及熟时，其皮四裂，中绽出如绵，土人以铁铤碾去其核取棉，以小竹弓弹之，细卷为筒，就车纺之，自然抽绪，织以为布，谓即此物也。按史炤《释文》所云，正是今棉花所织之布。则梁武时已有此布矣。说者谓《汉书》注孟康曰：

闽人以棉花为吉贝,而《正字通》及《通雅》俱云:吉贝,木棉树也。《南史·林邑传》亦云:吉贝者,树名也,其花如鹅氄,抽其绪,纺之作布,与纻布不殊。是六朝以前,木棉布乃吉贝树之花所成,系木本而非草本。今粤中木棉树,其花正红,及落时,则白如鹅氄,正《南史》所云吉贝树也。但其花只可絮茵褥,而不可织布。按《南史·林邑传》,以吉贝为树。《旧唐书·南蛮传》则云:吉贝草缉花作布,名曰白氎。《新唐书·林邑传》并不曰吉贝,而曰古贝,谓古贝者草也。然则《南史》所谓吉贝之树,即《唐书》所谓古贝之草。其初谓之木棉者,盖以别于蚕茧之绵。而其时棉花未入中土,不知其为木本草本,以南方有木棉树,遂意其即此树之花所织。迨宋子京修《唐书》时,已知为草本,故不曰木而曰草耳。史炤,北宋人,(原注:"见《文彦博传》。")又在子京之后,并习知其碾弹、纺织之技,故注解益详。以此推之,则梁武木棉皂帐,即是草本之棉所成,而非木棉树也。更进而推之,《禹贡》:厥篚织贝。蔡九峰注:今南夷木棉之精好者,谓之吉贝。则夏之织贝,亦即今草棉布,是三代时已有之矣。其见于记传者,《南史》:姚察有门生送南布一端,察曰:吾所衣者止是麻布,此物吾无所用。白乐天《布裘诗》云:桂布白似雪。又以布裘赠萧、殷二协律诗云:吴绵细软桂布白。曰桂布者,盖桂管所出也。孙光宪《南越诗》:晓厨烹淡菜,春杼织橦花。(原注:"草棉亦名橦花。")李琮诗:腥味鱼吞墨,衣裁木上棉。东坡诗:东来贾客木棉裘。以及《五代史》:马希范作地衣,春夏用角簟,秋冬用木棉。《宋史·崔与之传》:琼州以吉贝织为衣衾,工作出自妇人。皆此物也。然则棉花布自古有之,何以邱文庄谓元初始入中国?盖昔时棉花布,惟交、广有之,其种其法,俱未入中土。观姚察门生所送只一端,白乐天以此送人,并形之歌咏,则其为罕而珍重可知。迨宋末元初,其种传入江南,而布之利,遂衣被天下耳。谢枋得有《谢刘纯父惠木棉》诗云:嘉树种木棉,天何厚八闽。厥土不宜桑,蚕事殊艰辛。木棉收千株,八口不忧贫。江东易此种，亦可致富殷。奈何来瘴疠，或者畏苍旻。吾知饶信间，蚕月如岐邠。儿童皆衣帛，岂但奉老亲。妇女贱罗绮，卖丝买金银。角齿不兼与，天道斯平均。所以木棉利，不畀江东人。据此，则宋末棉花之利，尚在闽中，而江南无此种也。元人陈高有《穜花诗》云：炎方有穜树，衣被代蚕桑。舍西得闲园，种之漫成行。苗生初夏时，料理晨夕忙。挥锄向烈日，洒汗成流浆。培根浇灌频，高者三尺强。鲜鲜绿叶茂，灿灿金英黄。结实吐秋茧，皎洁如雪霜。及时以收敛，采采动盈筐。缉治入机杼，裁剪为衣裳。御寒类挟纩，老稚免凄凉。陈高，元末人，而隙地初学种之，则其来未久可知。陶九成《辍耕录》，记松江乌泥泾土田硗瘠，谋食不给，乃觅木棉种于闽、广，初无踏车椎弓之制，率用手去其子，线弦竹弧，按掉而成，其功甚艰。有黄道婆自崖州来，教以纺织，人遂大获其利。未几，道婆卒，乃立祠祀之。三十年祠毁，乡人赵愚轩重立云。九成，元末人，当时所记立祠始末如此，盖可见黄道婆之事未远。而松江之有木棉布，实自元始也。《琅琊代醉编》又谓棉花乃番使黄始所传，今广东人立祠祀之。合诸说观之，盖其种本来自外番，先传于粤，继及于闽，元初始至江南，而江南又始于松江耳。《元世祖本纪》：至元二十六年，置浙东、江东、江西、湖广、福建木棉提举司，责民岁输木棉布十万匹。程钜夫《雪楼集》有送人赴浙东木棉提举诗，钜夫仕元初，而其时木棉特设专官，则其初为民利可知。邱文庄所谓元时始入中国，非无稽也。《明史·食货志》：明太祖立国初，即下令民田五亩至十亩者，栽桑、麻、木棉各半亩，十亩以上倍之，又税粮亦准以棉布折米。"

《玉藻》："纩为茧，缊为袍，襌为绢，帛为褶。"注："纩谓今新绵也，缊谓今纩及旧絮也。"《周官·玉府》注："燕衣服者，巾絮、寝衣、袍襗之属。"此皆今之丝绵，(《说文》曰："絮，敝绵也。"而《公羊》昭二十年《解诂》谓："絮谓新绵。"盖初以纩为新，絮为旧，后亦以良楛言之，故《玉藻》注于絮上特加旧字，疏顺注意，谓"好者为绵，恶者为絮"也。) 惟贵富者用之，贱贫者则衣褐。《诗》："无衣无褐，何以卒岁？"笺："褐，毛布也。"《孟子》："许子衣褐。"注："褐以毳织之，若今马衣。"此其本义。注又曰："或曰褐编，枲衣也。一曰粗布衣。"则非本义也。

染色亦自古有之。《月令》：季夏，"命妇官染采"。《周官·地官·掌染草》："掌以春秋敛染草之物。"《天官·染人》："掌染丝帛，掌凡染事。"《考工记》："钟氏染羽。"注曰："羽所以饰旌旗及王后之车。"疏曰："《夏采》注云：夏采夏翟羽色。《禹贡》：徐州贡夏翟之羽，有虞氏以为緌，后世或无，故染鸟羽，像而用之，谓之夏采。此是钟氏所染者也。"此并古代掌染色之官也。

《尔雅》："一染谓之縓，（《既夕礼》注："一染谓之縓，今红也。"《论语》："君子不以绀緅饰。"孔曰："一入为縓。"疏曰："未知出何书。"案，此殆字误也。）再染谓之赪，（《士冠礼》注："再入谓之赪。"）三染谓之纁。"（《钟氏》："三入为纁。"《士冠礼》疏："一染至三染，同名浅绛。"《钟氏》疏："此三者皆以丹秫染之。"）《士冠礼》注曰："朱则四入与？"《考工记·钟氏》曰："五入为緅，七入为缁。"注："凡玄色者，在緅缁之间，其六入者与？"疏曰："绀入黑则为緅，此五入为緅是也。更以此玄入黑汁，则名七入为缁矣。"（《士冠礼》疏："以纁入黑则为绀，以绀入黑则为緅。"《钟氏》疏云："纁若入赤汁，则为朱；若不入赤而入黑汁，则为绀矣。"又云："缁与玄相类，故礼家每以缁布衣为玄端也。"○《染人》："夏纁玄。"注："玄纁者，天地之色，以为祭服。《考工记·钟氏》则染纁术也。染玄则史传阙矣。"○《士冠礼》注："爵弁者，冕之次，其色赤而微黑，如爵头然，或谓之緅。"《巾车》注："雀黑多赤少之色也。"疏："以緅再入黑汁，与爵同。"○《染人》："秋染夏。"注："染夏者，染五色，谓之夏者，其色以夏翟为饰。《禹贡》曰：羽畎夏翟，是其总名。其类有六：曰翚，曰摇，曰𪄀，曰甾，曰希，曰蹲。其毛羽五色皆备成章，染者拟以为深浅之度，是以放而取名焉。"○《天官·缝人》注："柳之言聚诸饰之所聚。"疏："柳者，诸色所聚。日将没，赤色兼有余色。"）此古者染色之法。

《月令》：仲夏，"令民毋艾蓝以染"。注引《夏小正》曰："五月，启灌蓝蓼。"（疏："熊氏云：灌谓丛生也。言开辟此丛生蓝蓼分移，使之稀散。"）《周官·地官掌染草》注："染草，蓝、（染青。）茜、（染赤，即韎韐。《士冠礼》注："韎韐、缊韨也。士缊韨而幽衡，合韦为之，士染以茅蒐，因以名焉。今齐人名茜为韎韐。"疏曰："案《尔雅》云：茹藘茅蒐。孙氏注：一名茜，可以染绛，若然则一草有此三名矣。"）象斗（染黑。）之属。"又，《掌染草》注："染草，茅蒐、橐芦、（疏："《尔雅》无文。"）豕首、（疏云："郭注不言可染何色。则此橐芦、豕首，未知郑之所据也。"）紫茢（染紫。）之属。"钟氏染羽，"以朱湛丹秫，三月而炽之，淳而渍之"。郑司农云："湛，渍也。丹秫，赤粟。"后郑曰："湛读如渐，车帷裳之渐炽炊也。淳，沃也，以炊下汤沃，其炽蒸之以渍羽。渍，犹染也。"（《淮南子》："以涅染绀，则黑于涅。"）此古之染料也。

《考工记》："画缋之事杂五色：东方谓之青，南方谓之赤，西方谓之白，北方谓之黑，天谓之玄，地谓之黄。青与白相次也，赤与黑相次也，玄与黄相次也。（注："此言画缋六色所象及布采之第次，缋以为衣。"疏："天玄与北方黑二者，大同小异。何者？玄黑虽是其一，言天止得谓之玄天，不得言黑天。若据北方而言，玄黑俱得称之。是以北方云玄武宿也。青与白相次以下，论缋于衣为对方之法也。"○《染人》注："玄纁者，天地之色。"疏："土无正位，托南方火火赤与黄共为纁也。"）青与赤谓之文，赤与白谓之章，白与黑谓之黼，黑与青谓之黻，五采备谓之绣。（注："此言刺绣采所用，绣以为裳。"）土以黄，其象方，天时变，（注："古人之象，无天地也。为此记者，见时有之耳。""郑司农云：天时变，谓画天随四时色。"疏："此乃六色之外，别增此天地二物于衣。郑云：古人之象，无天地也者，此据《虞书》日月以下，不言天地。天无形体，当画四时之色，以象天也。若然画土当以象地色也。"）火以圜，（注："郑司农云：为圜形似火也。玄谓形如半环然，在裳。"疏曰："此亦与先郑不别，增成之耳。孔安国以为火字也。"）山以章，（注："章读为獐。獐，山物也，在衣。"）水以龙，（注："龙，水物，在衣。"疏："马氏以为画山者，并画獐。画水者，并画龙。郑即以獐表山，以龙见水。"）鸟兽蛇，（注："所谓华虫也，在衣，虫之毛鳞有文采者。"疏："《虞书》有十二章，于此惟言四章，又兼言天地而不云日月星藻与宗彝者，记人之言略说之耳。"）杂四时五色之位以章之，谓之巧。（注："章，明也。缋绣皆用五采鲜明之。"疏："上有六色，此言五者，下别言素功。或可玄黑共说也。"）凡画缋之事，后素功。"（注："素，白采也。后布之，为其易渍污也。"○《聘礼记》："公侯伯缫藉三采，朱、白、苍。聘臣缫皆二采，朱、绿。"《弁师》注："三采，朱、白、苍也。"《左》桓二年疏："凡言五采者，皆谓玄、黄、朱、白、苍，三采朱、白、苍，二采朱、绿。"）《玉藻》："衣正色，裳间色。"注："谓冕服玄上纁下。"疏："皇氏云：正谓青赤黄白黑，五方正色也。不正谓五方间色也，绿红碧紫駵黄是也。青是东方正，绿是东方间。东为木，木色青，木刻土，土黄，并以所刻为间，或绿色青黄也。朱是南方正，红是南方间。南为火，火赤，刻金，金白，故红色赤白也。白是西方正，碧是西方间。西为金，金白，刻木，故碧色青白也。黑是北方正，紫是北方间。北方水，水色黑，水刻火，火赤，故紫色赤黑也。黄是中央正，駵黄是中央间。中央为土，土刻水，水黑，故駵黄之色黄黑也。"（《左》桓二年："五色比象，昭其物也。"疏："《考工记》云：画缋之事杂五色：东青，南赤，西白，北黑，天玄，地黄，是其比象天地四方也。比象有六，而言五者，玄在赤黑之间，非别色也。昭二十五年《传》云：九文六采，言采色有六，故注以天地四方六事当之。五行之色为五色，加天色则为六，故五色六采，互相见也。"○《月令》正义："春云载青旂，衣青衣，服苍玉。青深而苍浅，旂与衣人功所为，不可浅深异色，故同用青。玉是自然之色，不可纯青，故用苍之浅色。夏云载赤旂，衣朱衣，服赤玉。与春不类者，亦以朱深而赤浅，旂可用浅，衣必用深，故衣旂异色。赤玉与苍玉同，俱是其色浅也。冬云载玄旂，衣黑衣，服玄玉者，亦以黑深而玄浅，旂用浅色，故其色玄，衣用深色，故其色黑，与夏同也。"义疏家言此等处，极穿凿可笑。）

《书》曰："予欲观古人之象。"疏曰："《易辞》云：黄帝、尧、舜垂衣裳而天下治，象物制服。盖因黄帝以还，未知何代而具采章。舜言已欲观古，知在舜之前耳。"案，染色之起原必甚古，特古人用之，不如后世之多，故三代时所存古制，多是白色也。贵正色，贱间色，正见其染术之未精。后世染术之精，则正是间色益多耳。

《日知录》"白衣"条曰："白衣者，庶人之服，然有以处士而称之者。《风俗通》：舜、禹本以白衣，砥行显名，升为天子。《史记·儒林传》：公孙弘以《春秋》，白衣为天子三公。《后汉书·崔骃传》：宪谏，以为不宜与白衣会。《孔融传》：与白衣祢衡，跌荡放言。《晋书·阎缵传》：荐白衣南安朱冲，可为太孙师傅。《胡奋传》：宣帝之伐辽东，以白衣侍从左右是也。有以庶人在官而称之者，《汉书·两龚传》：闻之白衣。师古曰：白衣，给官府趋走贱人，若今诸司亭长掌固之属。苏伯玉妻《盘中诗》：吏人妇，会夫希。出门望，见白衣。谓当是，而更非。《续晋阳秋》：陶潜九月九日无酒，于宅边菊丛中坐，望见白衣人，乃王宏送酒是也。人主左右，亦有白衣。《南史·恩幸传》：宋孝武选白衣左右百八十人。《魏书·恩幸传》：赵修给事东宫，为白衣左右。茹皓充高祖白衣左右。"又曰："唐李泌在肃宗时，不受官。帝每与泌出，军人环指之曰：衣黄者，圣人也。衣白者，山人也。则天子前不禁白。《清波杂志》言：前此仕族子弟，未受官者，皆衣白。今非跨马及吊慰，不敢用。"又曰："白衣但官府之役耳，若侍卫则不然。《史记·赵世家》：愿得补黑衣之缺，以卫王宫。《汉书·谷永传》：擢之皂衣之吏。"又曰："《诗》：麻衣如雪。郑氏曰：麻衣，深衣也，古时未有棉布，凡布皆麻为之。《记》曰：治其麻丝，以为布帛是也。（原注："杜子美诗：麻鞋见天子。"）然则深衣亦用白。"案《宋书·舆服志》：国子太学生服单衣以为朝服。《唐书·车服志》：国子太学四门生俊士参见，服白纱单衣。《隋书·舆服志》：隐居道素之士被召，入谒见者，白单衣，五品以上通着紫，六品以下兼用绯绿，胥吏以青，庶人以白，商以皂，士卒以黄。《通考》：太平兴国七年，李昉奏：唐天成三年诏："今后庶人工商，只着白衣。"盖染色初起，非人人所能为，故为侈靡之事，惟王公贵人用之，后遂沿以分别等级也。

程大昌《演繁露》曰："隋制，宋、齐之间，天子宴私着白高帽，士庶以乌，太子在上省，则帽以乌纱，在永福省则白纱。隋时以白帢通为庆吊之服，国子生亦服白纱巾也。晋着白接篱。窦苹《酒谱》曰：接篱，巾也。南齐桓崇祖守寿春，着白纱帽，肩舆上城。今人必以为怪，古未有以白色为忌也。郭林宗遇雨垫巾，李贤注云：周迁《舆服杂事》曰：巾以葛为之，形如帢，本居士野人所服。魏武造帢，其巾乃废。今国子学生服焉，以白纱为之，是其制皆不忌白也。《乐府·白纻歌》曰：质如轻云色如银，制以为袍余作巾，袍以先驱巾拂尘。吴兢《乐府要解》：按旧史，白纻，吴地所出，则诚今之白纻。《列子》所谓阿锡而西子之舞，所谓白纻纷纷鹤翎乱者是也。今世人丽妆，必不肯以白纻为衣，古今之变，不同如此。《唐六典》：天子服有白纱帽，其下服如裙襦袜，皆以白，视朝听讼，燕见宾客，皆以进御，则犹存古制也。然其下注云：亦用乌纱，则知古制虽存，未必肯用，多以乌纱代之，则习见忌白久矣。世传《明皇幸蜀图》，山谷间老叟出望驾，有着白巾者。释者曰：服诸葛武侯也。此不知古人不忌白也。"读此，可知厌白色，尚采色，起于唐宋之间。(《清波杂志》：宋乾道中，内相王日严谓一堂环坐，皆成素，极可憎，乞仍存紫衫。○唐制，新进士皆白袍，故有"袍似烂银"之句。又，薛仁贵著白衣自标显，帝望见，问先锋：白衣者谁？则戎服亦白也。王士禛《香祖笔记》谓秦俗尚白，民间遇元旦贺寿吉庆事，辄麻巾素衣以往，余所经历西安、凤翔、汉中诸府皆然。则近代亦有之，但罕耳。)

古人通服白色之衣，丧服则以精粗为序，不以色也，惟素服色白。《左》昭十七年疏曰："古之素服，礼无明文，盖像朝服而用素为之，如今之单衣也。"《诗·素冠》："庶见素冠兮。"毛传："素冠，练冠也。"笺曰："丧礼既祥，祭而缟冠素纰。"疏曰："郑以练冠者，练布为之，而经传之言素者，皆谓白绢，未有以布为素者，则知素冠非练也。"《东山》疏曰："素服于凶事为吉，于吉事为凶，非丧服也。"案《玉藻》："年不顺成，则天子素服。"《曲礼》："大夫、士去国，素衣、素冠、素裳。"《郊特牲》曰："皮弁素服而祭。素服，以送终也。"《周官·司服》："大札、大荒、大灾素服。"孟明丧师，荆轲入秦，古人皆素服送迎，盖王公大人服有章采，故服白色即为素也。《玉藻》之"天子素服"，疏谓与下"君衣布"为互文，则亦未尝不可用布，特与丧服是两事耳。(《士冠礼》："将冠者采衣。"注："采衣，未冠者所服。《玉藻》曰：童子之节也，缁布衣，锦缘，锦绅并纽，锦束发，皆朱锦也。"则古童子特尚华饰，亦与后世同。)

《陔余丛考》"眼镜"条曰："古未有眼镜，至有明始有之，本来自西域。张靖之《方州杂录》云：向在京师，于指挥胡豅寓，见其父宗伯公所得宣庙赐物，如钱大者二，形色绝似云母石，而质甚薄，以金相轮廓而纽之，合则为一，歧则为二，如市中等子匣。老人目昏不辨细书，张此物加于双目，字明大加倍。近又于孙景章参政处，见一具，试之复然。景章云：以良马易于西域贾胡，其名曰僾逮。又郎瑛云：少尝闻贵人有眼镜，老年人可用以观书，予疑即《文选》中玉珧之类。及霍子麒送一枚来，质如白琉璃，大如钱，红骨镶，二片可开合而折叠之。问所从来，则曰：甘肃番人贡至而得者。丰南禺曰：乃活车渠之珠，须养之怀中，勿令干，然后可。予得之二十年无用云。瑛，嘉靖时人，是知嘉靖时尚罕见也。吴瓠庵集中，有《谢屠公馈眼镜诗》。吕蓝衍亦记明提学潮阳林某始得一具，每目力倦，以之掩目，能辨细书。其来自番舶满加剌国贾胡，名曰叆叇云。则此物在前明极为贵重，或颁自内府，或购之贾胡，非有力者不能得，今则遍天下矣。盖本来自外洋，皆玻璃所制，后广东人仿其式，以水精制成，乃更出其上也。刘跂《暇日记》：史沆断狱，取水精十数种以入，初不喻,既而知案牍故暗者,以水晶承日照之则见。是宋时已知水晶能照物,但未知作镜耳。"(眼镜虽非衣服,然殊切于用,故附于此。又折扇亦始宋,盖自日本输入,亦见《陔余丛考》。)

第六章

宫 室

宫室之作，其在五帝之世乎？《尔雅·释宫》疏："《白虎通》云：黄帝作宫室。《世本》曰：禹作宫室。"《礼运》曰："昔者先王未有宫室，冬则居营窟，夏则居橧巢。"（注："寒则累土，暑则聚柴薪居其上。"阮氏校勘记云："考文引古本足利本，橧作樻。洪颐煊《九经古义补》云：按《太平御览》五十五引作樻。《家语·问礼篇》亦作樻。刘熙《释名》云：樻，露也。露上无屋覆也。《左传》：楚子登巢车以望晋军。杜注云：巢车车上加樻。孔氏正义引《说文》云：轈，兵高车加巢以望敌也。樻，泽中守草楼也。巢与樻皆楼之别名。今本作橧，传写之误。"案，《经典释文》释居橧云"本又作增"，则由来已久。郑注："累土"正增字之义，似未必今本误也。）《易·系辞传》曰："上古穴居而野处，后世圣人易之以宫室，上栋下宇，以待风雨。"《诗》曰："古公亶父陶复陶穴。"（传："陶其土而复之，陶其壤而穴之。"笺："复者，复于土上凿地曰穴，皆如陶然。"《月令》："其祀中霤。"注："中霤，犹中室也。土主中央而神在室。古者复穴，是以名室为霤云。"疏："复穴者，谓窟居也。古者窟居，随地而造，若平地则不凿，但累土为之。谓之为复，言于地上重复为之也。若高地则凿为坎，谓之为穴。其形皆如陶灶，故《诗》云陶复陶穴是也，故毛云陶其土而复之，陶其壤而穴之。郑云：复者，复于土上凿地曰穴，皆如陶然。故庾蔚云：复谓地上累土为之，穴则穿地也，复穴皆开其上取明，故雨霤之，是以后因名室为中霤也。"案，《诗》疏不甚清晰，故今引《礼》疏似明之。)《孟子》曰："下者为巢，上者为营窟。"《墨子》曰："古者人之始生，未有宫室之时，因陵丘堀穴而处焉。圣王虑之，以为堀穴，曰冬可以辟风寒，逮夏下润湿，上熏烝，恐伤民之气，于是作为宫室而利。"(《节用中》。又《辞过》："子墨子曰：古之民未知为宫室时，就陵阜而居，穴而处，下润湿伤民，故圣王作为宫室。"案，"穴而处"，疑当作堀穴而处。)《吕览》引"子华子曰：丘陵成而穴者安矣"。(先已注"穴而居之"。)《淮南·本经》曰："昔容成氏之时，道路雁行列处，托婴儿于巢上，置余粮于亩首。舜之时，共工振滔水以薄空桑，龙门未开，吕梁未凿，江淮流通，四海溟涬，民皆上丘陵，赴树木。"又曰："逮至衰世，构木为台，积壤而丘处。"《氾论》曰："古者民泽处复穴，(注："复穴，重窟也。一说穴毁堤防，崖岸之中，以为窟室。")冬日则不胜霜雪雾露，夏日则不胜暑蛰蚊虻。圣人作，为之筑土构木，以为宫室，上栋下宇，以蔽风雨，以避寒暑，而百姓安之。"《修务》云："舜作室，筑墙茨屋，辟地树谷，令民皆知去岩穴，各有家室。"所述皆最古之情形也。观此知未有宫室之先，古人居处凡有三法：构木为巢一也，掘地成穴二也，复土使高三也。构木之先，盖猱升树木之顶。陶复陶穴之先，则因乎自然之丘陵。窟穴聚柴薪而居其上，所以避下湿。此筑土为坛之基，(《管子·五辅》："辟田畴，利坛宅。"注："坛，堂基。")复穴皆开其上以取明，则窗之所自始也。茨屋者，法树之枝叶覆蔽也。栋梁，法树之枝干交互也。筑墙，取法乎崖岸之壁立也。《左》襄三十年："郑伯有耆酒，为窟室(注："窟室，地室。")而夜饮酒击钟焉。朝至未已。朝者曰：公焉在？其人曰：吾公在壑谷。"吴公子光之弑王僚也，"伏甲于堀室而享王"，(注："堀地为室。")又"伪足疾入于堀室"。(《左》昭二十七年。)则陶穴之制，春秋时犹有存者矣。(窖地藏粟，亦穴居之遗制。)《吕览·召类》曰:"明堂茅茨蒿柱,士阶三等,以见节俭。"注曰:"茅可覆屋,蒿非柱任也,虽云节俭,实所未闻。"不知此因树为屋,实巢居之遗制也。此不仅开其上以取明,故堂以明称矣。(《考工记·匠人》疏引《孝经纬》援《神契》曰:"得阳气明朗,谓之明堂。"《左》桓二年,臧僖伯曰:"清庙茅屋,昭其俭也。")《大戴记》曰:"周时德泽洽和,蒿茂大,以为宫柱,名蒿宫。"亦以后世事疑古制而强为之说也。(见《盛德篇》。)

近人有神权时代天子居山说,案丘,《说文》古文作㠭,说解曰:"一曰四方高中央下为丘,象形。"又曰:"虚,大丘也。"古四邑为虚。《易·升》九三:"升虚邑。"《诗·鄘风》:"升彼虚矣。"即所谓某某氏之墟,亦即所谓某某氏之丘耳。后世建国,必因山险,盖其遗制。然予谓此制尚稍在后,其初盖居沼泽之中央,藉水以为固,故州洲同字,明堂亦四面环水也。后世筑邑平地,四面为沟以绕之,盖亦其遗制。至能居于平野,则必在不畏毒虫猛兽之时,必又在其后矣。

古代地广人稀,立国之始,皆不啻于旷野之中择地而处之,故其规画易有法度。《王制》曰:"司空执度度地,(注:"度,丈尺也。")居民山川沮泽,时四时,(注:"观寒煖燥湿。")量地远近,(注:"制邑井之处。")兴事任力。"(注:"事谓筑邑庐宿市也。")《管子·乘马》云:"凡立国都,非于大山之下,必于广川之上。高毋近旱,而水用足,下毋近水,而沟防省。因天材,就地利,故城郭不必中规矩,道路不必中准绳。"《管子·八观》又曰:"凡田野万家之众,可食之地,方五十里,可以为足矣。万家以下,则就山泽可矣。万家以上,则去山泽可矣。彼野悉辟而民无积者,国地小而食地浅也。田半垦而民有余食而粟米多者,国地大而食地博也。""国城大而田野浅狭者,其野不足以养其民。城域大而人民寡者,其民不足以守其城。宫营大而室屋寡者,其室不足以实其宫。室屋众而人徒寡者,其人不足以处其室。"《周官》:量人"掌建国之法,以分国为九州，营国城郭，营后宫，量市朝道巷门渠，造都邑亦如之"。（案，此所谓"分国为九州"者，谓分一国之内为九州也。《考工记·匠人》云："九分其国，以为九分，九卿治之。"亦指一国之内。郑注云："分国，定天下之国分也。"其注《匠人》则云："九分其国，分国之职也。"俱非。）皆其事也。

"《书传》云：古者百里之国，九里之城；七十里之国，五里之城；五十里之国，三里之城。注云：玄或疑焉。《周礼》匠人营国，方九里，谓天子之城。今大国九里，则与之同。然则大国七里之城，次国五里之城，小国三里之城为近耳。或者天子实十二里之城，诸侯大国九里，次国七里，小国五里。"（《诗·文王有声》疏。郑《异义驳》主前说，其注《诗》《礼·坊记》《周官·典命》则主后说。）焦氏循曰："《周书·作雒篇》作大邑成周于土中，城方千六百二十丈，计每五步得三丈，每百八十丈得一里，以九乘之，千六百二十丈，与《考工记》九里正合，则谓天子之城九里者是也。《左氏》祭仲谏郑庄公云：都城过百雉，国之害也。大都不过参国之一，中五之一，小九之一。百雉方一里三分里之二，三乘之，为方五里。在郑言郑侯伯之城方五里也。中五之一，方一里。小九之一，方百六十六步有奇。"（《群经宫室图》。）

城之墙曰墉，（《尔雅·释宫》："墙谓之墉。"疏："亦为城。《王制》注云：小城曰附庸。《大雅·皇矣》云：以伐崇墉，义得两通也。"）又于城上为垣，于其中睥睨非常，是曰陴，亦曰堞，亦曰女墙。（《说文》："陴，城上女墙，俾倪也。"又曰："堞，女墙也。"《释名》："城上垣曰睥睨，言于其中睥睨非常也。亦曰陴。陴，俾也，言俾助城之高也。亦曰女墙，言卑小比之于城，若女子之于丈夫也。"）门外有曲城，谓之闉。（《诗·郑风》："出其闉阇。"毛传："闉，曲城也。"《说文》："闉，城内重门也。"《诗》疏云："闉是门外之城，即今之门外曲城是也。"）其上有台曰阇。（《诗·郑风》："出其闉阇。"毛传："阇，城台也。"《尔雅·释宫》："阇谓之台。"）四角为屏以障城，是曰城隅。（《考工记》："王宫门阿之制五雉，宫隅之制七雉，城隅之制九雉。门阿之制，以为都城之制。宫隅之制，以为诸侯之城制。"注："阿，栋也。宫隅城隅，谓角浮思也。雉长三丈，高一丈，度高以高，度广以广。都四百里，外距五百里，王子弟所封。其城隅高五丈，宫隅门阿皆三丈。诸侯，畿以外也，其城隅制高七丈，宫隅门阿皆五丈。"疏："汉时云：东阙浮思灾。言灾，则浮思者，小楼也。按《明堂位》云，疏屏注亦云，今浮思也，刻之为云气虫兽，如今阙上为之矣。则门屏亦有屋覆之，与城隅及阙皆有浮思，刻画为云气并虫兽者也。""按《异义·古周礼说》云：天子城高七雉，隅高九雉。公之城高五雉，隅高七雉。侯伯之城高二雉，隅高五雉，都城之高，皆如子男之城高。"焦氏曰："浮思，《广雅》《释名》《古今注》皆训为门外之屏。城之四角，为屏以障城。城角隐僻，恐奸宄逾越，故加高耳。《诗·邶风·静女》：俟我于城隅。传云：城隅以言高不可逾。笺云：自防如城隅。皆明白可证。疏据汉时浮思灾，以城隅为小楼，非也。《古今注》谓罘罳合板为之，则屏自可灾。"）《公羊》定公十二年《解诂》曰："天子周城，诸侯轩城。轩城者，缺南面以受过也。"《说文》章部："𪓰，古者城阙其南方。"焦氏曰："此盖王宫之制，天子周城，故有皋门。诸侯外朝南无门，即无垣墉，故曰阙其南方也。"

《诗·鸿雁》："之子于垣，百堵皆作。"毛传："一丈为版，五版为堵。"郑笺："《春秋传》曰：五版为堵，五堵为雉，雉长三丈，则版六尺。"疏："板堵之数，经无其事。五板为堵，五堵为雉，定十二年《公羊传》文也。雉长三丈，经亦无文。《古周礼》说雉高一丈，长三丈。《韩诗》说八尺为板，五板为堵，五堵为雉。何休注《公羊》取《韩诗传》云：堵四十尺，雉二百尺，以板长八尺，接五板而为堵，接五堵而为雉也。二说不同，故郑《驳异义》辨之云：《左氏传》说郑庄公弟段居京城，祭仲曰：都城过百雉，国之害也。先王之制，大都不过三国之一，中五之一，小九之一，今京不度，非制也。古之雉制，书传各不得其详。今以《左氏》说郑伯之城方五里，积千五百步也。大都三国之一，则五百步也。五百步为百雉，则知雉五步。五步于度长三丈，则雉长三丈也。雉之度量，于是定可知矣。是郑计雉所据之文也。王愆期注《公羊》云：诸儒皆以为雉长三丈，堵长一丈，疑五误，当为三。如是大通诸儒惟与郑版六尺不合耳。"(《左》隐元年疏："许慎《五经异义》：《戴礼》及《韩诗》说八尺为板，五板为堵，五堵为雉。板广二尺，积高五板为一丈。五堵为雉，雉长四丈。《古周礼》及《左氏》说一丈为板，板广二尺。五板为堵，一堵之墙，长丈高丈。三堵为雉，一雉之墙，长三丈，高一丈。以度其长者用其长，以度其高者用其高也。""贾逵、马融、郑玄、王肃之徒为古学者，皆云雉长三丈，故杜依用之。"○《书传》云："雉长三丈，度高以高，度长以长。"见《匠人》疏。○焦氏云："何休以累八尺者五之，故以堵为四丈。又，累四丈者五之而为雉，故雉长二十丈。百雉长二千丈，二千丈得十一里三分里之二，制且大于王城。"）

《考工记·匠人》云："左祖右社，面朝后市。"注："王宫所居也。"则皆在宫中也。又："内有九室，九嫔居之；外有九室，九卿朝焉。"外九室当在治朝，内九室在内宫之朝也。天子诸侯皆三朝。天子宫之南曰皋门，诸侯曰库门。库门之内为外朝，九棘三槐在焉。其地为万民所可至，故《周官·朝士》曰："凡得获货贿人民六畜者，委于朝，告于士，旬而举之。"《晋语》曰"绛之富商韦藩木楗而过于朝"也。其内为应门，诸侯曰雉门，雉门之内为治朝，"群臣治事之朝"也。(《周官·大宰》注。)"其位司士掌焉，宰夫察其不如仪。"(《周官·宰夫》注。）又其内为路门，路门之内曰燕朝，燕朝之后为六寝，六寝之后为六宫，六寝之后六宫之前为内宫之朝，内九室在焉。(《周官·天官》：宫人"掌王之六寝之修。"注云："路寝一，小寝五。"《内宰》："以阴礼教六宫。"郑司农云："后五前一。"后郑云："妇人称寝曰宫，宫隐蔽之，言后象王立六宫居之。亦正寝一，燕寝五。"）其外则为官府次舍。(《周官·宫正》："以时比宫中之官府，次舍之众寡。"注："官府之在宫中者，若膳夫、玉府、内宰、内史之属，次诸史直宿，若今部署诸庐者，舍其所居寺。"《宫伯》："授八次八舍之职。"注："卫王宫者，必居四角四中，于徼候便也。次谓宿卫所在，舍休沐之处。"《周官·阍人》注："郑司农云：王有五门，外曰皋门，二曰雉门，三曰库门，四曰应门，五曰路门。路门一曰毕门，玄谓雉门三门也。"《礼记·明堂位》："库门，天子皋门；雉门，天子应门。"注："言庙及门如天子之制也。天子五门，皋、库、雉、应、路。鲁有库、雉、路，则诸侯三门与。"清戴震谓天子亦三门，焦循《群经宫室图》从之。）

阙在应门之两旁，即观也。亦曰象魏，为悬法之地。（《天官冢宰》："正月之吉，县治象之法于象魏。"郑司农云："象魏，阙也。"《左》哀三年，司铎火，季桓子御公立于象魏之外。命藏象魏，曰："旧章不可亡也。"）《公羊》昭二十五年："子家驹曰：设两观，乘大路，天子之礼也。"《解诂》："礼，天子诸侯台门，天子外阙两观，诸侯内阙一观。"

	市	市	市	
	六宫			
	六寝			
社	燕朝			祖
	治朝			
	外朝			

《礼记·礼器》曰："天子诸侯台门。"注："阇者谓之台。"疏："两边筑阇为基，上起屋曰台门。"（《郊特牲》："台门而旅树，大夫之僭礼也。"疏："两边起土为台，台上架屋曰台门。"）故乘之可以眺远。（《礼运》："昔者仲尼与于蜡宾，事毕，出游于观之上。"《左》定三年："邾子在门台，临庭。"）"家不台门"，（《礼器》。）而城亦有之。（《诗·郑风》："佻兮达兮，在城阙兮。"正义："《释宫》云：观谓之阙。孙炎曰：宫门双阙，旧章悬焉。使民观之，因谓之观。如《尔雅》之文，则阙是人君宫门，非城之所有。且宫门观阙，不宜乘之候望。此言在城阙焉，谓城之上别有阙，非宫阙也。"）塾在路门之侧，即门闱之学。（《尔雅》："门侧之堂谓之塾。"《考工记》："门堂三之二。"注："门堂，门侧之堂。"）《学记》："古之教者，家有塾。"正义："《周礼》百里之内，二十五家为闾，同共一巷。巷首有门，门边有塾，谓民在家之时，朝夕出入，恒就教于塾。"按秦有闾左之戍。《后汉书·齐王缜传》："使长安中官署及天下乡亭，皆画伯升象于塾，旦起射之。"

则其制至秦汉时犹然矣。

《内则》正义曰："宫室之制，前有路寝，次有君燕寝，次夫人正寝。卿大夫以下，前有适室，次有燕寝，次有适妻之寝。"《公羊》庄三十二年《解诂》曰："天子诸侯，皆有三寝，一曰高寝，二曰路寝，三曰小寝。父居高寝，子居路寝，孙从王父母，妻从夫寝，夫人居小寝。"僖二十年，"五月乙巳，西宫灾。西宫者何？小寝也。小寝则曷为谓之西宫？有西宫则有东宫矣。鲁子曰：以有西宫，亦知诸侯之有三宫也。"《解诂》："礼，夫人居中宫，少在前，右媵居西宫，左媵居东宫，少在后。"此并与《周官》六宫六寝之说异，不可牵合也。（《周官·宫人》注："《玉藻》曰：朝，辨色始入，君日出而视朝，退适路寝听政，使人视大夫，大夫退，然后适小寝释服。是路寝以治事，小寝以时燕息焉。《春秋》书鲁庄公薨于路寝，僖公薨于小寝，是则人君非一寝明矣。"疏："言此者时有不信《周礼》，故引诸文以证之。若然所引者，皆诸侯法。天子六寝，则诸侯当三寝，亦路寝一，燕寝一，侧室一。《内则》所引者是也。"《内则》："妻将生子及月辰，居侧室。"注："侧室谓夹之室，次燕寝也。"疏："夫正寝之室在前，燕寝在后，侧室又次燕寝。"《左氏》："卫庄公取于齐东宫得臣之妹，曰庄姜。"注："得臣，齐太子也。太子不敢居上位，故常处东宫。"疏："四时东为春，万物生长在东；西为秋，万物成就在西，以此君在西宫，太子常处东宫也。或可据《易》象西北为乾，乾为君父，故君在西；东方震，震为长男，故太子在东也。"）路寝之制，前为堂，后为室，堂之左右为两夹，亦曰厢。东厢之东曰东堂，西曰西堂。室之左右为房，其北为北堂。《尔雅·释宫》曰："牖户之间谓之扆，其内谓之家，东西墙谓之序，西南隅谓之奥，（疏："古者为室，户不当中而近东，则西南隅最为深隐，故谓之奥，而祭祀及尊者常处焉。"）西北隅谓之屋漏，（疏："孙炎云：当室之白日光所漏入。"）东北隅谓之宧，（疏："李巡云：东北者阳，始起育养万物，故曰宧。宧，养也。"）东南隅谓之窔。"（注："亦隐暗。"）"室有东西厢曰庙，无东西厢有室曰寝。"则不独宗庙可称庙，故《月令》青阳、明堂、总章、玄堂，皆有太庙之称。（《公食大夫礼》："宰夫筵出自东房。"注："天子、诸侯左右房。"疏："若大夫、士直有东房而已。"《诗·斯干》："筑室百堵，西南其户。"笺云："此筑室者，谓筑燕寝也。""天子之寝，有左右房，西其户者，异于一房者之室户也。"疏曰："天子之燕寝，即诸侯之路寝。""既有左右，则室在当中，故西其户者，异于一房者之室户也。大夫以下无西房，惟有一东房，故室户偏东，与房相近，此户正中，比之为西其户矣。知大夫以下止一房者，以《乡饮酒义》云：尊于房户之间，宾主共之。由无西房故，以房与室户之间为中也。"又《伯兮》："焉得谖草，言树之背。"传曰："背，北堂也。"疏："《士昏礼》云：妇洗在北堂，《有司彻》云：致爵于主妇，主妇北堂。注皆云：北堂，房半以北为北堂。堂者，房室所居之地，总谓之堂。房半以北为北堂，房半以南为南堂也。"《士昏礼》疏曰："房与室相连为之，房无北壁，故得北堂之名。"）

《尔雅·释宫》曰："两阶间谓之乡，（注："人君南乡当阶间。"）中庭之左右谓之位，（注："群臣之侧位也。"）门屏之间谓之宁，（注："人君视朝所宁立处。"）屏谓之树。"（注："小墙当门中。"）《礼纬》曰："天子外屏，诸侯内屏，大夫以帘，士以帷。"（《郊特牲》疏引，亦见《荀子大略》。《曲礼》:"帷薄之外不趋。"《释文》:"帷,幔也。薄,廉也。")《尔雅·释宫》疏曰:"《郊特牲》云旅树,郑注云:旅,道也。屏谓之树,树所以蔽行道。以此推之,则诸侯内屏在路门之内,天子外屏在路门之外,而近应门者矣。"

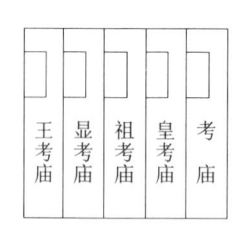

王考庙	显考庙	祖考庙	皇考庙	考庙

《聘礼》:"公揖,入每门,每曲揖。"疏曰:"诸侯三门:皋、应、路。则应门为中门,左宗庙,右社稷,入大门东行,即至庙门,其间得有每门者。诸侯有五庙,太祖之庙居中,二昭居东,二穆居西。庙皆别门。门外两边,皆有南北隔墙,隔墙中夹通门。若然祖庙已西,隔墙有三,则阁门亦有三。东行经三门,乃至太祖庙门,中则相逼,入门则相远。是以每门皆有曲,有曲即相揖,故每曲揖也。"(《匠人》疏:"按《祭义》注云:周尚左。桓二年,取郜大鼎,纳于大庙。何休云:质家右宗庙,尚亲亲,文家左宗庙,尚尊尊,义与此合。按刘向《别录》云:路寝在北堂之西,社稷宗庙在路寝之西。又云:左明堂辟雍,右宗庙社稷,皆不与礼合,郑皆不从之矣。")

《尔雅·释宫》曰:"阇谓之台,(注:"积土四方。"疏:"即下云四方而高者也。")有木者谓之榭。"(注:"台上起屋。")又曰:"室有东西厢曰庙,无东西厢有室曰寝,无室曰榭。(注:"榭,今之堂堭。"疏:"《春秋》宣十六年夏,成周宣榭火。杜预云:宣榭,讲武屋。引此文,无室曰榭,谓屋歇前,然则榭有二义,一者台上构木曰榭,上云有木曰榭,及《月令》云可以处台榭是也。二屋歇前无壁者名榭,其制如今厅事也。""堂堭即今殿也,殿亦无室。"○《左》疏:"歇前者,无壁也,如今厅是也。")四方而高曰台,陕而修曲曰楼。"(疏:"凡台上有屋狭长而屈曲者曰楼。")按室所以居,台"所以观望",(《尔雅》疏引李巡之言。)榭所以讲武。(《楚语》:"榭不过讲军实,台不过望氛祥。")当时建筑,大率有此三种。《孟子·尽心》:"孟子之滕,馆于上宫。"注:"上宫,楼也。孟子舍止宾客所馆之楼上也。"

则即以为今之楼，似非。《汉书·郊祀志》："济南人公玉带上黄帝时明堂图。明堂中有一殿，四面无壁，以茅盖，通水，水圜宫垣。为复道，上有楼，从西南入，名曰昆仑。"此即《尔雅》所谓榭及楼也。

城之外为郭，亦曰郛。郭以内为郊，郊称国中。其外则为鄙，亦曰野。（《齐语》："参其国而伍其鄙。"韦昭注："国，郊以内也。鄙，郊以外也。"《孟子》："请野九一而助，国中十一使自赋。"《乡大夫》："国中自七尺以及六十，野自六尺以及六十有五，皆征之。"注："国中，城郭中也。"《遂人》："掌邦之野。"注："郊外曰野。"以为甸稍县都。然则近郊远郊为国中，甸稍县都为野。遗人掌郊里之委积，野鄙之委积，县都之委积，则野者亦遂之名也。《公羊》桓公十一年："古者郑国处于留，先郑伯有善于郐公者，通乎夫人，以取其国而迁郑焉，而野留。"《解诂》："野，鄙也。"郑注《周官·大司徒》引此作："迁郑焉而鄙留。"则野鄙一义也。〇《小司徒》："稽国中及四郊都鄙之夫家。"《载师》："以廛里任国中之地。"《质人》："国中一旬，郊二旬，野三旬。"此城中曰国，城外曰郊。〇《左》襄二十六年："卫人侵戚东鄙，晋戍茅氏。"是大夫采地有鄙也。襄十五年："齐侯围成，于是乎城成郭。"昭二十五年，楚子"使熊相禖郭巢，季然郭卷"。定八年："公侵齐，攻廪丘之郭。"哀三年："赵鞅围朝歌，荀寅伐其郭。"四年："城西郭。"十年，晋伐齐，"取犁及辕，毁高唐之郭。"此皆野鄙中采邑之郭也。）郭门即郊门。（《费誓序》："东郊不开。"疏："诸侯之制于郊有门。"《孟子》："臣闻郊关之内。"赵注："齐四境之郊皆有关。"疏："盖四郊之门也。"郑注《月令》：九门：路门也，应门也，雉门也，库门也，皋门也，城门也，近郊门也，远郊门也，关门也。言郊门而不言郭门，则郑固以郊门为郭门，但谓郊门有二。《左》庄二十八年："子元以车六百乘伐郑，入于桔柣之门。众车入自纯门，及逵市。县门不发，楚言而出。"杜注："桔柣，郑远郊之门也。纯门，郑外郭门也。"盖以近郊门为郭门，实则郊之名分远近，而郭处其中，谓之郊门，郊非别有门也。纯门、桔柣之门，皆郑南郭门，于楚为近，故楚之伐郑，或入纯门，或入桔柣之门耳。郊门为郭，郭外为鄙，春秋之例，曰侵某鄙、伐某鄙者，皆未入郭也。入郭则曰入某郭，入城则直曰入，不闻有入远郊门之例也。）更其外则有关。（《地官·司关》："每关下士二人。"注："关，界上之门。"《仪礼·聘礼》："宾及竟，乃谒关入。"）郭依山川为之，非如城四面有垣，（《周书·作雒解》："作大邑成周于土中，城方千六百二十丈，郭方七十二里，南系于雒水，北因于郏山，以为天下之大凑。"孔晁注："郭，郭也。系、因，皆连接也。"）关亦然，故其所在不必真为两国之界。（《左》昭二十二年："王师败绩于前城。"服虔云："即泉戎，地在伊阙南。"定六年，郑伐阙外。杜预注：阙外，周邑，蓄伊阙外之邑。然则周以伊阙险临设关，谓之阙塞。阙塞之外，未尝无邑也。成二年，齐侯入徐关。十七年，高弱叛卢，庆克围之。国佐杀克，以谷叛。齐侯与之盟于徐关。是齐关外尚有卢、谷等邑。昭五年，孟仲之子杀竖牛于塞关之外。此齐鲁分界之关，关外即齐。若襄十七年："齐侯伐我北鄙，围桃。高厚围臧纥于防。师自阳关逆臧孙，至于旅松。"则桃与防皆在阳关外也。）秦始皇筑长城，盖郭制，故其功易成，关则设险之始也。（此节据《群经宫室图》。）

古今聚讼纷如者，莫如明堂。而近代王静庵因此而发明古代宫室之通制，此实今人明于进化之理，故其所见能突过古人也。今节录王氏所撰《明堂庙寝通考》如下：

宫室恶乎始乎？《易传》曰：上古穴居而野处，后世圣人易之以宫室。穴居者，穿土而居其中，野处则复土于地而居之，《诗》所谓"陶复陶穴"者是也。（《说文》：窦，地室也。）常是之时，唯有室而已，而堂与房无有也。初为宫室时亦然。故室者，宫室之始也。后世弥文而扩其外而为堂，扩其旁而为房，或更扩堂之左右而为箱、为夹、为个，（三者异名同实。）然堂后及左右房间之正室，必名之曰室。此名之不可易者也。故通言之，则宫谓之室，室谓之宫；析言之，则所谓室者，必指堂后之正室，而堂也、房也、箱也，均不得蒙此名也。

我国家族之制古矣，一家之中，有父子，有兄弟，而父子兄弟又各有其匹偶焉。即就一男子言，而其贵者，有一妻焉，有若干妾焉。一家之人，断非一室所能容，而堂与房又非可居之地也。故穴居野处时，其情状余不敢知。其既为宫室也，必使一家之人，所居之室，相距至近，而后情足以相亲焉，功足以相助焉。然欲诸室相接，非四阿之屋不可。四阿者，四栋也。为四栋之屋，使其堂各向东西南北于外，则四堂后之四室，亦自向东西南北而凑于中庭矣。此置室最近之法，最利于用，而亦足以为观美。明堂、辟雍、宗庙、大小寝之制，皆不外由此而扩大之、缘饰之者也。

明堂之制，本有四屋、四堂相背于外，其左右各有个，故亦可谓之十二堂。堂后四室相对于内，中央有太室，是为五室。太室之上为圆屋以覆之，而出于四屋之上，是为重屋。其中除太室为明堂、宗庙特制外，余皆与寻常宫室无异。其五室四堂，四旁两夹，四阿重屋，皆出于其制度之自然。不然则虽使巧匠为之，或烦碎而失宜，或宏侈而无当，而其堂与室终不免穷于位置矣。

四堂四室，两两对峙，则其中有广庭焉。庭之形正方，其广袤实与一堂之广相等。《左氏传》所谓埋璧于太室之庭，《史记·封禅书》载申公之言曰：黄帝接万灵明庭，盖均谓此庭也。此庭之上，有圆屋以覆之，故谓之太室。太室者，以居四室之中，又比四室绝大，故得此名。太者，大也。其在《月令》则谓之太庙太室。此太庙者，非中央别有一庙，即青阳、明堂、总章、玄堂之四太庙也。太庙之太，对左右个而言；太室之太，对四室而言。太室居四堂四室之中，故他物之在中央者，或用以为名。嵩高在五岳之中，故古谓之太室，即以明堂太室之名名之也。

古之燕寝，有东宫，有西宫，有南宫，有北宫。其南宫之室谓之适室，（士以下无正寝，即以燕寝之南宫为正寝。）北宫之室谓之下室，东西宫之室则谓之侧室。四宫相背于外，四室相对于内，与明堂、宗庙同制，其所异者，唯无太室耳。何以言之？《公羊》僖二十年传：西宫灾。西宫者，小寝也。小寝则曷谓之西宫？有西宫则有东宫矣。鲁子曰：以有西宫，亦知诸侯之有三宫也。何休注：礼，夫人居中宫，少在前，右媵居西宫，左媵居东宫，少在后。然《丧服传》言：大夫、士、庶人之通制，乃有四宫。《传》曰：昆弟之义无分，故有东宫，有西宫，有南宫，有北宫，异居而同财。诸侯三宫，每宫当有相对之四屋。至士、庶人四宫，当即此相对之四屋之名。《内则》所谓自命士以上，父子皆异宫，殆谓是也。《士丧礼》云：死于适室。又云：朔月若荐新，则不馈于下室。《丧大记》：大夫世妇卒于适寝，内子未命，则死于下室，迁尸于寝。此适室、下室两两对举，则适室、下室为南北相对之室矣。适室、下室苟为南北相对之室，则侧室当为东西相对之室。《内则》：妻将生子及月辰，居侧室是也。又云：庶人无侧室者，及月辰，夫出居群室，（群室，当谓门塾之室。）则或以东西宫之室，为昆弟所居，或以仅有南乡一屋而已

然则燕寝南北东西四宫，何以知其非各为一宫，而必为相对之四屋乎？曰以古宫室之中霤知之也。中霤一语，自来注家皆失其解。《释名》：室中央曰中霤。古者覆穴后室之霤，当今之栋下直室之中。郑注《月令》亦曰：中霤，犹中室也。古者复穴，是以名室为霤云。正义引庾蔚之云：复穴皆开其上取明，故雨霤之，是以后因名室为中霤。郑又云：祀中霤之礼，主设于牖下。（正义以此为郑引《逸中霤礼》文。）正义申之曰：开牖象霤，故设主于牖下也。余谓复穴雨霤，其理难通，开牖象霤，义尤迂曲。其实中霤者，对东西南北四霤言之，而非四屋相对之宫室，不能兼有东西南北四霤及中霤也。案《燕礼》：设洗当东霤。（郑注：当东霤者，人君为殿屋也。正义云：

汉时殿屋四向注水，故引汉以况周。）《乡饮酒礼》：磬阶间缩霤，北面鼓之，此南霤也。凡四注屋有东西南北四霤，两下屋有南北二霤，而皆不能有中霤。今若四屋相对，如明堂之制，则无论其为四注屋或两下屋，凡在东者皆可谓之东霤，在西者均可谓之西霤，南北放此。若夫南屋之北霤，北屋之南霤，东屋之西霤，西屋之东霤，将何以名之哉？虽欲不谓之中霤，不可得也。其地在宫室之中，为一家之要地，故曰家主中霤而国主社。然则此说于古有征乎？曰有。《檀弓》曰：掘中霤而浴，毁灶以缀足，殷道也，学者行之。案《士丧礼》，浴时甸人掘坎于阶间，少西，巾柶鬠蚤埋于坎。周人所掘既在阶间，则殷人所掘之中霤必在室外，而不在室内矣。《说文·广部》：廰，中庭也。按古文但有廷字，后世加广作庭，义则无异。

明堂图

	房 右 个	室 玄 堂 太 庙	房 左 个	
房 右 个 总 章 太 庙	房 右 个	太 室	房 左 个	房 左 个 青 阳 太 庙
	房 右 个	室 明 堂 太 庙	房 左 个	

古书所言宫室之制，皆前堂而后室，与今人屋室不同。《汉书·晁错传》言："臣闻古之徙远方以实广虚也，先为筑室，家有一堂二内，门户之闭。"张晏曰："二内，二房也。"此则与今人之居室同。《史记·孔子世家》："故所居堂弟子内，后世因庙藏孔子衣冠琴车书。"盖改一堂二内之室为庙寝之制也，疑古平民之居皆如是。

《儒行》曰:"儒有一亩之宫,环堵之室,筚门圭窬,蓬户瓮牖。"(注:"五版为堵,五堵为雉。筚门,荆竹织门也。圭窬,门旁窬也,穿墙为之如圭矣。"疏:"一亩,谓径一步长百步为亩。若折而方之,则东西南北各十步为宅也。墙方六丈,故曰一亩之宫。宫谓墙垣也。环堵之室者,环谓周回也,东西南北惟一堵。""蓬户,谓编蓬为户,又以蓬塞门,谓之蓬户。瓮牖者,谓牖窗圆如瓮口也。又云:以败瓮口为牖。"《释文》:"方丈为堵。筚门,杜预云:柴门也。圭窬,杜预云:小户也,上锐下方,状如圭形也。")《左》襄十七年:宋子罕曰:"吾侪小人,皆有阖庐,以辟燥湿寒暑。"注:"阖谓门户闭塞。"疏:"《月令》:仲春修阖扇。郑玄云:用木曰阖,用竹苇曰扇,是阖为门扇,所以闭塞庐舍之门户也。"观此可略知古代平民居室之情形。

《月令》:季秋,"乃命有司曰:寒气总至,民力不堪,其皆入室"。《诗·七月》:"十月蟋蟀入我床下,穹窒熏鼠,塞向墐户。嗟我妇子,曰为改岁,入此室处。"(毛传:"穹,穷;窒,塞也,向北出牖也。墐,涂也,庶人筚户。"疏:"《月令》孟冬命有司闭塞而成冬。此经穹窒墐户文在十月之下,亦当以十月塞涂之矣。")《公羊》宣十五年《解诂》:"在田曰庐,在邑曰里。""吏民春夏出田,秋冬入保城郭。""五谷毕入,民皆居宅,里正趋缉绩。""作从十月,尽正月止。"《尧典》春言"厥民析",冬言"厥民隩"。古人除风雨寒暑,蛰处室中之时甚少也。

《周官·天官·掌舍》:"掌王之会同之舍,设梐枑再重,(注:"杜子春云:梐枑为行马。"按,谓交互设木,以资守卫也。)设车宫、辕门,(注:"谓王行止宿阻险之处,备非常。次车以为藩,则仰车以其辕表门。")为坛壝宫,棘门,(注:"谓王行止宿平地,筑坛,又委壝土起堳埒以为宫。郑司农云:棘门,以戟为门。杜子春云:棘门,或为材门。"疏:"闵二年,卫文公居楚丘。国家新立,齐桓公共门材,先令竖立门户,故知棘门亦得为材门,即是以材木为门也。")为帷宫,设旌门。(注:"谓王行昼止,有所展肆,若食息,张帷为宫,则树旌以表门。")无宫,则共人门。"(注:"谓王行有所逢遇,若住游观，陈列周卫，则立长大之人以表门。"）此古人行道止舍之法也。

《考工记》："匠人建国，水地以县。（注："于四角立植，而县以水，望其高下。高下既定，乃为位而平地。"疏："此经说欲置国城，先当以水平地，欲高下四方皆平，乃始营造城郭也。云于四角立植而县者，植即柱也。于造城之处，四角立四柱而县，谓于柱四畔县绳以正柱。柱正，然后去柱，远以水平之法，遥望柱高下定，即知地之高下。然后平高就下，地乃平也。"）置槷以县，眡以景。（注："于所平之地中央，树八尺之臬以县正之。眡之以其景，将以正四方也。"疏："置槷者，槷亦谓柱也。云以县者，欲取柱之景，先须柱正。欲须柱正，当以绳县而垂之，于柱之四角四中，以八绳县之。其绳皆附柱，则其柱正矣。然后眡柱之景，故曰眡以景也。"）为规，识日出之景，与日入之景。（注："日出日入之景，其端则东西正也。又为规以识之者，为其难审也。自日出而画其景端，以至日入，既则为规，测景两端之内规之规，交之乃审也。度两交之间，中屈之以指臬，则南北正。"）昼参诸日中之景，夜考之极星，以正朝夕。"笃公刘之诗曰："陟则在巘，复降在原。"（笺云："公刘之相此原地也，由原而升巘，复下而在原，言反复之，重居民也。"）又曰："逝彼百泉，瞻彼溥原。乃陟南冈，乃觏于京。"（笺云："往之彼百泉之间，视其广原可居之处，乃升其南山之脊，乃见其可居者于京，谓可营立都邑之处。"）又曰："既溥既长，既景乃冈，相其阴阳，观其流泉。度其夕阳，豳居允荒。"（笺云："既广其地之东西，又长其南北，既以日景定其经界于山之脊，观相其阴阳寒暖所宜，流泉浸润所及，皆为利民富国。"）可以见古人建筑之术。

《淮南子·本经训》云："古者明堂之制，下之润湿弗能及，上之雾露弗能入，四方之风弗能袭，土事不文，木工不斲。""堂大足以周旋理文，静洁足以享上帝，礼鬼神，以示民知俭节。"又谓："凡乱之所由生者，皆在流遁。"流遁之所生者五。一曰遁于木，二曰遁于水，三曰遁于土，皆言宫室之日侈。四曰遁于金，五曰遁于火，则言饮食器用之日侈，亦与宫室之侈骈进者也。观此可知建筑之日精，亦可知侈欲之日甚。按，古称尧茅茨土阶，禹卑宫室。春秋时晋文无观台榭。(《左》襄三十一年。)宋向戌见孟献子之室，美而尤之。(《左》襄十五年："宋向戌来聘，且寻盟。见孟献子，尤其室，曰：子有令闻，而美其室，非所望也！对曰：我在晋，吾兄为之，毁之重劳，且不敢间。")齐景公欲更晏子之室，而晏子不可。(《左》昭三年："景公欲更晏子之宅，曰：子之宅近市，湫隘嚣尘，不可以居，谓更诸爽垲者。辞曰：君之先臣容焉，臣不足以嗣之，于臣侈矣。且小人近市，朝夕得所求，小人之利也。敢烦里旅？""及晏子如晋，公更其宅，反则成矣。既拜，乃毁之而为里室，皆如其旧。则使宅人反之。且谚曰：非宅是卜，惟邻是卜。二三子先卜邻矣，违卜不祥。君子不犯非礼，小人不犯不祥，古之制也。吾敢违诸乎？卒复其旧宅。公弗许。因陈桓子以请，乃许之。"○"而为里室，皆如其旧。"注："本坏里室以大晏子之宅，故复之。")"子谓卫公子荆：善居室。始有，曰：苟合矣。少有，曰：苟完矣。富有，曰：苟美矣。"(《论语·子路》。)此等美德，犹有存者。然以大概言之，则好奢侈者为多。其见于故记者，桀、纣有琁室瑶台，象廊玉床，肉圃酒池，此或传言之过。然晋"铜鞮之宫数里，而诸侯舍于隶人"。(《左》襄三十一年。)齐"高台深池，宫室日更"。(《左》昭二十年。)吴夫差"次有台榭陂池"。(《左》哀元年楚子西之言。子西又云："昔阖庐食不二味，居不重席，室不崇坛，器不彤镂，宫室不观，舟车不饰，衣服财用，择不取费。")则皆事实矣。其宫室之名可考者，齐宣王有大室，(《吕览·骄恣》。)又有雪宫，(《孟子·梁惠王》。)威王有瑶台；(《说苑》。)晋有虒祁之宫；(《左》昭八年。)梁惠王有范台；(《战国策》。)燕昭王有黄金台；楚有章华之台，(《国语》。)又灵王作乾豀之台，三年不成；(《公羊》昭十三年。襄王有兰台、阳台，见宋玉赋。)吴有姑苏之台。甚者如梁伯好土功而亡其国，其风气亦可见矣。

　　古人最好作台，盖时无楼，台所乘者高，所望者远也。然其劳民力尤甚。《公羊》庄三十一年："春，筑台于郎。何以书？讥。何讥尔？

临民之所漱浣也。""筑台于薛。何以书？讥。何讥尔？远也。""秋，筑台于秦。何以书？讥。何讥尔？临国也。"《解诂》曰："礼，天子外屏，诸侯内屏，大夫帷，士帘，所以防泄慢之渐也。礼，天子有灵台，以候天地，诸侯有时台，以候四时。登高远望，人情所乐，动而无益于民者，虽乐不为也。"（疏云："皆《礼说》文也。"）又曰："礼，诸侯之观不过郊。"盖能守是制者，鲜矣！文十六年："毁泉台。泉台者何？郎台也。郎台则曷为谓之泉台？未成为郎台，既成为泉台。毁泉台何以书？讥。何讥尔？筑之讥，毁之讥。先祖为之，已毁之，不如勿居而已矣。"《解诂》曰："但当勿居，令自毁坏。"盖毁之则重劳，故与筑皆讥也。

苑囿盖就天然景物，施以厉禁，犹美之黄石公园也。何君云："天子囿方百里，公侯十里，伯七里，子男五里，皆取一也。"（《公羊》成十八年《解诂》。疏：《孟子》文、《司马法》亦云也。○徐邈说同，见《谷梁》范注。）《白虎通》云："天子百里，大国四十里，次国三十里，小国二十里。"《诗·灵台》毛传云："天子百里，诸侯三十里。"《孟子》："齐宣王问曰：文王之囿方七十里，有诸？孟子对曰：于传有之。曰：若是其大乎？曰：民犹以为小也。曰：寡人之囿方四十里，民犹以为大，何也？曰：文王之囿方七十里，刍荛者往焉，雉兔者往焉，与民同之。民以为小，不亦宜乎？臣始至于境，问国之大禁，然后敢入。臣闻郊关之内有囿方四十里，杀其麋鹿者如杀人之罪，则是方四十里为阱于国中。民以为大，不亦宜乎？"（《孟子·梁惠王下》。）又言："尧舜既没，圣人之道衰，暴君代作，坏宫室以为污池，民无所安息。弃田以为园囿，使民不得衣食。"（《孟子·滕文公下》。）知以此厉民者颇多。（《天官·叙官·阍人》："王宫每门四人，囿游亦如之。"注："囿，御苑也。游，离宫也。"疏："此离宫即囿游之兽禁，故彼郑云：谓囿之离宫小苑观处也。"《诗序》："驷驖，美襄公也，始命有田狩之事，园囿之乐焉。"疏："有蕃曰园，有墙有囿，园囿大同，蕃墙异耳。囿者，域养禽兽之处。其制诸侯四十里，处在于郊。《灵台》云：王在灵囿。郑《驳异义》引之云：三灵辟雍，在郊明矣。孟子对齐宣王云：臣闻郊关之内有囿焉，方四十里，是在郊也。园者，种菜殖果之处，囚在其内，调习车马，言游于北园，盖近在国北。《地官·载师》云：以场圃任园地，明其去国近也。")

古代田里，皆掌于官。故《王制》曰："田里不粥，墓地不请。"《孟子·滕文公上》："有为神农之言者许行，自楚之滕，踵门而告文公曰：远方之人，闻君行仁政，愿受一廛而为氓。文公与之处。"《檀弓》："季子皋葬其妻，犯人之禾。申祥以告，曰：请庚之。子皋曰：以吾为邑长于斯也。买道而葬，后难继也。"《管子·问》篇："问死事之孤，其未有田宅者有乎？士之有田而不使者几何人？吏恶何事？士之有田而不耕者几何人？身何事？君臣有位而未有田者几何人？外人之来从而未有田宅者几何家？官承吏之无田饩而徒理事者几何人？问士之有田宅身在陈列者几何人？"《孟子》赵注说五亩之宅云："庐井邑居各二亩半以为宅。"即《公羊》宣十五年《解诂》所谓一夫一妇，受田百亩，公田二亩，庐舍二亩半，秋冬入保城郭，"一里八十户，八家共一巷"者也。贫无立锥之地，盖古所无有矣。(《礼记·檀弓》："曾子与客立于门侧。其徒趋而出，曾子曰：尔将何之？曰：吾父死，将出哭于巷。曰：反哭于尔次。"注："次，舍也。礼，馆人使专之，若其自有然。")

古代营建，皆役人民，故最谨于其时。《月令》仲秋曰："凡举大事，毋逆大数，必顺其时，慎因其类。"注："事谓兴土功，合诸侯，举兵众也。"《左》庄二十九年："凡土功，龙见而毕务，戒事也。(注："谓今九月，周十一月。")火见而致用，(注："致，筑作之物。"疏："十月之初。")水昏正而栽，(注："谓今十月。")日至而毕。"(注："日南至，微阳始动，故土功息。")僖二十年："凡启塞从时。"(注："门户道桥谓之启，城郭墙堑谓之塞，皆官民之开闭，不可一日而阙，故特随坏时而治之。")《月令》季春曰："是月也，命司空曰：时雨将降，下水上腾，循行国邑，周视原野，修利堤防，道达沟渎，开通道路，毋有障塞。"季夏曰："不可以兴土功,不可以合诸侯,不可以起兵动众。毋举大事,以摇养气。(注:"大事,兴徭役以有为。")毋发令而待,以妨神农之事也。(注:"发令而待,谓出徭役之令,以预惊民也。")水潦盛昌,神农将持功。举大事则有天殃。"孟秋曰:"命百官始收敛。完堤坊,谨壅塞,以备水潦。修宫室,坏墙垣,补城郭。"仲秋曰:"是月也,可以筑城郭,建都邑,穿窦窖,修囷仓。"(注:"为民将入,物当藏也。穿窦窖者,入地。隋曰宝,方曰窖。《王居明堂礼》曰:仲秋命庶民毕入于室,曰:时杀将至,毋罹其灾。")孟冬曰:"命有司曰:天气上腾,地气下降,天地不通,闭塞而成冬。(注:"使有司助闭藏之气,门户可闭闭之,窗牖可塞塞之。")命百官谨盖藏。命司徒循行积聚,无有不敛。坏城郭,戒门闾,修键闭,慎管籥,固封疆,备边竟,完要塞,谨关梁,塞溪径。"仲冬曰:"是月也,命奄尹,申宫令,审门闾,谨房室,必重闭。""命有司曰:土事毋作,慎毋发盖,毋发室屋,及起大众,以固而闭,地气沮泄,是谓发天地之房。诸蛰则死,民必疾疫,又随以丧,命之曰畅月。""涂阙廷门闾,筑囹圄,此所以助天地之闭藏也。"皆可见古人用民力之法也。(《公羊》庄二十九年:"春,新延厩。新延厩何?修旧也。修旧不书,此何以书?讥。何讥尔?凶年不修。")

《左》宣十一年:"令尹艻艾猎城沂,使封人虑事,(注:"封人,其时主筑城者。"正义:"《周礼·封人》:凡封国封其四疆,造都邑之封域者亦如之。《大司马》:大役与虑事,受其要,以待考而赏诛。郑玄曰:虑事者,封人也,于有役司马与之。属赋丈尺,与其用人数也。是封人主造城邑,计度人数。")以授司徒。(注:"司徒掌役。")量功命日,分财用,(注:"财用,筑作具。")平板干,(注:"干,桢也。"正义:"《释诂》云:桢,翰干也。《舍人》曰:桢,正也,筑墙所立两木也。翰所以当墙两边障土者也。彼桢为干,故谓干为桢,谓墙之两头立木也。板在两旁卧障土者,即彼文干也。平板干者,等其高下使城齐也。")称畚筑,(注:"量轻重。")程土物,(注:"为作程限。"正义:"畚者,盛土之器。筑者,筑土之杵。《司马法》辇车所载二筑是也。称畚筑者,量其轻重,均负土与筑者之力也。程土物，谓锹钁畚舆之属，为作程限备豫也。"）议远迩，略基趾，具糇粮，度有司，（注："谋监主。"）事三旬而成，不愆于素。"昭三十二年："士弥牟营成周，计丈数，揣高卑，度厚薄，仞沟洫，（注："度深曰仞。"）物土方，（注："物，相也。相取土之方面远近之宜。"）议远迩，量事期，计徒庸，虑财用，书糇粮，以令役于诸侯，属役赋丈，（注："付所当城丈尺。"）书以授师，（注："师，诸侯之大夫。"）而效诸刘子。韩简子临之，以为成命。"此两事可见古代属役之法也。

古代用民，能守定法者盖寡，虽周公作洛，犹不依常时，（见《诗·定之方中》疏，《周官》"惟王建国，辨方正位"注。）且有期之甚促者。（韩氏城新城，期十五日而成，见《吕览·开春》。）故虽以华元为植，犹为城者所讴，（《左》宣二年注："植，将主也。"正义："《周礼》大司马'大役属其植'。郑司农云：植谓部曲将吏。"）甚有如梁伯之好土功以亡其国者。（《左》僖十八年："梁伯益其国而不能实也，命曰新里，秦取之。""十九年春，遂城而居之。""初，梁伯好土功，亟城而弗处，民罢而弗堪。则曰：某寇将至。乃沟公宫，曰：秦将袭我。民惧而溃，秦遂取梁。"）故《公羊》谓"城当稍稍修葺，大崩大城"，《谷梁》且有"凡城皆讥"之说。楚子囊遗言"城郢君子称其患"，（《左》襄十四年注曰："楚徙都郢，未有城郭。公子燮、公子仪因筑城为乱，事未得讫。子囊欲讫而未暇，故遗言见意。"）而子常城郢，遂招沈尹戌之诮。（《左》昭二十三年。）《谷梁》亦讥畏三家而城中城为外民，（《谷梁》定六年："冬，城中城。城中城者，三家张也。或曰：非外民也。"注："三家侈张，故公惧而修内城。讥公不务德政，恃城以自固。"）岂谓城不足恃哉？城成而民叛，则将委而去之，是以君子重惜民力耳。

《日知录》曰："读孙樵《书褒城驿壁》，乃知其有沼、有鱼、有舟。读杜子美《秦州杂诗》，又知其驿之有池、有林、有竹。今之驿舍，殆于隶人之垣矣。予见天下州之为唐旧治者，其城郭必皆宽广，街道必皆正直；廨舍之为唐旧创者，其基址必皆宏敞。宋以下所置，时弥近者制弥陋。此又樵记中所谓州县皆驿,而人情之苟且十百于前代矣。前明所以百事皆废者,正缘国家取州县之财,纤毫尽归之于上,而吏与民交困,遂无以为修举之资。延陵季子游于晋,曰:'吾入其都,新室恶而故室美,新墙卑而故墙高,吾是以知其民力之屈也,又不独人情之苟且也。'汉制,官寺、乡亭漏败,墙垣阤坏不治者,不胜任,先自劾。古人所以百废俱举者,以此。"此言自有至理。予谓自役法坏,一切皆须出于和雇,亦财力所由诎也。古之役法,自不可复,然地方公共建设等,亦不妨借民力为之,人民有时出财难,出力易,赋税固当多其途以征之也。或谓古分工不精,故人民皆能从事于木工,今即不然,役民安能集事乎?不知工程有凡人所能为者,有不然者,非凡人所能为者,自无从役民为之,而不然者,固无妨借用其力也。《论衡·量知》曰:"能斫削柱梁谓之木匠,能穿凿穴坫谓之土匠。"则汉世土木,各有专工,然如筑长安城等,亦未尝不役民为之也。

古代各国宫室,盖大同而小异。所以大同者,以古代诸国多汉族所分封,其文明之原同也。然不能无少异。故鲁襄归自楚而作楚宫,秦破六国,亦写放其宫室作之关中也。秦汉而后,合神州为一大国,生计技巧,自当日有进步。建筑之闳大奇丽者甚多,举其最著者,如秦有阿房,汉初有未央,武帝有建章之宫、柏梁之台。是时外戚邸第尤侈。(参看《汉书·元后传》《后汉书·梁冀传》。)王莽信方士起八风台,台成万金。(见《汉书·郊祀志》。)文帝欲作露台,惜百金为中人之家之产而不为,莽一台费中人千家之产矣。后世侈君暴主,竭民力以筑城郭者,如赫连勃勃之于统万;营宫室者,如陈后主之临春、结绮、望春三阁,隋炀帝之西苑,宋徽宗之艮岳,清代之圆明、颐和两园,皆朘万民之膏血为之,而大都付之兵火,亦可哀已。

我国自古以卑宫室为美谈,事土木为大戒,汰侈已甚,虽帝王亦有所顾忌,况平民乎?以故崇闳壮丽之建筑,较他国为少。私家之有园林者,征诸书史，一若其数甚多，实则以中国之广土众民，有此数殊不足为多也。其稍近华侈者，厥惟二氏之居，以神教致人之力甚大，虽迷信不深究，犹取精而用弘也。大抵道家之建筑名曰观，佛家之建筑名曰寺，多在名山绝壑，风景胜处，其点缀美景，实不少也。且以其不在城市之中，形要之地，故其毁于兵火转较帝王之宫殿、人间之园林稍难。（佛教东来印度，建筑之法，亦有随之输入者，塔其一也。今未能一一详考。〇古代建筑之高者曰华表，特取其为表识而已。《古今注》谓华表之设，原于尧设诽谤之木，可以想见其体制。）

我国建筑所以不能持久者，有一大原因焉，曰用木材多，用石材少也。盖木屋易火，毛奇龄《杭州治火议》曰：杭州多火灾，岁必数发，发必延数里，且有蹈火以死者。予傲杭之前一年，相传自盐桥至羊市，纵横十余里，其为家约六万有余，死者若干人。予虽未亲见，顾燋烂犹在目也。乃不数年，而自孩儿巷至菜市东街，与前略相等。予所傲住房已亲见入烟焰中，其他则时发时熄，不可胜计。以询居人，即中年者，亦必答曰：予生若干次矣。其最徼幸可喜，亦必树一指曰：惭愧，已一次矣。从未有云无有者。顷者，黄中堂门楼偶不戒，而五人齐死一楼，不得下。逾日而藩司东街又复延熳里许，焚烧数百家。又逾日而太平门外忽燻焰蔽天，不知所究竟，今则褚堂上下复炎炎矣。何以致此？或曰此天象也，或曰此地理也，或曰曩时每街必有火巷间截之，今多为民间侵佃，以致堙塞也，或曰六井不开，无以厌火也。数说予皆然。夫火不自致，必有所以致之者。尝疑失火塘报，各省无有，独杭城则屡见报文，下此惟湖之汉口，偶有报延烧至数千家者，则必杭之房与汉口之屋，有异于他。而备查两地，则汉口专用竹而杭则兼用竹木，自基殿以至梁欐栋柱榱桷，无非木也。而且以木为墙障，以竹为瓦荐壁夹，凡户牖之间，牖用櫺槅，而半堵承牖，又复以板与竹夹为之，间或护牖以笆，护墉以篱，层层裹饰，非竹则木。然且单房少而重屋多，两重架格，犹复接木楹于轩宇之上，名曰晒台。计一室所用，其为垸垽之工者，只瓦棱数片耳。又且市廛贾阓，多接飞檐，桥梁巷门，每通复阁，鳞排栉比，了无罅隙。夫以满城灯火，百万家烟爨，原足比沃焦之山，象郁收之穴。而且上下四旁，无非竹木，既已埋身在烈坑中矣。加之侩贩营业，多以炊煮蒸熬燻焙烧炙为生计，而贫民昼苦趁逐，往多夜作，诸凡治机丝煅金锡，皆通夕不寐。又且俗尚苟偷，大抵箕笼厝火，竹檠点灯。暑则燃蚊烟，寒则烘草荐，无非硝炭。而况俗尚释老，合乡礼斗，联棚诵经，焚香烧烛，沿宵累旦，又何一非致火者云云。（案杭垣火灾今日澹于昔，而汉口大火，则余生以来，亦屡闻之矣。历代建筑崇弘伟丽者亦不乏，然皆不传于今，比之欧洲，十不逮一，实由建筑之材专恃土木，土易圮而木易焚故也。康南海《欧洲十一国游记》尝极言之，近人中国建筑材料发展史言之尤悉。）木屋易火，易之以砖则不火，此非理之至明，而事之易晓者乎？然而习俗相沿，其来已久，庸人狃于故常，而惮于更革。即一二有识者，或痛思改作，稍知求一劳永逸之计，而寡不敌众。一室之砖，不能抗万间之木，是必藉当事大力，留心民瘼，以一切之法严行之。其已成者勿论，已但新被灾之地，则必大张示谕，并敕该图里总勒买砖块，且立唤绍兴工匠，使另为制造，不得因仍旧习，私用竹木。违者以非法处之，并拆其所造屋。则以渐移易，庶几有济。乃阻之者有二说。一曰砖贵而竹木贱也。夫杭屋外垣，纯用土筑，而春基埋石，畚土盖瓦，材费不赀，所绝无者独砖耳。然且日聚多人，一唱三叹，邪许声连连。计物值工价，每纵横寻丈，约不下十金有余。若丈墙之砖，则空斗复上，丈砖三百块，不毂一金。而且土工一工，可筑数丈墙，其工价裁数分耳。以十金之墙，而以一金零数分当之，孰贵孰贱。若夫壁则单砖侧叠，寻丈之砖，必不敌寻丈之板之值。而苟舍板而用竹，则竹水土灰，四者齐用。杭州土皆贵卖，而削筑圬墁，诸工并进，恐物值工价，未必有歉于砖也。夫以一焚而家赀千百，尽付烬炭，则虽十倍之费，犹当痛自祓濯，改柯易叶，为百年不拔之良策。而况工值计较，为墙固甚省，而为壁亦不费。即曰创始实难，采办未给，或不能顿集诸物，而商估趋利如鹜。稍有微赢，则其物无胫而至,况砖埴瓦片,多出之过江之湘湖。而嘉湖二府,亦有陶窑,苟能用之,则纂纂四来,将见草桥螺蛳太平艮山四门外,堆垛如丘山。物盈则贱,岂止易办而已乎。一曰阛阓稠密,竹木占地少,而砖则占地多也。是又不然。土墙高大者,约址占三四尺,否亦一二尺。砖墙则高大者四五寸,否即三四寸也。板壁砖壁,各以寸为度,相去不远。竹壁则用木杠,而编竹夹以墁之,合须一寸土灰,两面合一寸,共二寸。砖则以寸厚之块,侧累而上,但得寸而无加矣。然则不占地亦莫砖若也。(见《经世文编》卷九十五。)读此可知建筑之材,不能改善,多由积习相沿,不尽物力所限也。耐火建筑之术,固今日所不容不讲矣。

　　世之言美术者,必曰建筑,曰雕刻,曰绘画,而隆古之世,雕刻、绘画多附丽于建筑以传,则建筑尤美术之渊薮也。(初民雕刻绘画,非附丽于建筑,难于保存。)我国以节俭为训,故丹楹刻桷,为《春秋》所讥。(《谷梁》庄二十四年:"礼,天子之桷,斫之砻之,加密石焉。诸侯之桷,斫之砻之。大夫斫之。士斫本。刻桷,非正也。"《公羊》庄二十三年《解诂》略同,疏云:"皆《外传》。《晋语》:张志谓赵文子椽之制。")然如山节藻棁等,亦足见古代雕刻之技,(《礼记·礼器》:"管仲镂簋朱纮,山节藻棁,君子以为滥矣。"注:"栭谓之节,梁上楹谓之棁。宫室之饰,士首本,大夫达棱,诸侯斫而砻之,天子加密石焉,无画山藻之礼也。"正义:"《礼纬·含文嘉》云:大夫达棱,谓斫为四棱,以达两端。士首本者,士斫去木之首本,令细与尾头相应。《晋语》及《含文嘉》并《谷梁传》虽其文小异,大意略同也。"《明堂位》:"山节藻棁,复庙重檐,刮楹达乡,反坫出尊,崇坫康圭,疏屏,天子之庙饰也。"注:"山节,刻欂栌为山也。藻棁,画侏儒柱为藻文也。复庙,重屋也。重檐,重承壁材也。刮,刮摩也。乡,牖属,谓夹户窗也。每室八窗为四达。反坫,反爵之坫也。出尊,当尊南也。惟两君为好,既献,反爵于其上。礼,君尊于两楹之间。崇,高也。康,读为亢龙之亢。又为高坫,亢所受圭奠于上焉。屏谓之树,今浮思也,刻之为云气虫兽,如今阙上为之矣。"正义:"皇氏云:郑云:重檐,重承壁材也,谓就外檐下壁，复安板檐，以辟风雨之洒壁，故云重檐，重承壁材。刮楣者，刮摩也。楣，柱也。以密石摩柱。"《匠人》注云：城隅，谓角浮思也。汉时东阙浮思灾，以此诸文参之，则浮思，小楼也。故城隅阙上皆有之。然则屏上亦为屋，以覆屏墙，故称屏曰浮思，或解屏则阙也。古诗云：双阙百余尺。则阙于两旁，不得当道，与屏别也。阙虽在两旁，相对近道，大略言之，亦谓之当道。故《谶》云：代汉者当涂高，谓巍阙也。云刻之为云气虫兽，如今阙上为之矣者，言古之疏屏，似今阙上画云气虫兽，如郑此言，似屏与阙异也。"）壁画尤足见当时之绘画也。至如屋翼飞鱼等制，今日尚有之，尤足见建筑者之美术矣。（《士冠礼》注："荣，屋翼也。"正义："即今之博风，云荣者，与屋为荣饰，言翼者，与屋为翅翼也。"《墨客挥犀》：汉以宫殿多灾，术者言天上有鱼尾星，宜为其象，冠于屋以禳之。自唐以来，寺观殿宇，尚有为飞鱼形尾上指者，今则易为鸱吻。）

古人席地而坐，尊者则用几。阮谌《礼图》云："几长五尺，高尺二寸，广二尺。"（《礼记·曾子问》疏。）其高尚不如今之椅也，其坐则略如今之跪。（《陔余丛考》"古人跪坐相类"条云："朱子作《跪坐拜说》，寄白鹿洞诸生，谓古者坐与跪相类，汉文帝不觉膝之前于席，管宁坐不箕股，榻当膝处皆穿，诸所谓坐皆跪也。盖以膝隐地，伸腰及股，危而不安者，跪也。以膝隐地，以尻着蹠，而体便安者，坐也。今成都学所存文翁礼殿刻石诸像，皆膝地危坐，两蹠隐然，见于坐后帷裳之下，尤足证云。又《后汉书》：向栩坐板床，积久板乃有膝踝足指之处。据此则古人之坐与跪，皆是以膝着地，但分尻着蹠与不着蹠耳。其有偃蹇伸脚而坐者，则谓之箕踞。《汉书·陆贾传》：尉佗箕踞。颜师古注：伸其两脚如箕形。佛家盘膝而坐，则谓之趺坐，皆非古人常坐之法也。然则古人何以不以尻着地，而为此危坐哉？盖童而习惯，遂为固然。犹今南人皆垂脚而坐，使之盘膝则不惯；北人多盘膝而坐，使之垂脚亦不惯也。"）寝则有床，《诗》所谓"载寝之床"者也。（《左》襄二十七年："床笫之言不逾阈。"注："笫，簀也。"正义："《释器》云：簀谓之笫。孙炎曰：床也。郭璞曰：床版也。然则床是大名，簀是床版。《檀弓》云：大夫之簀与？簀名亦得统床，故孙炎以为床也。")《陔余丛考》"高坐缘起"条曰:"应邵《风俗通》:赵武灵王好胡服,作胡床,此为后世高坐之始。然汉时犹皆席地,文帝听贾谊语,不觉膝之前于席。暴胜之登堂坐定,隽不疑据地以示尊敬是也。至东汉末,始斫木为坐具,其名仍谓之床,又谓之榻,如向栩、管宁所坐可见。又《三国·魏志·苏则传》:文帝据床拔刀。《晋书》:桓伊据胡床,取笛作三弄。《南史》:纪僧真诣江斆登榻坐,斆令左右移吾床让客。狄当、周赳诣张敷就席,敷亦令左右移床远客。此皆高坐之证。然侯景升殿踞胡床,垂脚而坐,《梁书》特记之,以为殊俗骇观,则其时坐床榻,大概皆盘膝无垂脚者。至唐又改木榻,而穿以绳,名曰绳床。程大昌《演繁露》云:穆宗长庆二年十二月,见群臣于紫宸殿御大绳床是也。而尚无椅子之名,其名之曰椅子,则自宋初始。丁晋公《谈录》:窦仪雕起花椅子二,以备右丞及太夫人同坐。王铚《默记》:李后主入宋后,徐铉往见李,卒取椅子相待。铉曰:但正衙一椅足矣。李后主出,具宾主礼。铉辞,引椅偏乃坐。张端义《贵耳录》:交椅即胡床也。向来只有栲栳样,秦太师偶仰背坠巾,吴渊乃制荷叶托首以媚之,遂号曰太师样,此又近日太师椅之所由起也。然诸书椅子犹或作倚字,近乃改从椅,盖取桐椅字假借用之。至杌子、墩子之名,亦起于宋,见《宋史·丁谓传》及周益公《玉堂杂记》。"

室中用火有二,一以取暖,一以取明。《汉书·食货志》:"冬,民既入,妇人同巷,相从夜绩。必相从者,所以省费燎火。"师古曰:"燎所以为明,火所以为温也。"古无蜡烛,所谓大烛庭燎者,以苇为中心,以布缠之,饴蜜灌之,树于门外曰大烛,于门内曰庭燎。平时用荆爇为火炬,使人执之,所谓"执烛抱爇",所谓"烛不见跋"皆指此。蜡烛灯檠,皆后起之物也。(上海之有煤气灯,在清同治四年;电灯在光绪中叶。)《日知录》"土炕"条曰:"北人以土为床,而空其下以发火,谓之炕,古书不载。《左传》:宋寺人柳炽炭于位,将至则去之。《新序》:宛春谓卫灵公曰:君衣狐裘,坐熊席，隩隅有灶。《汉书·苏武传》：凿地为坎，置煴火。是盖近之，而非炕也。《旧唐书·东夷高丽传》：冬月皆作长坑，下燃煴火以取暖。此即今之土炕也，但作坑字。《水经注》：土垠县有观鸡寺，寺内有大堂甚高，广可容千僧。下悉结石为之，上加涂墍。基内疏通，枝经脉散，基侧室外，四出爨火，炎势内流，一堂尽温。此今人煖房之制，形容尽之矣。"案，《左》定三年：邾子"自投于床，废于炉炭，烂，遂卒"。合诸宛春之言，则古人室内，亦有炉火。（宛春之言，亦见《吕览·分职》。）炽炭于位，盖惟佞谀者为之。至土炕，则北狄之俗也。（《诗·庭燎》传："庭燎，大烛。"正义："古制未得而闻，今则用松苇竹，灌以脂膏也。"《秋官·司烜氏》："掌以夫遂取明火于日，以共祭祀之明烛。凡邦之大事，共坟烛庭燎。"注："夫遂，阳遂也。故书坟为蕡。郑司农云：蕡烛，麻烛也。玄谓坟，大也，树于门外曰大烛，于门内曰庭燎，皆所以照众为明。"正义："先郑从故书蕡为麻烛者，以其古者未有麻烛，故不从。《燕礼》云：甸人执大烛于庭。不言树者，彼诸侯燕礼，不树于地，使人执。庭燎所作，依慕容所为，以苇为中心，依布缠之，饴蜜灌之，若今蜡烛。若人所执者，用荆燋为之，执烛抱燋，《曲礼》云烛不见跋是也。"《礼记·郊特牲》："庭燎之百，由齐桓公始也。"注："庭燎之差，公盖五十，侯、伯、子、男皆三十。"正义："此数出《大戴礼》，皇氏云：作百炬列于庭也，或云百炬共一束也。"又："乡为田烛。"注："田首为烛也。"○《曲礼》："烛不见跋。"注："跋，本也。烛尽，则去，嫌若烬多，有厌倦。"正义："本，抱处也。古者未有蜡烛，惟呼火炬为烛也。火炬照夜易尽，尽则藏所然残本。所以尔者，若积聚残本，客见之，则知夜深，虑主人厌倦，或欲辞退也。"《檀弓》："童子隅坐而执烛。"《少仪》："其未有烛而后至者，则以在者告，道瞽亦然。凡饮酒，为献主者，执烛抱燋，客作而辞，然后以授人。"注："未蓺曰燋。"正义："又取未然之炬抱之也。"《管子·弟子职》："昏将举火，执烛隅坐。错总之法，横于坐所。栉之远近，乃承厥火。居句如矩，蒸间容蒸。然者处下，奉椀以为绪。右手执烛，左手正栉。有堕代烛，交坐毋倍尊者。

乃取厥栉,遂出是去。"注:"总,设烛之束也。栉,谓烛尽,察其将尽之远近,乃更以烛承取火也。绪,然烛烬也。碗所以贮绪也。")

论宫室既竟,请再略言丧葬。古人分形与神为二,故曰:"体魄则降知气在上。"(《礼记·礼运》。)又曰:"众生必死,死必归土。骨肉毙于下,阴为野土。其气发扬于上为昭明。焄蒿悽怆,此百物之精也,神之著也。"(《礼记·祭义》。)延陵季子适齐,比其反也,其长子死,葬于嬴、博之间。既封,左袒,右还其封,且号者三,曰:"骨肉归复于土,命也。若魂气,则无不之也!"皆其证也。故其视形,初不甚重。楚之亡郢也,申包胥以秦师至,败吴师。"吴师居麇,子期将焚之。子西曰:父兄亲暴骨焉,不能收,又焚之,不可。子期曰:国亡矣,死者若有知也,可以歆旧祀,岂惮焚之?"(《左》定五年。)尤其重神不重形之明证也。故其葬也,"送形而往,迎精而返",而无墓祭之事。葬之厚也,盖自不知礼义之王公贵人始,而豪富之民从而效之;墓之祭也,则秦人杂戎狄之俗为之也。(古疑于墓祭者惟孟子,所谓东郭墦间之祭。齐近东夷,或亦杂异俗。伊川之民,被发而祭于野,则辛有固以为异俗矣。武王观兵,上祭于毕,司马贞、林有望以为祭毕星,固近曲解,周是时亦犹秦之始起耳。《周官·小宗伯》:"成葬而祭墓为位。"注:"先祖形体托于此地,祀其神以安之。"正义:"祭后土之神,使安祐之。"《冢人》:"大丧既有日,请度甫竁,遂为之尸。"郑司农云:"始竁时,祭以告后土,冢人为之尸。"后郑云:"成葬为祭墓地之尸也。"后郑即据《小宗伯》文也。至《小宗伯》云:"诏相丧祭之礼。"则注云:"丧祭,虞祔也。"皆非今之墓祭也。顾亭林曰:古之有事于墓者,奔丧者不及殡先之墓,哭尽哀。除丧而后归,之墓哭成踊。去国则哭于墓而后行。皆有哀伤哭泣之事。宗子去在他国,庶子无爵而居者,望墓为坛,以时祭,亦非常礼也。孔子之丧,门人不得奉庙,故庐于墓,亦非后世之庐墓也。详见《日知录》。)

《孟子·滕文公上》曰:"盖上世尝有不葬其亲者矣,其亲死,则举而委之于壑。他日过之,狐狸食之,蝇蚋姑嘬之。""盖归反虆梩而掩之。"《易·系辞传》："古之葬者，厚衣之以薪，葬之中野，不封不树。后世圣人，易之以棺椁。"此葬之缘起也。夏禹之时，死陵者葬陵，死泽者葬泽。墨子法之，是以有《节葬》之篇曰："桐棺三寸，足以朽体，衣衾三领，足以覆恶。以及其葬也，下毋及泉，上毋通臭，垄若参耕之亩，则止矣。""中古棺七寸，椁称之。"盖人民生计渐优，故送终稍厚。然曰："衣周于身，棺周于衣，椁周于棺。"曰："且比化者，毋使土亲肤。"则亦取足以朽体而已。宋"桓司马自为石椁，三年而不成。夫子曰：若是其靡也，死不如速朽之愈也"。(《礼记·檀弓》。)"颜渊死，颜路请子之车以为之椁。子曰：鲤也死，有棺而无椁。吾不徒行以为之椁。""门人欲厚葬之。子曰：不可。门人厚葬之。子曰：回也视予犹父也，予不得视犹子也。非我也，夫二三子也。"(《论语·先进》。)华元、乐举厚葬其君，君子以为不臣。(《左》成二年。)儒家之宗旨可见矣。厚葬之生，盖自逾侈之贵族始也。观《墨子·节葬》，《吕览·节丧》《安死》两篇所论可知。顾亭林曰："古王者之墓，称墓而已。《左传》曰：殽有二陵，其南陵，夏后皋之墓也。《书传》亦言：桐宫，汤墓。《周官·冢人》：掌公墓之地。并言墓不言陵。及春秋以降，乃有称丘者，楚昭王墓谓之昭丘，赵武灵王墓谓之灵丘，而吴王阖闾之墓，亦名虎丘。盖必其因山而高大者，故二三君之外无闻焉。《史记·赵世家》：肃侯十五年起寿陵。《秦本纪》：惠文王葬公陵，悼武王葬永陵，孝文王葬寿陵，始有称陵者。至汉则无帝不称陵矣。"(《日知录》"陵"条。)可见厚葬之所由来矣，然无不为人所发掘者。刘子政《谏起昌陵疏》，所言亦可鉴矣。

因厚葬必遭发掘，乃有保护前代帝王陵寝之事；并当代士大夫丘墓，亦为封禁焉。为置守陵及冢，免其赋役，则国家之财政受损矣。必距墓若干步乃得樵苏，而人民之生计受损矣。《檀弓》曰："成子高曰：吾闻之也，生有益于人，死不害于人。吾纵生无益于人，吾可以死害于人乎哉？我死，则择不食之地而葬我焉。"今也荒数顷之田，以保一棺之土，而棺仍不可得保。有如宋会稽诸陵及大臣冢墓为杨琏真伽所发掘者,至百有一所。且以过求死者之安,而有风水之说。(风水之始,避风及水而已。《吕览·节丧》篇曰:"葬浅则狐狸抇之,深则及于水泉,故凡葬必于高陵之上,以避狐狸之患,水泉之湿。"此风水之说之起原也。)又以葬侈而力有不逮,并有停丧不葬者,则并入土之安而不可得矣。

上陵之礼,盖始后汉之明帝,(见《后汉书·礼仪志》注引谢承书。)然其制实本于秦。《后汉书·祭祀志》曰:"古不墓祭,汉诸陵皆有园寝,承秦所为也。说者以为古宗庙前制庙,后制寝,以象人之居前有朝,后有寝也。《月令》有先荐寝庙,《诗》称寝庙奕奕,言相通也。庙以藏主,以四时祭。寝有衣冠几杖象生之具,以荐新物。秦始出寝,起于墓侧,汉因而弗改,故陵上称寝殿,起居衣服象生人之具,古寝之意也。"可以知其所由来矣。自先汉时,人臣已有告事于墓,人主亦有临其臣之墓者,又有告祭古贤人之墓者。(《吴越春秋》谓夏少康恐禹墓之绝祀,乃封其庶子于越,春秋祠禹墓于会稽。此以秦汉时礼度古人也。)至唐执阿史那贺鲁等献于昭陵,则献俘于墓矣。开元十年,敕寒食上墓,编入五礼,永为定式。元和元年,诏常参官寒食拜墓,在畿内者听假日往还,他州府奏取进止。盖自人主有上陵之礼,士大夫亦立祠堂于墓,人民不能立祠,则相率而为墓祭,礼亦从而著之,而不知其背于义也。(参看《日知录》十五卷、《陔余丛考》三十二卷"墓祭"条。)

《周官·冢人》:"掌公墓之地,辨其兆域而为之图,先王之葬居中,以昭穆为左右。(注:"公,君也。先王,造茔者。"正义:"王者之都,有迁徙之法,若文王居丰,武王居镐,平王居于洛邑,所都而葬,即是造茔者也。子孙皆就而葬之。")凡诸侯居左右以前,卿大夫士居后,各以其族。"(注:"子孙各就其所出,王以尊卑处其前后,而亦并昭穆。"正义:"出封畿外为诸侯卿大夫士者,因彼国葬而为造茔之主。今谓上文先王子孙,为畿内诸侯王朝卿大夫士。")《墓大夫》:"掌凡邦墓之地域,为之图,令国民族葬,(注:

"各从其亲。")而掌其禁令。正其位，掌其度数，使皆有私地域。（注："古者万民墓地同处，分其地使各有区域，得以族葬，使相容。"）凡争墓地者，听其狱讼，帅其属而巡墓厉，居其中之室以守之。"《檀弓》注："晋卿大夫之墓地在九原。"则我国古者本行公墓之制。佛教东来，火葬亦盛。《宋史》："绍兴二十七年，监登闻鼓院范同言：今民俗有所谓火化者，生则奉养之具，惟恐不至，死则燔爇而捐弃之。国朝著令，贫无葬地者，许以官地安葬。河东地狭人众，虽至亲之丧，悉皆焚弃。韩琦镇并州，以官钱市田数顷，给民安葬，至今为美谈。然则承流宣化，使民不畔于礼法，正守臣之职也。事关风化，理宜禁止，仍饬守臣，措置荒闲之地，使贫民得以收葬。从之。景定二年，黄震为吴县尉，乞免再起化人亭，状曰：照对本司久例，有行香寺曰通济，在城外西南一里，本寺久为焚人空亭，约十间以罔利。合城愚民，悉为所诱，亲死即举而付之烈焰。余骸不化，则又举而投之深渊。"（《日知录》"火葬"条。）《宋史·徽宗纪》："崇宁二年，置漏泽园。"《夷坚志》云："以瘗死者。"顾亭林谓："漏泽园之设，起于蔡京，不可以其人而废其法。"（《日知录》"火葬"条。）赵氏《陔余丛考》曰："《后汉书·桓帝纪》：诏京师死者相枕，若无亲属者，可于官壖地葬之，表识姓名，为设祠祭。（案，建和三年。）宋天禧中，于京城外四禅院买地瘗无主骸骨，每具官给六百文，幼者半之，见韩魏公《君臣相遇传》。又《仁宗纪》：嘉祐七年，诏开封府市地于四郊，给钱瘗贫民之不能葬者。《神宗纪》：元丰二年，诏给地葬畿内寄殡之丧无所归者，官瘗之。韩魏公镇并州日，亦以官钱市田数顷，给民安葬。是义冢之法，蔡京前已有之。"惜乎惟施诸贫者，而富者则仍以大作封域为孝耳。

《墨子·节葬》曰："秦之西有仪渠之国者，其亲戚死，聚柴薪而焚之，燻上谓之登遐，然后成为孝子。"《吕览·义赏》曰："氐羌之民，其虏也不忧其系累，而忧其死不焚也。"《荀子·大略》同。《后汉书·东夷传》：东沃沮，其葬作大木椁，长十余丈，开一头为户。新死者先假埋之，令皮肉尽，乃取骨置椁中。家人皆共一椁，刻木如主，随死者为数焉。《陔余丛考》"洗骨葬"条曰："时俗愚民，有火化其先人之骨者，谓之火葬，顾宁人已详言其凶惨。然又有洗骨葬者，江西广信府一带风俗，既葬二三年后，辄启棺洗骨使净，别贮瓦瓶内埋之。是以争风水者，往往多盗骨之弊。余友沈倬其宰上饶，见库中有骨数十具，皆盗葬成讼贮库者。按《南史·顾宪之传》：宪之为衡阳内史，其土俗人有病，辄云先亡为祸，乃开冢剖棺，水洗枯骨，名为除祟，则此俗由来久矣。"此则异俗也。

第七章

婚　姻

　　《易》曰："有天地，然后有万物。有万物，然后有男女。有男女，然后有夫妇。有夫妇，然后有父子。有父子，然后有君臣。"若是乎，人类社会之形形色色，千变万化，无一不自男女之媾合来也。故言社会组织者，必始男女。

　　男女之关系为夫妇，其谁不知之？虽然，非其朔也。《白虎通》曰："古之时，未有三纲六纪。人民但知其母，不知其父。"夫但知其母，不知其父，即莫知谁妻，莫知谁夫之谓也。后人推测社会之始，多谓由于一夫一妇之胖合。如《创世记》亚当、夏娃之说是也。其实人类之初，究系何种情形，实属无从想像。所能勉强想像者，则榛榛狉狉，群居袭处；既无一切名目，亦无何等组织，一浑然之群而已。

　　迨其稍进，而婚姻乃论行辈。予昔撰经义，于此颇有发挥。今录其说如下。原文曰：社会学家言：浅演之世，无所谓夫妇。男女妃耦，惟论行辈。同辈之男，皆其女之夫；同辈之女，皆其男之妻。我国古代似亦如此。《大传》："同姓从宗合族属，异姓主名治际会。名著而男女有别。其夫属乎父道者，妻皆母道也。其夫属乎子道者，妻皆妇道也。

谓弟之妻妇者，是嫂亦可谓之母乎？名者，人治之大者也。可无慎乎？"曰"男女有别"，曰"人治之大"，而所致谨者不过辈行，（注："异姓，谓来嫁者也。主于母与妇之名耳。"）可见古者无后世所谓夫妇矣。盖一夫一妻，恒久不变，起于人类妒忌专有之私。人之性，固有爱一人而终身不变者，亦有不必然者。故以一男而拘多女，以一女而畜众男，己不能答，而又禁其更求匹耦，则害于义。若其随遇而合，不专于一；于甲固爱矣，于乙亦无恶，则亦犹友朋之好，并时可有多人耳；古未为恶德也。职是故，古人于男女配合，最致谨于其年。《礼运》曰："合男女，颁爵位，必当年德。"《荀子》曰："妇人莫不愿得以为夫，处女莫不愿得以为士。"（《非相》。）"老妇士夫"，"老夫女妻"，则《易》譬诸"枯杨生华"，"枯杨生稊"，言其鲜也。夫合男女而惟致谨于其年，而不必严一夫一妻妃合之制，则同辈皆可为婚矣。《释亲》："长妇谓稚妇为娣妇，娣妇谓长妇为姒妇。"此兄弟之妻相谓之辞也。又云："女子同出，谓先生为姒，后生为娣。"孙炎云："同出，谓俱嫁事一夫者也。同适一夫之妇，其相谓乃与昆弟之妻之相谓同。"可见古者无后世所谓夫妇矣。（娣姒之称，或谓据夫年长幼，或谓据身年长幼，迄无定论。实缘两义各有所主。据夫年长幼者，昆弟之妻相谓之辞也。据身年长幼者，同出者相谓之辞也。古无后世所谓夫妇，则亦无昆弟之妻相谓之辞矣。）古之淫于亲属者，曰烝，曰报，（《汉律》：淫季父之妻曰报，见《诗·雄雉序》疏。）皆辈行不合之称。其辈行相合者，则无专名，曰淫，曰通而已。淫者，放滥之词。好色而过其节，虽于妻妾亦曰淫，不必他人之妻妾也。通者，《曲礼》曰："嫂叔不通问。"又曰："内言不出于梱，外言不入于梱。"内言而出焉，外言而入焉，则所谓通也。《内则》曰："礼始于谨夫妇。为宫室，辨内外，深宫固门，阍寺守之。男不入，女不出。"自为宫室辨内外以来，乃有所谓通，前此无有也。《匈奴列传》曰："父死，妻其后母；兄弟死，皆取其妻妻之。"父死妻其后母，不知中国古俗亦然否。（妾皆幼小，见后。则父之妾，或与子之行輩相当也。）兄弟死，皆取其妻妻之，则亦必如是矣。象以舜为已死，而曰："二嫂使治朕栖。"是也。父子聚麀，《礼记》所戒。新台有泚，诗人刺焉。至卫君之弟，欲与宣夫人同庖，则齐兄弟皆欲与之，《柏舟》之诗是也。然则上淫下淫，古人所深疾；旁淫则不如是之甚。所以者何？一当其年，一不当其年也。夫妇之制既立矣，而其刺旁淫，犹不如上下淫之甚，则古无后世所谓夫妇，男女耦合，但论行辈之征也。今贵州仲家苗，女有淫者，父母伯叔皆不问；惟昆弟见之，非殴则杀；故仲家女最畏其昆弟云。亦婚姻但论行辈之遗俗也。

合男女贵当其年乎？不贵当其年乎？则必曰贵当其年矣。自夫妇之制立，而后男女妃合，有不当其年者，此则后人之罪也。俞理初有《释小篇》，论妾之名义，皆取于幼小。其说甚博。犹有未备者。《易·说卦》：兑为少女，为妾。《内则》："妾将御者，齐漱浣，慎衣服。栉縰，笄总，拂髦。"髦者，事父母之饰，惟小时有之，亦妾年小之征。《曲礼》：诸侯之妻曰"夫人"，大夫曰"孺人"。郑注：孺，属也，《书·梓材》"至于属妇"，伪孔训为妾妇，盖本下妻之称。故韩非以贵夫人与爱孺子对举也。（《韩非子·八奸》。）古者诸侯娶，二国往媵，皆有侄娣。侄者何？兄之子也。娣者何？弟也。待年父母国，不与嫡俱行，明其年小于嫡。诸侯正妻之外，又有孺子。大夫则无有，故径号其妻曰孺人。诸侯妻之外又有妾，而大夫亦得以孺人为妻，皆由其据高位，故得恣意渔少艾也。诗曰："婉兮娈兮，季女斯饥。"言季不言孟；妙之本字为眇，由眇小引申为美妙；皆古人好少女之证。男子之性，盖无不好少女者。率其意而莫之制，而世之以老夫拘女妻者多矣。（以上录旧作《合男女颁爵位必当年德义》。《祭统》曰："祭有昭穆。""凡赐爵，昭为一，穆为一。昭与昭齿，穆与穆齿。"此亦古人重行辈之征。《公羊》僖二十五年《解诂》曰："齐鲁之间，名结婚姻为兄弟。"《曾子问》"婿之伯父致命女氏曰：某之子有父母之丧，不得嗣为兄弟"是也。结婚姻称兄弟，亦其行辈相当之征。）

由此更进一步，则有今所谓夫妇者。今所谓夫妇，盖起于掠夺，后乃变为卖买。行辈为昏，盖行诸同族；掠夺卖买，则行诸异族者也。同族婚姻，所以变为异族者，盖恐同族以争色致斗乱；亦由世运日进，各部落之交接日多，故获取妻于外也。昔撰经说，亦曾详斯义。今更录其说如下。原文曰：《郊特牲》曰："娶于异姓，所以附远厚别也。"此古同姓之所以不昏也。《左氏》载郑叔詹之言曰："男女同姓，其生不蕃。"（僖二十三年。）子产之言曰："内官不及同姓。美先尽矣，则相生疾。"后人恒以是为同姓不昏之由。然据今之治遗传学者言，则谓近亲婚姻，初不能致子孙于不肖。所虑者，男女体质相类，苟有不善之质，亦必彼此相同，子姓兼受父母之性，其不善之质，益易显耳。若其男女二者，本无不善之质，则亦初无可虑。其同有善质者，子姓之善性，亦将因之而益显也。至于致疾之说，则犹待研究，医学家未有言之者也。然则古人之言，何自来邪？其出于迷信邪？抑亦有事实为据邪？谓其出于迷信。其言固以子姓蕃殖与否及疾病为据，拟有事实可征也。谓有事实为征，则"晋公子，姬出也，而至于今"一语，已足破叔詹之说矣。然则古人之言，果何自来邪？同姓为昏之禁，何由持之甚严邪？予谓古者同姓不昏，实如《郊特牲》所言，以附远厚别为义；而其生不蕃，则相生疾诸说，则后来所附益也。何则？群之患莫大乎争，争则乱。妃色，人之所欲也。争色，致乱之由也。同姓为昏则必争，争则戈矛起于骨肉间矣。《晋语》："同姓则同德，同德则同心，同心则同志，同志虽远，男女不相及；畏黩故也。黩则生怨，怨乱毓灾，灾毓灭姓。是故娶妻避同姓，畏乱灾也。"此为同姓不昏最重之义。古人所以谨男女之别于家庭之中者以此。《坊记》："孔子曰：男女授受不亲。御妇人则进左手。姑、姊、妹，女子子，已嫁而反，男子不与同席而坐。寡妇不夜哭。妇人疾，问之，不问其疾。以此坊民，民犹淫佚而乱于族。"乱于族，则《晋语》所谓黩也。（古者防范甚严，淫于他族本不易。有之，虽国君往往见杀。如陈佗、齐庄是也。邓扈乐淫于鲁宫中，则以其为力人也。）又曰："礼，非祭，男女不交爵。以此坊民，阳侯犹杀缪侯而窃其夫人。"阳侯、缪侯，固同姓也，此乱于族之祸也。盖同姓之争色致乱如此。大为之坊犹然，而况于黩乎？此古人所以严同姓为昏之禁也。同姓不昏，则必昏于异姓。昏于异姓，既可坊同姓之黩，又可收亲附异姓之功，此则一举而两得矣。此附远厚别，所以为同姓不昏之真实义也。然则其生不蕃，则相生疾之说，果何自来哉？曰：子孙之盛昌，人之所欲也。凋落，人之所恶也。身，人之所爱也。疾，人之所惧也。以其所甚恶，甚惧，夺其所甚欲，此主同姓不昏之说者之苦心。抑同姓为昏之禁，传之既久，求其说而不得，乃附会之于此，亦未可知也。《月令》：仲春之月，"先雷三日，奋木铎以令兆民，曰：雷将发声，有不戒其容止者，生子不备，必有凶灾"。生子不备，犹云其生不蕃；必有凶灾，犹云则相生疾；皆以是恐其民也。楚子反欲取夏姬。巫臣曰："是不祥人也。是夭子蛮，杀御叔，弑灵侯，戮夏南，出孔、仪，丧陈国，何不祥如是？人生实难，其有不获死乎？"子反乃止。（《左》成二年。）盖爱身之情，足以夺其好色之心如此。"叔向之母妒叔虎之母美而不使。其子皆谏其母。其母曰：深山大泽，实生龙蛇。彼美，余惧其生龙蛇以祸汝。汝，敝族也。国多大宠，不仁人间之，不亦难乎？余何爱焉？"（《左》襄二十一年。）盖古人惧遗传之不善，足以为祸又如此。此其生不蕃，则相生疾诸说，所以能夺人好色之心，而禁其乱于族也邪？抑子孙之蕃衍，恃乎宗族之盛昌。宗族之盛昌，恃乎族人之辑睦。因争致乱，夫固足以召亡。又娶于异姓，则一人不能致多女。古惟诸侯娶一国，二国往媵。纳女于天子，乃曰备百姓。管氏有三归，则孔子讥其不俭矣。淫于同族，则可致多女。致多女，固可以致疾，晋平公其一也。其致疾之由在淫，不在所淫者之为同姓也。然两事既相附，因误以由于此者为由于彼，亦事所恒有也。（以上录旧作《娶于异姓所以附远厚别义》。）

掠女为昏，野蛮人盖习为常事。会战而俘多女，乘隙以篡一人，皆是也。昏礼必行之昏时者？郑《目录》云："取阳往阴来之义。"（《昏义》疏。）此后来之曲说，其初盖以便劫掠也。掠夺之初，诚为掠夺，然及其后，往往徒存其貌，而意则全非。《易》屡言"匪寇昏媾"，盖寇与昏媾，形同而实异也。至此，则渐进于卖买之昏矣。卖买昏之所由起，盖因战争非恒事；掠夺不能行之亲和之部落，且惧婴祸患，见报复，则娶其人而给以价焉。初盖无所谓妻妾。及其后，则渐分聘者为妻，奔者为妾。说者曰："聘者价贵，奔者礼不备，则价贱，此妻妾之所由分也。"予谓不仅此。聘之原，固出于卖买。然后则寖失卖买之意。《曲礼》曰："买妾不知其姓则卜之。"《檀弓》曰："子柳之母死，子硕请具。子柳曰：何以哉？子硕曰：请粥庶弟之母。"曰买，曰粥，视妾与物无异，而未有施之于妻者。则买之与聘，源同流异。盖古有阶级之分，聘行之于贵家，买施之于贱族也。卖买之礼意渐变，则成古所谓昏礼。昏礼有六：曰纳采，亦曰下达，男氏求婚之使也。曰问名。问名者，女氏既许昏，乃曰："敢请女为谁氏？"谦，不必其为主人之女也。纳采、问名共一使。曰纳吉。纳吉者，既问名，归卜之于庙也。得吉，乃使往告女氏，时曰纳征。纳征即纳币也。（《仪礼》作纳征，《春秋》作纳币。《春秋》变周之文，从殷之质也。所纳者为玄纁束帛俪皮。）纳征之后，婿或女死，相为服丧，既葬而除之。故夫妇之关系，实自纳征始。曰请期，定吉日也。吉日男氏定之，然必三请于女氏；女氏三辞，而后告之，示不敢专也。曰亲迎。婿父醮子而命之迎。女父筵几于庙，而拜迎于门外。婿执雁入，揖让升堂，再拜奠雁。降出，妇从。御妇车，而婿授绥。御轮三周，御者代婿乘其车。婿先俟于门外。妇至，婿揖妇以入。（此与适子之冠礼同，亦谓之授室。）共牢而食。合卺而酳，所以合体，同尊卑，以亲之也。质明，赞妇见于舅姑。厥明，舅姑共飨妇。以一献之礼，奠酬。舅姑先降自西阶，妇降自阼阶，以著代也。妇入三月而祭行。舅姑不在，则三月而庙见。未庙见而死，归葬于女氏之党，示未成妇也。六礼为为妻之征。故六礼不备，贞女守义不往，以嫌于为妾也。六礼之中，亲迎最重。《五经异义》：《公羊》说：自天子至庶人皆亲迎。《左氏》说：天子至尊，无亲迎之礼，诸侯有故，使上卿逆，上公临之。哀公问："冕而亲迎，不已重乎？"孔子愀然作色而对曰："合二姓之好，以继先圣之后，以为天地宗庙社稷之主，君何谓已重乎？"儒家之主亲迎，颇得男女平等之义。墨家讥其尊妻侔于父兄；崇家督之权，而轻妃耦之本，义不如儒家也。许慎案："高祖时，叔孙通制礼，以为天子无亲迎，从《左氏》。"叔孙鄙儒，媚世谐俗，许君从之，非也。

娶妻之礼如此。若言离婚，则妇人有七弃，五不娶，三不去，说见《公羊解诂》。（《公羊传》庄二十七年。）其说曰："尝更三年丧不去，不忘恩也。贱取贵不去，不背德也。有所受无所归不去，不穷穷也。丧妇长女不娶，无教戒也。世有恶疾不娶，弃于天也。世有刑人不娶，弃于人也。乱家女不娶，类不正也。逆家女不娶，废人伦也。无子弃，绝世也。淫佚弃，乱类也。不事舅姑弃，悖德也。口舌弃，离亲也。盗窃弃，反义也。嫉妒弃，乱家也。恶疾弃，不可奉宗庙也。"《大戴礼记·本命篇》略同。古人重家族；昏姻之意，为治家传统计者多，为夫妇二人计者少；（见后。）其离昏亦然。然古人之离昏却较后人为易。《曾子问》："昏礼，既纳币，有吉日，女之父母死，则如之何？孔子曰：婿使人吊。如婿之父母死，则女之家亦使人吊。""婿已葬，婿之伯父，致命女氏，曰：某之子有父母之丧。不得嗣为兄弟，使某致命。女氏许诺，而弗敢嫁。礼也。婿免丧，女之父母使人请。婿弗取，而后嫁之，礼也。女之父母死，婿亦如之。"则吉日已定，有大故者，其昏约仍可作废。又女未庙见而死，不迁于祖，不祔于皇姑；婿不杖，不菲，不次；归葬于女氏之党；示未成妇也。何君《解诂》曰："诸侯既娶三月，然后夫人见宗庙。见宗庙，然后成妇礼。"（《公羊传》庄二十四年。）成九年，季孙行父如宋致女。《解诂》曰："古者妇人三月而后庙见称妇，择日而祭于祢，成妇之义也。父母使大夫操礼而致之。必三月者，取一时，足以别贞信。贞信著，然后成妇礼。"《士昏礼》："若不亲迎，则妇入三月，然后婿见。"然则三月成妃耦，无贵贱男女一也。古人之结昏，重慎既非后世比；而又试之以一时；而其离昏，又较后世为易；此其夫妇之祸，所以视后世为少与？

男子可以出妻，而女子不闻出夫，此由财产为男子所有。若财产为女子所有，自亦可以出夫。《秦策》谓"太公望，齐之逐夫"，《说苑》谓"太公望，故老妇之出夫"是也。(《尊贤》。)但其事绝少耳。

夫妇之制，究始于何时邪？《昏义》疏谓始于燧人时，其说附会不足据。(疏云："遂皇之时，则有夫妇。《通卦验》云：遂皇始出握机矩，是法北斗七星而立七政。《礼纬·斗威仪》，七政，则君臣、父子、夫妇等也。")案伏羲制以俪皮为嫁娶之礼，见《世本·作篇》。谯周亦云。(《昏义》疏。)《郊特牲》曰："器用陶匏，尚礼然也。(谓太古之礼器也。)三王作牢，用陶匏。"注云："大古无共牢之礼，三王之世，作之而用太古之器。"则《士昏礼》所著，起于伏羲之世，定于三王之时矣。婚制演进之时代，于此可以征窥。

嫁娶之年，亦礼家所聚讼。予昔撰《昏年考》，尝折衷之。今亦录如下。《昏年考》曰：古书言昏年者：《书传》《礼记》《公羊》《谷梁》《周官》，皆以男三十而娶，女二十而嫁。《墨子》(《节用》。)《韩非》(《外储说右下》。)则谓丈夫二十，妇人十五。《大戴》又谓太古男五十而室，女三十而嫁。中古男三十而娶，女二十而嫁。(《本命》。)《异义》：《大戴礼》说，三十而室，二十而嫁，天子庶人同礼。《左氏》说，天子十五而生子；三十而娶，庶人礼也。(案国君十五而生子，见《左》襄九年。)诸说纷纷者何？曰：女子十四五可嫁，男子十五六可娶，生理然也。果何时娶，何时嫁，则随时代而不同。大率古人晚，后世较早？则生计之舒蹙为之也。《家语》："哀公曰：男子十六精通，女子十四而化，则可以生民矣。而礼男必三十而有室，女必二十而有夫也，岂不晚哉？孔子曰：夫礼言其极，不是过也。男子二十而冠，有为人父之端；女子十五许嫁，有适人之道。于此而往，则自昏矣。"（《本命解》。）男子十六精通，女子十四而化，说与《素问》合。（《上古天真论》。）何君《公羊解诂》曰："妇人八岁备数，十五从嫡，二十承事君子。"（隐七年。）八岁者，觥之翌年。十五者，化之明岁。准是以言，则二十当云二十二。而云二十者，举成数也。许慎曰："侄娣年十五以上，能共事君子，可以往。二十而御。"（《谷梁》隐七年注。）说亦与何君同。王肃述《毛》，谓男自二十以及三十，女自十五以至二十，皆得嫁娶，（《摽有梅》疏。）其说是也。（王肃又谓"男年二十以后，女年十五以后，随任所当，嘉好则成。不必以十五六女，妃二十一二男。虽二十女配二十男，三十男妃十五女，亦可。"亦通论也。）王肃又引《礼》子不殇父，而男子长殇，止于十九，女子十五许嫁不为殇，证亦极确。《毛》谓："三十之男，二十之女，礼未备则不待礼，会而行之，所以蕃育人民也。"亦以三十、二十为极。王肃述《毛》，得《毛》意也。然则古者以蕃育人民为急；越王句践，栖于会稽，而谋生聚，至令男二十不娶，女十七不嫁，罪其父母。而其著为礼，不以精通能化之年；顾曰二十、三十，大古且至三十、五十者，何也？曰：蕃民，古人之所愿也。然精通而取，始化而嫁，为古人财力所不逮，是以民间恒缓其年。此为法令所无如何。然曰二十、三十，曰三十、五十，则固已为之极矣。为之极，则不可过，犹蕃民之意也。何以知其然也？《说苑》曰："桓公之平陵，见年老而自养者，问其故。对曰：吾有子九人，家贫，无以妻之，吾使佣而未返也。桓公取外御者五人妻之。管仲入见，曰：公之施惠，不亦小矣？公曰：何也？对曰：公待所见而施惠焉，则齐国之有妻者少矣。公曰：若何？管仲曰：令国丈夫三十而室，女子十五而嫁。"（《贵德》。）盖古者嫁取以俪皮为礼。俪皮者两麋鹿皮也。（《聘礼》注。）汉武帝时，尝以白鹿皮为币，直四十万。白鹿皮固非凡鹿皮比；古时鹿皮，亦不必如汉代之贵。又汉武之为皮币，使王侯宗室，朝觐聘享，必以荐璧乃得行，则亦强名其直，犹今纸币之署若干万耳；尤非民间用之比。又用俪皮为士礼，未知庶人以下亦然否？然古皮币亦诸侯聘享所用，价不能甚贱。假不用之者，《曲礼》言取妻者"为酒食以召乡党僚友"，亦民间所不可少矣。"古者庶人粝食藜藿，非乡饮酒腊祭祀无酒肉。宾婚相召，则豆羹白饭，綦脍熟肉"，（《盐铁论·散不足篇》。）已不易办矣。管仲非桓公以御女赐平陵之民，而谓施惠当限嫁取之年，岂有是一令，民间即饶于财哉？有是令，则不可过，不可过，则虽杀礼而莫之非也。《周官·媒氏》："仲春之月，令会男女。于是时也，奔者不禁。若无故而不用令者罪之。"仲春则奔者不禁者，古以九月至正月为婚期；仲春而犹不克昏，则其乏于财可知；乏于财，故许其杀礼。奔者，对聘而言。不聘即许其杀礼，非谓淫奔也。无故而不用令者，谓非无财，亦奔而不聘也。所谓聘者，则下文云"入币纯帛无过五两"是也。《大司徒》荒政十有二，十曰多昏，（《注》："不备礼。"）亦此意也。贾生曰："秦人家贫子壮则出赘。"诸书或言贫不能嫁。皆嫁娶不易之征。大古男三十而娶，女二十而嫁。中古则三十、二十。《论衡》曰："男三十而娶，女二十而嫁，法制虽设，未必奉行。何以效之？以令不奉行也。"（《齐世篇》。）曹大家十四而适人，则汉世嫁取，早于古人矣。故惠帝令女子十五不嫁五算也。然则世愈降，则昏年愈早。盖民生降而益舒，故礼易行也。然墨子谓圣王之法，丈夫年二十毋敢不处家，女子年十五，毋敢不事人。圣王既殁，民欲蚤处家者，有所二十处家；其欲晚处家者，有所四十处家。以其早与晚相践，后圣王之法十年。（此为三十有室，二十而嫁，知古人制礼，必因习俗，非苟为也。）则后世嫁娶，反视古人为晚。岂古者质朴，礼简，嫁取易；后世迎妇送女愈侈，故难办邪？非也。墨子背周道，用夏政；其所述者，盖亦蕃育人民之法，禹遭洪水行之。犹句践栖于会稽，而谋生聚耳，非经制也。若其述当时之俗，民之蚤晚处家者，有二十年之差。民之贫富固不齐,就其晚者,固犹视三十有室之年为迟矣。国君十五而生子,亦以饶于财,得蚤娶也。故曰:婚年之蚤晚,以民之财力而异也。(《汉书·王吉传》:"以为世俗聘妻送女无节,则贫人不及,故不举子。"则后世昏年之早,亦竭蹶赴之,不必其财力果视古代为饶也。但以大体言之,则后人生计程度,总视古人为高耳。)

蚤昏善邪?晚昏善邪?《尚书大传》谓"男三十而取,女二十而嫁,通于织纴纺绩之事,黼黻文章之美。不若是,则上无以孝于舅姑,而下无以事夫养子。"王吉亦谓"世俗嫁取大早,未知为人父母之道而有子,是以教化不明,而民多夭"。今学术日进,人之毕业大学者,非二十四五不可;教子养子之道,亦愈难明;则是嫁取愈当晚也。然人之知妃色,亦在二七二八之年。强之晚昏。或至伤身而败行。若谓不知为父母之道,则将来儿童,必归公育。今人一闻儿童公育之论,无不色然骇者。以为"爱他人之子,必不如其爱己之子;而父母爱子之心,出于自然;母尤甚;强使不得养其子,是使为父母者无所用其爱也"。是亦不然。今者教育之责,父母多不自尸而委诸师,岂师之爱其弟子,逾于父母之爱其子?而为父母者,欲其子之善,不若欲其子之壮佼之切乎?教育亦专门之学,非尽人所能通;又繁琐之事,非尽人所克任故也。然则育子亦专门之业,亦繁琐之事,其非尽人所能通,所克任,而当委诸专司其事之人,将毋同?父母之爱其子,与凡仁爱之心,非有异也,视所直而异其施耳。今之世,委赤子于途,则莫或字之,或且戕贼之,父母之卵翼之,宜也。世界大同,人人不独子其子。今日为父母之爱,安知不可移诸他途?岂虑其无所用而戕其身邪?

嫁娶之时:《繁露》云:"霜降逆女,冰泮杀内。"(《循天之道篇》。)《荀子》同。(《大略篇》。)王肃谓自九月至正月,引《绸缪》三星之象为证,(见疏。)其说是也。所以然者,"霜降而妇功成,冰泮而农业起"。(亦王肃说。)古人冬则居邑,春即居野,秋冬嫁取,于事最便,所谓循天之道也。《周官》仲春"奔者不禁",乃贫不能具礼者,许其杀礼。王肃以为蕃育法,亦是也。《毛传》于《东门之杨》,言"男女失时,不逮秋冬",则其意亦同董、荀。王肃述《毛》,得《毛》意也。郑玄好主《周官》而不谛,误其失时杀礼之法为正法,并《邶》诗"士如归妻,迨冰未泮"语意明白者,而亦曲释之,非也。

以上为《昏年考》原文。读此文,可知嫁取之不易,不独今世为然矣。抑犹不止此。畜妾之习,亦起于人类权力之不平等、财力之不平等也。今更录旧作《原妾》一篇如下。《原妾》曰:妾之制何自起乎?曰:起于人类之逸则思淫,古无有也。生物学家言:家禽一雄而众雌,若鸡是已。野禽一雄而一雌,若雁是已。一饶于食,一不足于食也。《盐铁论·散不足篇》曰:"古者夫妇之好,一男一女,而成家室之道。及后世,士一妾,大夫二,诸侯有侄娣,九女而已。"然则诸侯、大夫、士之有妾,亦后世之事。并耕而食,饔飧而治之世,君与民固不相远也。妾非邃古所有,见于书传者,惟此而已。后世则不然。《曲礼》曰:"天子有后,有夫人,有世妇,有嫔,有妻,有妾。公侯有夫人,有世妇,有妻,有妾。"《昏义》曰:"古者天子后立六宫、三夫人、九嫔、二十七世妇、八十一御妻。"《周官》无三夫人,有世妇女御而不言其数。然内司服有女御二人。注曰:"有女御者,以衣服进,或当于王,广其礼,使无色过。"(缝人有女御四人,疏云:"义同于上。")则凡当于王者,皆可从而广其礼,而妾媵之数,斯无极矣。《孟子》谓当时大人,侍妾数百;(《尽心》。)《管子》谓齐襄公陈妾数千,(《小匡》。)《墨子》谓当今之世,大国拘女累千,小国累百,(《辞过》。)由此也。然考之书传,犹有可见其为后起者。《礼记》冠、昏、乡、射、燕、聘诸义,皆《仪礼》之传也。传之文皆以释经。惟《昏义》末节,与经不涉,文亦不类;而姬妾之数,百二十人,适与王莽之制相合;(《汉书·王莽传》:莽进史氏女为皇后。备和嫔,美御,和人三,位视公。嫔人九,视卿。美人二十七,视大夫。御人八十一,视元士。凡百二十人。即《昏义》末节之说。《繁露·爵国篇》，亦有三公，九卿，二十七大夫，八十一元士。然云：王后，置一太傅，太母，三伯，三丞。二十夫人，四姬，三良人，各有师傅。不云三夫人，九嫔，二十七世妇，八十一御妻也。○二十夫人之二十，凌氏云：当作世。）其为古文家窜入无疑。如今文家言，则天子取十二女，（《公羊》成十年《解诂》。疏谓出《保乾图》。又云："孔子为后王，非古礼也。"其说当有所本。益见贵者畜妾，亦后世事也。○《繁露·爵国篇》："天子立一后，一世夫人，中左右夫人，四姬，三良人。"亦十二女。）诸侯取九女耳。（《公羊》庄十八年。）《丧服》大夫有贵妾，恐是周制，殷则无之。何者？《士冠礼》曰："无大夫冠礼而有其昏礼。古者五十而后爵，何大夫冠礼之有？"五十而犹取，其必为继取无疑矣。（《家语·本命》有大古五十而室之说，然非为大夫言，见予所撰《昏年考》。）诸侯壹聘九女，诸侯不再取，（《公羊》庄十九年。）所以"节人情，开媵路"也。（《解诂》。）诸侯有媵，犹不得再取，况大夫乎？（《易·同人》六二郑注：谓天子诸侯后夫人，无子不出。《鼎》初六注：谓失礼无出道，废远而已。以其有妾媵，不待再取也。然则凡出妻者，皆本无妾媵可知。郑说见《诗·河广》《士昏礼》《内则》疏。《左》隐元年，"惠公元妃孟子。孟子卒，继室以声子。"文十二年，"杞桓公来朝，请绝叔姬而无绝昏。公许之。"注："立其娣为夫人。"皆诸侯不再取之证。）故知《丧服传》所言为周制也。今文家多传口说，古文家则以古书为据。变周之文，从殷之质，大义通贯六经，不独《春秋》然也。古今文家言，多存殷制。古书存者不多，有之率出周代，故古文家言，多周制也。殷制妾少，周制妾多，则畜妾之制，后世益汰之征也。《曲礼》曰："国君不名卿老世妇，大夫不名世臣侄娣，士不名家相长妾。"《内则》曰："国君世子生，卜士之妻，大夫之妾，使食子。"又云："大夫之子有食母。士之妻自养世子。"《丧服小记》曰："士妾有子而为之缌，无子则已。"《管子·大匡》："诸侯毋专立妾以为妻，士庶人毋专弃妻。"或言士有妾，或云无之。《白虎通义》曰："庶人称匹夫者，匹，偶也。与其妻偶，阴阳相戒之义也。"《板》笺疏曰："庶人无妾媵，唯夫妇相匹，故称匹也。"然则匹夫匹妇，即一夫一妇之称。而《礼器》："君子大牢而祭谓之礼，匹士大牢而祭谓之攘。"士亦言匹，则其无妾可知。《毛传》云："大夫一妻二妾。"（《绸缪》。）熊氏云："士有一妻二妾。"（《曲礼下》疏。）得毋后世逾侈，以古大夫之礼行之士邪。此亦后世畜妾愈盛之征也。郑玄《檀弓》注云："帝喾而立四妃矣，象后妃四星。其一明者为正妃。余三小者为次妃。帝尧因焉。至舜，不告而取，不立正妃，但三妃而已，谓之三夫人。""夏后氏增以三三而九，合十二人。《春秋说》云：天子取十二，即夏制也。（《公羊》疏谓非古礼，必有所本，可知郑氏此语之妄。）以虞、夏及周制差之，则殷人又增以三九二十七，合三十九人。周人上法帝喾，立正妃。又三二十七为八十一人以增之，合百二十一人。其位：后也，夫人也，嫔也，世妇也，女御也，五者相参，以定尊卑。"郑氏好"据数差次"以言礼。骤读之，一似确知其事者。然读义疏云："知帝喾立四妃者，《大戴礼·帝系篇》云：帝喾卜四妃之子，皆有天下。长妃有邰氏之女曰姜嫄，生稷。次妃有娀氏之女曰简狄，生契。次妃陈丰氏之女曰庆都，生尧。次妃陬訾氏之女曰常宜，生帝挚。《祭法》云：帝喾能序星长以著众，明象星立妃也。"《大戴》谓帝喾卜四妃之子，不谓帝喾只有四妃。郑因谓帝喾立四妃，殊为附会。以《祭法》"序星辰"一语，遂谓喾立四妃以象四星，则尤无据矣。凡郑氏之言，固多如此。（其实东汉古文家之言，无不如此。特书阙有间，无从尽发其覆耳。予所以宁信今文传讹之口说也。）然郑氏虽好附会，而其注《周官·世妇》云："不言数者，君子不苟于色，有妇德者充之，无则阙。"则亦知百二十之数不易盈矣。此亦见侍妾数百，拘女累千，乃后世之事，非古所有也。《春秋》云："诸侯取一国，则二国往媵。以侄娣从。"古者女为媵，男亦为媵。伊尹之于有莘是也。《士昏礼》有"媵御"。郑注曰："媵，送也，谓女从者也。御当为讶；讶，迎也，谓婿从者也。夫妇始接，情有廉耻，媵御交道其志。"然则媵御者，犹今人行昏礼时男女之傧相耳。女媵者可为妾，男之为媵者，亦可姣乎？女之媵当为婿之妾，婿之御，亦当为女之面首乎？若夫以侄娣从者，何君云："欲使一人有子，二人喜也。"（庄十九年。《谷梁》亦云："一人有子，二人缓带。"见文十八年。）此所以重继嗣，惟诸侯有之，非人人可备此礼。况"侄者何？兄之子也。娣者何？弟也"。古人昏姻，最重行辈。（见《合男女颁爵位必当年德义》。）不论行辈，而下渔及其兄之子，非有权势者不能。亦非一男一女而成家室之道，如《盐铁论》所称质朴之世所宜有也。故知媵与侄娣，亦后起之制也。

　　社会学家言畜妾之由：曰女多男少也。曰男子好色之性，不以一女子为已足也。曰男子之性，好多渔妇女也。曰女子姿色易衰，其闭房亦较男子为早也。曰求子姓之众多也。曰女子可从事操作，利其力也。曰野蛮之世，以致多女为荣也。征诸我国书传，亦多可见之。《周官·职方氏》：扬州，其民二男五女。荆州，一男二女。豫州，二男三女。青州，二男二女。兖州，二男三女。雍州，三男二女。幽州，一男三女。冀州，五男三女。并州，二男三女。其数未必可信。然据生物学家言，民之生，本男多于女。而其死者亦众。故逮其成立，则女多于男。脱有战争，则男女之相差尤甚。吾谓战争而外，力役甚者，亦足杀人。又女子恒处家，希触法网。刑罚所及，亦恒少于男。天灾流行，捍之者多死，亦战争类也。古代女子皆能劳作，非若后世待养于人。溺女等风，古必无有。试观古书多言生子不举，未尝偏在于女，可知也。然则男少女多，古代亦必不免矣。（惟男女虽有多少，初不得谓当藉畜妾以调剂之。古代人畜妾，亦未必有调剂男女多少之意，只是以快淫欲耳。《墨子》谓"当今之君，大国拘女累千，小国累百，是以天下之男，多寡无妻，女多拘无夫。"齐宣王曰："寡人有疾，寡人好色。"孟子告以"大王好色"，"内无怨女，外无旷夫"。皆以怨旷并言。则当时之民，怨女固多，旷夫亦不少矣。）拿破仑曰："一男子但有一女子则不足，以其有姙乳时也。"《内则》：妻将生子，及月辰，居侧室。

三月之末，见子于父，乃后适寝。妾亦三月见子，而后入御。《汉律》：娣变者不得侍祠。（《说文》。）即拿破仑之说也。班氏《女诫》谓"阳以博施为贵，阴以不专为美。"此男权盛时，好渔色之男子所创之义也。《素问》谓女子二七而天癸至，七七而天癸竭。丈夫二八天癸至，七八天癸竭。（《上古天真论》。）则女子闭房之岁，早于丈夫者殆十年。《韩非》曰："丈夫年五十，而好色未解也；妇人年三十，而美色衰矣。以衰美之妇人，事好色之丈夫，则身死，见疏贱，而子疑不为后。此后妃夫人，所以冀其君之死者也。"（《备内》。）古制三十而娶，二十而嫁，女小于男者十年，殆以此欤？然三十而美色衰，五十而好色未解，虽小十年，终不相副。况三十二十，特挙较言之，课其实，男女之年，未必相差至是。此亦男子之所以好广渔色邪？若夫求子姓之多，则诗人以"则百斯男"颂文王其事也。（古重传统，统系在男，则无子者不得不许畜妾。不许畜妾，则不得不许其弃妻更取，而无子为七出之一矣。）《诗》又曰："掺掺女手，可以缝裳。"毛《传》曰："妇人三月庙见，然后执妇功。"《笺》曰："未三月，未成为妇。裳，男子之下服。贱，又未可使缝。魏俗使未三月妇缝裳，利其事也。"然则坐男立女之风，正不待盛唐诗人而后兴叹矣。多妻淫佚，义士所羞。此非流俗所知。流俗方以是为美谈耳。西南之夷，有八百媳妇者，传言其酋有妻八百，与《周官》之侈言女御，何以异邪？然则社会学家所言畜妾之由，征诸吾国，靡不具之。人类之所为，何其异时异地而同揆也？（以上录《原妾》原文。）

嫡庶之别，周代颇严。"毋以妾为妻"，见诸葵丘之命。（《谷梁传》僖九年。）《左》哀二十四年："公子荆之母嬖，将以为夫人。使宗人衅夏献其礼。对曰：无之。公怒曰：女为宗司，立夫人，国之大礼也，何故无之？对曰：周公及武公取于薛，孝、惠取于商，自桓以下取于齐，此礼也则有。若以妾为夫人，则固无其礼也。公卒立之，而以荆为太子。国人始恶之。"立一妾也，臣子以之抗争，国人因而非议，亦可见其限界之严矣。(又《左》成十一年:"声伯之母不聘。穆姜曰:吾不以妾为姒。生声伯而出之。"则家人之间,限界亦甚严。)然以妾为妻,仍所时有。鲁僖公胁于齐媵女之先至者,立为夫人,其一事也。(《公羊》僖八年。《左》僖二十三年:"狄人伐廧咎如,获其二女叔隗、季隗,纳诸公子。公子取季隗,以叔隗妻赵衰,生盾。"二十四年,"文公妻赵衰,生原同、屏括、楼婴。赵姬请逆盾与其母。子余辞。姬曰:得宠而忘旧,何以使人?必逆之。固请,许之。来,以盾为才,固请于公,以为嫡子,而使其三子下之。以叔隗为内子,而己下之"。虽出于让,亦妻妾易位也。又文六年,赵孟谓"杜祁以君故,让偪姞而上之。以狄故,让季隗而己次之,故班在四"。则妾之贵贱,亦可易位。)又有所谓"并后"者,(《左》桓十八年,辛有之言。)则正妻与妾,礼秩如一。齐桓公内嬖如夫人者六人;(《左》桓十七年。)卫孔文子妻太叔疾,疾嬖其初妻之娣,使如二妻(《左》哀十一年。)是也。案嫡庶之别,各国似不一律。《公羊》文十四年,晋郤缺纳接菑于邾娄。邾娄人曰:"子以其指,则接菑也四,貜且也六。子以大国压之,则未知齐、晋孰有之也?贵则皆贵矣。"《解诂》:"时邾娄再娶,二子母尊同体敌。"疏云:"盖皆是右媵之子,或是左媵之子。"案公羊家言:右媵贵于左媵,则二媵之子,不得尊同体敌。疏似失注意。邾娄盖亦所谓并后者也?窃疑妻妾之别,初亦视女家之贵贱。取于贵家者皆为妻,取于贱族者皆为妾。诸侯取一国,二国往媵,为媵者,其母家未尝不贵也。故《左》昭八年,陈哀公有元妃、二妃、下妃,虽别之曰元,曰二,曰下,而仍皆以妃称。僖二十二年,郑文夫人芈氏、姜氏劳楚子于柯泽,亦俱称夫人。《公羊》僖二十年:"西宫灾。西宫者何?小寝也。……有西宫则有东宫矣。鲁子曰:以有西宫,亦知诸侯之有三宫也。"古以三为多数。窃疑其初诸侯一取三女,并无嫡庶之别。故管氏有三归,孔子讥其不俭,谓其僭人君礼也。夫人与二媵,亦分贵贱,盖系后起之制。《尔雅》曰:"女子同出,谓先生为姒,后生为娣。"孙炎曰:"同出,谓俱嫁事一夫者也。"其称谓亦甚平等。盖妻妾之别,自以其母家贵贱分之,不系一人只有一妻,其余则皆为妾也。嫡庶之别,盖至周代而始严,而后人因之。

《丧服传》:媵与夫人之娣为贵妾,得为继室。余五人为贱。《繁露·三代改制质文篇》:"主天法商而王。其道佚阳,亲亲而多仁朴。故立嗣予子,笃母弟。妾以子贵。主地法夏而王。其道近阴,尊尊而多义节。故立嗣予孙,笃世子。妾不以子称贵号。"《春秋》变周之文,从殷之质,故"母以子贵"。(《公羊》隐元年。)然"妾为夫人,特庙祭之,子死则废"。(隐五年《解诂》。)与《丧服》之慈母同,犹与正夫人有别也。

夫妇之间,初本平等。予旧撰《释夫妇》一篇,可以见之。其言曰:夫妇二字,习用之。诂曰:"夫,扶也。""妇,服也。"其义甚不平等。然非夫妇二字之初诂也。夫妇之本义,盖为抱负。其后引申为伴侣。何以言之?《史》《汉·高帝纪》有武负,《陈丞相世家》有张负。如淳曰:"俗谓老大母为阿负。"司马贞曰:"负是妇人老宿之称。"然《高帝纪》以王媪、武负并言,则负必小于媪。师古曰:"刘向《列女传》云:魏曲沃负者,魏大夫如耳之母也。此则古语谓老母为负耳。王媪,王家之媪也。武负,武家之母也。"予谓媪为老妇之称;母不必老,凡主妇皆可称之,犹男子之称父也。然则王媪为老妇;武负、张负,特其家之主妇耳。正妇字之转音也。(今用婆字,亦具二义。俗称老妇为老太婆,即如淳所谓老大母。吴俗称妻曰家主婆,则古书皆作家主妇也。《尔雅·释鱼》:"鱲鲏,鳜妇。"王氏筠曰:"今称为鳜婆。"知二字之相淆久矣。)古以南为阳,北为阴。亦以人身之胸腹为阳,背为阴。故南乡而立,则曰"左圣,乡仁,右义,背藏"。(《礼记·乡饮酒义》。)南训任,男亦训任。北训背,负亦训背。(《秦策》注。)可知妇背本一字。《方言》:"抱,耦也。"则抱有夫义。抱负双声,(《淮南·说林》注:"背,抱也。")夫妇亦双声,夫妇抱负,正一语也。《老子》:"万物负阴而抱阳,冲气以为和。"负阴而抱阳,犹言妇阴而夫阳。冲气以为和,则夫妇合而生一子矣。古言抱负,犹今言正负。正负各得其体之半,故孳乳为半字。《仪礼》:"夫妻牉合。"正言其为一体也。物之正负,不能相离,故又孳乳为伴字。《说文》:"扶,并行也。读若伴侣之伴。"《说文》无侣字,伴训大,"读若"当出后人沾注。然其语自有所本。扶盖伴侣之伴之正字也。《汉书·天文志》:"晷:长为潦,短为旱,奢为扶。"注:"郑氏曰:扶当为蟠,齐鲁之间声如酺。晋灼曰:扶,附也。小人佞媚,附近君子之侧也。"《通卦验》:"晷:进为赢,退为缩,稽为扶。扶者,谀臣进,忠臣退。"郑注:"扶亦作扶。"《集韵》亦云:"古扶字作扶。"并文音义,多同本文,可知夫扶实一字。故训夫之言扶,犹曰夫之言扶耳。诸侯之妻曰夫人,亦此义。不然,岂凡妇皆待其夫扶之,独诸侯则当待其妇扶之乎?物之正负面,既不可离,即恒相依附。故负训恃,亦训依。夫训附,亦训傅。(《诗》:"夫也不良。"毛传:"夫,傅相也。"《郊特牲》:"夫也者,夫也。"注:"夫或为傅。")《方言》:"北燕朝鲜洌水之间,谓伏鸡曰抱。"皆附着之意也。(以上《释夫妇》原文。)

夫妇之间,所以渐趋不平等者,其故有三:(一)由权力。社会进化,阶级寖分。操大权,居高位者,多属男子。故可任意畜妾弃妻。读《原妾》一篇可见。(二)由族制。古代婚姻,为治家传统计者多,为夫妇二人计者少。家为男子所有,统系亦属诸男,则男权日张矣。(三)由生计。古代男女,生利之力,财产之权,无甚差别,据社会学家言,农业且权舆于妇人。然及后世,财权悉操诸男子,妇女遂待豢于人。既待豢于人,则其权不得不小矣。此女权之所由坠也。今更略举事实以明之。

古代昏礼,于男女两家,礼意本极平等。《公羊》曰:"天子嫁女于诸侯,必使诸侯同姓者主之。诸侯嫁女于大夫,必使大夫同姓者主之。"《解诂》曰:"尊卑不敌,行昏姻之礼,则伤君臣之义;行君臣之礼,则伤昏姻之好。"(庄元年。)"礼,不臣妻之父母。"故宋三世内取,《春秋》讥其无臣。(文七年,僖二十三年、二十五年。以后夫人言,亦尊不加于父母。桓九年曰:"父母之于子，虽为天王后，犹曰吾季姜。"是也。）天子得娶庶人女，以其得专封。诸侯不得专封，则不取大夫以下。（《公羊》桓二年《解诂》疏。又文四年："逆妇姜于齐。其谓之逆妇姜于齐何？略之也。高子曰：取乎大夫者，略之也。"《解诂》曰："贱，非所以奉宗庙，故略之。"）此看似不平等，正所以求婚姻之平等也。然既有阶级之分，终必有取于不同阶级之事，则不能平等矣。妾是已。后世阶级之差益甚，则并本来平等之意而忘之。《荀子》谓"天子无妻，告人无匹"是也。（《大略》篇。）古文家所以不主亲迎者以此。

　　昏意之偏重治家传世，古书中尤多见之。《士昏礼》：父亲醮子而命之迎，其辞曰："往迎尔相，承我宗事。"《曾子问》曰："嫁女之家，三夜不息烛，思相离也。取妇之家，三日不举乐，思嗣亲也。"《郊特牲》曰："昏礼不贺，人之序也。"皆其重传世之征。《昏义》曰："成妇礼，明妇顺，又申之以著代，所以重责妇顺焉也。妇顺者，顺于舅姑，和于室人，而后当于夫；以成丝麻布帛之事，以审守委积盖藏。是故妇顺备而后内和理，内和理而后家可长久也，故圣王重之。"则其重治家之征也。夫如是，其视夫妇之关系，自不得不较轻。《内则》曰："子甚宜其妻，父母不悦，出。子不宜其妻，父母曰：是善事我。子行夫妇之礼焉，没身不衰。"其忽视夫妇之好，可谓甚矣。何君曰："妻事夫有四义：鸡鸣缝笄而朝，君臣之礼也。三年恻隐，父子之恩也。图安危可否，兄弟之义。枢机之内，纴席之上，朋友之道。"（《公羊解诂》庄二十四年。）四义中惟第一义不平等，正以男子为家长故也。

　　农业始于妇人，古书亦有可征者。《昏义》曰："古者妇人先嫁三月，祖庙未毁，教于公宫；祖庙既毁，教于宗室，教以妇德、妇言、妇容、妇功。教成，祭之。牲用鱼，芼之以蘋藻。"毛《传》谓《采蘋》之诗，即此教成之祭。又谓公侯夫人，执蘩菜以助祭；王后则荇菜。《左》哀七年，陈乞曰："常之母有鱼菽之祭。"则妇人所持以祭者，鱼类外皆植物也。男子之挚，卿羔，大夫雁，士雉，而妇人之挚为枣栗。（《曲礼下》。）

宗庙之事，君亲割，夫人亲舂。(《谷梁》文十三年。)《周官·司厉》："其奴，男子入于罪隶，女子入于舂、槁。"《舂人》有女舂，《槁人》有女槁，《酒人》有女酒。《墨子·天志下》："妇人以为舂酋。"酋即酒也。《天官·内宰》："上春，诏后帅六宫之人，而生稑稑之种。"又王立朝，后立市，则虽工商业亦操诸妇人之手矣。

妇人权利既丧失，遂附属于男子。《郊特牲》曰："妇人无爵，从夫之爵，坐以夫之齿。"又曰："妇人，从人者也，幼从父兄，嫁从夫，夫死从子。"（注："从谓顺其教令。"《谷梁》隐二年，"夫死从长子"。）皆不切其独立与人格者也。《公羊》曰："妇人谓嫁曰归。"（隐二年。）《昏义》曰："婿执雁入，揖让升堂，再拜奠雁，盖亲受之于父母也。"《檀弓》曰："姑姊妹之远也，盖有受我而厚之者也。"此所谓受，皆出于此属于彼之谓。故妇人不贰斩。（《仪礼·丧服传》："为父何以期也？妇人不贰斩也。""妇人有三从之义，无专用之道。故未嫁从父，既嫁从夫，夫死从子。故父者，子之天也；夫者，妻之天也。妇人不贰斩者，犹曰不贰天也。"）《杂记》："姑姊妹，其夫死，而夫党无兄弟，使夫之族人主丧。妻之党，虽亲弗主。夫若无族矣，则前后家，东西家，无有，则里尹主之。"妻之党，所以斤斤焉不敢为之主者，即以其既出此而属彼之故也。

既属于人，则无人格。无人格，则与物等。《左》襄二十八年，齐庆封以其内实迁于卢蒲嫳氏，易内而饮酒。注："内实，宝物妻妾也。"以宝物与妻妾并举，无怪妻帑之帑，可引申为帑藏之帑矣。其教育，除今所谓贤母良妻外，亦无所有。所谓妇德、妇言、妇容、妇功是也。《内则》："女子十年不出。姆教婉娩听从。执麻枲，治丝茧。织纴组紃。学女事，以共衣服。观于祭祀，纳酒浆，笾豆，菹醢，礼相助奠。"亦不外乎家族之奴隶而已。

夫妇之制既立，所以防淫者乃甚严。昏礼之精意，在于"男不亲求，女不亲许"。故"昏礼不称主人"。如季姬之使鄫子请己者，则以为大非。

(《公羊》隐二年、僖十四年。) 此犹可说也。乃至诸侯夫人，既嫁则禁其归宁。(《公羊》庄二十七年《解诂》。郑玄谓父母在有归宁，没则使大夫宁。杜预同。见《诗·泉水》笺。《左氏》庄十五年注。案《战国策》触詟说赵太后，谓其于燕后，"饮食必祝之，祝曰必勿使反"。是时太后故在，何说是也。) 妇人夜出，必待傅姆。至宋伯姬逮火而死。(《公羊》襄三十年。) 亦可谓酷矣。又不独贵族，即平民，所以防其淫者亦甚至。(《癸巳存稿》云："《周礼》野庐氏，比道路宿息并树。《周语》单襄公谓列树表道。《管子·轻重丁》《轻重戊》并云：沐涂树之枝，无使男女相睹，树下谈语超距。《八观》云：食谷水，巷凿井；场圃接，树木茂；宫墙毁坏，门户不闭；外内交通，则男女之别，无自而正矣。则树之沐枝宜知也。子产治郑，桃李垂街，亦因郑俗淫。"云云。予案《汉志》言郑山居谷汲，男女亟聚会，故其俗淫。则古民间，男女聚会，亦罕有之事也。) 然淫风终不绝。就其见于书传者：若陈佗以外淫而见杀。(《公羊》桓六年。) 若邾娄颜淫九公子于宫中。(《公羊》昭三十一年。) 若单伯送子叔姬，而道与之淫。(《公羊》文十四年。) 若祁胜与邬臧通室。(《左》昭二十八年。) 若吴入郢，"君舍于君室，大夫舍于大夫室"。(《公羊》定四年。) 皆后世所无也。盖古代男女际会，本极自由。虽以礼法束缚之，终非旦夕所能变也。

《日知录》盛称秦始皇《会稽刻石》。其辞曰："饰省宣义，有子而嫁，倍死不贞。防隔内外，禁止淫佚，男女絜诚。夫为寄豭，杀之无罪，男秉义程。妻为逃嫁，子不得母，咸化廉清。"繁而不杀，坊民正俗之意，未始异于三王。又巴寡妇清，能以财自卫，始皇为筑女怀清台。(《史记·货殖列传》。) 始皇之死，二世曰："先帝后宫有子者，出焉不宜。"皆令从死。(《史记·秦始皇本纪》。) 论者因谓尚贞操始于秦。予谓不然。贞操之原，起于人之妒忌。《螽斯》笺："凡物有阴阳情欲者，无不妒忌，惟蚣蝑不耳。"古人早知之矣。贞妇之名，昉见《丧服四制》。就行事言之：伯姬以待姆而死，而《谷梁》称其能尽妇道。怀嬴再事晋文，而赵孟讥为二嬖。(《左》文六年。)征舒病似女亦似君之语,而至于弑君。(《左》宣十年。)蒯聩耻娄猪艾豭之歌,而欲弑其母。(《左》定十四年。)以至《芣苢》《柏舟》《大车》之序于《诗》,(皆见《列女传》。)所以奖励贞节者亦至矣。始皇独言之于越者,越俗淫,男女同川而浴;九真之知有妃偶,乃自任延为守始。(《后汉书·循吏传》。)始皇治越,盖以是为要政之一。其在他处,初不必然也。其奖巴寡妇清,则以古代妇女,多为强暴所侵陵,《行露》之诗是也,嘉其能屹然独立,非奖其贞节也。至二世之杀宫人,则只可谓之好杀耳。故谓秦人崇奖节妇,不如谓儒家提倡贞操之为得也。然儒家之视贞操,亦决不如后世鄙儒之重。《郊特牲》曰:"一与之齐,终身不改,故夫死不嫁。"今之好言礼教者,于斯语颇乐道之。案《郊特牲》多《冠昏义》错简,此语亦《昏礼》之传也。"一与之齐,终身不改。"乃谓不得以妻为妾,非谓不嫁。(注:"齐,谓共牢而食,同尊卑也。"亦不及不嫁义。)故《丧服》有继父。此语为后人窜入甚明。子叔姬道淫于单伯,致为齐人所弃,《春秋》犹闵之。(《公羊》文十五年。)卫有七子之母,不能安其室,而孟子以为小过。与今世俗之见,迥不侔矣。行经义最力者,莫如汉人。《汉书·文帝纪》:遗诏"归夫人以下至少使"。(应劭曰:"夫人以下,有美人、良人、八子、七子、长使、少使。皆遣归家,重人类。")荀悦《汉纪》作"所幸慎夫人以下至少使,得令嫁"。慎夫人为文帝所最幸,犹令其嫁,宜景帝美其"重绝人之世"也。(景纪元年。)景帝之崩,亦出宫人归其家。至武、昭,乃有奉陵之制。平帝崩,王莽复出媵妾,皆归家。莽亦能行经义者也。"非礼之礼,非义之义,大人弗为。"流俗鄙儒之见,亦适自成其为流俗鄙儒耳。

贞操之重,由于妇人权利丧失,社会事务,一无所预,徒以匹合之故,为男子所豢养。则其对于男子,守贞操自不得不严。西人某谓"妇人以一事而易得毕生之安"是也。职是故,遂以贞操为女子最要之道德。《谷梁》曰:"妇人以贞为行者也。"(襄三十年。)《氓》之诗曰:"士之耽兮,犹可说也。女之耽兮,不可说也。"笺曰:"士有百行,可以功过相除。至于妇人,无外事,惟以贞信为节。"此语后人多称引之,足以见社会之思想矣。

浅演之群,其于贞操也,往往责妇严而责女宽。中国则不然。宋伯姬以待姆而死,《左氏》谓其"女而不妇"是也。此盖男权益张,压制女子益甚,故其于贞操,不徒责之为妇时,而并责之于为女时耳。

以上所论,皆古事也。吾国社会,根柢实定于古代。至后世,则但奉行古义,无大改变矣。(此由所接之民族,程度皆低于我。又数千年来,处境未尝大变故也。)然社会情势,今古究有不同,故有名存实亡者,亦有变本加厉者,亦不容不一考也。

劫掠之昏,稍进化时,即已无有。然昏姻之间,亦间有以强力行之者。《左》昭元年,"徐吾犯之妹美,公孙楚聘之矣,公子黑又使强委禽焉"是也。(又《左》隐二年,"莒子取于向。向姜不安莒而归。夏,莒人入向,以姜氏还"。则施之已娶之妻。)后世则多施之已字之女。《陔余丛考》"劫婚"条曰:"村俗有以婚姻议财不谐,而纠众劫女成婚者,谓之抢亲。《北史·高昂传》:昂兄乾求博陵崔圣念女为婚。崔不许。昂与兄往劫之。置女村外。谓兄曰:何不行礼?于是野合而归。是劫婚之事,古亦有之。然今俗劫婚,皆已经许字者,昂所劫则未字,固不同也。"予案《清律》:"凡豪势之人,强夺良家妻女,奸占为妻妾者,绞。配与子孙、弟侄、家人者,罪亦如之。"(男女不坐。)此未经许字之女。又"应为婚者,虽已纳聘财,期未至,而男家强娶者,笞五十"。(指主婚人。)"女家悔盟,男家不告官司强抢者,照强娶律减二等。"则如世俗所为,亦未尝无罪矣。至于迫嫁孀妇,则尤乖人道。其事亦古已有之。《潜夫论·断讼》云:"贞洁寡妇,遭直不仁世叔,无义兄弟,或利其娉币,或贪其财贿,或私其儿子,则强中欺嫁,迫胁遣送,人有自缢房中,饮药车上,绝命丧躯,孤捐童孩者。"又有"后夫多设人客。威力胁载"者。此等事,今世亦所不免,实法律所当禁也。

又有虽无劫略之形，而有威迫之实者。此法律无可治，然论人道，固不应尔，亦社会所应加以制裁也。《三国志·吴志》："孙破虏吴夫人，本吴人，徙钱塘。早失父母，与弟景居。孙坚闻其才貌，欲娶之。吴氏亲戚，嫌坚轻狡，将拒焉。坚甚以惭恨。夫人谓亲戚曰：何爱一女，以取祸乎？如有不遇，命也。于是遂许为婚。"夫求女不许，而至以取祸为虑，则坚之权势可知。《吴志》谓："坚少为县吏。年十七，与父共载船至钱塘。会海贼胡玉等，从匏里上掠取贾人财物，方于岸上分之。""坚操刀上岸，以手东西指麾，若分部人兵，以罗遮贼状。贼望见，以为官兵捕之。即委财物散走。坚追，斩得一级而还。""由是显闻。府召署假尉。"《吴书》谓"坚世仕吴，家富春"。（注引。）盖今所谓土豪劣绅也。吴夫人早失父母，兄弟幼弱，故谓所胁耳。凡今之挟势以求，而所求不敢不许者，皆此类也。

卖买之事，尤数见不鲜。可谓人类一切罪恶，皆自贪财利来；亦可谓人类一切罪恶，皆因迫于生计，不得已而为之也。汉时以一女许数家者甚多。《断讼篇》又曰："诸一女许数家，虽生十子，更百赦，勿令得蒙一还私家，则此奸绝矣。不则髡其夫妻，徙千里外剧县，乃可以毒其心而绝其后。"其深恶之至于如此。可见其时此等风气之甚。《抱朴子·弭讼篇》述其姑子刘士由之论，谓末世"举不修义，许而弗与。讼阅秽辱，烦塞官曹。今可使诸争婚者，未及同牢，皆听义绝，而倍还酒礼，归其币帛。其尝已再离者，一倍裨娉。其三绝者，再倍裨娉。如此，离者不生讼心，贪吝者无利重受"。又载己答辞曰："责裨娉倍，贫者所惮也。丰于财者，则适其愿矣。后所许者，或能富殖，助其裨娉，必所甘心。然则先家拱默，不得有言。原情论之，能无怨叹乎？"又曰："傥令女有国色，倾城绝伦。而值豪右权臣之徒，目玩冶容，心忘礼度。资累千金，情无所吝。十倍还娉，犹所不惮，况但一乎？"可见不但女家贪利而数许，即男家亦有明知而故为之者。卖买之风，几于明目张胆矣。葛氏之意，欲使"女氏受聘，礼无丰约，皆以即日报板。后皆使时人署姓名于别板。必十人已上，以备退行及死亡。又令女之父兄若伯叔，答婿家书，必手书一纸。若有变悔，而证据明者，女氏父母兄弟，皆加刑罚罪"。亦可见其时此等风气之盛也。

今社会颇重信约，视昏姻之约尤重。一女数许之事，可谓极少。嫁女而争较财礼者，亦多仍以为遣嫁之资，非利其财以入己。此则由昏礼所费，与人民生计程度不相副，故有此弊耳，不得谓之卖买也。惟娶妾者，仍多出于价买。案卖买人口，本为法律所不许，则买妾自亦事同一律。《后汉书·光武纪》：建武七年，"诏吏人遭饥乱，及为青、徐贼所略，为奴婢下妻，欲去留者，恣听之。敢拘制不还，以卖人法从事"。十三年，"诏益州民自八年以来，被略为奴婢者，皆一切免为庶民。或依托人为下妻，欲去者，恣听之。敢拘留者，比青、徐二州，以略人法从事"。中国历代多有以法律强制释放奴婢者，此两诏则并及下妻也。略，谓以力劫取；依托，则亦利其衣食而从之。然法律同许其去。今之价买，亦古依托之类也。若仿东汉之法，明诏天下，恣其去留，而严拘制之罪，则善矣。（俗又有将妻妾典雇与人为妻妾者。《清律》杖八十，典雇女者杖六十，妇女不坐。知而典雇者，各与同罪，并离异。）

昏礼至后世渐简。此由后世之社会，繁文缛节，不如古代之甚也。《通典》云："东汉、魏、晋以来，时或艰虞，岁遇良吉，急于嫁娶，六礼俱废。"似仅得其一端。即逢清宴之时，亦未必古代繁缛之礼，能永行弗替耳。然古代重礼，所谓礼者，虽原出习俗，而屡经改定，颇有文明之意。后世则各率其俗而行之，颇有极野蛮之习遗留其间，是亦文明之累也。

自由结昏之风，古代尚间有之。如前所举鄎季姬，其最著者也。后世视廉耻愈重，婚姻之权，遂全操诸父母。今之论者，谓结昏当本男女相爱之情，因以自由结昏为尚。谓今之夫妇忾离者，皆婚姻不自由为之。予谓昏姻诚当重自由。然使社会之视离昏，仍如今日之重；夫妇之离昏，仍如今日之难；则结昏纵极自由，亦未必遂有救于夫妇之道之苦。何则？天下无一成不变之人情，况于男女之爱之不暇深虑其后者乎？作事无一着手即不许改易之理，况于夫妇之和好与否，系于人之苦乐尤大者乎？一为昏姻，终身不改，如此而求选择之无憾，恐圣人有所不能也。夫父母之为子女择妃，与听子女自行择妃，诚亦各有短长。今世之父母，为其子女择妃不当者，非不爱其子女，智识不足，则以不善为善，以善为不善耳。下焉者，则眩于势，惑于利耳。然自行择妃。智识遂皆足乎？遂能无眩于势，惑于利乎？恐未必然也。盖人之举事而无悔，必在其血气略定之时；然待至血气定而结昏，恐人之生理，终不能尔也。

父母许婚之最不善者，则如指腹为婚等是。此几于全不顾其子女之利害矣。《南史·韦放传》：放与张率皆有侧室怀孕，因指腹为婚姻。其后各产男女，而率亡。放乃以子娶率女，以女适率子。《北史》：崔浩女为尚书卢遐妻。浩弟恬女，为王慧龙妻。二女俱有孕。浩谓曰：汝等将来所生，皆我之自出，可指腹为亲。盖此等事，皆出于姻娅朋友，欲结两家之好，遂不计其子女之妃合是否相宜也？司马温公《家范》议其弊云："及其既长，或不肖无赖，或身有恶疾，或家贫冻馁，或丧服相仍，或仕宦远方，遂至弃信负约，速狱致讼。"则其弊已著矣，故法律禁之。《清律》云"男女昏姻，各有其时。或有指腹，割衫襟为亲者，并行禁止"是也。惜乎此等法律，多成具文耳。

离昏之律，后世略与古同。《清律》云："凡妻无应出及义绝之状而出之者，杖八十。虽犯七出，有三不去，而出之者，减二等，追还完聚。若犯义绝，应离而不离者，亦杖八十。若夫妻不相和谐，而两愿离者，不坐。"七出三不去，沿袭古礼，于现在情形，已不甚切。故律所强其出之者，惟在义绝。七出则但可出耳，出不出仍听之。而何谓义绝，律无明文。盖难言之，故浑涵其词也。不相和谐，即可离异，似极自由。然必限之以两愿则甚难。何则？妻易为夫所虐待，不和谐即不得不求去；而夫不易为妻所虐待,且可虐待其妻以求利。(如迫使为娼,或苦役使。)则妻愿离者,夫往往不愿。而律定妻背夫在逃者,罪又甚重。(杖一百,从夫嫁卖。因逃而改嫁者绞。)则两愿离昏,徒便于夫耳。钱辛楣云:"夫妇之义,非徒以全丈夫,亦所以保匹妇。后世闾里之妇,失欢于舅姑,谗间于叔妹,抑郁而死者有之。或其夫淫酗凶悍,宠溺嬖媵,陵迫而死者有之。准之古礼,固有可去之义。亦何必束缚之,禁锢之,置之必死之地而后快乎?"其说善矣。然今之妇女,所以重离昏者,皆以生计不能自立,既无归宗之义,俗又贱再醮妇,不愿取,则既去即无所归,终必寒饿死耳。故欲求昏姻真自由,必女子生计能独立也。近人或云:"离昏之律,当定由妻提出者无不许。"其意与旧律恰反。然实扶持女权,保护弱者之良法也。

《杂记》:诸侯出夫人,"有司官陈器皿,主人有司亦官受之"。注:"器皿,本所赍物也。《律》:弃妻界所赍。"《韩非子·外储说》:吴起出妻,"使之衣而归"。此或大归时亦事容饰。然亦可见出妻者不利所赍矣。世衰俗薄,贪鄙者或弃其妻而利其所赍,律当禁之。如能明定妻所赍皆为其私财,虽不离异,不得其允许者,夫亦不能擅用;离异之际,夫曾耗其妻之所赍者,当赔偿,则亦辅助妇人生计,使能独立之一法也。

贞操至后世而愈重。观《廿二史札记》"汉诸王荒乱""汉公主不讳私夫"等条,可见汉时之视贞操尚轻。自此愈至后世则愈重,而多偏责诸女。此无足异,义务固多偏责之于弱者耳。然为妇为女,虽重贞专。而改嫁尚非所讳。自宋学盛行,而士大夫之家,女子之改嫁者,乃几于绝迹矣。《程氏外书》:"问孀妇于理似不可取,如何?曰:然。凡妻,以配身也。若娶失节者以配身,是已失节也。又问或有孤孀贫穷无托者,可再嫁否?曰:只是后世怕寒饿死,故有此说。然饿死事极小,失节事极大。"斯言也,世多以为诟病,以为宋以后之重改嫁,此言为之也。然程子之意,自极言律己之当严,不重在责妇人之守节。况《外书》本不如《遗书》之可信;而小程在宋儒中,议论又多有病。后人不采他家之说，而独诵小程之言；又泥其言而失其意之所重。此自后来治宋学者之无识，亦未可全咎程子也。(《清律》："凡居父母丧及夫丧，而身自嫁娶者，杖一百。命妇夫亡再嫁者，罪亦如之。"则以法律禁止再嫁矣。)

因崇尚守节之极，乃有许嫁婿死，亦为之守志，甚或从死者。归熙甫比之淫奔，说固小激。汪容甫讥其不合古礼，(谓"昏姻之礼，成于亲迎，后世不知，乃重受聘"。)谓为好仁不好学，其蔽也愚，则虽笃信旧礼教者，亦无辞以自解矣。予谓流俗所称崇，大抵偏激之行，罕知中和之德，亦不独此一端也。

同姓为昏之禁，后世守之愈严。然其实则与古异。古之姓为母系，后世之姓为父系，一也。古者近亲，多为同族。如予说，同姓不昏，原于同族不昏，(前所引《取于异姓所以附远厚别义》。)则诚得近亲不昏之意。后世则但求不同父系，姑之子，从母之子，无不可昏者。姑无论近亲不昏，当理与否未可定，即为当理，而后世之所谓同姓不昏者，亦全失近亲不昏之意矣，二也。《大传》："四世而缌，服之穷也。五世袒免，杀同姓也。六世亲属竭矣。其庶姓别于上，而戚单于下，昏姻可以通乎？系之以姓而弗别，缀之以食而弗殊，虽百世而昏姻不通者，周道然也。"注："姓，正姓也。始祖为正姓，高祖为庶姓。"疏："正姓，若周姓姬，齐姓姜，宋姓子；庶姓，若鲁之三桓，郑之七穆。"可见今之所谓同姓不昏者，乃周代之制也。(《左》襄二十五年，"东郭偃臣崔武子，棠公死，偃御武子以吊焉。见棠姜而美之，使偃取之。偃曰：男女辨姓，今君出自丁，臣出自桓，不可"。其所谓姓者，即《大传》注所谓正姓之姓也。)然后世有姓虽同而实非同祖，姓不同而实出一祖者。以周制论，则姓虽同而实非同祖者可昏，姓不同而实出一祖者不可昏。(此即庶姓别而正姓不别也，但亡其正姓耳。)然世俗多反是。则以姓之同异易辨，而得姓之由，则大抵无可稽考也。(《汉书》：王莽以姚、妫、陈、田，皆黄、虞后，与己同姓，令元城王氏，勿得与四姓相嫁娶。然《王䜣传》：䜣孙咸，有女为王莽妻，号宜春氏。

师古曰：莽以己与咸得姓不同，祖宗各别，故娶之。《晋书·刘颂传》：颂嫁女陈峤。峤本刘氏子，与颂近亲，出养于姑而姓陈。其友尝讯之。颂曰：舜后姚、虞、陈、田，本同根叶，而世皆为婚，律不禁也。)

《清律》："娶己之姑舅、两姨姊妹者，杖八十，并离异。"此等法律，久成具文。世俗好言"亲上加亲"。又如南北朝时，崇尚门第，所谓大姓，往往数家自为昏姻。此等昏姻，必不能避亲族。古说近亲为婚"其生不蕃"，或"相生疾"，应本科学多加研究也。

古代有妾无妾，视其人之贵贱而分。后世则以贫富而异。然法令仍有以贵贱立别者。如唐制：亲王，孺人二人，媵十人；二品，媵八人；国公及三品，媵六人；四品，媵四人；五品，媵三人是也。（见《唐书·百官志》。)《元史·刑法志》："有妻妾复娶妻妾者，笞四十七，离之。在官者解职记过，不追聘财。"则妾以一人为限。《明律》："民年四十以上无子者，方听娶妾。违者笞四十。"是平民娶妾，非尽自由也。《清律》删此条，实非是，末年定民律，于许置妾与否，颇有争辩。卒以达官贵人多有妾，不便禁止，仍许之。民国时，《大理院判决例》，解释妾之身份云："凡以永续同居，为家族一员之意思，与其家长发生夫妇类同之关系者，均可成立。法律不限何种方式。"（上字一千二百零五号。）则娶妾愈自由矣。近日上海临时法院判决九江路钱祥荣与其妾毛氏（本姓华氏。) 讼案，乃谓国民党党纲，不许有妾，判令离异。其意诚善。然党纲是否可据以决狱，则疑问也。（民国十六年九、十月间事。)

妾之地位，后世较古代略高。此由古代社会有贵贱阶级，为妾者多出贱族，至后世则无此阶级也。（古之臣妾，犹今之仆婢，故二者恒并举。如《丧服》之贵臣贵妾是也。《曾子问》曰："古者男子，外有傅，内有慈母，君命所使教子也。"《公羊》襄三十年《解诂》云："礼，后夫人必有傅母。选老大夫为傅，选老大夫妻为母。"则男子固可以女为妾，女子亦可以男为臣。犹今男得役婢，女亦得庸仆耳，非与之发生夫妇类同之关系也。其后男遂与妾发生夫妇类同之关系，而女不与臣发生夫妇类同之关系者，则由男权张而女权削，犹媵遂为男子之妾，而御不为女子之面首也。《曾子问》疏云："诸侯之子，适庶皆三母。故《内则》云：必求其宽裕慈惠，温良恭敬，慎而寡言者为子师。其次为慈母。其次为保母。其大夫及公子适子亦三母。"案《内则》又云："国君世子生，卜士之妻，大夫之妾，使食子。"又云："大夫之子有食母。"夫慈母亦食母类也。而据《丧服》，则慈母遂为与男子发生夫妇类同之关系之妾。则男子之外傅，亦可与其母发生夫妇类同之关系乎？此亦吾妾为后起，非古所有之说之一证也。《诗·南山》疏驳何君之说云："以男子为傅，书传未尝闻焉。"盖此等皆古制，见于书籍者绝少，故古文家不之知也。非今文家亲承孔子之口说，孰从而闻之哉？）《丧服》注："妾谓夫为君，不得名婿为夫。"又女君死，妾服丧三年。皆臣对君之礼，不以亲族关系论也。后世虽犹存此制，特其形式而已，其意则久视为家属之一员矣。《颜氏家训》云："江左不讳庶孽。丧室之后，多以妾媵终家事。河北鄙于侧出，不预人流。是以必须重娶，至于三四。身没之后，辞讼盈公门，谤辱彰道路。子诬母为妾，弟黜兄为佣。播扬先人之辞迹，暴露祖考之长短，以求直己者，往往而有。"盖江左犹存有妾不再娶之意，是汉族旧风。河北则渐染胡俗也。胡俗贱妾甚于汉族者，以其社会亦有阶级，（种姓之别是也。）不如汉族之平等也。

取妾之人，多藉口子嗣，其实则为淫欲者多。颜氏又云："今人多不举女。吾有疏亲，家饶妓媵。诞育将及，便遣阍竖守之。体有不安，窥窗倚户。若生女者，辄持将去。母随号泣，莫敢救之。"此等亦得谓非为淫欲乎？或谓富贵之人，必饶智力。听其多置妾媵，优种可以广传。此尤荒谬之论。人之富贵，或由生而即然，或则遭遇时会，岂其智力，皆异恒人？彼野变之世，多畜妻妇，犹或利其力，或涎其色。至于专为纵欲，则必徒取轻盈，不好壮佼。而轻盈之女，多系劣弱之躯。又畜妾徒以多财，则得妾必由价买。而彼鬻女之人，亦多愚弱之辈。然则畜妾之男，种未必优；为妾之女，其种先劣矣。以此而言善种，不亦南辕北辙乎？

妾之地位，后世虽视古为高。然嫡庶之别，则大抵颇严。二妻尤为大禁。世俗间有行之者，如所谓"兼祧双娶"是也。《大理院解释》以后娶者为妾。（统字第四百二十八号。）

畜妾既由地位而然，则女子地位，设或特异，自亦可畜男妾。如宋废帝为其姊山阴公主置面首左右三十人。齐文帝王皇后，当郁林王时，尊为皇太后，称宣德宫。郁林为置男左右三十人是也。但此等事，公然行之者，究甚少耳。

妇女沦落之极，则为倡伎。管子女闾三百；句践以寡妇淫佚过犯，皆输山上；士有忧思者，令游山上，以喜其意；世多以为倡伎之原。予谓古代男女，本有会计；又昏妃之事，官司亦加管理；（《周官》："媒氏，掌万民之判。凡男女自成名以上，皆书年月日名焉。令男三十而娶，女二十而嫁。凡娶判妻入子者皆书之。中春之月，令会男女。于是时也，奔者不禁。若无故而不用令者罚之。司男女之无夫家者而会。"又《管子·幼官》，春秋皆云："始卯合男女。"）民之廛里，率由官授，则此二事，实不能指为倡伎。且倡伎者，俗所称为卖淫者也。必卖淫乃可称为倡伎，则即官以政令，使妇女与男子乱，亦与所谓倡伎者无涉。倡伎既为卖淫之谓，则何时有所谓卖；又女子之淫，何时可卖；是即倡伎之始耳。倡伎字本皆从人，可见为之者不专于女。女之为倡伎者，遂为卖淫之妇，男之为倡伎者，不为卖淫之男，则犹媵遂为妾，而御不为面首耳。故倡伎本非卖淫之谓。特因伎亦卖淫，后世遂以官伎隶教坊。然教坊之伎，法律究许其卖淫，抑仅许其以伎娱人，如日本之所谓艺伎？尚难质言。且如清制，无教坊，只有乐籍。然《律》："官吏娶乐人为妻妾者，杖六十，并离异。官员子孙娶者，罪亦如之。"举人、贡、监、生员宿娼者，皆斥革。惟于庶民不言。岂独许庶民宿娼乎？故律意究许娼伎卖淫与否，尚待法学专家加以研究也。

后世男女之间，亦有渐趋平等者。古为父斩衰三年，父在为母齐衰期。

唐高宗时，始以武后请，父在为母齐衰三年。明太祖使宋濂定《孝慈录》，子为父母，庶子为其母，皆斩衰三年。太祖此举，本出私意，然后遂相沿无改，则以其得人心之同然耳。古之所以尊父于母者，以其时重家族，而父为家主；而后世则视家族渐轻；故父母之尊，遂平等也。

女权之盛衰，于学说颇有关系。学说固不能不随社会情况而变迁，然其深入乎人人之心者，则亦足以左右习俗。吾国学说，影响于男女之尊卑者，盖尝经一大变。其前一期，遗说仅存于《老子》。《老子》书中，无男女字，只有雌雄牝牡字，足征其时代之古。五千言之义，女权皆优于男权。可见邃古女权之盛。《殷易》首坤，盖犹其遗迹也。至于《周易》，则先乾于坤，而"天尊地卑""地道无成""扶阳抑阴"诸说，遂相次而起矣。然我国古代哲学，最尊万有之原。而其说万物之原，则一切以生物之孳乳相比拟。夫以生物之孳乳相比拟，则"孤阳不生，独阴不长"，男女固有不得不并重者。故古代哲学，虽因男权盛张，而有"天尊地卑"等说，而阴阳并重之义，亦卒不能泯。故虽重男而抑女亦不甚。此固吾国民尚中庸、好调和之性然也。又古代政治，家国无殊。一家之中，男女固并有治家之责。推此义以言国政，则后妃夫人，亦当辅佐其君子以理国。《诗》首《关雎》，《书》美厘降，《礼》重冠昏，《易》基乾坤，皆是义也。故以吾国之女子而要求参政权，实最与古义相合。夫思想历时久则入人深。古代之思想，在今日虽为少年所排斥。然其义既深入于人人之心，则虽排斥之之人，亦有阴受其陶铸而不自知者。故欲牖民易俗，植基于古代之成说，实最易为力也。吾国学说，男尊女卑，及男女并重之义，可谓同时并存。苟能善用后一义而发扬之，女权之盛昌，固计日可待矣。

第八章

宗　族

世人有恒言曰：集人而成家，集家而成国，集国而成天下。斯言也，谓就今日之家国天下，析而观之，而见其为如此则可。因谓家国天下之成，由集小而为大，则误矣。此无征不信之言也。

然则生民之初，果若何情状乎？曰：此非今日所能知也。勉强推度，则曰：无人我，无群己，浑然集若干人于一处而已。迨其小进，乃从浑然一大群中，分为若干小群，演进愈深，分析愈细。最后乃知有个人。故法律重视个人之权利，必在稍进化之世。而个人主义之大昌，则近世之事也。

浑然一大群，何由分为若干小群乎？曰：自知血统始。人之相仁偶也，他种关系，皆较后起，惟母之鞠育其子，则必最初即然。不然，人无由生存；且此固禽兽之所知也。特禽兽动作，纯任本能。长能自立，则忘其母。母亦不复顾其子。人则知识较高，记忆之力较强；长大之后，慈孝之心仍在耳。故人之相仁偶也，始于知生我之母。知有母，则知有与我同母之人焉。由此而推之，则又知有母之母焉；又知有与母同母之人焉。亲族之关系，盖由此而昉也。《礼记》曰："大上贵德，其次务施报。"（《曲礼上》。)此言始不知有人我,而后知之也。《左氏》曰:"大上以德抚民,其次亲亲,以相及也。"(僖二十四年富辰之言。)此言始不知别亲疏,而后知之也。

人类之知有统系,率先母而后父。以知父必待夫妇之制既立以后;又古者同族不昏,子女必属一族;饮食保抱之责,既由母任之,子女自属母族也。迨男权日张,妇属于夫,子女亦为父所有,乃由母系易为父系。

母系时代,人之聚居,率依其母。男子与异姓匹合,则入居其妻之族,而其身仍属其母之族。生有子女,亦属其妻之族。斯时甥舅同族,父子则否。犹后世世叔父同居,而母族为外家也。浅演之群,财产或传诸甥,盖由于此?斯时统系,盖如下图。

```
        女                    女
       姓姜                  姓姬
    ┌───┴───┐            ┌───┴───┐
    子     女             子     女
   姓姜   姓姜           姓姬   姓姬
          └──────┬──────┘
              ┌──┴──┐
              子    女
             姓姜  姓姜
```

女权与女系异义。女系时代,事权不必皆在女子手中。特是时女子之权利,总较后世为优耳。大抵渔猎之世,人恒聚族而居。生事简单,男权不显。迨乎游牧须逐水草,农耕须服田畴,则人类由合而分,而女子遂为男子之私属。向者一族之中,以女为主,而男子附之者,今则以男为主,以女附之。于是系统亦主于男,而所谓氏者兴矣。夫生计渐裕,则私产渐多。人之情,莫不私其子。父有财产,恒思传之于其子。于是欲知财产之谁属,必先知其父为何人。又古代职业,恒父子相继,而其贵贱即因之。酋长之子,所以继为酋长者,以其为酋长之子也。奴隶之子,所以仍为奴隶者,以其为奴隶之子也。然则欲知其人之贵贱,亦必知其父为何人矣。于是表明父为何人之名兴,而氏立矣。故姓之兴,所以表血统。氏之兴，则所以表地位、财产等系统者也。

《日知录》曰："《左传》成十六年，潘尪之党，潘尪之子名党也。襄二十三年，申鲜虞之传挚，申鲜虞之子名传挚也。按《仪礼·特牲馈食礼》：筮某之某为尸。注曰：某之某者，字尸父而名尸也。（原注："《少牢馈食礼》同。"）亦此类也。"（原注："《史记·太史公自序》：维仲之省，厥濞王吴。濞乃刘仲之子，称为厥濞。"）此以父名子者也。（案《左》隐六年，顷父之子嘉父。疏曰：顷父旧居职位，名号章显。嘉父新为大夫，未甚著见，故系之于父。诸系父为文者，义皆同此也。）又曰："《左传》昭元年，当武王邑姜，方震大叔。《汉书·杜钦传》：皇太后女弟司马君力。（原注："苏林曰：字君力，为司马氏妇。"）《南齐书》：周盘龙爱妾杜氏，上送金钗镊二十枚，手敕曰：饷周公阿杜。"此以夫名妻者也。要之表明其有所系属而已。此氏之所由兴也。

女系时代，聚族而居，盖全依乎母？其制已不可考。惟今文家说九族，尚兼男女系言之耳。今文家说九族曰："父族四：五属之内为一族。父女昆弟适人者，与其子为一族。己女昆弟适人者，与其子为一族。己之子适人者，与其子为一族。母族三：母之父姓为一族。母之母姓为一族。母女昆弟适人者为一族。妻族二：妻之父姓为一族。妻之母姓为一族。"此今《戴礼》《欧阳尚书》说。见《诗·葛藟正义》引《五经异义》。古文家以"上自高祖，下至玄孙为九族"。（见《书·尧典》释文。）此乃九世也，误矣。（俞氏樾说。）《白虎通》曰："族者，凑也，聚也。谓恩爱相依凑也。生相亲爱，死相哀痛，有会聚之道，故谓之族。"盖人群古代之组织，恒因乎亲属也。

宗与族异。族但举血统有关系之人，统称为族耳。其中无主从之别也。宗则于亲族之中。奉一人焉以为主。主者死，则奉其继世之人。夫于亲族中奉一人以为主，则男女必择其一。斯时族中之权，既在男而不在女，所奉者自必为男。此即所谓始祖。继其后者，则宗子也。《白虎通义》曰：

"宗者，尊也。为先祖主者，宗人之所尊也。"是其义也。

宗又有大小之分。宗法之传于今者，惟周为详。盖其制实至周而备也。今略说之。周代宗法，见于《礼记大传》。（《丧服小记》略同。）《大传》曰："别子为祖，继别为宗，继祢者为小宗。有百世不迁之宗，有五世则迁之宗。宗其继别子者，百世不迁者也。宗其继高祖者，五世则迁者也。"注曰：别子为祖，"谓公子，若始来在此国者，后世奉以为祖"。继别为宗，"别子之世适也。族人尊之，以为大宗"。继祢者为小宗，"父之适也。兄弟尊之，谓小宗"。又曰："小宗四，与大宗凡五。"盖古者"诸侯不敢祖天子，大夫不敢祖诸侯"。故诸侯之子，惟适长继世为君。其弟二子以下，则悉不敢祢先君，其后世遂奉以为祖，是为别子。别子之世适，谓之大宗。百世不迁。别子弟二子以下，是为小宗。其子继之，时曰继祢小宗。其孙继之，时曰继祖小宗。其曾孙继之，时曰继曾祖小宗。其玄孙继之，时曰继高祖小宗。继祢者，亲兄弟宗之。继祖者，同堂兄弟宗之。继曾祖者，再从兄弟宗之。继高祖者，三从兄弟宗之。至于四从兄弟，则不复宗事其六世祖之宗子。所谓五世则迁也。所以五世则迁者，以"亲亲以三为五，以五为九，上杀，下杀，旁杀而亲毕"也。（以三为五，以五为九，谓上亲父，下亲子；以父亲祖，以子亲孙；以祖亲曾、高，以孙亲曾、玄。）然则一人之身，当宗与我同高、曾、祖、父四代之正适，及大宗之宗子。故曰：小宗四，与大宗凡五也。夫但论亲族之远近，则自六世而往，皆为路人矣。惟共宗一别子之正适，则虽百世而其抟结不散。此宗法之组织，所以为大而且久也。

宗法图

```
国君┬嗣君嫡长子─嗣君─嗣君─嗣君─嗣君─嗣君
    └别子大
       宗之祖┬大宗宗子─大宗宗子─大宗宗子─大宗宗子─大宗宗子
             └小宗宗子┬继祢小宗─继祖小宗─继曾祖小宗─继高祖小宗
                      └小宗宗子┬继祢小宗─继祖小宗─继曾祖小宗
                                └小宗宗子┬继祢小宗─继祖小宗
                                          └小宗宗子┬继祢小宗
                                                    └小宗宗子
```

公子不得祢先君，因而别为一宗，为宗法之一义。始来在此国者，后世奉以为祖，为宗法之又一义。两义之中，后义实为尤要。此实与封建之制，相辅而行者也。盖使同出一祖之人，永聚居于一地，则但奉一始祖之正適可矣。惟其有迁居他处者，为始祖之正嫡治理所不及，乃不得不别立一人以长之。一群治理之权，既不能一日无所寄。则此分司治理之人，其统绪亦不容绝。于是五世则迁之小宗，不足以当之，而不得不别立一大宗矣。此诸侯初受封，卿大夫初至一国，所以恒为其国之大宗也。然其于故国旧家，大小宗之关系仍不绝。"笃公刘"之诗曰："君之宗之。"毛传曰："为之君者，为之大宗也。"《板》之诗曰："大宗维翰。"传曰："王者天下之大宗。"此言天子之于诸侯，诸侯之于大夫，犹大宗之于小宗也。（如周公在鲁为大宗，在周为小宗。三桓在其族为大宗，在鲁为小宗。当时诸侯称周为宗周，此诸侯之宗天子也。《左》哀八年，公山不狃谓叔孙辄曰："今子以小恶而欲覆宗国，不亦难乎？"此大夫之宗诸侯也。又诸侯与诸侯亦相宗。《孟子》：滕文公欲行三年之丧，父兄百官皆不欲，曰："吾宗国鲁先君莫之行。"《左》僖五年，虞公曰："晋吾宗也。"是也。）此古代修身、齐家、治国、平天下，所以一以贯之也。（古代天子诸侯间之关系，实多宗族之关系。天子之抚诸侯，宗子之收恤其族人也。诸侯之尊天子，族人之祇事其宗子也。讲信修睦，同族之相亲也。兴灭继绝，同族不相蔑也。盖一族之人，聚居一处，久则不足以容，势不得不分殖于外，此封建之所由兴。而分殖于外者，仍不可不思所以联结之，此宗法之所由立。《传》曰："有分土，无分民。"有分土，则封建之谓。无分民者，同出一始祖之后者，无不当受治于大宗之宗子也。夫封建云者，一族之人，据一隅之地，役其民以自养；所据之地日扩，一人之力，治理有所不给，则分遣同族中之一支，前往治之云尔。所分出之一支而所据之地又大，亦用此法。此天子与诸侯，诸侯与大夫之关系，所以其名虽异，其实则同也。然则当时之宗子，必皆有土之君，故能收恤其族人。所谓族人，实与宗子同生息于此封地之上，欲图自存，即不得不翊卫其宗子。而宗子之所以为族人所尊，则以其为先祖主故也。此古代举一孝字，所以其义蟠天际地。盖古之抟结惟宗族，而一言孝，则全族自卫之道，靡不该焉。夫力恶其分而不合，亦恶其合而不分。分则力薄，合则力厚，此恶其分而不合之说。分则占地广而多助，合则占地狭而寡助，此恶其合而不分之说也。封建之行也，得一地，则分同族之人处之，同族之人多，则又辟新地，灭人国以处之。所分出之同族，又复如是，如干生枝，枝又生叶，而其一族之人，遂遍布于天下。夫欲灭聚居之一族，苟乘其敝，聚而歼旃可耳。一族之人，而遍布于天下，则虽有强者，亦未如之何也已。此炎黄之裔，所以传世长久也。然则何以卒至于灭亡也？曰：行封建之制者虽强，有自亡之道焉。盖既知宗族，即有亲疏，此无可如何之事也。亲亲以三为五，以五为九，至矣，无可复加矣。而立宗法者，必欲以百世不迁之大宗抟结之，使虽远而不散。其所抟结者，亦其名焉而已，其实则为路人矣，路人安能无相攻？况乎封建之始，地广人希，诸侯壤地，各不相接，其后则犬牙相错矣。封建之始，种族错杂，所与竞者，率多异族，其后则皆伯叔甥舅矣。国与家，大利之所在也。以大利之所在，徒临之以宗子之空名，而望其不争，岂不难哉？此诸侯卿大夫之间，所以日寻干戈也。天下无不坏之物，至坚而莫之能坏者，即含自坏之道。古一姓之人，藉封建之制，遍布其种于天下，似无可亡之道也。当时之平民，亦断无亡之之力也。乃正以其分布之广也，而开自相攻击之端。见吞并者日多，即其族之存者益少。至于最后，则此族之存者惟一人；欲覆此一族者，覆此一人可矣，秦之亡是也。祸福倚伏之理，岂不诡哉？）

古未有今所谓国家。抟结之最大者,即为宗族。故治理之权,咸在于族。族人于小宗宗子,仅以本服服之。于大宗宗子,则五世而外,悉为之齐衰三月。于其母妻亦然。此庶人为君之服也。古之所以特重正嫡者亦此义。盖但论亲情,则众子相等。若欲传治理之权,则众子之中,不得不择其一矣。所谓继承者,即继承治理之权之谓也。继承之法,随时随地而异。周代则特重嫡长。正而不体,（适孙。）体而不正,（庶子。）正体不传重,（适子有废疾。）传重非正体,（庶孙为后。）皆不为之服三年之丧。其正体传重者,则父为之斩衰三年,母为之齐衰三年。盖兼重亲情与传统也。（天子诸侯,以尊绝旁亲之服。大夫降一等。惟于妻长子之妻皆不降,亦重其传统也。）

古代最重祭祀。故支子不祭,祭必告于宗子。(《曲礼下》。)曾子问曰:宗子为士,庶子为大夫,其祭也如之何？孔子曰:以上牲祭于宗子之家。祝曰:孝子某,为介子某,荐其常事。若宗子有罪,居于他国,庶子为大夫。其祭也,祝曰:孝子某,使介子某,执其常事。摄主不厌祭,不旅,不假,不绥祭,不配。布奠于宾,宾奠而不举；不归肉。其辞于宾曰:宗兄、宗弟、宗子在他国,使某辞。曾子问曰:宗子去在他国,庶子无爵而居者,可以祭乎？孔子曰:祭哉。请问其祭如之何？孔子曰:望墓为坛,以时祭。若宗子死,告于墓,而后祭于家。宗子死,称名不言孝。身没而已。(《曾子问》。)《内则》曰:"适子庶子,祗事宗子宗妇。虽贵富,不敢以贵富入宗子之家。虽众车徒,舍于外,以寡约入。子弟犹归器。衣服、裘衾、车马,则必献其上,而后敢服用其次也。若非所献,则不敢以入于宗子之门,不敢以贵富加于父兄宗族。若富,则具二牲,献其贤者于宗子,夫妇皆齐而宗敬焉。终事,然后敢私祭。"可见是时宗子之尊矣。

《丧服传》曰:"昆弟之义无分。然而有分者,则辟子之私也。子不私其父,则不成为子。故有东宫,有南宫,有北宫。异居而同财。有余则归之宗,不足则资之宗。"案"继父同居",《传》曰:"夫死妻稚子幼,子无大功之亲,与之适人。"(注:"子无大功之亲,谓同财者也。")

又云："小功已下为兄弟。"《既夕礼》云："兄弟赗奠可也。"则此所谓同财者，以大功为限。然收恤所及，初不止此。故晏子父之党无不乘车者，母之党无不足于衣食者，妻之党无冻馁者。宋公孙寿辞司城，使其子意诸为之。曰："去官则族无所庇。虽亡子，犹不亡族。"可见是时宗族之间，财产之相通。盖古者一人本无私财，财皆其族之财。同财而限于大功，其去古已远矣。《管子·小匡》篇："公曰：爱民之道奈何？管子对曰：公修公族，家修家族，使相连以事，相及以禄，则民相亲矣。放旧罪，修旧宗，立无后，则民殖矣。"《问》篇："问国之弃人，何族之子弟也？""问乡之贫人，何族之别也？"皆若能修其族，则民不患其无养者。《周官》所谓"宗以族得民"，（《太宰》。）盖谓此也。

宗法盖仅贵族有之，以贵族食于人，可以聚族而居。平民食人，必逐田亩散处。贵族治人，其抟结不容涣散。平民治于人，于统系无所知。《丧服传》曰："禽兽知母而不知父。野人曰：父母何算焉？都邑之士，则知尊祢矣。大夫及学士，则知尊祖矣。诸侯及其太祖，天子及其始祖之所自出。"其位愈尊，所追愈远，即可见平民于统系不甚了了。于统系不甚了了，自无所谓宗法矣。《孟子》曰："死徙无出乡，乡田同井，出入相友，守望相助，疾病相扶持，则百姓亲睦。"平民之抟结，如是而已。

古无所谓国与家也，人类之抟结，族而已矣。族之大小不一。今古文家所说之九族，皆族之一种也。（今文家兼女系言之，时代较早。古文家专就男系言之，盖在宗法既完备之后也。）合族而居，治理之权，必有所寄。所寄者亦不一。周之宗法，亦治理之一法也。古家字有二义：一卿大夫之家，一即今所谓家。（《诗序》："国异政，家殊俗。"正义："此家谓天下民家。《孝经》云：非家至而日见之也，亦谓天下民家，非大夫称家也。"）今所谓家，其职有四：（一）为夫妇同居之所。（二）上事父母。（三）下育子女。（四）则一家之率同财，有无相通。此所以相生相养也。（家之制亦不一。中国普通之家，则系如此。自古迄今，无甚大变。此即古所谓五口八口之家，一夫上父母，下妻子者也。今人多诋中国为大家族，其实西人之家，较之中国，亦仅少上事父母一端耳。数世同居，宗族百口，在中国亦非恒有之事也。）国则操治理之权，谋公益，禁强暴，所以维持现状，更求进步者也。二者不可缺一，在古代皆宗族职之。其后则相生相养之道归诸家，治理之权操诸国，而所谓宗与族者，遂有其名而亡其实焉。此其故何哉？曰：社会之变迁为之也。古代亲爱之情，限于同族。（《左》僖十年，狐突曰："神不歆非类，民不祀非族。"成四年，季文子引《史佚之志》曰："非我族类，其心必异。"皆古人歧视异族之征也。）后世则扩而渐广。泛爱之情既进，偏私之念自衰，一也。古代分工未密，交易未开。生事所资，率有自造。既非独力所及，自不得不合亲族为之。后世则一人之身，而百工之所为备。所待以生者，实非亲族，而为林林总总，不知谁何之人。生事既不复相资，何必合亲尽情疏之人以共处？二也。古者生利之法甚粗，欲利之心亦淡。胼手胝足，皆为族谋。后世则智巧日开，愿望日富。族中有私财之人遂日多。有私财之人多，则如大功以下同财等小团体，潜滋暗长于大族之中矣，三也。聚居之制，必与营生之道不悖，而后可以持久。然如耕农，一夫百亩，方里仅容九夫，其必不能合族而处明矣，四也。凡此皆家之所由兴，而族之所由散也。至于国之所以立，则由族长所治，非复一族之人，遂渐变而为君主。其所遣分治之子弟，亦渐变而为官吏矣。两族相遇，不能无争。亦或以治化之优，酋豪才德之异，此族自为彼族所归向。皆血统不同之族，所以渐合为一，而国之所由立也。夫使人类之组织，无大于族，则两族相遇，苟有龃龉，即须决之以兵争，此殊为人情所不便。故诸族之中，苟有一族，能平他族之争者，他族自乐归之。虞、芮质成是也。联众族以奉一尊，虽不必出于要束，然能持久而不涣，亦必为众之所利，而后能然。故民约之义，不能执史无其事以为难也。

邃古之民，必笃于教。族各有其所尊祀之神，未必肯舍之而从他族。

然各族联合之际，亦自有其调融之道焉。合诸族以尊一族之神，一也。诸侯助祭于天子，盖源于此？（此非以诸侯与天子同族。"殷士肤敏，祼将于京"，是其验也。）不则以此族之神，加于彼族所奉之神上。如周人谓"姬姓日，异姓月"是也。（《左》成十六年。）又不然，则两族之神，各有所司，亦有更王之道。如通三统及五德迭王之说是也。

人类既知有统系，必有所以表之。时曰姓、氏。姓所以表女系，氏所以表男系也。然及后来，男子之权力既增，言统系者专以男为主，姓亦遂改而从男。特始祖之姓，则仍从其母耳。周制，始祖之姓（杜预《释例》曰："别而称之谓之氏，合而言之则曰族。"案，别而称之，谓此族之人，以氏与他族别也。合而言之，谓同族之人，皆同此一氏也。）曰正姓，百世不改。正姓而外，别有所以表其支派者，时曰庶姓。庶姓即氏也。亦曰族，（《论衡·诘术篇》："古者有本姓，有氏姓。"本姓即正姓，氏姓即庶姓也。）随时可改。《大传》曰："四世而缌，服之穷也。五世袒免，杀同姓也。六世亲属竭矣。其庶姓别于上，而戚单于下，昏姻可以通乎？系之以姓而弗别，缀之以食而弗殊，虽百世而昏姻不通者，周道然也。"注："姓，正姓也。始姐为正姓，高祖为庶姓。"疏曰："正姓，若周姓姬，齐姓姜，宋姓子。庶姓，若鲁之三桓，郑之七穆。"盖正姓所以表大宗，庶姓所以表小宗也。

命氏之法：诸侯即以国为氏，若践土之载书，晋重、鲁申、卫武、蔡甲午、郑捷、齐潘、宋王臣、莒期是也。诸侯之子曰公子，公子之子曰公孙。公孙之子，不得上系于诸侯，则别立氏。立氏则追溯其祖，故以王父字为氏。其中又分为二：适夫人之子，以五十字伯仲为氏，若鲁之仲孙、季孙是也。庶子以二十字为氏，如展氏、臧氏是也。此外得氏之道甚多。郑氏《通志》列举之，凡三十二。予更分之为七类。

第一类　（一）姓　　古代表女系之姓，周世所谓正姓也。

第二类　（一）国　　包天子诸侯言之，如周、鲁是。

　　　　（二）邑　　卿大夫。

　　　　　（三）乡

　　　　　（四）亭

　　　　　（五）国系　　如唐叔、滕叔。

　　　　　（六）国爵　　如夏侯、息夫。息夫者，息公子为大夫也。

　　　　　（七）邑系　　如原伯、申叔。

　　　　　（八）邑谥　　如苦成。

第三类　（一）地　　　谓居地也。如东门襄仲、东里子产。○《潜夫论·志
　　　　　　　　　　　氏姓》：东门、西门、东郭、北郭，所谓居也。

第四类　（一）字

　　　　　（二）名

　　　　　（三）次

　　　　　（四）族　　　以谥为族，亦有非谥者。

　　　　　（五）谥

　　　　　（六）族系　　如叔孙、季孙。

　　　　　（七）名氏　　如士季、伍参。

　　　　　（八）谥氏　　如楚鼋子之后为鼋子氏。

第五类　（一）官

　　　　　（二）爵

　　　　　（三）技　　　如巫、卜。

　　　　　（四）官名　　如师延、史晁。

　　　　　（五）爵系　　如王叔。

　　　　　（六）爵谥　　如卫成公之后为成公氏。

第六类　（一）吉德

　　　　　（二）凶德　　如黥布。

　　　　　（三）事　　　如汉丞相田千秋，以年老，许乘小车入朝，
　　　　　　　　　　　时人称车丞相，其后人以车为氏。

第七类　（一）代北复姓

（二）关西复姓

（三）诸方复姓

（四）代北三字姓

（五）代北四字姓

此外又有生而有文一种。如武则天之先，为周平王之后，生而手有文曰武，遂以武为氏是也。郑氏别附之于后，盖不信之。

顾亭林《原姓篇》曰："男子称氏。女子称姓。氏一再传而可变，姓千万年而不变。……考之于传，二百五十五年之间，有男子而称姓者乎？无有也。女子则称姓。古者男女异长。在室也，称姓，冠之以序，叔隗、季隗之类是也。已嫁也，于国君则称姓，冠之以国，江芈、息妫之类是也。于大夫则称姓，冠之以大夫之氏，赵姬、卢蒲姜之类是也。在彼国之人称之，或冠以所自出之国若氏，骊姬、梁嬴之于晋，颜懿姬、鬷声姬之于齐是也。……既卒也，称姓冠之以谥，成风、敬嬴之类是也。亦有无谥而仍其在室之称，仲子、少姜之类是也。是古氏焉者，所以为男别也。姓焉者，所以为女坊也。自秦以后之人以氏为姓，以姓称男，而周制亡，而族类乱。"案春秋时之男子，所以不称姓者，非不重姓也，言氏则姓可知耳。盖女无外事，但于昏姻时考其姓，以免取同姓之讥，可矣。男子与人交接孔多，必先知其祖父为何人，不能但知其始祖之姓而止，故必有氏以表之。夫姓不足以表男子者，以其始祖去之久远，其关系已亡也。然则得氏之祖，去其人久远者，仍不足以表明其人为何如人，此氏之所以必时变也。（如鲁之叔孙氏，所以表明其为叔牙之后也。然使凡叔牙之后，皆以叔孙为氏，则但知其为叔牙之后耳，不知其在叔牙之后中，支分派别为何如矣。故必别立氏，以表之，如叔仲氏是也。《后汉书·羌传》曰："氏族无定。"案羌爱剑之后，五世至研。研豪健，羌中号其后为研种。十三世之烧当，复豪健。其子孙更以烧当为种号。所以必更者，以研去其时已远，怀研德者，不如其怀烧当；畏研威者，亦不如其畏烧当也。中国氏之数改,亦同此理。)然则非男子不重姓也,男子于姓之外又须有氏,女子则但有姓而已足耳。至秦以后人,所以以氏为姓者,则因谱牒亡而姓不可知,乃无可如何之事,非其欲如此也。(汉人欲求正姓,乃有吹律定姓之法。其理略见《潜夫论·卜列篇》。说甚怪迂,不足信也。)

谱牒之原甚古。《周官·小史》:掌邦国之志。奠系世,辨昭穆。若有事,则诏王之忌讳。大祭祀,读礼法。史以书叙昭穆之俎簋。注:"郑司农云:系世,谓帝系、世本之属。(疏:"天子谓之帝系,诸侯谓之世本。")先王死日为忌,名为讳。"又《瞽矇》:"讽诵诗,世奠系。""杜子春云:世奠系,谓帝系、诸侯、卿大夫世本之属是也。小史主次序先王之世,昭穆之系,述其德行。瞽矇主诵诗,并诵世系,以戒劝人君也。故《国语》曰:教之世,而为之昭明德而废幽昏焉,以休惧其动。"案古代事迹,率由十口相传,久之乃著竹帛。瞽矇之职,盖尚在小史之前。小史能知先世名讳忌日,则于世次之外,必能略记其生卒年月等。瞽矇所讽,可以昭明德而废幽昏,则并能略知其行事矣。此后世家谱家传之先河也。此等记载,列国盖多有之。故《史记·三代世表》,谓"自殷以前,诸侯不可得而谱,周以来乃颇可著"也。《十二诸侯年表》云:"谱牒独记世谥。"《南史》:王僧孺被命撰谱,不知谱所自起,以问刘杳。杳曰:桓谭《新论》云:太史公《三代世表》,旁行邪上,并效《周谱》。(案此语《史通》亦引之。)则其既著竹帛之后,体例尚可微窥也。《世本》虽出后人纂辑,所据当系此等谱牒。今其书已亡。窃谓《大戴记·帝系姓》一篇,实其仅存者。特累经传写,遂失旁行斜上之旧式。而《五帝德》一篇,则瞽矇之所讽诵也。《后汉书·卢植传》:窦武援立灵帝,朝议欲加封爵。植献书规之曰:"今同宗相后,披图案牒,以次建之,何勋之有?"则其制至汉尚存。故史公得放效之,而桓谭能知其所取法也。

古代谱牒,后世私家亦多有之。其仅存者,散见《世说新语》注中。

（注所引皆称谱，惟王浑一条称家谱。《隋》《唐志》所著录，则皆称家谱。）其目存于《隋》《唐志》，《隋志》著录，家传、家谱，分隶两门。（家传入传记，家谱入谱系。）《旧唐志》乃并为一，实非是也。自魏以来，选举重世族，其学乃大盛。《新唐书·柳冲传》记其始末曰："晋太元中，散骑常侍河东贾弼撰《姓氏簿状》，十八州，百十六郡，合七百一十二篇，甄析士庶无所遗。宋王弘、刘湛好其书。弘每日对千客，可不犯一人讳。湛为选曹，撰《百家谱》，以助铨序。文伤寡省，王俭又广之。王僧孺演益，为十八篇。东南诸族，自为一篇，不入百家数。弼传子匪之。匪之传子希镜。希镜撰《姓氏要状》十五篇，尤所谙究。希镜传子执。执更作《姓氏英贤》一百篇。又著《百家谱》，广两王所记。执传其孙冠。冠撰《梁国亲王太子序亲簿》四篇。王氏之学，本于贾氏。唐兴，言谱者以路敬淳为宗，柳冲、韦述次之。李守素亦明姓氏。时谓肉谱者。后有李公淹、萧颖士、殷寅、孔至，为世所称。初汉有《邓氏官谱》。应劭有《氏族》一篇。王符《潜夫论》，亦有《姓氏》一篇。宋何承天有《姓苑》二篇。谱学大抵具此。"又曰："初太宗命诸儒撰《氏族志》，甄差群姓。其后门胄兴替不常，冲请改修其书。帝诏魏元忠、张锡、萧至忠、岑羲、崔湜、徐坚、刘宪、吴兢及冲，共取德功时望国籍之家，等而次之。夷蕃酋长，袭冠带者，析著别品。会元忠等相继物故，至先天时，复诏冲及坚、兢与魏知古、陆象先、刘子玄等讨缀，书乃成。号《姓系录》。开元初，诏冲与薛南金复加刊窜，乃定。"此唐以前谱学之大略也。谱系本私家之事。然朝廷以阀阅用人，社会以门第相尚，则其关系甚大，非复一家所得自私。故记载职以官司，私谱不容紊乱。郑樵所谓"隋、唐而上，官有簿状，家有谱系；私书滥，纠以官籍；官籍缺，考以私书"者也。当时重之如此。研核其事者，自可成为学问。至五代而后，"取士不论家世，昏姻不问阀阅"，（亦郑樵语。）而其法大坏矣。唐人姓氏之书，存于今者，惟一《元和姓纂》。《通志·氏族略》多与之同，盖即其所本，此外则皆亡矣。亦可见谱学之衰矣。世皆谓门阀之盛，由于九品中正之制。实则社会故有此阶级，而九品中正之制，乃缘之而兴；而两汉选举之不论门阀，特其偶然伏流耳。

《柳冲传》又载柳芳论氏族之语，颇可见崇重门第之由来，及谱学所由盛衰。今节录之。其言曰："氏族者，古史官所记也。昔周小史定系世，辩昭穆，故古有《世本》，录黄帝以来至春秋时诸侯卿大夫名号继统。……秦既灭学，公侯子孙，失其本系。汉兴，司马迁父子乃约《世本》，修《史记》，因《周谱》，明世家，乃知姓氏之所由出。虞、夏、商、周、昆吾、大彭、豕韦、齐桓、晋文，皆同祖也。更王迭霸，多者千祀，少者数十代。先王之封既绝，后嗣蒙其福，犹为强家。汉高帝兴，徒步有天下。命官以贤，诏爵以功；……先王公卿之胄，才则用，不才弃之；不辨士与庶族；然则始尚官矣。然犹徙山东豪杰，以实京师。齐诸田，楚屈、景，皆右姓也。其后进拔豪英，论而录之，盖七相五公之所由兴也。魏氏立九品，置中正；尊世胄，卑寒士，权归右姓已。其州大中正主簿，郡中正功曹，皆取诸姓士族为之，以定门胄，品藻人物。晋、宋因之，始尚姓已。然其别贵贱，分士庶，不可易也。于时有司选举，必稽谱而考其真伪。故官有世胄，谱有世官。贾氏、王氏谱学出焉。由是有谱局，令史职皆具。……夫文之弊，至于尚官。官之弊，至于尚姓。姓之弊，至于尚诈。隋承其弊，不知其所以弊，乃反古道，罢乡举，离地著，尊执事之吏。于是乎士无乡里，里无衣冠，人无廉耻，士族乱而庶人僭矣。故善言谱者，系之地望而不惑，质之姓氏而无疑，缀之婚姻而有别。"云云。观其言，可见谱学之兴，实由社会故有士庶之别也。

谱牒所以明统系，统系明则氏族不淆。然必社会先有重视氏族之心，而后谱牒之法，得以维持。否则非以伪乱真，即阙而不举矣。此晚唐以后，谱系之所由不可复问也。自宋学盛行，人有敦宗收族之心，而谱牒之纂修复盛。至于今日，苟非极僻陋之邦，极衰敝之族，殆无不有谱。然其用意，则与古大异矣。今人谱法，率本欧、苏，而踵事增华，其例实较欧、苏为美备。此篇非讲谱学，故措勿论。然使今后谱学日以昌明，全国谱牒，皆臻完善，则于治化，固大有裨。何者？人口之增减，男女之比率，年寿之修短，智愚贤不肖之相去，一切至繁至琐之事，国家竭力考查，而不得其实者，家谱固无不具之，且无不能得其实。苟使全国人家，皆有美备之谱牒，则国家可省无数考查之力，而其所得，犹较竭力调查者为确实也。惟此事宜以官力辅助之。昔章实斋撰《和州志》，有《氏族表》。撰《永清县志》，有《氏族表》。其序，谓"谱牒之书，藏之于家，易于散乱。尽入国史，又惧繁多。方州之志，考定成编，可以领诸家之总，而备史之要删"。又谓"国史不录，州志不载，谱系之法，不掌于官，则家自为书，人自为说，子孙或过誉其祖父，是非或颇谬于国史。其不肖者流，或谬托贤哲，或私粥宗谱。悠谬恍忽，不可胜言"。"今大江以南，人文称盛，习尚或近浮华。私门谱牒，往往附会名贤，侈陈德业，其失则诬。大河以北，风俗简朴，其人率多椎鲁无文。谱牒之学，阙焉不备。往往子孙不志高曾名字；间有所录，荒略难稽，其失则陋。"又谓和州明季乙亥，图书毁于兵燹，家谱世牒，寥寥无闻；而嘉靖、万历中所修州志具在。是在官易守，私门难保之明征。凡此所言，已足见谱牒之事，不宜专责诸私家，而官司必当相助为理。抑予尤有进焉者，古代系世之所以易奠，实以其人皆聚族而居。后世情势既殊，更欲联散处之分支，以同归于一本，力既薄而弗及，情又涣而不亲，必非私家之力所克举，而欲考世系以明史实，辨遗传以定昏姻，有非合远近以共观，则其事不明者。凡若此者，或则行文询问，或则遣吏考查，亦惟官力为能行之。且私家谱牒，纂修纵极详备，终不免限于偏隅。合全国之谱牒而会其通，亦惟官力为能操其关键也。然则国家厘定谱法，责令私家修纂，总其成而辅其不及，实于民政文化，两有裨益矣。宗法之废，由于时势之自然。后人每欲生今反古，谓足裨益治理，其事皆不可行。(如令族长戒敕不肖子弟；

两姓有讼,令两族族长先行调处等皆是。)惟藉私家之谱牒,以助官力之调查,则其事极易行,而其所裨实大也。私见如此,窃愿承学之士,共究其利害焉。

吾国表女系之姓,与表男系之正姓庶姓并行,及庶姓专行,盖各有其时代。表女系之姓之盛行,盖尚在史记之前。姬、姜、姚、姒,在当时,盖各为一女系之部落。此等部落,同系者昏姻不通,故以姓别之。迨乎女系易为男系,婚姻之可通与不可通,亦由男系之同异而别。则表女系之姓,已无所用之。故其名犹是,其实遂非。姬、姜、姚、姒,始以表女系者,至是乃以表炎、黄、舜、禹之后矣。于是表女系之姓亡。时则主男系之宗法方盛,乃以正姓表始祖,以明一本;以庶姓表支派,以别亲疏。其时此等大姓,大抵聚居一处。有分出者,非为诸侯,即为大夫,谱牒详明。故虽派别支分,而仍不昧其原本。迨封建破坏,诸侯大夫,降为编户,则势散而力薄。遂至但记庶姓,而昧其本姓。封建既废,既无不敢祢先君之别子,又无特起之大夫,无从别立新氏;而一人之后,亦不复如古代之群萃州处,无庸多立新名,以表支派,而所谓庶姓者,遂百世不易。于是正姓亡而庶姓专行矣。自唐以前,辨别姓氏甚严。如"《新唐书》言河南刘氏,本出匈奴之刘库仁;柳城李氏,世为契丹酋长;营州王氏本高丽之类,此同姓而不同族也。又如《魏书·高阳王雍传》,言博陵崔显,世号东崔,地寒望劣,此同族而不同望也"。(《日知录》卷二十三《通谱》。)凡若此者,无非欲严其区别,以明其系统而已。乃自谱牒既亡,而此等区别,又不可知。则今日所谓姓氏,即古所谓庶姓者,亦徒有其名,而不能藉此以别统系矣。故自唐以前,可谓庶姓盛行之时;自五代以后,可谓庶姓衰敝之时也。大抵姓氏之淆乱,非由误分,即由误合。误分者,如伏、宓本一,因字形之异而分为二;共氏、叔氏、段氏,同出郑共叔段而分为三是也。误合者,则如赐姓,改姓,冒姓,子从母姓,奴从主姓,异姓为后,或因字音字形之淆讹,或则复姓去其一字皆是。古姓之可考见者，远且勿论，即五代时之《百家姓》所载诸姓，今已有不经见者矣。岂亡氏者如此之多邪？其必有与他姓误合者，无足疑矣。若皆能如汉武帝之于金日磾，取旧姓所无之字，固不虞其混淆。然造姓者又皆不能。于是新造之姓，又与旧有之姓相混。至于今日，殆于纷纭轇轕，不可究诘矣。（《日知录》曰："洪武元年，禁不得胡姓者，禁中国人之更为胡姓，非禁胡人之本姓也。三年四月甲子，诏蒙古诸色人等，入仕之后，或多更姓名。朕虑岁久，其子孙相传，昧其本原，非先王致谨氏族之道。中书省其告谕之。如已更易者，听其改正。可谓正大简要。至九年三月癸未，以火你赤为翰林蒙古编修，更其姓名曰霍庄。盖亦放汉武赐日磾姓金之意。然汉武取义于休屠王祭天金人，亦以中国本无金姓也。今中国本有霍姓，而赐之霍，则与周霍叔之后无别矣，况其时又多不奉旨而自为姓者。其年闰九月丙午，淮安府海州儒学正曾秉正言：臣见近来，蒙古色目人，多改为汉姓，与华人无异，有求仕入官者，有登显要者，有为富商大贾者。非我族类，其心必异。宜令复姓，庶可辨识。至永乐元年九月庚子，上谓兵部尚书刘儁曰：各卫鞑靼人多同名，宜赐姓以别之。于是兵部请如洪武中故事，编置勘合，给赐姓氏。从之。三年七月，赐把都帖木儿名吴允诚，伦都儿灰名柴秉诚，保住名杨效诚，自此遂以为例。而华宗上姓，与旃裘之种相乱。"云云。案新姓与旧姓之淆混，以此等关系为最多。入民国后之满人，造中国姓名之教士，皆是也。）今日更欲追溯正姓，固不可得。即仅就现行之姓，一一追原其始，亦属无从。然此本无谓之事。吾辈之言谱牒，只在借以辅助民政，研究学问。则断自所知，翔实记载焉可矣。其不可知者，不徒不必强溯，彼强为附会者，且宜删削，以昭真实也。

　　合族而居之制，必盛于天造草昧之时。以其时就政治言，就生计言，均无更大之团体，内借此以治理，外资此以自卫；而分工合作之道，亦即寓于其中也。逮乎后世，安内攘外，既有国家；易事通工，胥资社会；则合族而居之利，已自不存；而族长手握大权，或碍国家之政令；（如家长有生杀家人之权，即与国家法律有碍。《春秋》之义，斤斤于父杀其子当诛，必当时之俗，实有父杀其子者。"小杖则受，大杖则走"之义，亦因斯而立也。）群族互相争斗，尤妨社会之安宁；则破大族而代之以小家，亦势不容已矣。职是故，书契所记，三代之时，平民之家，不过五口八口。卿大夫之家，虽可联之以宗法，然同财者仍不过大功以下；且仍许其异居，则其家，亦与平民之家无异矣。夫既许其异居，而犹必联之以宗法者，则以封建之世，诸侯卿大夫之族，实系高居民上，役人民以自养，不得不谋自卫之道也。（后来或无此意，然其制之初立，则确系如此。）然则封建废，则宗法亦当随之而废；宗法废，则贵族之家，亦当一如平民之家矣。然后世犹有以宗族百口，累世同居为美谈者，则由未知宗法为与封建相辅而行之制，误以其团结不散，为伦理所当然；且未知古所谓宗，每年仅合食一次，并无同居之事也。累世同居之事，盖起于汉。赵氏翼《陔余丛考》曰："世所传义门，以唐张公艺九世同居为最。然不自张氏始也。《后汉书》：樊重三世共财。缪彤兄弟四人，皆同财业。及各娶妻，诸妇遂求分异。彤乃闭户自挝。诸弟及妇闻之，悉谢罪。蔡邕与叔父从弟同居，三世不分财，乡党高其义。又陶渊明《诫子书》云：颍川韩元长，汉末名士，八十而终。兄弟同居，至于没齿。济北氾幼春，七世同财，家人无怨色。是此风盖起于汉末。"陈氏《礼书》曰："周之盛时，宗族之法行，故得以此系民而民不散。及秦用商君之法，富民有子则分居，贫民有子则出赘。由是其流及上，虽王公大人，亦莫知有敬宗之道。寖淫后世，习以为俗。而时君所以统驭之者，特服纪之律而已。间有纠合宗族，一再传而不散者，则人异之，以为义门。岂非名生于不足欤？"盖封建之世，宗法之行分合之间，自有定则。固不至如后世之宗族不相恤；亦断不得生今反古，而同居者至于千百口也。赵氏综计前史，谓历代义门，见于各史孝义孝友传者，《南史》十三人，《北史》十二人，《唐书》三十八人，《五代》二人，《宋史》五十人，《元史》五人，《明史》二十六人。又有不在孝友孝义传，而杂见于本纪列传者。又有正史不载，杂见他书者。其风可谓盛矣。然顾亭林《日知录》曰:"宋孝建中,中军府录事参军周殷启曰:今士大夫父母在而兄弟异居,计十家而七。庶人父子殊产,八家而五。其甚者,乃危亡不相知,饥寒不相恤。……宜明其禁,以易其风。当日江左之风,便已如此。《魏书·裴植传》云:植虽自州送禄奉母,及赡诸弟,而各别资财,同居异爨,一门数灶。盖亦染江南之俗也。隋卢师道聘陈,嘲南人诗曰:共甑分炊饭,同铛各煮鱼。而《地理志》言蜀人敏慧轻急,尤足意钱之戏,小人薄于情礼,父子率多异居。……《宋史》:太祖开宝元年六月癸亥,诏荆蜀民祖父母、父母在者,子孙不得别财异居。……二年八月丁亥,诏川峡诸州,察民有父母在而别籍异财者,论死。太宗淳化元年九月辛巳,禁川峡民父母在出为赘婿。真宗大中祥符二年正月戊辰,诏诱人子弟析家产者,令所在擒捕流配。其于教民厚俗之意,可谓深且笃矣。(原注:"《辽史》:圣宗统和元年十一月,诏民有父母在,别籍异居者,坐罪。")若刘安世劾章惇,父在,别籍异财,绝灭义礼,则史传书之,以为正论。马亮为御史中丞,上言父祖未葬,不得别财异居。(原注:"李元纲《厚德录》。")乃今之江南,犹多此俗。人家儿子娶妇,辄求分异。而老成之士,有谓二女同居,易生嫌竞;式好之道,莫如分爨者。岂君子之言与?"观顾氏之言,则知析居之风,由来已久;(顾氏又引《抱朴子》:"汉桓帝之世,更相滥举。时人为之语曰:举秀才,不知书。察孝廉,父别居。"则其风之盛,实不待宋孝建中矣。)且滔滔者天下皆是。赵氏所辑累世同居之事,虽若甚多,实则九牛之一毛耳。此等累世同居之人,其原因有二:(一)由误谓伦理当然。汉人之行之,盖以其时去封建之世未远,习以惇宗睦族为美谈,而不察其实也。后人遂仍其误,莫之能正。宋儒墨守古人制度,提倡同居尤力。顾氏《华阴王氏宗祠记》曰:"程、朱诸子,卓然有见于遗经。金元之代,有志者多求其说于南方,以授学者。及乎有明之初,风俗淳厚。而爱亲敬长之道,达诸天下,其能以宗法训其家人,或累世同居,称为义门者,往往而有。"可见同居之盛，由于理学家之提倡者不少矣。（二）则随时随地，各有原因，非逐一考证，不能明了。如《日知录》谓"杜氏《通典》言北齐之代，瀛、冀诸刘，清河张、宋，并州王氏，濮阳侯族，诸如此辈，近将万室。《北史·薛胤传》：为河北太守，有韩、马两姓，各二千余家。今日中原北方，虽号甲族，无有至千丁者。户口之寡，族姓之衰，与江南相去复绝"。陈宏谋《与杨朴园书》，谓"今直省惟闽中、江西、湖南，皆聚族而居，族居有祠"。则聚居之风，古代北盛于南，近世南盛于北。盖由北齐之代，丧乱频仍，民多合族以自卫。而南方山岭崎岖之地，进化较迟，流移者须合迁徙之人为一，乃足自安。土著者或与合族而居之时，相距未远故也。苟欲深明其故，则如《陔余丛考》所载历代累世同居之事，非一一按其时地，考厥情形不可，固不容执一端以强断之矣。

此等聚族而居之事，流弊颇多。读清高宗乾隆二十九年江西巡抚辅德一疏可见。疏云："江西民人，有合族建祠之习。本籍城乡，暨其郡郭，并省会地方，但系同府、同省之同姓，即纠敛金钱，修建祠堂。率皆栋宇辉煌，规模宏敞。其用余银两，置产收租。因而不肖之徒，从中觊觎，每以风影之事，妄启讼端，藉称合族公事，开销祠费。县讼不胜，即赴府诉。府审批结，又赴省控。何处控诉，即住何处祠堂，即用何处祠费。用竣，复按户派出私财，任意侵用。"又云："所建府省祠堂，大率皆推原远年君王将相一人，共为始祖。如周姓则祖后稷，吴姓则祖泰伯，姜姓则祖太公望，袁姓则祖袁绍。有祠必有谱。其纂辑宗谱，荒唐悖谬，亦复如之。凡属同府、同省者，皆得出费与祠，送其支祖牌位总龛之内，列名于宗谱之册。每祠牌位，动以千百计。源流支派无所择。出钱者联秦越为一家，不出钱者置亲支于局外。原其创建之初，不过一二好事之徒，藉端建议，希图经手侵渔。访其同府、同省同姓，或联络于生童应考之时，或奔走于农民收割之后。百计劝捐，多方怂动。愚民溺于习俗，乐于输助。故其费日集而多，其风日踵而盛。初成广厦，置之空闲。歇讼聚赌，窝匪藏奸，不可究诘。近于省会祠中，复经拿获私铸案犯"云云。（《清经世文编》卷五十八。）其流弊可谓大矣。先是陈宏谋官江西，令民选举族正族约，官给牌照，令司化导约束之事。其事亦实不可行。乃辅德议废祠宇，宏谋犹寓书杨朴园，谓其"因偶然之弊，而废长久之良法"，何其迂而不切于务与！

宗法盛行之时，国家之下，宗亦自为一集体。龚定庵谓"周之盛也，周公、康叔以宗封。其衰也，平王以宗徙。翼顷父、嘉父、戎蛮子皆以宗降。汉之实陵邑，以六国巨宗徙"是也。（《农宗篇》。）小程谓汉高祖欲下沛，只是以帛书与父老，父兄便能率子弟从之。又如相如使蜀，亦遗书责父老，然后子弟皆听其命。亦由于此。小程谓"必有尊卑上下之分，然后顺从而不乱。若无法以联属之，安可"？因谓"管摄天下人心，收宗族，厚风俗，使人不忘本，须是明谱系，收世族，立宗子法"。殊不知国家之职，正在使人人直属于国。宗法盛行之时，其民诚不如后世之散无友纪。自卫之力既强，卫国之力亦大。然其为政令之梗亦甚。古所以有族诛之刑者，正以其时族之抟结厚，非如此，不足以绝祸根也。若后世，安用此乎？

强宗巨族之害如此，则所谓义门，实不足尚。斯理也，明达事理之士，亦多见及之。其言之最直捷者，无过于李穆堂。穆堂《别籍异财议》曰："吾江西风俗淳厚。聚族而居，族必有祠，宗必有谱。尊祖敬宗之谊，海内未能或先。至于一家之中，累世同爨，所在多有。若江州陈氏、青田陆氏，并以十世同居，载在史册。今此风亦稍替矣。观朱子晓谕兄弟争财产事，援据礼律，以敦教化。凡祖父母、父母在堂，子孙别籍异财者，并将关约呈首抹毁。不遵者依法断罪。信乎儒者之政，异乎俗吏之为之也。然细思之，尚有未尽善者。盖禁其争财可也，禁其分居，恐未可也。孟子论王政，止称八口之家。朱子释之，以弟为余夫，壮而有室，即别授百亩，是古者未尝禁人之分居也。惟是乡田同井，相友，相助，相扶持，则分而不分耳。迨世既衰，渐失友助扶持之意。于是笃行之士，矫为累世同居之事。姑以劝亲睦而激薄俗耳，非比户所能行也。凡累世同居者，必立之家法，长幼有礼，职事有司，管库司稽，善败惩劝，各有定制。又必代有贤者，主持倡率，而后可行。否则财相竞，事相诿，俭者不复俭，而勤者不复勤，势不能以终日。反不如分居者各惜其财，各勤其事，犹可以相持而不败也。至于祖父母，父母在堂，亦微有辨。如年逾七十，宜传家政；或年虽未衰，别有疾病，而不任综理：则子孙析居，亦无不可。且其家既分析，必其家法未立；又无可兼综之人。今必责已分者使之复合，是强人以所不能，势不行矣。"其说可谓甚通。姚崇遗令，以达官身后，子孙失荫，多至贫寒。斗尺之间，参商是竞。欲预为分定，以绝后争。亭林谓当时老成之士，谓式好之道，莫如分爨。皆与穆堂所见相同者也。

抑民间之分居，尚有出于不得已者。唐玄宗天宝元年，敕："如闻百姓，有户高丁多，苟为规避，父母见在，乃别籍异居。宜令州县勘会。其一家之中，有十丁以上者，放两丁征行赋役。五丁以上放一丁。即令同籍共居，以敦风教。其赋丁孝假，与免差科。"（谓应赋之丁，遇父母亡则免差科，谓之孝假。）盖古以人丁众寡，定户等高下，析居所以避多丁，免重役也。宋时之民，有自杀以免其子之役者。此岂空言礼教，所能强使同居哉？

五口八口之家，虽非强宗巨族之比，为家长者，亦终必带几分压制，况于累世同居者乎？浦江郑濂，累世同居。明太祖问以其道。对曰："惟不听妇人言耳。"此一语尽之矣。清刘绍攽论之曰："不听妇言，家亦无有不离者。女子之生，惟夫是依。方其待嫁，未尝不厚自期许，曰：异日者，佐吾夫，齐吾家。及其既归，又未尝不深自黾勉，曰：今日者，幸得佐吾夫，庶几齐吾家。而夫乃曰：是离吾家者，言不可听。则其情必暌。夫夫之于妇，其情最笃。笃者暌之，奚论不笃者？吾不知夫之父母、兄弟、姑姊、妯娌之属，又当何如疑虑，何如防闲？为之妇者，行且自计：谓我以夫为家，夫顾外我，家之人从而摈我，然则家非我有，我何幸其齐？

又何忧其不齐？适足以毁其家耳。"颇能针砭俗儒之失。然今日之所谓家者而不改，女子终不能自拔。争女权者，亦不必计较于百步五十步之间也。

今日之所谓家者不改，又有一弊。亡清之末，议定民律。某君司起草，尝演说曰："今日政治之不善，中国人重视其家之习，有以为之累也。国家之任官，将使之行国家之意也。而今之官吏，无不为财来。故缺有肥瘠，差有美恶。彼直商贾耳，安暇奉公？其所以如此者，皆家为之累也。今日人人重视其家之习不改，一切皆无可望，亦不独政治也。"其言善矣。然以此偏责中国人，则亦未是。今日欧美人之家，特较中国人之家，大小不同耳。其性质固无以异也。中国人思自利其家，欧美人独不思自利其家乎？且由今之道，无变今之俗，即将所谓家者毁弃，亦人人思自利其身耳。人人思自利其身，其贻害于公，与人人思自利其家，有以异乎？无以异乎？此事症结，自别有在，断非数条民律，所能移也。

古代财产，本为一族所公有。为族长者，持操其管理之权耳。古所以严"父母存不有私财"之禁者，非恶其有财，乃恶其侵家长治理之权也。为家长者，财虽非其私有，然既操管理之权，则其实与私有无异。古代贵族所以争袭者，半亦有此。若平民，则百亩之田，率由公给，转无所谓继嗣之争矣。后世财产私有，而其情形乃一变。

财产为一族所公有之世，为族长者，虽得操其治理之权，然财究非其私有。则所谓继嗣者，亦继嗣其治理之权而已。夫治理之权，固不可分。则于众子之中，不得不择其一。其后财为一族所公有之制既废，而以一子继嗣之习犹存，遂成一子袭产之制。专产业于一人，坐视其余之人无立锥之地，于理殊觉不安。吾国则久行均分之制。《清律》："分析家财田产，不问妻、妾、婢生，但以子数均分。"是也。（奸生之子，依子量与半分。无子立继者，与私生子均分。）至此，则所谓宗族者，仅存空名。既无权力，又无财产，南方山岭之区，或有设立规条，以治理族众者。

然其权力究亦不大。江河流域之平原，则几于无复此事。即有之，亦仅存其名而已。族中公产，如祭扫等费，亦其微已甚。其小有可观者，则为后人放宋范仲淹所置之义田。或由一二人出资，或由合族所醵，用以赡其族之老、幼、孤、寡、贫病者，助其丧葬婚嫁。亦或推广之，设立义塾，津帖应试者之旅费。此诚得互助之道，然必限之以宗族，则仍未免楚弓楚得，失之不广也。（义田赡族，创之者意诚甚美。然实惠所及，时或不多。以一姓之人口，必降而愈繁，财产不易与之比例而增也。陈宏谋官江西时，尝劝其民将宗祠经费，举办社仓，立还借之法，以期可久。）

立后之法，亦今古不同。古者大宗不绝小宗绝，（《仪礼·丧服》："大宗者，尊之统也。大宗者，收族者也。不可以绝，故族人以支子后大宗也。"《公羊》庄二十四年《解诂》："小宗无子则绝。"〇宗子为殇而死，庶子弗为后，盖后其父也。）今则人人皆欲立后。言礼者多深非之。（黄宗羲曰："古来宗法，有大宗，有小宗。余子无后者，祔祭于宗子之庙。大宗不可绝，故族人以支子后大宗。非大宗而立后者，古未有也。今一人必求一继者，世俗之瞀说也。"案柳宗元《与许孟容书》，自以得姓来二千五百年，代为冢嗣，故以无后为戚。犹非如世俗之人人皆欲立后也。）然主张人皆立后者，亦自有其说。其说曰："古者行世官世禄之制，不可令小宗旁支杂出干预。后世则惟有世职、世爵，及如明之屯军有句丁、盐丁，工匠有世役者，乃当用此例。此外则入官悉由选举；庶孽崛起，即同别子之尊；正适失官，还同庶人之贱。其贫富亦视其勤惰奢俭以为衡。若必责贵家之正适以收族，非废选举而行世官，夺庶孽之财，以与正适不可。（案此乃后世国权扩大，人人直属于国之证。古之臣人者，以其宗，非以其人；任人者，亦任其宗，非任其人也。）且古之有家，略同有国，统绪不可沦亡。后世既无世官、世禄，但论亲情，则适庶长幼，同是五世则迁之宗耳。何必夺人之子以为子？亦何必舍其父而谓他人父哉？夫如是，则大宗不可立。大宗不立，则人人各亲其亲，各祢其祢，固其所也。又以祭祀论，古者殇与无后者，祭于宗子之家，从祖祔食。

今无宗子，则无祖庙，令其祔食何所乎？且后世田产非由官授，率皆自致，国家亦既许其私之矣，死而收之，谅非人情所愿，而于事亦不甚便。令其亲族分受，纠纷益多，（案旧律自无男归女，无女入官之条。无男归女，实为允协。无女入官，于理亦允，而于事不甚便。恐与其人切近者，知其死后产将入官，于其生前设计攘夺，使老而无后者，不得安其生也。）转不如立一人焉，令其尽生养死葬祭祀之责，而许其承受之为得也。"凡此，皆主人人可以立后者之说也。（并有谓绝父以后大宗，非古人之意者。其说曰："父而可绝，则适子何以不得后大宗，而必以支子乎？"按此古人语不具耳。"大宗无后，族无庶子，当绝父以后大宗。"明见于石渠之议。又《通典》载田琼之论，亦谓当以"长子后大宗。诸父无后，祭于宗家。后以庶子还承其父"。此事自无疑义也。）议论如是，而法律随之。清代之法，无子者许以同宗昭穆相当之侄承继。先尽同父周亲，次及大功、小功、缌麻。如俱无，许择立远房及同姓。（此中论序，议论亦不一。如以同父周亲论：有谓长房无子，必以次房次子承继；次房无次子，乃得立三房之次子；不得越次房而及三房，亦不得越次子而及第三子者。有谓除各房之长子，惟其所欲者。有谓宜择最多子之一房，令其承继者。并有谓亲疏相等，可决之以卜者。于理皆有可通，于礼与律，皆无明据。吾谓以律意推之，自以惟其所欲之说为最当也。）然此但就亲族伦序言，而承继之人，实有承受产业之关系。法律既保护私产，不能强人与所不欲与之人。且承继之子，当尽奉养其父母之责，亦不能强立其所不爱。故《例》又云："继子不得于所后之亲，听其告官别立。其或择立贤能，及所亲爱者，若于昭穆伦序不失，不许宗族以次序告争，并官司受理。"盖专重本人之意思矣。

一族人丁衰少时，往往近亲固无多丁，远房亦无支子。《清律》既禁以异姓为后，又必令昭穆伦序相当，则欲立后者，乃有无后可立之虞。故高宗时，又定兼祧之法，令一子得兼承两房之嗣。（大宗子兼祧小宗，小宗子兼祧大宗，皆以大宗为重。为大宗父母服三年，为小宗父母服期。小宗子兼祧小宗，以本生为重。为本生父母服三年，兼祧父母服期。此所谓大宗，指长房而言。小宗，谓次房以下。）而人人皆可立后之义，乃几于无憾矣。

近人《立后论》云："现行律《男女婚姻条例》：招婿养老者，仍立同宗应继者一人，承奉祭祀，家产均分。如未立继身死，从族长依例议立。《立嫡子违法条例》：妇人夫亡无子守志者，合承夫分。须凭族长择昭穆相当之人继嗣。据此两条：无子者须强使立后。无子者之财产，且强使给与嗣子。有亲女者，虽招婿养老，亦仅能与嗣子均分。天下不近人情之事，莫过于此。然考此两条，为清朝后起之《例》。明清两朝《律》文，均无强人立嗣之法。明清《律》但罚异姓乱宗，罚尊卑失序，未尝言不立嗣者处罚也。即清朝旧《例》：无子者许令同宗昭穆相当之侄承继，先尽同父周亲。次立大功、小功、缌麻，如俱无，方许择立远房及同姓为嗣。所谓许令者，本系听人之便，非谓无子者必令同宗昭穆相当之侄承继也。由明清上溯之元。《元史·刑法志》户疏议引《户令》：无子者听养同宗于昭穆相当者。曰听养，亦非强人养。可知古法相传，无强人立嗣之法。宋初新定《刑统》，《户籍资产》下引《丧葬令》：诸身丧户绝者，所有部曲、客女、奴婢、店宅、资财，并令近亲转易货卖。将营葬事，及量营功德之外，余财并与女。无女，均入以次近亲。无亲戚者，官为检校。若亡人在日，自有遗属处分，证验分明者，不用此令。此《丧葬令》乃唐令。知唐时所谓户绝，不必无近亲。虽有近亲，为营丧葬，不必立近亲为嗣子。而远亲不能争嗣，更无论矣。虽有近亲为之处分，所余财产，仍传之亲女。而近亲不能争产，更无论矣。此盖先世相传之法，不始于唐。秦汉以前有宗法。秦废封建，宗法与之俱废。萧何定《九章》，乃变为户法。宗法以宗为单位，户法以户为单位。以宗为单位，有小宗可绝，大宗不可绝之说。以户为单位，无某户可绝，某户不可绝之理。故《唐律》禁养异姓男，《户令》听养同宗，乃于可以不绝之时，为之定不绝之法。《丧葬令》使近亲营葬事，亲女受遗产，乃于不能不绝之时，为之定绝法。此户法当然之理也。"

又云:"为人后之说,始见于《仪礼》。然孔子射于矍相之圃,凡贲军之将,亡国之大夫,与为人后者不入。郑康成曲为之解,谓与犹奇也。后人者一人而已,既有为者,而往奇之,是贪财也。观此解,可知东汉时有争继之俗,为人后之弊已见。然与字文义甚明,正不必强训为奇。俞樾《茶香室经说》曰:为人后之礼,当始于周。何以明之?以殷事明之。殷人立弟之法,以次传讫,仍归其兄子。如大丁未立而卒,立其弟外丙、中壬,而复立大丁之子大甲是也。然沃丁崩,立其弟大庚,大庚崩,立其子小甲,不复立沃丁之子。小甲崩,立其弟雍己,雍己崩,立其弟大戊,大戊崩,立其子中丁,不复小甲之子。盖以沃丁小甲无子故也。无子即无后,可知殷礼不为无子者立后。是以文王有长子伯邑考,不以武王之子为之后,犹用殷礼也。孔子有兄孟皮,不以伯鱼为之后,孔子自言殷人,用殷礼也。上古大同之义,不独亲其亲,不独子其子,人固不必皆有后。故古有无服之丧。而丧之无后者,族人与前后家、东西家及里尹,皆得主之,何以立后为?立后之礼,其起于后世之各亲其亲,各子其子乎?孔子有志于大道之行,故矍相之圃,创立此法。此说足以释为人后者不入之故。读此,亦可知立后之多事矣。"

又其《读律余谈》云:"日本法律有女户主。以女子奉祭祀,而赘婿入女子之家。此为欧西法律所无。然祭祀之俗,既不能废,为无子者计,与其以他人之子承祭祀,固不如以亲女承祭祀。谓祭祀必有男系相承,亦言之不能成理,不过习惯而已。欧西民法,虽无女户主,然各国宪法,每以女子承王位,则亦女户主之理也。《汉书·地理志》载齐襄公时,令国中民家长女不得嫁,名曰巫儿,为家主祠,嫁者不利其家。民至今以为俗。是汉时长女主祠,亦名巫儿。巫儿不必齐襄之法。《秦策》曰:太公望齐之逐夫。《说苑》亦言太公望故老妇之出夫。夫而可逐,可出,则与日本之女户主无异。可知齐国早有巫儿之法也。《贾谊传》言秦地子长则出赘,本以避赋役。故秦汉之法,薄待赘婿。或加算,或遣戍。因赘婿无籍，以其妻之籍为籍，此其妻皆巫儿也。观此，知吾国旧法，与日本同。宋程大昌《演繁露》载，元丰六年，提举河北保甲司言：乞义子孙、舍居婿、随母子孙、接脚夫等，见为保甲者，候分居日，比有分亲属给半。诏著为令。此所谓舍居婿，即现行律所谓招婿养老，日本《民法》所谓婿养子缘组。所谓接脚夫，即日本《民法》所谓入夫，乃以男子入寡妇之家。现行律及公文书无接脚夫之说，然乡俗数见不鲜。吾吴谓之填黄泥，或曰爪脚黄泥。爪脚即接脚。接音闭口，例转幽宵，故讹为爪脚。黄泥即巫儿。古音儿本读倪，倪宽即儿宽。巫儿转为黄泥，犹胡瓜转为黄瓜，无是公作亡是公耳。巫儿本义，为长女主祀。巫者，女能事无形，以舞降神者也。《诗》曰：谁其尸之，有斋季女。中华定民法，苟不废祭祀之制，固宜采巫儿之俗，参女户主之法。礼顺人情，可免狱讼之劳，杜觊觎之习矣。"

案此说谓女子亦可承袭为户主，于理甚通。《左》哀六年，陈乞谓诸大夫曰："常之母有鱼菽之祭，愿诸大夫之化我也。"注云："齐俗妇人首祭事。"此亦巫儿之类。知《读律余谈》之说，非附会之谈也。惟欲使无子者不立后，则非今日所能。中国人所以必欲立后，盖中于"不孝有三，无后为大"之说。古人所以为此说，则以其谓鬼犹求食之故。今日此等迷信，虽不如古人之深，然亦未尽破除。又人情于其所甚爱者，每不愿其灭绝。中国人上不爱其国，下不爱其群。所毕生尽力经营者，厥惟家室。钟鸣漏尽，犹欲举其所有，传之所爱之人；且立一人以主之，勿使之绝，此亦生于此时此地者之恒情。非社会组织大更，其情不能遽变。人心不变，虽强以法律禁止，亦必不能行。女子不得继嗣，在今日特囿于习俗，而习俗之成，亦有其故。盖在古昔，法律之效未普，强暴之力横行。欲图保家，必资刚劲，女子之力，不若男子之强。独力持门，虑难自守。职是之故，不愿付诸亲生之女，转愿托之入继之男。今后法律，果确能保障人权；弱女持家，不虑亲邻之陵侮。则私其子姓，人有恒情；

固不虑女子之不能袭产。若乃由今之道，无变今之俗；强陵弱，众暴寡；官司惟作调停之计，乡里不闻仗义之言。任令群狡之合谋，坐视孤穷之无告，则利害所在，人同趋避之情。虽歆之曰：此为文明，斥之曰：彼为野蛮，又孰愿取虚名而受实祸哉？

异姓为后，古人所非，鄫以外孙为后，而《春秋》书"莒人灭鄫"是也。（《公羊》襄五、六年，《谷梁》义同。）然其事为世俗所恒有。方氏苞曰："俗之衰，人多不明于天性，而骨肉之恩薄。谓后其父母者，将各亲其父母；无父母而自知其所出，犹有外心焉；故常舍其兄弟之子与其族子，而求不知谁何之人，取之襁褓之中，以自欺而欺人。"此犹仅得其一端。以予所见，固有恶同族之觊觎，而甘付诸异姓者矣。天下亲爱之情，自近者始。怨毒之结，亦以近者为深。故亲兄弟，同父母，有相疾若仇雠者，路人则反无之。何则？其势不相及也。此自事势当然，徒执亲疏厚薄之说以责人，皆不通世故者也。立后限于同姓与否，各国立法，亦各不同。今日继嗣，究重袭产而不重祭祀。苟非共产，产业固当保护。传诸何人，当一听其人之自愿。禁立异姓为后之律，今后实宜除之。又养子与立后不同。旧律虽不许立异姓为后，未尝不许养异姓为子，且许其分得资产。而世俗遇此等事，必群起而攻之，藉口不许乱宗，实欲把持财产。所谓"其言蔼如，其心不可问"也。（《清律例》："乞养异姓为子以乱宗族者，杖六十。以子与异姓人为嗣者，罪同，其子归宗。其遗弃小儿，年在三岁以下，虽异姓，仍听收养，即从其姓，仍酌分给财产。又义男女婿，为所后之亲喜悦者，听其相为依倚。不许继子并本生父母用计驱逐，仍酌分给财产。若无子之人家贫，听其卖产自赡。"除为乱宗一义所牵率外，所以保护本人之财产权者，亦甚周至矣。）清张海珊与其外家严姓亲族书曰："情之所极，即礼之所通。昔汉秦嘉早亡，妻徐淑，乞子养之。淑亡，子还所生。朝廷通儒，遣其乡里，录淑所养子，还主秦氏之祀。孙吴周逸，本左氏子，为周所养，周氏又自有子。人咸讥逸。逸敷陈古今，卒不复姓。董江都一代醇儒，朝有疑义，则使者以片言折衷焉。

时有疑狱曰:甲无子,拾道旁弃儿为己子。乙长杀人,甲匿乙。甲当何论?董曰:甲无子,振养活乙。虽非所生,谁与易之?《春秋》之义,父为子隐。甲宜匿乙,不当坐。又一事曰:甲有乙,以乞丙。乙后长大,而丙所成育。甲因谓乙曰:汝吾所生。乙怒,杖甲。甲告官。董曰:甲生乙,不能育,义已绝矣。虽杖甲,不应坐。夫藏匿逋逃,断以父子之律。加杖所生,附于不坐之条。其为予夺,不既明乎?"案江都明于《春秋》,而其所言,若与"莒人亡鄫"之义相反者?一以公言,一以私言。彼亦谓有国有家之主,不得私以其位授异姓。犹《孟子》谓"子哙不得与人燕"耳。以私情论,则"子生三年,然后免于父母之怀",亦以养言,非以生言也。

第九章

阶　级

　　吾国古代之阶级，最严重者，盖为国人及野人。《周官》有询国危、询国迁、询立君之礼，享其权者，皆国人也。（见《政体篇》。）《孟子》曰："国人皆曰贤，然后察之。见贤焉，然后用之。国人皆曰不可，然后察之。见不可焉，然后去之。国人皆曰可杀，然后察之，见可杀焉，然后杀之。"（《梁惠王下》。）《王制》："爵人于朝，与众共之。刑人于市，与众弃之。"即此数语之注脚。朝与市皆在国中者也。大王之迁岐也，属其耆老而告之。夫岂能尽属其所统属之耆老？则其所属者，皆邑中之耆老而已。民从之者如归市，亦其所属之耆老，率其子弟而从之而已。厉王之监谤也，国人莫敢言，道路以目，三年，乃相与畔，袭王流王于彘，亦国人为之也。古代之国人，所以能享此权利，有此势力者，盖其国家之成立，率由部落相并兼。一部落征服他部落，则择中央山险之地，筑城以居，是之谓国。其四面平夷之地，则所征服之民居之，以从事于耕农，是之谓野。故国人者，征服人之族。野人者，为人所征服之族也。此事最显明之证据，则国人服兵役，而野人则否，参考古代兵制，自能知之。

　　职是故，古代国家之基础，实惟国人；而野人则关系较浅。国以外之土地，可以时有赢缩。但使其国仍在，国人不至尽怨叛以去，如《春秋》所谓"梁亡"者。(《公羊》：僖公十九年，"梁亡，此未有伐者。其言梁亡何？自亡也。其自亡奈何，鱼烂而亡也"。注："梁君隆刑峻法，一家犯罪，四家坐之。一国之中，无不被刑者。百姓一旦相率俱去，状若鱼烂。鱼烂从内发，故云尔。")则苟有贤君，仍有复兴之望。若夫野人，则赋役轻减，即歌颂德惠；苟遇虐政，则"逝将去女，适彼乐土"而已。古代之国家，疆域之胀缩，户口之增减，率由于此。

国以内之人民，亦有阶级否乎？曰：有。此其阶级，盖因职业之不同而生。与国人野人，本为异部落者不同也。古代职业之别，时曰士、农、工、商。(此为最普通之区别。《谷梁》成公元年："古者有四民：有士民，有商民，有农民，有工民。"《公羊》成公元年《解诂》："古者有四民。一曰德能居位曰士；二曰辟土殖谷曰农；三曰巧心劳手，以成器物曰工；四曰通财鬻货曰商。"《汉书·食货志》："学以居位曰士，辟土殖谷曰农，作巧成器曰工，通财鬻货曰商。"皆与《管子·小匡篇》同。《周官》太宰："以九职任万民，一曰三农，生九谷。二曰园圃，毓草木。三曰虞衡，作山泽之材。四曰薮牧，养蕃鸟兽。五曰百工，饬化八材。六曰商贾，阜通货贿。七曰嫔妇，化治丝桑。八曰臣妾，聚敛疏材。九曰闲民，无常职，转移执事。"分别非不细密。然其所举，在士农工商之外者，要不若士农工商之重要也。《史记·货殖列传》："故待农而食之，虞而出之，工而成之，商而通之。《周书》曰农不出则乏其食，工不出则乏其事，商不出则三宝绝，虞不出则匮财少。"此因商贾所贩，率多山泽之材，故特举一虞。《左传》宣公十二年："荆尸而举，商、农、工、贾，不败其业。"则去士但言农工商，而加以贾字以足句耳。)《管子·小匡篇》曰："士农工商，四民者，国之石民也。不可使杂处。杂处则其言哤，其事乱。是故圣王之处士，必于闲燕；处农必就田野；处工必就官府；处商必就市井。"使之"群萃而州处"，"不见异物而迁"。则"其父兄之教，不肃而成；其子弟之学，不劳而能"。是故"士之子常为士"，"农之子常为农"，

"工之子常为工","商之子常为商"。职业之不同,既足使权力之大小,因之而异。而其业又守之以世,则积之久而地位之高低随之,亦其势也。(《淮南子·齐俗训》:"人不兼官,官不兼事。士农工商,乡别州异。是故,农与农言力,士与士言行,工与工言巧,商与商言数。是以士无遗行,农无废功,工无苦事,商无折货。"说与《管子·小匡篇》同。)此等阶级中,其权力最大,地位最高者,厥惟世为官吏之家,时曰百姓。(后世百姓与民同义,古代则不然。《书·尧典》:"以亲九族,九族既睦,平章百姓,百姓昭明,协和万邦,黎民于变时雍。"《礼记·大传》:"重社稷,故爱百姓。爱百姓,故刑罚中。刑罚中,故庶民安。"皆以百姓与民分言。间有百姓与民同义者,如《中庸》:"子庶民则百姓劝。"下又云"时使薄敛,所以劝百姓"是也,然不多见。)百姓之未受爵者曰士。(古者五十而后爵,爵则为大夫。《冠义》:"天子之元子,犹士也。天下无生而贵者也。"士非爵,而又与庶人不同。盖有受爵之资格而未爵者也。其所以有受爵之资格,则以生于百姓之家故也。)职卑于士者曰庶人。(庶人亦治公务,然尊卑与士大异。《孟子·万章下篇》:"在国曰市井之臣,在野曰草莽之臣,皆谓庶人。庶人不传质为臣,不敢见于诸侯。"与士之得见于君者大异矣。盖一生于世族之家,一生于民之家也。《孝经·庶人章》疏:"严植之以为士有员位,庶人无限极,故士以下皆为庶人。")不治公务,但事生业者曰民。(古民与人异义。《论语·宪问》:"子路问君子,子曰:修己以敬。曰:如斯而已乎?曰:修己以安人。曰:如斯而已乎?曰:修己以安百姓。"《集解》:"孔子曰人,谓朋友九族。"朋友,如秦穆之于三良,故与九族同在百姓上。)野人则变民言氓。(《周官·遂人》注:"变民言甿,异内外也。"民、甿亦有通言者。《韩非子·难一》:"四封之内,执会而朝名为臣,臣吏分职受事名曰萌。"此萌字,该内外之民言之。以国人野人,后来其别渐泯也。古之言民,颇以远近而异。以其时列国并立,非如后世之一统也。《礼记·祭义》:"百众以畏,万民以服。"疏:"百众,谓百官众庶。万民,谓天下众民。"众庶指本国之民,万民指列国之民也。)盖亦曰黔首。(《礼记·祭义》疏:"凡人以黑巾覆头,故谓之黔首。汉家仆隶谓苍头,以苍巾为饰,异于民也。"《史记·秦始皇本纪》:二十六年"更命民曰黔首"。窃疑古代黔首,惟氓为然。其后民氓不别,则有黔首者,有不然者。如皇欲应水德,乃令凡民皆以黑巾覆头。故当时异军特起,即以苍头为别者。汉时黔首之俗遂不改,乃以苍头施之仆隶也。)大抵有官爵者为君子,无官爵者为小人。(君子小人,后以德言,初当以位言。)君子治人,小人治于人。治于人者食人,治人者食于人。此古代社会阶级之大凡也。

此等阶级,盖随世而显。隆古之世,交通阻隔,生事单简。各部落互相吞并之事既少,一部落中,因任职之异,以致地位不同者亦希,则其阶级不甚显著。世运日进,社会之组织,日益复杂,则阶级之差,亦因之而甚。《礼记·祭义》曰:"有虞氏贵德而尚齿,夏后氏贵爵而尚齿,殷人贵富而尚齿,周人贵亲而尚齿。"贵德者,纯视其人之德行才能,更无他种差别,可谓最为平夷。贵爵则始以朝廷之尊显为荣矣。贵富者,注曰:"臣能世禄曰富。"则始优异及于任职者之子孙矣。贵亲者,亲其本族,异于他族。则亦将亲其本部落,异于他部落。征服者与所征服者之阶级,盖自此而起也。此皆一社会中,组织日益复杂,而各部落又互相吞并为之也。

阶级之别既生,则上等阶级之所以自奉养,及其所以自表异者,自有不同。《史记·货殖列传》曰:"昔先王之制,自天子、公侯、卿、大夫、士,至于皂隶、抱关、击柝者,其爵禄奉养,宫室、车服、棺椁、祭祀,死生之制,各有差品。小不得僭大,贱不得逾贵。"此即《左传》所谓"君子小人,物有服章,贵有常尊,贱有等威"者也。(《左传》宣公十二年。)《荀子》曰:"夫贵为天子,富有天下,是人情之所同欲也。然则从人之欲,则势不能容,物不能赡也。故先王案为之制礼义以分之。使有贵贱之等,长幼之差,知愚能不能之分。皆使人载其事,而各得其宜。是夫群居和一之道也。故仁人在上,则农以力尽田;贾以察尽财;百工以巧尽械器;士大夫以上,至于公侯,莫不以仁厚知能尽官职;夫是之谓至平。故或禄天下而不自以为多；或监门、御旅、抱关、击柝，而不自以为寡。故曰：斩而齐，枉而顺，不同而一，夫是之谓至平。"（《荀子·荣辱》。）此等议论，乃制度既定后生，固不能谓其无理。然追原其朔，则征服之族，役所征服者以自养；居要地者，朘不居要地者以自肥而已。

或谓既有阶级，则一人为刚，万夫为柔；居最高之位者，惟我独尊可也。而何必于我与下民之间，多设阶级？曰：此则贾生言之矣。"人主之尊譬如堂，群臣如陛，众庶如地。陛九级上，廉远地则堂高。陛亡级，廉近地则堂卑。高者难攀，卑者易陵，理势然也。故古者圣王制为等列，内有公卿大夫士，外有公侯伯子男。然后有官师小吏，延及庶人。等级分明，而天子加焉，故其尊不可及也。""今自王侯三公之贵，皆天子之所改容而礼之也。古天子之所谓伯父伯舅也。而令与众庶同黥劓髡刖笞僇弃市之法。然则堂不亡陛乎？被戮辱者不泰迫乎？"（《汉书·贾谊传》。）天下惟等级多而去人远者为尊。平易近人，未有能自表异者也。君主之尊，原非一蹴而成；其初原与贵族相去不远，其后亦未尝不务铲除贵族之权力；然于其虚文，必务保存之者，夫固有深意存乎其间也。

阶级之别，固非美事。然古之所谓君子，其风概亦有足多者。今试举其两端：一曰厉节行，一曰远禄利。贾生曰："古者礼不及庶人，刑不至大夫。所以厉宠臣之节也。古者大臣，有坐不廉而废者，不曰不廉，曰簠簋不饰。坐污秽淫乱，男女亡别者，不曰污秽，曰帷薄不修。坐罢软不胜任者，不谓罢软，曰下官不职。故贵大臣定有罪矣，犹未斥然正以呼之也，尚迁就而为之讳也。故其在大谴大何之域者，闻谴何，则白冠牦缨，盘水加剑，造请室而请罪耳。上不执缚系引而行也。其有中罪者，闻命而自弛。上不使人颈戾而加也。其有大罪者，闻命则北面再拜，跪而自裁。上不使捽抑而刑之也。曰：子大夫自有过耳；吾遇子有礼矣。遇之有礼，故群臣自喜。婴以廉耻，故人矜节行。上设廉耻礼义以遇其臣，而臣不以节行报其上者，则非人类也。故化成俗定，则为人臣者，主耳忘身，国而忘家，公耳忘私；利不苟就，害不苟去，惟义则在，上之化也。故父兄之臣，诚死宗庙。法度之臣，诚死社稷。辅翼之臣，诚死君上。守圉扞蔽之臣，诚死城郭封疆。故曰：圣人有金城者，比物此志也。"(《汉书·贾谊传》。)此厉节行之效也。董子曰："皇皇求财利，常恐乏匮者，庶人之意也。皇皇求仁义，常恐不能化民者，大夫之意也。"(《汉书·董仲舒传》。)"公仪子相鲁，之其家，见织帛，怒而出其妻。食于舍而茹葵，愠而拔其葵。曰：吾已食禄，又夺园夫女红利乎？古之贤人君子，在列位者皆如是。是故下高其行而从其教，民化其廉而不贪鄙。"(《汉书·董仲舒传》。)此远禄利之效也。此外古书所谓君子之行，不胜枚举。其初固由自视与齐民异，有以养成之。然及其既成，则有先忧后乐之心，无朘人自利之念。抑且谦卑自牧，不敢以贤能贵富上人，其风概诚有足多者。在恃一阶级为中坚之世，实国家之桢干，社会之表率也。有一种社会制度，即有一种与之相应之道德。社会制度既变，则此道德亦随之而变。古代之道德，永为后世所矜式者，实以此种君子风概为多。(固有更高于此者，然能领受力行者必少矣。)后世社会之阶级渐平，阶级时代之道德，亦随之而弛。而新道德迄未成立。至今日，则相需殷而相遇尤疏。此其所以戚然若不可终日也。(士之与民，最初盖截然异其阶级。士者战士，民则农民也。《管子·五辅》："其士民贵武勇而贱得利，其庶人好耕农而恶饮食。"最可见二者之别。近人辑《中国之近士道》一书，其所载，盖皆古所谓士之行也。)

古代之阶级，果何自而平乎？曰：随社会之组织而变。国人与士大夫，本系同族，所异者职位耳。职位而可以互易，阶级即可以渐平。古虽行世官之制，然官家之子弟未必皆才；而草野之贤能，时或可以济变。则不得不使"卑逾尊，疏逾戚"(《孟子·万章下》。)矣。《荀子》曰："王公士大夫之子孙，不能属于礼义，则归之庶人。庶人之子孙，积文学，正身行，能属于礼义，则归之卿相士大夫。"(《荀子·王制》。)虽系理想之谈，亦必略有事实为据，不能凭空捏造也。此等情势，盖世变愈亟则愈烈,"栾、卻、胥、原、狐、续、庆、伯,降在皂隶"。(《左传》昭公三年。)特数十百年间事耳。楚材晋用,春秋时已侈为美谈。降至战国,则朝秦暮楚,更习为常事矣。(当时僻陋之国,尤藉他国之贤才。秦用百里、由余,吴用巫臣,燕用乐毅是其事。李斯《谏逐客书》所言,亦多情实,非尽巧辞游说也。秦用商鞅,楚用吴起,皆收富国强兵之效。然二人皆被害,可见贵族与游士之不并立矣。登用贤才,不论阶级,自古即有之。《孟子》曰:"舜,发于畎亩之中;傅说,举于版筑之间;胶鬲,举于鱼盐之中;管夷吾,举于士;孙叔敖,举于海;百里奚,举于市。"舜所居一年成聚,二年成邑,三年成都。师锡之举,果系明扬侧陋与否,诚有可疑,然其初尝从事于耕稼、陶、渔,则其起自微贱,似无疑义。此外诸臣,尤无可疑矣。《礼记·杂记下》:"孔子曰:管仲遇盗,取二人焉,以为公臣。曰:其所与游者辟也,可人也。"管仲与鲍叔贾,贾亦当时贱业也。此等事不胜枚举。)古代学校,盖为贵族所专有。选举则自士以下,大夫以上皆世官。然司徒十有二教,其十有一曰以贤制爵,则平民之能获爵位者,亦必有之。(古爵始大夫,士不为爵。)又世官之制,与封建相辅而行。封建废则世官亦废。东周而后,封建实已岌岌不能维持。"诸侯不臣寓公","寓公不继世",则亡国以后,犹得保其地位者,惟国君与其夫人二人。仍以及身为限。亲自公子,贵自大夫,皆已降为平民矣。《春秋》之中,弑君三十六;亡国五十二;诸侯奔走,不得保其社稷者,不可胜数。然见于《春秋》者,不过十之一二耳。则当时诸侯、卿、大夫,失其位者多矣。此王官之学,所以散为九流也。又国人与士大夫,本系同族,则婚姻可以互通。其后因职业地位之积重,庸有不通婚姻之事。然界限初不甚严。《左传》定公九年:"齐侯伐晋夷仪。敝无存之父将室之,辞,以与其弟。曰:此役也,不死,反必取于高、国。"可见当时平民贵族之通婚,实较晋南北朝时为易。僖二十五年,王与晋阳樊温、原、欑茅之田。阳樊不服,围之,仓葛呼曰:"此谁非王之亲姻,其俘之也?"可见王之亲姻为平民者不少矣。盖贵族平民之更迭既烈,王之亲姻,固难长保其富贵也。此皆由职业而生之阶级，所以渐平。

国之与野，其初阶级当较严。然考诸书传，亦无甚严之界画可见，盖其事已属过去也。大抵征服人者，与服于人者，其初不免互相嫉视。阅时渐久，则仇恨之念渐消，和亲之情日炽。此亦人类之恒情。而事势之变迁，尤有使阶级日趋泯灭者。国有限，野无限，国人人口增加，不得不移居于野，则国人变为野人矣。世运日进，卿大夫之家邑，日益盛昌，驯至与国都抗衡。因工商业而起之都会，亦日增月盛，则野人变为国人矣。（《王制》："仕于家者，出乡不与士齿。"《礼运》："仕于公曰臣，仕于家曰仆。"可见二者区别之严。然及春秋之世，则有以陪臣执国命矣。）夫国人与野人，所异者文质耳。国人渐变为野人，野人渐变为国人，则二者之区别渐泯，又古之野人，所以与国人权利不同者，以国人当兵，野人则否。后世战争日烈，数千万人，不足集事，则不得不推及野人，于是野人之强弱，与国人等。其所享之权利，自亦渐相等矣。又文化日盛，则平等之义日昌。孔讥世卿，墨明尚贤，皆是物也。人心所趋，制度自为之丕变。于是国人野人之阶级，亦归于消灭矣。

又有所谓奴婢者。则其贵贱与平民绝殊。（奴婢古亦曰臣妾。《左传》僖公十七年："男为人臣，女为人妾。"）奴婢缘起，盖一由罪人，一由俘虏。《周官》司隶有五隶，其罪隶为罪人、蛮隶、闽隶、夷隶、貉隶，则皆异族。古未闻有虐待异族，使为奴婢之事，盖亦俘虏也。《王制》曰："公家不畜刑人，大夫弗养，士遇之涂，弗与言也。屏之四方，不及以政，示弗故生也。"《谷梁》曰："礼，君不使无耻，不近刑人。不狎敌，不迩怨。贱人非所贵也，贵人非所刑也，刑人非所近也。"（《谷梁传》襄公二十九年。）此今文家义。《周官》曰："墨者使守门，劓者使守关，宫者使守内，刖者使守囿。"此古文家义。《诗·正月》："民之无辜，并其臣仆。"《毛传》："古者有罪，不入于刑，则役之圜土，以为臣仆。"今文家所谓奴隶，盖此类也。文王之治岐也，"罪人不孥"，（《孟子·梁惠王下》。)而《书·甘誓》曰:"予则孥戮汝。"说者谓孥当为奴,罚止其身。或曰:《甘誓》所言者,军刑也。(《费誓》:"汝则有无余刑,非杀。"《伪孔传》曰:"刑者非一也,然亦非杀汝。"正义:"言刑者非一,谓合家尽刑之。王肃云:汝则有无余刑,父母妻子同产皆坐之,无遗免之者,故为无余之刑。然入于罪隶,示不杀之。郑玄曰:无余刑非杀者,谓尽奴其妻子,不遗其种类。在军使给厮役,反则入于罪隶舂槁,不杀之。"案《费誓》所言,亦军刑也。厮役,盖奴隶给事军中者。《公羊》宣公十二年:"厮役扈养,死者数百人。"《战国策》苏秦说魏襄王,谓魏之卒,有"厮徒十万"。)《周官·春官》世妇:"掌女宫之宿戒。"注:"女宫,刑女给宫中事者。"《秋官》司厉:"男子入于罪隶,女子入于舂槁。"盖其身犯罪者也。《左传》襄公二十五年:"晋侯伐齐。齐人请成,男女以班。"说者谓为降礼,以备受俘者之点验。则古战败举族为俘之事盖甚多。(春秋时未必如此,特存此礼耳。)盖皆使治劳溥之事,然亦有不必然者。如襄十一年,郑人赂晋侯以师悝、师触、师蠲,此皆有才技之人,亦必如蒙古克城,别籍工匠矣。凡奴婢,主人待之,未必皆善,故逃亡之事颇多。《费誓》曰:"马牛其风,臣妾逋逃,勿敢越逐。只复之。我商赉尔。乃越逐,不复,汝则有常刑。无敢寇攘,逾垣墙,窃马牛,诱臣妾。汝则有常刑。"《左传》昭公七年:"楚子有章华之宫,纳亡人以实之。无宇之阍入焉,无宇执之。有司执而谒诸王,无宇辞曰:周文王之法曰,有亡荒阅。所以得天下也。吾先君文王,作仆区之法曰:盗所隐器,与盗同罪,所以封汝也。若从有司,是无所执逃臣也。逃而舍之,是无陪台也。王事毋乃阙乎?昔武王数纣之罪,以告诸侯,曰:纣为天下逋逃主,萃渊薮,故夫致死焉。"云云。可见逃之多,而容留逃奴者,为社会所疾恶矣。(《方言》:"荆、淮、海岱之间,骂奴曰臧,婢曰获。燕、齐,亡奴谓之臧,亡婢谓之获。")

《文选》司马子长《报任安书》李注引韦昭曰:"善人以婢为妻,生子曰获。奴以善人为妻,生子曰臧。齐之北鄙,燕之北郊,凡人男而归婢谓之臧，女而归奴谓之获。"则奴婢之家属，亦不得为良人。然脱奴籍并不甚难。《左传》襄公三十二年："斐豹，隶也，著于丹书。栾氏之力臣曰督戎，国人惧之。斐豹谓宣子曰：苟焚丹书，我杀督戎。宣子喜曰：而杀之，所不请于君，焚丹书者，有如日。"则纯由君主一人之命令耳。此后世之君，所由屡以诏旨，释放奴婢也。

方氏苞曰："古无奴婢。事父兄者子弟也，事舅姑者子妇也，事长官者属吏也。惟盗贼之子女，乃为罪隶而役于官。战国秦汉以后，平民始得相买为奴。然寒素儒生，必父母笃老，子妇多事，然后佣仆赁妪，以助奉养。金陵之俗，中家以上，妇不主中馈，事舅姑。缝紝补缀，取办于工。仍坐役仆妇及婢女数人，少者亦一二人。"云云。案此风今遍于全国矣。《周官》：内竖"掌内外之通令，凡小事"。注："以其无与为礼，出入便疾。"以童子给使令，盖古之通礼。一以其出入便疾，一亦以幼事长之意也。《曲礼》："长者赐，少者贱者不敢辞。"注："贱者，僮仆之属。"少者则子弟也。《左传》曰："士有隶子弟。"孔子使阙党童子将命。子游曰："子夏之门人小子，洒扫进退则可矣。"皆以少者服劳。《管子·弟子职》所言是其事。《论语》记樊迟御，冉有仆，则虽年长，仍服劳役矣。《左传》所载：晋侯有竖头须，（《左传》僖公二十四年。）士伯有竖头獳，（《左传》僖公二十八年。）叔孙有竖牛，（《左传》昭公四年。）则诸侯大夫，亦不过如此。其奴婢之长大者，皆以任重难之事，所谓"耕当问奴，织当问婢"。非以给使令也，（《曲礼》："大夫七十而致仕，行役以妇人。"《王制》："八十者，一子不从政。九十者，其家不从政。废疾非人不养者，一人不从政。"盖皆其家人。）惟奴婢仍事耕织，故其数可以甚多。《史记·货殖列传》谓："童手指千，则比千乘之家。"白圭、刀间、蜀卓氏，皆以此起其业，其明验矣。（吕不韦家僮百人，嫪毐家僮数千，留侯家僮三百，皆见本传及《世家》。卓王孙僮客八百，程郑数百人，见《司马相如传》。）

古代社会阶级，以予观之，不过如此。《左传》昭公七年，陈无宇曰：

"天有十日，人有十等。王臣公，公臣大夫，大夫臣士，士臣皂，皂臣舆，舆臣隶，隶臣僚，僚臣仆，仆臣台。"乃其职事相次；非其人分贵贱，如此其繁。《王制》："凡执技以事上者，祝史、射、御、医、卜以百工。凡执技以事上者，不贰事，不移官。出乡不与士齿。"亦职业之关系，非其人有贵贱也。（司马迁《报任安书》："仆之先，非有剖符丹书之功。文史、星历，近乎卜祝之间。固主上所戏弄，倡优畜之，而流俗之所轻也。"）

以上所述阶级，盖起于隆古之世。至东周以后，乃逐渐破坏。其所以破坏，一言蔽之，曰：武力衰敝，生计组织变迁而已矣。缅想古代，以一部落征服他部落，则择中央山险之地，筑城居之；而使所征服之民，居于四周，为之耕稼。是生国人野人之别。而国人之中，亦因职业，才智之异，而生君子小人之别焉。是时国人之武力，盖诚非野人所及；国中之富厚，亦非野外可比。则国中之文明，自必较野外为高。国人之性质，亦必较野人为华。君子为战胜之族之领袖，其德智才力，自又非寻常国人所及。此其阶级，所以能持久而不敝也。世运日进，人事推移。所谓君子者，既以养尊处优，日即于骄淫矜夸，而渐丧其美德。下级社会之德智才力，或反驾乎其上。又以人民之移植，都邑之增筑，人类和亲之情之昌盛，而国人野人之阶级，亦渐即于平夷。则隆古以来，因武力不同所造成之阶级破坏矣。然武力不同之阶级虽除，而财力不同之阶级又起。盖在古昔，生事简单，所谓富者，则广有土田之君卿大夫；所谓贫者，则力耕百亩之庶民而已。斯时之贵者必富，贱者必贫，亦固其所。后世井田之制渐坏，封君而外，亦有大有土田之人，而秦汉时之大地主以生，耕地而外，山林川泽，古者皆属公有，后渐为一二人所占，则所谓"擅山泽之利"者以起。古代工皆设官。商人贸迁，大者皆在国外。国内之小商贾，不过博锱铢之利而已。后世则工业皆由私营，贸迁化居之事亦日盛。而豪商及大工业家，复乘时崛起焉。人类之竞争，既依法律而不容专恃武力，则武士无所用其技；而工于心计，暨能勤事生产之民，日益富厚。势固然也,富厚所在,则声势及权力随之。《史记·货殖列传》云:"编户齐民,富相什则卑下之,百则畏惮之,千则役,万则仆。"《汉书·货殖列传》云:"编户齐民,同列而以财力相君;虽为仆隶,犹无愠色。"其情形,与现在之社会,无以异矣。

然古之阶级,亦非经此一破坏,遂消灭无余也。语曰:"百足之虫,死而不僵。"人类习以武力相尚,优于武力者,便把持社会之权利。此等局面,既已相沿数千年。安得一朝而遂尽?故其制虽坏,而其遗孽,留于秦汉之世者,犹有二焉:一曰豪族,一曰游侠。豪族者,盖古君卿大夫之遗。此等本皆有国有家之君,后虽丧败,犹为人民所敬畏。秦始皇灭六国,徙天下豪富于咸阳,十五万户。汉高祖定天下,亦徙齐楚大族于关中。史云所以"强干弱枝"抑亦以便监制也。然秦虽如是,而陈胜一呼,不期年,六国皆立。破釜沉船,摧秦征讨之师者,楚世将家项氏。沛公因之略韩地,入武关,遂屋秦社者,则五世相韩之张良也。亡秦者盖犹豪族矣。汉兴,海内疲于兵革,亟思休养生息。朝廷亦行宽政,以优细民,清静宁一之治,更未必得罪于臣室。此等人无隙可乘,遂以获安。然到处有强宗巨家,或为政令之梗。其势力固未尽消灭也。豪右者,古贵族之遗骸,游侠则其精魂也。古之君卿大夫,盖多能养士。至于后世,或因其武德之堕落,或因其国家之亡灭,不复能然,然所谓武士者,徒能执干戈,事战斗,而不能事家人生产。莫或豢之,则怅怅无所之矣。(六国游士之多,亦以是时国家灭亡者众,向之仕于小国,或卿大夫之家者,皆失其职也。)于斯时也,草野之士,有具武士之风,君人之德,而能收恤困穷者,士固将奔赴之。《史记·游侠列传》以延陵、孟尝、春申、平原、信陵之徒,与闾巷之侠相提并论,可见其实为同物也。(朱家"所藏活豪士以百数。其余庸人,不可胜言。然终不伐其能,歆其德。诸所尝施,惟恐见之。振人不赡,先从贫贱始。家无余财,衣不完采,食不重味,乘不过𫘤牛。专趋人之急,甚己之私。剧孟死,家无十金之财"。此皆古贤士大夫为人上者之行,亦即君人之德也。

《游侠列传》谓游侠："其言必信，其行必果。己诺必诚，不爱其躯，赴士之厄困。"此皆古交友之道。其借交报仇，则古朋友固有相许以死者也。古者君臣之间，亦重意气，与朋友之交，本有相似处。游侠能尽交友之道，亦即其有君人之德，而士之归之者，其实亦即奉以为君也。《游侠列传》谓"古布衣之侠，靡得而闻已"。又谓"儒墨皆排摈不载"。自秦以前，匹夫之侠，湮灭不见。其实侠皆起于封建破坏，士无所养之世，前此固无有也。）此等人皆有徒众，其善者，则如墨子之徒百八十人，皆可使之赴汤蹈火，用以行义。（古儒墨并称，儒侠亦并称，明墨之行原于侠。史公谓儒墨皆排摈不载，失其本矣。古所谓道德，皆征服阶级之道德，征服阶级中，性情和平者则为儒，激烈者则为墨。儒者君子之行，墨者武士之风也。）其不义者，则如汉高能附沛中子弟，彭越能从泽间少年耳。当时揭竿斩木者，盖皆此曹。故汉世务摧锄之也。

四序之运，成功者退。以豪族与游侠较，则豪族借家世之余荫者为旧，而游侠起于闾巷之间者为新。秦汉之际，六国之后，纷纷自立者皆败，而草泽之雄卒成，盖由于此。（《廿二史札记》曰："汉初诸臣，惟张良出身最贵，韩相之子也。其次则张苍，秦御史；叔孙通，秦待诏博士。次则萧何，沛主吏掾；曹参，狱掾；任敖，狱吏；周苛，泗水卒史；傅宽，魏骑将；申屠嘉，材官。其余陈平、王陵、陆贾、郦商、郦食其、夏侯婴等皆白徒，樊哙则屠狗者，周勃则织薄曲，吹箫给丧事者；灌婴则贩缯者；娄敬则挽车者。一时人才，皆出其中，致身将相，前此所未有也。盖秦汉间为天地一大变局。自古皆封建，诸侯各君其国，卿大夫亦世其家。成例相沿，视为固然。其后积弊日甚。暴君荒主，既虚用其民，无有底止。强臣大族，又篡弑相仍，祸乱不已。再并而为七国，益务战争，肝脑涂地，其势不得不变。而数千年世侯世卿之局，一时亦难遽变。于是先从在下者起。游说则范雎、蔡泽、苏秦、张仪等，徒步而为相。争战则孙膑、白起、乐毅、廉颇、王翦等，白身而为将。此已开后世布衣将相之例。而兼并之力，尚在有国。天方借其力以成混一，固不能一旦扫除之，使匹夫而有天下也。于是纵秦皇，尽灭六国，以开一统之局。使秦皇当日，发政施仁。与民休息，则祸乱不兴，下虽无世禄之臣，而上犹是继体之主也。惟其威虐毒痛，人人思乱，四海鼎沸，草泽竞奋，于是汉祖以匹夫起事，角群雄而定一尊。其君既起自布衣，其臣亦自多亡命无赖之徒，立功以取将相。此气运使然也。天之变局，至是始定。然楚汉之际，六国各立后，尚有楚怀王心、赵王歇、魏王咎、魏王豹、韩王成、韩王信、齐王田儋、田荣、田广、田安、田巿等，即汉所封功臣，亦先裂地以王彭、韩等，继分国以侯绛、灌等。盖人情习见前世封建故事，不得而遽易之也。乃不数年，而六国诸王皆败灭。汉所封异姓王八人，其七人亦皆败灭。则知人情犹狃于故见，而天意已另换新局，故除之易易耳。而是时尚有分封子弟诸国。迨至七国反后，又严诸侯王禁制，除吏皆自天朝，诸侯王惟得食租衣税，又多以事失侯。于是三代世侯世卿之遗法，始荡然净尽，而成后世征辟、选举、科目、杂流之天下矣。岂非天哉？"）以游侠与富豪较，则游侠袭封建之遗风者为旧，而富豪凭生计之权借者为新。故游侠经景、武之摧残，遂以澌灭，而富豪则终汉世无如何也。（游侠自武帝以后，日以陵夷。《史记》谓关中长安樊仲子等，"虽为侠，而逡巡有退让君子之风"是也。《汉书·郑当时传》，亦可见其概。今录其文如下："当时以任侠自喜，脱张羽于厄。声闻梁楚间。孝景时，为太子舍人。每五日洗沐，常置驿马长安诸郊，请谢宾客，夜以继日，至明旦，常恐不遍。当时好黄老言。其慕长者，如恐不称。自见年少官薄，然其知友，皆大父行，天下有名之士也。武帝即位，当时稍迁，为鲁中尉，济南太守，江都相，至九卿，为右内史。以武安魏其时议，贬秩为詹事，迁为大司农。当时为大吏，戒门下：客至，亡贵贱，亡留门下者。执宾主之礼，以其贵下人。性廉，又不治产。卬奉赐给诸公。然其馈遗人，不过具器食。每朝，候上间说，未尝不言天下长者。其推毂士及官属丞史，诚有味其言也，尝引以为贤于己。未尝名吏。与官属言，若恐伤之。闻人之善，言进于上，惟恐后。山东诸公，以此翕然称郑庄。使治决河，自请治行五日。上曰：吾闻郑庄行千里不赍粮，治行者何也。然当时在朝，常趋和承意，不敢甚斥臧否。汉征匈奴，招四夷，天下费多，财用益屈。当时为大司农，任人宾客僦。入多逋负，司马安为淮阳太守，发其事。当时以此陷罪，赎为庶人。

项之,守长史。迁汝南太守。数岁,以官卒。昆弟以当时故,至二千石者六七人。当时始与汲黯列为九卿,内行修。两人中废,宾客益落。当时死,家无余财。先是下邽翟公为廷尉,宾客亦填门。及废,门外可设爵罗。后复为廷尉。客欲往,翟公大署其门曰:一死一生,乃知交情。一贫一富,乃知交态。一贵一贱,交情乃见。"又《灌夫传》:"夫不好文学,喜任侠,已然诺。诸所与交通,无非豪桀大猾。家累数千万,食客日数十百人。陂池田园,宗族宾客为权利,横颍川。颍川儿歌之曰:'颍水清,灌氏宁。颍水浊,灌氏族。'"田蚡之短魏其、灌夫曰:"天下幸而安乐无事,蚡得为肺腑,所好音乐、狗马、田宅,所爱倡优、巧匠之属,不如魏其、灌夫日夜招聚天下豪桀壮士与论议,腹诽而心谤,印视天,俯画地,辟睨两宫间,幸天下有变,而欲有大功。"亦可见游侠所以见裁抑也。)

贫富与贱贵相符之阶级,易而为贫富与贱贵不相符之阶级,实出于事势之自然而无如何。然为人心所不习,故欲恢复旧制者甚多。商君治秦,"明尊卑爵秩等级。各以差次名田宅臣妾。衣服以家次。(《索隐》"谓各随其家爵秩之班次"。)有功者显荣,无功,虽富,无所芬华"。(《史记》本传。)即以法令之力,强复旧制。贾生太息于"后之服,众庶得以衣孽妾;天子之服,富人大贾,得以被墙"。晁错谓"今法律贱商人,商人已富贵矣。尊农夫,农夫已贫贱矣"。"俗之所贵,主之所贱,吏之所卑,法之所尊。上下相反,好恶乖迕,而欲国富法立,不可得也"。所疾视者,亦贫富贱贵之不相符也。以理论言,则贫富宜与贱贵符,贵贱宜与才德之大小符。然此事谈何容易。言谈之徒,徒疾贵富之不必有才德,遂欲国家奋然行其予夺之权。殊不知此事非国家所能任;即能行之,亦断无以塞众人之望也。

古代之阶级,尚有遗留于后世者,魏晋以后之门阀是也。赵氏翼《陔余丛考》有一条,述六朝时贵族豪门悬隔之甚,极为该备。今录其说如下:

《陔余丛考》曰:"六朝最重氏族。盖自魏以来,九品中正之法行,选举多用世族。下品无高门,上品无寒士,当其入仕之始,高下已分。

《谢宏微传》：晋世名家，身有国封者，起家多拜散骑侍郎。《张缵传》：秘书郎四员，为甲族起家之选，他人不得与。徐坚《初学记》亦谓秘书郎与著作郎，江左以来，多为贵游起家之选。故当时谚曰：上车不落为著作，体中何如则秘书。齐明帝制：寒人不得用四幅伞。《梁武帝纪》：旧制，甲族以二十登朝。后门以通立始试吏。魏孝文光极堂大选，八族以上，士人品第有九。九品之外，小人之官，复有七等。王俭属王琨用东海郡吏。琨曰：三台五省，皆是郎用人。外方小辙，当乞寒贱。省官何为复夺之？此其大较也。是以矜门第者高自标置。崔㥄尝谓卢元明曰：天下盛门，惟我与尔。荀伯子亦为王融曰：天下膏粱，惟使君与下官耳。其视后门寒素，不啻如良贱之不可素越。赵邕宠贵一时，欲与范阳卢氏为婚。卢氏有女，其父早亡。叔许之，而其母阳氏不肯，携女至母家藏避。崔巨伦妇眇一目，其家议欲下嫁，巨伦姑悲戚，曰：吾兄盛德，岂可令此女屈事卑族。右军将军王道隆，权重一时。到蔡兴宗前，不敢就席，良久方去，兴宗亦不呼坐。何敬容与到溉不协，谓人曰：到溉尚有余臭，遂学作贵人。以其祖彦之担粪也。间有不恃门第，肯降心俯就卑秩如羊欣、王筠之流，已传为盛德之事。（《羊欣传》：不肯为会稽世子元显书扇。元显亦以欣为后军舍人。此职本用寒人，欣不以为意。《王筠传》：王氏过江以来，未有居郎署者。筠初署为尚书郎。或劝不就。筠曰：陆平原、王文度，皆尝为之。吾得此踪昔人，何多所恨。）而单门寒士，亦遂自视微陋，不敢与世家相颉颃。如吴逵有至行，郡守王韶之擢补功曹。逵以门寒，固辞不就。宗越本南阳次门，以事黜为役门。后立军功，启宋文帝求复次门。其有发迹致通显，得与世族相攀附，已为荣幸之极。王敬则与王俭同拜开府仪同。徐孝嗣谓俭曰：今日可谓连璧。俭曰：不意老子遂与韩非同传。敬则闻之，曰：我南沙小吏，徼幸遂与王卫军同日拜三公，夫复何恨？会稽郡最重望计及望孝。蔡兴宗为郡守，举孔仲智子为望计，贾原平子为望孝。仲智本高门，而原平一邦至行，遂与相敌。孙骞寒贱，齐神武赐以韦氏为妻。韦氏乃士人女,时人荣之。郭琼以罪死,其子妇,范阳卢道虔女也,没官,神武以赐陈元康。元康地寒,人以为殊赏。可见当时风尚,右豪宗而贱寒畯,南北皆然,牢不可破。高允请各郡立学,取郡中清望,人行修谨者为学生。先尽高门,次及中等。魏孝文帝以贡举猥滥,乃诏州郡慎所举,亦曰:门尽州郡之高,才极乡里之选。杨公则之在湘州也,悉断单门以贿求州职者,所辟皆州郡著姓。梁武至班下诸州以为法。宋弁为本州大中正,世族多所抑降,反为时人所非。张缵、李冲、李彪、乐运、皇甫显宗之徒,欲力矫其弊,终不能挽回万一。(缵为吏部,后门寒素,皆见引拔,不为贵门屈意。李冲以魏孝文有高卑出身,各有常分之诏。上疏曰:未审上古以来,置官列位,为欲为膏粱地,为欲赞益时政。李彪疏曰:陛下若专以门第,不审鲁之三卿,孰若四科?显宗曰:陛下不应以贵承贵,以贱承贱。乐运曰:选举当不限资荫,惟在得人。苟得其人,自可起厮养而为卿相。)甚至习俗所趋,积重难返,虽帝王欲变易之而不能者。宋文帝宠中书舍人宏兴宗,谓曰:卿欲作士人,得就王球坐,乃当判尔。若往诣球,可称旨就席。乃至,宏将坐,球举扇曰:卿不得尔。宏还奏。帝曰:我便无如此何。他日,帝以语球,欲令与之相知。球辞曰:士庶区别,国之常也,臣不敢奉诏。纪僧真自寒官历至尉军府参军主簿。宋孝武帝尝目送之,曰:人生何必计门户,纪僧真,堂堂贵人所不及也。其宠之如此。及僧真启帝曰:臣小人,出自本州武吏。他无所须,惟就陛下乞作士大夫。帝曰:此事由江敩、谢瀹,我不得措意。可自诣之。僧真承旨诣敩,登榻坐定。敩命左右:移吾床让客。僧真丧气而退,告帝曰:士大夫固非天子所命。路太后兄庆之孙琼之诣王僧达,僧达了不与语。去,遂焚琼之所坐床。太后泣告帝。帝曰:琼之年少,无事诣王僧达,见辱乃其宜耳。中书舍人狄当、周赳,并官枢要。欲诣同省张敷,恐其见轻。当曰:吾等并已员外郎,何忧不坐?及二客就席,敷呼左右曰:移吾床远客。赳等失色而去。建元中,欲以江谧掌选。诏曰:江谧寒人,不得等竞华侪。然甚有才干,可迁掌吏部。用一寒人,至特发明诏,似有不得已者。侯景之请婚于王、谢也。梁武帝曰:王、谢门高,可于朱、张以下求之。益州刺史邓元起,功勋甚著,而名地卑琐,愿名挂士流,乞上籍出身州从事。始兴王憺命庾荜用之。荜不可。憺不能折,乃止。后荜子乔为荆州别驾。州人范兴话,以寒贱,仕叨九流,选为州主簿。梁元帝勒乔听兴话到职。乔曰:乔忝为端右,不能与小人范兴话为雁行。元帝乃停兴话。北齐娄太后为博陵王纳崔㥄妹为妃,敕其使曰:好作法,勿使崔家笑人。历观诸史,可见当时衣冠世族积习相仍,其视高资朊仕,本属分所应得,非关国家之简付,毋怪乎易代之际,莫不传舍其朝,而我之门户如故也。甚且以革易为迁阶之地。记传所载,遂无一完节者。而一二捐躯殉国之士,转出于寒人。世风至此,国谁与立?可为浩叹者也。《唐书·高士廉传》:太宗以山东人士,好尚阀阅;诏士廉与韦挺、岑文本、令狐德棻刊正姓氏。普责天下谱牒,参考史传。先宗室,后外戚。抑新门,襃旧望。右膏粱,左寒畯。第为九等,而崔氏犹为第一,太宗列居第三。诏曰:曩时南北分析,故崔、卢、王、谢为重。今天下一家,当朝擢用。古称立德、立功、立言,次即有爵。遂合二百九十三姓,千六百五十一家为《氏族志》,颁行天下。然则此风唐初犹未艾,太宗固尝欲力矫其弊。然观士廉及《李义府传》,谓自魏太和中,定望族七姓,子孙迭为婚姻。唐初作《氏族志》,一切降之。后房玄龄、魏征、李勣等,仍与为婚,故望不减。义府为子求婚不得,乃奏禁焉。其后转益自贵,称禁婚家。凡男女潜相聘娶,天子不能禁云。《杜羔传》:文宗欲以公主降士族,曰:民间婚姻,不计官品,而尚阀阅。我家二百年天子,反不若崔、卢耶?可见唐中叶以后,民间犹仍此风。《五代史·崔居俭传》:崔氏自后魏、隋、唐为甲族。吉凶之事,各著家礼,至其子孙,犹以门望自高。又唐庄宗以卢程不能草文书,乃用冯道为掌书记。程故名族也,乃大恨,曰:用人不以门阀,而先田舍儿耶?则五代时犹有此风矣。《袁朗传》:袁自汉司徒滂至朗,凡十二世，为司徒司空者四世。淑、颛、察皆死难。朗自以人地。虽琅琊王氏多公卿，特以累朝佐命有功，鄙不为伍。朗孙谊，亦曰：门户者，历世名节，为天下所高，老夫是也。山东人尚婚媾，重利禄，何足重哉？此则以节行为门户，较胜于势位相高者矣。"（《陔余丛考》卷十七"六朝重氏族"条。）

此事之原因，后人率以归诸九品中正。或谓五胡乱华，衣冠之族，耻血统与异族相混而然，实不尽然。观柳芳论氏族之语，则知"命官以贤，诏爵以功；先王公卿之胄，才则用，不才则弃"。原为汉初特有之事。其后"徙山东豪杰，以实京师，而进拔其中之豪英。七相五公，由斯而起"。则已不能尽守其开国之旧。"魏立九品，置中正，尊世胄，卑寒士。"亦习俗使然。盖自古有士庶之分。（士者，所谓先王公卿之胄，庶则故为平民者也。）汉初，君相皆起草泽，与世家大族不相中。故其用人不论门第。然一时之政治，不能胜积久之习俗。故阅时久而门阀之焰复张。九品中正之制，正可云习俗战胜政治耳。

一阶级之崩坏，必其阶级之人，自有以致之。《廿二史札记》有"江左世族无功臣""南朝多以寒人掌机要"两条，可见当时门阀所以亡灭之故。今录如下：

"江左世族无功臣"条云："六朝最重世族，已见《丛考》前编。其时有所谓旧门、次门、后门、勋门、役门之类。以士庶之别，为贵贱之分。积习相沿，遂成定制。陶侃微时，郎中令杨晫与之同乘。温雅谓晫曰：奈何与小人同载？郗鉴陷陈午贼中。有同邑人张实，先附贼。来见，竟卿鉴。鉴曰：相与邦壤，义不及通。何可怙乱至此？实惭而退。杨方在都，缙绅咸厚之。方自以地寒，不愿留京，求补远郡。乃出为高梁太守。王僧虔为吴兴郡守。听民何系先等一百十家为旧门，遂为阮佃夫所劾。张敬儿斩桂阳王休范，以功高，当乞镇襄阳，齐高辅政，以敬儿人位本轻，不欲便处以襄阳重镇。侯景请婚王、谢，梁武曰：王、谢门高，可于朱张以下求之。一时风尚如此。即有出自寒微，奋立功业，官高位重，而其自视，犹不敢与世族较。陈显达既贵，自以人微位重，每迁官，常有愧惧之色，诫诸子曰：我本志不及此，汝等勿以富贵骄人。又谓诸子曰：麈尾是王、谢家物，汝不须捉此。王敬则与王俭同拜开府，褚渊戏俭，以为连璧。俭曰：老子遂与韩非同传。或以告敬则。敬则欣然曰：我本南沙小吏，今得与王卫军同拜三公，复何恨？（《北齐书·敬则传》。）王琳为梁元帝所忌，出为广州刺史。琳私谓李膺曰：官正疑琳耳。琳分望有限，岂与官争为帝乎？何不使琳镇雍州？琳自放兵作田，为国捍御外侮也。（《北齐书·王琳传》。）且不特此也。齐高在宋，以平桂阳之功，加中领军，犹固让，与袁粲、褚渊书，自称下官常人，志不及远。（《北齐书·褚渊传》。）及即位后，临崩遗诏亦曰：吾本布衣素族，念不到此。可见当时门第之见，习为固然，虽帝王不能改易也。然江左诸帝，乃皆出自素族。宋武本丹徒京口里人，少时伐荻新洲。又尝负刁逵社钱，被执。其寒贱可知也。齐高自称素族，则非高门可知也。梁武与齐高同族，亦非高门也。陈武初馆于义兴许氏，始仕为里司，再仕为油库吏，其寒微亦可知也。其他立功立事，为国宣力者，亦皆出于寒人。如顾荣、卞壸、毛宝、朱伺、朱序、刘牢之、刘毅等之于晋。檀道济、朱龄石、沈田子、毛修之、朱修之、刘康祖、到彦、沈庆之等之于宋。王敬则、张敬儿、陈显达、崔慧景等之于齐。陈伯之、陈庆之、兰钦、曹景宗、张惠绍、昌义之、王琳、杜龛等之于梁。周文育、侯安都、黄法氍、吴明彻等之于陈。皆御侮戡乱，为国家所倚赖。而所谓高门大族者，不过雍容令仆，裙屐相高，求如王导、谢安，柱石国家者，不一二数也。次则如王宏、王昙首、褚渊、王俭等，与时推迁，为兴朝佐命，以自保其家世。虽朝市革易，而我之门第如故。以是为世家大族，迥异于庶姓而已。此江左风会习尚之极敝也。"

"南朝多以寒人掌机要"条云："魏正始，晋永熙以来，皆大臣当国，晋元帝忌王氏之盛，欲政自己出。用刁协、刘隗等为私人，即召王敦之祸。自后非幼君，即孱主，悉听命于柄臣。八九十年已成故事。至宋、齐、梁、陈诸君，则无论贤否，皆威福自己，不肯假权于大臣，而其时高门大族，门户已成。令仆三司，可安流平进。不屑竭智尽心，以邀恩宠。且风流相尚，罕以物务关怀。人主遂不能借以集事，于是不得不用寒人。人寒则希荣切而宣力勤，便于驱策，不觉倚之为心膂。《南史》谓宋孝武不任大臣，而腹心耳目，不能无所寄，于是戴法兴、巢尚之等，皆委任隆密。齐武帝亦曰：学士辈但读书耳，不堪经国，经国一刘系宗足矣。此当时朝局相沿，位尊望重者，其任转轻，而机要多任用此辈也。然地当清切，手持天宪，口衔诏命，则人虽寒而权自重。权重则势利尽归之，如法兴威行内外，江夏王义恭，虽录尚书事，而积相畏服，犹不能与之抗。阮佃夫、王道隆等，权侔人主。其捉车人官武贲中郎将，傍马者官员外郎。茹法亮当权，太尉王俭尝曰：我虽有人位，权寄岂及茹公。朱异权震内外，归饮私第，虑日晚台门闭，令卤簿自家列至城门，门者遂不敢闭。此可见威势之薰灼也。法亮在中书，尝语人曰：何须觅外禄？此户内岁可办百万。佃夫宅舍园池，胜于诸王邸第。女妓数十，艺貌冠绝当时。出行，遇胜流，便邀与同归。一时珍馐，莫不毕具，凡诸火剂，并皆始熟，至数十种。虽晋之王、石不能过。此可见贿赂之盈溢也。盖出身寒贱，则小器易盈，不知大体。虽一时得其力用，而招权纳贿，不复顾惜名检。其中亦有如法兴，遇废帝无道，颇能禁制。然持正者少，乘势作奸者多。唐寓之反，说者谓始于虞玩之，而成于吕文度，此已见蠹国害民之大概。甚至佃夫弑主而推戴明帝。周石珍当侯景围台城，辄与景相结，遂为景佐命。至陈末，施文庆、沈客卿用事，自取身荣，不存国计。隋军临江，犹曰：此常事，边臣足以当之，不复警备，以致亡国。小人而乘君子之器，其害可胜道哉？大臣不能体国，致人主委任下僚；人主不信大臣，而转以群小为心膂，此皆江左之流弊也。"

地位之高，由于权力。权力之大，在能把持。其人虽处高位，见尊重，而实不能任事，则地位权力之失，特时有早暮耳。故斯时为门阀极盛之世，亦即门阀将衰之日也。语其亡灭，事有数端：一由选法之变。隋废九品中正，则尊世胄、卑寒士之制，根本已不复存。然使是时，仍沿汉之州郡察举，则高门大族，犹必多占便宜。而隋又废之而行科举。科举之制，士得投牒自列，而试之以一日之短长。虽其时尚无糊名易书之制，试官亦只得采取誉望，而不敢径贵华族。则寒门清望，进取之路惟钧矣。柳芳谓"隋世士无乡里，里无衣冠"，由其"罢乡举，杂地著"者此也。一由世族利寒门之富，与结婚姻。《廿二史札记》曰："魏齐之时，婚嫁多以财币相尚。盖其始高门与卑族为婚，利其所有，财贿纷遗，其后遂成风俗。凡婚，无不以财币为事。争多竞少，恬不为怪也。魏文成帝尝诏曰：贵族之门，多不奉法。或贪利财贿，无所选择，令贵贱不分，亏损人伦，何以示后？此可见财婚由来久矣。《封述传》：述为子取李士元女，大输财聘，及将成礼，犹竞悬违。述忽取所供像，对士元打碎为誓。士元笑曰：封翁何处常得此应急像？须誓使用。述又为次子娶卢庄女。述诉府云，送骡乃嫌脚跛，评田则云卤簿，铜器又嫌古废。皆为财聘，以致纷纭。可以见是时习尚也。"（《廿二史札记》卷十五《财婚》。）案齐永明中，王源与满氏联姻，致为沈约所弹，亦以受聘钱五万，则南朝亦有此风矣。（弹文见《文选》卷四十，颇可见当时士庶不通婚，及士族利庶姓之富，与结姻好之俗。今录其辞如下，原文曰："臣闻齐大非偶，著乎前诰。辞霍不婚，重称往烈。若乃交二族之和，辨伉合之义，升降寁隆，诚非一揆。固宜本其门素，不相夺伦。使秦晋有匹，泾渭无舛。自宋氏失御，礼教雕衰。衣冠之族，日失其序。姻娅沦杂，罔计厮庶。贩鬻祖曾，以为贾道。明目腆颜，曾无愧畏。若夫盛德之胤，世业可怀。栾、郤之家，前徽未远。既壮而室，窃资莫非皂隶。结褵以行，箕帚咸失其所。志士闻而伤心，旧老为之叹息。自宸历御寓，弘革典宪。虽除旧布新，而斯风未珍。陛下所以负扆兴言，思清弊俗者也。臣实儒品，谬掌天宪，虽埋轮之志，无屈权右，而狐鼠微物，亦蠹大猷。风闻东海王源，嫁女与富阳满氏。源虽人品庸陋，胄实参华。曾祖雅，位登八命。祖少卿，内侍帷幄。父璿，升采储闱，亦居清显。源频叨诸府戎禁，豫班通彻，而托姻结好，惟利是求，玷辱流辈，莫斯为盛。源人身在远，辄摄媒人刘嗣之，到台辩问。嗣之列称：吴郡满璋之，相承云是高平旧族，宠奋胤胄，家计温足，托为息鸾觅婚。王源见告穷尽，即索璋之簿阀，见璋之任王国侍郎，鸾又为王慈吴郡正阁主簿。源父子因共详议，判与为婚。璋之下钱五万，以为聘礼。源先丧妇，又以所聘余直纳妾。如其所列，则与风闻符同，窃璋之姓族，士庶莫辨。满、奋身陨西朝，胤嗣殄灭。武秋之后，无闻东晋。其为虚托，不言自显。王、满连姻，实骇物听。潘、杨之睦，有异于此。且买妾纳媵，因聘为资。施衿之费，化充床笫。鄙情赘行，造次以之。纠愆绳违，允兹简裁。源即主。臣谨案南郡丞王源，忝藉世资，得参缨冕。同人者貌，异人者心。以彼行媒，同之抱布。且非我族类，往哲格言。薰莸不杂，闻之前典。岂有六卿之胄，纳女于管库之人？宋子河鲂，同穴于舆台之鬼？高门降衡，虽自己作，蔑祖辱亲，于事为甚。此风勿翦，其源遂开。点世尘家，将被比屋。宜置以明科，黜之流伍。使已污之族，永愧于昔辰，方媾之党，革心于来日。臣等参议，请以见事，免源所居官，禁锢终身。辄下禁止视事如故。"云云。）世族之家，必能自相嫁娶，乃得表异于齐民。今以贪财，竞婚卑族。则阅时既久，士庶不分，族望将不可保矣。一则世族贪利，与寒门通谱。《日知录》曰："同姓通族，见于史者，自晋以前未有。《晋书·石苞传》：曾孙朴没于寇。石勒以与朴同姓，俱出河北，引朴为宗室，特加优宠，位至司徒。《南史·侯瑱传》：侯景以瑱与己同姓，托为宗族，待之甚厚，此以殊族而附中国也。《晋书·孙旂传》：旂子弼及弟子髦、辅、琰四人，并有吏材，称于当世，遂与孙秀合族。《南史·周弘正传》：谄附王伟，与周石珍（原注：建康之厮隶也，为梁制局监，降侯景。）合族。《旧唐书·李义甫传》：义甫贵之后，自言本出赵郡，始与诸李叙昭穆，而无赖之徒苟合，借其权势，拜伏为兄叔者甚众。《李辅国传》：宰相李揆，山东甲族，见辅国，执子弟之礼，谓之王父。此以名门而附小人也。"又曰："史言唐梁之际，仕宦遭乱奔亡，而吏部铨文书不完，因缘以为奸利。至有私鬻告敕，乱易昭穆。而季父母舅，反拜侄甥者。"（原注：《豆卢革传》。）《册府元龟》："长兴初，鸿胪卿柳膺，将斋郎文书两件，卖与同姓人柳居则，大理寺断罪当大辟，以遇恩赦，减死，夺见任官，罚锢，终身不齿。制曰：一人告身，三代名讳，传于同姓，利以私财，上则欺罔人君，下则货鬻先祖，罪莫大焉。自今以后，如有此弊，传者受者，并当极法。"（《册府元龟》卷二十三《通谱》。）《通志·氏族略》谓"隋唐而上，官有簿状，家有谱系。私书滥，纠以官籍，官籍缺，考以私书"。自唐末大乱，官私谱籍，并皆亡佚；诈冒鬻卖，无可考校；而士庶之别，荡焉无存矣。《通志》谓"五季取士不问家世，婚姻不问阀阅"。亦势所不得不然也。（唐以前氏族之书，今存者惟一《元和姓纂》。而《通志·氏族略》，多与之同。盖郑氏所见，亦仅此矣。今私家谱系，多起自宋。唐以前，非阙佚，即妄溯也。）

门阀之制，虽若兴于魏晋，实则自古相沿。两汉时不过暂尔伏流，前既明之。然则古代之阶级，实至晚唐五代之世，乃铲除净尽也。至此，则除官吏地位较尊，富人实有权势外，可谓毫无阶级矣。然本族之阶级虽平，而本族与异族之间，阶级复起，则五代而降，中国兵力之不竞为之也。异族与我族之阶级，五胡乱华时，即已有之。高欢之告鲜卑曰："汉民是汝奴；夫为汝耕，妇为汝织，输汝粟帛，令汝温饱，汝何为陵之？"告华人则曰："鲜卑是汝作客；得汝一斛粟，一匹绢，为汝击贼，令汝安宁。汝何为疾之？"以汉人任耕，鲜卑任战，俨然有一为武士，一为农奴之观焉。（魏太武围盱眙，遗臧质书曰："吾今所遣斗兵，尽非我国人。城东北是丁令与胡，南是氐、羌。设使丁令死，正可减常山、赵郡贼。胡死，减并州贼。氐、羌死，减关中贼。卿杀之，无所不利。"此以异族任战者。当时此等事亦多，然所用多非汉人。一以诸胡较汉人强悍，一以汉人能勤生产，为赋税所自出，诸胡皆不能也。）鲜卑在五胡中，最能抚效汉人，而犹如此。氐、羌、胡、羯，不言可知。

惜史不尽载耳。辽、金、元、清之事，则可考者较多。

辽之建国，合两种人而成，一北方游牧之族，一汉地州县之民也。北方游牧之族，又分两种：一为部族，一为属国。部族者，辽之国民，属国则通朝贡，有事量借兵粮而已。高居于部族之上者，为三耶律、二审密氏。三耶律者，大贺、遥辇、世里，迭居汗位。二审密者，乙室己、拔里，世昏皇室，所谓国舅也。《辽史·刑法志》谓："辽太祖时，治契丹及诸夷，皆用旧法，汉人则断以律令。太宗时，治渤海人亦依汉法。道宗时，始以国法不可异施，命更定律令。其不合者别存之。"则道宗以前，契丹、汉人，实未尝受治于同一法律之下。又辽人设官，财赋之司，遍在南京，亦朘汉人以自肥也。金自世宗后，迁猛安谋克户入中原，所占之地甚广，而税极薄。又多括良田与之。其后卒以此遭杀戮之祸。（《廿二史札记》"金末种人被害之惨"云："一代敝政，有不尽载于正史，而散见于他书者。金制，以种人设猛安谋克分领之，使散处中原。世宗虑种人为民害，乃令猛安谋克，自为保聚。其土地与民犬牙相入者互易之，使种人与汉民各有界址，意至深远也。其后蒙古兵起，种人往战辄败。承安中，主兵者谓种人所给田少，不足赡身家，故无斗志。请括民田之冒税者给之。于是武夫悍卒，倚国威以为重。有耕之数世者，亦以冒占夺之。及宣宗贞祐间，南渡，盗贼群起。向之恃势夺田者，人视之为血仇骨怨。一顾盼之顷，皆死于锋镝之下，虽赤子亦不免。事见元遗山所作《张万公碑文》。又《完颜怀德碑》亦云：民间仇拨地之怨，睚眦种人，期必杀而后已。寻踪捕影，不三二日，屠戮净尽。甚至掘坟墓，弃骸骨。惟怀德令临淄，有惠政。民不忍杀，得全其生。可见种人之安插河北诸郡者，尽歼于贞祐时。盖由种人与平民杂处，初则种人倚势虐平民，后则平民报怨杀种人。此亦一代得失之林也。然《金史》绝不载此事，仅于《张万公传》中略见之，则知《金史》之缺漏多矣。"）盖辽人未尝与汉杂居，而金人不然，故其虐汉人为甚，而其受报复亦酷也。元代分人为蒙古、色目、汉人、南人四等。（蒙古、色目种姓，详见《辍耕录》。汉人为灭金所得。南人则灭宋所得也。）

一切权利，皆不平等。（如官制、学校、选举等。）而汉人、南人入奴籍者尤多。（《廿二史札记》"元初诸将多掠人为私户"云："元初起兵朔漠，尚以畜牧为业。故诸将多掠人户为奴，课以游牧之事，其本俗然也。及取中原，亦以掠人为事。并有欲空中原之地，以为牧场者。耶律楚材当国时，将相大臣，有所驱获，往往寄留诸郡，楚材因括户口，并令为民，匿占者死。立法未尝不严，然诸将恃功牟利，迄不衰止。而尤莫甚于阿里海涯。《张雄飞传》：阿里海涯行省荆湖，以降民三千八百户没入为家奴，自置吏治之，岁收其租赋，有司莫敢问。雄飞为宣抚使，奏之。乃诏还籍为民。《世祖本纪》：至元十七年，诏核阿里海涯等所俘三万二千余人，并赦为民。十九年，御史台又言：阿里海涯占降民为奴，而以为征讨所得。有旨：降民还之有司，征讨所得，籍其数赐臣下。宋子贞又以阿里海涯所庇逃民千人，清出屯田。可见其所占之户，以千万计。盖自破襄樊后，伯颜领大兵趋杭州，留阿里海涯平湖广之未附者。兵权在握，乘势营私，故恣行俘掠，且庇逃民，占降民，无不据为己有。遂至如此之多也。他如《宋子贞传》：东平将校，占民为部曲户，谓之脚寨。擅其赋役，几四百所。子贞言于严实，乃罢归州县。《张德辉传》：兵后孱民依庇豪右，岁久掩为家奴。德辉为河南宣抚使，悉遣为民。《雷膺传》：江南新附，诸将往往强籍新民为奴隶。膺为湖北提刑按察使，出令，还为民者数千。《王利用传》：都元帅塔儿海，抑巫山民数百口为奴。利用为提刑按察，出之。《袁裕传》：南京总管刘克兴，掠良民为奴。裕出之为民。此皆散见于各传者也。兵火之余，遍地涂炭，民之生于是时者，何以为生邪？"案欲尽杀汉人，以其地为牧地，系太宗近臣别迭之事，后又欲分裂州县，以赐亲王功臣，以耶律楚材力谏而止，见《耶律楚材传》。《太宗本纪》：十二年，籍诸大臣所俘男女为民。则分封之事，虽未果行，而诸王大臣所俘人户，实不少矣。《世祖本纪》：至元二十年，"禁权势没人口为奴，及黥其面者"。《廉希宪传》：至元十二年，行省荆南。令凡俘获之人，敢杀者，以故杀平民论。有立契券质妻子者，重其罪，仍没入其直。则当时之于奴隶，刑杀亦皆任意也。）《元史·刑法志》："诸蒙古人，因争及醉，殴死汉人者，断罚出征，并全征烧埋银。"

则当时蒙古人杀汉人，并不论死也。亦可谓不平矣。清入中国，亦圈近畿之地，以给旗民，宗室有庄园，勋戚、世爵、职官、军士有庄田，皆尽免征输。其刑法，则宗室、觉罗及旗人，皆有换刑。宗室者，显祖之后。又有有爵闲散之分，俗所谓黄带子。宗室而降为觉罗，则俗所称红带子也。凡宗室、觉罗，皆有养赡银米，婚丧有恩赏。汉人杀伤之者，罪加一等。（惟不系红黄带子，入茶坊酒肆则否。）官缺：内官皆满、汉平分。又有若干蒙古、汉军、包衣缺。包衣者，满洲人之奴隶也。清代满汉不杂居，不通婚，故其争阋不如金代之烈。然其意乃欲隔绝满汉，使满人保其强武之风，非为保安汉人起见也。

《廿二史札记》云："前明一代风气，不特地方有司私派横征，民不堪命，而缙绅居乡者，亦多倚势恃强，视细民为弱肉。上下相护，民无所控诉也。今按《杨士奇传》：士奇子稷，居乡，尝侵暴杀人。言官交劾，朝廷不加法，以其章示士奇。又有人发稷横虐数十事，乃下之理。士奇以老病在告，天子不忍伤其意，降诏慰免，士奇感泣，遂不起。是时士奇方为首相，而其子至为言官所劾，平民所控，则其肆虐已极可知也。又《梁储传》：储子次摅，为锦衣百户。居家，与富人杨端争民田。端杀田主，次摅遂灭端家二百余人。武宗以储故，仅发边卫立功。《朝野异闻录》又载：次摅最好束人臂股或阴茎，急迫，而以针刺之，血缕高数尺，则大叫称快。此尤可见其恣虐之大概矣。《焦芳传》：芳治第宏丽，治作劳数郡。是数郡之民，皆为所役。又《姬文允传》：文允宰滕县。白莲贼反，民皆从乱。文允问故。咸曰：祸由董二。董二者，故延绥巡抚董国光子，居乡暴横，民不聊生。故被虐者甘心从贼，则其肆毒更可知也。又《琅琊漫抄》载：松江钱尚书治第，多役乡人，砖甓亦取给于役者。有老佣后至，钱责之。对曰：某担自黄瀚坟，路远，故迟耳。钱益怒，答曰：黄家坟亦吾所筑，其砖亦取自旧家，勿怪也。此又乡官役民故事也。其后昆山顾秉谦附魏忠贤，得入阁。忠贤败，秉谦家居,昆民焚掠其家。秉谦窜渔舟以免。(《明史·顾秉谦传》。)时秉谦已失势,其受侮或不足为异,至如宜兴周延儒,方为相,陈于泰,方为翰林,二家子弟暴邑中,兴民至发延儒祖墓,又焚于泰、于鼎庐。(《明史·祁彪佳传》。)王应熊方为相,其弟应熙横于乡,乡人诣阙击登闻鼓,列状至四百八十余条,赃一百七十余万。其肆毒积怨于民可知矣。温体仁当国,唐世济为都御史,皆乌程人。其乡人盗太湖者,以两家为奥主,兵备冯元飏捕得其魁,世济族子也。(《明史·冯元飏传》。)是乡官之族,且庇盗矣。又有投献田产之例。有田产者,为奸民籍而献诸势要,则悉为势家所有。天顺中,曾翚为山东布政使。民垦田无赋者,奸民指为闲田,献诸戚畹,翚断还民。(《明史·李棠传》。)河南濒黄河淤地,民就垦,奸民指为周王府屯场,献王邀赏,王辄据而有之。原杰请罪献者,并罪受者。(《明史·原杰传》。)又《戒庵漫笔》:万历中,嘉定、青浦间,有周星卿者,素豪侠。一寡妇薄有资产,子方幼。有侄,阴献其产于势家,势家方坐楼船,鼓吹至阅庄。星卿不平,纠强有力者,突至索斗,乃惧而去。诉于官,会新令韩某,颇以扶抑为己任,遂宜其事。此亦可见当时献产恶习。此一家因周星卿及韩令得直,其他小民被豪占而不得直者,正不知凡几矣。"案如此暴横,唐宋之世,皆所罕闻,盖由元代异族肆虐,民无所控诉,积渐之势,有以致之也。清代于绅士,管束最严,故此风渐戢。然清之严束绅士,亦虑其有故国之思,能用其民,则将不利于己耳,非真为汉人平不平也。(顺治三年,四月,尽革前代乡官、监生等名色。一应地丁、钱粮、杂汛差役,与民一体承当。见《东华录》。自此绅士不能包庇赋税,投献之风绝矣。)

奴婢之制,自秦汉迄清皆有之,大抵以罪没入者为官奴婢,以贫穷而卖买者为私奴婢,奴婢以汉代为最盛。(以其时去阶级之世未远,又当生计剧变之时也。)汉高祖尝令民得卖子。贾谊谓其时之民,岁恶不入,则"请爵卖子"。可见其习为常事。又谓"今之卖僮者,为之绣衣丝履,偏诸缘纳诸闲中"。则几视人如货物矣。其时官奴婢甚众。晁错劝文帝募民以丁奴婢赎罪，及输奴婢以拜爵。武帝募民入奴，得以终身复，为郎增秩。又遗御史廷尉正监分曹，即治郡国缗钱，得民奴婢以千万数。分诸苑养狗马禽兽，及与诸官。徙奴婢众，下河漕，度四百万石，及官自籴乃足。(《杜延年传》：坐官奴婢乏衣食免官。) 元帝时，贡禹言：官奴婢十余万，游戏无事，税良民以给之。马贵与曰："豪家奴婢，细民为饥寒所驱而卖者也。官奴婢，有罪而没者也。民以饥寒，至于弃良为贱，上之人不能有以振救之，乃复效兼并者所为，令入奴婢以拜爵复役，是令饥寒之民，无辜而与罪隶等也。况在官者十余万人，复税良民以给之，则亦何益于事哉？"以政治论，以理财论，诚可谓两失之矣。私家奴婢，亦多而僭侈，(成帝永始四年，诏曰："公卿列侯，亲属近臣。多畜奴婢，被服绮縠。其申饬有司，以渐禁之。"哀帝即位，议限田。有司条奏所限奴婢之数：诸侯王二百人，列侯公主百人，关内侯吏民三十人。限制之数如此，不限之时可知。后此例亦以亲贵不便，卒未行也。) 并得专其杀生。(《食货志》：董仲舒说武帝，"请去奴婢，除专杀之威"。) 王莽大更汉法，亦仅改其名为私属，令不得卖买而已，(莽更名天下田曰王田，奴婢曰私属，皆不得卖买。此仍视人与物等，不欲兼并者多畜奴婢而已，非知奴婢之有人权也。) 不能使之为良也。后汉光武一朝，免奴最多。(建武二年，五月，癸未，"诏曰：民有嫁妻卖子，欲归父母者，恣听之。敢拘执，论如律。"六年，十一月，丁卯，"诏王莽时没入为奴婢，不应旧法者，皆免为庶人"。七年，五月，甲寅，"诏吏人遭饥乱，及为青、徐贼所略，为奴婢下妻，欲去留者，恣听之。敢拘制不还，以卖人法从事"。十二年，三月，癸酉，"诏陇蜀民被略为奴婢自讼者，及狱官未报，一切免为庶民"。十三年，十二月，甲寅，"诏益州民自八年以来，被略为奴婢者，皆一切免为庶民。或依托人为下妻，欲去者，恣听之。敢拘留者，比青、徐二州，以《略人法》从事"。十四年，十二月，癸卯，"诏益凉二州奴婢，自八年以来，自讼在所官，一切免为庶民。卖者无还值"。) 又令杀奴婢不得减罪；炙灼奴婢论如律；(所炙灼者为庶民。)除奴婢射伤人弃市律,(十一年。案宋真宗咸平六年,"诏士庶家雇仆,有犯,不得黥其面"。天禧时,大理寺言:"按律,诸奴婢有罪,其主不请官司而杀者,杖一百。无罪而杀者,徒二年。又条诸主殴部曲至死者,徒一年。故杀者加一等。其有怼犯,决罚至死,及过失杀者,勿论。自今人家佣赁,当明设要契。及五年,主因过殴决至死者,欲望加部曲一等。但不以怼犯而杀者,减常人一等。如过失杀者勿论。从之。"则私杀奴婢,后世仍有之。且其论罪,不与凡同,不如汉世之文明多矣。由汉世法律,多用经义也。)殆可称中国之林肯。自汉以后,大抵遇丧乱饥馑,人民无以为生,则奴婢之数增多。及承平,则或以命令迫令放免;或官出资为赎;(唐昭宗大顺二年,"敕天下州府及在京诸军,或因收掳百姓男女,宜给内库银绢,委两军收赎,归还父母。其诸州府,委本道观察使取上供钱充赎。不得压良为贱"。)或令以卖直为佣资,计数相当则免之,(韩愈《柳子厚墓志铭》:"元和中,尝例召至京师。又偕出为刺史,而子厚得柳州。""其俗以男女质钱,约不时赎,子本相侔,则没为奴婢。子厚与设方计,悉代赎归。其尤贫力不能者,令书为佣,相当,则使归其质。观察使下其法于他州,比一岁,免而归者且千人。")官奴婢则以赦免;(唐制:凡反逆相生,没其家为官奴婢。一免为蕃户,再免为杂户,三免为良人。皆因赦宥所及则免之。)或立年限,及年则免。(汉哀帝议限田及蓄奴婢,有司条奏官奴婢年五十以上,免为庶人。)虽多宽典及优恤之政,要不能摧陷廓清,令其绝迹也。

《古文苑》有王褒《僮约》,颇可见汉世使役奴婢之状。今录其辞如下。《僮约》曰:"蜀郡王子渊,以事列湔,止寡妇杨惠舍。惠有夫时奴,名便了。子渊倩奴行酤酒,便了拽大杖上夫冢巅曰:大夫买便了时,但要守家,不要为他人男子酤酒。子渊大怒曰:奴宁欲卖邪?惠曰:奴大忤人,人无欲者。子渊即决买券云云。奴复曰:欲使皆上券,不上券,便了不能为也。子渊曰:诺。券文曰:'神爵三年正月十五日,资中男子王子渊,从成都安志里女子杨惠,买亡夫时户下髯奴便了。决贾万五千。奴当从百役使，不得有二言。晨起早扫，食了洗涤。居当穿臼缚帚，裁盂凿井，浚渠缚落，锄园斫陌。杜埤地，刻大枷。屈竹作杷，削治鹿卢。出入不得骑马载车，踑坐大呿。下床振头，捶钩刈刍，结苇腊纑。汲水酪，佐鲈酿。织履作粗，黏雀张乌。结网捕鱼，持梢牧猪。种姜养芋，长育豚驹。粪除堂庑，喂食马牛。鼓四起坐，夜半益刍。二月春分，被堤杜疆。落桑皮棕，种瓜作瓠。别茄披葱，焚榿发芋，垄集破封。日中早馈，鸡鸣起舂。调治马户，兼落三重。舍中有客，提壶行酤。汲水作脯，涤杯整案。园中拔蒜，斫苏切脯。筑肉臛芋，脍鱼炰鳖，烹茶尽具。已而盖藏，关门塞窦。喂猪纵犬，勿与邻里争斗。奴当饭豆饮水，不得嗜酒。欲饮美酒，惟得染唇渍口，不得倾盂覆斗。不得辰出夜入，交关伴偶。舍后有树，当裁作船，上至江州下到湔，主为府掾求用钱。推访垩，贩棕索。县亭买席，往来都落，当为妇女求脂泽。贩于小市，归都担枲。转出旁蹉，牵犬贩鹅。武都买茶，杨氏担荷。往来市聚，慎护奸偷。入市不得夷蹲旁卧，恶言丑骂。多作刀矛，持入益州，货易羊牛。奴自教精慧，不得痴愚。持斧入山，断辂裁辕，若有余残，当作俎豆几、木屐及羲盘。焚薪作炭，礌石薄岸。治舍益屋，削书伐楪，日暮欲归，当送干薪两三束。四月当披，九月当获，十月收豆，抡麦窖芋。南安拾栗采橘，持车载辏。多取薄苎，益作绳索。雨堕无所为，当编蒋织簿。种桃、李、梨、柿、柘、桑，三丈一树，八树为行。果类相从，纵横相当。果熟收敛，不得吮尝，犬吠当起，警告邻里。枨门柱户，上楼击鼓。荷盾曳矛，还落三周。勤心疾作，不得敖游。奴老力索，种莞织席。事讫休息，当舂一石。夜半无事，浣衣当白。若有私钱，主给宾客。奴不得有奸私，事事当关白。奴不听教，当笞一百。'读券文适讫，词穷诈索。仡仡叩头，两手自搏。目泪下落，鼻涕长一尺。审如王大夫所言，不如早归黄土陌，蚯蚓钻额。早知当尔，为王大夫酤酒，真不敢作恶。"此文为游戏之作，当时使用奴婢，未必酷虐至是。然奴婢所作之事，则可想见矣。

晋武平吴之后，王公以下，皆得荫人为衣食客及佃客，东晋犹然。此盖汉世封君食邑户之遗制，与奴婢有别。（其数因官品而有差，客皆注家籍。其课：丁男调布绢各二丈，丝三两，绵八两；禄绢八尺，禄棉三两二个；租米五石。丁女并半之。男女十六亦半课，年十八正课，六十六免课。其男丁岁役不过二十日。其田，亩税米二升。）又有所谓部曲者，盖战乱之世，吏士夷为将帅之私属，（《续书·百官志》："大将军营五部。部校尉一人，比二千石。军司马一人，比千石。部下有曲，曲有军候一人，比六百石。曲下有屯，屯长一人，比二百石。其不置校尉部，但军司马一人。"此部曲本义。《三国·魏志·李典传》："典宗族部曲，三千余家，居乘氏。自请愿徙诣魏郡。太祖笑曰：卿欲慕耿纯耶？典谢曰：典驽怯功微，而爵宠过厚。诚宜举宗陈力，加以征伐未息，宜实郊遂之内，以制四方，非慕纯也。遂徙部曲宗族万三千余口居邺。"《吴志·孙策传》："兴平元年，从袁术，术甚奇之，以坚部曲还策。"此部曲专属将帅之证。）其后将帅亦招人民为之。（《魏志·卫觊传》："镇关中，时四方大有还民，关中诸将，多引为部曲。觊书与荀彧曰：关中膏腴之地，顷遭荒乱，人民流入荆州者，十余万家。闻本土安宁，皆企望思归。而归者无以自业，诸将各竞招怀，以为部曲。郡县贫弱，不能与争，兵家遂强。一旦变动，必有后忧。"云云。）此等本皆良民，然自为部曲，遂不得与平民并。自魏晋至宋皆有之。（见前引宋天禧时大理寺之言，又案部曲较平民为贱，而较奴婢为贵。故唐高宗显庆二年，有"放诸奴婢为良及部曲客女者听之"之敕。客女，部曲之妇女也。）

以异族为奴婢，中国亦有其事。《史记·西南夷列传》谓："巴蜀民或窃出商贾，取其筰马，僰僮、髦牛，以此巴蜀殷富。"《货殖列传》亦谓巴蜀"南御滇僰"。僰僮，则秦汉之世已有之。《北史·獠传》，谓其"亲戚相卖如猪狗，被卖者号哭不服，逃窜避之。乃将买人捕逐，若亡叛，获便缚之。但被缚，即服为贱隶，不敢称良矣。梁武帝时，梁、益二州岁岁伐獠以自利，后周武帝平梁、益，岁命随近州镇，出兵讨之，获其生口，以充贱隶，谓之压獠。商旅往来，亦资为货。公卿民庶之家，多有獠口"。则几于白人之贩鬻黑奴矣。唐武后大足元年，"敕以北缘边州郡，不得畜突厥奴婢"。穆宗长庆元年，"诏禁登、莱州及缘海诸道，纵容海贼，掠卖新罗人口为奴婢"。则海陆缘边，皆有贩鬻外国人之事。而本国人亦有鬻卖入外国者。如宋太宗淳化二年，"诏陕西沿边诸郡：先岁饥，贫民以男女卖与戎人。宜遣使者与本道转运使，分以官财物赎，还其父母"。真宗天禧三年，"诏自今掠卖人口入契丹界者，首领并处死。诱至者同罪。未过界者，决杖黥配"是也。

收买奴婢之人，又有转雇与人，以取其利者。宋太祖开宝四年，"诏应广南诸郡，民家有收买男女为奴婢，转将佣雇，以输其利者，今后并令放免。敢不如诏旨者，决杖流配"是也。人类之牟利，可谓无所不至矣。

唐武宗会昌五年，"中书门下奏：天下诸寺奴婢，江淮人数至多。其间有寺已破废，全无僧众，奴婢既无衣食，皆自营生，洪、潭管内，人数倍多。一千人以下五百人以上处，计必不少。并放从良百姓，旨依"。按是年废天下佛寺，故奴婢并获放免也。平时则不可考矣，以历代佛寺之盛通计之，其数必不少也。辽以良民赐诸寺，分其税一半输官，一半输寺，谓之二税户。金世宗大定二年，尝免之。章宗即位，又括中都及北路二税户。凡无凭验，其主自言之者，及因通检而知之者，其税半输官，半输主。有凭验者，悉放为良。此则僧人衣食租税，同于封君矣。

《日知录》曰："《颜氏家训》：邺下有一领军，贪积已甚。家僮八百，誓满一千。唐李义府多取人奴婢，及败，各散归其家，时人为露布云：混奴婢而乱放，各识家而竞入。（原注：潘岳《西征赋》曰：混鸡犬而乱放，各识家而竞入。）太祖数谅国公蓝玉之罪，曰：家奴至于数百。今日江南士大夫，多有此风。一登仕籍，此辈竞来门下，谓之投靠。多者亦至千人。而其用事之人，则主人之起居食息，以至于出处语默，无一不受其节制，有甘于毁名丧节而不顾者。《汉书·霍光传》：任宣言：'大将军时，百官已下，但事冯子都、王子方等，（原注：皆老奴。）初光爱幸监奴冯子都，常与计事。（原注：师古曰：监奴，奴之监知家务者也。）及显（原注：光妻。）寡居，与子都乱。夫以出入殿门，进止不失尺寸之人，而溺情女子小人，遂至于此。今时士大夫之仆，多有以色而升，以妻而宠。夫上有渔色之主，则下必有烝弒之臣。清斯濯缨，浊斯濯足，自取之也。'严分宜之仆永年，号曰鹤坡，张江陵之仆游守礼，号曰楚滨，（原注：古诗：昔有霍家奴，姓冯名子都。而晋灼引汉语以为冯殷，则子都亦字也。）不但招权纳贿，而朝中多赠之诗文，俨然与搢绅为宾主，名号之轻，文章之辱，至斯而甚。异日媚阉建祠，非此为之嚆矢乎？"

又曰："人奴之多，吴中为甚。（原注：史言吕不韦家僮万人。嫪毐家僮数千人。今吴中仕宦之家，有至一二千人者。）其专恣暴横，亦惟吴中为甚。有王者起，当悉免为良，而徙之以实远方空虚之地。士大夫之家，所用仆役，并令出资雇募，如江北之例。（原注：郑司农《周礼》司厉注曰：今之奴婢，古之罪人也。《风俗通》言：古制本无奴婢，奴婢皆是犯事者。今吴中亦讳其名，谓之家人。）则豪横一清，而四乡之民，得以安枕。其为士大夫者，亦不受制于人，可以勉而为善。讼简风淳，其必自此始矣。"观此可知明代吴中风俗之坏。夫投靠为仆隶者，其人亦宦寺之流耳。降志辱身，所为何事？安得不作奸犯科，招权纳贿，以累其主乎？

近代削除阶级，当以清雍正时为最多。元年，则有山、陕之乐户，绍兴之堕民。五年，则有徽州之伴当，宁国之世仆。八年，则有常熟、昭文之丐户。乾隆三十六年，又命广东之疍户，浙江之九姓、渔户及各省之似此者，悉令该地方查照雍正元年山、陕乐户成案办理。在清代，所谓身家不清白者，仅娼、优、皂隶，及曾鬻身为奴者，三世不得应试入仕而已。（包衣仍得入仕。惟虽至极品，对其旧主，仍执仆礼。后曾有旨，命三品以上包衣皆出籍。）然此等贱民，虽见放免，在民间仍未能皆以平等待之也。

第十章

国　体

我国今日，巍然以大国立于世界矣。然此等局面，特自秦以来耳。由此上溯之，则为大国七，小国十余。更上溯之，则国名之见于《春秋》及《左氏》者，凡百四十。又上溯之，其确数虽不可知，（古所谓万国、三千、千七百云者，乃约略或设法之辞，不足为据。见后。）然时愈古则国愈多，则理之可信者也。然则众国分立之中国，果何由而成为大一统之局邪？

凡天下庞然大物，未有可一蹴而成者也。譬诸生物，其始也，物一细胞耳；寖假而合诸细胞以为一器官；寖假而成较大之动物；寖假而成更大之动物；最后乃成为人。国家之成，亦犹是也。今日极大之国家，其始，未有不自极小之部落来者也。我以为国家之成，实经三时代：（一）部落时代；（二）封建时代；（三）郡县时代。

生民之始，果若何情状乎？盖难言之。据书史所载，及存于今之原人推测之，则亦一毫无组织之群而已。稍进乃知有血统。富辰所谓："太上以德抚民，其次亲亲以相及也。"（《左》僖二十四年。）血统之知必始于母，其后乃知有父。知有母，则知有同母之人焉。又知有母之母，及与母同母之人焉。知有父，则知有父之父，又知有与父同父之人焉。

自此而推之则成族。一族之人，群萃州处，必有操其治理之权者，于是乎有宗。宗与族，固国家之所由立也。然究不得遂谓为国家。何者？宗族之结合由于人；而国家之成，则必以地为限界。宗族之中，治人者治于人者，皆有亲族之关系；而国家之政治，则与亲戚无关。夫以一宗之主，推其权力，及于宗族以外，合若干地方之人民而统治之，此则所谓部落者也。（部落与宗族，并行不悖。为部落酋长者对其宗族，固亦仍为首长也。）

部落之世，交通不便，人民亦蒙昧而寡欲。诸部落之间，殆彼此无甚关系。《老子》曰："邻国相望，鸡犬之声相闻，民至老死不相往来。"所追想者，即此等境界也。如是者，盖不知其若干年。

世运渐进，人智日开，嗜欲日多，交通益便。往来既数，争夺遂萌。乃有以一部落而兼并他部落，慑服他部落者。乃渐入于封建之世。

封建之道，盖有三端：慑服他部，责令服从，一也。替其酋长，改树我之同姓、外戚、功臣、故旧，二也。开辟荒地，使同姓、外戚、功臣、故旧移殖焉，三也。由前二说，盖出于部落之互相吞并。由后之说，则出于一部落之内外拓殖者也。一部落之拓殖于外者，于其故主，固有君臣之分；异部落之见慑服者，对其上国，亦有主从之别；此天子诸侯尊卑之所由殊，而元后群后之所以异也。自彼此无关系之部落，进而为有关系之天子诸侯，则自分立进于统一之第一步也。

封建之地，盖古小而后世大。封建之国，则古多而后世少。此足征诸国吞并之益烈，拓殖之益盛。封建之渐进于郡县，实由此也。曷言乎封建之地古小而后世大也？《王制》说五等之封曰："王子之田方千里，公侯田方百里，伯七十里，子男五十里。不能五十里者，不合于天子，附于诸侯，曰附庸。"《白虎通》以此为周制。（《孟子·万章篇》答北宫锜之问同。）引《含文嘉》，谓殷爵三等。（合子男从伯。或曰：合从子，贵中也。地三等不变。《含文嘉》又谓夏制亦三等，见《王制》疏。）《春秋繁露》又分附庸字者方三十里，名者二十里，人氏者方十五里。《周官·大司徒》

则谓诸公之地，封疆方五百里，诸侯四百里，诸伯三百里，诸子二百里，诸男一百里。封地之大小互异，为今古文家聚讼之端。其实皆设法之辞，无足深辩。(设法二字，见《礼记》《周官》郑注，谓假设平正之例以示人。《汉书·食货志》论井田，终之曰："此谓平土可以为法者也。"亦此义。近人误以古书所云，系述当时实事，遂疑其不足信，非也。)然设法之辞，何以如此？亦必有其所以然。我盖观于古书言诸国之里数，而知古代列国渐次扩大之迹，及设法之说之所由来也。《易·讼卦》九二："不克讼，归而逋，其邑人三百户。"疏谓："此小国下大夫之制。《周礼·小司徒》，方十里为成，九百夫之地。沟渠，城郭，道路，三分去一，余六百夫。又以不易、一易、再易，定受田三百家。"此盖封地之最小者。《左氏》所谓夏少康"有田一成"者也。其制之存于春秋时者，则《论语》谓管仲"夺伯氏骈邑三百"是也。此等小国寡民，在古代盖曾以之建侯。故《吕览》谓王者封建，"海上有十里之诸侯"。至春秋之世，则但以为下大夫之食邑而已。此封地之最小而最古者也。进一步，则为今文家所言之制。秦汉时之县，多古国名。盖沿自春秋战国之世，灭国而以为县也。县大率方百里，与今文家所言公侯之地合。《孟子》谓"今滕，绝长补短，将五十里也"，亦与附庸之地合。知古确有此等国，非虚构也。更进一步，则为《周官》所言之数。郑玄糅杂今古，谓周公扩大土宇，增益诸侯之封，以牵合《王制》《周官》，其说盖不足信。(郑氏所以为此说者，盖欲将今古文所言服之里数，封建之国数，牵合为一故也。《禹贡》："五百里甸服：百里赋纳总，二百里纳铚，三百里纳秸服，四百里粟，五百里米。五百里侯服：百里采，二百里邦，三百里诸侯。五百里绥服：三百里揆文教，二百里奋武卫。五百里要服：三百里夷，二百里蔡。五百里荒服：三百里蛮，二百里流。"旧有三说：《今尚书》欧阳、夏侯说，谓中国方五千里。史迁同。一也。《古尚书》说：谓五服旁五千里，相距万里。二也。贾逵、马融，谓甸服之外，百里至五百里米，特有此数。其侯、绥、要、荒服各五百里。是面三千里，相距为方六千里。三也。如《古尚书》说，则与《周官·职方氏》，方千里曰王畿，其外侯、甸、男、采、卫、蛮、夷、镇、藩九服，服各五百里者相合。《王制》："凡四海之内九州，州方千里。州建百里之国三十，七十里之国六十，五十里之国百有二十，凡二百一十国。天子之县内，方百里之国九，七十里之国二十有一，五十里之国六十有三，凡九十三国。九州，千七百七十三国。"大界方三千里，三三而九，为方千里者九。《周官·职方氏》，"凡邦国千里，封公以方五百里则四公，方四百里则六侯，方三百里则七伯，方二百里则二十五子，方百里则百男"，七伯当作十一伯。如此说亦欲封至二百一十国，则必九州大界，方七千里。七七四十九，为方千里四十有九。其一为畿内，余四十八州，各有方千里者六，乃能容之。若大界方七千里，而封国之数与《王制》同，则可得万国。郑氏乃谓黄帝之时，中国疆域，本有万里。尧遭洪水，仅方五千里。分为五服，服各五百里。禹平水土，复各以五百里弼之。书所谓弼成五服是也。故其时封国之数有万，《左氏》谓禹会诸侯于涂山，执玉帛者万国是也。夏衰，夷狄内侵，诸侯相并，土地减，国数少。殷汤承之，更制中国方三千里之界。亦分为九州，而建千七百七十三国，则《王制》所言是也。周公复唐虞之旧域，分其五服为九。其要服之内，亦方七千里。因殷诸侯之数，广其土，增其爵，则《周官》所言是也。将今古异说，悉贯串为一。说非不巧，然终嫌附会耳。以上所引之说，见《禹贡》《王制》《周官》及《诗·商颂》正义。）然周代诸国疆域，确有与《周官》所言相近者。《明堂位》谓成王封周公于曲阜，地方七百里。《史记·汉兴以来诸侯王年表》谓周封伯禽、康叔于鲁、卫，地各四百里，太公于齐，兼五侯。孟子告慎子，谓鲁方百里者五。（《告子》。）《管子·轻重甲篇》"管子问于桓公曰：敢问齐方几何里？桓公曰：方五百里"是也。案古书言封建，与《王制》合者，十之九而强；与《周官》合者，十不得一。谓周封齐、鲁、卫方四五百里，或七百里，盖亦不足信之辞。所以有此说者，则因后来诸国疆域廓张，数典忘祖，遂以是为初封时事也。东周诸国之地，又有较《周官》所言为大者。子产谓"大国地多数圻"。(《左》襄三十五年。）《孟子》谓："海内之地，方千里者九，齐集有其一。"（《梁惠王》下。)是也。亦可谓周初所封乎!盖吞并及拓殖,为封建之所由兴。封建既兴,二者仍进行不已。其进行之速率,虽诸国不等,亦有大致可求。最古之世,盖不过一成之地。其后渐进至百里,又渐进至五百里。其情势特异者,则又开拓至千里或数千里焉。此为古代事实。《王制》《周官》等书,皆古人虚拟之制,欲见诸施行者。虚拟之制,必切时势以立言。今文家源出孔子,欲复周初之制,故主百里、七十里、五十里之封。《周官》为战国时书,根据春秋以来诸国封域,故增大至五百里、四百里、三百里、二百里、百里也。虚拟之辞,虽不容径认为事实,正可由此窥见事实之真矣。

然则古代之封国,何以不务其大,而以小自安也?曰:封国必察其时之情势。《穀梁》曰:"古者天子封诸侯,其地足以容其民,其民足以满城而自守也。"(襄二十九年。)此以人口之众寡言之。《孟子》曰:"天子之地方千里,不千里,不足以待诸侯。诸侯之地方百里,不百里,不足以守宗庙之典籍。"此自国用之多少言之。故曰:"周公之封于鲁,为方百里也,地非不足,而俭于百里。太公之封于齐也,亦为方百里也,地非不足也,而俭于百里。"(《告子》。)盖自有其欲大不能,欲小不可之势也。《吕览》谓:"王者之封建也,弥近弥大,弥远弥小,海上有十里之诸侯。"(《慎势》。)《管子》谓:"天子之制,壤方千里。齐诸侯方百里。负海:子七十里,男五十里。"盖中原民众而土地辟,故其国可大。负海民寡而土地荒芜,故其国当小也。此亦封国大小,有其自然之势之一征也。然则今古文经所拟之制,盖皆就其时势以立言。孔子生于春秋时,主复三代盛时之制。《周官》则战国时书,主就东周以后列国之疆域整齐之也。此设法之谈之所以然也。

曷言乎封国之数,随世而减也?古书所言国数,皆约略,或设法之辞,不足为据,已见前。然其谓古国多,后世国少,则固综合史事以立说,非虚语也。《左》哀七年,诸大夫对孟孙之辞曰:"禹会诸侯于涂山，执玉帛者万国。今其存者，无数十焉。"《荀子》谓："古有万国，今有十数。"（《富国篇》。又《君道篇》十数作数十。）《墨子》谓："古者天子之始封诸侯也万有余。今以并国之故，万国有余皆灭，而四国独立。"（《非攻》下。）《吕览》谓："当禹之时，天下万国。至于汤而三千余国。"（《用民》。）又谓："周之所封四百余，服国八百余，今无存者矣。虽存，皆尝亡矣。"（《观世》。）可见古者列国并吞之烈也。

封建有灭人之国，仍其旧君者。亦有改树我之同姓、外戚、功臣、故旧者。又有开拓荒地，使同姓、外戚、功臣、故旧主之者。前已言之。其中同姓、外戚、功臣、故旧之分封，实于我国之统一关系极大。盖古者车未同轨，书未同文，行未同伦，所恃以团结异族，树统一之基者，实赖开化较早民族，将其文明，移殖各地也。《左氏》载成鱄之言曰，"武王克商，光有天下。其兄弟之国者十有五人，姬姓之国者四十人"。（《左》昭二十八年。）即《史记》所谓"武王、成、康，所封数百，而同姓五十五"者也。（《汉兴以来诸侯王年表》。又《荀子·儒效篇》："周公立七十一国，姬姓居五十三。"）《左》僖二十四年，富辰谏王伐郑，曰："太上以德抚民，其次亲亲，以相及也。昔周公吊二叔之不咸，故封建亲戚，以蕃屏周。管、蔡、郕、霍、鲁、卫、毛、聃、郜、雍、曹、滕、毕、原、酆、郇，文之昭也。邘、晋、应、韩，武之穆也。凡、蒋、邢、茅、胙、祭，周公之胤也。召穆公思周德之不类，故纠合宗族于成周而作诗，曰：'棠棣之华，鄂不韡韡，凡今之人，莫如兄弟。'其四章曰：'兄弟阋于墙，外御其侮。'如是，则兄弟虽有小忿，不废懿亲。今天子不忍小忿，以弃郑亲，其若之何？"昭二十六年，王子朝使告于诸侯曰："昔武王克殷，成王靖四方，康王息民。并建母弟，以蕃屏周。亦曰：吾无专享文、武之功，且为后人之迷败倾覆，而溺入于难，则振救之。至于夷王，王愆于厥身。诸侯莫不并走其望，以祈王身。至于厉王，王心戾虐，万民弗忍，居王于彘。诸侯释位，以间王政。宣王有志，而后效官。至于幽王，天不吊周，王昏不若，用愆厥位。携王奸命，诸侯替之，而建王嗣，用迁郏鄏。则是兄弟之能用力于王室也。至于惠王，天不靖周，生颓祸心，施于叔带，惠、襄辟难，越去王都。则有晋、郑，咸黜不端，以绥定王家。则是兄弟之能率先王之命也。"于宗周之厚抚同姓，周姓之翼戴王室，可谓历历言之。襄二十九年，晋平公合诸侯以城杞，子大叔曰："晋国不恤周宗之阙，而夏肄是屏。其弃诸姬，亦可知也已。诸姬是弃，其谁归之？"于同异姓之疏戚，尤昭然若揭焉。夫"周之宗盟，异姓为后"，（《左》隐十一年。）宁得不谓之私？然先同姓，次外戚，次功臣、故旧，星罗棋布，用作藩屏。而一族之势力，由此遍布于寰区；一族之文化，由此广推于各地矣。即仍其故君者，亦岂遂无裨于统一哉？朝觐有常，会盟有令。共球咸受，集万国之冠裳；文轨是同，昭一朝之制度。固与夫尊称南越，窃帝号以自娱，邑据夜郎，拟汉封之孰大者，迥不侔矣。谓汉族统一中国，封建之制，实有功焉，非虚语也。

古代封建之制，与宗族之制，关系最密。职是故，古代国际间之道德，亦与同族间之道德，大有关系。古之言政治者，恒以兴灭国、继绝世为美谈。所谓兴灭国、继绝世，则同族间之道德也。《尚书大传》曰："古者诸侯始受封，必有采地。其后子孙虽有罪黜，其采地不黜。使子孙贤者守之世世，以祠其始受封之人。此之谓兴灭国、继绝世。"盖古代最重祭祀，所谓兴灭国、继绝世者，则不绝始封之君之祀而已。此义多有行之者。《史记·秦本纪》：庄襄王元年，"东周君与诸侯谋秦，秦使相国吕不韦诛之，尽入其国秦，不绝其祀，以阳人赐周君奉其祭祀。"即所谓采地不黜，使子孙贤者守之者也。《吕览》曰："周之所封四百余，服国八百余，今无存者矣。虽存，皆尝亡矣。"云尝亡而复存，则知当时兴灭国、继绝世者甚多。楚庄王既灭陈，以申叔时一言而复之。（《左》宣十一年。）其后灵王灭陈、蔡，平王又复之。（《左》昭十三年。）诱杀戎蛮子，而复立其子，（《左》昭十六年。）皆是物也。不宁惟是，古者天子可封诸侯，诸侯亦可封大夫。大夫以下，亦得以地分其宗族。故《礼运》谓："天子有田以处其子孙，诸侯有国以处其子孙，大夫有采以处其子孙。"师服谓"天子建国，诸侯立家，卿置侧室，大夫有贰宗，士有隶子弟，庶人工商，各有分亲"。（《左》桓二年。）虽大小不侔，而原理则一。故天子之所以封诸侯者，诸侯之于大夫，亦宜守之。诸侯之所以交诸侯者，大夫之于大夫，亦当遵之。楚庄王之灭若敖氏也，子文孙箴尹克黄使于齐，归复命，而自拘于司败。王思子文之治楚国也，曰："子文无后，何以劝善？"使复其所，改命曰生。（《左》宣四年。）平王杀斗成然，灭养氏之族，使斗辛居郧，以无忘旧勋。（《昭》二十四年。）亦兴灭国、继绝世之义也。于死者不绝其祀，即于生者宜继其食。故纪季之以酅入齐也，鲁子曰："请后五庙，以存姑姊妹。"（《公羊》庄公三年。）诸侯不臣寓公。（《礼记·郊特牲》。）寓公虽不继世，妻得配夫，犹托衣食于公家。（《公羊》桓公七年《解诂》。）皆同族相恤之义也。古于同族之厚如此，则《春秋》之法，灭同姓者与失地者俱名，亦宜矣。

惟其如是，故古代之一姓，不得势则已，苟得势，则其覆亡颇难。以其同族之蟠据者众，平民无力足以覆亡之也。然其族却有自亡之道。何则？始封之时，天子诸侯之间，非伯叔，则甥舅。否亦先王老臣，当伫嬖幸，其关系原极亲密。一再传后，寖以疏隔，久则成为路人矣。且古代地广人稀，列国利害，无甚关系，至后世则不然也。于是相吞相并，至始皇而遂统于一。夫举天下而奉诸一人，其势可谓极强。然此族之高居民上者，遂惟此一人。欲覆此一族者，覆此一人可矣，秦之亡是也。然则凡物极盛之候，即其将衰之时。物无足以亡之，其身遂寓自亡之道。祸福倚伏之理，盈虚消长之机，岂不异哉！岂不异哉！

封建之世，诸国星罗棋布，其关系一若甚疏。所恃以相维相系者，则巡守、朝贡之制是也。巡守朝贡之制，古书所说互异。今姑勿具论。但藉此一考列国之关系如何，亦足见古代之政体矣。《王制》述巡守之事曰:"觐诸侯,问百年者就见之。命太师陈诗,以观民风。命市纳贾,以观民之所好恶,志淫好辟。命典礼,考时月定日。同律,礼乐、制度、衣服正之。山川神祇,有不举者为不敬,不敬者君削以地。宗庙有不顺者为不孝。不孝者君绌以爵。变礼易乐者为不从。不从者君流。革制度衣服者为畔。畔者君讨。有功德于民者,加地进律。"《孟子》曰:"入其疆,土地辟,田野治。养老尊贤,俊杰在位,则有庆,庆以地。入其疆,土地荒芜,遗老失贤,掊克在位,则有让。一不朝,则贬其爵。再不朝,则削其地。三不朝,则六师移之。"则古代之天子,所以督责其诸侯者盖甚至。此等制度,后人每疑其不能实行。此由狃于春秋战国时势而然,而不知古代非春秋战国比也。古代疆域小,人民朴。人民朴则上下不隔,疆域小则巡览易周。《孟子》又曰:"春省耕而补不足,秋省敛而助不给。""夏谚曰:吾王不游,吾何以休?吾王不豫,吾何以助?"则巡守之始,原不过周览田野之间,犹后世刺史郡守,巡行所属,考其治迹耳。至于提封万里之世,则方行海表,原非平时所能。穆王欲肆其心,周行天下,而《祈招》之诗作矣。入朝者,小国对于大国,所以表示其恭敬之心。齐顷公败于鞍而朝晋,韩厥举爵曰,"臣之不敢爱死,为两君之在此堂"(《左》成三年。)是也。入贡一端,尤于大国之财政,大有裨益。《周官·大司徒》:"诸公之地,封疆方五百里,其食者半。诸侯之地,封疆方四百里,其食者参之一。诸伯之地,封疆方三百里,其食者参之一。诸子之地,封疆方二百里,其食者四之一。诸男之地,封疆方百里,其食者四之一。"郑玄云:"足其国礼俗、丧纪、祭祀之用,乃贡其余。若今度支经用,余为司农谷矣。"《左》文四年:"曹伯如晋会正。"《注》:"会受贡赋之政也。"《左》襄四年,公如晋听政,晋侯享公。公请属鄫,(注:"使助鲁出贡赋。")晋侯不许。孟献子曰:"以寡君之密迩于仇雠,而愿固事君,无失官命。(注:"晋官征发之命。")鄫无赋于司马,为执事朝夕之命敝邑,敝邑偏小,阙而为罪,寡君是以愿借助焉。"

又二十九年，晋侯使司马女叔侯来治杞田，弗尽归也。晋悼夫人愠曰："齐也取货。先君若有知也，不尚取之。"公告叔侯，叔侯曰："鲁之于晋也，职贡不乏，玩好时至，公卿大夫相继于朝，史不绝书，府无虚月。如是可矣，何必瘠鲁以肥杞？"合此诸文观之，可见当时大国之求取。又襄二十二年，"臧武仲如晋，雨，过御叔。御叔在其邑，将饮酒，曰：焉用圣人？我将饮酒而已。雨行，何以圣为？穆叔闻之，曰：不可使也，而傲使人，国之蠹也。令倍其赋"。《注》："古者家其国邑，故以重赋为罚。"《疏》引《大司徒》郑《注》，又引《司勋》"凡颁赏地，三之一食"。郑氏《注》云："赏地之税，三分计税，王食其一，二全入于臣。"谓"诸侯之臣受采邑者，亦当三分之一而归于公。故云古者家其国邑，言以国邑为己之家。有贡于公者，是减己而贡之。故以重赋为罚"。则诸侯之于天子，大夫之于诸侯，一也。《中庸》以"厚往而薄来"，为怀诸侯之义。《聘义》曰："以圭璋聘，重礼也。已聘而还圭璋，此轻财重礼之义也。"恐能行之者甚少耳。

巡守朝贡而外，尚有制驭列国，保其统一之策，是为伯主。《王制》曰："千里之外设方伯，五国以为属，属有长。十国以为连，连有帅。三十国以为卒，卒有正。二百一十国以为州，州有伯。八州，八伯，五十六正，百六十八帅，三百三十六长。八伯各以其属。属于天子之老二人。分天下以为左右，曰二伯。"《注》："老谓上公。"《春秋传》曰："自陕以东，周公主之。自陕以西，召公主之。"《公羊》云："天子三公者何？天子之相也。""自陕而东者，周公主之。自陕而西者，召公主之。一相处乎内。"（《公羊》隐五年。）则《王制》所谓二伯，即《公羊》所谓三公也。《尚书大传》有八伯，盖亦即《王制》所谓八州之伯。其在周世，周、召二公，世为辅相，盖犹是分陕之旧制，特不能举其职耳。《左》僖四年，管仲告楚人之辞曰："昔召康公命我先君大公曰：五侯九伯，女实征之，以夹辅周室。赐我先君履，东至于海，西至于河，南至于穆陵，北至于无棣。"则《王制》所谓一州之伯也。《王制》曰："天子使其大夫为三监,监于方伯之国,国三人。"武王使三叔监殷,盖系此制。秦三十六郡皆有监,亦仿诸此也。此等制度,盖亦肇于疆域狭小之世。后世提封既大,遂不易实行。然齐桓、晋文之迭兴,则固一州之伯之旧制。特其会盟征伐,声威之所被愈远耳。秦穆破西戎,而天子致伯,盖即命为雍州之伯也。知群经所述制度,虽出虚拟,亦必有据依矣。

以上为封建之世列国并列之情形。由部落而至封建,由封建而至郡县,原因虽多,而列国国力之扩张,实为其主要者。部落之世,如何扩张而入于封建之世,遗迹之可考者甚鲜。至封建之世,列国国力之扩张,则尚有可考者。今试陈其义,亦足见统一之业所由成焉。

封建之初,列国盖尚星罗棋布于大陆之上,故斯时列国之疆域,皆不甚相接。必待其人口渐繁,开拓日广,乃成犬牙交错之形焉。顾氏栋高有《春秋列国不守关塞论》,(见《春秋大事表》。)俞氏正燮有《越国鄙远论》,(《癸巳存稿》。)谓春秋之世,越国鄙远,乃其恒事。此等衡以后世之事,于理殊不可通,而当时能行之者,则以其地广人稀故也。(《谷梁》僖五年,"晋人执虞公。执不言所于地,缊于晋也。"注:"时虞已包裹属于晋。"国为人所包裹而犹不知警,受其璧马而假之道,其轻视土地,可谓甚矣。轻视土地,则地广人稀之世之遗孑也。)惟其地广人稀,故其所谓越国者,初非如今日经过他国之土地,特经过其国旁之荒地而已。所谓鄙远者,亦非如我国今日,忽越土耳其斯坦,而县小亚细亚,亦经过荒地,以至属于我之城邑而已。犹今之航海者,历重洋而至孤屿也。所以不守关塞者,守关塞所以卫平地,当时平地多荒弃,无待于卫。抑荒地多则随处可入,虽扼一二要地,亦不足资掎角也。此等情势,谓春秋之世,列国皆然,容或过当,然必有此等情形。由春秋上推之,愈古,则此等情形愈甚矣。人类之作事,恒有其惰力,故至春秋之世而犹然也。

由此缅想封建之初,国都而外,其余之地,拊结皆不甚坚凝。故其民之离散,地之削小甚易。春秋时,兴大师以攻围一邑者甚少,往往一用兵即直傅国都，以此也。然则国力之所聚，在一都城而已。

国邑一也，（都城。）大小异耳。国邑之起，盖起于人类之聚居。我族最初聚居之所，则岛屿是也，此其证甚多。州岛同音，一也。天子之畿内谓之县，县之本字为环，环则水绕其四周之谓也。（《王制》县内诸侯，《谷梁》隐元年作寰内诸侯。《释文》："寰音县。古县字一音环。"《国语》"管子制齐三乡为寰"，即三乡为县也。颜师古曰："书县邑字皆作寰。县为县挂字。后人转用为州县字。其县挂之县，又加心以别之也。"）古代天子之居，实惟明堂。明堂盖国之前身，而亦环之以水，二也。后世之筑城者，必沟水以绕之，盖犹岛居之遗习，三也。近人有《神权时代天子居山说》，盖犹后起之事矣。

岛居为最初情形，稍进则居山。益进，不畏毒蛇猛兽之害。又能重门击柝，以待暴客。于是降丘宅土，乃有城郭，以为守御之资。此时竞争，盖不甚烈，故所谓建国者，不过于适中之地，筑一城而居之，而险要与否，在所勿论。《孟子》称君子之欲，在"中天下而立，定四海之民"。（《尽心》。）《荀子》谓："王者必居天下中央。"（《大略》。）《管子》曰："天子有万诸侯也，其中有公侯伯子男焉，天子中而处。"（《度地》。）又曰："地之东西二万八千里，南北二万六千里，天子中而立。"（《轻重》。）《吕览》曰："古之王者，择天下之中而立国，择国之中而立宫，择宫之中而立庙。"（《慎势》。）皆古代建国，但求适中，不务险要之明证。贾生曰："古者天子地方千里，中之而为都，输将繇使，远者不五百里而至。公侯地方百里，中之而为都，输将繇使，远者不五十里而至。"（《属远》。）何君曰："王者封诸侯，必居土中，所以教化者平，贡赋者均，在德不在险。"（《公羊》僖元年《解诂》。）盖由竞争不烈，故但图行政之利便，不计用兵之形势也。夫竞争不烈，则列国未甚接触之征。列国未甚接触，则其国力未甚发展之征也。

斯时之疆域，初不甚严，徒恃人造之沟封以为固。（《周官·大司徒》："辨其邦国都鄙之数，制其畿疆而沟封之。"注："畿疆，犹界也。""沟，穿地为阻固也。封，起土界也。"）其域民亦恃此而已。《左》昭元年，赵孟之言曰："疆场之邑，一彼一此，何常之有？王伯之令也，引其封疆而树之官。""过则有刑，犹不可壹。""封疆之削，何国蔑有？主齐盟者，谁能辩焉？"又哀八年，"武城人或有因于吴竟田焉，拘鄫人之沤菅者，曰：'何故使我水滋？'"注谓武城人"侨田吴界，鄫人亦侨田吴"。皆古代疆域，不甚谨严之证也。（间有恃人造之关者，孟子谓齐宣王："臣始至于境，问国之大禁，然后敢入。臣闻郊关之内，有囿方四十里。"《左》襄十四、二十六年，载蘧伯玉、大叔文子之去卫，皆自近关出是也。宣二年，宣子未出山而复。仲尼惜其亡不越境，则以山为境，非古代通常情形也。）

古代较大较完固之城，在一国之内，惟有一都城而已。祭仲谏郑庄公曰："先王之制，大都不过三国之一，中五之一，小九之一。今京不度，非制也。君将不堪。"（《左》隐元年。）则于国以外之城邑，不徒不以其宏大为喜，抑且以其过制为忧。然及后来，则此等情形，逐渐改变，遂有所谓县者出焉。古之所谓邑者，盖农民聚居之所，即"重门击柝，以待暴客"之制。何君《公羊解诂》谓"秋冬之时，入保城郭。春夏之时，出居田野"是也。（宣十五年。）此等邑，盖处处有之。邑之大者曰都，小者曰聚，（《史记》言舜所居一年成聚，二年成邑，三年成都，故知聚较邑为小，都较邑为大。《左》庄二十八年，"邑有宗庙先君之主曰都，无曰邑"。亦以其大，故有宗庙先君之主也。）皆有城郭，以资守御。（古代民居最小之区域为里。里统于乡，亦统于邑。《史记》：老子，楚苦县厉乡曲仁里人；高祖，沛丰邑中阳里人是也。邑亦有系乡言之者，孔子，生鲁昌平乡陬里是也。《日知录》云："乡亦有城。"引《汉书·朱邑传》，其子葬之桐乡西郭外为证。案乡以地言，邑以城言，邑为乡之邑，故名系于乡，非乡可统邑。至于乡之城，则自即邑之城，非邑城之外，乡又别有其城也。古代之邑盖甚小，及后世则渐大。《公羊》隐五年，"宋人伐郑，围长葛。邑不言围，此其言围何？强也"。六年，"冬，宋人取长葛。外取邑不书,此何以书?久也"。一邑也,支持敌兵,至于一年有余,其非寡小可知矣。庄三十年,"齐人降鄣。鄣者何?纪之遗邑也"。留吁、铎辰,《谷梁》亦以为潞之遗邑。可见灭国之后,邑仍有不易服者矣。襄十五年,"季孙宿、叔孙豹帅师城成郛",则邑亦有郛。《左》昭二十六年,成大夫公孙朝谓平子曰:"有都以卫国也,请我受师。"其所以有恃而无恐也。此等大邑,叛服于两国之间,颇足为患。强臣擅之,其君往往无如之何。《左》僖二十年,"滑人叛郑而服于卫。夏,郑公子士、泄堵寇帅师入滑"。二十四年,"郑之入滑也,滑人听命。师还,又即卫"。又臧武仲以防,求为后于鲁是也。隐元年,郑大叔命西鄙、北鄙贰于己。又收贰以为己邑,至于廪延。亦藉邑之力以叛君也。邑虽有此等大者,然仍以小者为多。故当时卿大夫之邑皆甚多。《左》襄二十六年,取卫西鄙懿氏六十,以与孙氏,又与免余邑六十。二十八年,"与晏子邶殿,其鄙六十"是也。卿大夫既兼有多邑,则其所治之邑,规制必大,遂成大邑矣。)合所耕之地而言之则曰乡。并诸乡而统治之者为县。《史记·商君列传》"集小乡聚邑为县"是也。(县本区宇之称,故合若干地方而一之,则称为县。)县之设,一为政治所自出,一为甲兵之所聚。县为令、丞所在,(《商君列传》:"集小乡聚邑为县,置令、丞。")其为政治所自出,事至易明。曰为甲兵所聚者,春秋时之县,其大皆足与古一国相敌。古代一国,本为一军区也。《左》昭十二年,楚灵王谓子革曰:"今我大城陈、蔡、不羹,赋皆千乘,子与有劳焉。诸侯其畏我乎?"对曰:"畏君王哉!是四国者,专足畏也,又加之以楚,敢不畏君王哉?"陈、蔡、不羹皆故国,是时为楚之一县。以兵制论,仍自为一区。故知为甲兵所聚也。(《左》昭五年,蓬启强谓"韩赋七邑皆成县"。又谓"因其十家九县,长毂九百。其余四十县,遗守四千"。亦县为兵力所聚之一证。)春秋战国时之县,盖多灭国为之。亦有以治理之密新设者。灭国为之者,如陈、蔡、不羹是也。(凡春秋战国地名,秦汉县名,可知其本为国名者,皆古国之见灭者也。)新设者,如"集小乡聚邑为县"是也。斯时也,不独方百里、七十里、五十里之国,夷灭而为大国之县,即卿大夫亦有县甚多。如《左》昭二十八年，晋分祁氏之田以为七县，羊舌氏之田以为三县是也。（卿大夫之邑，亦有为古国者，如《左》闵元年，晋献公灭耿，以赐赵夙；灭万，以赐毕魏是也。）古代各自独立之国，既为大国所夷灭，即卿大夫亦统地日广，而统一之机迫矣。（封地大小，随世变迁。古百里之国称公，楚县尹亦称公，非苟僭也。其地之大，固与古公侯之国相当也。至战国时，封地愈广，则穰侯、文信侯等皆称侯矣。此与诸侯封地之渐大，同一理也。）

由县更进一步，则有所谓郡。郡之区域，本较县为小。《周书·作雒篇》，"千里百县，县有四郡"是也。（《说文》："周制：地方千里，分为百县，县有四郡。"）而至战国，忽以郡统县，何哉？姚氏鼐曰："郡之称，盖始于秦晋。以所得戎翟地远，使人守之，为戎翟民君长，故名曰郡。如所云阴地之命大夫，盖即郡守之谓也。（案见《左》哀四年。注曰："命大夫，别县监尹。"正义曰："阴地者，河南山北东西横长，其间非一邑，特命大夫总监阴地。"）赵简子之誓曰：上大夫受县，下大夫受郡。郡远而县近，县成聚富庶而郡荒陋，故以美恶异等。《晋语》：夷吾谓公子絷曰：'君实有郡县。'言晋地属秦，异于秦之近县，非云郡与县相统属也。及三卿分范、中行、知氏之县，其县与己故县隔绝，分人以守，略同昔者使人守远地之体，故率以郡名。然而郡乃大矣，所统有属矣。"愚案《史记》：甘茂谓秦王曰："宜阳大县，名为县，其实郡也。"春申君言于楚王曰："淮北地近齐，其事急，请以为郡便。"《匈奴列传》谓："赵置云中、雁门、代郡，燕置上谷、渔阳、右北平、辽西、辽东郡以拒胡。魏有河西、上郡，以与戎界边。"则郡率有战备，姚氏谓为边远之地是也。盖统一之途，不外吞并人国，开拓荒地二者。县之设，由吞并人国者多。郡之设，则由开拓荒地者多也。

荒地既日益开拓，则列国境域，渐次相接，故其重视封疆，亦非前世之比。考重视封疆之事，春秋时即已有之。如《公羊》昭公元年，"叔弓帅师疆运田。疆运田者何？与莒为境"是也。(《左》襄六年，"齐侯灭莱"，"高厚、崔杼定其田"。注曰："定其疆界。"八年，"莒人伐我东鄙，以疆鄫田"。注："莒既灭鄫，鲁侵其西界。故伐鲁东鄙，以正其封疆。")二五之说晋献公也，曰："蒲与二屈，君之疆也。""疆埸无主，则启戎心。"已渐有陈兵守境之势矣。至于战国，列国殆无不慎固封守者。苏秦说齐宣王，谓"韩魏战而胜秦，则兵半折，四境不守"，"所以重与秦战而轻为之臣"是也。观于拓地之益广，守境之日严，而知统一之运之日迫矣。

古代最小之国，其地有仅一成者。稍进则为百里、七十里、五十里之国。又进则大国至五百里，前已言之。列国之吞并开拓，速率虽不得齐等，大致要亦相同。而春秋时之晋、楚、齐、秦，战国时之燕，拓地皆至方数千里，何哉？其立国皆在边徼，与戎狄为邻，戎狄贱土，易于开拓故也。《王制》曰："天子之县，内诸侯禄也，外诸侯嗣也。"赐爵颁禄，内外诸侯皆同。所异者，世袭与不世袭而已。诸侯之国其地之大，寖至与王畿等，则其国内，自亦有如内诸侯之大夫，楚县尹称公是也。诸侯之臣，亦有世袭者。盖为地远，制驭之力不及，如楚之于蘷是也。其近者亦不世袭，《王制》谓"诸侯之大夫，不世爵禄"是也。天子之于诸侯，诸侯之于大夫，名异，其实一也。权力所及之地愈广，则行外诸侯之制之地益少，而行内诸侯之制之地益多。然则灭国为县无他，渐废外诸侯之制，推行内诸侯之制而已。春秋时，晋文公降原，"问原守于寺人勃鞮"。(《左》僖二十五年。)战国时，吴起为魏守西河。皆郡守之类也。古者国小，甲兵少，交通不便，悬远之地，为驾驭所不及，则建国以守之。后世国大，甲兵多，交通便，悬远之地，亦为力所能及，则择人守之。此建国之所以易为制郡也。然则郡之置，又建国之因时制宜，而不行世袭之制者耳。封建之变为郡县如此。

封建之制所以能行者，以其地广人稀，交通不便，王室制驭之力不及，而列国亦不相接触故也。及其户口日繁，土地日辟，交通日便，则制驭之势既易，接触之事亦多。制驭易，则宅中图治者，务求指臂之相联。接触多，则狡焉思启者，不容弱小之存在。封建至此，遂不能不废矣。秦汉时之县，即古者百里之国也。其郡，则五百里之国也。封建至此，已属勉强维持，过此即断难存立矣。汉初所封大国，跨郡五六，连城数十，是六国之形也。"汉独有三河、东郡、颍川、南阳，自江陵以西至蜀，北自云中至陇西，与内史，凡十五郡"。（《史记·汉兴以来诸侯王年表》。）以视嬴秦，抑又过之。以嬴秦临六国，岂闻能久安者哉？此异姓诸王，所以不久灭亡，而同姓亦卒酿七国之变也。岂人谋之不臧哉？世运则然也。

以上所论，皆周以前事。至于秦而我国之国体定矣。然天下凡事皆有其惰力性。部落封建之制，行之既数千年，其不能一旦划除净尽，亦自然之势也。故自秦以后，封建制度之大反动凡四，而部落之制，亦至近代而划除犹未尽绝焉。今更略论之。

世每称秦人废封建，行郡县，其说误也。废封建是一事，行郡县又是一事。郡县之制，战国以前，早已有之，已见前。惟尽废封建，确自秦始。故谓秦人行郡县，不如谓秦人废封建之为得当也。六国之灭也，丞相王绾等，谓"燕、齐、荆地远，不为置王，无以填之"。后始皇置酒咸阳宫，博士淳于越又进曰："臣闻殷、周之王千余岁，封子弟功臣，自为枝辅。今陛下有海内，而子弟为匹夫，卒有田常，六卿之臣，无辅拂，何以相救哉？事不师古，而能长久者，非所闻也。"皆欲复行封建者也。李斯之驳王绾等也，曰："周文武所封子弟同姓甚众，然后属疏远，相攻击如仇雠。诸侯更相诛伐，周天子弗能禁止。今海内赖陛下神灵一统，皆为郡县，诸子功臣，以公赋税重赏赐之，甚足易制。天下无异意，则安宁之术也。置诸侯不便。"始皇之裁决之也，曰："天下共苦战斗不休，以有侯王。赖宗庙，天下初定，又复立国，是树兵也，而求其宁息，岂不难哉！廷尉议是。"封建之制，由此遂不复行。由今观之，始皇、李斯之议为是，固无待再计矣。（始皇之令议帝号，丞相绾、御史大夫劫、廷尉斯等皆曰："昔者五帝地方千里，其外侯服夷服诸侯或朝或否，天子不能制。今陛下兴义兵，诛残贼，平定天下，海内为郡县，法令由一统，自上古以来未尝有，五帝所不及。"又《琅邪刻石》曰："古之帝者，地不过千里，诸侯各守其封域，或朝或否，相侵暴乱，残伐不止，犹刻金石，以自为纪。古之五帝三王，知教不同，法度不明，假威鬼神，以欺远方，实不称名，故不久长。其身未殁，诸侯倍叛，法令不行。今皇帝并一海内，以为郡县，天下和平。昭明宗庙，体道行德，尊号大成。"云云。所斤斤自诩者，皆在封建之废。由今日言之，封建之废，固已习为故常。由当时言之，则秦之为治，确与三代以前，截然有别，亦无怪其自多耳。）

然此非当时之人所知也。当时之人，盖视秦之灭六国，为无道之举，而视列国并立，为当然之事。其诋秦曰"暴"，曰"无道"，曰"强虎狼"，非必以其虐民，亦以其尽灭六国，又不封建子弟，为专有前人之功，又背兴灭、继绝之义也。当时六国之人，视六国之复，亦为当然之事。陈胜之谋起兵也，曰："等死，死国可乎？"范增之说项梁也，曰："今君起江东，楚蜂起之将，皆争附君者，以君世世楚将，为能复立楚之后也。"皆此等思想也。人心如此，灭秦之后，自无一人专据有之之理，其不得不出于封建者势也。

周以前之封建，制度本不一定。（如地有大小，爵分三等或五等之类。）由前所述，已可见之。古代有天下者之号，盖皆曰王，（今文经说，谓王者受命，存二代之后，与己并称三王，三王之前曰五帝。此因经说，非事实。然经说亦必有所依据。《尚书大传》述舜事曰："帝乃称王而入唐。"可见王为当时之称，帝为后世之号矣。）其下则有三等五等之爵。至秦楚之际，则称天下之共主为帝，而凡有国者皆称王。项籍尊楚怀王为义帝，所分封者皆称王是也。古代诸侯，本有长，至此诸侯皆称王，则为之长者，自宜称霸王，项籍自为之。此时之封建，盖较诸前世，规模莫大矣。

当时受封者有两种人：一六国之后，（西魏王豹，故魏王。韩王成，代王歇，故赵王。济北王安，齐王建孙，皆六国后。胶东王市，故齐王，亦齐王族。

辽东王韩广,故燕王,虽非燕后,然当时燕后无自立者,广固亦自谓恢复燕国也。)一灭秦有功之人也。(西楚霸王项籍,汉王刘邦,常山王张耳,皆起兵叛秦者。河南王申阳,张耳嬖人。殷王司马邛,赵将。九江王英布,楚将。衡山王吴芮,秦鄱阳令,起兵从诸侯入关。临江王共敖,义帝柱国。燕王臧荼,燕将。齐王田都,齐将。雍王章邯、塞王司马欣、翟王董翳,则秦降将也。)然封建之实,既已不存,则虽勉强为之,亦终不能久。故封国虽多,卒之争霸中原者,刘、项二人而已。项灭刘兴,而所封诸国,亦如摧枯拉朽,忽焉以尽焉。是为封建第一次反动。

第二次反动,即继第一次而起。盖分割天下,各据一方之势,虽明知其不可久,然众建亲戚,以为屏藩之梦,则犹未能醒也。汉初所王,异姓凡七,(楚王韩信、梁王彭越、赵王张敖、韩王信、淮南王英布、燕王臧荼、长沙王吴芮。)盖本出于不得已。故除长沙而外,皆不旋踵而亡。同姓子弟王者九国,(齐王肥、淮南王长、燕王建、赵王如意、梁王恢、代王恒、淮阳王友,皆高帝子。楚王交,高帝弟。吴王濞,高帝兄子。)皆跨郡五六,连城数十,此则七国之乱之原也。天下事有一时之用,有恒久之用。恒久之用,如筑室然,必期若干年之安居。一时之用,则蘧庐一宿而已。其物本为刍狗,用已即可弃,不能以其为时之短,而讥其无用也。汉初封建即如此。欲如三代之封建,历千余载,以蕃卫王室,夫固有所不能。然谓其并一时之效而无之,则亦过矣。试即汉初之情势,一陈论之。

汉高祖定天下,反侧之心,未尝消也。韩信、彭越,皆与高帝故等夷,虽曰"角力而臣之",其能心服者,亦有限耳。高祖南征北讨,不恒厥居。有天下后,在长安之时甚少。是时代之而主大计者,果何人哉?萧何邪?无论高祖不能深任,即曰能之,而其人故刀笔吏,主簿书钱谷则可,参替大计,非所任也。张良邪?彼徒轻侠策士耳,坐而运筹则可,起而行,亦非所能也。然则高祖之所任,果何人哉?曰:吕后也。史称"后为人刚毅,佐高祖定天下。所诛大臣,多吕后力"。(《史记·吕太后本纪》。)夫吕后刚毅或有之，究之一女子耳。功臣宿将，何畏之深？而韩信、彭越，束手就戮。陈平、周勃当后世，亦戢戢不敢动哉？曰：此非一人之足畏，外戚之在当时，固自有其势力也。古代所任，首在同姓，次则外戚，人心习为固然。一矣。高祖之起，吕氏盖有力焉。建成、周吕，虽非信、越之伦，抑亦曹、滕之亚，樊哙尤项王所称壮士也，相与辅相之，此韩信、彭越所以束手受戮，陈平、周勃所以屏息不敢出气也。营陵谓"吕氏雅故，推毂高帝就天下"，信不诬矣。二也。有此二因，则高祖非任吕后一人，而任吕氏一族也。当时可畏者，莫如功臣。高祖外封子弟，内任外戚，皆所以御功臣也。至高祖死，遂成吕氏一门内斗功臣外斗宗室之局，吕后死而齐王起兵，则宗室之斗外戚也。使灌婴击齐，而灌婴与之连和，平、勃等遂乘机而起于内，则功臣之斗外戚也。两力合而外戚以亡。然当其未亡时，挟天子之尊，据建瓴之势，其力固雄，其名固顺。使产、禄谨守太后遗教，不轻弃军，则萧墙之祸不作。吴王濞弱岁冠军，白头举事，犹尚无成，况齐王儿子乎？其成败固未可知，然则外戚固足用也。夫以外戚之势，可畏如此，而吕雉终不能如武曌之易唐而周，则以高祖子弟拥强国者之多也，功臣之深谋秘计，何所不至。然诸臣虽拒立齐王，终不敢不迎文帝于代，其故亦由是也。宋昌劝文帝决，入曰"高帝封王子弟，地犬牙相制，此所谓磐石之宗也，天下服其强"，（《史记·孝文本纪》。）可谓知言矣。然则众建亲戚，在后来虽致七国之乱，而当天下初定时，固未尝不收其效。欲如殷、周所封，历千余载，自全以为藩卫，夫固有所不能。而一时夹辅之效，固不能谓其无有也。故曰：事有永久之效，有一时之效。以其无永久之效，而并昧其一时之效焉，亦不察时势之谈也。

然封建在后世，毕竟为刍狗可弃之物。故其效虽著，其弊已彰。则吴楚七国之乱是也。七国之乱，或追咎文帝之养痈，或蔽罪晁错之操切，亦不衷情实之谈。以当时诸侯之形势，不反一次，其势固终不可止，所谓力之所蕴，不泄不毕也。七国乱后，乃摧抑诸侯，不得自治民补吏。武帝又用主父偃之议，令诸侯得以其邑分封子弟，而贾生"众建诸侯而少其力之策"行矣。（《汉书·主父偃传》：偃说武帝曰："愿陛下令诸侯得推恩分子弟，以地侯之。彼人人喜得所愿，上以德施，实分其国，必稍自销弱矣。"于是武帝从其计。）汉代之封建，至是遂名存实亡，是为封建第二次反动。

封建制度既亡，王室遂莫为支辅。王莽以外戚移汉祚，如反掌焉。光武定天下，首以息民为务。又是时人心虽思汉，而攀龙鳞附凤翼者，皆异姓功臣，宗支固莫能自振。光武久在行间，苦用兵。群雄定后，虽郡国都尉，犹且罢之，况于立国以树敌乎？职是故，后汉鉴于前汉之亡，理宜崇宗支，而抑外戚，而事卒不然也。魏文帝与陈思王争为魏世子，积不相能。任城威王，亦其所忌。故篡汉后，所以摧抑诸王者甚至。当时诸王，名为分藩，实同禁锢。行动且不自由，求为匹夫而不可得。虽有封建之名，亦徒有其名而已。迨晋有天下，鉴于己所以得之者，实由魏之寡助，复思众建亲戚，以为屏藩，而封建之反动又起，晋室诸王，皆得置兵选吏。而入典机衡，出作岳牧，倚畀之重，视汉抑又过之，遂至酿成八王之乱。东渡而后，虽不复行封建，然迄于南朝，诸王往往出典大郡，或则兼督若干州军马，而斯时中央州郡之相猜，诸王遂承其敝而受其祸。如宋孝武、齐明帝之屠戮宗室，梁武帝被围台城，诸子曾莫顾恤，而争拥兵相屠，皆其祸之最甚者也。此实承封之余敝也。是为封建之第三次反动。

至唐代而其制大异。唐制封爵之名虽异，语其实，则皆汉之关内侯也。马贵与曰："秦汉以来，所谓列侯者，非但食其邑入而已，可以臣吏民，可以布政令。若关内侯，则惟以虚名受廪禄而已。西都景武而后，始令诸侯王不得治民，汉置内史治之。自是以后，虽诸侯王，亦无君国子民之实，不过食其所封之邑入，况列侯乎？然所谓侯者，尚裂土以封之也。至东都，始有未与国邑，先赐美名之例，如灵寿王、征羌侯之类是也。

至明帝时，有四姓小侯，乃樊氏、郭氏、阴氏、马氏诸外戚子弟，以少年获封者。又肃宗赐东平王苍列侯印十九枚，令王子五岁以上能趋拜者，皆令带之。此二者，皆是未有土地，先佩印，受俸廪。盖至此，则列侯有同于关内侯者矣。"（《文献通考》卷二百六十九。）按封建之制分析之，其原素有二：爵以贵之，禄以富之。其权皆出于朝廷，与凡官吏同。君国子民，子孙世袭，则其为部落酋长时固有之权利也。至于封国而无土，则存朝廷富贵之典，而去其固有之权。封建至此，遂名存实亡矣。唐制，分爵凡九：曰亲王，（皇兄弟，皇子。）曰郡王，（以封太子之子。惟庶姓有大功者，亦得封之。）曰国公，曰郡、县开国公，曰侯，曰伯，曰子，曰男，皆无土，加实封者，乃以其租调与之。盖徒锡以荣名，并实禄亦不能尽给焉。"爵者，上之所擅，出于口而无穷。"（汉晁错语。）禄固为物力所限也。封建之制如此，在君主之世，可谓有利而无弊，故后世率仍之。

元代封建，规模可谓极大，太祖四子分地，几于包举亚洲之西、北、中三部，且跨有欧洲。然其地皆不在中国。中国境内，固未尝无诸王分地。即后妃、公主，亦各有食邑。然其赋不得私征，皆输之有司之府，视其当得之数而给之，故其祸不烈。明太祖定天下，封诸子三十九人，各设官属、傅相，置卫兵。虽不得干预政事，而体制颇崇，可称封建第四次反动。然封建至此，实已成强弩之末，故其影响初不大。靖难之变，实以成祖居北藩，兵力本强，与其为燕王无涉。至宸濠，则徒妄人耳。以宸濠之狂悖，遇武宗之荒淫，虽不假之以宁王之名，彼亦未必不反也。故明太祖之封建，实属无大关系。至清初之封三藩，则本非其心之所欲。与其谓为藩封之背叛，尚不如谓为军人之跋扈，汉族遗臣之图恢复者耳。故封建之反动，实至第四次而终。

封建者，统一之反也。封建之制废，则统一之业成矣。然后世又有为统一之梗者，则叛民、叛将之割据是也。柳子厚谓秦有叛民，而无叛吏；汉有叛国，而无叛郡；唐有叛将，而无叛州。盖郡县之设，既无世袭，不得私有其土而有其民，而又不假之以兵，其势固无从叛。所可虑者，则天灾流行，政令失当，揭竿斩木，纷纷而起。或则多事之秋，武人跋扈，私其土地，传之子孙耳。大抵一郡之地，势不足以自立，欲割据者，必得一州之地而后可。故行两级制，则外轻而内重。行三级制，则外重而内轻。秦汉皆行两级制，至后汉末年，乃改刺史为州牧。于是，以一人据有一州或数州，遂至纷纷割据，卒离为三国者数十年。晋之东渡，上流势重。荆江二州，迄与扬州相持。至宋武帝出，雄才大略，尽划除同时之武人，而政令始出于一。方其未出于一时，始有王敦之叛，继有苏峻之乱，又有桓温之废立，终以桓玄之篡。即其貌若无事时，亦内外相猜，日以心斗。坐视北方之丧乱而不能乘，致失恢复中原之机会。盖分裂之祸，若斯其酷也。宋武帝虽暂划除武人，然统一之业不成，则外兵终不可废。故南北朝之世，内外仍不免相猜。每当中央纷乱之时，拥强兵于外者，必挺戈而起。两朝四代之革易，皆是物也。（此以其成者言。其叛而败亡或降敌者，尚不可偻指数。）北方之终不可复，非拓跋氏之强，实南方之权力不出于一，而终不竞也。唐初行府兵之制，兵不屯聚，将不擅兵，故令行万里，莫之能梗。至藩镇之兵起，而天下分裂矣，卒至离为五代十国，亦数十年而后定。其事人人所知，无待深论。北宋之世，兵权亦集中央。迨南渡初，藉诸将之兵以御敌，而诸将中有骄恣不听命令者。"及其或杀或废，惕息俟命，而后江左得以少安。"（叶适语。）此皆柳氏所谓叛将也。秦末之揭竿斩木，莽末之新市、平林，后汉末之黄巾，隋末之群雄，唐末之黄巢，南北宋间之义军，元末纷起之汉族，明末之饥民，清代之洪、杨，皆柳氏所谓叛民者也。其事或成或不成。成则或为帝，如汉高祖、明太祖是也。次乃割据一方，绵历若干年，否则不旋踵而败。大凡叛民之扰乱，不如叛将割据之久长，以其根柢固不如叛将之深厚也。此外，又有异族侵入中原，割据其地者，如五胡、西夏、辽、金、元、清，皆是。此非我国之自行分裂，当别论。

论一国之国体,当主其常,不主其变。犹之论人之生理者,当主其平时,不当主其病时也。以变态论,自秦以后,分裂之时,亦不为少。然以常理论,则自秦以后,确当谓之统一之国,以分裂之时,国民无不望其统一;而凡分裂之时,必直变乱之际,至统一则安定也。

然则我国之为统一国,固二千余年于兹矣。(秦始皇二十六年,灭齐,统一天下,当民国纪元前二千一百三十二年。)其稍为统一之累者,则为境内异族之未尽同化。此等异族,我国往往因其未服,即其地立郡县之名,而以其官授其酋长。外观与汉官无异,实则仍保其君国子民之旧。如唐之羁縻州,及元、明、清三代之土官、土司是也。其中管理严密者,承袭须待朝令、政令或受监督。征讨之际,亦听征调。有不顺命或背叛者,则发兵夷之。又或因其政治之虐乱,继嗣之纷争,种落之猜携,邻敌之攻击,辄废其人而代以汉官。此等可谓自部落变为封建,自封建变为郡县。其为力所不及者,则一再传后,辄又废绝,无可稽考。譬诸古代要荒之国,贡会无常。此则仍止可谓之部落耳,并不足语于封建也。大抵今日我国内地,纯然自为风气之部落,已可云无有。西南土官,改流将尽。存者不久亦必列为郡县矣。惟蒙、藏、青海,清代所行,亦只可云封建之制,所以抟结之者,初不甚密,至今日而蒙藏且叛去矣。此则重烦我国民之殷忧者也。

第十一章
政　体

政体可以分类，昔日所不知也。昔者习于一君专制之治，以为国不可一日无君；既集人而成国，则惟有立一君而众皆受命焉尔矣。此由一君专制之治，行之既久，而遂忘其朔。其实天下事无一蹴而成者。中国后世之政体，虽若一君专制之外，更无他途可出；而推其原始，出治之法，实亦不止一途；而古代之君主，与后世之君主，名虽同，其实亦迥异也。

政体之分类，至今繁杂极矣。然推诸古代，固不如是。欲讲古代之政体，我谓亚里士多德之说，仍可用也。亚里士多德以治者之多少，分政体为三：曰君主政体，以一人主治者也；曰贵族政体，以少数人主治者也；曰民主政体，以多数人主治者也。予谓昔以多数人主治之事甚少。所谓多数少数，亦就一阶级言之耳。中国政体，于此三者，亦均有形迹可求。特其后君主之治独存，而余二者，遂消灭而不可见耳。今略述其事如下：

邃古之世，草木榛榛，鹿豕狉狉，所谓君长者，不知其果何情状也。《孟子》载许行之言曰："贤者与民并耕而食，饔飧而治。"此盖邃古之俗。（近人谓《孟子》"有为神农之言者许行"，为诸子托古之铁证。意谓许行造作言语，托之神农也。然此实误解。此"神农"二字，乃学派之名，非人名，其学即《汉志》

所谓农家。《汉志》谓"鄙者为之,以为无所事圣王,欲使君臣并耕",正指许行之说也。"有为神农之言者",为当训治。与《汉书·武帝纪》"丞相绾奏所举贤良方正,或治申、商、韩非、苏秦、张仪之言",句法相同。犹言有治农家之学者耳。许行所称,盖农家之说。而农家此言,则欲以邃古之治为法。犹老子以邻国相望,鸡犬之声相闻,民至老死不相往来,为至治之世也。)犹乌桓大人,"各自畜牧营产,不相徭役"也。(《后汉书·乌桓传》。)此等君主,犹后世一村长耳。最初所谓君长者盖如此。(《汉书·西域传》:乌贪訾离国,户四十一,口二百三十一,胜兵五十七人。狐胡国,户五十五,口二百六十四,胜兵四十五人。此仅如今日之村落矣。)

最初之君长,何自来邪?果如柳子厚之言"假物者必争,争而不已,必就其能断曲直者而听命焉。其智而明者,所伏必众,告之以直不改,必痛之而后畏,由是君长刑政生焉。近者聚而为群,群之分,其争必大,大而后有兵有德。又有大者,众群之长,又就而听命焉。是故有里胥而后有县大夫,有县大夫而后有诸侯,有诸侯而后有方伯连一,有方伯连一而后有天子"邪?(《封建论》。)非也。国之初,盖原于氏族。氏族之长,固有权以治其众。夫其所以治其众者,乃由于亲属,非世所谓政治也。人类最初之结合,盖以亲属为限。然同处一地者,势不能皆为亲属。非亲属不能无争,其和亲者,亦有公共之事,势不能无所听命。其所听者,或以德为众之所归;或以智为众之所信;或其力为众之所慑;或则以小族听命于大族,而大族之长,遂为小族所尊;皆事所可有者也。此为众所听命之人,其所治者,不以亲属为限。凡同处于一地方者,皆受治焉,则始有土地人民,而其所代表者,遂为国家之主权矣。

邃初之君主,或曰必带神权性质,亦不尽然。以能行巫觋之事,而为众所归仰者,固未必无人,然不必尽由乎此。大抵古人信教笃,而社会组织,亦统于一尊。祭所严事之神,或即推统率之人主祭。又凡为君主者,必系一族之长。祭其族中之神,彼固恒为之主。后人不知其以为君长故乃主祭，遂谓其以主祭故而为君长矣。至于造作"感生""受命"等说，以愚其民，则必国大民众，君主尊严益甚，然后有之，非邃初所有也。

邃初之君主，本无世袭之理。其所以变为世袭者，则以部落之君，多系一族之长；一族之长，本自有其当袭之人。苟一部落中，诸族之尊事一族不变，则此一族中，继为族长之人，自亦仍为部落之长；久之则成定法矣。此君位继承，所以每与亲族继承，合而为一也。亦有群族所奉，出于公推，不必即为一族之长者，此即选君之制。然人情恒私其子姓，所选者权力既大，选之者不复能制，则毁坏旧法，以传诸其所欲传之人矣。

我国君主之可考者，始于三皇五帝。（参看附录《三皇五帝考》。）三皇之为何如人？其继承之际何如？不可考矣。（大约非身相接。）五帝则据《史记》及《大戴礼记》，（《帝系姓》。）实出一族。其世次未必可据，（古书所谓某生某者，未必皆父子。）而其统系或不尽诬。据此二书，图其世系则如下：

黄帝 ｛ 玄嚣──蟜极──高辛──尧
　　　 昌意──颛顼──穷蝉──敬康──句望──桥牛──瞽叟──舜

其中无一身相接者。昔人谓传子之局定于禹，信不诬也。

君位传袭之法，据古书所载观之，有同族相袭，世次无定者。如尧、舜、禹之相传是。（禹父鲧，据《大戴礼记》及《史记》，亦颛顼子。）此制儒家称为传贤，亦谓之禅。（其正字当作嬗。）其事究竟如何，殊难论定。今附录予所作《广疑古》一篇于后，以见予对此事之见解而已。"孔子曰：唐、虞禅，夏后、殷、周继，其义一也。"（《孟子·万章》上篇。）则继与禅为相对之称。其中又分为二：（一）父子相传；（二）兄弟相及。（《公羊》庄三十二年，"鲁一生一及"。《解诂》：父死子继曰生，兄死弟继曰及。"案《公羊》此文，《史记·鲁世家》作"一继一及"。）父子相传之法，盖定于夏，（夏除仲康及扃外，无兄弟相及者。图见后。）至殷忽行相及之制。

此非殷之变夏，古盖自有此两法也。《春秋繁露》云："商质者主天，夏文者主地。主天者法商而王，故立嗣予子，笃母弟。主地法夏而王，故立嗣予孙，笃世子。"（《三代改制质文篇》。）《公羊解诂》云："母弟，同母弟。母兄，同母兄。分别同母者，《春秋》变周之文，从殷之质；质家亲亲，明当厚异于群公子也。"（隐公七年。）大丁之死也，其弟外丙、仲壬继立，皆短祚，乃立大丁之子大甲。沃甲之于祖丁也亦然。则商代相及，盖以同母弟为限。同母弟尽，则还立长兄之子。《史记》云："自仲丁以来，废适而更立诸弟子，弟子或争，相代立。"此所谓适，兼指弟与子言。明弟与子各有其当立者也。春秋时，宋宣公舍其子殇公而立其弟穆公，穆公仍传诸殇公。（隐公三年。）宋固殷后。《礼记·檀弓》："公仪仲子之丧，檀弓免焉。仲子舍其孙而立其子。檀弓曰：何居？我未之前闻也。趋而就子服伯子于门右。曰：仲子舍其孙而立其子，何也？伯子曰：仲子亦犹行古之道也。昔者文王舍伯邑考而立武王，微子舍其孙腯而立衍也。夫仲子亦由行古之道也。"微子殷人。子服伯子所谓古，盖指殷言之也。又春秋时，吴谒、余蔡、夷昧、季子四人，约以兄弟相及。夷昧死，僚以庶长即位。谒子阖庐曰："将从先君之命与，则国宜之季子者也。如不从先君之命与，则我宜立者也。僚恶得为君乎？"遂弑僚而立。吴僻陋，盖犹沿殷法。亦足证殷兄弟相及，以同母为限也。（《史记》以僚为夷昧子。案《公羊》载季子谓阖闾曰："尔杀吾兄。"则《史记》误也。《世本》以阖闾为夷昧子。亦必误。）

立子之法，最为普通。然亦有别，所欲立则立之，是为"立爱"，一也。或论长幼，或论适庶，则有定分，二也。纯乎立爱，于史无征。惟"母爱子抱"，时时以此私情，破坏定制耳。立长立少，随俗不同，我国则多立长。"楚国之举，恒在少者"，（《左》文元年。又昭十三年，叔向曰："芈姓有乱，季必实立。"盖亦以定制如此，定乱者多依法拥立少者也。）其特异者也。适庶之分，必在妻妾之别既严之后，其起于何时不可知。《吕览》

谓："纣母之生微子启与仲衍也尚为妾，已而为妻而生纣。纣之父欲置微子启，太史据法而争之。"（《当务》。）《史记》则谓"启母贱不得嗣"。说虽不同，其有适庶之分则一。殷兄弟相及，而以同母为限，盖亦以嫡庶殊贵贱也。《左》昭二十六年，王子朝告诸侯之辞曰："先王之命曰：王后无适，则择立长。年钧以德，德钧以卜。王不立爱，公卿无私，古之制也。"襄三十一年，穆叔曰："大子死，有母弟则立之，无则长立，年钧择贤，义钧则卜，古之道也。"此所谓古，盖皆指周之先世。（王子朝所谓先王，必周之先世也。）周制盖兼取立适立长二义者也。为后世所遵行。

(一) — (二) 启 ┌ (三) 太康
              └ (四) 仲康 — (五) 相 — (六) 少康 — (七) 予 — (八) 槐 — (九) 芒 ┐
┌───┘
└ (十) 泄 ┌ (十一) 不降 — (十四) 孔甲 — (十五) 皋 — (十六) 发 — (十七) 履癸
         └ (十二) 扃 — (十三) 廑

成汤 ┌ 大丁 ─
     │ (二) 外丙   ┌ (五) 沃丁   ┌ (七) 小甲
     │ (三) 仲壬 (四) 太甲 ┤   │ (八) 雍己
     └   └ (六) 大庚 ┤
                                 │   ┌ (十) 中丁
                                 └ (九) 大戊 ┤ (十一) 外壬
                                             └ (十二) 河亶甲 ┐
┌───┘
│   ┌ (十八) 阳甲
│   ┌ (十四) 祖辛 — (十六) 祖丁 ┤ (十九) 盘庚
│   │   │ (二十) 小辛   ┌ (二三) 祖庚 ┌ (二五) 廪辛
└ (十三) 祖乙 ┤   └ (二一) 小乙 — (二二) 武丁 ┤   │
          │   └ (二四) 祖甲 └ (二六) 庚丁 ┐
          └ (十五) 沃甲 — (十七) 南庚
┌──┘
└ (廿七) 武乙 — (廿八) 大丁 — (廿九) 乙 — (三十) 辛

以卜定继嗣，古代多有之。《檀弓》："石骀仲卒，无适子，有庶子六人，卜所以为后者。"《左》昭十三："楚共王无冢适，有宠子五人，无适立焉。乃大有事于群望，而祈曰：请神择于五人者，使主社稷。乃遍以璧见于群望，曰：当璧而拜者，神所立也，谁敢违之？既乃与巴姬密埋璧于大室之庭，使五人斋而入拜。"定元年，子家曰："若立君，则有卿大夫士与守龟在。"

皆是也。足征此为古代通行之法。然立君而谋诸卜筮，究为不可恃之道。迷信甚深之世，守龟所示，庸或莫之敢违。至于天道远，人道迩，为众所著知，则龟筮之从，有难戢其争夺之心者矣。又义钧则卜，必先之以年钧择贤，贤否固无一定；而异母之子，又可同时而生，实致争乱之道也。故春秋所定之法，较周法尤严。《公羊》曰："立适以长不以贤，立子以贵不以长。"《解诂》曰："适，谓适夫人之子。尊无与敌，故以齿。子，谓左右媵及侄娣之子。位有贵贱，又防其同时而生，故以贵也。礼：适夫人无子，立右媵；右媵无子，立左媵。左媵无子，立嫡侄娣；嫡侄娣无子，立右媵侄娣；右媵侄娣无子，立左媵侄娣。质家亲亲，先立娣。文家尊尊，先立侄，嫡子有孙而死。质家亲亲，先立弟。文家尊尊，先立孙。其双生也，质家据见，立先生。文家据本意，立后生。"（隐元年。）凡可以致争端者，无一不豫为之防，其立法可谓密矣。隐四年，"卫人立晋"。《公羊》曰："立者何？立者，不宜立也。其称人何？众立之之辞也。众虽欲立之，其立之非也。"春秋之立君，主依法，不主从众，以成法易循，众意难见。且众之所是，未必是也。

立子善乎？立弟善乎？曰：立子善矣。人之情不能无私。兄弟之亲，不及父子。又兄弟之年恒相近，少者或无登位之望，不免争夺相杀。鲁桓公、宋太宗是也。立子以适、不以适孰善？曰：立适善矣。古代夹辅，每资外戚。郑忽以不昏于齐而败，其明证也。立长善乎？立少善乎？曰：立长善矣。立长则君位早定，立少则必有季康子之事矣。（《左》哀三年。）

古代君权，盖甚微薄。然至后世则渐重。果以何因缘而至是乎？曰其故有三：

（一）君脱离亲族之关系，而成其为君。

（二）臣子之权渐削。

（三）君与教务渐疏，政务日亲。

曷言乎君脱离亲族之关系，而成为君也？君主亦必为一族中人。其对异族，虽论君臣之分，其对同族，仍有伯叔甥舅之亲，其权力不得绝殊。而当君主幼冲，或昏庸时，族众之权力，或且驾乎其上，亦势也。然君主所治，不独一族，使对同族之人，专论亲族之关系，国法必为之破坏。故国愈大，所辖之民愈众，则其法愈严，而君主之亲族，能与君主论亲族之关系者即愈少。县子曰："古者不降，上下各以其亲。"（《礼记·檀弓》。）可见自殷以前，君主与亲族之关系，尚无异于恒人。至周则天子诸侯绝旁期，大夫降一等，以贵贵压亲亲矣。《文王世子》曰："族人不敢以其戚戚君。"《郊特牲》曰："诸侯不敢祖天子，大夫不敢祖诸侯。"皆所以全乎其为君也。方其始也，君臣之异，仅在几微之间，故"君不与同姓同车，与异姓同车不同服"；（《礼记·坊记》。）"唯名与器，不可以假人"。（《左》成二年。）及后世，则天泽之分既严，无借此等虚文以为别矣。

曷言乎臣子之权日削也？古代贵族，与君相去固近，即贵臣亦非甚远。（《燕义》："不以公卿为宾，而以大夫为宾，为疑也，明嫌之义也。"）何则？君与臣本共治一事之人，其职虽有尊卑大小，其地位实非绝殊，理至易见，而亦事势之自然也。（君臣系共治一事，而臣非其君之私人，在古代义本明白。《墨子》曰："天子立，以其力为未足，又选择天下之贤可者，置之以为三公。天子三公既已立，以天下为博大，远国异土之民，是非利害之辨，不可一二而明知，故画分万国，立诸侯国君。诸侯国君既已立，以其力为未足，又选择其国之贤可者，置立之以为正长。"《晏子》曰："君民者，岂以陵民？社稷是主。臣君者，岂为其口实？社稷是养。故君为社稷死则死之，为社稷亡则亡之，若为己死而为己亡，非其私昵，谁敢任之？"是其义矣。君臣之义，惟在君为出命者，臣为受命者，所谓"君能制命为义，臣能受命为信"也。又君当督责其臣，臣当受督责于其君。故曰："事君者，先资其言，拜自献其身，以成其信。故君有责于其臣，臣有死于其言。"君臣之义，不过如此。臣不旷其职守，君即不容滥用威权。所谓"君使臣以礼，臣事君以忠"也。《坊记》曰："事君大言入则望大利，小言入则望小利。故君子不以小言受大禄，不以大言受小禄。"《燕义》曰："臣下竭力尽能，以立功于国，君必报之以爵禄。""礼无不答，言上之不虚取于下也，上必明正道以道民，民道之而有功，然后取其什一。故上用足而下不匮也，是以上下和亲而不相怨也。""此君臣上下之大义也。"其报施之道，及彼此各有分职之义，可谓昭然明白矣。古礼亦有臣一似其君之私人者。如"君有疾饮药，臣先尝之"；"君适其臣，升自阼阶"；"君于臣，有取无假"等是。此由古代父至尊亲，资于事父以事君，故有此礼。然"子之于亲也，三谏而不听，则号泣而随之。为人臣之礼，三谏而不听，则逃之"。其可绝与不可绝，究有不同。且尝药等本非大臣之事也。臣之以身殉君者，非为其私昵，则由意气相得。此犹朋友之相许以死耳。古朋友本有以死相许者也。《假乐》之诗曰："之纲之纪，燕及朋友。"《毛传》曰："朋友，君臣也。"君臣以职守论，则犹同寮；以交谊论，则由朋友矣。秦穆公与三良饮酒而乐曰："生共此乐，死共此哀。"三人者皆许诺。穆公死，三人皆自杀以殉之。此君臣之以意气相死者也。）人之情，每易滥用其权力。君权大则下侵其臣，臣权大则上陵其君。求其各守分职，不相侵犯者，盖不易得。古之所患，在臣上陵其君者多，君下侵其臣者少。（此由古代事势，与后世不同。读《墨子·尚同篇》，可以见之。盖专制大甚固为患，而分裂大甚，是非无准，纷争莫为之平，其为患尤甚也。孔子曰："天无二日，民无二王。尝禘郊社，尊无二上。"凡事皆欲定一尊以息纷争，盖不独君臣之义然矣。社会思想如此，君臣之义自日昌。《左》襄二十年，宵惠子疾，召悼子曰："吾得罪于君，悔而无及也。名藏在诸侯之策，曰：'孙林父、宵殖出其君。'君入则掩之。若能掩之，则吾子也；若不能，犹有鬼神，吾有馁而已，不来食矣。"此等悔心，皆君臣之义之昌明，有以使之然也。此事于君权之张，所关实大。）又居总摄之地者，侵削其下究较易。故君权日张，臣权日削也。古之所谓世臣者，其位盖有所受之，非人君所得擅去。故如周之周、召，齐之国、高，鲁之三桓，郑之七穆，无不世执政柄。（世臣与国家休戚，相关甚大。故《孟子》曰："所谓故国者，非谓有乔木之谓也，有世臣之谓也。"然其弊也，"政由宵氏，祭则寡人"。又其甚者，则"万乘之国，弑其君者，必千乘之家。千乘之国，弑其君者，必百乘之家"。不夺不厌矣。）又臣与其君，亦可以论曲直。元咺与卫侯讼是也。（《左》襄二十八年。）后世则无此事矣。臣非无上陵其君者，然特窃君之权而然，非其固有此权矣。

曷言乎君与教务日疏，政务日亲也？邃古之世，政教不分，其或分殊，教务亦重于政务。故为人君者，往往躬揽神教之大权，而政务则不屑措意。世殊时异，主教者仅存虚号，秉政者实有大权。古代君人之学，首重无为。所谓无为，在后来言之，固非不事事之义。然其初义，则恐正如此。孔子曰："为政以德，譬如北辰。居其所，而众星拱之。"此谓为人君者，当法昊天上帝也。古者天有六：青、赤、黄、白、黑帝，各有所职。惟昊天上帝，则无所事事。所谓"天立五帝以为相"也。无为初义，盖实如此。后乃以他义释之耳。《礼运》曰："宗祝在庙，三公在朝，三老在学。王前巫而后史；卜筮瞽侑，皆在左右。王中心无为也，以守至正。"此则俨然入定之僧矣。此等人焉能躬揽政务哉？《礼运》所述，盖王居明堂之礼，邃古之制也。逮于后世，则"一日二日万几"，人君于政务，无所不亲揽，其权力亦非古代比矣。

以上三端，皆君权之所以由演进也。此等不能确指其在何时，并无从凿指某事某事以实之。特合前后事迹观之，则其理如此耳。

神教之力，颇足以限制君权。《表记》曰："唯天子，受命于天。士受命于君。故君命顺，则臣有顺命。君命逆，则臣有逆命。"犹西方政教分离以前，教权出于君权之上也。临之以天，为君者即不容自恣。两汉之世，遇日食灾变，则下诏责躬求言。又或策免三公，犹存此意。魏晋以后，老庄之学大行，人皆崇尚自然，而此意亡矣。然神教能限制君权，亦能辅助君权。后世所谓天子者，特谓事天如父，而天亦视之如子而已。古代则不然。《诗》称后稷之生，由姜嫄履巨人迹；契之生，由简狄吞燕卵，是谓"感生"。感生者，感天而生，盖诚以为天帝之子也。

如是，则帝王之种，自与人殊矣。受命二字，在后世亦成空言。古代则又不然。《召诰》曰："皇天上帝，改厥元子，兹大国殷之命。"又曰："今天其命哲，命吉凶，命历年。""王其德之用，祈天永命。"盖诚以为一姓之王天下，实天之历数使然。故有卜世卜年之举。而周德虽衰，王孙满犹以"天命未改"，折楚庄之问鼎也。不宁惟是，有大功德者，经一再传之附会，而其人遂介于人与神之间。开国之祖，大率有功德者也，本易为人所追慕，所传述。况复加之以其子孙之崇奉，用配天等礼，昭示于众乎？其为万民所归仰，宜矣。有盛德者必百世祀，祖宗之声名，固亦足以大庇其后嗣也。后世所谓摄政者，特代行君主之事耳，其人则犹居臣位也。古代则不然。《明堂位》曰："昔者周公朝诸侯于明堂之位，天子负斧依南乡而立。"注："天子，周公也。"又曰："武王崩，成王幼，周公践天子之位，以治天下。"此与清末朝会，溥仪居位，载沣斜身恭扶者大异矣。(《书·大诰》之"王若曰"，王肃以为成王，郑玄以为周公。)《公羊》隐四年，"隐曰：吾使修涂裘，吾将老焉"。何君曰："将老焉者，将辟桓，居之以自终也。故南面之君，势不可复为臣，故云尔。"《孟子·万章篇》："咸丘蒙问曰：语云，盛德之士，君不得而臣，父不得而子。舜南面而立，尧帅诸侯北面而朝之，瞽瞍亦北面而朝之。舜见瞽瞍，其容有蹙。""孟子曰：此非君子之言，齐东野人之语也。"衡以何君之说，谓尧北面朝固非，谓舜南面而立则是矣。然则摄政者，特有期限，期满当退，为异于真君耳。执此义以推之，则似古代嗣君服丧之时，其位皆由他人摄代。《论语·宪问》："子张问曰：《书》云高宗谅阴，三年不言，何谓也？子曰：何必高宗？古之人皆然，君薨，百官总己，以听于冢宰，三年。"然则三年之中，嗣君本不自为政，故伊尹可放太甲于桐也。《书·无逸》曰："高宗亮阴，三年不言。其惟不言，言乃雍。"《论语·学而》："子曰：父在观其志，父殁亲其行。三年无改于父之道，可谓孝矣。"三年无改于父之道，盖谓三年丧毕，所行克肖其先君，即"其惟不言，言乃雍"之谓也。《坊记》曰:"升自客阶,受吊于宾位,教民追孝也。未殁丧,不称君,示民不争也。"盖古人居丧,一切不事事,故嗣君亦然也。君而可以三年不事事,可见是时君位所系,未若后世之重。君位而可以他人摄代三年,可见是时君臣相去之不甚远矣。

古代政体之奇异者,莫如共和。《史记·周本纪》云:厉王"暴虐侈傲,国人谤王,王怒。得卫巫,使监谤者,以告则杀之。国人莫敢言,道路以目。乃相与畔,袭王。厉王出奔于彘。太子静,匿召公之家,国人围之。召公曰:昔吾骤谏王,王不从,以及此难也。今杀王太子,王其以我为仇而怼怒乎?乃以其子代王太子,太子竟得脱。召公、周公二相行政,号曰'共和'。共和十四年,厉王死于彘。太子静长于召公家,二相乃共立之为王,是为宣王"。是周之无君者,十有四年也。案国本非君所独治,特后世君权重,人臣之位,皆受之于君,无君,则臣莫能自安其位。又视君位严,君之职,莫敢轻于摄代,故不可一日无君。若古代,则君臣共治其国之义尚明,臣之位亦多有所受之,非人君所能任意予夺。君权既小,则一国之政,必待人君措置者较少。人臣摄代其君,亦视为当然,而其顾虑,不如后世之甚,则无君自属无妨。《左》襄十四年,卫献公出奔,卫人立公孙剽。孙林父、甯殖相之,以听命于诸侯。此虽立君,实权皆在二相,亦犹周召之共和行政也。然究犹立一公孙剽,若鲁昭公之出奔,则鲁亦并不立君也。然则此等事,古代必尚不乏,特书阙有间,不尽传于后耳。(晋惠公之为秦所禽也,"使郤乞告瑕吕饴甥,且召之。子金教之言曰:朝国人,而以君命赏。且告之曰:孤虽归,辱社稷矣。其卜贰圉也。众皆哭"。"吕甥曰:君亡之不恤,而群臣是忧,惠之至也,将若君何?众曰:何为而可?对曰:征缮以辅孺子。诸侯闻之,丧君有君,群臣辑睦,甲兵益多,好我者劝,恶我者惧,庶有益乎?"可见丧君无君者,当时亦不乏也。)韦昭释共和曰:"公卿相与和而修政事。"可见无君而不乱,实由百官之克举其职也。(《汲冢纪年》及《鲁连子》。以共和为共伯和行天子之事,其说不足信,已见《史记正义》。

案《左》昭二十六年，王子朝告诸侯之辞曰："至于厉王，王心庚虐，万民弗忍，居王于彘。诸侯释位，以间王政。宣王有志，而后效官。"《纪年》及《鲁连子》，盖因此伪造。其实所谓诸侯释位者，诸侯即指周召等言。近人或曰：中国历代，有暴民革命，无市民革命。有之者惟共和一役耳。案此役逐厉王者为国人。古代所谓国人，实国之桢干，而与野人异其阶级者也。）

后世革命之人有六：曰宗室，（若齐明帝、明成祖。）曰外戚，（若王莽、隋文帝。）曰权臣，（若魏、晋、刘宋。）曰军人，（若梁太祖、宋太祖。）曰女主。（唐武后。汉吕后仅临朝称制。）此皆旧朝之戚属，或其所委任，仍带旧性质。惟起于草野之群众，乃可称真革命耳。其以少数族入主中原者，则性质又异，不能名革命矣。

历代之革命，有自外而入者，有即行之于内者。行之于内者，又可分为二：（一）本系在内之权臣，如王莽是。（二）则在外之强臣或军人，入据中央政府，如曹操、刘裕是。大抵内重之世，革易多在中朝。外重或内外俱轻之世，则或起于外而倾覆旧政府；或先入据旧政府，造成内重之局，而后行革易之事焉。以王步虽改，朝市不惊论，则起于内者为优。然以除旧布新论，则起于外者，为力较大也。

秦以后之革命，大率如此。然秦汉之际之革易，外观虽同，而其实大异。此役也，实政体转变之关键，不容与其余诸役等量齐观也。何也？自周以前之革命，皆以诸侯灭天子。此役则亡秦者皆起于草野，无尺土一民。一也。当时纷纷而起者，六国之后，若六国将相之后，皆无成功。卒登帝位者，乃一贫贱无行之刘季。其将相，亦多贫贱无赖之徒。二也。故此役，实开平民革命之局。自此以后，遂人人可登帝位矣。参看《阶级篇》自明。

贵族之权力，及神教限制君权之力，经汉世乃划削净尽。故秦汉之世，实古今转变之大关键也。汉初，内任外戚，外任宗室，前篇已言之。汉世之任宗室外戚，与后世不同。后世委任宗支，徒成虚语。汉世则诚有"广疆庶孽,以镇抚四海,藩卫天子"之意。当时所封同姓,"跨郡五六,连城数十",尾大不掉之势,显然易见。然初不以为虑者,以封建同姓,为当时之道也。汉初即有吕氏之祸,而元帝以后,任用外戚如故。前汉亡于王莽,而后汉之世,任用外戚如故。不特此也,哀帝去王氏,所以代之者,则外家丁氏及祖母族傅氏也。后汉外戚,殆无善终者。然一外戚去,一外戚复继之。此何故哉?亦以任用外戚,为当然之道也。凡一种制度,未至废弃时,虽或不善,人恒以为行此制者之不善,而不以为此制度之不善。即明知制度不善,亦必以为无可如何之事。既不容废,又无可以代之者。如君主专制之世,去一君必更立一君是也。陈平谓:"项王所任爱,非诸项,即妻之昆弟。"知项氏苟得天下,其封建子弟,任用外戚,亦必无以异于刘氏矣。此固非一二人之所为,而其时代思想为之也。自魏晋以后,则情势大异矣。

赵氏翼曰:"上古之时,人之视天甚近。迨人事繁兴,情伪日起,遂与天日远一日。以《六经》而论,《易》最先出,所言皆天道。《尚书》次之,《洪范》一篇,备言五福六极之征。其他诏诰,亦无不以惠迪、从逆为吉凶。至《诗》《礼》《乐》盛于商周,则已多详人事,而天人相应之理略焉。如"正月繁霜"诸作,不一二见也。惟《春秋》记人事,兼记天变,盖犹是三代以来记载之古法,非孔子所创也。战国纷争,诈力相尚。至于暴秦,天理几于灭绝。汉兴,董仲舒治《公羊春秋》,始推阴阳,为儒者宗。宣元之后,刘向治《谷梁》,数其祸福,傅以《洪范》,而后天之与人又渐觉亲切。观《五行志》所载,天象每一变必验一事,推既往以占将来。虽其中不免附会,然亦非尽空言也。昌邑王为帝无道,数出微行。夏侯胜谏曰:久阴不雨,臣下有谋上者。时霍光方与张安世谋废立,疑安世漏言。安世实未言,乃召问胜。胜对《洪范五行传》云:皇之不极,厥罚常阴,时则有下人谋上者。光、安世大惊。宣帝将祠昭帝庙。旄头剑落泥中,刃向乘舆。帝令梁丘贺筮之,云有兵谋,不吉。上乃还。

果有任宣子章匿庙间,欲俟上至为逆。事发,伏诛。京房以《易》六十四卦,更直日用事,以风雨寒温为候,各有占验。每先上疏言其将然,近者或数月,远或一岁,无不屡中。翼奉以成帝独亲异姓之臣,为阴气太盛。极阴生阳,恐反有火灾。未几,孝武园白鹤馆火。是汉儒之言天者,实有验于人。(愚案此非其言果有征验,正由当时迷信者多,故神其说耳。故观何时诡异之说,征验之多,便可知其时迷信之盛。《左氏》一书,载灾祥占验之说最多,亦同此理。)故诸上疏者,皆言之深切著明,无复忌讳。而其时人君,亦多遇灾而惧。如成帝以灾异,用翟方进言,遂出宠臣张放于外,赐萧望之爵,登用周堪为谏大夫。又因何武言,擢用辛庆忌。哀帝亦因灾异,用鲍宣言,召用彭宣、孔光、何武,而罢孙宠、息夫躬等。其视天,犹有影响相应之理,故应之以实不以文。降及后世,机智竞兴,权术是尚。一若天下事,皆可以人力致而天无权。即有志图治者,亦徒详其法制禁令,为人事之防,而无复有求端于天之意。故自汉以后,无复援灾异以规时政者。间或日食求言,亦只奉行故事。而人情意见,但觉天自天,人自人,空虚寥廓,与人无涉。"云云。(《廿二史札记》卷二"汉儒言灾异"。又"汉重日食""汉诏多惧词"两条,可以参看。)愚案吾国迷信之衰,实缘魏晋时玄学盛行而然。而魏晋玄学之兴,又根于东汉古学之盛。盖今学多传微言大义,古学偏重名物训诂。重名物训诂者,偏于考据,注重实事,迷信自然渐衰也。故东、西汉之间,实古今风气之一大转捩也。风气变而制度随之矣。

借神教以鼓动者,历代未尝无之。然无一能成事者。如汉之张角、张鲁,晋之孙恩,近代之白莲教、天理教等是也。洪秀全若但言逐满复汉,未始不足号召。乃必模放天主教,则适足以自亡矣。盖我国之民,信教之心素淡。故借资神教,仅足鼓动最愚之民。不必智者,凡普通人即皆不之信。其所能鼓动者,在一国中实居最少数也。

神教之权既破,稍足限制君权者,乃在社会惯习,人伦日用之间。即国民共视为当行之道者是也。日本织田万曰:"崇古之风,为支那民族之特质。遗训旧制，改废尤难。苟或反之，即为大戾，历朝革命，非革古法、旧习，乃裁制破坏古法、旧习者耳。"(《清国行政法》第一编第一章。)其言亦殊有理。盖一国之民，不能无所信守。他国之民，所视为应守之道者，出于神教所启牖。而我国之民，所视为应守之道者，出于古训之昭垂。其所守异，而其有所守则同。守之固，则皆足以禁人之破坏耳。

汉代君权，尚有受限制者一事，相权之重是也。乃至东汉渐变，至魏晋之世而大坏。此事须参考官制乃能明之。

魏晋而后，君主之权力大张。古训及社会惯习而外，几无足以限制之者。而盗窃其权者，则历代皆有。权奸、宵小、女谒、宦寺是也。此乃依附君主而行，非法赋之权，足与君主相抗也。于政体无关系。

所谓民主政体者，谓凡事不容决之以一人，并不容决之以少数人，而必决之以多数人耳。(其所谓多数，以全国言之，实非多数，又是一事。)此则议事之初，本系如此。虽甚桀骜，能令众人服从其议者有之矣。使众人慑其威而不敢言，止矣。谓公共之事，众人本不当与，惟一人或少数人尸之，此非积渐，必不能致也。故民主政体者，乃政之初制也。我国所以无之者，则以地势便于统一，世愈降，国土愈广，集众而议，势所不行。贵族专制，则较君主专制尤恶，故君主削贵族之权，人民实阴相之。遂至举一国之权，而奉诸一人耳。

民主政体，于古有征乎？曰：有。《坊记》引《诗》曰："先民有言，询于刍荛。"郑注曰："先民，谓上古之君也。言古之人君，将有政教，必谋之于庶民乃施之。"案《繁露》有六十四民，为上古无名号之君。《书·甫刑》："苗民弗用灵。"郑注亦以为"有苗之君。"(《礼记·缁衣》正义。)则此先民释为人君，义自可通。此最古之世，人民之得以参与政事者也。然仅言其事，未详其制也。详其制者，莫如《周官》。《周官·小司寇》之职："掌外朝之政，以致万民而询焉。一曰询国危，二曰询国迁，三曰询立君。其位：王南向，三公及州长百姓北面。群臣，（卿大夫。）西面。群吏，（府史。）东面。小司寇摈以叙进而问焉，以众辅志而弊谋。"《周官》虽虚拟之书，亦必有所依据。试征之他书：《左氏》定公八年，"卫侯欲叛晋，朝国人，使王孙贾问焉"。哀公元年，"吴之入楚也，使召陈怀公，怀公朝国人而问焉"。则《周官》所谓询国危者也。《书·盘庚上》："王命众悉造于庭。"《孟子》谓大王之迁岐也，"属其耆老而告之"。则《周官》所谓询国迁者也。《书·尧典》："师锡帝曰：有鳏在下曰虞舜。"《左》僖十五年，"晋侯使郤乞告瑕吕饴甥，且召之。子金教之言曰：朝国人，而以君命赏，且告之曰：孤虽归，辱社稷矣。其卜贰圉也"。昭二十四年，"晋侯使士景伯莅问周故，士伯立于乾祭，（王城北门。）而问于介众"。（介，大也。）哀二十六年，"越人纳卫侯，文子致众而问焉"。则《周官》所谓询立君者也。知古确有是事矣。乡大夫之职，"大询于众庶，则各帅其乡之众寡而致于朝"。注："郑司农云：大询于众庶，《洪范》所谓谋及庶民。"则斯制由来甚远。《洪范》所谓"谋及卿士，谋及庶人，谋及卜筮者"，亦必实有其法，而非虚语矣。

其议事之法，亦有可见者。陈怀公之朝国人也，曰："欲与楚者左，欲与吴者右。"《韩非子·外储说》："齐桓公将立管仲，令群臣曰：寡人将立管仲为仲父。善者入门而左，不善者入门而右。"此犹今之议院，可否者各自一门出也。《洪范》："七，稽疑：择建立卜筮人。……三人占，则从二人之言。汝则有大疑，谋及乃心，谋及卿士，谋及庶人，谋及卜筮。汝则从，龟从，筮从，卿士从，庶民从，是之谓大同。身其康强，子孙其逢，吉。汝则从，龟从，筮从，卿士逆，庶民逆，吉。卿士从，龟从，筮从，汝则逆，庶民逆，吉。庶民从，龟从，筮从，汝则逆，卿士逆，吉。汝则从，龟从，筮逆，卿士逆，庶民逆，作内吉，作外凶。龟筮共违于人，用静吉，用作凶。"《公羊》桓公二年，蔡侯、郑伯会于邓。离不言会，此其言会何？盖邓与会尔。注："二国会曰离。二人议，各是其所是，非其所非。所道不同。

不能决事，定是非，立善恶。不足采取，故谓之离会。时因邓都，得与邓会。自三国以上言会者，重其少从多也。能决事，定是非，立善恶。《尚书》曰：三人议，则从二人之言。盖取诸此。"又僖公三十一年，"夏，四月，四卜郊，不从，乃免牲。犹三望。曷为或言三卜，或言四卜？三卜礼也，四卜非礼也。三卜何以礼？四卜何以非礼？求吉之道三"。注："三卜，吉凶必有相奇者。可以决疑，故求吉必三卜。"此皆多数议决之法也。

《韩非子·内储说》："鲁哀公问于孔子曰：鄙谚曰，莫众而迷。今寡人举事，与群臣虑之，而国愈乱，其故何也？孔子对曰：明主之问臣，一人知之，一人不知也。如是者，明主在上，群臣直议于下。今群臣无不一辞同轨乎季孙者。举鲁国尽化为一，君虽问境内之人，犹不免于乱也。一曰：晏婴子聘鲁，哀公问曰：语曰，莫三人而迷。今寡人与一国虑之，鲁不免于乱，何也？晏子曰：古之所谓莫三人而迷者，一人失之，二人得之，三人足以为众矣。故曰莫三人而迷。今鲁国之群臣，以千百数，一言于季氏之私。人数非不众，所言者一人也。安得三哉？"又曰："张仪欲以秦韩与魏之势伐齐荆，而惠施欲以齐荆偃兵。二人争之。群臣左右，皆为张子言，而以攻齐荆为利，而莫为惠子言。王果听张子，而以惠子言为不可，攻齐荆事已定。惠子入见，王曰：先生毋言矣。攻齐荆之事果利矣，一国尽以为然。惠子因说：不可不察也。夫齐荆之事也，诚利，一国尽以为利，是何智者之众也？攻齐荆之事诚不利，一国尽以为利，何愚者之众也？凡谋者疑也。疑也者，诚疑，以为可者半，以为不可者半。今一国尽以为可，是王亡半也。劫主者，固亡其半者也。"案今人恒言，多数不免于愚。其实非愚之为患，而不能公之为患，苟人人本其大公至正之心以议事，未有合多数而成众愚者也。何则？愚人而宅心公正，则经智者之譬晓，必能舍己而从之矣。经智者之譬晓而犹不悟，此为下愚之不移。下愚与上智，在群中同居少数，必不至如其意以决议也。然则民主政体之难行，实非识不足之为患，而道德不足之为患，风气诚朴之世，率有众断之遗迹存焉。诚朴愈漓，则专制之威愈甚。其故可深长思矣。(《左》成六年，晋栾书救郑，与楚师遇于绕角。楚师还。晋师遂侵蔡。楚公子申、公子成以申息之师救蔡，御诸桑隧。赵同、赵括欲战，请于武子。武子将许之。知庄子、范文子、韩献子谏，乃还。"于是军师之欲战者众。或谓栾武子曰：圣人与众同欲，是以济事。子盍从众？子为大政，将酌于民者也。子之佐十一人，其不欲战者，三人而已。欲战者，可谓众矣。《商书》曰：三人占，从二人。众故也。武子曰：善钧从众。夫善，众之主也。三卿为主，可谓众也。从之，不亦可乎？"此别是一理。虽未必非，然实失从众之意矣。)

古代采取舆论之事甚多。但用否之权，仍操诸上，不如议会之有定法耳。《管子·桓公问》："齐桓公问管子曰：吾念有而勿失，得而勿忘，为之有道乎？对曰：勿创勿作，时至而随。毋以私好恶害公正。察民所恶，以自为戒。黄帝立明台之议者，上观于贤也。尧有衢室之问者，下听于人也。舜有告善之旌，而主不蔽也。禹立谏鼓于朝，而备讯唉。汤有总街之庭，以观人诽也。武王有灵台之复，而贤者进也。此古圣帝明王，所以有而勿失，得而勿忘者也。桓公曰：吾欲效而为之，其名云何？对曰：名曰啧室之议。曰：法简而易行，刑审而不犯，事约而易从，求寡而易足。人有非上之所过，谓之正士。内于啧室之议，有司执事者，咸以厥事奉职而不忘为。此啧室之事也。请以东郭牙为之，此人能以正事争于君前者也。桓公曰：善。"此似纳谏进贤等事，皆该括焉。《左》襄三十年，"郑人游于乡校，以论执政。然明谓子产曰：毁乡校何如？子产曰：何为？夫人朝夕退而游焉，以议执政之善否。其所善者，吾则行之。其所恶者，吾则改之。是吾师也。若之何毁之"？此则察众论之从违，以定政令之行止者也。(《孟子》曰："国人皆曰可杀，然后察之。见可杀焉，然后杀之。"《王制》曰："疑狱，泛与众共之。众疑，赦之。"则古时刑狱，亦有采取舆论之法，但未知其法如何耳。)

立君为民，而国非君主一人所私有，此理本古人所深知。《吕览》曰："凡人之性，爪牙不足以守卫，肌肤不足以扞寒暑，筋骨不足以从利辟害，勇敢不足以却猛禁悍,然且犹裁万物,制禽兽,寒暑燥湿弗能害,不惟先有其备而以群聚邪?群之可聚也,相与利之也。利之出于群也,君道立也。自上世以来,天下亡国多矣。而君道不废者,天下之利也。四方之无君者,其民少者使长,长者畏壮,有力者贤,暴傲者尊。日夜相残,无时休息,以尽其类。圣人深见此患也,故为天下长虑,莫如置天子也。为一国长虑,莫如置君也。置君,非以阿君也,置天子非以阿天子也,置官长,非所以阿官长也。德衰世乱,然后天子利天下,国君利国,官长利官。此国所以递兴递废也,乱难所以时作也。"(《恃君览》。)此等议论,古书中不可胜举。(如《管子·君臣》《商君·修权》,议论皆与此篇相出入。)如是,其视诛锄暴君,自为当然之事。其言之尤痛快者,莫如《淮南子》。《淮南子》曰:"圣人之用兵也,若栉发耨苗,所去者少,而所利者多。杀无罪之民,而养无义之君,害莫大焉。殚天下之财,而澹一人之欲,祸莫深焉。使夏桀、殷纣,有害于民而立被其患,不至于为炮烙。晋厉、宋康,行一不义而身死国亡,不至于侵夺为暴。此四君者,皆有小过而莫之讨也,故至于攘天下,害百姓。肆一人之邪,而长海内之祸,此大伦之所不取也。所为立君者,以禁暴讨乱也。今乘万民之力,而反为残贼,是为虎傅翼,曷为弗除?夫畜池鱼者必去猵獭,养禽兽者必去豺狼,又况治人乎?"(《兵略训》。)其言之可谓深切著明矣。古之贤君,亦颇有能知此义者。《左》文十三年,"邾文公卜迁于绎。史曰:利于民而不利于君。邾子曰:苟利于民,孤之利也。天生民而树之君,以利之也。民既利矣,孤必与焉。左右曰:命可长也,君何弗为?邾子曰:命在养民。死之短长,时也。民苟利矣,迁也,吉莫如之。遂迁于绎"。《说苑·至公篇》载南宫边子之言曰:"昔周成王之卜居成周也,其命龟曰:予一人兼有天下,辟就百姓,敢无中土乎?使予有罪,则四方伐之,无难得也。周公卜居曲阜,其命龟曰:作邑乎山之阳,贤则茂昌,不贤则速亡。季孙行父之戒其子也,曰:我欲室之挟于两社之间也,使我后世有不能事上者,使其替之益速。"此等,疑古者或将指为后人所傅会。然当时既有此理,固不容谓为君长者必不之知也。(儒家发挥民贵君轻之义最力者为孟子。其说,皆孔门成说也。见附录。)

国非君主所私有,秦汉之际,其义尚明。《至公篇》又曰:"秦始皇帝既吞天下,乃召群臣而议曰:古者五帝禅贤,三王世继,孰是?将为之,博士七十人未对。鲍白令之对曰:天下官则让贤是也,天下家则世继是也,故五帝以天下为官,三王以天下为家。秦始皇帝仰天而叹曰:吾德出于五帝,我将官天下,谁可使代我后者。鲍白令之对曰:陛下行桀纣之道,欲为五帝之禅?非陛下所能行也。秦始皇帝大怒曰:令之前。若何以言我行桀纣之道也,趣说之。不解则死。令之对曰:臣请说之。陛下筑台干云,宫殿五里。建千石之钟,万石之簴。妇女连百,倡优累千。兴作骊山,宫室至雍,相继不绝。所以自奉者,殚天下,竭民力。偏驳自私,不能以及人。陛下所谓自营仅存之主也,何暇比德五帝,欲官天下哉?始皇暗然,无以应之,面有惭色。久之曰:令之之言,乃令众丑我。遂罢谋,无禅意也。"此或后人之寓言。然睦孟推《春秋》之意,谓:"汉帝宜谁差天下,求索贤人,嬗以帝位,而退自封百里。"盖宽饶引《韩氏易传》言:"五帝官天下,三王家天下。家以传子,官以传贤。若四时之运,功成者去。不得其人,则不居其位。"(俱见《汉书》本传。)则事实矣。汉高祖灭项羽,诸侯及将相,共请尊为皇帝。高祖曰:"吾闻帝,贤者有也。空言虚语,非所守也。我不敢当帝位。"(此言甚质,乃诚高祖之言,非后世文饰之乱比也。)文帝元年,有司请立太子。"上曰:朕既不德,上帝神明未歆享;天下人民,未有嗛志。今纵不能博求天下贤圣有德之人而禅天下焉,而曰:豫建太子,是重我不德也。谓天下何?"(皆见《史记》本纪。)此等诏令,后世绝不闻矣。亦足觇社会思想之变迁也。

立君为民之义,其亡于东、西汉之际乎?睦孟之说,出自《春秋》。宽饶有言,征之《易传》,足征今学昌明之世,立君为民之义,为儒生所共知，非世主所能讳。迨王莽谋篡，乃伪造图谶，傅以经说，名之曰纬。如图谶之说，则一姓之兴，皆由天命，征以祯祥。传世久远，亦皆前定，由于历数，无复"天视自我民视，天听自我民听"，"惟命不于常，道善则得之，不善则失之"之意。自此以后，居帝位者，遂侈自以为当然矣，岂非思想之一大转变乎？

无政府之说，中国无之。《老子》谓："大道废，有仁义。慧智出，有大伪。""绝圣弃智，民利百倍。绝仁弃义，民复孝慈。绝巧弃利，盗贼无有。"《庄子》谓："民有常性。""至德之世，其行填填，其视颠颠。""同乎无知，其德不离。同乎无欲，是谓素朴。素朴而民性得矣。及至圣人，蹩躠为仁，踶跂为义，而天下始疑矣。澶漫为乐，摘僻为礼，而天下始分矣。故纯朴不残，孰为牺尊？白玉不毁，孰为珪璋？道德不废，安取仁义？性情不离，安用礼乐？""夫残朴以为器，工匠之罪也。毁道德以为仁义，圣人之过也。"（《马蹄》。）似有有政府不如无政府之意。然此仍是"天下皆知美之为美，斯恶矣；皆知善之为善，斯不善矣"之旨。欲使治天下者，谨守无为之教，还风俗于纯朴。非谓既有政治，可一旦撤去之，而还于无政治也。有政治而复还于无政治，姑无论其可不可，试先问其能不能。老庄即愚人，岂至于是？故以老庄之说，附会今之无政府之说者缪也。至以许行之言，附会今之无政府，则其说尤缪。陈相谓"从许子之道，则市贾不贰，国中无伪。虽使五尺之童适市，莫之或欺。布帛长短同，则贾相若。麻缕丝絮轻重同，则贾相若。五谷多寡同，则贾相若。屦大小同，则贾相若"。苟无政府，试问谁为厘定其贾，责其遵守乎？彼谓"贤者与民并耕而食，饔飧而治"，乃谓不剥民以自奉，非谓无君也。不然，又安有所谓贤者，以别于所与并耕之民乎？许行之说，盖古农家之言。其所欲取法者，乃极简陋之世。虽简陋，仍有政府，初非今克鲁泡特金等之说也。后世诵法老庄，以为有君不如无君者，为晋之鲍敬言。其说，见于《抱朴子》之《诘鲍篇》，殊粗浅不足观。然亦谓后世有君之时，不如上古无君之世，非谓既有君，仍可去之也。（鲍氏说虽粗浅，葛洪诘鲍之言，却颇有理致。其言曰："远古质朴，盖其未变。譬夫婴孩，智慧未萌，非为知而不为，欲而忍之也。"又曰："若令上世，人如木石，玄冰结而不寒，资粮绝而不饥者，可也。衣食之情，苟在其心，则所争岂必金玉？所竞岂必荣位？橡芧可以生斗讼，藜藿足用致侵夺矣。夫有欲之性，萌于受气之初。厚己之情，著于成形之日。贼杀并兼，起于自然。必也不乱，其理何居？"于世风之不可返，古代之未必胜于后世，言之凿凿，与今进化之说，若合符节焉。大抵进化之说，皆就一端而言。若合全体观之，则世事只有变迁，更无所谓进退。且如今日，民权之说既张，平等之义亦著。回视畴昔，则君主威权无限，社会阶级不平，谓其大不如今可也。然昔日风气，确较诚朴，今则巧诈益滋矣。则谓今不如昔亦可也。故《管子》谓"古者智者诈愚，强者陵弱，老幼孤独，不得其所，故智者假众力以禁强虐而暴人止，为民兴利除害，正民之德，而民师之"。以为无君之世，不如有君可也。庄子谓"圣人不死，大盗不止"，"剖斗折衡，而民不争"。则有君之世，反不如无君亦可也。各就一端言之也。夫言岂一端而已，夫各有所当也。《管子》之说，见《君臣篇》。）

以天下为一人所私有，盖从古未有此说。然君主之权，既莫为之限制，则其不免据天下以自私，亦势所必至也。积之久而其弊大著，乃有起而矫正之者，是为黄梨洲。《明夷待访录·原君篇》曰："有生之初，人各自私也，人各自利也，天下有公利而莫或兴之，有公害而莫或除之。有人者出，不以一己之利为利，而使天下受其利；不以一己之害为害，而使天下释其害。此其人之勤劳，必千万于天下之人。夫以千万倍之勤劳，而己又不享其利，必非天下之人情所欲居也。故古之人君，量而不欲入者，许由、务光是也。入而又去之者，尧舜是也。初不欲入而不得去者，禹是也。岂古之人有所异哉？好逸恶劳，亦犹夫人之情也。后之为人君者不然，以为天下利害之权皆出于我。我以天下之利尽归于己，以天下之害尽归于人，亦无不可。使天下之人不敢自私，不敢自利，以我之大私为天下之公。始而惭焉，久而安焉，视天下为莫大之产业，传之子孙，受享无穷。汉高帝所谓某业所就，孰与仲多者，其逐利之情，不觉溢之于辞矣。此无他，古者以天下为主，君为客，凡君之所毕世而经营者，为天下也。今也以君为主，天下为客，凡天下之无地而得安宁者，为君也。是以其未得之也，屠毒天下之肝脑，离散天下之子女，以博我一人之产业。曾不惨然，曰：我固为子孙创业也。其既得之也，敲剥天下之骨髓，离散天下之子女，以奉我一人之淫乐，视为当然。曰：此我产业之花息也。然则为天下之大害者，君而已矣。向使无君，人各得自私也，人各得自利也。呜呼！岂设君之道固如是乎？古者天下之人爱戴其君，比之如父，拟之如天，诚不为过也。今也天下之人怨恶其君，视之如寇仇，名之为独夫，固其所也。而小儒规规焉以君臣之义无所逃于天地之间。至桀纣之暴，犹谓汤武不当诛之，而妄传伯夷、叔齐无稽之事，乃兆人万姓崩溃之血肉，曾不异夫腐鼠？岂天地之大，于兆人万姓之中，独私其一人一姓乎？"《原臣篇》曰："天下之大，非一人所能治，而分治之以群工。故我之出而仕也，为天下，非为君也。为万民，非为一姓也。""世之为臣者，昧乎此义。以为臣，为君而设者也。君分我以天下而后治之，君授我以人民而后牧之。视天下人民为人君囊中之私物。今以四方之劳扰，民生之憔悴，是以危我君也，不得不讲治之牧之之术。苟无系于社稷之存亡，则虽有诚臣，亦以为纤芥之疾也。夫治天下，犹曳大木。然前者唱邪，后者唱许。君与臣共曳木之人也。若手不执绋，足不履地，曳木者惟娱笑于曳木者之前，从曳木者以为良，而曳木之职荒矣。嗟乎！后世骄君自恣，不以天下万民为事，其所求乎草野者，不过欲得奔走服役之人，乃使草野之应于上者，亦不出夫奔走服役，一时免于寒饿，遂感在上之知遇，不复计其礼之备与不备，跻之仆妾之间，而以为当然。""又岂知臣之与君，名异而实同耶？"其言可谓深切著明矣，大抵立论恒因乎时势。民主政体，古代既无其制，贵族执政，实较一人专制为尤恶。

故孔子谓"天下有道，则礼乐征伐，自天子出。天下无道，则礼乐征伐，自诸侯出。自诸侯出，盖十世希不失矣。自大夫出，五世希不失矣。陪臣执国命，三世希不失矣"。（《论语·季氏》。）墨子欲使乡长壹同乡之义，国君壹同国之义，天子壹同天下之义。（《墨子·尚同》。）皆欲举治理之权，奉诸一人。以其时分裂之弊方著，专制之害未形也。自秦以来，君权日张，至晚近而其弊大著矣。故有梨洲之论，皆时势使然也。

后来北族之败亡，无不以继嗣之争者。今不暇备述，试取前、后《汉书·匈奴传》，《隋书》《唐书·突厥传》读之，可以见其略也。今但略述蒙古之事，以见君位继承之有定法，亦必累经进化而后能然。而我国古代之或禅或继，亦可以此为借镜，而知其所以然焉。案蒙古始祖曰孛儿帖赤那，始居斡难沐涟之源。十八传至海都，始有汗号。海都而后，汗立阙者二世。至其曾孙哈不勒乃复称汗。哈不勒死，其再从兄弟俺巴孩继之。（亦海都曾孙。）蒙古与主因塔塔儿世仇。主因塔塔儿诱执俺巴孩，送之于金。金人以木驴杀之。（非刑之名。）俺巴孩使告其子合答安大石，及合不勒子忽图刺，为之报仇。于是部人共议，立忽图刺为汗。《秘史》谓："是役也，会于豁儿豁纳川。既立忽图剌，遂燕于大树之下。众达达欣喜，绕树跳跃，蹋地成深沟。"盖斯时选举之仪式然也。忽图剌死，蒙古复无共主。成吉思少时，备受同族齮龁。稍长，诸部归向者渐多。始与其安答（蒙古语。译言交物之友。）札答阑、（部名，亦氏族名。）札木合同牧。已而去之，诸部多从之者。《源流考》谓是时诸部共推成吉思为汗，盖以继忽图剌也。及漠南北平，诸部族复大会于斡难沐涟，共上成吉思汗之号。拉施特（《蒙古全史》）曰："成，坚强也。吉思，多数也。犹契丹之称古儿汗。古儿汗者，众汗之汗也。"《蒙古全史》。盖即所谓大汗也。至此，则推戴成吉思者，非徒蒙古人，而成吉思亦非但蒙古人之汗矣。（《源流考》巴图蒙克七岁称达颜汗，四十一岁又即汗位，盖亦始为蒙古汗，继为众部族之汗也。达颜即大元异译，足征达颜汗之称，乃继承蒙古本族之统绪。)蒙古自宪宗以前,汗位继承,必由宗王、驸马、万户、千户等会集推戴,谓之忽烈而台。(译言大会。)盖其本部族之汗,及诸部族之大汗,皆本无世袭之法也。此等立君,虽曰公推,初无定法。孰可与会,既无法律定之。孰可见推,自亦并无限制。惟就事势言之,则所推者,总不越成吉思汗之子孙耳。斯时虽无世继之法,而旧可汗之遗言,于新可汗之见推,甚有关系。观俺巴孩遗命合答安大石及忽图剌为之报仇,而蒙人立汗,遂必于二人中择其一可知。成吉思四子:长曰术赤,次曰窝阔台,次曰察合台,次曰拖雷。蒙古之俗,财产传诸幼子。幼子谓之斡赤斤,译言守灶。然此只是承受产业,与汗位继承,了无干涉。盖一为家事,一为国事也。爵位等之承袭,仍以长子为多。于此可悟古者兄弟相及之理。盖国固利有长君,而年长者任事较久,威望亦易孚于众也。成吉思汗之妻曰孛儿帖,(翁吉剌氏。)尝为蔑儿乞所篡。成吉思结札木合等,复篡之归。归未久而生术赤,诸弟皆以此歧视术赤,不敬之。术赤从成吉思西征,遂留西北不归,实蒙古之泰伯也。成吉思之死也,遗言立窝阔台。忽烈而台无异议。是为太宗。太宗死,忽烈而台立其子定宗。定宗病不事事,三年而殂。其子忽察、太宗孙失烈门、拖雷子蒙哥,皆觊觎汗位。然太宗后人,多不惬众望。成吉思之分部兵于四子也,拖雷以斡赤斤故,所得独多。功臣宿将,多隶麾下。拖雷之死,诸子皆幼。其妻唆鲁禾帖尼,实主政事。唆鲁禾帖尼有才略,部下皆归心焉。宗王最有威望者,为术赤子拔都,唆鲁禾帖尼深结之,故拔都亦欲立蒙哥。定宗死之明年,拔都召开忽烈而台于阿勒台忽剌兀。(地在今新疆省精河县南。)诸王以会议非地,多不至。明年,复会于客鲁沭涟。(今克鲁伦河。)唆鲁禾帖尼主议,太宗及察合台后人无至者。拔都唱议立蒙哥,是为宪宗。太宗后人谋叛,欲立失烈门。宪宗杀其党七十人,并杀定宗可敦,及其用事大臣,谪失烈门为探马赤。世祖之侵宋也,请于宪宗,令其随军立功自赎。及宪宗自将南伐,仍命投诸水,杀之。宪宗又裂太宗分地,以封其后人,贾生所谓众建诸侯而少其力也。太宗旧部，皆易其将，所以夺其兵柄也。论者讥其失成吉思固本睦族之训焉。宪宗既立，使其弟忽必烈治漠南，阿里不哥治漠北。宪宗伐宋，死于合州。忽必烈方围鄂州，遽与宋和，北归，至开平，自立，是为世祖，始不待忽烈而台之推戴矣。阿里不哥亦立于和林，与世祖战，败绩，乃降。而太宗之孙海都，乘机自立，蒙古诸宗王多附之。至其子察八儿，乃来降。自海都之叛，蒙古大汗之号令，不复行于分封诸国。旷古未有之版图，遂自此解体矣。综观蒙古之立君，其始也，必有足以统摄全族者，而后举之，无其人则阙。其举之也，上遵先君之遗命，下待舆情之允洽。选者无偏党，无私曲，亦不闻植党违道以求立者，诚可为选君之模范。盖部族小则汗位不尊，其利不足争，而是非利害易见，其众亦不易诳也。迨成吉思东征西讨，所摄服者众，进而为诸部族之大汗，则其情势非复如此，而其事亦无以善其后矣。于此可悟选君民主之法，皆易行于小国寡民，至于广土众民之世，则不然也。我国之由官天下易为家天下，得毋其理亦如此邪？

中国一君专制政体，实事势所造成，前已言之。盖在古昔，强陵弱，众暴寡之焰方张，而一人专制之弊未著，故人民宁戴一最强者，以图息肩也。逮乎后世，君主专制之治，业已情见势绌。言政治者，宜其恶君主而欲去之矣。然凡事习之久则不觉其非。古代君权未盛之世，其事迹既多湮晦，又无他国之事，以资观感，则思虑有所不及。即有一二人偶得之，亦迫于势而不敢言。此数千年来，君主专政体，所以安若泰山也。逮乎明清之交，阉宦横于上，"流寇"起于下，生民之道既绝，清人乘之入主。论者穷极根原，乃觉一君专制之害之大，而梨洲原君之论出焉。尚未为多数人所注意也。适会西人东来，五口通商而后，无一事不受外侮。我国人始觉时局之大异于昔。今所谓外夷者，非复古之外夷，乃渐次加以考察，剥蕉抽茧，愈考察而愈近乎其真。而中日战后，时势之亟，又迫我不得不图改变。于是新机风发泉涌，改革之势，如悬崖转石，愈进愈激。图穷而匕首见，而君主政体动摇矣。（或曰：梨洲与宋儒，同讲理学。明末固有阉宦之祸、"流寇"之事，然唐宦官亦不可谓不专横。藩镇之割据，其害亦未必减于宦官之祸也。辽金虽未入主中国，然祸害至此，亦前古所无矣。梨洲能发原君之论，宋儒顾大倡尊王之义者何？应之曰：宋儒之所倡者，为尊王攘夷。攘夷，梨洲与宋儒之所同欲也。特宋儒谓必尊王乃可攘夷。梨洲则谓必明乎天下非一人所私有之义，乃可以攘夷，其所以攘夷者不同耳。盖宋儒鉴于晚唐五代藩镇之祸，患纪纲之不立，故主尊王。梨洲鉴于明事之败坏，半由君主之昏庸，深知私天下于一人之弊，故有原君之论耳。）

中国之大改革，始于光绪戊戌之变法。是时所欲效者，则日之睦仁，俄之彼得而已，未尝拟议及于政体也。政变而后，康有为设保皇党于海外。斯时所谓新者徒，所跂望者，则德宗亲政，复行新法而已，犹未及于政体也。庚子以后，人民乃知清室之不足有为。是时留学者日多，知外事稍浃。孙文唱道多年之革命，附和者乃渐多。梁启超初亦主革命，后与其师康有为论辩，折而从之，遂主君主立宪。于是革命、立宪，两派对峙。章炳麟所主《民报》，梁启超所主《新民丛报》为之魁。两派议论虽不同，其主改政体则一也。斯时在国内，主张立宪者，可以明目张胆；图谋革命者则不然。立宪派之势力，自较革命派为盛。日俄战后，时局益急。主立宪者，又谓日以立宪而胜，俄以专制而败。议论风靡全国。内外大臣，亦有主之者。于是有派载泽等出洋考察宪政之举。还奏，皆主立宪。疆臣又多奏请者。乃于光绪三十二年，下诏豫备立宪，从改革官制入手。三十四年八月，定豫备之期限为九年。溥仪立，人民请速开国会，又改其期为五年。中国民主之义，本甚昌大，特为事势所遏，郁而未发。是时遭际时会，浡焉以兴。清室即真能立宪，亦未足厌人民之望。况其所谓立宪者，毫无真诚。而内外官吏，借筹备立宪为名，多所兴作，扰民愈甚。主立宪者难之曰："所以欲立宪者，以政治不善也。今将一切新政，悉行举办，名之曰筹备立宪，则筹备告竣时，政治既已举矣，尚何以立宪为？既知专制之不如立宪，又不肯先立宪而后举办庶政，其意果何居乎？"主立宪者之论如此，主革命者可知。清室之所为，终不足以平民气而图自保也审矣。而是时满汉交恶之势又渐炽，于是事势益急。辛亥八月，义师起于武昌。薄海响应，捷于桴鼓。而清社以屋，而民国以成。

民国成立，可为创数千年未有之局。然异族君主之遗孽，迄今仍未克尽除。我国民不可不深念也。初清室之退位也，民国与订《优待条件》。其中第一款，许其存尊号，民国以外国君主之礼待之。第二款，与以岁费四百万。第三款，许其暂居宫禁，日后移居颐和园。第四款，许其奉祀宗庙陵寝，民国为之保护。第五款，民国许代完德宗崇陵工程。第六款，宫内执事人员，许其留用。唯以后不得再阉人。第七款，民国许保护清室私产。于清皇族，亦许仍其世爵，公私权同于民国国民，而不服兵役，且保护其私产。于旗民，许为代筹生计。未筹定前，八旗兵弁俸饷，照旧发给。亦可谓仁至义尽矣。乃清室仍居宫禁，迄不迁移。违背条件之事，尤不一而足。民国六年，又有复辟之役。京师既复，民国本应加以澈究。徒以是时执政柄者，为清室旧臣，自谓不忍于故君，遂忘服官民国应尽之责任。多数议员，醉心禄利，纵横捭阖，日争政权，但图苟全一己生命财产，不复计纲纪顺逆，无能督责政府者。清帝遂仍安居故宫，一若未犯叛逆之罪。直至十三年，冯玉祥军入京师。国务院始与改订《优待条件》，废其尊号，令其出宫。然犹年给家用五十万。并一次支出二百万，开办北京贫民工厂，尽先收容旗籍贫民。清室所占公产，归诸民国政府，而私产仍为其所有。弥可谓仁之至，义之尽矣。乃清遗臣宝熙等，犹责民国不守《优待条件》，何其悖哉？今节录孙中山秘书处覆宝熙之函如下，于此事症结，最为了然。读此函，而此事之当如何措置，不待再计矣。函云："中山先生以为条件契约，义在共守。《优待条件》第三款，载明大清皇帝辞位以后，暂在宫禁，日后移居颐和园。又民国三年，《清皇室优待条件善后办法》第二款，载称清皇室对于政府文书，及其他履行公权私权之文书契约，通用民国纪年，不用旧历及旧时年号。第三款载称清皇帝谕告及一切赏赐，但行于宗族家庭，及其属下人等。其于官民赠给，以物品为限。所有赐谥及其他荣典，概行废止。乃清室始终未践移宫之约。于文书契约，仍沿用宣统年号。对于官吏颁给荣典赐谥等，亦复相仍弗改。是于民国元年《优待条件》，三年《优待条件善后办法》中，清室应履行各款，已悉行破弃。逮民国六年复辟之举，实犯破坏国体之大眚。《优待条件》，至此毁弃无余。清室已无再责民国政府践履《优待条件》之理。虽清室于复辟失败后，自承为张勋迫胁而成。然张勋既死，清室又予以忠武之谥。是明示国人以张勋有造于清室，复辟之举，实为清室所乐从。综斯数端，民国政府，于《优待条件》，势难继续履行。我所以认十一月间摄政内阁修改《优待条件》，及促清室移宫之举，按之情理法律，皆无可议。"云云。其后清室善后委员会，点查清宫物品，发见清室与其遗臣密谋复辟文件，函请高等检察厅起诉。高等检察厅谓事在十四年一月一日赦令以前，遂为不起诉处分。委员会复函云："本年一月一日大赦令，其主旨，系因民穷俗偷，多陷刑辟。故曹锟一案，不在赦列。其强盗匪徒杀人等案，情节较重，亦不在赦列。阴谋复辟，非普通罪犯可比。推翻国体，罪更浮于贿选。细绎此次令旨，实无赦及屡犯不悛，进行不已，复辟罪犯之意。为此仍请贵厅实行依法检举。"云云。高等检察厅终不听。

附录一　三皇五帝考

言古史者必称三皇五帝。三皇之名，不见于经。五帝则见《大戴礼记》。然说者犹多异辞。盖尝博考之。三皇之异说有六，五帝之异说有三。《河图》《三五历》云："天地初立，有天皇氏，十二头，澹泊无所施为而俗自化。木德王，岁起摄提。兄弟十二人，立各一万八千岁。地皇十一头，火德王，姓十一人，兴于熊耳、龙门等山，亦各万八千岁。人皇九头，乘云车，驾六羽，出谷口。兄弟九人，分长九州，各立城邑。凡一百五十世，合四万五千六百年。"（司马贞《补三皇本纪》。）此三皇之说一也。《史记·秦始皇本纪》：丞相绾等与博士议帝号曰："古有天皇，有地皇，有泰皇，泰皇最贵。"此三皇之说二也。《尚书大传》以燧人、伏羲、神农为三皇。《含文嘉》、（《风俗通》引。）《甄耀度》、（宋均注《援神契》引之，见《曲礼正义》。）《白虎通正说》、谯周《古史考》（《曲礼正义》。）并同。（惟《白虎通》伏羲次燧人前。）此三皇之说三也。《白虎通》或说，以伏羲、神农、祝融为三皇。此三皇之说四也。《运斗枢》、（郑注《中候敕省图》引之，见《曲礼正义》。）《元命苞》，（《文选·东都赋》注引。）以伏羲、女娲、神农为三皇。此三皇之说五也。《尚书伪孔传序》、皇甫谧《帝王世纪》、孙氏注《世本》，以伏羲、神农、黄帝为三皇。（《史记·五帝本纪正义》。）此三皇之说六也。太史公依《世本》《大戴礼》，以黄帝、颛顼、高辛、唐尧、虞舜为五帝。谯周、应劭、宋均皆同。（《五帝本纪正义》。）此五帝之说一也。郑注《中候敕省图》，于黄帝、颛顼之间，增一少昊，谓德合五帝坐星者为帝，故实六人而为五。（《曲礼》

正义。)此五帝之说二也。伪孔、皇甫谧、孙氏以少昊、颛顼、高辛、唐、虞为五帝。(《五帝本纪正义》。)此五帝之说三也。案《大传》云:"燧人以火纪。火,太阳也,故托燧皇于天。伏羲以人事纪,故托戏皇于人。神农悉地力,种谷蔬,故托农皇于地。天地人之道备,而三、五之运兴矣。"则三皇之说,义实取于天地人,犹五帝之义,取于五德迭代也。伏生者,秦博士之一。《始皇本纪》所谓天皇、地皇、泰皇者,盖即《大传》所谓燧皇、羲皇、农皇。(《史记索隐》:"天皇、地皇之下,即云泰皇,当人皇也。"虽推测之辞,说自不误。)《河图说》虽荒怪,然其天皇、地皇、人皇之号,仍本诸此也。《白虎通》释祝融之义曰:"祝者,属也。融者,续也。言能属续三皇之道而行之。"司马贞《补三皇本纪》曰:"女娲氏代伏羲立,无革造,惟作笙簧,故《易》不载,不承五运。一曰:女娲亦木德王。盖伏羲之后,已经数世。金木轮环,周而复始。特举女娲,以其功高而充三皇。"无革造及同以木德王,皆与属续之义相关,未知《白虎通》意果谁主?然司马氏之言,则必有所本也。《补三皇本纪》又曰:"当其末年,诸侯有共工氏,与祝融战,不胜,而怒,乃头触不周山崩。天柱折,地维缺。女娲乃炼五色石以补天,断鳌足以立四极。"云云。(原注:"按其事出《淮南子》。")上云祝融,下云女娲,则祝融、女娲一人。盖今文家本有此异说。故《白虎通》并列之,造纬候者亦可之也。

实六人而为五,立说殊不可通。然实伪孔说之先河。《后汉书·贾逵传》:逵奏《左氏传》大义长于二传者曰:"五经家皆言颛顼代黄帝,而尧不得为火德。《左氏》以为少昊代黄帝,即图谶所谓帝宣也。如令尧不得为火。则汉不得为赤。"此古文家于黄帝、颛顼之间,增一少昊之由。然以六为五,于理终有未安。伪孔乃去燧人而升黄帝为三皇,则少昊虽增,五帝仍为五人矣。且与《易系》盖取一节,始伏羲而终尧、舜者相合,此实其说之弥缝而更工者也。伪孔以《三坟》为三皇之书,《五典》为五帝之典,据《周官·外史疏》,其说实本贾、郑。增改之迹,固可微窥。然则三皇之说，义则托于天地人。其人则或为燧人、伏羲、神农，或为伏羲、神农、祝融，此经师旧说也。因天地人之名，而立为怪说者，纬候也，五帝本无异说。古文家增一少昊，伪孔遂并三皇而易其人。异说虽多，固可穷其源以治其流矣。

问曰：三皇五帝之义，及其人之为谁某，则既闻之矣。敢问旧有此说邪？抑亦儒家所创也？应之曰：三皇五帝之名，旧有之矣。以为天地人之道备，而三五之运兴之义，盖儒家所创也。《周官》："都宗人掌都宗祀之礼。凡都祭祀，致福于国。"注："都或有山川及因国无主，九皇六十四民之祀。"疏："史记伏羲以前，九皇六十四民，并是上古无名号之君，绝世无后，今宜主祭之也。"按注以因国无主之祀，释《周官》之都宗人，盖是。以九皇六十四民，说周因国无主之祭，则非也。(《周官》虽战国时书，然所述必多周旧制。)九皇六十四民，见《春秋繁露·三代改制质文篇》。其说：存二王之后，以大国，与己并称三王。自此以前为五帝，录其后以小国。又其前为九皇，其后为附庸。又其前为民，所谓六十四民也。其说有三王九皇而无三皇。《周官》，"外史，掌三皇五帝之书"。伏羲者，三皇之一。疏引史记，(史记为史籍之通称。今之《史记》，古称《太史公书》。汉东观所续，犹称史记。盖未有专名，故以通名称之也。此疏所引史记，不知何书。然必南北朝旧疏，其说必有所本也。)云伏羲以前，明在三皇五帝之前，其说必不可合。郑盖但知《周官》都宗人所祀，与《繁露》九皇六十四民，并是绝世无名号之君，遂引彼注此，(郑注好牵合，往往如此。)疏亦未知二说之不可合，谓《史记》所云伏羲以前上古无名号之君，即郑所云九皇六十四民，遂引以疏郑也。《史记·封禅书》："管仲曰：古者封泰山禅梁父者七十二家。"又曰："孔子论述六艺传，略言易姓而王，封泰山禅乎梁父者七十余王矣，其俎豆之礼不章，盖难言之。"而《韩诗外传》曰："孔子升泰山，观易姓而王，可得而数者七十余人，不得而数者万数也。"(《封禅书正义》引。今本无之。然《书序疏》及《补三皇本纪》并有此语,乃今本佚夺,非张氏误引也。)万盖以大数言之。然其数必不止七十二可知。数不止七十二,而管仲、孔子,皆以七十二言之者,盖述周制也。七十二家,盖周登封之所祀也。曰俎豆之礼不章,言周衰,不复能封禅,故其礼不可考也。《春秋》立新王之事,不纯法古制,然损益必有所因。因国无主之祭,及于远古有功德于民之人,忠厚之至也,盖孔子之所因也。然不能无损益,《王制》者,孔子所损益三代之制也。(《王制》多存诸经之传,如说巡守礼为《尧典》之传是也。皆孔门《六经》之义,非古制。郑以其与《周官》不合,多曲说为殷制,大非。)《王制》曰:"天子诸侯祭因国之在其地而无主后者。"此《周官》都宗人之所掌,盖孔子之所因也。《繁露》曰:"圣王生则称天子,崩迁则存为三王,绌灭则为五帝,下至附庸,绌为九皇,下极其为民。有一谓之三代,虽绝地,庙位祝牲,犹列于郊号,宗于岱宗。"绝地者,六十四民之后,封爵之所不及,故命之曰民。绝地而庙位祝牲,犹列于郊号,宗于岱宗,此盖周登封时七十二家之祭矣。周制,盖自胜朝上推八世,谓之三皇五帝,使外史氏掌其书,以备掌故。自此以往,则方策不存,徒于因国无主及登封之时祀之而已。其数凡七十二,合本朝为八十一。必八十一者,九九八十一;九者数之究;八十一者,数之究之究者也。孔子则以本朝合二代为三王,又其上为五帝,又其上为九皇,又其上为六十四民。必以本朝合二代为三王者,所以明通三统之义也。上之为五帝,所以视昭五端之义也。九皇之后,绌为附庸;六十四家徒为民,亲疏之义也。此盖孔子作新王之事,损益前代之法,《春秋》之大义。然此于《春秋》云尔,其于《书》,仍存周所谓三皇五帝者,以寓天地人之道备,而三五之运兴之义。故伏生所传,与董子所说,有不同也。《古今注》:"程雅问于董生曰:古何以称三皇五帝?对曰:三皇者,三才也。五帝,五常也。"三才者,天地人也。五常可以配五行。董子之言,与伏生若合符节。故知三皇五帝为《书》说,三王、五帝、九皇、六十四民为《春秋》

义也。（或曰：《繁露》谓"汤受命而王，亲夏，故虞，绌唐，谓之帝尧，以神农为赤帝。周以轩辕为黄帝，因存帝颛顼、帝喾、帝尧之帝号，绌虞而号舜曰帝舜，推神农以为九皇"。明九皇六十四民，为周时制也。应之曰：此古人言语与今人不同，其意谓以殷周之事言之当如此，非谓殷周时实然也。或曰，《管子》曰："古者封泰山禅梁父者七十二家，夷吾所记，十有二焉。"下历举无怀、伏羲、神农、炎帝、黄帝、颛顼、帝喾、尧、舜、禹、汤、周成王之名，凡十二家。明三皇五帝，即在七十二家之中。应之曰：此亦古今言语不同。上云七十二家，乃极言其多。下云十二家，则更端历举所能记者，不蒙上七十二家言。此以今人语法言之为不可通，然古人语自如是，多读古书者自知之也。《庄子·胠箧篇》列古帝王称号，有容成氏、大庭氏、伯皇氏、中央氏、栗陆氏、骊连氏、轩辕氏、赫胥氏、尊卢氏、祝融氏，多在三皇以前。古人同号者甚多。大庭氏不必即神农，轩辕、祝融亦不必即黄帝、女娲也。《礼记·祭法正义》引《春秋命历序》："炎帝号曰大庭氏，传八世，合五百二十岁。黄帝，一曰帝轩辕。传十世，二千五百二十岁。次曰帝宣，曰少昊。一曰金天氏，则穷桑氏，传八世，五百岁。次曰颛顼，则高阳氏，传二十世，三百五十岁。次是帝喾，即高辛氏，传十世，四百岁。"又《曲礼正义》："《六艺论》云：燧人至伏羲，一百八十七代。宋均注《文耀钩》云：女娲以下至神农，七十二姓。谯周以为伏羲以次有三姓，始至女娲。女娲之后五十姓至神农，神农至炎帝，一百三十三姓。"说虽怪迂，然三皇五帝，不必身相接，则大略可知，亦足为《韩诗》不得而数者万数作佐证也。二千五百二十岁之二，闽本、宋本作一。）

附录二　广疑古篇

　　刘子玄《疑古》之说，后儒多訾之，此未有史识者也。彼众人不知，则其论事，恒以大为小。今有十室之邑，醵资而为社，举一人主其事，意有不乐，褰裳去之可也。假为千室之邑，则其去之，有不若是其易者矣。受任于败军之际，奉命于危难之间，拂衣而去，在一人诚释重负。然坐视继任之无人，而国事遂至败坏，众民无所托命，必有蹙然不安者。古之居高位，当重任者，曷尝不思息仔肩？然终不得去者，固未必无贪恋权力，沈溺富贵之私。然念责任不得遽卸，不忍脱然而去，以坏大局，其情亦必有之，厚薄不同而已。非如世俗所测度，徒据高位，贪厚禄而不肯去。苟肯弃高位，舍厚禄，即无不可去，无不得去也。彼世俗之见，亦适成其为世俗之见而已。儒者之称尧舜禅让，而讥后世篡夺，将毋同？
　　子玄曰："魏文帝曰：舜禹之事，我知之矣。汉景帝曰：学者无言汤武受命不为愚。斯并曩贤精鉴，已有先觉。而拘于礼法，限以师训，虽口不能言，而心知其不可者，盖亦多矣。（"案《汲冢纪年》，明系伪物。其所以为伪，殆亦因口不能言，而托之于古与？）夫书传无说，而我以意度，以为必然。书传有说，而我以意度，以为必不然。此学者之所深訾，亦恒情之所不服。然天下事固有意度未必非，左证完具，未必是者。今谓自有地球，则天无二日，书传无征也。谓古者十日并出，则传有其辞矣。二者果孰是乎？盖治社会科学者，其视人之行为与物同。今夫无生之物，其变动，最易逆测者也。植物动物，犹可逆测也，惟人则不然。虽甚圣智，不能必得之于至愚者矣。虽然，人人而观之，其举动殆不可测。而合全社会而观之，则仍有其必至之符。懦夫见弱，稽颡搏颊，壮士则有不肤挠不目逃者。其勇怯之相去，若莛与楹。国民则未有见侮而不斗者也。且即人人而观之，其度量之相越，亦自有其限界，不能一为神而一为禽也。宋之田舍翁，其雄略，孰与唐之太宗？然宋太祖与唐太宗，则相去初不甚远。明之卖菜佣，其智力，孰与汉之郑康成？然以顾亭林与郑康成比，则度长絜大，殆有过之，谓古今人不相及，姑以是砭末俗而寄其思古之情，则可矣。以是为实，殆不然也。然则谓后世惟有王莽、曹操、司马懿、刘裕、杨坚、李渊、朱温、赵匡胤，古独有尧、舜、禹、汤、文、武，无有是处。

子玄疑古，皆据《汲冢书》及《山海经》。此皆伪物，不足据。亦其所以不见信于世也。百家之言尧、舜、汤、武者多矣。非儒之于儒，犹儒之于非儒也。举其说，犹不足以服儒家之心。今试以儒攻儒，则其可疑者，亦有五焉。

《书》曰："无若丹朱傲，惟慢游是好，傲虐是作。罔昼夜额额。罔水行舟，朋淫于家，用殄厥世。"《释文》："傲，字又作奡。"《说文》奡下引"《虞书》：若丹朱奡"。又引"《论语》：奡荡丹"。俞理初《癸巳类稿》曰："奡与丹朱，各为一人，皆是尧子。《庄子·盗跖篇》曰：尧杀长子。《释文》引崔云：长子考监明。又《韩非子·说疑篇》云：《记》曰：尧诛丹朱。尧时《书》称胤子朱，《史》称嗣子丹朱。朱至虞时封丹，则尧未诛丹朱。又据《吕氏春秋·去私篇》云：尧有子十人。高诱注云：孟子言九男事舜，而此云十子，殆丹朱为胤子，不在数中。其说盖未详考。《吕氏·求人篇》云：妻以二女，臣以十子。《吕氏》实连丹朱数之，而《孟子》止言九男。《淮南·泰族训》亦云：尧属舜以九子。合五书，知尧失一子。《书》又云殄厥世。是尧十子必绝其一，而又必非丹朱也。《管子·宙合篇》云：若觉卧，若晦明，若敖之在尧也。即《史记·夏本纪》若丹朱傲。《汉书·楚元王传》刘向引《书》无若丹朱敖之敖。房乔注云：敖，尧子丹朱。谓取敖名朱，若举其谥者，尤不成辞。案《说文》言丹朱奡，《论语》已偏举羿。司马迁、刘向言丹朱敖，《管子》已偏举敖，则羿与朱各为一人，有三代古文为证，无疑也。《汉书·邹阳传》云：不合则骨肉为仇敌，朱、象、管、蔡是已。汉初必有师说。朱与羿以傲虐朋淫相恶，亦无疑也。故《经》曰羿额额，罔水行舟，则《论语》云羿荡舟也。《经》曰羿朋淫于家，则邹阳云骨肉为仇敌也。《经》曰羿殄厥世，则《论语》云不得其死。《孟子》《吕氏》《淮南》十子九男之不同；《庄子》言杀长子；《韩非子》言诛丹朱，皆可明其传闻不同之故。又得《管子》《论语》偏举之文，定知言羿者不是丹朱矣。"（赵耘崧《陔余丛考》曰："羿善射，羿荡舟，解以有穷后羿及寒浞之子，其说始于孔安国，而朱注因之。寒浞之子名浇，《左传》并不言羿。浇之荡舟，不见所出。陆德明《音义》，于丹朱傲云，字又作羿。宋人吴斗南，因悟即此荡舟之羿，与丹朱为两人也。盖禹之规戒，若但作傲慢之傲，则既云无若丹朱傲矣，下文何必又曰傲虐是作乎？以此知丹朱与羿为两人也。曰罔水行舟，正此陆地行舟之明证也。曰朋淫于家，则丹朱与羿二人同淫乐也。吴氏之说，真可谓铁板注脚矣。"）予案羿能罔水行舟，则其人必有勇力。似与舜抗而不胜，而尧其余九男，乃往事舜者，此可疑者一也。

太史公曰："夫学者载籍极博，犹考信于六艺。《诗》《书》虽缺，然虞夏之文可知也。尧将逊位，让于虞舜，舜禹之间，岳牧咸荐，乃试之于位，典职数十年，功用既兴，然后授政。示天下重器，王者大统，传天下若斯之难也。而说者曰：尧让天下于许由，许由不受，耻之，逃隐。及夏之时，有卞随、务光者。此何以称焉？太史公曰：余登箕山，其上盖有许由冢云。孔子序列古之仁圣贤人，如吴太伯、伯夷之伦，详矣。余以所闻，由、光义至高，其文辞不少概见，何哉？"史公此文，盖深慨载籍所传之说，与《书》义不符，欲考信而无从也。案宋于庭《尚书略说》据《周礼疏序》引郑《尚书》注云：四岳，四时之官，主四岳之事。始羲和之时，主四岳者，谓之四伯。至其死，分岳事置八伯，皆王官。其八伯，惟驩兜、共工、放齐、鲧四人而已。其余四人，无文可知矣。

案上文羲和四子，分掌四时，即是四岳，故云四时之官也。云八伯者，《尚书大传》称阳伯、仪伯、夏伯、羲伯、秋伯、和伯、冬伯，其一阙焉。郑注以阳伯为伯夷掌之，夏伯弃掌之，秋伯咎繇掌之，冬伯垂掌之，余则羲和、仲叔之后。《尧典》注言驩兜四人者；郑以《大传》所言，在舜即真之年，此在尧时，当别自有人，而经无所见，故举四人例之。案唐虞四岳有三：其始为羲和之四子，为四伯。其后共、驩等，为八伯。其后伯夷诸人为之。《白虎通·王者不臣篇》：先王老臣不名。亲与先王勠力，共治国，同功于天下，故尊而不名也。《尚书》曰咨尔伯，不言名也。案班氏说《尚书》，知伯夷逮事尧，故居八伯之首，而称太岳。《春秋左氏》隐十一年，夫许，太岳之胤也。申、吕、齐、许同祖，故吕侯训刑，称伯夷、禹、稷为三后。知太岳定是伯夷也。《墨子·所染篇》《吕氏春秋·当染篇》并云：舜染于许由、伯阳。由与夷，夷与阳，并声之转。《大传》之阳伯，《墨》《吕》之许由、伯阳，与《书》之伯夷，正是一人，伯夷封许，故曰许由。《史记》尧让天下于许由，正傅会"咨四岳巽朕位"之语。百家之言，自有所出。《周语》太子晋称共之从孙四岳佐禹。又云：胙四岳国，命为侯伯，赐姓曰姜，氏曰有吕。《史记·齐太公世家》云：吕尚，其先祖尝为四岳。佐禹平水土。虞、夏之际，封于吕，姓姜氏。此云四岳，皆指伯夷。盖伯夷称太岳，遂号为四岳。其实四岳非伯一人也。据此，则孔子于许由，未尝无辞，史公偶未悟耳。而知宋氏之说，则四岳之三，即在四罪之中，岂不可骇？又神农姜姓，黄帝姬姓。《史记·五帝本纪》谓黄帝与炎帝战于阪泉之野，又谓黄帝与蚩尤战于涿鹿之野。其实阪泉、涿鹿，即是一役；蚩尤、炎帝，正是一人。予别有考。自黄帝灭炎帝后，至于周，有天下者，皆黄帝之子孙。而共工、三苗，则皆姜姓也。伯夷虽得免患，卒亦不能践大位。唐虞之际，其殆姬姜之争乎？此可疑者二也。

《小戴记·檀弓》："舜葬于苍梧之野。"各书皆同。惟《孟子》谓：

"舜生于诸冯，迁于负夏，卒于鸣条。"未知何据。案《史记·五帝本纪》："舜耕历山，渔雷泽，陶河滨；作什器于寿丘，就时于负夏。"索隐引《尚书大传》："贩于顿丘，就时负夏。"则史公、孟子，同用今文《书》说。《史记》下文又云："南巡狩，崩于苍梧之野，葬于江南九疑，是为零陵。"盖又一说也。古衡山，或以为在今湖南，或谓实今安徽之霍山。窃疑古代命山，所包甚广。衡霍峰岭相接，实通名为衡山。衡者，对从而言，以其脉东西绵亘而名之也。而唐虞之世，所祀为岳主峰者，则实为今之霍山。何者？禹会诸侯于涂山，又会诸侯于会稽，皆在淮南北、浙东西之地。而三苗之国，衡山在南，岐山在北，至禹时犹勤兵力以征之，舜未必能巡守至此也。自秦以前，戡定天下者，皆成功于今安徽。桀奔鸣条；武庚之叛，淮夷、徐戎并兴；楚之亡亦迁寿春是也。窃疑舜卒于鸣条，实近当时之南岳。后人误以唐虞时南岳，亦今衡山，乃并舜之葬处，而移之零陵耳。然无论其为鸣条，为苍梧，其有败逋之嫌则一。鸣条，桀之所放。苍梧、九疑，则近乎舜放象之有庳矣。果其雍容揖让，何为至于此乎？此可疑者三也。

《史记·秦本纪》："秦之先，帝颛顼之苗裔孙，曰女脩。女脩织，玄鸟陨卵，女脩吞之，生子大业。大业取少典之子，曰女华。女华生大费，与禹平水土。已成，帝锡玄圭。禹受曰：'非予能成，亦大费为辅。'帝舜曰：'咨尔费，赞禹功，其赐尔皂游。尔后嗣将大出。'乃妻之姚姓之玉女。大费拜受。佐舜调驯鸟兽，鸟兽多驯服，是为柏翳。"《正义》："《列女传》云：陶子生五岁而佐禹。"曹大家注云："陶子者，皋陶之子伯益也。"按此，即知大业是皋陶。《索隐》曰："寻检《史记》上下诸文，伯翳与伯益是一人不疑。而《陈杞世家》，即叙伯翳与伯益为二，未知太史公疑而未决邪？抑亦谬误尔？"案《陈杞世家》，叙唐虞之际，有功德之臣十一人：曰舜，曰禹，曰契，曰后稷，曰皋陶，曰伯夷，曰伯翳，曰垂、益、夔、龙。《索隐》曰："秦祖伯翳，解者以翳益，则一人，今言十一人，叙伯翳，而又别言垂、益，则是二人也。且按《舜本纪》叙十人，无翳，而有彭祖，彭祖亦坟典不载，未知太史公意如何，恐多是误。然据《秦本纪》叙翳之功，云'佐舜驯调鸟兽'，与《舜典》'命益作虞，若予上下草木鸟兽'文同。则为一人必矣，今未详其所由也。"案《陈杞世家》之文，盖漏彭祖。所以叙翳，又别言益者，以垂、益、夔、龙四字为句。虽并举益，实但指垂。此古人行文足句之例。详见予所撰《章句论》。十一人去舜得十，加十二牧，凡二十二人。《五帝本纪》上文云："禹、皋陶、契、后稷、伯夷、夔、龙、垂、益、彭祖，自尧时而皆举用，未有分职。"次云："命十二牧。"下乃备载命禹、弃、契、皋陶、垂、益、伯夷、夔、龙之辞，而终之曰："嗟！女二十有二人。"明二十二人，即指十二牧及前所举十人。特失命彭祖之辞耳。然则翳、益为一人不疑也。《夏本纪》曰："帝禹立，而举皋陶荐之，且授政焉，而皋陶卒。而后举益，任之政。"禹行禅让，而所传者反父子相继，何邪？此可疑者四也。

《孟子》："万章问曰：人有言，至于禹而德衰，不传于贤而传于子。有诸？孟子曰：否，不然也。天与贤，则与贤。天与子，则与子。……丹朱之不肖，舜之子亦不肖。舜之相尧，禹之相舜也，历年多，施泽于民久。启贤，能敬承继禹之道。益之相禹也，历年少，施泽于民未久。舜、禹、益相去久远，其子之贤不肖，皆天也，非人之所能为也。莫之为而为者，天也；莫之致而至者，命也。"辨矣。然《淮南子》曰："有扈氏为义而亡。"注："有扈，夏启之庶兄也。以尧、舜举贤，禹独与子，故伐启。启亡之。"（《淮南子·齐俗训》。）《新序》曰："禹问伯成子高曰：昔者尧治天下，吾子立为诸侯。尧授舜，吾子犹存焉。及我在位，子诸辞侯而耕，何故？子高曰：昔尧之治天下，举天下而传之他人，至无欲也；择贤而与人，至公也。舜亦犹然。今君之所怀者私也，百姓知之，贪争之端，自此始矣。德自此衰，刑自此起矣。我不忍见，是以野处也。"（《新序·节士》。）《淮南》世以为杂家，而主于道，其实多儒家言，予别有考，今姑勿论。《新序》之为儒家言,则无疑矣,而其言如此。又《书·甘誓序疏》曰:"自尧、舜,受禅相承,启独见继父,以此不服,故伐之。"《义疏》所本,亦必儒家言也。然则夏之世继,儒家传说,亦有异辞矣。得毋三王之事,或隐或显,姑以意言之邪?其可疑者五也。

周公摄政,亦今古文之说不同。今文家谓武王克殷二年,天下未集,有疾,周公乃自以为质,告于大王、王季、文王,藏其策金縢匮中。武王崩,成王少,周公恐天下闻而畔,乃践阼,代成王,摄行政,当国。管叔及其群弟流言于国。周公告太公望,召公奭曰:我之所以弗辟,摄行政者,恐天下畔周,无以告我先王大王、王季、文王。于是卒相成王。管、蔡、武庚等果率淮夷而反。周公乃奉成王命,兴师东伐。诛管叔,杀武庚,放蔡叔。宁淮夷土,二年而毕定。周公归报成王,乃为诗诒王,命之曰《鸱鸮》。成王七年,成王长,能听政,周公乃还政于成王。初,成王少时,病,周公乃自揃其爪以沈于河,以祝于神曰:王少未有识,奸神命者乃旦也。亦藏其策于府。成王病有瘳。及成王用事,人或谮周公,周公奔楚。成王发府,见周公祷书,乃泣,反周公。(《史记·鲁世家》《蒙恬列传》。)周公死,成王狐疑,欲以天子礼葬公。公人臣也,欲以人臣礼葬公。公有王功,天大雷雨,禾偃,大木拔。及成王寤金縢之策,改周公之葬,申命鲁郊,而天立复风雨,禾稼尽起。(《论衡·感类篇》。《后汉书·周举传》注引《尚书·洪范·五行传》。)古文家以为武王崩,成王年十岁。年十二,丧毕,称己小,求摄。周公将代之,管蔡流言,周公惧,明年,出居东国,待罪以须君之察己。周公之属党,与知居摄者,周公出皆奔。又明年,尽为成王所得。周公伤其属党,无罪将死,恐其刑滥,又破其家,而不敢正言,乃作《鸱鸮之诗》以诒王。明年,有雷风之异,王乃改先时之心,更自新,以迎周公于东。周公反,则居摄之元年。时成王年十五。书传所谓一年救乱。明年,诛武庚、管、蔡等,书传所谓二年克殷。明年,自奄而还,书传所谓三年践奄。四年,封康叔,书传所谓四年建侯卫。

时成王年十八。明年，营洛邑，故书传云五年营成周。六年制礼作乐。七年，致政成王，成王年二十一。明年，乃即政，年二十二也。（《礼记·明堂位》《诗·七月鸱鸮东山疏》。案《义疏》所引，虽郑氏一家之言，然《论衡·感类篇》曰："古文家以武王崩，周公居摄，管、蔡流言。王意狐疑周公，周公奔楚，故天雷雨，以悟成王。"则郑所用，乃古文家之公言也。）案周公既以成王幼而欲摄政，而又出居东国，待罪以须君之察己，不合情理。自当以今文说为是。古文之说，盖误居东与奔楚为一谈也。周初之楚，在今丹、淅二水入汉之处。（宋翔凤《过庭录·楚鬻熊居丹阳武王徙郢考》。）文王化行江汉，实得此震荡中原。迨穆王南巡守不反，则自武关东南出之道绝，而王室之威灵稍替矣。《左氏》昭公七年，"公将适楚，梦襄公祖。梓慎曰：襄公之适楚也，梦周公祖而行。子服惠伯曰：先君未尝适楚，故周公祖以道之。襄公适楚矣，而祖以道君"。可见周公奔楚，确有其事。此事自当如今文说，在成王亲政之后。谓属党之执，亦在斯时，则怡然冰释，涣然理顺矣。丹、淅形胜之地，周公据之，意欲何为，殊不易测。其如何复反于周，亦不可考。发府见书之说，乃讳饰之辞，不足信也。雷风示变，因以王礼改葬，申命鲁郊，其事亦殊可异。《汉书·匈奴传》："贰师在匈奴岁余，卫律害其宠，会母阏氏病。律饬胡巫言先单于怒，曰：'胡故时祠兵，常言得贰师以社，今何故不用？'于是收贰师，贰师骂曰：'我死必灭匈奴！'遂屠贰师以祠。会连雨雪数月，畜产死，人民疫病，谷稼不熟，单于恐，为贰师立祠室。"生则虐之，死又谀之，巫鬼之世，常有之矣，不足怪也。然则周公其果以功名终邪？此可疑者六也。

此等疑窦，一一搜剔，实不知凡几。今特就其较显著者言之耳。然儒家所传，是否事实，固已不能无疑。则亦无怪子玄之疑之矣。近人有孔子托古改制之说。其甚者，至谓三代以前，皆獉狉之世；尧、舜、禹、汤、文、武，为不知谁何之人，皆孔子造作，以寄其意。此亦太过。无征不信，岂能以一手掩尽天下目邪？且孔子固曰"我欲托之空言，不如见之行事之深切著明"矣。立说而蕲为世之所信，固莫如即其所信而增饰之。然则儒家之言，仍是当日流传之说。儒家特加以张皇，为之弥缝耳。仲任谓"圣人重疑，因不复定"，其说最允矣。(《论衡·奇怪篇》。)

然当日虽有此流传之说，而为之张皇其辞，弥缝其阙者，则固儒家为之，则亦足以考见儒家之主张矣。儒家之书言禅继之义者，莫备于《孟子·万章上篇》。今试就其言考之。其第一步，实在破天下为一人所私有之说，故曰："天子不能以天下与人。"然则孰与之？曰："天与之。""天与之者，谆谆然命之乎？"曰："非也。""天视自我民视，天听自我民听。"故舜禹之王，必以朝觐、讼狱之归，益之继世亦然也。此所谓"天与贤则与贤，天与子则与子"也。故曰："唐、虞禅，夏后、殷、周继，其义一也。"设诘之曰："德若舜禹，必天之所生，欲命以为天子者也，而何以仲尼不有天下？"则曰："无天子荐之也。"设又诘之曰："启、太甲、成王之德，不必如益、伊尹、周公也，而何以益、伊尹、周公不有天下？"曰："继世而有天下，天之所废，必若桀纣者也。"如常山蛇，击首则尾应，击尾则首应，其立说可谓完密矣。当时虽未能行，卒赖其说，深入于民心，而两千年后，遂成国为民有之局。诵儒家言者，尊孔子为制法主，宜哉。

于史事不谛，而以意为说，不独儒家然也。《韩非子·忠孝》曰："瞽瞍为舜父而舜放之。象为舜弟而杀之。放父杀弟，不可谓仁。妻帝二女而取天下，不可谓义。"《外储说》曰："燕王欲传国于子之也，问之潘寿。对曰：禹爱益，而任天下于益，已而以启人为吏。及老，而以启为不足任天下，故传天下于益，而势重尽在启也。已而启与友党攻益，而夺之天下。"舜禹曾操懿之不若矣。然《五蠹篇》则曰："尧之王天下也，茅茨不剪，采椽不斫；粝粢之食，藜藿之羹；冬日麑裘，夏日葛衣；虽监门之服养，不亏于此矣。禹之王天下也，身执耒臿，以为民先；股无胈，胫不生毛；虽臣虏之劳，不苦于此矣。以是言之，夫古之让天子者，是去监门之养，而离臣虏之劳也。"则说又大异，何哉？一以明让非定位一教之道，一以明争让由于养之厚薄也。皆取明义而已。事之实不实，非所问也。子玄所谓"轻事重言"者也。

或曰：古之让国者亦多矣。许由、务光、王子搜（《庄子·让王》《吕览·贵生》。）等，姑勿论，其见于故书雅记者，若伯夷、叔齐，若吴泰伯，若鲁隐公，若宋宣公，（《春秋》隐公三年。）若曹公子喜时，（成公十六年。）若吴季札，（襄公二十九年。）若邾娄叔术，（昭公三十一年。）若楚公子启，（哀公八年。）皆是也。尽子虚邪？曰：夷齐之事，殊不近情。周大王之为人，何其与晋献公相类也？此外苟察其实，有一如儒家所传，尧、舜、禹授受之事者邪？

第十二章

户　籍

　　《中论》曰："治平在庶功兴，庶功兴在事役均，事役均在民数周。民数周，为国之本也。故先王周知其万民众寡之数，乃分九职焉。九职既分，则劬劳者可见，怠惰者可闻也。然而事役不均者，未之有也。事役既均，故民尽其力。而人竭其力，而庶功不兴者，未之有也。庶功既兴，故国家殷富，大小不匮，百姓休和，下无怨疚焉。然而治不平者，未之有也。故曰：水有源，治有本。道者，审乎本而已矣。……今之为政者，未知恤己矣。譬由无田而欲树艺也；虽有良农，安所措其强力乎？"伟长此篇，言民数之宜审，最为警切。盖凡治皆以为民，凡事皆待人为，故周知民数，为设治之本也。

　　然中国数千年来，见于载籍之民数，殆无一确实者。有之，其惟古代乎？然其数不可考矣。古代民数，所以较确实者，以其国小而治纤悉。斯时去游牧之世未远，游牧之世，治本属人而非属地。其后虽进于耕稼，犹存属人之意。故统属编制，咸有定法。《周官》六乡，五家为比，五比为闾，四闾为族，五族为党，五党为州，五州为乡；遂则五家为邻，五邻为里，四里为酂，五酂为鄙，五鄙为县，五县为遂，皆以五起数，与军制相应。(《管子·立政》:分国以为五乡,分乡以为五州,分州以为十里,分里以为十游;十家为什,五家为伍,什伍皆有长焉。《小匡》:五家为轨,十轨为里,四里为连,十连为乡,五乡一师。其制,鄙则五家为轨,六轨为邑,十邑为率,十率为乡,三乡为属,五属一大夫。《史记·商鞅列传》:"令民为什伍,而相牧司连坐。"亦皆以五起数。)《尚书大传》:"古八家为邻,三邻而为朋,三朋而为里,五里而为邑,十邑而为都,十都而为师,州十有二师焉。"则以三起数,与井田之制相应。虽其制不同,而其有统属编制则一。《内则》:子之生也,"夫告宰名,宰遍告诸男名,书曰:某年,某月,某日,某生。而藏之。宰告闾史。闾史书为二,其一藏诸闾府,其一献诸州史。州史献诸州伯,州伯命藏诸州府"。是凡一人之生,州闾及其家,皆有记录也。《周官·司民》:"掌登万民之数,自生齿以上,皆书于板。(注:男八月、女七月而生齿。)辨其国中,与其都鄙,及其郊野,异其男女,岁登下其死生。及三年大比,以万民之数诏司寇。司寇及孟冬祀司民之日,献其数于王,王拜受之,登于天府。内史、司会、冢宰贰之,以赞王治。"是为专司民数之官。而小史徒颁比法于六乡,使各登其乡之众寡、六畜、车辇。自乡大夫以下,皆司其事。遂亦如之。三年大比,则普加简阅。由是以起军旅,作田役,比追胥,令贡赋,均土地焉。《媒氏》:"掌万民之判。凡男女,自成名以上,皆书年、月、日、名焉。"(注:谓子生三月,父名之。)"中春之月,令会男女。"盖即《礼运》《管子》所谓"合男女"者也。《周语》:"宣王既丧南国之师,乃料民于太原。仲山甫谏曰:民不可料也!夫古者不料民而知其多少。司民协孤终,司商协民姓,司徒协旅,司寇协奸,牧协职,工协革,场协入,廪协出,是则少多、死生、出入、往来,皆可知也。于是乎又审之以事。王治农于籍,蒐于农隙,耨获亦于籍,狝于既蒸,狩于毕时,是皆习民数者也,又何料焉?"盖凡政令,无不与民数相关。其知之之途多,故其所知之数审也。

后世之民数,所以几不可知者,其故有四:古代设治极密,大国百里，其君不过后世一县令耳。而其下设官甚多，君主既不甚尊严，大夫士尤易巡行田野。其人皆生长其地，世守其土，民情不易隐匿。赋役之登耗，尤与其禄入有关。其能周知隐曲，自在意计之中。后世则亲民之官，惟一县令，政不逮下。其辅之为治者，则吏胥及里闾之长耳。县令皆异地人，有并其所治之地之言语而不能通者，而民情无论矣。久任者绝罕，大率不数年而去。增加赋入，初无益于私计。隐匿户口，转可以宽考成。彼亦何乐而遍行乡曲，以核其实哉？里闾之长，非甍愚不能任事，则思鱼肉乡里以自肥，吏胥更无论矣，安可托以清查乎？即托以清查，又焉能集事乎？此由于设官之疏阔者一也。古者周知民数，盖将以为治。如徐伟长所谓"以分田里，以令贡赋，以造器用，以制禄食，以起田役，以作军旅"者也。后世度地居民之制既亡，计口授田之法亦废，贡赋不核其实，禄食不依于田，田役久阙成规，军旅出于召募，设工官以造械器，更绝无其事矣。一切养生送死之事，莫不由人民自谋，国家初不过问。周知民数，无益于政，且不免烦扰之虞；不知民数，不阙于事，转可获清静之益，安得不听其自生自死，而不一问其增耗也？此由于政事之废弛者二也。古代田宅，皆受诸官。人民应役，固因耕地之肥瘠而有重轻；而其受田，亦因人口之多寡而异肥瘠。（《周官·小司徒》："乃均土地，以稽其人民，而周知其数。上地家七人，可任也者家三人。中地家六人，可任也者二家五人。下地家五人，可任也者家二人。"）隐匿口数，是自弃其承受田宅之利也。后世则不授以田，而徒役其身，征其税。有丁有田者，苟能漏籍，即同宽免之条，贫无立锥者，不能免役，且输无田之税，孰不欲为亡命之徒乎？此由于产业制度之不同者三也。古者生事简，域民严，民去其乡者少。比闾族党之制，既足周知农民之数，出于耕农之外者，其业各有统属，有如中山甫所述之制，亦足知之。后世职业繁，交通便，既无津梁符传之限制，复获箕裘弓冶之自由，背井离乡，有如兽走鸟飞，莫之能制。列廛比肆，又如秦肥越瘠，各不相知。又有所谓"游民纷于镇集，技业散于江湖"者，彼既不乐人之知之，人亦无从而知之。户口之数，即令知之多途，核之有道，亦安能如古代之翔实哉？此由于社会组织之复杂者四也。凡此，皆古代之民数所以精详，而后世则几于不可知之原因也。而户籍役籍并为一谈，尤为清查人口之大累。

古代户籍，盖亦惟州间所藏，为全国人口总数。此外诸官所记，盖亦取与职事有关。虽其所记，或仍与人口总数相近，然其清查之意，则已不为人口而为财用矣。详见拙撰《论中国户口册籍之法》一篇，兹不更赘。后世制度日异，生子而书名州间，业已绝无其事。政治阔疏，除收口税之册外，更无他籍。而口税之册，失实特甚。全国人口，遂至无可稽考矣。今试略举往史所载户籍失实情形如次：

《文献通考·职役考》："齐高祖建元二年，诏朝臣曰：黄籍民之大纪，国之治端。自顷氓俗巧伪已久，乃至窃注爵位，盗易年月，增损之状，贸袭万端，或户存而文书已绝，或人在而反托死叛，停私而云隶役，身强而称六疾。编户齐民，少不如此，皆政之巨蠹，教之深疵。比年虽却改籍书，终无得实。若约之以刑，则人伪已远，若绥之以德，则胜残未易。卿诸贤并深明理体，各献嘉谋，以何科算，能革斯弊也？虞玩之上表曰：宋元嘉二十七年，八条取人，孝建元年书籍，众巧之所始也。元嘉中，故光禄大夫傅崇，年出七十，犹手自书籍，躬加隐校。""古之共理天下，惟良二千石。今欲求理取正，其在勤明令长。凡受籍县，不加检勘，但封送州。州检得知，方却归县。吏贪其赂，人肆其奸。奸弥深而却弥多，赂逾厚而答逾缓。自泰始三年至元徽四年，扬州等九郡四号黄籍，共却七万一千余户。于今十一年矣，而所正者犹未四万。神州奥区，尚或如此，江湘诸郡，尤不可言。愚谓宜以元嘉二十七年籍为正。人惰法既久，今建元二年书籍，宜更立明科，一听首悔。倍而不念，依制必戮。使官长审自检校，必令明洗，然后上州，永以为正。若有虚昧，州县同咎。今户口多少，不减元嘉，而版籍顿阙，弊亦有以。自孝建以来，入勋者众。其中操干戈卫社稷者，三分殆无一焉。""寻苏峻平后，庾亮就温峤求勋簿，而峤不与，以为陶侃所上，多非实录。寻物之怀私，无代不有。""又有改注籍状，诈入士流，昔为人役者，今反役人。又生不长发，便谓道人。""或抱子并居，竟不编户。迁徙去来，公违土断。属役无漏，流亡不归。法令必行，自然竞反。""为理不患无制，患在不行；不患不行，患在不久。帝省表纳之，乃别置板籍，官置令史，限人一日得数巧，以防懈怠。至武帝永明八年，谪巧者戍缘淮各十年，百姓怨咨。帝乃诏曰：既往之愆，不足追咎。自宋昇明以前，皆听复注。其有谪边疆，皆许还本。自此后有犯，严其罪。"（又见《南齐书·虞玩之传》。）案此可见官长怠惰，吏胥舞弊，人民诈伪情形。

又："梁武帝时，所司奏南徐、江、郢，逋两年黄籍不上。尚书令沈约上言曰：晋咸和中，苏峻作乱，版籍焚化。此后起咸和三年，以至乎宋，并皆详实。朱笔隐注，纸连悉缝，而尚书上省库籍，惟有宋元嘉以来者。晋代旧籍，并在下省左人曹，谓之《晋籍》。自东西二库，既不系寻检，主者不复经怀，狗牵鼠啮，雨湿沾烂，解散于地，又无扃縢。此籍精详，实宜保惜。位高官卑，皆可依按。宋元嘉二十七年，始以七条征发。既立此科，苟有回避，奸伪互起，岁月滋广，以至于齐。于是东堂校籍，置郎令史以掌之，而簿籍于此大坏矣。凡粗有衣食者，莫不互相因依，竞行奸货。落除卑注，更书新籍。通官荣禄，随意高下。以新换故，不过用一万许钱。昨日卑微，今日仕伍。凡此奸巧，并出愚下。不辨年号，不识官阶。或注义熙在宁康之前，或以崇安在元兴之后。此时无此府，此年无此国。元兴惟有三年，而猥称四年。又诏书甲子，不与长历相应。如此诡谬，万绪千端，校籍诸郎，亦所不觉，不才令史，更何可言。且籍字既细，难为眼力，寻求巧伪，莫知所在，徒费日月，未有实验。假令兄弟三人，分为三籍，却一籍祖父官。其二初不被却，同堂从祖以下，固自不论。诸如此例，难可悉数。或有应却而不却，不须却而却，所却既多，理无悉当，怀冤抱屈，非止百千。投辞请诉，充曹牣府，既难领理，交兴人怨。于是悉听复注，普停洗却。既蒙复注，则莫不成官。此盖稽核不精之巨弊也。臣谓宋、齐二代，士庶不分，杂役减阙，职由于此。自元嘉以来，籍多假伪，景平以前，既不系检，凡此诸籍，得无巧换。今虽遗落，所存尚多，宜有征验，可得信实。其永初景平籍，宜移还上省。窃以为《晋籍》所余，须加宝爱。若不留意，则远复散失矣。不识胄胤，非谓衣冠，凡诸此流，罕知其祖，假称高曾，莫非巧伪。质诸文籍，奸事立露，征覆矫诈，为益实弘。又上省籍库，虽直郎题掌，而尽日科校，惟令史独入。籍既重宝，不可专委群细。若入检籍之时，直郎直都，应共监视。写籍皆于郎都目前，并皆掌置，私写私换，可以永绝。事毕郎出，仍自题名。臣又以为巧伪既多，并称人士。百役不及，高卧私门，致令公私阙乏，是事不举。宜选史传学士，谙究流品者为左人。即左人尚书，专共校勘。所贵卑姓杂谱，以《晋籍》及宋永初、景平籍在下省者，对共雠校。若谱注通籍有卑杂，则条其巧谬，下在所科罚。帝以是留意谱籍，诏御史中丞王僧孺改定百家谱。由是有令史书吏之职，谱局因此而置。"（亦见《梁书·王僧孺传》。）案此因当时士族，可以免役，故行贿以求预也。不重现在之丁资，而宝前代之旧籍，但稽官姓，不覈人丁，斯时册籍，概可知矣。

前代户籍，久已不可得见，而敦煌石室，藏有昔人写经，其纸之一面，乃西凉李暠建初十二年，即晋安帝义熙十二年户籍，下距民国纪元一千四百九十六年矣，诚瑰宝也。籍存者凡十户，完具者九，今录其一户之式如下：

敦煌郡敦煌县西宕昌乡高昌里兵吕德年卌五。

妻唐，年卌一。

息男明天，年十七。

明天男弟爱，年十。

爱女妹媚，年六。

媚男弟兴，年二。

丁男二。

小男二。

女口二。

凡口六。

居赵羽坞。

建初十二年正月。（依他户，"月"字下应有"籍"字。）

此籍记载，颇为精详，盖晋旧式。晋籍之式，当沿自汉、魏，汉、魏亦当沿之自古。然则我国最古户籍之式，据此竟可推想矣。如此籍男女、年岁、亲属、职业，均有可稽，何以当时政府深以户籍不明为患？窃疑上诸政府者，与地方所存，实非一物也。参看附录《论中国户口册籍之法》。

汉代算赋，计口出钱，故亦称口钱。自晋武制户调之式，而户赋始重。其后遂并力役亦按户科之。《通考》谓"齐文宣立九等之户，富者税其钱，贫者役其力"是也。唐人因之。唐制：三年一造户籍。一留县，一送州，一送户部。其所致谨者，恐亦不过户等之升降而已。宋世役法大坏，户籍之失实尤甚。今试更举《通考》所载两事如下：

政和三年，详定《九域图志》。蔡攸、何志同言：今所取会天下户口数，类多不实。且以河北二州言之。德州主客户五万二千五百九十九，而口才六万九千三百八十五。霸州主客户二万二千四百七十七，而口才三万四千七百一十六。通二州之数，率三户四口，则户版刻隐，不待校而知之。乞诏有司，申严法令，务在核实。从之。（《户口考》。）

"李心传《建炎以来朝野杂记》：西汉户口至盛之时，率以十户为四十八口有奇，东汉户口，率以十户为五十二口，准周之下农夫。唐人户口至盛之时，率以十户为五十八口有奇，可准周之中次。自本朝元丰至绍兴，户口率以十户为二十一口，以一家止于两口，则无是理。盖诡名子户,漏口者众也。然今浙中户口,率以十户为十五口有奇。蜀中户口,率以十户为二十口弱。蜀人生齿,非盛于东南。意者蜀中无丁赋,于漏口少尔。昔陆宣公称租庸调之法曰:不校阅而众寡可知。是故一丁授田,决不可令输二丁之赋。非若两税,乡司能开阖走弄于其间也。自井田什一之后,其惟租庸调之法乎?"(《户口考》。)

马贵与曰:"古今户口之数,三代以前姑勿论。史所载西汉极盛之数,为孝平元始二年,人户千一百二十三万三千。东汉极盛之时,为桓帝永寿三年,户千六十七万七千九百六十。(原注:此《通典》所载之数。据《后汉书·郡国志》:计户一千六百七万九百六,则多《通典》五百八十三万有奇,是又盛于前汉矣。)三国鼎峙之时,合其户数,不能满百二十万。昔人以为才及盛汉时南阳、汝南两郡之数。盖战争分裂,户口虚耗,十不存一,固宜其然。晋太康时,九州攸同,然不可谓非承平时矣,而为户只二百四十五万九千八百。自是而南北分裂,运祚短促者固难稽据,姑指其极盛者计之:则宋文帝元嘉以后,户九十万六千八百有奇。魏孝文迁洛之后,只五百余万。则混南北言之,才六百万。隋混一之后,至大业二年,户八百九十万七千有奇。唐天宝之初,户八百三十四万八千有奇。隋、唐土地,不殊两汉,而户口极盛之时,才及其三之二,何也?盖两汉时户赋轻,故当时郡国所上户口版籍,其数必实。自魏晋以来,户口之赋顿重,则版籍容有隐漏不实,固其势也。南北分裂之时,版籍尤为不明,或称侨寄,或冒勋阀,或以三五十户为一户,苟避科役,是以户数弥少。隋、唐混一之后,生齿宜日富,休养生息,莫如开皇、贞观之间,考核之详,莫如天宝,而户数终不能大盛。且天宝十四载所上户,总八百九十一万四千七百九,而不课户至有三百五十六万五千五百。夫不课者,鳏寡、废疾、奴婢,及品官有荫者皆是也。然天下户口,岂容鳏寡、废疾、品官居其三之一有奇乎?是必有说矣。然则以户口定赋,非特不能均贫富,而适以长奸伪矣。又按汉元始时,定垦田八百二十七万五千三十六顷，计每户合得田六十七亩百四十六步有奇。隋开皇时，垦田千九百四十万四千二百六十七顷，计每户合得田二顷有余。夫均此宇宙也，田日加于前，户日削于旧，何也？盖一定而不可易者田也，是以乱离之后，容有荒芜，而顷亩犹在。可损可益者户也，是以虚耗之余，并缘为弊，而版籍难凭。杜氏《通典》以为我国家自武德初至天宝末，凡百三十八年，可以比崇汉室，而人户才比于隋氏。盖有司不以经国驭远为意，法令不行，所在隐漏之甚，其说是矣。然不知庸调之征愈增，则户口之数愈减，乃魏晋以来之通病，不特唐为然也。汉之时，户口之赋本轻，至孝宣时，又行蠲减，且令流徙者复其赋。故胶东相王成，遂伪上流民自占者八万余口，以徼显赏。若如魏晋以后之户赋，则一郡岂敢伪占八万口，以贻无穷之累乎？"（同上《田赋考》。）

明代定役，渐侧重于农田。详天下之户口者，乃有黄册。其法：以百十户为一里。（在城曰坊，近城曰厢。）里推丁粮多者十人为长，余百户为十甲，甲十人。岁役里长一人，甲长十人，以司其事。黄册以户为经，以田为纬，亦由里长司之，上于县，县上于府，府上于布政司，布政司上之户部。户部于年终进呈，命户科给事中一人、御史二人、户部主事四人校之。其立法本极精详，然有司之意，总止于取办赋役，人口之登耗，在所不问，黄册遂有名无实。官吏据定赋役者，别为一书，谓之白册，而黄册寖至废阙矣。

清张玉书曰："古者司民掌登万民之数，自生齿以上，皆书于版，岁登下其死生。三年大比，而民数上于天府。公家之事，国中自七尺以及六十，野自六尺以及六十有五，皆征之。其贵者、贤者、能者、服公事者、老者、疾者皆舍，亦以岁时上其书。是则生齿之数，与力役之数，当各有籍，而非以赋役之多寡，为生齿之赢绌也。自西汉初有口钱算赋，而户口之赋以起。历代相沿未变。独所纪户口登耗之差，不知自生齿以上悉纪之欤？抑收口钱算赋，然后列于丁男之数欤？如以口钱算赋为纪，则民间漏籍，不可胜指，而即据此以为赢绌，可欤？隋制：男女三岁以下为黄，十岁以下为小，十七岁以下为中，十八岁以上为丁，六十为老。唐制：始生为黄，四岁为小，十六为中，二十一为丁，六十为老。不知隋、唐所纪户口，自黄口以上悉纪之否欤？我国家户口册，仍前明黄册之制，分旧管、新收、开除、实在四则，以田土从户口，分豁上、中、下三等，立军、民、匠、灶等籍，而役之轻重准焉。顾西北土满人稀，隐避恒寡。东南则有田然后有丁，其载诸册籍者，皆实收丁粮之人。而一户之中，生齿虽盛，所籍丁口，率自其高曾所遗，非析产不增丁。则入丁籍者，常不过数人而已。其在仕籍及举、贡、监、生员，与身隶营伍者，皆例得优免。而佣保、奴隶，又皆不列于丁。则所谓户口登耗之数，于生齿之赢绌，总无与也。按黄册载某户丁几名，于某丁下载男妇若干口，而总数专载实在当差丁若干名。似宜变通昔人之法，分为二册，一载实在当差丁共若干名，一载不当差人口若干名，以为每岁登耗之验。"（《清经世文编》卷三十。）按明制：鳏寡孤独不任役者，附十甲后为畸零。僧道有田者，编册如民科，无田者亦为畸零。则不役之男女，册亦咸具其数，而所统计者，乃专在当差之丁，则因役籍户籍，并为一谈，有司之意，有所侧重，遂至全国人口都数，册籍更无可征也。（案军、民、匠、灶，为清初定律之称，沿袭明制。其后匠已无役。《嘉庆会典》乃更为民、军、商、灶。军谓屯卫之兵，遣犯之子孙。商则商人子弟，许附籍于行商省分者也。中国为农国，其民皆安土重迁，故法律亦重祖籍。寄居地方，必置有坟庐，已逾二十年者，乃准入籍，仍称寄籍，而以原籍为祖籍。出仕者，祖籍、寄籍须一体回避。文员罢职，不准寄居官所，亦不得在任所地方置买田宅。必本身已故，子孙于他省有田地丁粮者，乃许入籍。武职罢任后，原籍无产业、宗族可归，愿于任所入籍者，副将以上，由督抚具奏请旨。参将以下报部。《嘉庆会典》所定如此。）

唐、宋役法，本通计丁资，以定户等。明世因计资不能得实，渐趋于专论丁粮，以应役偏责诸有田之人，未为平允，未能遽定为法。然中叶后卒行之，所谓一条鞭也。至此，则役法田赋，实已并为一谈，不啻加田赋而免其役。乃以应征丁钱，摊派之于田亩，所谓"丁随粮行"也。明制：五年均役，十年一更造黄册。此本非清查人口，只是因田亩换易，丁口登耗，为是以求役法之均平耳。清代所谓编审，则全是将应收丁赋，设法摊派，与清查人口了无干涉矣。今录陆陇其知灵寿县时《详文》，及苏霖渤为御史时一《疏》如下，以见当时所谓编审者之概。（两文皆见《清经世文编》卷三十。）

陆氏《详文》云："灵寿人丁旧额，顺治十四年《赋役全书》载三等九则，通折下下人丁万四千七百零一丁。历年递增，至康熙二十二年《赋役全书》，实在下下则人丁一万五千六百八十八丁。查其递增之故，则非尽民庶而富加于其旧也。因编审者惟恐部驳，必求足额，故逃亡死绝者，俱不敢删除，而摊派于现存之户。且又恐仅如旧额，犹免于驳也，必求其稍益而后止。更复严搜遍索，疲癃残疾，鳏寡孤独，无得免者。沟中之瘠，犹是册上之丁。黄口之儿，已登追呼之籍。小民含辛茹苦，无所控诉。加以屡岁荒旱，上年又被水灾。现在强壮之民，饥寒切身，不能自给，而又责其包赔逃亡之粮，代供老幼之差。所以民生日蹙，闾井萧条。卑职编审之际，号呼满堂，不忍见闻。然亦恐缺额太多，不敢尽数芟除。其间逃而有着落可招抚者即不除；亡而有地亩遗下，即量加于承受之人而不除；孩童而有产业者，即不除；老而有产业者，即量加于子孙而不除；穷无寸土，而未至垂毙者，即不除。惟是逃亡之无踪迹，老幼之无立锥者，鸠形鹄面，奄奄一息者，虽欲不除，不得不除。因复搜求新增之丁，冀其不失旧额，而应增之数，不足以抵删去之数。共计现今审定丁数，较之赋役全数之额，缺一千五百五十六丁。此等缺额之丁，实因屡年编审，有增无减。今若照旧摊派，以求无缺，恐非宪台轸恤穷民之意，而卑职一点良心，亦不肯自昧也。谨将增除数目，造册呈报，伏候宪裁。"

苏氏《疏》云："臣谨查各省仓谷，每岁将存用实数，通盘汇核，可以酌盈剂虚，实于民生大有裨益。惟是岁查各省民数一事，臣窃反复思惟，而觉有不便施行者，不敢不直陈之。盖古者民皆授田于官，故民数与田数相为表里，可以按籍而稽，毋容隐混。且耕三余一，耕九余三，皆实有数年之蓄，而后可以谷数之盈绌，待民数之多寡。后世时异势殊，古制远不能复，民皆各自为谋。然为上者，诚因其所利而利之，择人而牧之，厚积储以补助之，有所养而无所扰，则亦足以臻治安。古今异宜，事势各别，正不尽规仿旧文，始可讲求康阜也。今天下生齿日繁，上届编审，新旧人丁，共二千六百三十余万。虽系照例按户定丁，尚非详细实数。然一户之数，不过八口以内。按册而推，再参以粮赋之多寡，亦可得其大略。至各省仓谷，现奏报有二千六百余万石，亦属丰裕。但贮谷虽多，亦止存以备常年之借粜，凶饥之散赈，为因时补救之计，原不能计口授食，遍给闾阎。而借粜应听贫民自便，无容按户派领。若散赈则皆地方大吏，临时督率有司，清查被灾各户，分别造册赈济。是不遇荒歉，不动仓储，既无从据此民数办理，即遇荒歉散赈之时，仍系另造应赈确册，势不能照平时之户口均摊，是又无从据此民数办理也。至若人满滋虑，先事绸缪，则如开垦树植，薄征免赋，转粟通商，一切政务，我皇上念切民生，已无不次第举行，亦岂俟查清民数，而后见之设施乎？故臣就此时揆度事势，而觉民数一项，仅可以验生息之蕃，实难据作施行之用，似可缓其清查。至若查之而转致滋弊，则又有难于缕陈者。盖州县民户之多，类皆散处乡僻。若令其携妻抱子，络绎公庭而赴点，则民不能堪。若令地方官遍历村庄，挨家查验以稽数，则官不能堪。是仍不过委之吏胥，造册以毕其事耳。而吏胥果可委任乎？事本烦重，则借口之需索多端；地复辽阔，则乘便之贪求无厌。重则入室搜查，生端挟诈；轻则册费路费，坐索无休。至敛钱之乡保人等，就中分肥，皆属情所不免。州县官刑名钱谷，赶办不遑，加以造册纷纭，日不暇给，虽有精明之员，亦难胜稽查之力。是小民未及沾惠，先已耗财不赀矣。夫五年编审，事已不易，况欲年年遍察而无遗？是虽奉行尽善，似亦难为常继也。再如行商寓旅，往来无定，流民工役，聚散不常，以及番界苗疆，人性顽蠢，亦有种种不便清查之处。且吏胥造册，自料地广人众，本官不能诘问，暮改朝迁，实数无凭指证，势必任意隐漏，草率完事。迨至汇册奏闻，仍仅得其大略，究非确数。而小民滋累，亦不可以数计也。伏乞皇上俯念，编审业有成规，亿万生民，难以岁岁轻扰，恩准将每年清查民数一事，收回成命，特赐停止。惟于各省仓储，严查实贮，以期有备无患。因利劝导，顺时休养，四海蒸黎，自沐皇仁于永久矣。"

读此两文，可知清代之编审，与清查人口了无干涉矣。增丁即是增税，减税只须减丁。朝廷苟无意增税，丁数自可无庸增加。此则康熙时所以有"滋生人丁，永不加赋"之举也。

清初定法，三年一编审。顺治十三年，纾其期为五年。康熙二十五年，以其期太宽，胥吏得以上下其手，定每年陆续稽查，下次编审时补足。五十二年，诏嗣后滋生人丁，永不加赋，丁赋之额，以五十年册籍为准。此时本可将丁银摊入地粮，以有司惮更张，末即筹办。然额丁之后，多寡不同，遂有以数十百丁，承纳一丁，或以一丁承纳一二十丁之税者。又有户绝而无从完纳者。雍正以后，卒将丁税陆续并入地粮焉。详见俞正燮《癸巳类稿·地丁原始》。并丁银于地粮，即加田赋而免丁税，乃事势之自然。明中叶后久已行之，非清人之所创也。乃当时之人，遂以此为清廷之仁政，为之建立皇恩浩荡碑亭。（亦见俞氏文中。）至今日，犹有援此以颂清德者，真可谓不知故事者矣。

户籍役籍，并为一谈，不独人口之数，因此不能得实也，其贻患又特巨焉。就其见于载籍者，概括言之，凡得十二。贪酷之吏，增户以肆诛求，一也。但顾考成，明知人户之凋残，而不敢减少，二也。货贿出入，三也。任意去留，四也。截期务速，草率了事，五也。纸墨饭食，乘机勒索，六也。

此皆弊之在官吏者也。豪强占隐，亏公赋以图私利，七也。（元魏之初，民多荫附，三五十家，方为一户。豪强征敛，倍于官赋。明代江南，多冒称官户、儒户。官之子孙，又妄立子户之名，隐蔽他户，使不应役。甚有及于邻县者，求其隐蔽，谓之寄门投献，公然行之，故下户之负担愈重。）丁壮诈称老幼，康强谬云疾病，八也。寄籍他方，自托侨户，九也。妄冒官勋，以图优免，十也。子姓众多，不立新户，十一也。丁随粮行之世，则或联数姓为一户，或寄产业于他人，（或托之豪强，或谬称远方不可知之人。）甚或虚立户口，谓之鬼户，十二也。此皆弊之在人民者也。有此诸弊，则役籍特丛弊之薮耳。况所谓编审，久成摊派丁税之举，绝无清查户口之意。丁银既摊入地粮，尚何取此有名无实之事以厉民哉？故乾隆五年，遂停之，而凭保甲以造户口册。（《清律》：脱户、漏口、隐蔽他人、合户、附籍、诈、冒、脱、免、避重就轻，皆有罪。里长亦有失于取勘之罪。因赋役之有无轻重为差。其用意，重于赋役，而不在清查人口，昭然可见矣。）

保甲之法，起于宋之王安石。其法：以十家为保，保有长。五十家为大保，有大保长。十大保为都保，有都保正、副。户有二丁者，以其一为保丁。日轮五人儆盗。后又教保长以武艺，使转教保丁，用为民兵焉。安石罢政，其法寻废。后世亦常行之。清保甲之法："户给以门牌，书其家长之名，与其丁男之数，而岁更之。出注所往，入注所来。户有迁移，随时换给。十家为牌，牌有头。十牌为甲，甲有长。十甲为保，保有正，皆以诚实识字，有身家者充，限年更换，稽其犯令作慝者。各府厅州县所属城厢、市镇、村屯土著军民，自搢绅以至商贾农工，吏役兵丁，皆挨户编审。客民在地方开张贸易，即与土著一律挨编。其往来无定之商买，令客长稽察。至客商投寓店埠，皆令店主埠头，询明来历，并骑驮伙伴，去来日月，循环册报。山居栅民，按户编册，令地主保正结报。寺观僧道，令僧纲道纪，按季册报。"（《嘉庆会典》。）保甲为古什伍之制，意主于监察保卫，清查人口，初非专责，故如登下死生等法皆阙焉。盖清查户口，我国久无其事，故非寄之于役籍，即寄之于保卫稽察之司也。

清代旗人，别有户籍，亦称旗档。满、蒙、汉军，皆入此籍，掌于八旗俸饷处。（见《石渠余纪》。）八旗编制，起自佐领。每佐领辖三百人。（满语曰牛录额真。）五佐领置一参领。（满语曰甲喇额真。）五参领置都统一，（满语曰固山额真。）副都统二。（满语曰梅勒额真。）都统之驻防者曰将军。八旗三年一编审，由户部移各将军、都统、副都统，饬所属佐领，简稽丁壮，造册送部，汇疏以闻。其在各省营生食力者，呈明本旗都统及所在督抚，由督抚于岁终具册，咨部汇奏。（《乾隆会典》）。又有所谓包衣者，为满洲人之奴，其籍属内务府。（《息楼谈余》曰：内务府各官，皆包衣旗人为之。包衣旗者，名虽满人，实汉军也。自太宗御宇之初，简先朝俘虏，明人之骁健者，成汉军左右两翼，设都统统之，以备折冲之用。后以降人众，乃分为汉军八旗。官职俸饷，一如满洲八旗之制。其留以给事宫庭，与分配诸王府供奔走者，皆拨入满洲，而锡之名曰包衣旗，以示区别于汉军焉。雍正中，复定制：汉军上三旗，每旗设佐领四十人，下五旗，每旗设佐领三十人。其有畸零之数，不能成一佐领者，皆拨入内务府，隶包衣旗籍。是以内务府旗人，既有满姓，复有汉姓。如前户部尚书立山，姓杨氏，前大学士崇礼，姓蒋氏之类是。盖其先世，皆出自汉人也。）

蒙古编丁，亦起佐领。其辖治一旗者曰札萨克。札萨克之佐曰协理台吉。所属有管旗章京、副章京。丁百五十，则设一佐领。其下有骁骑校一，领催六。族长，每族一人。什长，每十家一人。三年一编审。六十以下，十八以上皆入册。有疾者除之。札萨克至什长，按佐领察核，造册送理藩院。

往史所载户口之数，以前所述，实极不足信。欲知历代户口，宜别设法，从他方面考究。徒据前史所载，无益也。今兹未能，则姑录其数如下。此可见历代出税户口之数耳，与全国户口之数，实无涉也。

年　代	户　数	口　数
汉孝平帝	一二三三〇六二	五九五九四九七八
后汉光武帝中元二年	四二七九六三四	二一〇〇七八二〇
明帝永平十八年	五八六〇一七三	三四一二五〇二一
章帝章和二年	七四五六七八四	四三三五六三六七
和帝永兴元年	九二三七一一二	五三二二五六二二九
安帝延光四年	九六四七八三八	四八六九〇七八九
顺帝建康元年	九九四六九一九	四九七三〇五五〇
冲帝永嘉元年	九九三七六八〇	四九五二四一八三
质帝本初元年	九三四八二二七	四七五六六七七二
桓帝永寿二年	一六〇七〇九〇六	五〇〇六六八五六
魏	六六三四二三	四四三二八八一
蜀汉昭烈帝章武元年	二〇〇〇〇〇	九〇〇〇〇〇
蜀亡时	二八〇〇〇〇	九四〇〇〇〇
吴大帝赤乌三年	五二〇〇〇〇	二三〇〇〇〇〇
吴亡时	五三〇〇〇〇	二三〇〇〇〇〇
晋武帝太康元年（平吴后。）	二四五九八〇四	一六一六三八六三
前燕亡时	二四五八九六九	九九八七九三五
宋孝武帝大明八年	九〇六八七〇	四六八五五〇一
陈武帝	六〇〇〇〇〇	
后主	五〇〇〇〇〇	二〇〇〇〇〇〇
魏	三三七五三六八	
北齐亡时	三〇三二五二八	二〇〇〇〇〇〇
后周静帝大象中	三五九〇〇〇〇	九〇〇九六〇四
隋炀帝大业二年	八九〇七五三六	四六〇一九九五六
唐高宗永徽元年	三八〇〇〇〇〇	
中宗神龙元年	六三五六一四一	
玄宗开元十四年	七〇六九五六五	
天宝十三年	九六一九二五四	
天宝十四年	八九一九三〇九	一二九〇九三〇九
肃宗至德二年	八〇一八七〇一	
乾元三年	一九三三一二五	
代宗广德二年	二九三三一二五	
德宗建中元年	三八〇五〇七六	
宪宗	二四七三九六三	
穆宗	三九四四五九五	
敬宗	三七八九八二	
文宗开成四年	四九九六七五二	

年　代	户　数	口　数
武宗	四九五五一五一	
宋太祖建隆元年	九六七三五三	
平荆南得	一四二三〇〇	
平湖南得	九七三八八	
平蜀得	五三四〇二九	
平广南得	一七〇二六三	
平江南得	六五五〇六五	
建隆九年	三〇九〇五〇四	
太宗至道三年	四一三二五七六	
真宗天禧五年	八六七七六七七	一九九三〇三二〇
仁宗天圣七年	一〇一六二六八九	二六〇五四二三八
庆历八年	一〇七二三六九五	二一八三〇〇六四
嘉祐八年	一二四六二三一七	二六四二一六五一
英宗治平三年	一二九一七二二一	二九〇九二一八五
神宗熙宁八年	一五六八四五二九	二三八〇七一六五
元丰六年	一七二一一七一三	二四九六九三〇〇
哲宗元祐六年	一八六五五〇九三	四一四九二三一一
元符二年	一九七一五五五五	四三四一一六〇六
徽宗崇宁元年	二〇〇一九〇五〇	四三八二〇七六九
高宗绍兴三十年	一一三七五七三三	一九二二九〇〇八
孝宗乾道二年	一二三三五四三〇	二五三七八六八四
光宗绍熙四年	一二三〇二八七三	二七八四五〇八五
宁宗嘉定十六年	一二六七〇八〇一	二八三二〇〇八五
理宗景定五年	五六九六九八九	一三二六五三二
金世宗大定初	三〇〇〇〇〇〇	
大定二十七年	六七八九四四九	四四七〇五〇八六
章宗明昌元年	六九三九〇〇〇	四五四四七九〇〇
明昌六年	七二二三四〇〇	四八四九〇四〇〇
泰和七年	七六八四四三八	四五八一六〇七九
元太宗五年括中州户（《本纪》。）	七三〇〇〇〇	
七年（《地理志》。）	八七三七八一	四七五四九七五
八年复括中州户（《本纪》。）	一一〇〇〇〇〇	
太宗十三年（《兵志》。）	一〇〇四六五六	
世祖中统二年	一四一八四〇九	
至元十二年	四七六六四〇七七	
至元十三年（《平宋》。）	九三七〇四七二	一九七二一〇一五
至元二十七年（《地理志》。）	一三一九六二〇六	五八八三四七一一

年　代	户　数	口　数
至元二十八年	一三四三〇三二二	五九八四八九六四
文宗至顺元年	一三四〇〇六九九	
明太祖洪武二十六年	一〇六五二八七〇	六〇五四五八一二
成祖永乐九年	一一四一五八二九	六六五九八三三七
英宗天顺元年	九四六六二八八	五四三三八四七六
宪宗成化二年	九二〇一七一八	六〇六五三七二四
孝宗弘治四年	九一一三四四六	五三二八一一五八
武宗正德元年	九一五一七七三	四六八〇〇〇二五
世宗嘉靖元年	九七二一六五二	六〇八六一二七三
嘉靖六年	一〇六二一四三六	六〇六九二八五六
嘉宗天启元年	九八二五四二六	五一六五五四五九

以上所列，系就正续《文献通考》钞撮，（原书材料，有根据正史者，有出于正史之外者。）盖皆历代官家册籍之数。至于学者推测之辞，因其所用之法太粗，不足为据，（如谓"禹平水土，人口千三百五十五万三千九百二十三。涂山之会，执玉帛者万国。汤受命，存者三千余国，方于涂山，十损其七。周武王定天下，列五等之封，凡千七百七十三国，又减汤时千三百国。人口之损亦如之"之类。）不录。历代史籍，间载各地方户口之数，颇足考见当时人口之分布，及各地方之盛衰。惟此等纪载，为数太少。历代区画，又各不同。非作极详密之研究，一时无所用之，故亦未录。

清代户口，可考之数较多，未能悉列为表，今述其大略如下。案清当征收丁税以前，其户口之数，与前代无甚出入。如康熙五十年，人口为二千四百万是也。乾隆六年，始凭保甲造册。自此户口岁增。是年口数，为一万四千余万。二十七年，为二万万余。五十八年，始逾三万万。道光十五年，又逾四万万。其间虽小有升降，大体总属增加。最后宣统二年，邮政局调查，为四万三千八百四十二万五千口。后习称中国口数为四万万，由此也。

康熙之永不加赋，意本在于清查人口，故谕旨有"朕欲知人丁实数，不在增加钱粮"之语。朝意如此，册报者自不免希旨增加。保甲本不为清查户口而设，且亦有名无实。故谓清免除丁税后，户口之数，仍未必得实，或且近于夸张，亦情理之谈也。然所册报，较诸户籍役籍并为一谈之世，总觉得实多多。（乾隆四十年上谕，谓从前历办民数册，应城一县，每岁只报滋生八口。应山、枣阳只报二十余口及五六七口，且岁岁滋生之数，一律雷同。此与宋代之三户四口，同一可笑矣。）乃近之论者，或又估计务从其少。如谓日本人年食盐二十二斤，华人称日费四五钱，则一年当得十斤。中国食盐，合官私岁销，不过二十六万余斤，则中国人数，不过二万六千余万。又有列举种种减少人口及阻碍人口增加之事以为证者，则又未免矫枉过直矣。善夫！近人萧一山氏之论也。其言曰："余按户口多寡，昔时调查统计，既不精密，无正确数目，盖难讳言。然因编制保甲之故，乃以住户为调查统计之基础，丁口多少，虽可以任意增减，而户之数目，则当与实际不相悬殊。吾人由户之多寡，以推测人口，而以折衷之数平均之，则户口之真，虽不能无漏无溢，要亦所差不远矣！若此以取乾隆十八年之户数为例，据《会典》为三千八百八十四万五千三百五十四户，平均每户八口，尚三万一千余万口。至乾隆五十八年人口之数，乃适与推测之数相符，（案是年口数，见于《东华录》者，为三万一千三百二十八万一千七百九十五。）是则一方知据此推测之不谬，一方可为渐趋于实在之明证也。"中国食盐销盐之数，两俱不确，据以推测人口，殊难征信。王庆云《熙朝纪政》曰："国家户口之登耗，视其时之治乱。若夫以治继治，无兵革凶荒，夭札疫疠之凋耗，日繁月衍，不数十年，辄自倍以登。此可验之一乡，而知天下者。"茅谦《水利刍议》曰："吾家京口，有驻防旗兵丁口档册，生卒极详。四十几年前，男丁不足三千，半未婚者。及辛亥改革时，已有一万几千。是四十余年，除去死亡，男女已增一倍余也。宣统初年，旗民以限于粮额，男女之三十不婚配者，又已有千计。倘使生计稍增，尚不止此数。是吾四百兆人民，就令凋丧灾害，由光绪中叶以来，至少亦加至半倍，为六百兆人民矣。"二家皆目验之论。

萧氏据此，谓减耗虽多，终不如增加之速，说亦极确。然则自乾隆以来，户口之数，固当较历代所传为近实也。（萧氏之论，见所撰《清朝通史》卷中。）

且即谓乾隆以来所报之数为夸大，今日学者推测之数为不误，中国人口亦当在二亿六七千万之间，与往史所载之数，相去仍属甚远。予故谓清查人口，最大之累，厥惟丁税也。然此为法令责其清查，因与税法牵涉，不能得实者，尚有法令本未加以清查，或虽清查，而不入普通户口册籍者，则其数无可稽考矣。如《金史》于普通户口之外，别载猛安谋克户口数。元至元二十七年之户口数，《元史》明言山泽溪峒之民不与。又如吴、蜀之亡，前表所列户口数外，史谓蜀别有将士十万二千，吏四万；吴别有将士二十三万，吏三万二千，后宫五千是也。户口之数，理应按年列表，其有特殊情形者，尤应加以说明，方足考其升降。而史氏于此，都不之及。（此半由材料阙乏，半由史家未知此事关系之重要也。）即如史所载唐宪宗时户数，为二百四十七万三千九百六十三，李吉甫《元和国计簿》所载，则为二百四十四万有三百五十四，数极相近。《元和国计簿》云：凤翔等十五道七十一州不申，则史所载，亦非当时全国户数矣。又如元太宗七年户口之数，见于《地理志》者，与《本纪》所载八年户数，《兵志》所载十三年户数，相差颇远。《兵志》载太宗之言，谓除逃户外，实得户七百二十三万九百十，则相差无几。《续通考》谓《纪》及《兵志》所载，为括籍所得总数；《地理志》所载，为除去逃户实数，说颇近之。而史家于此，不予说明，未免失之粗略矣。此等处，乃因材料偶然散见，故能推校而知。其材料不存，无从推校者，盖不知凡几。即如后汉冲、质二帝，在位皆仅一年，前所列顺帝建康、冲帝永嘉、质帝本初，三年实相衔接。永嘉户数，仅损建初万余，而本初户数，乃损永嘉五十八万。又如宋元丰六年以前户口之数，《通考》谓皆出《宋会要》，而又载毕仲衍《中书备对》所载各路户口数，其总数为户一千四百八十五万二千六百八十四，口三千三百三十万三千八百九十九，与元丰六年之数，亦相差颇甚。昔时官吏，皆以户口登降为考成，赋税则视户口登降为增减。既不敢轻减，亦岂敢妄增，以益催科之累？则知此等升降，当时必有其由，今因史文阙略，无可考究矣。又如三国户数，合计仅百有八万，（《续汉书·郡国志》谓魏陈留王奂景元四年，与蜀通计，户九十四万三千四百二十三，口五百三十七万二千八百九十一。又齐王芳正始五年，扬威将军朱照日上吴所领兵户，凡十三万二千。推其民数，亦不能多于蜀，与前列之数，相去不远。）而《续汉书·郡国志》补注载南阳户数五十余万，汝南四十万，岂有合三国之众，仅敌二郡之民者？其必有由，尤不俟言也。又有史家所言，明属误缪者，如元至元二十七年、天顺元年户口之数，皆见于《元史·地理志》。《志》但就此两年比较，而云天顺又增二十万有奇，一似天顺为元户口最盛之时者。然以天顺元年较《纪》所载至元二十八年，户数实损四十余万。作史者盖未详考也。故知据往史所载户口之数，为当时户口实数固非，即以为当时册籍所载之数，亦未必尽是也。

　　史事有虽乏记载，仍可推测而知者。有不然者。最易推测者，厥惟自然现象，如日月之运行，陵谷之迁变是也。社会现象，则推测较难。人口升降等，须有确实数目者，可谓竟无从推测。然必欲得其大略，亦非遂无策。如欲得战国人数，试先据苏秦说齐宣王之辞，谓"临淄七万户，户不下三男子，不待发于远县，而临淄之卒，固已二十一万"。假定征发皆属壮夫，老弱之男倍于丁壮，女子之数与男相等，则临淄口数，当得八十四万。更据《史记·货殖列传》，知蓟、邯郸、宛、江陵、吴、寿春、番禺，与临淄并称当时都会。假定此诸地方，繁盛当临淄之半，则其口数，合计为二百九十四万。而战国时最大都会之人口，略可睹矣。次更钩稽当时所谓县与邑者，当得几何。每县每邑之人口，均计当得几何。以其总数，与都会人口相加，而当时居于城市之民，总数略可睹矣。当时之兵，皆出于民。苏秦说六国，备言其士卒之数。苟能知当时兵制，若干人出一兵，则亦可知各国民数。各国之土地，不能无肥瘠之殊，即其居民，不能无疏密之异。《孟子》言齐鸡鸣狗吠相闻，达于四境，而《汉志》谓楚火耕水耨，是齐之人口，较楚为密也。试以各国面积，除所推得各国人口，观其所得疏密，与《孟子》《汉志》之言相应否，如其相应，则七国人数，大略可睹矣。一时代之大略既得，后此一时代即可由此而推；前此一时代亦可由此追溯。如战国时，秦与三晋争战最烈。燕、齐与秦战较稀，而犹自相攻伐。蜀则被兵之事殆寡。楚、汉之际，龙拏虎攫，亦多在汉中以北，江陵以东。然则西汉之世，巴、蜀人口，当最繁密。往史所载之数，果与此说相应，则吾所推测为不误，更可由此以推他时代。如不相应，则必尚有他种原因，为吾所不及知者，又当深思博考以求之。如是辗转钩稽，记载虽乏，未有不能得其大略者，特程功匪易耳。

附录　论中国户口册籍之法

《东方杂志》二十五卷第四册，载有《千五百年前敦煌户口册与中国史籍户口比率》一文，为英人齐尔士所撰，吾国王庸译。原文所据，系得自敦煌石室西凉李暠建初十二年户籍残纸。凡十户，完具者九。口数都三十六，户适得四口。齐尔士因此推论，吾国历代户口比率，尝在户四口弱至五口强之间。独赵宋则最多不足三口，最少且不及二户三口。据《文献通考》"乾德元年，令诸州岁奏男夫，二十为丁，六十为老，女口不豫"之文，谓宋世口数，但指男子。元丰三年，毕仲衍《中书备对》各路口数，皆丁口并列。其数户一千四百八十五万二千六百八十四，口三千三百三十万三千八百八十九，丁一千七百八十四万六千八百七十三。以千七百万之丁，而人口总数仅得三千三百万，未免太少。若谓口数仅指男子，则人口总数可假定为六千六百万，户、口比率，仍近一与四矣。王氏盛称之。谓吾国学者于此未能注意，即李微之、马贵与亦未计及，直待数百年后，发之英人，岂不异哉？予谓宋世常行之法，李、马二氏无容不知。历代公家计账，不合情理者甚多，正不容强执事理，以求解释。齐尔士之见，亦适成其为外人之见而已。此事不足深论。予顾因此而欲一论历代户口册籍之法焉。

吾国古代户口之籍，盖仅藏于州闾。其登诸天府者，则仅取与国用有关。此征诸礼而可知者也。《礼记·内则》：子生三月，父名之，遂告宰名。宰书曰：某年，某月，某生。而藏之。宰告闾史，闾史书为二，其一藏诸闾府，其一献诸州史。州史献诸州伯，州伯命书而藏诸州府。

是一人之生，州闾之府，咸有其名籍也。此制仅士夫之家如此，抑全国之民皆然？仅男子之生如此，抑女子之生亦然？颇难质言。案《周官》媒氏，"掌万民之判。凡男女自成年以上，皆书年、月、日、名焉。仲春之月，则令会男女"。会男女即合男女，见《礼记·礼运》《管子·幼官》。古人民嫁娶，法令颇加干涉，故《孟子》以内无怨女、外无旷夫为仁政。(《梁惠王》下。)《墨子》亦谓圣王之法，丈夫年二十，毋敢不处家，女子年十五，毋敢不事人也。(《节用》上。)此必举国之男女。则书名州闾者，必不仅士夫之家，亦必不限于男子矣。媒氏之成名，郑即援《内则》子生三月父名之为释，于礼固无不合也。此所谓全国民籍，藏于州闾者也。《周官》专司民数之官，实为司民。其职曰："掌登万民之数。自生齿以上，皆书于版。辨其国中都鄙及郊野，异其男女，岁登下其死生。及三年大比，以万民之数诏司寇。司寇及孟冬祠司民之日，献其数于王。王拜授之，登于天府。内史、司会、冢宰贰之，以赞王治。"此所登，亦近全国人口总数。然其意，则不为清查人口，而为会稽谷食。故不以成名之月，而以生齿之时。小司寇之职曰："及大比，登民数。自生齿以上，登于天府。内史、司会、冢宰贰之，以制国用。孟冬祀司民，献民数于王。王拜受之，以图国用而进退之。"意尤明白可见。《贾子》曰："受计之礼，主所亲拜者二：闻生民之数则拜之，闻登谷则拜之。"(《礼篇》。)尤可见二者之相关也。小司徒之职，掌建邦之教法，以稽国中及四郊都鄙之夫家九比之数。乃颁比法于六乡之大夫，使各登其乡之众寡、六畜、车辇。大比以起军旅，作田役，比追胥，令贡赋，故以已昏妃者为限。大比之政，凡乡遂之官，皆有责焉，无不言夫家者。(《乡师》云："以时稽其夫家众寡。"《乡大夫》云："以岁时登其夫家之众寡。"《族师》云："校登其族之夫家众寡。"《县师》云："辨其夫家人民田莱之数。"《遂人》云："以岁时登其夫家之众寡。"《遂师》同。《遂大夫》云："以岁时稽其夫家之众寡。"《鄙长》云："以时校登其夫家，比其众寡。"惟《闾师》但云："掌国中及四郊之人民六畜之数。"《鄱师》云："以时数其众庶。"皆无夫家之文。然此诸官所职，皆系一事，特其文有详略，则无可疑也。）此犹后世之役籍，役固国用之大端也。故曰自州闾之府以外，户口之籍，皆其与国用有关者也。

汉世民数，盖在计簿。计簿之式，今不可知。《小司寇注》曰："版，今户籍也。"汉治最近古。郑君之言，或不仅取以相况。《史记·秦始皇本纪》后附《秦纪》：献公十年，"为户籍相伍"。什伍即州闾之制，此即《内则》所载书名州闾之法。盖秦至是始有之。又始皇十六年，"南阳假守腾，初令男子书年"。盖献公虽创户籍，所书仍未精详，故腾又更其法。《汉书·高帝纪》："五年五月，诏曰：民前或相聚保山泽，不书名数。今天下已定，令各归其县，复故爵田宅。"师古曰："名数，谓户籍也。"此籍之详者，亦当在乡亭，其都数当上之郡县耳。是时尚无纸，户籍称版，可知不书以缣帛，断不能悉致诸郡县之廷也。汉法多沿自秦，观秦有户籍之晚，知其制必不能大异于古，则汉法亦必无以大异于古。贾生所言虽古礼，或仍为当世之典，亦未可知。则其登诸计簿者，亦必非全国人口总数，而仅取与谷食有关，亦可推测而得矣。

媒氏主判合，司民会口实，其所登，自不容限于男子。大比之法，主为兵役，而亦不遗女子者，古兵役固不独在男也。《商君书·兵守》有"壮男为一军，壮女为一军，男女之老弱者为一军"之文。《墨子·备城门》诸篇，亦有以丁女充军之说。齐将下晋，男女以班。（《左》襄二十五年。）楚围汉王于荥阳，汉军绝食，乃夜出女子东门，二千余人被甲。女子可调集、可编制，其非无名籍审矣。汉惠帝六年，"令民女子，年十五以上，至三十不嫁五算"。注引《汉律》"贾人及奴婢倍算"。则口赋亦不异男女，女子不容无籍可知。降逮后世，户调之式，均田之令，租庸调之法，田皆男女并授，更不必论矣。《通考》乾德六年之令，当别是一事，与奏报民数无关。齐尔士引《宣化府志》及《畿辅通志》大名宋代户口比率，与《通考》所载不同，（宣化一比五又七五，大名一比三又六六。）而《畿辅通志》霸州比率，则又相近，（一比一又三五。）可见历代官中册籍，悠缪不可究诘者甚多，正不容强执情理，以相揆也。

　　古代民数，当较后世为得实，读史者盖无异辞，而《周官·职方氏》所载九州男女比率，乃殊不可信。（扬州二男五女，荆州一男二女，豫州二男三女，青州二男二女，兖州二男三女，雍州三男二女，幽州一男三女，冀州五男三女，并州二男三女。）予谓古代受计，必不能遍及九州。（《周官·小司徒》："三年大比，则受邦国之比要。"邦国二字，当作县内诸侯解。书言邦国者多如此，非谓九州万国也。）《周官》之说，疑杂阴阳数术之谈，非据册籍会稽而得也。或谓古人言数，皆不举畸零，故其说若不可通如此，此亦可备一说。

第十三章

赋 役

　　税赋二者，古本有别，税以足食，赋以足兵，然至后世，则二者渐混而为一。至于役，则系征收其劳力，与税赋二者，尤截然不同。然至近世，则亦并为一谈矣。此中变迁甚多，今以次述其大要。

　　欲知古代之税法，必先知古代之田制。欲明古代之田制，则井田制必当先考。案井田之制，汉人述之最详者，为《汉书·食货志》及《公羊》何注，（《公羊》宣十五年。）然皆汉人说也。周以前言之最详者，莫如《孟子》。《孟子·滕文公》上：滕文公问为国。孟子曰："夏后氏五十而贡，殷人七十而助，周人百亩而彻，其实皆什一也。彻者，彻也；助者，藉也。龙子曰：治地莫善于助，莫不善于贡。贡者，校数岁之中以为常。乐岁，粒米狼戾，多取之而不为虐，则寡取之；凶年，粪其田而不足，则必取盈焉。为民父母，使民盻盻然，将终岁勤动，不得以养其父母，又称贷而益之，使老稚转乎沟壑，恶在其为民父母也？夫世禄，滕固行之矣。《诗》云：雨我公田，遂及我私。惟助为有公田。由此观之，虽周亦助也。"使毕战问井地。孟子曰："夫仁政，必自经界始。经界不正，井地不均，谷禄不平，是故暴君污吏必慢其经界。经界既正，分田制禄可坐而定也。

夫滕壤地褊小，将为君子焉，将为野人焉。无君子，莫治野人；无野人，莫养君子。请野九一而助，国中十一使自赋。卿以下必有圭田，圭田五十亩，余夫二十五亩。死徙无出乡，乡田同井，出入相友，守望相助，疾病相扶持，则百姓亲睦。方里而井，井九百亩，其中为公田。八家皆私百亩，同养公田。公事毕，然后敢治私事，所以别野人也。"

观此，知古代田税，有贡、助、彻三者之别。夏、殷、周三代相承，何以夏授田五十亩，殷变为七十，周又变为百亩，昔人颇以为疑。此由昔人视古制，皆以为尽量推行，致有此误。其实古代之王室，亦不过列国之一。后世中朝之制，尚不能推行全国，况古代乎？夏、殷、周都邑，初不相承，各自推行其法于王畿之内，固无足怪也。但彻、助二者，其别究如何？孟子既言周人百亩而彻，何以又引《诗》言虽周亦助？又"夫世禄，滕固行之矣"一句，与分田于民何涉？近人亦颇以为疑。案，古代人民，征服者处于国以内，（谓郭以内。）被征服者处于国以外，而国必建于山险之地，故曰："王公设险以守其国。"（《易·坎卦象辞》。）又曰："域民不以封疆之界，固国不以山溪之险。"（《孟子·公孙丑》下。近人余杭章氏有神权时代天子居山说，尤可考见此事之起源。）山险之地，必难平正画分，故行贡或彻法，即孟子所谓"什一使自赋"，而殷人之助为例外。国外之地，则平正易画分，故行井田之法。滕文公时，井田之法已坏，而彻法犹存，故孟子于周人百亩而彻，断然言之而不疑，而于助法则仅能据《诗》句为想像也。圭田，即《王制》"夫圭田无征"之圭田。《说文》《楚辞》王逸注皆以田五十亩曰畦。《蜀都赋》刘注引班固说同，且谓即《孟子》所言圭田。《文选注》引刘熙云：今俗以二十五亩为小畦，以五十亩为大畦。又《九章》有圭田法，凡零星不成井之田，一以圭法量之。焦循曰："《荀子·王制》篇：虽王公士大夫之子孙，不能属于礼义，则归之庶人。然则士大夫之子孙，不能嗣为士大夫者，即授之田。""余夫亦蒙上圭田而言。"予案，此盖士大夫之子孙所受之田，亦在国中，而得蒙免税之典，又与什一使自赋者异，故特言之。惟方里而井一节，乃为国以外被征服之人所耕，乃为井田制，故《孟子》明言之曰："所以别野人也。"

古代平民生活状况，据井田之制，有可推见者。今录《公羊》何注一段如下。《孟子·梁惠王》篇《书大传》《公》《谷》二传、《韩诗外传》《汉书·食货志》等书，可以参看，不能遍举也。其中惟《汉书》参用古文说，有不能尽合处。

《公羊》何注曰："圣人制井之法，而口分之，一夫一妇受田百亩，以养父母妻子。五口为一家，公田十亩，即所谓十一而税也。庐舍二亩半，凡为田一顷十二亩半。八家而九顷，共为一井，故曰井田。庐舍在内，贵人也。公田次之，重公也。私田在外，贱私也。""种谷不得种一谷，以备灾害。田中不得有树，以妨五谷。还庐舍种桑荻杂菜。畜五母鸡，两母豕。瓜果种疆畔。女上蚕织。老者得衣帛焉，得食肉焉。死者得葬焉。多于五口，名曰余夫。余夫以率受田二十五亩。""司空谨别田之高下善恶，分为三品。上田一岁一垦，中田二岁一垦，下田三岁一垦。肥饶不得独乐，硗确不得独苦，故三年一换主易居。""在田曰庐，在邑曰里。一里八十户，八家共一巷。中里为校室，选其耆老有高德者，名曰父老，其有辩护伉健者为里正，皆受倍田，得乘马。父老比三老孝弟官属，里正比庶人在官。吏民春夏出田，秋冬入保城郭。田作之时，春，父老及里正旦开门坐塾上，晏出后时者不得出，莫不持樵者不得入。五谷毕入，民皆居宅。里正趋缉绩。男女同巷，相从夜绩，至于夜中。故女功一月得四十五日。作从十月尽，正月止。男女有所怨恨，相从而歌，饥者歌其食，劳者歌其事。男年六十，女年五十无子者，官衣食之，使之民间求诗，乡移于邑，邑移于国，国以闻于天子。故王者不出牖户，尽知天下所苦，不下堂而知四方。"

按《礼记·王制》："冢宰制国用，必于岁之杪。五谷皆入，然后制国用。用地小大，视年之丰耗，以三十年之通，制国用。量入以为出。祭用数之仂。丧三年不祭，唯祭天地社稷，为越绋而行事。丧用三年之仂。丧祭，用不足曰暴，有余曰浩。祭，丰年不奢，凶年不俭。国无九年之蓄，曰不足；无六年之蓄，曰急；无三年之蓄，曰国非其国也。三年耕，必有一年之食。九年耕，必有三年之食。以三十年之通，虽有凶旱水溢，民无菜色。然后天子食，日举以乐。"一国之财政，全以农业为基础，可见当时农业关系之重要，亦可见古代政费之支出，全恃田税也。古代人民对于土地，并无所有权之观念。必欲问其所有者为谁，则惟有所谓"普天之下，莫非王土"之一茫漠观念而已。同时，又有所谓"分土"之一观念，天子之封诸侯，诸侯之封大夫是也。至天子、诸侯、大夫以何种观念分配土地于耕者，则在历史上及学说上皆不甚明了。大抵古代社会本行共产制，除征服者侵入，为寄生者，强人民纳税，将彼视为禄田外，本无私有之观念也。

力役之征，今文家说不甚详，仅《王制》有"用民之力，岁不过三日"之说而已。古文家说则见于《周官》。《周官·均人》："掌均地政，均地守，均地职，均人民、牛马、车辇之力政。凡均力政，以岁上下，丰年则公旬用三日焉，中年则公旬用二日焉，无年则公旬用一日焉。凶札则无力政。"案人民之力政，指治城郭、涂巷、沟渠。言牛马车辇之力政，指转输委积之属而言。盖工程及运输之事，皆以责之矣。又案古代力役与兵役不甚区别。小司徒之职曰："掌建邦之教法，以稽国中及四郊都鄙之夫家，九比之数，以辨其贵贱、老幼、废疾，凡征役之施舍……乃颁比法于六乡之大夫，使各登其乡之众寡、比要，乃会万民之卒伍而用之。五人为伍，五伍为两，四两为卒，五卒为旅，五旅为师，五师为军。以起军旅，以作田役，以比追胥，以令贡赋。乃均土地，以稽其人民，而周知其数。上地家七人，可任也者家三人；中地家六人，可任也者二家五人；下地家五人，可任也者家二人。凡起徒役，毋过家一人。以其余为羡,惟田与追胥竭作。"《乡大夫》:"以岁时登其夫家之众寡,辨其可任者。国中自七尺以及六十,野自六尺以及六十有五,皆征之。(十五以下为六尺,二十为七尺。)其舍者,国中贵者、贤者、能者、服公事者、老者、疾者,皆舍。"遂大夫之职略同,皆以兵事与田役并言,然二者亦自有别。《白虎通·三军》篇:"年三十受兵何,重绝人世也!师行不必反,战不必胜,故须其有世嗣也。年六十归兵者何?不忍并斗人父子也。"《王制正义》引《五经异义礼》戴说、《易》孟氏、《韩诗说》并同,与《周官》"国中自七尺以及六十,野自六尺以及六十有五"之说异,而《周官》之说与《管子》"六十以上上所养,十五以上上所强"之说同。岂《周官》《管子》所载为服力役之年限,而《白虎通义》之说,则服兵役之年限邪?(《后汉书·班超传》:班昭上书:妾闻古者十五受兵,六十还之。亦混二者为一。)

春秋战国时,井田之法渐坏,而税法乃一变。案井田之坏,世皆以为商鞅一人之咎,其实非也。朱子《开阡陌辨》曰:"《汉志》言秦废井田,开阡陌。说者之意,皆以开为开置之开。言秦废井田,而始置阡陌也。……按阡陌者,旧说以为田间之道。盖因之疆畔,制其广狭,辨其横纵,以通人物之往来。……当世衰法坏之时,则其归授之际,必不免有烦扰欺隐之奸。而阡陌之地,切近民田,又必有阴据以自私,而税不入于公上者。是以一旦奋然不顾,……悉除禁限,而听民兼并卖买,……使民有田即为永业,而不复归授,以绝烦扰欺隐之奸。使地皆为田,而田皆出税,以核阴据自私之幸。……故《秦纪·鞅传》皆云:为田开阡陌封疆而赋税平。蔡泽亦曰:决裂阡陌,以静生民之业,而一其俗。"(《晦庵先生朱文公文集》。)

马端临亦曰:井田未易言也。田土之肥瘠,民口之众寡,民务农之勤怠,其民之或长或少,或为士,或为商,或为工,必能备知,然后授受无弊。盖古之帝王,分土而治。外而公侯伯子男,内而孤卿大夫,所治不过百里，皆世其土，子其人。春秋之世，土地寖广，又皆为世卿强大夫所裂，亦皆世有其地。邾、莒、滕、薛土地不过五七十里。窃意当时有国者，授民以田，不过如后世大富之家，以世有之田授之佃客。东阡西陌之利病，皆少壮所习闻，无俟考核，而奸弊自无所容矣。降及战国，井田之法未全废，而弊已不可胜言。故《孟子》有"今也制民之产，仰不足以事父母，俯不足以蓄妻子；又有暴君污吏，更慢其经界"之说。可见当时未尝不授田，而地广人众，考核难施，故法制隳弛，而奸弊滋多也。秦人尽废井田，任民所耕，不计多少，而随其所占之田以制赋。蔡泽言商君决裂井田，废坏阡陌，以静百姓之业，而一其志。夫静曰一，可见授田之制，至秦必扰乱无章，轻重不均矣。汉不能复，盖守令之迁除，其岁月有限，而田土之还授，奸弊无穷。受成吏手，安保无弊，争田之讼，历数十年不决。官授人以田，而欲其均平乎？晋太康时，虽有男子一人占地七十亩之制，而史不详言其还受之法。未几五胡云扰，则以无所究诘。直至魏孝文始行均田，然其立法大概，亦不过因田之在民者而均之。一传而后，政已圮乱。齐、周、隋因之，得失无大相远。唐太宗口分世业之制，亦多蹠后魏之法，且听其买卖而为之限，永徽后兼并如故矣。（《文献通考·田赋考》。）

春秋战国时，井田制度大坏。盖由古者本有平民贵族之分，井田制度之坏，大抵贵族侵夺平民致之也。《汉书·食货志》载董仲舒之言，谓富者田连阡陌，贫者无立锥之地，可以想见其情形矣。汉人于此，乃务轻其田租，以为救济。《食货志》曰："上（汉高祖。）于是约法省禁，轻田租，什五而税一。"文帝从晁错之言，"下诏赐民十二年租税之半。明年，遂除民田之租税。后十三岁，孝景二年，令民半出田租，三十而税一也"。

案十一之税，古已视为仁政。汉代所取，乃仅其三之一，可谓厚矣。然曾无补于农民之困。荀悦谓"豪强人占田逾侈，输其赋大半。官家之惠，优于三代,豪强之暴,酷于亡秦"。案,董仲舒谓"耕豪民之田,见税什五"。王莽行王田令,亦谓"豪民侵陵,分田劫假,厥名三十,实什税五"。当时私家租额,可以考见。董仲舒谓"古井田法虽难卒行,宜少近古,限民名田"。武帝不能用。哀帝即位,师丹辅政,复建此议。天子下其议,丞相孔光、大司空何武奏请:"诸侯王、列侯皆得名田国中。列侯在长安,公主名田县道,及关内侯、吏民名田,皆无过三十顷。"丁、傅用事,董贤隆贵,皆不便也。诏书且须后,遂寝不行。及王莽乃断然下治,更名天下田曰王田,奴婢曰私属,皆不得卖买。男口不满八,而田过一井者,分余田与九族乡党。犯令,法至死。制度又不定,吏缘为奸,陷刑者众。三岁,莽知民愁,遂废其法。然莽末大乱,土田失主,地权转因此而稍均。观荀悦论井田,谓"土地布列在豪强,卒而革之,并有怨心,则生纷乱,制度难行。若高祖初定天下,光武中兴之后,人众稀少,立之易矣"。可见光武初年,大地主不如前汉之多也。

后汉仍行三十税一之制。《光武纪》:建武六年十二月癸巳,诏曰:"顷者师旅未解,用度不足,故行什一之税。今军士屯田,粮储差积。其令郡国收见田租,三十税一如旧制。"则其初年,尝行什一之税,然为时甚暂也。《桓帝纪》:延熹八年八月戊辰,初令郡国有田者亩敛税钱。(注:亩十钱也。)《灵帝纪》:中平二年二月,税天下田亩十钱。(注:以修宫室。)此为末年之横敛。古代军赋,虽亦井田以定法,乃令民出马、牛、车辇等,以供军用,与田税之出粟米以供政费者,截然殊途。汉代军赋,变为口率出钱,后世田税,亦渐改征钱帛,而二者遂渐相混矣。今考汉口赋之制见于《汉书》及各家注者,具述如下。

《汉书·高帝纪》:四年,"八月,初为算赋"。如淳曰:"《汉仪注》:民年十五以上至五十六出赋钱,人百二十,为一算,为治库兵、车马。"十一年,"二月,诏曰:欲省赋甚。今献未有程,吏或多赋以为献,而诸侯王尤多,民疾之。令诸侯王、通侯常以十月朝献,及郡各以其口数率,人岁六十三钱，以给献费"。《惠帝纪》：六年，"女子年十五以上至三十不嫁，五算"。注引应劭曰："《国语》：越王句践令国中女子年十七不嫁者，父母有罪，欲人民繁息也。汉律：人出一算，算百二十钱，唯贾人与奴婢倍算。今使五算，罪谪之也。"《武帝纪》：建元元年，"春二月，赦天下，赐民爵一级。年八十，复二算。九十，复甲卒"。张晏曰："二算，复二口之算也。复甲卒，不豫革车之赋也。"《昭帝纪》：元凤四年，"春正月丁亥，帝加元服。……毋收四年、五年口赋"。如淳曰："《汉仪注》：民年七岁至十四，出口赋钱，人二十三。二十钱以食天子。其三钱者，武帝加口钱以补车骑马也。"元平元年春二月，"诏曰：天下以农桑为本。日者省用，罢不急官，减外繇，耕桑者益众，而百姓未能家给。朕甚愍焉。其减口赋钱，有司奏请减十三。上许之"。《宣帝纪》：五凤三年，"减天下口钱"。甘露二年，诏曰："减民算三十。"《成帝纪》：建始二年春正月辛巳，上始郊祀长安南郊。诏曰："减天下赋钱算四十。"孟康曰："本算百二十，今减四十，为八十。"《贡禹传》："禹以为古民亡赋算口钱，起武帝，征伐四夷，重赋于民，民产子三岁则出口钱，故民重困。至于生子辄杀，甚可悲痛。宜令儿七岁去齿，乃出口钱，年二十乃算。……天子下其议，令民产子七岁，乃出口钱，自此始。"案口率出钱，虽与古之出车马等物者异，然其用途，则固以给军用品为主也。又有更赋、兵役与力役，亦不甚别。《昭帝纪》注："如淳曰：更有三品，有卒更，有践更，有过更。古者正卒无常人，皆当迭为之，一月一更，是为卒更也。贫者欲得雇更钱者，次直者出钱雇之，月二千，是为践更也。天下人皆直戍边三日，亦名为更，律所谓繇戍也。虽丞相子亦在戍边之调。不可人人自行三日戍，又行者当自戍三日，不可往便还，因便住一岁一更。诸不行者，出钱三百入官，官以给戍者，是为过更也。律说，卒践更者，居也，居更县中五月乃更也。后从尉律，卒践更一月，休十一月也。《食货志》曰：又加月为更卒，已复为正，一岁屯戍，一岁力役，三十倍于古。

此汉初因秦法而行之也。后遂改易，有谪乃戍边一岁耳。"

两汉时，儒者亟言制民之产，然终不能行。迨晋以后，乃有颇近于此之制度，则晋之户调、魏之均田、唐之租庸调是也。按是三者，制相一贯，而其渊源则仍出于魏。《晋书·食货志》："魏武之初，九州云扰。……军旅之资，权时调给。……乃募良民屯田许下，又于州郡列置田官，岁有数千万斛，以充兵戎之用。及初平袁氏，以定邺都，令收田租亩粟四升，户绢二匹而绵二斤，余皆不得擅兴。"及晋武平吴，乃制户调之式。其制："丁男之户，岁输绢三匹，绵三斤，女及次丁男为户者半输。其诸边郡或三分之二，远者三分之一。夷人输賨布，户一匹，远者或一丈。男子一人占田七十亩，女子三十亩。其外丁男课田五十亩，丁女二十亩，次丁男半之，女则不课。男女年十六已上至六十为正丁，十五已下至十三、六十一已上至六十五为次丁，十二以下六十六以上为老小，不事。远夷不课田者输义米，户三斛，远者五斗，极远输算钱，人二十八文。其官品第一至于第九，各以贵贱占田。"

《魏书·食货志》："魏初不立三长，故民多荫附。荫附者皆无官役。豪强征敛，倍于公赋。十年，给事中李冲上言：'宜准古五家立一邻长，五邻立一里长，五里立一党长。长取乡人强谨者。邻长复一夫，里长二，党长三。所复，复征戍，余若民。三载亡衍，则陟用，陟之一等。其民调：一夫一妇帛一匹，粟二石。民年十五以上未娶者，四人出一夫一妇之调。奴任耕、婢任绩者，八口当未娶者四。耕牛二十头，当奴婢八。其麻布之乡，一夫一妇布一匹。下至牛，以此为降。大率十匹为工调，二匹为调外费，三匹为内外百官俸，此外杂调。民年八十以上，听一子不从役。孤独、癃老、笃疾、贫穷不能自存者，三长内迭养食之。'书奏，诸官通议，称善者众。高祖从之，于是遣使者行其事。乃诏曰：'……自昔以来，诸州户口，籍贯不实，包藏隐漏，废公罔私。富强者并兼有余，贫弱者糊口不足。赋税齐等，无轻重之殊；力役同科，无众寡之别。虽建九品之格，而丰埒之土未融；虽立均输之楷，而蚕绩之乡无异。'……初，百姓咸以为不若循常，豪富并兼者尤弗愿也。事施行后，计省昔十有余倍。于是海内安之。"

太和八年，始准古班百官之禄，以品第各有差。先是天下户以九品混通，户调帛二匹，絮二斤，丝一斤，粟二十石。又入帛一匹二丈，委之州库，以供调外之费。至是，户增帛三匹，粟二石九斗，以为官司之禄。复增调外帛二匹。所调各随其土所出。

九年，下诏均给天下民田。诸男夫十五以上，受露田四十亩。妇人二十亩。奴婢依良。丁牛一头，受田三十亩。限四牛。所受之田率倍之，三易之田再倍之，以供耕作及还受之盈缩。诸民年及课则受田，老免及身没则还田。奴婢、牛随有无以还受。诸桑田不在还受之限，但通入倍田分。于分虽盈，没则还田，不得以充露田之数。不足者以露田充倍。诸桑田皆为世业，身终不还。恒从见口，有盈者无受无还，不足者受种如法。盈者得卖其盈，不足者得买所不足。不得卖其分，亦不得买过所足。诸麻布之土，男夫及课，别给麻田十亩。妇人五亩。奴婢依良。皆从还受之法。

齐、周、隋三朝之制，大略相沿，皆见《隋志》。

唐制：凡民始生为黄，四岁为小，十六为中，二十一为丁，六十为老。授田之制，丁男十八以上者人一顷。老及笃疾、废疾者人四十亩。寡妻妾三十亩。当户者增二十亩。皆以二十亩为永业，其余为口分。田多可以足其人者为宽乡，少者为狭乡。狭乡授田，减宽乡之半。其地有厚薄，岁一易者倍授之，宽乡三易者不倍授。工商者宽乡减半，狭乡不给。凡庶人徙乡及贫无以葬者，得卖世业田。自狭乡徙宽乡者，得并卖口分田。已卖者不复授。死者收之，以授无田者。凡收、授，皆以岁十月。授田先贫及有课役者。凡田，乡有余以给比乡，县有余以给比县，州有余以给近州。

授田者 丁 ｛
租　岁输粟二石
庸　用人之力，岁二十日，闰加二日，不役者日为绢三尺。
调　随乡所出，岁输绫绢𬘘各二丈，布加五之一。输绫绢者绵三两，输布者麻三斤。
｝

有事加役二十五日，免调。三十日，租调皆免。通正役并不过五十日。

岭南诸州税米，上户一石二斗，次八斗，下六斗。夷獠之户半输。

蕃人内附者，上户丁税钱十文，次五，下免。内附经二年，上户丁羊二口，次一，下三户一。

水旱虫蝗，十损四以上免租，六以上免租调，七以上课役皆免。

《文献通考》征科之数，依《通典》《唐会要》所载，《陆宣公奏议》《通鉴》同。《新唐书·食货志》：凡授田者，岁输粟二斛，稻三斛，谓之租。丁随乡所出，岁输绢二匹，绫、𬘘二丈，布加五之一，绵三两，麻三斤，非蚕乡输银十四两，谓之调。疑太重，不取。

租庸调法，以人丁为本。开元后久不为版籍，法度废弊，丁口转死，田亩换易，贫富升降，悉非向时。户部岁以空文上之。又戍边者蠲其租庸。玄宗时，戍者多死，边将讳不以闻，故贯籍不除。天宝中，王鉷为户口使，务聚敛，以籍存而丁不在，是隐课不出，乃按旧籍除当免者，积三十年，责其租庸。至德后，人口凋耗，版图空虚，赋敛之司，莫相统摄，纪纲大坏，王赋所入无几。科敛凡数百名，废者不削，重者不去，吏因其苛，蚕食于人。富人多丁者，以宦学释老得免。贫人无所入则丁存。故课免于上，赋增于下，天下残瘁，荡为浮人，土著十不四五。德宗时，杨炎为两税法，夏输无过六月，秋输无过十一月，置两税使以总之。百役之费，先度其数。其赋于人，量出制入。户无主客，以见居为簿。人无丁中，以贫富为差。不居处而行商者，在所州县税三十之一。租庸杂徭悉省，而丁额不废。田亩之税，以大历十四年垦田之数为准而均征之。史称天下便之，人不土断而地著，赋不加敛而增入，版籍不造而得其虚实云。马端临云：

"秦废井田之制，……始舍地而税人。……汉高四年，初为算赋。注：民十五以上至六十五，出赋钱人百二十，为一算。七岁至十五，出口赋，人钱三十。此每岁所出也。然至文帝时，即令丁男三岁而一事赋四十，则是算赋减三之一。且三岁方征一次，则成丁者一岁所赋，不过十三钱有奇。其赋甚轻。至昭、宣帝以后，又时有减免。盖汉时官未尝有授田、限田之法，是以豪强田连阡陌，而贫弱无置锥之地，故田税随占田多寡为之厚薄，而人税则无分贫富。……魏武初平袁绍，乃令田每亩输粟四升，又每户输绢二匹，绵二斤，则户口之赋始重矣。晋武帝又增而为绢三匹，绵三斤，其赋益重。然晋制男子一人占田七十亩，女子及丁男丁女占田皆有差，则出此户赋者，亦皆有田之人，非凿空而税之，宜其重于汉也。自是相承，户税皆重。然至元魏，而均田之法大行，齐、周、隋、唐因之，赋税沿革，微有不同。史文简略，不能详知。然大概计亩而税之令少，计户而税之令多。然其时户户授田，则虽不必履亩论税，逐户赋之，则田税在其中矣。至唐始分为租庸调，田则出粟稻为租，身与户则出绢布绫锦诸物为庸调。然口分世业，每人为田一顷，则亦不殊元魏以来之法。……中叶以后，法制隳弛，田亩之在人者，不能禁其卖易，官授田之法尽废，则向之所谓输庸调者，多无由之人矣。乃欲按籍而征之，令其与豪富兼并者一例出赋，可乎？……虽授人以田，而未尝别有户赋者，三代也。不授人以田，而轻其户赋者，两汉也。因授田之名，而重其户赋，田之授否不常，而赋之重者已不可复轻，遂至重为民病，则自魏至唐之中叶是也。自两税之法行，而此弊革矣。"（《文献通考·田赋考》。）

又云："夹漈郑氏言：井田废七百年，至后魏孝文……行均田之法。然晋武帝时，已行户调之法，则亦非始于后魏也。但史不书其还受之法，无由考其详耳。后魏立法，所受者露田，诸桑田不在还受之限，意桑田必是人户世业，是以栽植桑榆其上。露田不栽树，则似所种者皆荒闲无主之田。必诸远流配谪无子孙及户绝者，尽为公田，以供授受，则固非夺富者之田以予贫人也。又令有盈者无受不还，不足者受种如法。盈者得卖其盈，不足者得买所不足。不得卖其分，亦不得买过所足。是令其从便卖买，以合均给之数，又非强夺之以为公田，而授无田之人，与王莽所行异矣。此所以稍久而无弊欤？"（《文献通考·田赋考》。）

宋税赋之类有五，曰公田之赋，曰民田之赋，曰城郭之赋，曰丁口之赋，曰杂变之赋。一、二为田税。三为宅税、地税之类。四为身税。所谓杂变者，唐以来民计田输赋外，增取他物，复折为赋，亦谓之"沿纳"。名品烦细，其类不一。官司岁附账籍，并缘侵扰。明道中，诏三司以类并合，悉除诸名品，并为一物，夏秋岁入，第分粗细二色，百姓便之。

其取之用两税之法所赋之物，有四类，曰谷，曰泉，曰金铁，曰物产。凡岁赋，谷以石计，钱以缗计，帛以匹计，金银、丝绵以两计，稿秸、薪蒸以围计，他物各以其数计。

宋代赋税，有所谓支移、折变者。支移者，变其所输之地。折变者，变其所取之物。支移本以便边饷，内郡罕用焉。间有移用，则输本色于支移之地，或输脚费于所居之邑，亦得自择。又当依户籍等第，以定支移里数。折变之法，以纳月初旬估中价准折，仍视岁之丰歉，以定物之低昂，俾官吏毋得私其轻重。然支移之病：一、不能先富后贫，自近及远，有不均之患；二、但计一方所乏，不计物之有无，责民以所无；三、且有既支移而又取其脚价者。折变之弊，在以所折复变他物，或增取其直，如西蜀初税钱三百，折绢一匹，草十围，计钱二十。宣和时，绢一匹，折草百五十围，围估钱百五十，税钱三百，乃输至二十三千。

宋承晚唐、五季税法大乱之后，未尝加以根本之整理，故其取民颇薄，而民卒不富。《宋史·食货志》云："宋克平诸国，每以恤民为先务，累朝相承，凡无名苛细之敛，常加划革，尺缣斗粟，未闻有所增益。一遇水旱徭役，则蠲除倚格，殆无虚岁，倚格者后或凶歉，亦辄蠲之。而又田制不立，畎亩转易，丁口隐漏，兼并冒伪，未尝考按，故赋入之利视前代为薄。丁谓尝言：二十而税一者有之，三十而税一者有之。"又云："景德中，丁谓著《会计录》云，总得一百八十六万余顷。以是岁七百二十二万余户计之，是四户耕一顷，由是而知隐田多矣。……皇祐、治平，三司皆有《会计录》。……而叙《治平录》者以谓此特计其赋租以知顷亩之数，而赋租所不加者十居其七。"（蔡儒等计德、霸二州户口，率三户四口。）然田亩混淆，税法不立，所利者皆豪强，于平民初无与也。今略举当时贵富者兼并掊克农民困苦之情形如下：

太宗时，比年多稼不登，富者操奇赢之资，贫者取倍称之息，一或小稔，富家责偿愈急，税调未毕，资储罄然。遂令州县戒里胥，乡老察视，有取富民谷麦资财，出息不得逾倍，未输税毋得先偿私逋，违者罪之。

仁宗即位之初，上书者言赋役未均，田制不立。因诏限田，未几即废。时又禁近臣置别业京师及寺观毋得市田。后承平寖久，势官富姓，占田无限，兼并冒伪，习以成俗，重禁莫能止焉。

哲宗即位，宣仁太后临朝，起司马光为门下侍郎，委之以政。诏天下臣民皆得以封事言民间疾苦。光抗疏曰："四民之中，惟农最苦。……幸而收成，公私之债，交争互夺。谷未离场，帛未下机，已非己有，所食者糠籺而不足，所衣者绨褐而不完。直以世服田亩，不知舍此之外，有何可生之路耳。"

观此，可知宋代农民之困苦。其所由然，则以历代开国之初，皆略有制民之产之意，如晋之户调、魏之均田、唐之租庸调是也，而宋则无之。又承晚唐、五代大乱之后，故豪强愈以恣睢，贫弱困于无告也。（丧乱之际，豪强最易得势，其理由约有数端：乱时田多荒芜，豪强乘机占为己有，一也；贫者无以自立，或以迫于苛税，弃田而去，亦为富者所占，二也；乱时民多去农操兵，田益易荒，三也；暴政皆择小民而施，民不得不托庇于豪强，四也。丧乱之际，社会上及政治上易产生特殊势力。既有特殊势力，则侵占兼并，及与官吏勾结，皆易矣。）

因田亩之混淆，赋税之不平，于是有均田之议。仁宗即位之初，因上书者言，下诏限田，公卿以下毋过三十顷，牙前将吏应复役者毋过十五顷，止一州之内，过是者论如违制律，以田赏告者。既又听数外置墓田五顷。任事者以为不便，未几即废。景祐时，谏官王素言："天下田赋轻重不等，请均定。"欧阳修亦言："秘书丞孙琳尝往洺州肥乡县，与大理寺丞郭谘以千步方田法括定民田，愿诏二人者任之。"三司亦以为然，且请于亳、寿、蔡、汝四州择尤不均者均之。于是遣谘诣蔡州，括一县，均其赋。既而谘言州县多逃田，未可尽括，朝廷亦重劳人，遂罢。后田京知沧州，均无棣田，蔡挺知博州，均聊城、高唐田。沧州之民不以为便，诏输如旧。嘉祐五年，复诏均定，遣官分行诸路，才数郡而止。至神宗熙宁五年，乃重修定方田法，诏司农以《方田均税条约并式》颁之天下。以东西南北各千步为一方。岁以九月，县委令、佐分地计量，随陂原平泽而定其地，因赤淤黑垆而辨其色。方量毕，以地及色参定肥瘠而分五等，以定税则。至明年三月毕，揭以示民，一季无讼，即书户帖，连庄账付之，以为地符。均税之法，县各以其租额税数为限。若瘠卤不毛，及众所食利山林、陂塘、沟路、坟墓，皆不立税。令既具，乃以济州钜野尉王曼为指教官，先自京东路行之，诸路仿焉。至元丰八年，乃罢。时天下之田，已方而见于籍者，为二百四十八万四千三百四十九顷。崇宁三年，蔡京请诏诸路提举常平官选官习熟其法，谕州县官吏以丰稔日推行，自京西、河北两路始。五年，罢。大观二年，复诏行之，四年罢，其税赋依未方旧则输纳。政和时，复行其法。宣和二年，又罢之，并诏自今诸司毋得起请方田。南渡以后，兼并之患尤甚，乃有经界之法，（绍兴六年，知平江府章谊言："民所甚苦者，催科无法，税役不均。强宗巨室，阡陌相望，而多无税之田，使下户为之破产。"淳祐六年，殿中侍御史兼侍讲谢方叔言："今百姓膏腴，皆归贵势之家，租米有及百万石者。小民百亩之田，频年差充保役，官吏诛求百端，不得已，则献其产于巨室，以规免役。小民田日减而保役不休，大官田日增而保役不及。"咸淳十年，侍御史陈坚等言：今"邸第戚畹，御前寺观，田连阡陌，亡虑数千万计，皆巧立名色，尽蠲二税。州县乏兴，鞭挞黎庶，鬻妻卖子，而钟鸣鼎食之家，苍头庐儿，浆酒藿肉；琳宫梵宇之流，安居暇坐，优游死生"。）然亦罕能实行。（惟朱熹行之漳州，赵恧夫行之婺州，颇见成效。）

南宋病民尤甚者，则为官公田。官田谓籍没之田募民耕者，皆仍私租旧额。私租额重而纳轻，承佃尤可；公租额重而纳重，民乃不堪。而州县胥吏与仓库百执事，又皆从而浸渔之。季世金人乍和乍战，战则军需浩繁，和则岁币重大，国用常告不继。于是，因民苦官租之重，命有司括卖官田以给用，其初弛其力役以诱之，其终不免于抑配，此官田之弊也。嘉定以后，又有所谓安边所田。开禧三年，韩侂胄诛，金人讲解。明年，用廷臣言，置安边所，凡侂胄与其他权幸没入之田，及围田、湖田之在官者皆隶焉，以给行人金、缯之费。迨与北方绝好，军需边用每于此取之，收其租以给岁币，至其将亡。又限民名田，买其限外所有，谓之公田。初，议欲省和籴，以纾民力，而其弊极多，其租尤甚。宋亡，遗患犹不息也。（浙西田亩有值千缗者，似道均以四十缗买之。数稍多，与银绢。又多，与度牒告身。吏又恣为操切，浙中大扰。有奉行不至者，提领刘良贵劾之。有司争相迎合，务以买田多为功，皆谬以七八斗为石。其后田少与硗瘠亏租，与佃人负租而逃者，率取偿田主，六郡之民破家者众。）

明、越皆有陂湖，大抵湖高于田，田又高于江、海。旱则放湖水溉田，涝则决田水入海，故无水旱之灾。庆历、嘉祐间，始有盗湖为田者，其禁甚严。政和以来，创为应奉，始废湖为田。自是两州之民，岁被水旱之患。余姚、上虞每县收租不过数千斛，而失民田常赋，动以万计。其他会稽之鉴湖、鄞之广德湖、萧山之湘湖等处尚多。濒太湖之地，多为兵卒侵据，累土增高，长垣弥望，名曰坝田。旱则据之以溉，而民田不沾其利，涝则远近泛滥，不得入湖，而民田尽没矣。

常平汉以平谷价，义仓隋以备凶灾。惠民仓者，周显德间，以杂配钱分数折粟贮之，岁歉，减价出以惠民。宋兼存其法。又有广惠仓者，募人耕没入户绝田，收其租别为仓贮之，以给州县郭内老幼贫疾不能自存之人。常平所以平款价，充振即失本意。且皆公帑，又所蓄不厚，不足以资振救，故不得不资义仓也。

青苗法者，李参始行之陕西，令民自隐度麦粟之赢，先贷以钱，俟谷熟还官，号为青苗钱。熙宁二年，条例司请以诸路常平、广惠仓钱谷，依陕西例，预借于民，令出息二分，随夏秋税输纳，（愿输钱者，从其便。如遇灾伤，许展至丰熟日纳。）自河北、京东、淮南三路施行，俟有绪推之诸路。许之。其理由在：一、不使并兼之徒乘民之急，以邀倍称之息。二、常平广惠之物，收藏积滞，必待年俭物贵，然后出粜，所及者不过城市游手之人。今通一路有无，贵发贱敛，以广蓄积，平物价，使农人有以赴时趋事，而兼并者不得乘其急也。

反对者之理由谓：一、以钱贷民，出纳之际，吏缘为奸，法不能禁。二、钱入民手，虽良民不免非理使用；及其纳钱，虽富民不免违限。如此鞭笞必用，州县多事。三、良懦者不愿与州县交易，不免抑配。且上户必不愿请，近下等第与无业客户，虽或愿请，必难催纳，必有行刑督索，及勒干系人同保均陪之患。四、无赖子弟，欺谩尊长，钱不入家，甚有他人冒名诈请，莫知为谁者。五、乡村上等户并坊郭有物业者，乃从来兼并之徒，亦依乡户例支借，是官自放钱取息，与初诏违戾。六、出息二分太重。案青苗立法之意颇善。当时民间举债出息，重至一倍，约偿缗钱，而谷粟、布缕、鱼盐、薪荛、耰锄、斧锜之属，皆杂取之。（见《宋史》卷三三一《陈舜俞传》。）取息二分，亦实不重，但奉行不善事亦有之。其最大之弊，在于抑配，虑贫民不能偿，则令贫富相保。试观元祐元年，罢此法未几，范纯仁即以国用不足，建议复散，可知当时行此，不免有藉以取息之意也。纯仁建议后，立常平钱谷给敛出息之法。王岩叟、苏辙等复争之，乃诏更不俵散。及绍圣三年，乃仍许请给。案纯仁亦旧者徒，而亦主俵散，则青苗法虽有弊，亦不如旧党所言之甚可知。又，案和籴之中，有所谓俵籴者，度民田入多寡，都提举市易司预给钱物，秋成于指定之地入米麦，或召农民相保，预兑官钱，或坊郭乡村以等第给钱，俟收成，以时价入粟，亦与青苗相类。

和籴所以代漕运，其法：某处岁稔，则命使置场增价市籴，某处转饷难，即就置场，或内府出绫罗锦绮，缗钱金帛，付转运使籴粟，（或赐常平钱，给度牒。）或别遣官经画市籴。其立法之意本善，然如推置、（京东西、陕西、河北缺兵食，州县括民家所积粮市之，谓之推置。）括籴、（括索赢粮之家，量存所用，其余尽粜入官。）均籴（均数于州县，州县又以家业差等，均数于民家。）等法，本不免有弊。宋初河东既下，减其租赋。有司言土沃民勤，颇多积谷，乃定每岁和市，令随常赋输送。官虽量与钱、布，而所得细微，岁凶不蠲，河东税三十九万，而和籴乃入十二万，则其厉民可知。南渡以后，或强给官告度牒钞引，或降金银钱帛，而州县阻节不即还，又或强配于民，抑勒其价，或石取其耗，或取其头子钱，而籴入之米，又有陈腐不可用者，其弊更不可胜穷矣。

布帛亦有折科、和市，又有预给钱于民，随后输帛者，则谓之预买。（蚕事不登，亦许以钱及大小麦折输。）其事或由产地主之，亦或选官置场。其弊也，或物重而价轻，（或出抑勒，亦有物价已涨，而仍以旧值市之者。）或外增名目收钱，或不即给价，甚有不给直变为赋税者，亦有给不如数者。（预买亦或不时给直。）南渡后绢价大涨，而朝廷乏钱，乃创为折帛之说，以为宽民而利公。既有夏税折帛，又有和买折帛。其后绢价平，而民所纳之折帛钱已不可变，遂至三倍于本色焉。至此则和买已变为赋税，而其法又不均。如浙东和预买绢岁额为九十七万，而越州乃占六十万。和籴和买，赋税，青苗法则始终未为赋税，不另为篇，姑附于此。

宋代厉民之政，莫甚于役。盖以古者庶人在官者之事，责诸平民，以为力役之征也。其弊起于晚唐，至宋而尤甚。役之名色，曰衙前，主官物；曰里正、户长、乡书手，课督赋税；曰耆长、弓手、壮丁，逐捕盗贼；曰承符、人力、手力、散从，官给使令。此外，县曹司至押、录，州曹司至孔目官，下至杂职、虞候、拣、搯等人，各以乡户等第差充。然命官形势之家，占田无限，皆得免役。而应役之户，困于繁数，里正、衙前，主典府库，辇运官物，多致破产。于是有鬻田减其户等者；有伪为券售田于形势之家，假佃户之名，以避徭役者；又有窜名浮屠籍，号为出家，以避役者，赵州至千余人。景德中，尝诏出家者须落发为僧，乃听免役。田归官户不役之家，而役并于同等见存之户。人民因避户等，土地不敢多耕，骨肉不敢生聚。于是上户寖少，中下户寖多，役使频仍，生资不足，遂转为工商，流为盗贼矣。皇祐中，知并州韩琦疏曰："州县生民之苦，无重于里正衙前。有孀母改嫁，亲族分居，或弃田与人，以免上等，或非命求死，以就单丁，规避百端，苟免沟壑之患。"（《宋史·食货志》。）治平中，三司使韩绛言："京东民有父子二丁将为衙前役者，其父告其子曰：吾当求死，使汝曹免于冻馁。遂自缢而死。又闻江南有嫁其祖母，及与母析居以避役者。"（《宋史·食货志》。）可谓酷矣！

人之才性，本各有所宜。一役也，未必人人能之，故签差决不如雇募。又赋课贵于平均，力役亦赋课之一，以钱雇募，则损有余之地之财，以济贫瘠之乡之役。且就一小区域中计其贫富，以定户等，而为应役之重轻，就令正确公平，而合全国而观之，其不公不平实已甚，况乎一小区域内之公平，亦不可得乎？此又差役之不如雇役也。《宋史·食货志》：韩琦即谓："每乡被差疏密，与资力高下不均。假有一县甲乙二乡，甲乡一等户十五户，计资为钱三百万，乙乡一等户五户，计资为钱五十万；番役递休，即甲乡十五年一周，乙乡五年一周。富者休息有余，贫者败亡相继。"其一例也。

景德中，命募人充役。庆历中，王逵为荆湖转运使，率民输钱免役，（史谓王逵得缗钱三十万，进为羡余，蒙诏奖。由是他路竞为掊克以市恩。夫其进羡余非，其令民输钱免役则是也。）已开荆公雇役法之先声。神宗阅内藏库奏，有衙前越千里，输金七钱，库吏邀乞，逾年不得还者，乃诏制置条例司讲立役法。久之，定免役之法，先于京畿行之。其法分畿内乡户为五等，岁以夏秋随等输钱。乡户四等，坊郭六等，以下勿输。用其钱募三等以上税户代役，次乃颁其法于天下。凡当役人户，以等第出钱，名免役钱。坊郭等第户及未成丁、单丁、女户、寺观、品官之家，旧无役而出钱者，名助役钱。凡敷钱，先视州县应用雇直多少，随户等均取。又率其数，增取二分，以备水旱欠阁，谓之免役宽剩钱。坊场河渡旧以酬奖衙前，至是官自扑卖，以其钱同役钱，随分数给之。至熙宁九年，乃停给，盖役钱有余也。当时又因免役钱以禄内外胥吏，有禄而赃者，用仓法重其坐。免役宽剩钱又用常平法给散生息，添给吏人餐钱。

　　荆公所行之法，以免役为最合理，且最有益，而足以救时弊。而当时反对者亦蜂起，然其所言理由，皆不充足也。如谓（一）不问户之高低，例使出钱，上户则便，下户实难。又谓（二）旧上户役数而重，下户役简而轻，今不问上下，概视物力出钱，上户幸之，下户则以为苦。然输钱多少，固依户等而分，极下等户，且免输也。（三）谓非如税赋，有倚阁减放之期。然免役宽剩，即所以为蠲减之备。旧日之役，则凶荒不免也。（四）谓钱非田所出，直使输钱，丝帛粟麦必贱，若用他物准直，则又退拣乞索，且为民害。然当时立法者固云，或纳见钱，或纳斛斗，皆从民便也。（五）谓破产惟乡户衙前。至于长名衙前，在公精熟，每经重难，别得优轻场务酬奖，往往致富。不知长名衙前，与雇募异名同实，此足助雇役之论，而非所以为难也。（六）谓用乡户，为其有常产则自重，招雇恐得浮浪奸伪之人，帑庾、场务、纲运恐不胜盗用，弓手、耆、壮、承符、散从、手力、胥吏之类，恐遇寇纵逸，因事骚扰。近边奸细应募，则恐焚烧仓库，或守把城门，潜通外境。然元祐议复差役，苏辙言："熙宁以前，诸路衙前多雇长名当役，如西川则全是长名，淮南、两浙长名大半以上，余路亦不减半。"则当时曾布奏办谓"今投名衙前半天下，未尝不典主仓库、场务、纲运"者，非虚言也。苏辙又谓："初疑衙前多是浮浪投雇，不如乡差税户可托。然行之十余年，投雇者亦无大败阙。"刘挚谓："五路弓手，熙宁未变法前，身自执役，最号强劲，其材艺捕缉胜于他路。近日复差，不闻有不乐，而愿出钱雇人。惟是川、蜀、江、浙等路，昨升差上一等户，皆习于骄脆，不肯任察捕之责。欲乞五路必差正身，余路即用新敕。"（谓许民雇代。）上官均亦谓"熙宁募法久行，何尝闻盗贼充斥？彼自爱之民，承符帖追逮则可，俾之与贼角死，岂其能哉？两浙诸路以法案差弓手，必责正身，至有涕泣辞免者"云云，则可见弓手等役之非不可雇募也，况曾布谓"承符、手力之类，旧法皆许雇人"乎？（七）谓宽剩数多，募直轻而仓法重，疑设法聚敛，则据曾布所言，当时畿内免役之钱，用以募役，固所余无几；且制用必求其有余，亦不得以为聚敛也。（八）谓其升户失实，则曾布谓"三年一造簿书，等第尝有升降，则今品量增减亦未为非；又况方晓谕民户，苟有未便，皆与厘正"。又言者"于祥符等县，以上等人户数多减充下等，乃独掩而不言"。荆公谓"外间扇摇役法者，谓输多必有赢余，若群诉必可免"，则攻者之词，亦未必情实矣。

主免役者，谓所裁取者，乃仕宦兼并能致人言之豪右；所宽优者，皆村乡朴蠢不能自达之穷氓。此自为得实之语。曾布举畿内为例，谓上等户罢衙前之役，所输钱减十之四五；中等户本充弓手、手力、承符、户长，今使上等及坊郭、寺观、单丁、官户皆出钱以助之，所输减十之六七；下等户尽除前日冗役，专充壮丁，且不输一钱，所输减十之八九。然当时主其事者，有求增加收入之意。人民虽得免役，仍以输钱为苦，亦诚有之。且下户虽得宽闲，而向不输钱之户，乃须出钱助役，此尤所以致啧有繁言之一因也。役法改后，省役额甚多，而民间输数一切如旧。

元祐初，剩余之额已达三千万贯，可见收入增加非少。故元祐时议役法，苏轼极言"可雇不可差，第不当于雇役实费之外，多取民钱"。范百禄言："熙宁免役法行，百禄为咸平县，开封罢遣衙前数百人，民皆欣幸。其后有司求羡余，务刻剥，乃以法为病。今第减助免钱额以宽民力可也。"自是持平之论。

又苏辙谓"坊郭人户旧苦科配，新法令与乡户并出役钱，而免科配，其法甚便。……熙宁以前，散从、弓手、手力诸役人常苦逆送，自新法以来，官吏皆请雇钱，役人既便，官亦不至阙事"云云，则新法所除，固不独衙前之害矣。

元祐初，司马光为门下侍郎，议复差法。初，命役人用见数为额，惟衙前用坊场、河渡钱雇募，不足，方许揭簿定差。其余役人，惟该募者得募，余悉定差。诸路坊郭五等以上，单丁、女户、官户、寺观三等以上，旧输免役钱减为五分，下此者悉免输。寻以衙前不皆有雇直，改雇募为招募。苏辙言："既非明以钱雇，必无肯就招者，势须差拨。"又明许民户雇代，户少之乡，应差不及三番者，许以六色钱募州役，衙前当休无代，即如募法给直，则差法之不可复，实格于事势，旧党亦无如何矣。一时言差法不便者甚众，如李常谓："差法诏下，民知更不输钱，惟欢呼相庆，行之既久，始觉不输钱为害。何也？差法废久，版籍不明，重轻无准，乡宽户多者仅得更休，乡狭户窄者频年在役。上户极等昔有岁输钱百千至三百千者，今止差为弓手，雇人代役，岁不过用钱三四十千。中下户旧输钱不过三二千，而今所雇承符、散从之类，不下三十千。"苏轼言："三等人户，方雇役时，户岁出钱极不过三四千，而今一役二年，当费七十余千。休闲不过六年，则是八年之中，昔者徐出三十余千，而今者并出七十余千，苦乐可知。"哲宗亲政后，复行雇法，敷钱之数，取三年雇直之平均数，宽剩钱不得过十分之一。建炎初，罢之，复行差法。乾道五年，处州松阳县倡为义役，众出田谷，助役户轮充，推行之处甚多。朱熹谓"踵之者不能皆善人，于是其弊日开，其流日甚。或以材智把握，而专义役之利；或以气力凌驾，而私差役之权。虐贫优富，凌寡暴孤"。盖义役为人民自动之事，若为官绅假借名义，则仍不免于有弊也。

役起于物力，故物力升降，贵乎不殽。熙宁变法时，常责郡县考察升降，后又以吕惠卿议，行手实法。其法：官定田产中价，民各随价自占，仍并屋宅分有无蓄息立等，凡居钱五当蓄息之钱一。将造簿，预具式示民，令依式为状，县受而籍之。分为五等。参会通县役钱之额，定所当输，明书其数，示众两月。后御史中丞邓绾言其不便，罢之。南渡以后，乃讲究推割、推排之法。推割者，凡百姓典卖田业，税赋与物力一并推割。推排则用其资产之进退为之升降，三岁而一行之。南宋推排、手实二法并行。议者以推排为便，以推排委之乡都，径捷而易行，手实责之人户，散漫而难集也。然当时之弊，或以小民粗有米粟，仅存室庐，凡耕耨刀斧之器，鸡豚犬彘之畜，纤微细琐，皆得而籍之。吏视赂之多寡，为物力之低昂。于是又为之限制，除质库房廊、停塌店铺、租牛、赁船等外，不得以猪羊杂色估计。其后并耕牛租牛免之，而江之东西，又有以亩头计税，不待推排者，则不啻加田赋而免其役矣。

契丹生业，注重畜牧。《辽史·食货志》云："契丹旧俗，其富以马，其强以兵。纵马于野，弛兵于民。有事而战，骥骑介夫，卯命辰集。马逐水草，人仰湩酪，挽强射生，以给食用，糗粮刍茭，道在是矣。以是制胜，所向无前。"《食货志》述太祖时畜牧之盛，"括富人马，不加多，赐大、小鹘军万余匹，不加少"。又云："自太宗及兴宗垂二百年，群牧之盛如一日。天祚初年，马犹有数万群，每群不下千匹。"又述诸国每岁贡马之数，东丹一千匹，女真一万匹，直不古等国一万匹，阻卜及吾独婉、惕德各二万匹，西夏、室韦各三百匹，越里笃、剖阿里、奥里米、蒲奴里、铁骊等诸部各三百匹。然亦颇重农业。《辽史》云：

"初，皇祖匀德实为大迭烈府夷离堇，喜稼穑，善畜牧，相地利以教民耕。仲父述澜为于越，饬国人树桑麻，习组织。太祖平诸弟之乱，弭兵轻赋，专意于农。尝以户口滋繁，纠辖疏远，分北大浓兀为二部，程以树艺，诸部效之。"道宗时，"西蕃多叛，上欲为守御计，命耶律唐古督耕稼以给西军。唐古率众田胪朐河侧，岁登上熟。移屯镇州，凡十四稔，积粟数十万斛，每斗不过数钱"。以马人望前为中京度支使，视事半岁，积粟十五万斛。"辽之农谷，至是极盛。而东京如咸、信、苏、复、辰、海、同、银、乌、遂、春、泰等五十余城内，沿边诸州，各有和籴仓依祖宗法，出陈易新，许民自愿假贷，收息二分。所在无虑二三十万石，虽累兵兴，未尝用乏。迨天庆间，金兵大入，悉为所有。"圣宗乾亨十三年，诏诸道置义仓。岁秋，社民随所获，户出粟庤仓，社司籍其目。岁俭，发以振民。

其税赋之制，无可考。据《辽史·食货志》所载，但知在屯耕公田者，不输税赋，其应募治在官闲田者，则计亩出粟。各部大臣从上征伐，俘掠人户，自置郭郭，为头下军州，则市井之赋，各归头下，唯酒税赴纳上京而已。

金法，官地输租，私田输税，租之制不传，大率分田之等为九而差次之。税法则如下：

一、夏税亩取三合，秋税亩取五升。又纳秸一束，束十有五斤。

二、夏税六月止八月，秋税十月止十二月，为初、中、末三限，州三百里外，纾其期一月。章宗泰和五年，以十月民获未毕，不可遽令纳税，改秋税限十一月为初。中都、西京、北京、上京、辽东、临潢、陕西地寒，稼穑迟熟，夏税限以七月为初。

三、凡输送粟麦，三百里外石减五升，以上每三百里递减五升。粟折秸百称者，百里内减三称，二百里减五称，不及三百里减八称，三百里及输本色槁草，各减十称。兴定四年十二月，镇南军节度使温迪罕思敬请民输税者，止输本郡，谓"今民输税，其法大抵有三，上户输远仓，中户次之，下户最近。然近者不下百里，远者数百里，道路之费，倍于所输，而雨雪有稽违之责，遇盗有死伤之患"云云。

四、墓田、学田，租税皆免。

五、凡请射荒地者，以最下第五等减半定租，八年始征之。若作己业者，以第七等减半为税，七年始征之。自首冒佃比邻地者，输官租三分之二。佃黄河退滩者，次年纳租。泰和八年八月，户部尚书高汝砺言，旧制人户请佃荒地者，宽以征纳之年。"小民不为久计，比至纳租之时，多巧避匿，或复告退，盖由元限太远，请佃之初无人保识故耳。今请佃者可免三年，作己业者免一年，自首冒佃并请退滩地，并令当年输租，以邻首保识，为常制。"

《续通考》云：金之官田租制虽不传，以泰和元年学田之数考之，生员给民田官佃六十亩，岁支粟三十石，则亩征五斗矣。虽地之高下肥瘠不同，租宜有别，然视民田五升三合，草一束之数，必倍蓰过之，是亦官田租重之一征也。

牛具税即牛头税，猛安谋克户所输之税也。其制，每耒牛三头为一具，限民口二十五受田四顷四亩有奇，岁输粟不过一石，官民占田无过四十具。太宗天会三年，以岁稔，官无储积，无以备饥馑，命一耒赋粟一石，每谋克别为一廪贮之。四年九月，诏内地诸路，每牛一具，赋粟五斗，为定制。世宗大定十二年，尚书省奏："唐古部民旧同猛安谋克定税，其后改同州县，履亩立税，颇以为重。"命从旧制。

世宗大定五年，以京畿两猛安民户不自耕垦，及伐桑为薪鬻之，命大兴少尹完颜让巡察。十七年，谓省臣曰："官地非民谁种，然女直人户自乡土三四千里移来，尽得薄地，若不拘刷良田给之，久必贫乏，其遣官察之。"又谓参知政事张汝弼曰："先尝遣问女直土地，皆云良田。及朕出猎，因问之，则谓自起移至此，不能种莳，斫芦为席，或斩刍以自给。卿等其议之。"省臣奏，官地所以人多蔽匿盗耕者，由其罪轻故也。乃更条约，立限令人自陈，过限则人能告者有赏。遣同知中都路转运使张九思往拘籍之。十九年十二月，谓宰臣曰："朕闻括地事所行极不当，如皇后庄、太子务之类，止以名称便为官地，百姓所执凭验，一切不问。"云云。后又谓："凡犯秦汉以来名称，如长城、燕子城之类者，皆以为官田。"则当时扰累可想。然拘田以给军户之事，终金世不绝，而军户且有冒名增口，以请官地及取民田，致令民空输税赋者，贻累如此。而猛安谋克户得田，初不能耕。大定二十一年，世宗谓宰臣曰："山东、大名等路猛安谋克户之民，往往骄纵，不亲稼穑，不令家人农作，尽令汉人佃莳，取租而已。富家尽服纨绮，酒食游宴，贫者争慕效之，欲望家给人足，难矣。近已禁买奴婢，约其吉凶之礼，更当委官阅实户数，计口授地，必令自耕，力不赡者方许佃于人。仍禁其农时饮酒。"六月，遣使阅视秋稼，闻猛安谋克人惟酒是务，往往以田租人，而预借三二年租课，或种而不耘，听其荒芜。自今皆令阅实各户人力，可耕几顷亩，必使自耕耘之，其力果不及者方许租赁。如惰农饮酒者，劝农谋克及本管猛安谋克并都管，各以等第科罪。收获数多者，亦以等第迁赏。（案《熙宗纪》：即位之年，即诏公私禁酒，则女直人之沉湎久矣。）二十二年，以附都猛安户不自垦种，悉租与民，有一家百口垅无一苗者。从大兴少尹王脩所奏，不种者杖六十，谋克四十，受租百姓无罪。合此数条，当时猛安谋克户之怠于农业，可知矣。章宗南迁，尽徙河北军户于河南，或主括地界之耕，或主益赋以给之，以高汝砺力争，乃倍加官田之租，而未括地，然军饷亦只半给。当时女直户亦自言，得半饷犹可勉活，得田实不能耕也。

元之取民，大率以唐为法。取于内郡者，曰丁税，曰地税，仿唐之租庸调也。取于江南者，曰秋税，曰夏税，仿唐之两税也。丁税、地税之法，自太宗始行之。初，每户科粟二石，后以兵食不足，增为四石。至丙申年，乃定科征之法，令诸路验民户成丁之数，每丁岁科粟一石，驱丁五升，新户丁驱各半之，老幼不与。其间有耕种者，或验其牛具之数，或验其土地之等征焉。丁税少而地税多者纳地税，地税少而丁税多者纳丁税。工匠僧道验地，官吏商贾验丁。世祖申明旧制，于是输纳之期、收受之式、关防之禁，会计之法，莫不备焉。中统十七年，命户部大定诸例：

全科户丁税，每丁粟三石，驱丁粟一石，地税每亩粟三升。减半科户丁税，每丁粟一石。

新收交参户，第一年五斗，第二年一石，第三年一石二斗五升，第四年一石五斗，第五年一石七斗五升，第六年入丁税。

协济户丁税，每丁粟一石，地税每亩粟三升。

随路近仓输粟，远仓每粟一石，折纳轻赍钞二两。富户输远仓，下户输近仓，郡县各差正官一员部之，每石带纳鼠耗三升，分例四升。凡粮到仓，以时收受，出给米钱。输纳之期，分为三限：初限十月，中限十一月，末限十二月。成宗大德六年，更定上都、河间输纳之期。上都，初限次年五月，中限六月，末限七月。河间，初限九月，中限十月，末限十一月。

秋税、夏税之法，行于江南。初，世祖平宋，除江东、浙西，其余独征秋税而已。至元十九年，用姚元之请，命江南税粮依宋旧例，折输绵绢杂物。是年二月，又用耿左丞言，令输米三之一，余并入钞为折焉。以七百万锭为率，岁得羡钞十四万锭。其输米者，止用宋斗斛，以宋一石当元七斗故也。至成宗元贞二年，乃定其制：秋税止命输租，夏税则输以木绵布绢丝绵等物。其所输之数，视粮以为差。粮一石输钞三贯、二贯、一贯，或一贯五百文、一贯七百文。皆因其地利之宜、人民之众，酌中数取之。其所输之物，各随时估之高下以为直。独湖广则异于是。初，阿里海牙克湖广，罢宋夏税，依中原例，改科门摊，每户一贯二钱，视夏税增钞五万余锭。至大德二年，宣慰张国纪又请科夏税，于是湖广重罹其害。俄诏罢之。三年，又改门摊为夏税而并征之。每石计三贯四钱以上，视江、浙等为尤重云。（江、浙等一石输至钞三贯。）在官之田，许民佃种输租，皆不科夏税。

辽役法不可考，惟据《辽史·食货志》：统和中，耶律昭言：西北之众，每岁农时，一夫侦候，一夫治公田，二夫给纠官之役，则知其屯田戍兵，给役殊重。《圣宗纪》：统和三年三月乙巳朔，枢密使奏：契丹诸役户多困乏，请以富户代之。上因阅诸部籍，涅剌、乌隗二部户少而役重，并量免之。又《马人望传》：拜南院枢密使，当时民所甚患者，驿递、马牛、旗鼓、乡正、厅隶、仓司之役，至破产不能给。人望使民出钱，官自募役，时以为便。

金制，户有数等，有课役户、（有物力者。）不课役户、（无物力者。）本户、（女直。）杂户、（汉人及契丹。）正户、（猛安谋克之奴婢免为良者，止隶本部。）监户、（没入官良人，隶宫籍监者。）官户、（没入官奴婢，隶太府监者。）奴婢户、二税户。（辽以良民赐诸寺，分其税一半输官，一半输寺，谓之二税户。金世宗大定二年，尝免之。章宗即位，又括北京路及中都路二税户。凡无凭验，其主自言之者，及因通检而知之者，其税半输官，半输主。有凭验者，悉放为良。）户以五家为保。户主推其长充。

男女二岁以下为黄，十五以下为小，十六为中，十七为丁，六十为老，无夫为寡妻妾，诸笃废疾不为丁。

凡户口计账，三年一籍。自正月初，州县以里正、主首，猛安谋克则以寨使，诣编户家责其手实，具男女老幼年与姓名，生者增之，死者除之。正月二十日以实数报县，二月二十日申州，以十日内达上司，无远近皆以四月二十日到部呈省。

凡汉人、渤海人不得充猛安谋克户。太祖即位之二年，以三百户为谋克，谋克十为猛安。又尝以北部辽人百三十户为一谋克，诸州汉人六十五户为一谋克。王伯龙、高从祐并领所部为一猛安。熙宗皇统五年，又分猛安谋克为上、中、下三等。海陵天德二年，削其名，但称为诸猛安谋克。世宗大定十五年十月，遣官十人，分行天下，再定猛安谋克户，每谋克户不过三百，七谋克至十谋克置一猛安。

旧以五家为保，泰和六年，令从唐制，以五家为邻，五邻为保，以相检察。京府州县郭下则置坊正，村社则随户众寡为乡置里正，以按比户口，催督赋役，劝课农桑。村社三百户以上则设主首四人，二百户以上三人，五十户以上二人，以下一人，以佐里正禁察非违。置壮丁，以佐主首巡警盗贼。猛安谋克部村寨，五十户以上设寨使一人，掌同主首。寺观则设纲首。凡坊正、里正，以其户十分内取三分，富民均出雇钱，募强干有抵保者充，人不得过百贯，役不得过一年。

凡遇差科，必按版籍，先及富者，势均则以丁多寡定甲乙。有横科，则视物力，循大至小均科。不可分摘，则以次户济之。又计民田园、屋舍、车乘、牛羊、树艺之数，及其藏镪之多寡征钱，曰物力钱。物力之征，上自公卿大夫，下逮民庶，无苟免者。近臣出使外国，归必增物力钱，以其受馈遗也。凡民物力，居宅不与。猛安谋克户、监户、官户，于所居外自置田宅，则预焉。墓田、学田，租税、物力皆免。

章宗明昌元年，刑部郎中路伯达言：民地已纳税，又通定物力，比之浮财所出差役，是重并也。命详酌民地定物力，减十之二。

金制："凡叙使品官之家，并免杂役，验物力所当输者，止出雇钱。进纳补官未至荫子孙、及凡有出身者、（《金史·食货志》原注："谓司吏译人等。"）出职带官叙当身者、杂班叙使五品以下、及正品承应已带散官未出职者，子孙与其同居兄弟，下逮终场举人、系籍学生、医学生，皆免一身之役。三代同居，已旌门则免差发，三年后免杂役。"（《金史·食货志》。）

有司初以三年一籍，后变为通检，又变为推排。大定四年，以自国初占籍之后，至是承正隆师旅之余，民之贫富变更，赋役不均。乃命泰宁军节度使张弘信等二十四人，（《金史·食货志》作十三人。）分路通检天下物力以差定赋役。诸使往往以苛酷多得物力为功，弘信检山东州县尤酷暴。（惟梁肃为河北转运副使，通检东平、大名两路，称平允。见本传。）五年，有司奏诸路通检不均，诏再以户口多寡，富贵轻重，适中定之。既而，又定通检土地等第税法。十五年，以自通检以来十余年，贫富变易，赋调轻重不均，遣济南尹梁肃等二十六人，分路推排物力。二十年四月，推排猛安谋克物力。二十二年八月，始集耆老，推贫富，验土地、牛具、奴婢之数，分为上、中、下三等。二十六年，命吏部侍郎李晏等分路推排。章宗承安二年十月，命吏部尚书贾执纲等分路推排。三年九月，奏十三路籍定推排物力钱二百五十八万六千七百二贯四百九十文，旧额三百二万二千七百十八贯九百二十二文，以贫乏除免六十三万八千一百一十一贯。除上京、北京、西京路无新强增者，余路计收二十万二千九十五贯。泰和元年八月，诏推排西京、北京、辽东三路人役物力。（至五年，以西京、北京边地，常罹兵荒，复遣使推排之。大定二十六年所定三十五万三千余贯，减为二十八万七千余贯。）二年闰十二月，定人户物力随时推收法，典卖事产者随业推收，别置标簿，临时止拘浮财。八年，命吏部尚书贾守谦等十三人，分诣诸路，与按察使官一员，推排民户实力，扰民颇甚。承安时，吏部侍郎高汝砺《请据实通检疏》曰："自大定四年通检，迄今三十余年，其间虽两经推排，其浮财物力惟凭一时小民之语，以为增减，有司惟务速定，不复推究其实。由是豪强有力者扶同而幸免，贫弱寡援者抑屈而无伸。欲革其弊，莫若据实通检。"云云。通检之弊既如大定四年所行矣，推排之弊又如此，差役之法何适而可哉？

元制差科之名有二：曰丝料，曰包银。各验其户之上下而科焉。丝料、包银之外，又有俸钞之科，其法亦以户之高下为等。

丝料之法，始行于太宗八年。每二户出丝一斤，并随路丝线、颜色输于官。五户出丝一斤，并随路丝线、颜色输于本位。

包银之法，定于宪宗五年。初，汉民科纳包银六两，至是止征四两，二两折收丝绢、颜色等物。（此据《元史·食货志》。是初征六两，至五年始减。《王玉汝传》谓：宪宗即位，有旨令常赋外，岁出银六两，谓之包垛银。玉汝纠率诸路管民官，诉之阙下，得减三分之一。《史楫传》：朝廷始征包银，楫请以银与物折，仍减其元数，诏从之，则减于方征之始。《张晋亨传》则朝议户赋银六两，以晋亨言，蠲户额三之一，仍听民输他物。是初议时已减为四两矣，或各地不一律欤？）

世祖中统元年，立十路宣抚司，定户籍科差条例。其户大抵不一，有元管户、交参户、漏籍户、协济户。于诸户之中，又有丝银全科户、减半科户、止纳丝户、止纳钞户；又有摊丝户、储也速觟儿所管纳丝户、复业户，并渐成丁户。户既不等，数亦不同。又有俸钞之科，亦以户之高下为等。于是以合科之数，作大门摊，分为三限输纳。被灾之地，听输他物折焉，其物各以时估为则。凡儒士及军、站、僧、道等户，皆不与。

又泰定之初，有所谓助役粮者。命江南民户有田一顷以上者，于所输税外，每顷量出助役之田，具书于册，里正以次掌之，岁收其入，以助充役之费。凡寺观田，除宋旧额，其余亦验其多寡令出田助役焉。

元诸王及后妃公主，皆有食采分地。其路府州县得荐其私人以为监，秩禄受命如王官，而不得以岁月通选调。其赋则五户出丝一斤，不得私征，皆输诸有司之府，视其当得之数给之。其岁赐则银币各有差，始定于太宗之时，而增于宪宗之日。及世祖平江南，又各益以民户。时科差未定，每户折支中统钞五钱，成宗后加至二贯。至于勋臣亦同。

明初定赋役法，一以黄册为准。册有丁有田。丁有役。田有租。租曰夏税，曰秋粮。夏税毋过八月，秋粮无过明年二月。

鱼鳞册成于洪武二十年。太祖定天下，核实天下土田。而两浙富民畏避徭役，大率以田产寄他户，谓之贴脚诡寄。是年，命国子生武淳等分行州县，随粮定区。区设粮长，量度田亩方圆，次以字号，悉书主名及田之丈尺，编类为册，状如鱼鳞，号曰鱼鳞图册。先是，诏天下编黄册，以户为主，详具旧管、新收、开除、实在之数为四柱式。而鱼鳞图册以土田为主，诸原坂、坟衍、下湿、沃瘠、沙卤之别毕具。鱼鳞册为经，土田之讼质焉。黄册为纬，赋役之法定焉。凡质卖田土，备书税粮科则，官为籍记之，毋令产去税存，以为民害。赋役之籍鱼鳞册与黄册相须而成，迄乎岁久，鱼鳞册漫漶至不可问，而田得买卖，粮得过都图，赋役册独以田从户，而田所在不复可辨。（《春明梦余录》。）执鱼鳞册以按田，既无从知此田为谁家所有，或且以鱼鳞册不存，而田并不能按籍而稽。执黄册以求各户所有之田，亦徒有其名。以鱼鳞册不存，不复能知其田之何在，即无从考证其田之果有与否。于是贫者无田而有税，富者有田而无税，其弊也有所谓坍江、（已为江水淹没者。）事故（移流亡绝，田弃粮存者。）者，悉责赔于里甲，摊征于贫民，而奸富猾胥遂得肆其诡寄那移之弊。富人不纳粮而贫民代输，贫民逃亡则责之里长，里长逃绝则粮长负累，其弊极矣。此履亩丈量之议所由起也。

丈量之议，起于嘉靖八年。霍韬奉命修《会典》言："天下额田减强半，司国计者，可不究心。"时桂萼等先后疏请核实田亩，而顾鼎臣请履亩丈量。江西安福、河南裕州首行之，而法未详具，人多疑惮。其后福建诸州县，为经、纬二册，其法颇详。然率以地为主，田多者犹得上下其手，神宗初，建昌知府许孚远为归户册，以田从人，其法始简而密矣。

神宗时，用大学士张居正议，天下田亩通行丈量，限三岁竣事。用开方法，以径围乘除，畸零截补。于是豪猾不得欺隐，里甲免赔累，而小民无虚粮。计田数视弘治赢三百万顷。然居正尚综核，颇以溢额为功。有司争改小弓以求田多，或掊克现田以充虚额。北直隶、湖广、大同、宣府，遂先后按溢额田增赋焉。

粮长者，洪武四年九月，以郡县吏征收赋税，辄侵渔百姓，乃命户部，令有司科民土田，以万石为率，田多者为粮长，督其乡赋税。岁七月，州县委官偕诣京师，领勘合以行。粮万石，长、副各一人。十五年，革罢。十八年，复设。三十一年，更定每区正、副二名轮充。永乐十九年，命暂于南京户部宣谕给勘合，后遂为例。宣宗宣德间，复永充。科敛横溢，民受其害，或私卖官粮以牟利。其罢者，亏损公赋，事觉，至陨身丧家。景泰时，革粮长，未几又复。自官军兑运，粮长不复输京师，而州里间颇滋害。嘉靖时，谕德顾鼎臣极陈之。

洪武元年三月，命中书省议役法，田一顷出丁夫一人，不及顷者以他田足之，名曰均工夫。八年三月，编应天十八府州，江西九江、饶州、南康三府均工夫图册。每岁农隙赴京，供役三十日遣归。田多丁少者，以佃人充夫，而田主出米一石资其用。非佃人而计亩出夫者，亩资米二升五合。

迨造黄册成，以一百十户为一里，里分十甲曰里甲。以上、中、下户为三等，五岁均役，十岁一更造。一岁中诸色杂目应役者，编第均之，曰均徭。他杂役曰杂泛。凡祗应、禁子、弓兵，悉佥市民，毋役粮户。额外科一钱、役一夫者，罪流徙。

英宗正统初，行均徭鼠尾册法。先时编徭役里甲者，以户为断，放大户而勾单小。议者言，均徭之法，按册籍丁粮，以资产为宗，核人户上下，以蓄藏得实也。稽册籍，则富商大贾免役，而土著困；核人户，则官吏里胥轻重其手，而小民益穷蹙。二者交病。然专论丁粮，庶几古人租庸调之意。乃以旧编力差、银差之数当丁粮之数，难易轻重酌其中。役以应差，里甲除当复者，论丁粮多少编次先后，曰鼠尾册，按而征之。市民商贾家殷足而无田产者，听自占，以佐银差。正统初，佥事夏时创行于江西，他省仿行之，役以稍平。其后诸上供者，官为支解，而官府公私所需，复给所输银于坊里长，责其营办。给不能一二，供者或什佰，甚至无所给，惟计值年里甲祗应夫马饮食，而里甲病矣。凡均徭，解户上供为京徭，主纳为中官留难，不易中纳，往复改贸，率至倾产。其他役苛索之弊，不可毛举。明初，令天下贡土所有，有常额，珍奇玩好不与。即须用，编之里甲，出银以市。顾其目冗碎，奸黠者缘为利孔。又大工营缮，祠官祝厘，用繁资溢。迨至中叶，倭寇交讧，仍岁河决，国用耗殚。于是里甲、均徭，浮于岁额矣。

凡役民，自里甲正办外，如粮长、解户、马船头、馆夫、祗候、弓兵、皂隶、门禁、厨斗为常役。后又有斫薪、抬柴、修河、修仓、运料、接递、站铺、戍夫之类，因事编签，岁有增益。嘉、隆后，行一条鞭法，通计一省丁粮，均派一省徭役。于是均徭、里甲与两税为一，小民得无扰，而事亦易集。然粮长、里长，名罢实存，诸役卒至，复仚农氓。法行十余年，规制顿紊，不尽遵也。

孙承泽《春明梦余录》曰："一条鞭者，其法通府州县十岁中夏税秋粮存留起运额若干，通为一条，总征而均支之也。其征收不轮甲，通一县丁粮均派之，而下帖于民，备载一岁中所应纳之数于帖，而岁分六，限纳之官。其起运完输若给募，皆官府自支拨。盖轮甲则递年十甲充一岁之役；条鞭则合一邑之丁粮充一年之役也。轮甲则十年一差，出骤多易困；条鞭令每年出办，所出少易输。譬则十石之重，有力人弗胜，分十人而运之，力轻易举也。诸役钱分给主之官承募人，势不得复取赢于民。而民如限输钱讫，闭户卧可无复追呼之扰。此役法之善者也。"

凡军、匠、灶户，役皆永充。军户死若逃者，于原籍勾补。匠户二等：曰住坐，曰输班。住坐之匠，月上工十日。不赴班者，输罚银一月六钱，故谓之输班。监局中官，多占匠役，又括充幼匠，动以千计，死若逃者，勾补如军。灶户有上、中、下三等。每一正丁，贴以余丁。上、中户丁力多，或贴二三丁，下户概优免。

明季重敛极多，自武宗正德九年建乾清宫，加赋百万，至世宗初年，天下财赋入太仓库者，二百万两有奇。旧制以七分经费，而存积三分，备兵歉，以为常。世宗中年，边供费繁，加以土木、祷祀，月无虚日，帑藏匮竭。二十九年，俺答犯京师，增兵设戍，饷额过倍。三十年，京边岁用至五百九十五万，户部尚书孙应奎蒿目无策，乃议于南畿、浙江等州县增赋百二十万，加派于是始。嗣后，京边岁用，多者过五百万，少者亦三百余万，岁入不能充岁出之半。由是度支为一切之法，其箕敛财贿、题增派、括赃赎、算税契、折民壮、提编、均徭、推广事例兴焉。《食货志》：提编者，加派之名也。其法，以银力差排编十甲，如一甲不足，则提下甲补之。时东南备倭，南畿、浙、闽皆有额外提编。江南至四十万。及倭患平，仍不能减。诸例既兴，初亦赖以济匮，久之，诸所灌输益少。又四方多事，有司往往为其地奏留或请免。浙、直以备倭，川、贵以采木，山、陕、宣、大以兵荒，不惟停格军兴所征发，即岁额二百万，且亏其三之一。而内廷之赏给，斋殿之经营，宫中夜半出片纸，吏虽急，无敢延顷刻者。三十七年，大同右卫告警，赋入太仓者仅七万，帑储大校不及十万。户部尚书方钝等忧惧不知所出，乃乘间具陈帑藏空虚状，因条上便宜七事以请。既，又令群臣各条理财之策，议行者凡二十九事，益琐细，非国体。而累年以前积逋无不追征，南方本色逋赋亦皆追征折色矣。

神宗万历六年四月，诏户部岁增金花银二十万两。户科给事中石应岳奏：金花银实小民惟正之供，先朝量入度出，定为一百万两，额派解进，仅有此数，原无剩余。今若添进，必借之太仓。夫太仓之储，各边粮饷、城筑、召募、调遣诸费之所待用也。上供岁多二十万之进，则边储岁少二十万之积。愿百凡费用，止取给于百万两之中。而太仓所储，专以备军国重大之费。不从。据此，则当时折色之供宫廷费用者，止以百万为限，而神宗则不恤国而增加之也。

九年，通行一条鞭法。一条鞭法者，总括一州县之赋役，量地计丁，丁粮毕输于官。一岁之役，官为签募。力差，则计其工食之费，量为增减；银差，则计其交纳之费，加以增耗。凡额办、派办、京库岁需与存留、供亿诸费，以及土贡方物，悉并为一条，皆计亩征银，折办于官。立法颇为简便。嘉靖间，数行数止。迨隆、万之世，提编增额既如故，又多无艺之征,逋粮愈多,规避亦益巧。已解而愆限或至十余年,未征而报收,一县有至十万者。逋欠之多,县各数十万。赖行此法,无他科扰,民力不大绌。据《食货志》:先是又有纲银、一串铃诸法。纲银者,举民间应役岁费,丁四粮六总征之,易知而不繁,犹网之有纲也。一串铃,则伙收分解法也。

四十六年九月,加天下田赋。前此接踵三大征,颇有加派,事毕旋已。四十一年,凤阳巡抚陈荐以倭警需饷急,请加派银十五万两有奇,从之。至是骤增辽饷三百万。时内帑充积,帝靳不肯发。户部尚书李汝华乃援征倭、播例,亩加三厘五毫,天下之赋增二百万有奇。明年复加三厘五毫。四十八年,以兵工部请,复加二厘。通前后九厘,增赋五百二十万,遂为岁额。所不加者,畿内八府及贵州而已。(贵州以地瘠,兼有民变,故不加。)

熹宗天启二年九月,复增田赋。时又设州县兵,按亩供饷,从御史冯英请也。庄烈帝崇祯三年十二月,复增田赋充饷。时以军兴,于九厘外,亩复征三厘。惟顺天、永平以新被兵无所加,余六府亩征六厘,得他省之半,共增赋百六十五万四千有奇。合旧所增,凡六百八十余万。

六年正月,遣使分督直省逋赋。六月,太监张彝宪又请催逋赋千七百余万。八年十月,户部尚书侯恂请严征新旧逋赋,从之。十年二月,复遣使督逋赋。

八年,征助饷银。加之田赋,每两一钱。(总督卢象昇请加官户田赋十之一,民粮十两以上同之。既而概征每两一钱,名曰助饷。)十年,行均输法。是年三月,起杨嗣昌为兵部尚书,议增兵十二万,增饷二百八十万。措饷之策有四。一曰因粮,因旧额量加,亩输六合,石折银八钱。又亩加增一分九厘四丝,场地不与。岁得银百九十二万九千有奇。一曰溢地,土田溢原额者,核实输赋,岁得银四十万六千有奇。一曰事例,富民输资为监生。一曰驿递,前此邮驿裁省之银,以二十万充饷。议上,帝遂改因粮为均输,布告天下。

十二年六月,加增练饷。廷臣多请练边兵,帝命杨嗣昌定议,边镇及畿辅、山东、河北，凡四总督、十七总兵官，各抽练额兵总七十三万有奇。又汰郡县佐贰，设练备练总，专练民兵，于是有练饷之议。初嗣昌增剿饷，期一年而止。后饷尽而事未平，诏征其半。于是剿饷外，复亩加练饷银一分，共增七百三十万。盖自神宗末增赋五百二十万，崇祯初再增百四十万，总名辽饷，至是复增剿饷，先后增赋千六百七十万。（据御史郝晋言，则万历末年，合九边饷止二百八十万。）十三年，以给事中左懋第言，今州县上灾者新旧练三饷并停，中灾者止征练饷，下灾者秋成督征。十四年，懋第督催漕运疏言，山东米石二十两，河南百五十两。十五年后，诸边士马报户部者，浮兵部过半，耗粮居多，而屯田、盐引、民运，每镇至数十百万，一听之边臣。天津海道输蓟辽米豆三百万，惟仓场督臣及天津抚臣出入部中，皆不稽核。且所练之兵，实未尝练，徒增饷七百万为民累耳。帝乃命户部并三饷为一。州县追比，仍是三饷。

清初定《赋役全书》，征收之额，一以万历以前为准。亦用一条鞭法，夏税秋粮存留起运之额，通为一条，总征而均支之，运输之费，由官支拨，而民不与焉。地丁征银。漕粮本色米豆麦草，各视所产。折色以银代。米江苏、安徽、江西、浙江、湖南、湖北、河南、山东八省有之，约共四百五十万石，运储京通各仓，以供官俸军饷。后均改折色。海运者惟江、浙耳。州县据以征收者，亦为黄册及鱼鳞册。黄册亦名粮户册。鱼鳞亦名丈量册。然自编审不行，遂惟据鱼鳞册以造串票。清初五年一编审，州县造册申府，府申司，司申督抚以达部，部以闻。亦以百十户为里，里推丁多者十人为长，余百户分为十甲。甲系以户，户系以丁，计丁出赋，以代力役。甲长司其册籍。民年六十以上开除，十六以上添注。康熙五十二年，诏嗣后滋生人丁，永不加赋。丁赋之额，以五十年册籍为准。雍正间，摊入地粮，地丁始合征。乾隆五年，遂停编审，凭保甲造册。保甲之法，户给印单，书其姓名、习业及人数，出注所往，入注所来。十户为牌，十牌为甲，十甲为保，皆有长。八旗户口，三年一编审。

户部移八旗满、蒙、汉军都统、盛京将军、各省驻防将军、都统、副都统，饬所属佐领，简稽丁壮，造册送部，汇疏以闻。其编丁起于佐领，每佐领三百人，五佐领为一参领，五参领设一都统。末年，乃有变通旗制，京旗及各省驻防，皆以所住地方为本籍之议。串票者，州县分别上中下三则每亩应征钱粮实数，刊给纳户，以为征收之据者也。始于顺治十年。其时用二联，钤印中分，官民各执其半。奸胥以查对为名，收回业户所执，遂有一票再征，及浮收之弊。康熙二十八年，改为三联，以一付役应比焉。雍正三年，改为四联，以一送府。八年，仍复三联之制，又有易知由单，刊刻赋则尤详备，与串票并行，然实际不尽行也。厅州县地丁除支用外，例应送府。府复除其支用之数，送布政司。司具完解欠支之数，报部核销，名奏销册，亦名四柱册。然其后多直送司。

　　明清二代，银之为用日广，而折色以起。《明史·食货志》："洪武九年，天下税粮，令民以银、钞、钱、绢代输。""十七年，云南以金、银、贝、布、漆、丹砂、水银代秋租。于是谓米麦为本色，而诸折纳税粮者，谓之折色。"三十年，谕户部：天下逋租，任土所产，折收布、绢、棉花、金银等物，著为令。成祖永乐五年，始置交阯布政司，命以绢、漆、苏木、翠羽、纸扇、沈速、安息诸香代租赋。是时，虽岁贡银三十万两有奇，而民间交易用银，仍有厉禁。英宗正统元年，始折征金花银。以副都御史周铨言：京师官俸，俱持帖赴南京领米，而道远难运，辄以米易货，以致亏短故也，始行之。南畿、浙江、江西、湖广、福建、广东、广西米麦四百余万石，折银百万余两，入内承运库，谓之金花银。其后概行于天下。起运兑军外，粮四石收银一两解京，以为永例。宪宗成化十三年，李敏巡抚大同，见山东、河南转饷至者，道远耗费，乃会稽岁支外，悉令输银。二十三年，（本传作二十一年，此从《七卿表》。）李敏为户部尚书，并请畿辅、山西、陕西州县岁输粮各边者，每粮一石征银一两，以十九输边，依时值折军饷，有余则召籴以备军兴。从之。自是诸方赋入皆折银，而仓廪之积渐少矣。

穆宗隆庆元年十二月，户部奏请止将南京官吏月粮及向来积久京储，尽行改折每石七钱，在北者量折十之二，每石一两，米价昂则仍征本色。从之。

《续通考》曰："田赋输银，始见于宋神宗熙宁十年。时夏税有银三万一千九百四十两，秋税有银二万八千一百九十七两。（原注：见马端临《通考》。）金元以来无行之者。明洪武九年，虽有听民以银准米之令，永乐时岁贡银有三十万两，亦不过任土便民，与折麻苎、香漆之属等耳。自正统初以金花银入内库，而折征之例定，自是遂以银为正赋矣。唐德宗作两税而以钱代输，明英宗折金花而以银充赋，皆古今农政中更制之大端也。然正统时以银一两当米四石，成化时一两止当一石，行法未几，而民之苦乐，前后又复顿殊。"

《食货志》云："初，岁赋不征金银，惟坑冶税有金银，入内承运库。其岁赋偶折金银者，俱送南京供武臣禄。而各边有缓急，亦取足其中。正统元年改折漕粮，岁以百万为额，尽解内承运库，不复送南京。自给武臣禄十余万两外，皆为御用。所谓金花银也。七年乃设户部太仓库。""凡折银者，皆入太仓库。籍没家财，变卖田产，追收店钱，援例上纳者，亦皆入焉。专以贮银，故又谓之银库。"折征既兴，乃有所谓火耗。明旧制，收粮令纳户平准，石加耗不得过五升。至宪宗即位，仓吏多侵害，申禁焉。后加耗至八升。久之，复溢，屡禁不能止也。洪武时，内府所用白熟粳糯米及芝麻、黄豆等，并各官吏俸米，皆于苏、松、常、嘉、湖五府秋粮内派纳。武宗正德时，骤增内使五千人，粮亦加十三万石。世宗嘉靖元年，从户部侍郎李充嗣言，减从故额，时凡输运内府白熟粳糯米十七万四十余石，内折色八千余石，各府部糙粳米四万四千余石，内折色八千八百余石，谓之白粮。收受之际，每多加耗，颇为民累。至三年，命内官监收受白粮正粮一石，交耗一斗，不许分外多收。此皆但名耗而不曰火耗。顾炎武《钱粮论》曰："火耗之所由名，其起于征银之代乎？原夫耗之所生，以一州县之赋繁矣。户户而收之，铢铢而纳之，不可以琐细而上诸司府，是不得不资于火。有火则必有耗。此火耗之所由名也。"云云。久之，火耗遂成大宗款项。至清雍正时，悉数提归藩司，而酌给官吏以养廉焉。又有所谓平余者，乾隆初四川巡抚硕色奏请提解归公。

明清江南赋税最重，此其由来甚久。《明史·食货志》云："太祖定天下官、民田赋，凡官田亩税五升三合五勺，民田减二升，重租田八升五合五勺，没官田一斗二升。惟苏、松、嘉、湖，怒其为张士诚守，乃籍诸豪族及富民田以为官田，按私租簿为税额。而司农卿杨宪又以浙西地膏腴，增其赋，亩加二倍。故浙西官、民田视他方倍蓰，亩税有二三石者。大抵苏最重，松、嘉、湖次之，常、杭又次之。"七年五月，命减苏、松、嘉、湖极重田租，如亩税七斗五升者，除其半。十三年三月，复命户部裁其额，亩科七斗五升至四斗四升者减十之二，四斗三升至三斗六升者俱止征三斗五升，以下者仍旧。《续通考》云："是时浙西赋极重，而浙东赋有极轻者。《实录》云：洪武元年，有司奏定、处州七县田赋，亩税一升。帝以刘基故，命青田县止征其半。（原注：《基行状》：帝曰：使伯温乡里子孙，世世为美谈也。）据此，则不但青田之赋极轻，其余六县亦仅比民田三分之一。"惠帝建文二年二月，诏曰："江、浙赋独重，而苏、松准私租起科，特以惩一时顽民，岂可为定则以重困一方。宜悉与减免，亩不得过一斗。"成祖尽革建文政，浙西赋复重。宣宗时，广西布政使周干，巡视苏、常、嘉、湖诸府还，言民多逃亡，询之耆老，皆云重赋所致。请将没官田及公侯还官田租，俱视彼处官田起科，亩税六斗。海水沦陷田，悉除其税。命部议行之。宣德五年二月诏："旧额官田租，亩一斗至四斗者各减十之二，四斗一升至一石以上者减十之三。著为令。"九月，命周忱巡抚江南诸府，总督税粮。苏府官、民田租共二百七十七万石，而官田之租，乃至二百六十二万石，民不能堪。忱乃与知府况钟曲算累月，减至七十二万余石，他府亦以次减，民始少苏。忱又请令松江官田依民田起科，帝不能从。时天下财赋多不理，而江南为甚，苏州一郡，积逋至八百万石。忱始至，召父老问逋税故，皆言豪富不肯加耗，并征之细民。民贫逃亡，而税额益缺。忱乃创为平米法，令出耗必均，又以支拨余米，贮之仓曰济农，耕者借贷，必验中下事力及田多寡给之，秋与粮并赋。虽与民为期约，至时多不追取。每岁征收毕，逾正月中旬，辄下檄放粮，曰："此百姓纳与朝廷剩数，今还百姓用之。努力种田，秋间又纳朝廷税也。"于是两税无逋，公私饶足。又民间马草，岁运两京，劳费不资。忱请每束折银三分，南京则轻赍即地买纳。又言丹徒、丹阳二县，田没入江者，赋尚未除。国初蠲租之家，其田多并于富室，宜征其租，没于江者除之。无锡官田赋白米太重，请改征租米。悉报可。至景帝时，户部括所积余米为正赋，储备萧然。其后吴大饥，道馑相望，课逋如故矣。穆宗隆庆元年十二月，户部奏各省粮额，俱以夏税秋粮马草为正赋，差徭编增为杂派，惟苏、松诸郡不分正杂而混征之，名曰平米。其中如马役料价义役，原非户部之加增，如轻赍脚米户口盐钞，亦非粮额之正数。杂派渐多，常赋反累。宜令清查旧额所增之数，造册送部裁减。从之。

《续通考》云："马草为明正赋，与夏税秋粮并征，《明史》不详其制。考《会典》：弘治后始有征收之数，惟及南直隶十三府，四川、北直隶八府二州，并浙江、山东、山西、河南、陕西五省。其支给之例，始见于永乐时。大率马一匹，日支草一束，束重十五斤，豆则三四升上下不等。其后有折支者，或以钞，或以布，或以银。有限月支折者，或岁给其半，或给以强半，或给以少半。因夏秋草盛而价贱，有放牧樵采之利；冬春专赖刍藁，每有不足，故视时值之贵贱、差用之劳逸而为之制。惟常令在京坊场，岁有一百五十万束之积以备用。（原注：隆庆三年制。）此支折所以不同，而秋草与谷草又必兼收而交济也。此外又有纳钞赎罪、纳钞中盐例，召商纳草豆例，商贩纳草入关例，凡此虽非正赋，而藉以佐正赋所不及，亦时事之不得不然耳。"

英宗正统元年闰六月，再减浙江、苏、松等处官田税。其官田准民田起科，每亩秋粮四斗一升至二石以上者减作三斗，二斗一升以上至四斗者减作二斗，一斗一升至二斗者减作一斗。

英宗天顺初，令镇守浙江尚书孙原贞等定杭、嘉、湖官、民田平米则例，官田亩科一石以下，民田七斗以下者，每石岁征平米一石三斗。官民田四斗以下者，每石岁征平米一石五斗。官田二斗以下，民田二斗七升以下者，每石岁征平米一石七斗。官田八升以下，民田七升以下者，每石岁征平米二石二斗。凡起科重者征米少，起科轻者征米多，欲使科则适均。而亩科一石之数，未尝减云。

明初官田，皆宋、元时入官田地。厥后有还官田、没官田、断入官田、学田、皇庄、马草场、城壖、苜蓿地、牲地、园陵、坟地、公占隙地、诸王公主勋戚大臣内监寺观赐乞庄田、百官职田、军民商屯田，通谓之官田。其余为民田。

草场颇多占夺民业。而为民厉者，莫如皇庄及诸王、勋戚、中官庄田。太祖赐勋臣公侯丞相以下庄田，多者百顷，亲王庄田千顷。又赐公侯暨武臣公田。又赐百官公田，以其租入充禄。指挥没于阵者，皆赐公田。勋臣庄佃，多倚威扞禁。帝召诸臣戒谕之。其后公侯复岁禄，归赐田于官。仁、宣之世，乞请渐广，大臣亦得请没官庄舍。英宗以后，诸王外戚中官，或赐，或请，或占夺，奸民又有献地王府者。虽有世次递减之限，然或隐匿不还，或当减而奉诏姑留。而自宪宗即位，以没入曹吉祥地为宫中庄田，于是又有所谓皇庄者。其后皇庄亦日广。弘治二年，户部尚书李敏上言："畿内皇庄有五，共地万二千八百余顷。勋戚、中官庄田三百三十有二，共地三万三千余顷。管庄官校招集群小，称庄头、伴当，占地土，敛财物，污妇女。稍与分辨，辄被诬奏。官校执缚，举家惊惶。

民心伤痛入骨。"神宗时，福王分封，括河南、山东、湖广田为王庄，至四万顷。群臣力争，乃减其半。王府官及诸阉丈地征税，旁午于道，厨养厮役廪食以万计。渔敛惨毒，驾帖捕民，格杀庄佃，所在骚然。其为祸可为烈矣！

清定鼎后，以近畿州县荒地及明官庄为庄田，分赐宗室勋戚，皆免赋。顺治七年，定亲王园八所，（每所百八十亩。）郡王五所，贝勒四所，贝子三所，公二所，镇国将军二百四十亩，辅国将军百八十亩，奉国将军百二十亩，奉恩将军六十亩。嗣后受封者，皆依次拨给，不得买卖。此项庄田属内务府，不属州县。庄皆有长，以收其赋。在盛京户部奏请简派大臣，会同征收旗人田地租税，由协领、城守尉、佐领、防御、骁骑校等征收，在热河者由总管大臣派员征收。

明代各藩所占地，清时归人民耕种者，谓之更名田。

第十四章
征 榷

租税宜多其途以取之，然后国用纾而民不至于困。然中国政治家于此不甚明了。自隋唐以前，迄认田租口赋为正税。唐中叶后，藩镇擅土，王赋所入无几，不得已，取给于盐铁等杂税。宋以后遂不复能免。至于今日，而关盐等税且为国家收入之大宗焉。然此乃事实上之发达，在理论上则古人初未尝认此为良好之税源也。

古代制度并无正式记载，只能在各家学说中见之。其见于今文经说者，耕地有分赋之法，耕地以外之土地则否，《王制》"名山大泽不以封，林麓川泽以时入而不禁"是也。而其取之，则有一定之法度，《孟子》所谓"数罟不入洿池"，"斧斤以时入山林"是也。关于狩猎之规则，《王制》云："天子诸侯无事，则岁三田，一为干豆，二为宾客，三为充君之庖。无事而不田，曰不敬。田不以礼，曰暴天物。天子不合围，诸侯不掩群。天子杀则下大绥，诸侯杀则下小绥，大夫杀则止佐车，佐车止则百姓田猎。獭祭鱼，然后渔人入泽梁。豺祭兽，然后田猎。鸠化为鹰，然后设罻罗。草木零落，然后入山林。昆虫未蛰，不以火田。不麛，不卵，不杀胎，不妖夭，不覆巢。"关于商业，今文家主张无税，《王制》"古者市廛而不税，关讥而不征"是也。(《孟子》："昔者文王之治岐也,关市讥而不征。"又曰:"市廛而不征,法而不廛。")工业则全立于国家监督之下,尤无所谓税。

古文家之说,当以《周官》为其代表。《周官·太宰》:"以九职任万民:一曰三农,生九谷。二曰园圃,毓草木。三曰虞衡,作山泽之材。四曰薮牧,养蕃鸟兽。五曰百工,饬化八材。六曰商贾,阜通货贿。七曰嫔妇,化治丝枲。八曰臣妾,聚敛疏材。九曰闲民,无常职,转移执事。"其所述职业之范围,较他书为广。又以"九赋敛财贿","七曰关市之赋,八曰山泽之赋",即后世所谓商税、关税、杂税也。《周官》商政掌于司市、质人、廛人、胥师、贾师、司暴、司稽、胥、肆长等官。质人"掌成市之货贿、人民、牛马、兵器、珍异。凡卖儥者质剂焉。大市以质,小市以剂。掌稽市之书契,同其度量,壹其淳制,巡而考之"。注谓质剂两书一札,同而别之。大市人民牛马之属用长券,小市兵器珍异之物用短券。书契谓取予市物之券。廛人"掌敛市絘布、总布、质布、罚布、廛布,而入于泉府"。絘布谓列肆之税,犹后世之铺税。总布为守斗斛铨衡者之税,犹后世之牙税。质布为犯质剂之罚。(或谓质剂官造而取期税,则似后世之契税。)罚布为犯市令之罚。廛布为邸舍之税,犹后世之栈费也。司关"司货贿之出入者,掌其治禁,与其征廛"。注:"征廛者货贿之税与所止邸舍也。关下亦有邸客舍,其出布如市之廛。"案廛之有税,今古文所同,惟今文家"市廛而不征,关讥而不征"。《周官·司市》云:"国凶荒札丧,则市无征而作布。"《司关》云:"国凶札,则无关门之征。"则平时有征,此其所以为异也。又《载师》:"以廛里任国中之地。""国宅无征,园廛二十而一。"注以国宅为"官所有宫室,吏所治者";廛为"民居之区域",(郑司农云:市中空地未有肆。)里为民居,是国中民居有税。又云:"凡宅不毛者有里布。凡田不耕者出屋粟。凡民无职事者,出夫家之征。"宅不毛者,郑司农谓"不树桑麻",《汉志》谓"城郭中宅"。泉府"掌以市之征布敛市之不售货之滞于民用者,以其贾买之。物楬而书之,以待不时而买者"。"凡赊者，祭祀无过旬日，丧纪无过三月。凡民之贷者，与其有司辨而授之，以国服为之息"。此则对于消费者及商人均为之保障，并为借贷之机关，其事惟古代小经济团体乃能行之耳。田猎之政令，《周官》掌于迹人及《天官》兽人。林麓掌于林衡，川泽掌于川衡，国泽掌于泽虞，敞征掌于敞人。角人"掌征齿角，凡骨物于山泽之农"。羽人"掌征羽翮于山泽之农"。掌葛"掌征絺绤之材于山农"。委人"掌敛野之赋敛、薪刍，凡疏材木材，凡畜聚之物"。金玉锡石之地，则掌于卝人。

汉初用度省而取民亦寡，《食货志》所谓"上于是约法省禁，轻田租，什五而税一，量吏禄，度官用，以赋于民。而山川园池市肆租税之入，自天子以至封君汤沐邑，皆各为私奉养，不领于天子之经费"者也。此时之财权，盖不甚集于中央。然《吴王濞传》云："孝惠、高后时，天下初定，郡国诸侯各务自拊循其民。"则亦无甚厉民之政也。至武帝时，而取民乃多，其中重要者，一为盐铁、均输、酒酤，一为算缗。《汉书·食货志》："以东郭咸阳、孔仅为大农丞，领盐铁事，而桑弘羊贵幸。咸阳，齐之大煮盐，孔仅，南阳大冶，皆致产累千金，故郑当时进言之。弘羊，洛阳贾人之子，以心计，年十三，侍中。""大农上盐铁丞孔仅、咸阳言：山海，天地之臧，宜属少府，陛下勿私，以属大农佐赋。愿募民自给费，因官器作煮盐，官与牢盆。浮食奇民欲擅斡山海之货，以致富羡，役利细民。其沮事之议，不可胜听。敢私铸铁器煮盐者，釱左趾，没入其器物。郡不出铁者，置小铁官，使属所在县。使仅、咸阳乘传举行天下盐铁，作官府，除故盐铁家富者为吏。""孔仅使天下铸作器，三年中至大司农，列于九卿。而桑弘羊为大司农中丞，管诸会计事，稍稍置均输以通货物。"元封元年，"桑弘羊为治粟都尉，领大农，尽代仅斡天下盐铁。弘羊以诸官各自市相争，物以故腾跃，而天下赋输或不偿其僦费，乃请置大农部丞数十人，分部主郡国，各往往置均输盐铁官，令远方各以其物，如异时商贾所转贩者为赋，而相灌输。置平准于京师，都受天下委输。召工官治车诸器，皆仰给大农。大农诸官尽笼天下之货物，贵则卖之，贱则买之。如此，富商大贾亡所牟大利，则反本，而万物不得腾跃。故抑天下之物，名曰平准。天子以为然而许之"。"昭帝即位六年，诏郡国举贤良文学之士，问以民所疾苦，教化之要。皆对愿罢盐铁酒榷均输官。……弘羊难，以为此国家大业，所以制四夷，安边足用之本，不可废也。乃与丞相千秋共奏罢酒酤。"《武帝纪》天汉三年二月，初榷酒酤。元帝时，尝罢盐铁官，三年而复之。《续汉书·百官志》："其郡有盐官、铁官、工官、都水官者，随事广狭置令、长及丞。"本注曰："凡郡县出盐多者置盐官，主盐税。出钱多者置铁官，主鼓铸。有工多者置工官，主工税物。有水池及鱼利多者置水官，主平水收渔税。"《后汉书·郑众传》："建初六年，代邓彪为大司农。是时肃宗议复盐铁官，众谏以为不可。诏数切责，至被奏劾。众执之不移。帝不从。"《和帝纪》：即位四月戊寅，诏曰："昔孝武皇帝致诛胡、越，故权收盐铁之利，以奉师旅之费。自中兴以来，匈奴未宾，永平末年，复修征伐。先帝即位，务休力役，然犹深思远虑，安不忘危，探观旧典，复收盐铁，欲以防备不虞，宁安边境。而吏多不良，动失其便，以违上意。先帝恨之，故遗戒郡国罢盐铁之禁，纵民煮铸，入税县官如故事。其申敕刺史、二千石，奉顺圣旨，勉弘德化，布告天下，使明知朕意。"算缗之制，《汉书·食货志》：公卿言："异时算轺车贾人之缗钱皆有差，请算如故。诸贾人末作贳贷卖买，居邑贮积诸物，及商以取利者，虽无市籍，各以其物自占，率缗钱二千而算一。诸作有租及铸，率缗钱四千算一。非吏比者、三老、北边骑士，轺车一算；商贾人轺车二算；船五丈以上一算。匿不自占，占不悉，戍边一岁，没入缗钱。有能告者，以其半畀之。"《志》言："于是告缗钱纵矣。""杨可告缗遍天下，中家以上大氐皆遇告。""乃分遣御史廷尉正监分曹往，往即治郡国缗钱，得民财物以亿计，奴婢以千万数，田大县数百顷，小县百余顷，宅亦如之。于是商贾中家以上大氐破，民偷甘食好衣，不事畜臧之业。"其为祸可谓烈矣。

盐铁、均输、酒酤、算缗等政，皆藉口于摧抑豪强，然其结果皆成为厉民之政，则以自始本无诚意，徒以是为藉口也。而王莽之六筦，则颇有利民之心，不能以其办理之不善，而并没其初意也。《志》又云："遂于长安及五都立五均官，更名长安东西市令及洛阳、邯郸、临淄、宛、成都市长皆为五均司市称师（称字衍）。东市称京，西市称畿，洛阳称中，余四都各用东西南北为称，皆置交易丞五人，钱府丞一人。工商能采金银铜连锡登龟取贝者，皆自占司市钱府，顺时气而取之。又以《周官》税民：凡田不耕为不殖，出三夫之税；城郭中宅不树艺者为不毛，出三夫之布；民浮游无事，出夫布一匹。其不能出布者，冗作，县官衣食之。诸取众物鸟兽鱼鳖百虫于山林水泽及畜牧者，嫔妇桑蚕织纴纺绩补缝，工匠医巫卜祝及它方技商贩贾人坐肆列里区谒舍，皆各自占所为于其在所之县官，除其本，计其利，十一分之，而以其一为贡。敢不自占，自占不以实者，尽没入所采取，而作县官一岁。诸司市常以四时中月实定所掌，为物上中下之贾，各自用为其市平，毋拘它所。众民卖买五谷布帛丝绵之物，周于民用而不雠者，均官有以考检厥实，用其本贾取之，毋令折钱。万物昂贵，过平一钱，则以平贾卖与民。其价氐贱减平者，听民自相与市，以防贵庚者。民欲祭祀丧纪而无用者，钱府以所入工商之贡但赊之，（师古曰："但，空也，徒也，言空赊与之，不取息利也。"）祭祀毋过旬日，丧纪毋过三月。民或乏绝，欲贷以治产业者，均授之，除其费，计所得受息，毋过岁什一。羲和鲁匡言：名山大泽，盐铁钱布帛，五均赊贷，幹在县官，唯酒酤独未幹。""请法古，令官作酒。""除米曲本贾，计其利而什分之，以其七入官，其三及醴酨灰炭给工器薪樵之费。羲和置命士督五均六幹，郡有数人，皆用富贾。""乘传求利，交错天下。因与郡县通奸，多张空簿，府臧不实，百姓俞病。莽知民苦之，复下诏曰：夫盐，食肴之将；酒，百药之长，嘉会之好；铁，田农之本；

名山大泽，饶衍之臧；五均赊贷，百姓所取平，昂以给澹；铁布铜冶，通行有无，备民用也。此六者，非编户齐民所能家作，必昂于市，虽贵数倍，不得不买。豪民富贾，即要贫弱，先圣知其然也，故斡之。每一斡为设科条防禁，犯者罪至死。"观其取民与平物价及赊贷并行，即知其非以为利也。

《晋书·食货志》："建安初，关中百姓流入荆州者十余万家，及闻本土安宁，皆企望思归，而无以自业。于是卫觊议为盐者国之大宝，自丧乱以来放散，今宜如旧置使者监卖，以其直益市犁牛，百姓归者以供给之。于是魏武遣谒者仆射监盐官，移司隶校尉居弘农。流人果还，关中丰实。"

《魏书·食货志》："河东郡有盐池，旧立官司以收税利，是时（案指孝文帝时。）罢之，而民有富强者专擅其用，贫弱者不得资益。延兴末，复立监司，量其贵贱，节其赋入，于是公私兼利。世宗即位，复罢其禁。""自后豪贵之家，复乘势占夺，近池之民，又辄障吝。神龟初，复置监官以监检焉。其后更罢更立，以至于永熙。自迁邺后，于沧、瀛、幽、青四州之境，傍海煮盐。又于邯郸置灶四。"《隋书·食货志》：后周太祖创制六官，掌盐"掌四盐之政令。一曰散盐，煮海以成之。二曰盬盐，引池以化之。三曰形盐，物地以取之。四曰饴盐，于戎以取之。凡盬盐、形盐，每地为之禁，百姓取之皆税焉"。

又开皇三年，先是尚依周末之弊，官置酒坊收利，盐池盐井皆禁百姓采用，至是罢酒坊，通盐池盐井，与百姓共之。

《魏书·食货志》："孝昌二年冬，税京师田租亩五升，借赁公田者亩一斗。又税市，入者人一钱，其店舍又为五等，收税有差。"

《隋书·食货志》：武平之后，"给事黄门侍郎颜之推奏，请立关市、邸店之税。开府邓长颙赞成之。后主大悦，于是以其所入，以供御府声色之费，军国之用不豫焉"。

又周闵帝元年，初除市门税。及宣帝即位，复兴入市之税。高祖登庸，除入市之税。

又晋自过江，凡货卖奴婢、马牛、田宅，有文券，率钱一万，输估四百入官，卖者三百，买者一百。无文券者，随物所堪，亦百分收四，名曰散估。历宋、齐、梁、陈如此，以为常。又都西有石头津，东有方山津，各置津主一人，赋曹一人，直水五人，以检察禁物及亡叛者。其荻炭鱼薪之类过津者，并十分税一以入官。其东路无禁，故方山津检察甚简。淮水北有大市百余，小市十余所。大市备置官司，税敛既重，时甚苦之。

唐有盐池十八，井六百四十，皆隶度支。

天宝、至德间，盐每斗十钱。乾元元年，盐铁、铸钱使第五琦初变盐法，就山海井灶近利之地置监院。游民业盐者为亭户，免杂徭。盗鬻者论以法。及琦为诸州榷盐铁使，尽榷天下盐，斗加时价百钱而出之，为钱一百一十。自兵起，流庸未复，税赋不足供费，盐铁使刘晏以为因民所急而税之，则国足用。于是上盐法轻重之宜，以盐吏多则州县扰，出盐乡因旧监置吏，亭户粜商人，纵其所之。江、岭去盐远者，有常平盐，每商人不至，则减价以粜民。吴、越、扬、楚之盐，有监十，岁得钱百余万缗，以当百余州之赋。晏之始至也，盐利岁才四十万缗，至大历末，六百余万缗。天下之赋，盐利居半。明年而晏罢。贞元四年，淮南节度使陈少游奏加民赋，自此江淮盐每斗亦增二百，为钱三百一十，其后复增六十，河中两池盐每斗为钱三百七十。顺宗时，始减江淮盐价，每斗为钱二百五十，河中两池盐，斗钱三百。其后盐铁使李琦奏江淮盐斗减钱十以便民，未几复旧。兵部侍郎李巽为使，以盐利皆归度支，物无虚估，天下粜盐税茶，其赢六百六十五万缗。初岁之利，如刘晏之季年，其后则三倍晏时矣。时两池盐利，岁收百五十余万缗。宪宗之讨淮西也，度支使皇甫镈加剑南东西两川、山南西道盐估以供军。自兵兴，河北盐法羁縻而已。至皇甫镈又奏置榷盐使，如江淮榷法。及田弘正举魏博归朝廷，穆宗命河北罢榷盐。宣宗即位，茶盐之法益密。其后兵遍天下，诸镇擅利。

唐初无酒禁。广德二年，定天下酤户以月收税。建中元年，罢之。三年，复禁民酤，以佐军费，置肆酿酒，斛收直三千，州县总领，醨薄私酿者论其罪。寻以京师四方所凑，罢榷。贞元二年，复禁京城、畿县酒，天下置肆以酤者，斗钱百五十，免其徭役，独淮南、忠武、宣武、河东榷曲而已。元和六年，罢京师酤肆，以榷酒钱随两税青苗敛之。太和八年，遂罢京师榷酤。凡天下榷酒为钱百五十六万余缗，而酿费居三之一，贫户逃酤不在焉。

青苗钱者，大历元年，天下苗亩税钱十五，市轻货给百官手力课。以国用急，不及秋，方苗青即征之，号青苗钱。又有地头钱，每亩二十，通名为青苗钱。后青苗钱亩加一倍，而地头钱不在焉。

初，德宗纳户部侍郎赵赞议，税天下茶、漆、竹、木，十取一，以为常平本钱。及出奉天，乃罢之。诸道盐铁使张滂奏，出茶州县若山及商人要路，以三等定估，十税其一。自是岁得钱四十万缗。穆宗即位，盐铁使王播增天下茶税，率百钱增五十。江淮、浙东西、岭南、福建、荆襄茶，播自领之，两川以户部领之。天下茶加斤至二十两，播又奏加取焉。其后王涯判二使，置榷茶使，徙民茶树于官场，焚其旧积者，天下大怨。令狐楚代为盐铁使兼榷茶使，复令纳榷，加价而已。李石为相，以茶税皆归盐铁，复贞元之制。武宗即位，盐铁转运使崔珙又增江淮茶税。是时茶商所过州县有重税，或掠夺舟车，露积雨中，诸道置邸以收税，谓之搨地钱。大中初，盐铁转运使裴休著条约。庐、寿、淮南皆加半税。天下税茶增加。贞元江淮茶为大模，一斤至五十两。诸道盐铁使于悰每斤增税钱五，谓之剩茶钱，自是斤两复旧。

银铜铁锡之冶，德宗时户部侍郎韩洄建议，山泽之利宜归王者，自是皆隶盐铁使。开成元年，复以山泽之利归州县，刺史选吏主之。其后诸州牟利以自殖，举天下不过七万余缗，不能当一县之茶税。及宣宗增河湟戍兵衣绢五十二万匹，盐铁转运使裴休请复归盐铁使以供国用。

田赋而外，各种税入如上所述者，虽亦历代皆有，而其视为国家重要之收入，则实自唐中叶以后。盖经安史之乱，北方大敝，而富力之重心移于江淮，藩镇擅土，赋税不入，而中央所仰给，乃在杂税，故其初于江淮置租庸使，又置度支盐铁使，皆为财政要职，后遂至以转运使掌外，度支使掌内，（永泰二年，分天下财赋、铸钱、常平、转运、盐铁，置二使。东都畿内、河南、淮南江东西、湖南、荆南、山南东道，以转运使刘晏领之；京畿、关内、河南、剑南、山南西道，以京兆尹、判度支第五琦领之。琦贬，以户部侍郎、判度支韩滉与晏分治。）而财政上之机关，亦与古大异矣。自此逐渐变迁，遂成为宋以后之税制。

宋代盐利：一、"解盐"，解州、安邑两池。二、"海盐"，京东、河北、两浙、淮南、福建、广南六路。三、"碱盐"，并州永利盐。（仁宗时，分永利为东西两监，东隶并州，西隶汾州）。四、"井盐"，益、梓、夔、利四路。其制盐之法，解盐则籍民户为畦夫，官廪给之，复其家（后稍以佣夫代之。）制海盐之民，谓之亭户，亦曰灶户。户有盐丁，岁课入官，受钱或折租赋（两浙又役军士为之。）碱盐则籍民之有碱土者，谓之铛户，岁输盐于官，名课盐。井盐大者为监，小者为井，监由官掌，井则土民自制输课。其售盐之法，有官鬻、通商二者。通商者又得入刍粟于边，或入钱帛金钱及粟于京师。（入刍粟于边，及于指定处所纳钱帛金银，始于雍熙间。京师置折中仓令商人入中斗斛，始于端拱二年。于京师榷货务入纳钱帛金银，始于天圣七年。）官卖之弊，在于役民运输，劳扰颇甚。（又水运处役民伐木造船，陆运处役及车户。）而官盐价贵，私盐遂繁，薮奸丛盗。通商似较合理，入中之法尤可省运输而集财权，然行之亦不能无弊，则以官吏之理财，每至成为弊薮也。宋盐利厚于海，而海盐之利厚于东南。东南之盐关系尤大者，厥惟淮南，次则两浙。京东或官卖，或通商，利不甚厚。

河北始终通商。元丰七年乃行榷法，元祐罢之。元符复榷，至蔡京而京东、河北乃皆行钞法焉。福建上四州（建、剑、汀、邵。）行官卖法，下四州（福、泉、漳、化。）行产盐法。（令民随税输盐。）广南行榷法而主以漕司。广南所产大抵以给广东、西两路。四川井盐听民贩卖，惟不得出川峡。（归、峡二州各有二井，亦同。）并州销行于河东之大部分，大略皆专给一方，故盐利厚于淮、浙、解池。而解池与陕西边郡刍粟关系较深，淮南之盐置转般仓于真州、涟水军。江南、荆湖岁漕米至而运盐以归，与漕关系较密，故二者所系尤重也。

解盐初由官卖于本州及三京、京东西、陕西、河东、淮南、河北。而京西、陕西、河北皆通商。天圣八年，罢三京、二十八州军榷法，听商人入钱若金帛于京师榷货务，而受盐于两池。元昊反，入中刍粟者，予券趋京师榷货务受钱及金银，入中他货者（羽毛、筋角、胶漆、铁、炭、瓦、木等。）受盐两池。猾商贪吏，表里为奸，至入橡木二，估钱千，给盐一大席，凡二百二十斤。虚费池盐，不可胜计。乃复于多地行榷法，而民苦运输，入中者专恃缗钱以给之，京师钱又不足供。庆历八年，范祥制置解盐，乃令一切通商，商人愿得盐者，全入实钱，官以钱市刍粟，其弊乃革。祥擢转运使，以他事贬，并边复听入刍粟，虚估之弊复起。嘉祐三年，以祥总盐事，稍复旧观，自此迄行通商。至熙宁中，乃复榷。时增加盐价，民不肯买，乃至课民买而随其贫富作业以为高下之差焉。其后或通商，或官卖，至蔡京出而其法乃大变。崇宁元年，蔡京议更盐法，遂变钞法，置买钞所于榷货务。初盐钞法之行，积盐于解池，积钱于京师榷货务，积钞于陕西沿边诸郡，商贾以物斛至边入中，请钞以归。物斛至边有数倍息，惟患无回货，故极利于得钞。京欲囊括四方之钱入中都，乃使商人先输钱请钞，然后赴产盐郡授盐，大概见行之法，售给才通，辄复变易，名对带法，季年又变对带为循环。循环者，已卖钞，未授盐，辄更钞；已更钞，盐未给，复贴输钱，凡三输钱，始获一直之货。民无资更钞，已输钱悉干没,数十万券一夕废弃,朝为豪商,夕侪流丐,有赴水投缳而死者。淮盐亦废转般,而使商人以长短引经销于四方焉。南渡之后,淮、浙亭户,由官给本钱。诸州镇置合同,商贩入钱请引,大抵类茶法而严密过之。福建、广南曾行钞法,不久即罢,视旧法无大更革。(乾道六年,户侍叶衡奏:"今日财赋,鬻海之利居半。"又湖北盐商吴传言:"国家鬻海之利,以三分为率,淮东居其二。"四川四千九百余井,收入四百余万缗,则南渡盐利盖厚矣。《宋史》云:"唐乾元初,第五琦为盐铁使,变盐法,刘晏代之,当时天下盐利,岁才四十万缗。至大历,增至六百余万缗,天下之赋,盐利居半。元祐间,淮盐与解池等岁四百万缗,比唐举天下之赋已三分之二。绍兴末年以来,泰州海陵一监,支盐三十余万席,为六七百万缗,则是一州之数,过唐举天下之数矣。"案此言不计货币价格之低昂,而但就数字相比较,殊不足据。然盐利之降而愈厚,则事实也。)

茶亦为厚利所在,于要会之地置榷货务六:一、江陵府,二、真州,三、海州,四、汉阳军,五、无为军,六、蕲州之蕲口。初,京城、建安及襄复州皆置务,后建安、襄复州务皆废,京城务但会给交钞而不积茶货。除淮南十三场之茶就本场出鬻外,余悉送榷货务鬻之。私贩者计直论罪,惟川峡、广南听其自卖,而禁出境。制茶者曰园户,岁课作茶输租,所余者官悉市之。凡市于官者,皆先受钱而后入茶,谓之本钱。又所输税愿以茶代者听,谓之折税茶。商贾贸易,入钱若金帛于京师榷货务,给券随所射与之,愿就东南入钱若金帛者亦如之。雍熙后,入刍粟于边者,授之券,酬以京师榷货务缗钱及东南茶盐。(端拱二年,置折中仓,听商人输粟京师,给茶盐于江、淮。)淳化三年,监察御史薛映、秘书丞刘式等请罢诸榷务,令商人就出茶州军官场算买,既省辇运,又商人皆得新茶。诏以雷有终、张观制置诸路茶盐。四年,废沿江八务,大减茶价。商人颇以江路回远非便,有司又以损直亏课为言,乃罢制置,复置八务。至道二年,从发运兼制置茶盐使杨允恭请,禁淮南十二州军盐,商人入金帛者悉偿以茶，岁课增加五十万余贯。乾兴以来，西北兵费不足，募商人入中刍粟如雍熙法给券，以茶偿之。后又益以东南缗钱、香药、犀齿，谓之三说，虚估日高，茶日益贱，入实钱金帛日益寡。而入中者多土人，不知茶利厚薄，且急于得钱，得券则转鬻于茶商或京师交引铺，（交引铺者，坐贾置铺，隶名榷货务。行商怀交引者，铺为保任，诣榷货务取钱，南州取茶。若非行商，则铺贾自售之，转鬻与茶贾。）获利无几。茶商、交引铺或以券取茶，或收蓄贸易，以射厚利。虚估之利，皆入豪商巨贾，券之滞积，虽二三年茶不足以偿，而入中者以利薄不趋，边备日蹙，茶法大坏。天圣元年，三司使李谘请罢三说，行贴射法，并计十三场茶本息之数，罢官给本钱，使商人与园户自相交易。（然必輦茶入官，随商人所指予之，给券为验，以防私售，而官收其息。如舒州罗源场茶，每斤卖出之价为钱五十六，而本钱二十五。今官不给本钱，而使商人出息钱三十一。贴射不尽，或无人贴射，仍官卖之。园户过期输不足者，亦须计所负数出息如商人。）其入钱以射六务茶者，如旧制，乃募入钱六务。其商人入刍粟塞下者，实估给券至京，一切偿以见钱，谓之见钱法。使茶与边籴，各以实钱出纳，不得相为轻重，以绝虚估之弊。行之期年，所省及增收计六百五十余万缗。边储向不足一岁者，至是多者有四年，少者有二年之蓄，而论者多言其不便。天圣三年，使孙奭等同究利害，其法遂罢，茶法寖坏。景祐三年，李谘执政，乃复行之。（旧北商持券至京师，必得交引铺保任，并得三司符验，然后给钱。谘悉罢之，令商持券径趋榷货务验实，立偿以钱。）久之，上书者复以为言，三说稍复用矣。庆历八年，三司请并用茶、盐、香药、缗钱四物，谓之四说。自是三说、四说并行于河北，不数年，茶法复坏。刍粟之直，虚估者居十之八。券至京师，为南商所抑，每直十万，仅售三千，富人乘时收蓄，转取厚利。久之，售三千者，又仅得二千，且往往不售。北商无利，入中者寡，公私大弊。皇祐二年，三司请复行见钱法，然京师见钱入中，商人持券以俟，动弥岁月，至损其直售于蓄贾之家，虚估之弊复起。至和三年，河北提举籴便粮草薛向建议，罢并边入粟，自京輂见钱和籴。三司使杨察请从其说。（初尚募商人入钱并边，京师以见钱茶绢偿之，其入刍豆者，仍偿以茶，后并罢之。）于是茶不为边籴所须，而通商之议起矣。初，官既榷茶，民私蓄盗贩皆有禁，腊茶之禁又严于他茶，岁报刑辟，不可胜数。园户困于征取，官司并缘侵扰，因陷罪戾至破产逃匿者，岁岁有之。而茶法屡变，岁课日削。至和中，岁售钱并本息计之，才一百六十七万二千余缗。官茶所在陈积，县官获利无几，论者皆谓弛禁便。（案崇宁元年，蔡京言："祖宗立禁榷法，岁收净利凡三百二十余万贯，而诸州商税七十五万贯有奇，食茶之算不在焉，其盛时几五百余万缗。"案人民买以自饮者谓之食茶。）嘉祐三年，命韩绛、陈升之、吕景初即三司置局议之，言宜约至和后一岁之数，以所得息钱均赋茶民，恣其买卖，所在收算。四年，下诏行之，以三司岁课之半，均赋茶户，（三十三万八千余缗，盖以岁课之半，取于茶户，其半则取之商税。）谓之租钱。（租钱与诸路本钱，悉储以待边籴。）自是惟腊茶禁如旧，余茶肆行天下矣。

治平中收入	缗
茶户租钱	三二九八五五
内外茶税	四九八六〇〇
储本钱	四七四三二一

历神宗、哲宗朝，无大改革。崇宁元年，蔡京乃复榷荆湖、江、淮、两浙、福建七路茶，于产茶州郡置场，仍收园户租折税茶，而严商人园户私易之禁，产茶州军之民许其赴场输息，给短引，于旁近郡县鬻卖，余悉听商人于榷货务入纳金银、缗钱或并边粮草，即本务给钞于场，别给长引，从所指州军鬻之。（商税至所指地尽输。）四年，罢官置场，商旅并即所在州县或京师给长短引，自买于园户。大观三年，七路一岁之息一百二十五万一千九百余缗，榷货务再岁一百十八万五千余缗。政和

六年收息至一千万缗。及方腊起事，乃诏权罢州郡比较之法焉。蜀之茶园，皆民两税地，赋税一例折输。（税额三十万。）王韶开熙河，言商人颇以善马至边，乏茶与市。乃诏三司干当公事李杞入蜀经画，著作佐郎蒲宗闵同领其事，即诸州县创设官场而行榷法。南渡后，东南产茶者十路所行之法无大变更。蜀茶，赵开于建炎二年变法，亦仿蔡京之法，给茶商以引，俾即园户市茶焉。

酒，宋诸州城内皆置务酿酒，县、镇、乡间或许民酿而定其岁课。三京官造曲，听民纳直以取。（天圣后，北京亦售曲，如三京法，官售酒曲亦有疆界。）其弊也有课民婚丧，量户大小令酤者，民甚被其害。而蠲禁之地，榷酤岁课附两税均纳，是又使"豪举之家坐专其利，贫弱之户岁责所输"也。扑买之法，宋初即有之，至南宋而其法大敝。凡扑买不及者，则为败阙而当停闭，然坊场停闭而输额如故，则责民按户纳钱，以北宋坊场仅用以酬奖役人，而南宋则用为中央或各路之政费也。添酒钱之举，滥觞于徽宗时，（崇宁二年，上酒升增二文，下酒一文。宣和二年，发运使陈遘于江、淮等路上酒升增五文，次增三文，供江、浙新复州县之用，后尚书省令他路悉行之。）亦至南渡后而更甚。（建炎四年，上酒升增二十文，下酒十八文。绍兴元年，上酒又增二十文，下酒增十文。五年，又皆增五文。而其尤其者，则四年令诸州军卖酒亏折者，随宜增价。先是酒有定价，每增须上请。是后，郡县始各自增，而价不一矣。）或主于提刑，或领于漕司，或分隶经、总制司。七年，行在立赡军酒库，后罢，隶户部，而诸帅亦各擅榷沽之利。三十一年以后，乃皆归之朝廷。而四川则赵开立隔酿法，即旧扑买坊场置隔槽，设官主之，令民以米入官自酿，而征其税。（斛输钱三十，又头子钱二十二。）收入大增，然其后醖卖亏欠，仍责认输，不核其米而第取其钱，而民始病矣。

矾自五代以来，始创务制官吏，而宋因之。有镬户制造入官，由官鬻之，亦许以金银、丝绵、布帛、茶等博易，又许入刍粟，而官偿以矾。天圣后，晋、慈二州募民鬻之。熙、丰间，东南九路官自卖矾，发运司总之。元祐初通商，绍圣复熙、丰之制。大观元年，罢官卖，行商贩。政和初，复官鬻。南渡后，抚州有胆矾，铅山有场，潭州浏阳县及韶州亦有场，皆给引，有常额。坑冶，金、银、铜、铁、铅、锡，或官置监冶场务，或听民承买，以分数中卖于官，内隶金部，外隶转运司，悉归之内帑。大率山泽之利有限，或暴发辄竭，或采取岁久，所得不偿其费，而岁课不足，有司必责主者取盈。仁宗、英宗每降赦书，辄委所在视冶之不发者，或废之，或蠲主者所负岁课；有司有请，亦辄从之，无所吝。故冶之兴废不常，而岁课增损随之。崇宁以后，乃置专官提举。凡属提举司谓之新坑冶，用常平钱与剩利钱为本，金银等物，往往积之大观库。迄于政和，专司数罢数复。然告发之地，多坏民田，承买者立额重，或旧有今无、亦不为损额。钦宗即位，诏悉罢之。建炎元年，诏仍隶金部及转运司。

```
          ┌ 晋州                    ┌ 慈州
          │ 慈州                    │
   白矾  ┤ 坊州           绿矾   ┤ 隰州
          │ 无为军                  │
          └ 汾州灵石县              └ 池州铜陵县
```

商税起唐藩镇，五季诸国，征榷尤繁。宋兴，所下之国，必诏蠲省，然仍其制而不废。其法：凡州县皆置务，关镇亦或有之，大则专官监临，小则令、佐兼领，诸州仍令都监、监押同掌。行者赍货，谓之"过税"，每千钱算二十。居者市鬻，谓之"住税"，每千钱算三十。其名物各随地宜不一。（其见于《宋史》者，有耕井、贩牛、蒲、鱼、果、竹木、炭箔、柴草、力胜钱——载米之商船、典卖牛畜舟车、衣屦、布絮、谷蒾、鸡鱼、蔬菜、油、面、瓷瓦器等。）常税名物，令有司件析颁行天下，揭于版，置官署屋壁，俾共遵守。贩鬻不由官路者罪之。熙宁五年，在京商税院尝隶市易提举司。市易提举司者，始于熙宁五年。先是有魏继宗者，自称草泽，上言："京师百货无常价,贵贱相倾。富人大姓,乘民之亟,牟利数倍,财既偏聚,国用亦绌。请假榷货务钱,置常平市易司,择通财之官任其责,求良贾为之转易。使审知市物之价,贱则增价市之,贵则损价鬻之,因收余息,以给公上。"于是中书奏在京置市易务官。凡货之可市及滞于民而不售者,平其价市之,愿以易官物者听。若欲市于官,则度其抵而贷之钱,责期使偿,半岁输息十一,及岁倍之。(贷市易钱贷者,许以金帛为抵。以田宅抵久不还者,估实直,如卖坊场、河渡法。)以吕嘉问为都提举市易司,诸州市易务皆隶焉。论者訾其贵鬻贱市,挟官府为兼并,且请贷不能无亡失。元祐一切罢之。绍圣复置。元符三年,改为平准务,后罢。崇宁又复。司之初设,尝约诸行利入厚薄,令输免行钱以禄吏,而蠲其供官之物。其后免行钱亦成常赋焉。

与市易并称者,又有均输。熙宁二年,制置三司条例司言:"典领之官,拘于弊法,内外不相知,盈虚不相补。诸路上供,岁有常数。丰年便道,可以多致而不能赢;年俭物贵,难于供亿而不敢不足。远方有倍蓰之输,中都有半价之鬻,徒使富商大贾乘公私之急,以擅轻重敛散之权。令发运使实总六路赋入,其职以制置茶、盐、矾、酒税为事,军储国用,多所仰给。宜假以钱货,资其用度,周知六路财赋之有无而移用之。凡籴买税敛上供之物,皆得徙贵就贱,用近易远。令预知中都帑藏年支见在之定数,所当供辨者,得以从便变易蓄买,以待上令。稍收轻重敛散之权归之公上,而制其有无,以便转输,省劳费,去重敛,宽农民。庶几国用可足,民财不匮。"诏本司具条例上闻,而以发运使薛向领均输平准事,其后亦无甚成效。

南渡之初,四方商税,间有增置,后屡省免。然贪吏并缘,苛取百出。私立税场,算及缗钱、米薪、菜茹之属,擅用稽察措置,添置专栏收检。虚市有税,空舟有税,以食米为酒米,以衣服为布帛,遇士夫行李则搜囊发箧,目以兴贩。甚至贫民贸易琐细于村落,指为漏税,辄加以罪。

空身行旅，亦白取百金，方纡路避之，则拦截叫呼。或有货物，则抽分给赏，断罪倍输，倾囊而归矣。

宋对辽、夏互市，意不在于牟利，惟熙宁间，王韶置市易司于秦州，则意在以茶易马。而海路互市，则于国计关系颇大。开宝四年，始置市舶司于广州，后又于杭、明州置司。太宗时，置榷署于京师，诏诸蕃香药宝货至广州、交阯、两浙、泉州，非出官库者，毋得私相贸易。后乃诏珠贝、玳瑁等外，他药听市于民。雍熙中，商人出海外蕃国贩易者，并诣两浙市舶司请给官券，违者没入其宝货。大抵海船至，十先榷其一，价直酌蕃货轻重而差给之。天圣以来，宝货充牣府库，尝斥其余以易金帛、刍粟，县官用度实有助焉。元丰三年，广东、西以转运使，两浙以副使，福建以判官领之。罢广东帅臣兼领。元祐二年，置泉州板桥市舶司。三年，又增置于密州板桥焉。

宋代横敛最甚者，莫如经总制钱、月桩钱、板帐钱。所谓经总制钱者，政和三年，方腊初平，江、浙诸郡未有常赋，乃诏陈亨伯以大漕之职，经制七路财赋，许得移用，监司听其按察。于是亨伯收民间印契及鬻糟醋之类为钱，凡七色，州县遂有所谓经制者。建炎二年，高宗在扬州，四方贡赋不以时至，用吕颐浩策，令两浙、江东西、荆湖南北、福建、两广收添酒钱、添卖糟钱、典卖田宅增牙税钱、官员等请给头子钱、楼店务增三分房钱，充经制钱，以宪臣领之，通判敛之，季终输送。绍兴五年，参政孟庾提领措置财用，请以总制司为名，又因经制之额增析而为总制钱焉。所谓月桩钱者，始于绍兴二年。时韩世忠驻军建康，宰相吕颐浩、朱胜非议令江东漕臣月桩发大军钱十万缗，以朝廷上供经制及漕司移用等钱供亿。当时漕司不量州军之力，一例均科，既有偏重之弊，于是郡县横敛，铢积丝累，江东西之害尤甚。十七年，诏州郡以宽剩钱充月桩，以宽民力，遂减江东西之钱二十七万七千缗有奇。板帐钱者，军兴后所创。如输米则增收耗剩，交钱帛则多收糜费，幸富人之犯法而重其罚,恣吏胥之受赇而课其入,索盗赃则不偿失主,检财产则不及卑幼,亡僧、绝户不俟核实而入官,逃产、废田不与消除而抑纳,他如此类,不可遍举。州县固知其非法,然以板帐钱额重,虽欲不横取于民,不可得也。

辽杂税多不可考。会同初,晋献瀛、莫,始得河间煮海之利,置榷盐院于香河县。一时产盐之地,五京计司各以其地领之。其煎取之制,岁出之额,不可得而详矣。(以上盐税。)太祖置羊城于炭山北,起榷务以通诸道市易。太宗得燕,置南京,城北有市,令有司治其征,余四京及他州县货产懋迁之地,置亦如之。雄州、高昌、渤海亦立互市,以通南宋、西北诸部、高丽之货。(以上征商。)太祖始并室韦,其地产铜、铁、金、银,其人善作铜铸器。(参看《五代史·室韦传》。)又有曷术部者,多铁部,置三冶。神册初,平渤海铁利府,改曰铁利州,地亦多铁。又东平县本汉襄平县地,产铁矿,置采炼者三百户,随赋供纳。以诸坑冶多在国东,故东京置户部司,长春州置钱帛司。太祖征幽、蓟,师还,次山麓,得银、铁矿,令置冶。圣宗太平间,于潢河北阴山及辽河之源,各得金、银矿,兴冶采炼。自此以迄天祚,国家皆赖其利。(以上阮冶。)

金榷货之目有十,曰酒、曲、茶、醋、香、矾、丹、锡、铁,而盐为称首。盐亦行钞、引之法。贞元初,蔡松年为户部尚书,始行之。(山东、沧、宝坻以三百斤为袋,二十五袋为大套,钞、引、公据三者俱备然后听鬻。小套或十袋,或五袋,或一袋,每套钞一,引如袋之数。宝坻零盐校其斤数,或六之三,或六之一,又为小钞引给之,以便其鬻。解盐二百五十斤为一席,五席为套,钞引与陕西转运司同鬻,其输粟于陕西军营者,许以公牒易钞引。西京等场盐以石计,五石为大套,三石为小套。北京四石为大套,一石为小套。皆套一钞,石一引。零盐积十石,亦一钞而十引。)榷酤因辽、宋旧制。世宗大定二十七年,天下院务依中都例,改收曲课,而听民酤。醋税,大定初,以国用不足,设官榷之。二十三年,府库充牣,罢之。明昌五年,复榷,后罢。承安三年,复榷。五百贯以上设都监,千贯以上设同监一员。茶,宋人岁供外,皆贸易于宋界之榷场。章宗承安三年，以为费国用而资敌，命设官置之。四年，于淄、密、宁海、蔡州各置一坊，造新茶，依南方例一斤为一袋，直六百文。以商旅卒未贩运，命山东、河北四路转运司以各路户口均其袋数，付各司县鬻之。（泰和四年，每袋减价三百。）泰和五年，罢茶坊。六年十一月，尚书省奏："茶，饮食之余，非必用之物。比岁上下竞啜，农民尤甚，市井茶肆相属。商旅多以丝绢易茶，岁费不下百万。"遂命七品以上官方许食茶，仍不得卖及馈献。不应留者，以斤两立罪赏。七年、八年及宣宗元光二年，又更定其制。（泰和间，尝禁与宋贸易茶，后以和罢。军兴，复禁之。然犯者不少衰。见元光二年省臣奏。）此外，金税制之可考见者：

大定二年八月，罢诸路关税。

大定二十年，定商税法，金银百分取一，诸物百分取三。

大定二年，制院务创亏及功酬格。三年，尚书省奏，山东西路转运司言，坊场河渡多逋欠，诏如监临制，以年岁远近为差，蠲减。

明昌元年，敕尚书省，定院务课商税额，诸路使司院务一千六百十六处，遂罢坊场。五年陈言者乞复旧置坊场，不许，惟许增置院务。

大定三年，以尚书工部令史刘行义言，定城郭出赁房税之制。

明昌元年，免赁房税。三年，诏减南京出赁官房及地基钱。

大定五年，以前此河滦罢设官，复召民射买，两界之后，仍旧设官。章宗大定二十九年，户部言天下河泊已许与民同利，其七处设官可罢之。

明昌二年，司竹监岁采入破竹五十万竿，春秋两次输都水监，备河防，余边刀笋皮等卖钱三千贯，苇钱二千贯，为额。

其坑冶则大定三年制金银坑冶许民开采，二十分取一为税。十二年，诏金银坑冶咨民采，毋收税。二十七年，尚书省奏，听民于农隙采银，承纳官课。明昌三年，以提刑司言，封诸处银冶，禁民采炼。五年，以御史台奏，请令民采炼随处金银铜冶，命尚书省议之。宰臣言禁有名无实，官无利而民多犯法。如令民射买，则贫民得生计，且胜官役雇工，乃仍许民射买。

榷场为与敌国互市之所。皆设场官,严厉禁,以通二国之货,岁之所获,亦大有助于经用焉。各地时有罢有置。(用兵则罢。)大抵与宋通贸易者,泗、寿、邓、凤翔、唐、颍、蔡、巩、洮、秦等州、胶西县、密州。(泗州场,大定间,岁获五万三千四百六十七贯,承安元年,增为十万七千八百九十三贯六百五十三文。)与夏则兰州、保安、绥德、东胜、环州。金初又尝于西北招讨司之燕子城、北羊城之间置之,以易北方牧畜。《金史·食货志序》:"历观自古……国亡财匮,比比有之,而国用之屈,未有若金季之甚者。……括粟、阑籴,一切掊克之政,靡不为之。加赋数倍,豫借数年,或欲得钞则豫买下年差科。高琪为相,议至榷油。进纳滥官,辄售空名宣敕,或欲与以五品正班。僧道入粟,始自度牒,终至德号、纲副威仪、寺观主席亦量其赀而鬻之。甚而丁忧鬻以求仕,监户鬻以从良,进士出身鬻至及第。"

元盐每引四百斤,其价太宗庚寅十两,中统二年七两,至元十三年九贯,二十六年五十贯,元贞二年六十五贯,至大二年至延祐二年累增为一百五十贯。行盐各有郡邑。煎盐者各处有官设盐铺,亦有商卖,又有食盐地方验户口之多寡输纳课钞。(见《元史》卷九十七。)

茶于江州设榷茶都转运司,仍于各路出茶之地设提举司七处,专任散据卖引。引制定于至元十三年,长引茶一百二十斤,收钞五钱四分二厘八毫。短引茶九十斤,收钞四钱二分八毫。十七年,除长引,专用短引,每引收二两四钱五分,草茶每引收二两二钱四分。后每引增一两五分,通为三两五钱,又增为五贯。二十六年,丞相桑哥增为十贯。引之外又有茶由,以给卖零茶者。初,每由茶九斤,收钞一两,后自三斤至三十斤,分为十等。

酒醋,太宗辛卯年立酒醋务坊场官,榷沽办课,仍以各州府司县长官充提点官,隶征收课税所,其课额验民户多寡定之。甲午年,颁酒曲醋货条禁，私造者依条治罪。

商税，凡为商贾及以官银卖买之人，并令赴务输税，入城不吊引者同匿税法。又，典卖田宅亦须纳税。

市舶司，上海、澉浦、杭州、庆元、温州、泉州、广东七处，然时有省罢。凡商船发舶回帆，必著其所至之地，验其所易之物，给以公文，为之期日，大抵行抽分法时最多。亦有既抽分而又税之者。又有时官具船给本，选人入番，贸易而分其息，则禁人下番。

岁课谓山林川泽之产，若金、银、珠、玉、铜、铁、水银、朱砂、碧甸子、铅、锡、矾、硝、碱、竹、木之类，因土人呈献而定其岁入之课，多者不尽收，少者不强取。

额外课者，岁课皆有额，而此课不在其额中也。课之名凡三十有二：

（一）历。（二）契本。（三）河泊。（四）山场。（五）窑冶。（六）房地租。（七）门摊。（八）池塘。（九）蒲苇。（十）食羊。（十一）荻苇。（十二）煤炭。（十三）撞岸。（十四）山查。（十五）曲。（十六）鱼。（十七）漆。（十八）酵。（十九）山泽。（二十）荡。（二十一）柳。（二十二）牙例。（二十三）乳牛。（二十四）抽分。（二十五）蒲。（二十六）鱼苗。（二十七）柴。（二十八）羊皮。（二十九）磁。（三十）竹苇。（三十一）姜。（三十二）白药。

其中惟（一）（二）两课通行全国，余皆止行于一地或数地。

明盐制亦同前代，而其最要者为中盐。中盐始洪武三年，令商人输粮于边而给以引。后亦行之行省，令纳粮于仓。正统三年，西北边又有纳马中盐之例，始验马乃给盐，后纳银于官，以市马银入市政司，皆供他用，而纳马之本意亡矣。中盐之制，编置勘合及底簿，发各布政司及都司、卫所。商纳粮毕，书所纳粮及应支盐数，赍赴各转运提举司照数支盐。转运诸司亦有底簿比照，勘合相符，则如数给与。

其后以守支年久，淮、浙、长芦以十分为率，八分给守支商，曰常股，二分收贮于官，曰存积，遇边警，始召商中纳。凡中常股者价轻，存积者价重，然人甚苦守支，争趋存积，而常股壅矣。景帝时，边圉多故，存积增至六分。后减为常股七分，存积三分，然中存积者争至，遂仍增至六分。淮、浙盐犹不能给，乃配支长芦、山东以给之。一人兼支数处，道远不及亲赴，边商辄贸引于近地富人。自是有边商、内商之分。内商之盐不能速获，边商之引又不贱售，报中寖怠，存积之滞遂与常股等。存积非国家大事、边境有警，未尝妄开。开必边臣奏请，经部覆允。正德时，权幸乃奏开"残盐"，改存积、常股皆为正课，且皆折银。商人无利不愿中盐，盐臣又承中珰旨，列零盐所盐诸名目以假之。至嘉靖五年，乃复常股存积四六分之制。

中盐初由户部出榜召商，成化时，富人吕铭等始托势要奏请，于是有势豪"挽中"之弊。宪宗末，阉宦奏讨淮、浙盐无算，商引益壅。孝宗时，乃有买补余盐之议。余盐者，灶户正课外所余之盐也。洪武初制，商支盐有定场，毋许越场买补。勤灶有余盐送场司，二百斤为一引，给米一石。其盐召商开中，不拘资次给与。成化后，令商收买，而劝借米麦以振贫灶。至是清理两淮盐法，侍郎李嗣请令商人买余盐补官引，而免其劝借，且停各边开中，俟通课完日，官为卖盐，三分价值，二充边储，而留其一以补商人未交盐价。由是以余盐补充正课，而盐法一小变。（是时以济遗课，后令商人纳价输部济边。）武宗时，权要开中既多，又许买余盐，一引又有用至十余年者。明初灶户工本，每引给米一石，（钱钞兼支，而以米为准，后乃定钞数。）是时所以优恤灶户者甚厚。后设总催，朘削灶户，灶户贫困，始多逃亡。中叶以后，盐价十倍于初，而所给工本不及一，故私盐遂多。嘉靖二十七年，两淮灶户余盐，每引官给银二钱，以充工本，谓之工本盐。商中额盐二引，带工本盐一引。三十九年，严嵩党鄢懋卿总理淮、浙、山东、长芦盐务，既增工本盐额，又有所谓添单添引者，正课愈滞。嵩败，乃罢懋卿所增。四十四年，巡盐御史朱炳如乃并奏罢两淮工本盐焉。

明初，各边开中商人，招民垦种，筑台堡自相保聚，边方菽粟无甚贵之时。成化间，始有折纳银者，然未尝著为令也。弘治五年，商人困守支，户部尚书叶淇请召商纳银运司，类解太仓，分给各边。每引输银三四钱有差，视国初中米直加倍，而商无守支之苦，一时太仓银累至百余万。然赴边开中之法废，商屯撤业，菽粟翔贵，边储日虚矣。嘉靖八年以后，稍复开中，边商中引，内商守支。末年，工本盐行，内商有数年不得掣者，于是不乐买引，而边商困，因营求告掣河盐。河盐者，不上廪囷，在河泾自超掣，易支而获利捷。河盐行，则守支存积者愈久，而内商亦困，引价弥贱。于是奸人专以收买边引为事，名曰囤户，告掣河盐，坐规厚利。时复议于正盐外附带余盐，以抵工本之数，囤户因得贱买余盐而贵售之，边商与内商愈困矣。隆庆二年，乃罢河盐。四年，罢官买余盐。

此外，仁宗以钞法不通，尝定纳钞中盐之法，未几即停。

茶法亦略如前代，而四川、陕西之茶，用以易西番之马，关系特重。（偶因饥荒令商人入粟中茶，又或令中粮草以备边饷。）初禁私茶特严，犯者及失察者皆凌迟处死，后乃稍宽。初易西番马甚多，然私茶卒不能尽禁。中叶后，往往于正引外，给商人以尝由票，私茶益盛，上马皆入商人，茶司所得乃其中下而已。而将吏又以私马窜番马，以易上茶，茶法遂坏。万历五年，俺答款塞，请开茶市。御史李时成言："番以茶为命。北狄若得，借以制番，番必从狄，贻患匪细。"部议乃许给百余篦，而不许其市易。盖明代茶市实有制驭西番之意，非徒为利也。

坑冶之课，金、银、铜、铁、铅、汞、朱砂、青绿，而金银矿最为民害。盖历代矿之厉民，无过（一）产额减而课额不减，甚或已无所得而课额如故；（二）或役民夫开采；（三）而私人开采者亦多非良善之流，其盗采者则尤易成为盗也。明则开采必遣中官。天顺时，已分遣中官诣浙江、云南、福建、四川。万历二十四年以后，更无地不开，中使四出，皆给以关防，并偕原奏官往。矿脉微细无所得，勒民偿之，而奸人假开采之名，乘传横索民财，陵轹州县。有司恤民者，罪以阻挠，逮问罢黜。中官多暴横，而使德安之陈奉尤甚。富家巨族则诬以盗矿，良田美宅则指以为下有矿脉，率役围捕，辱及妇女，甚至断人手足投之江。自二十五年至三十三年，诸珰所进矿税银几及三百万两，群小藉势诛索，不啻倍蓰，民不聊生。识者以为明之亡肇于此云。

关市之征，宋、元颇繁琐。明初务简约，其后增置渐多，行赍居鬻，所过所止各有税。其名物件析榜于官署，按而征之，惟农具、书籍及他不鬻于市者勿算，应征而藏匿者没其半。买卖田宅头匹必投税，契本别纳纸价。凡纳税地，置店历，书所止商民名物数。官司有都税，有宣课，有司，有局，有分司，有抽分场局，有河泊所。所收税课，有本色，有折色。（凡诸课程，始收钞，间折收米，已而钱钞半，后乃折收银，而折色、本色递年轮收，本色归内库，折色归太仓。）凡税课，征商估物货；抽分，科竹木柴薪；河泊，取鱼课。又有门摊课钞，领于有司。初，京师军民居室皆官所给，比舍无隙地。商货至，或止于舟，或贮城外，驵侩上下其价，商人病之。太祖乃命于三山门外，濒水为屋，名塌房，以贮商货。永乐时，准南京例，置京城官店塌房。洪熙元年，增市肆门摊课钞。宣德四年，以钞法不通，由商居货不税，由是于京师商贾凑集地，市镇店肆门摊税课，增旧凡五倍。两京蔬果园不论官私种而鬻者，塌房、店舍居商货者，骡驴车受雇装载者，悉令纳钞。委御史、户部、锦衣卫、兵马司官各一，于城门察收。舟船受雇装载者，计所载料多寡、路近远纳钞。钞关之设自此始。于是有漷县、济宁、徐州、淮安、扬州、上新河、浒墅、九江、金沙洲、临清、北新诸钞关，量舟大小修广而差其额，谓之船料，不税其货。惟临清、北新则兼收货税，各差御史及户部主事监收。（隆庆二年，始给钞关主事关防敕书，寻令钞关去府近者，知府收解；去府远者，令佐贰官收贮府库，季解部。主事掌核商所报物数以定税数，收解毋有所与。此等税至钞法通后，皆有减革。始而钞关估船料定税，既而以估料难核，乃度梁头广狭为准，自五尺至三丈六尺有差。

世宗令成尺为限，勿科畸零。）

万历十一年，革天下私设无名税课。然自隆庆以来，凡桥梁、道路、关津私擅抽税，罔利病民，虽累诏察革，不能去也。迨两宫三殿灾，营建费不赀，始开矿增税。中官遍天下，非领税即领矿。

榷税之使，自二十六年千户赵承勋奏请始。或征市舶，或征店税，或专领税务，或兼领开采。奸民纳贿于中官，辄给指挥千户札，用为爪牙。水陆行数十里，即树旗建厂。视商贾懦者肆为攘夺，没其全赀。负戴行李，亦被搜索。又立土商名目，穷乡僻坞，米盐鸡豕，皆令输税。所至数激民变，帝皆庇不问。诸所进税，或称遗税，或称节省银，或称罚赎，或称额外赢余。又借买办、孝顺之名，金珠宝玩，貂皮名马，杂然进奉。三十三年，始诏罢采矿，以税务归有司，而税使不撤。光宗立，始尽蠲天下额外税，撤回税监。（按明初商税三十取一，后则各机关皆立有定额。诸税收机关时有增省，定额亦时有增减。然其厉民最甚者，则宣德时因钞法不通而增税，及万历时之税使也。）

市舶司，洪武初设于太仓黄渡，寻罢。复设于宁波、（通日本。）泉州、（通琉球。）广州。（通占城、暹罗、西洋诸国。）琉球、占城诸国皆恭顺，任其时至。惟日本，限其期为十年，人数为二百，舟为二艘，以金叶勘合表文为验，以防诈伪侵轶。永乐时，设交阯云南市舶提举司。嘉靖初，给事中夏言言倭患起于市舶，遂罢之。三十九年，凤阳巡抚唐顺之议复三市舶司。部议从之。四十四年，浙江以巡抚刘畿言，仍罢。福建开而复禁。万历中，悉复。按《明史·食货志》云："明初，东有马市，西有茶市，皆以驭边省戍守费。海外诸国入贡，许附载方物与中国贸易。因设市舶司，置提举官以领之，所以通夷情，抑奸商，俾法禁有所施，因以消其衅隙也。"盖明之与国外通市，其意皆在消边患，非以为利，故永乐初，西洋剌泥国回回哈只马哈没奇等来朝，附载胡椒与民互市，有司请征其税，成祖不可。武宗时，提举市舶太监毕真言："旧制，泛海诸船，皆市舶司专理，近领于镇巡及三司官，乞如旧便。"礼部议：市舶职司进贡方物，其泛海客商及风泊番船，非敕旨所载，例不当预也。夫许外国互市，而曰"入贡，许附载方物与中国贸易"，而市舶司且若以接待贡使为要职。永乐三年，又置驿于三市舶司，以待诸番贡使，岂真信其来为入贡而不为贸易哉？夫亦曰勒令必入贡而后许贸易，则不至与沿海之民私相贸易，而官司无所稽考，以是为制驭之一术云尔。此等办法似乎多事，然亦略有益处。盖客强主弱，乃有清中叶以后之情形，而前此则适相反。故嘉靖倭变，朱纨访知由"舶主皆贵官大姓，市番货皆以虚直，转鬻牟利，而直不时给"，而史且谓"市舶既罢，日本海贾往来自如，海上奸豪与之交通，法禁无所施"也。盖市舶官吏原未尝不有赃私之行，然视土豪势家则终有间矣。

永乐间，设马市三：一在开原南关，以待海西；一在开原城东五里，一在广宁，皆以待朵颜三卫。定直四等：上直绢八匹，布十二，次半之，下二等各以一递减。既而城东、广宁市皆废，惟开原南关马市独存。大同马市始正统三年。也先贡马互市，王振裁其马价，遂致土木之变。成化十四年，陈钺抚辽东，复开三卫马市。通事刘海、姚安肆侵牟，朵颜诸部怀怨，扰广宁，不复来市。兵部尚书王越请令参将、布政司官各一员监之，毋有所侵尅。寻令海西及朵颜三卫入市。开原月一市，广宁月二市，以互市之税充抚赏。嘉靖三十年，以总兵仇鸾言，于宣府、大同开马市，俺答大同市则侵宣府，宣府市则侵大同。然诸部嗜互市利，未敢公然大举，边臣亦多以互市啖之。明年，罢大同马市，宣府犹未绝。侵扰不已，乃并绝之。隆庆四年，俺答孙把汉那吉来降，于是封贡互市之议起。而宣、大互市复开，边境稍静。然抚赏甚厚，司事者复从中干没，边费反过当矣。辽东义州木市，万历二十三年开，事具《明史·李化龙传》。二十六年，罢之，并罢马市。其后总兵李成梁力请复，而蓟辽总督万世德亦疏于朝。二十九年复开木、马二市，后以为常。

清制盐以运司、盐道掌之，盐政督之，户部司其出纳。其制因明沿海及有池井之地，听民辟场置灶为盐，而售之商，或出帑收盐，授商行之行。盐之符信曰引。每岁户部核计各路额销之引，分一路为纲，颁于盐政，盐政受而颁之商，商纳课于运道库，乃捆盐于场，掣盐于批验所，转运于应行之地，是谓正引。其商皆世业。或引多而商少，则设票而售之民，听其转售，不问所之，是谓票引。其商皆临时报资充当，岁终盐政收回已行之引，截角报部核销，更颁新引。场税盐课大，使征之输运道库。（开征时给单据于灶户，书其应纳之数。岁或不登，则辨其等而蠲缓之，略如田赋之法。）产盐之地，分为九区，曰两淮，曰两浙，曰长芦，曰河东，曰广东，曰福建，曰甘肃，曰四川，曰云南。清初，长芦、河东、两淮、两浙设巡盐御史，专司盐政，谓之盐院。雍正二年，盐政并归督抚，而盐院犹未尽撤。道光十年，两江总督陶澍奏裁两淮盐院，以节商家之费，各省盐政悉归督抚兼管矣。立法之初，计口授盐，故按地给引，无盐之地则设商转运。其后户口日增，而商所承运引数如故；通路既改，而商所画分地界如故，故运道迂折，盐贵病民。商既把持地段，引盐不敷行销，以引为护，夹带私盐，先私后官，则引销滞，课入绌而官病。商所夹带私盐，一切规费取给价与官盐同，故民贩私盐又贱于商。顺治初年，行盐一百六十一万六千六百二十五引，课银五十六万三千三百十两，乾隆时增至五百万两。咸、同后屡次加价，末年乃达一二千万两，而盐商遇事，又有报效。盖国家保护少数盐商，从而取其利，由来久矣。（明末盐之加派亦多，清初亦悉免之。）

茶法初亦循明设茶马事例，以茶易西番之马。雍正后废之。征税之法，略同于盐。（茶引亦由部颁。）各省引数时有增减，总数约七千万引。

《清通典》惟载云、贵、广东矿课确数，此外有（一）"四分解部，六分抵还工本"；（二）"官收四分，六分给民"；（三）"官收半税"；（四）"二八收课"诸例。又有（五）"十分税二之外，官买其四分"者；

有以（六）"一成抽课，其余尽数官买"者；有以（七）"三成抽课，其余听商自卖"者；有（八）"官发工本，招商承办"者。鉴于明之覆辙，上下颇以言矿利为戒。

此外各税，惟牙税、契税全国俱有。牙帖初由藩司颁签，而收其课报部存案。康熙初，或言地方光棍，自称经纪，十百为群，逐日往州县中领牙帖数十纸，每纸给银二三钱不等，持帖至集，任意勒索，遂命各省藩司查禁。雍正十一年，谕内阁各省商牙杂税额设牙帖，俱由藩司衙门颁发，不许州县滥给，所以防增添之弊。近闻各省牙帖，岁有增添，即如各集场中有杂货小贩向来无籍牙行者，今概行给帖，而市井奸牙，遂借此把持，抽分利息。著各省藩司，因地制宜，著为定额。后牙帖改由部发，各省按所给以其税解中央。税则约分三等，上则纳银三两，下一两，私立牙行名色者有禁。当税亦给当帖。顺治九年，定直省典铺税例，每年五两。康熙三年，定京城当铺税同外省，嗣改京城当铺上等税五两，余二两五钱。契税之例，清初变更綦多。顺治四年，定凡买田地房屋增用契尾每两输银三分。康熙十六年至二十一年，增定江、浙、山东、江西等省契税。雍正七年，准契税每两三分之外，加征一分，为科场经费。十三年，禁止用契纸契根，并停征收税课议叙之例。乾隆四年，复契尾旧例。十三年，谕民间买卖田房，例应买主输税交官，官用印信钤盖契纸，所以杜奸民捏造文券之弊，原非为增课也。后经田文镜创为契纸契根之法，预用布政司印信发给州县。行之既久，官吏夤缘为奸，需索之费，数十倍于前。嗣后民间买卖田房，仍照旧例，自行立契，按则纳税，将契纸契根之法永行禁止。（乾隆初，巡抚杨永斌奏："向来民间执契投税，官给司颁契尾一纸，粘连钤印，令民间收执为据。盖因广东田房税价，赢缩不齐，若止就民间自立之契印税，则藩司衙门无数可稽，不肖官吏得以私收饱橐。且民交易之后，往往延搁不税，候至官厅离任之顷，假托亲知书吏，或乞恩盖印，或量减税银。彼忽忙解组之员，多寡视为幸获，岂能详审。于是有捏造假契，乘机投税，致滋讦讼不休者,是以《会典》开载,凡买田地房产,必用布政司契尾,非惟防私征,亦以杜假冒也。迨后因用契纸,而契尾之例遂尔停止。今契纸既已革除,而契尾尚未复设,似应仍请复设,照依旧例。"从之。十二年,由定契税例,凡民间置买田房,令布政司使颁发契尾,编刻字号,于骑缝钤印,发各州县填注业户姓名价值,一存州县,一同季册报司。如不投税无契尾者,事发照漏税例治罪。)此外有渔课、竹税、木税、牛马牲畜税等。凡杂税均由地方官征收,解省报部核销,然事琐细,多中饱。关税旧有者曰常关。(江、浙、闽、广四省之海关税,亦与通商以后海关不同。)其税有三,曰正税,按出产地征收;曰商税,按物价征收;曰船料税,按船之梁头大小征收。各关有特派王大臣监督者,京师之崇文门左右翼是也;有派户部司员监督者,张家口、杀虎口是也;有由将军兼管者,福州之闽海关是也;有由织造兼管者,苏州之浒墅关、杭州之南北新关是也。其由督抚总理者,皆委道府监收。各关税入酌中定额不及者,于吏议所亏之数,勒令赔偿。

落地税沿自明末,附于关税则例。盖前代商税中之所谓住税也。其税无定地,无定额,流弊甚大。雍正十三年谕谓欀锄、箕帚、薪炭、鱼虾、蔬菜之属,其直无几,必查明上税,方许交易,且贩于东市,既已纳课,货于西市,又复重征,至于乡村僻远之地,有司耳目所不及,或差胥役征收,或令牙行总缴其官者甚微,不过饱奸胥猾吏之私橐。著通行内外各省,其在府州县城内人烟凑集贸易,易于稽查者,照旧征收,若乡镇村落,则全行禁革。

清开海禁在康熙时,于宁波、上海、福州、广州设四海关,委帮商经理其事,诛求甚苛。英人屡请裁减,不许。迨道光之季,五口通商,而新海关即俗所称洋关者,乃出现焉。新海关之税则,《江宁条约》第十条订明秉公议定则例,由部颁发晓示。明年,《中英通商章程》乃云核估时价,照值百抽五例征税。是时估价之权,尚操之我。其后续修增改各国通商进口税则章程乃云,估价之法,亦须订定,以昭平允,于是有附录税则所列各类货价表。《江宁条约》本兼进出口税言之，咸丰八年《中英通商章程善后条约》第一款亦云，凡货物仅载进口税则者，遇有出口，皆应照进口税则纳税，或有仅载出口税则未载进口税则者，遇有进口，亦皆照出口税则纳税。各国条约因有最惠国关系，均系如此订立。（道光二十四年美、法、比、瑞、挪诸约，咸丰十一年德约，同治元年葡约，二年丹麦、荷兰两约，三年西班牙约，五年意约，八年奥约，十年日本约，十三年秘鲁约，光绪七年巴西约。最惠国条款，始于道光二十三年《五口通商附粘善后条款》第八款，明年美约第二款，中法约第六、第三十五款因之，嗣后各国新约续约大抵相因耳。其意义广泛，并不限于经济上，实束缚最深之条约。）

是为进口正税、出口正税。洋货转运别口，三十六个月内免税，逾期照完正税，是为复进口正税。土货转运他口，直百抽二又五，为复进口半税。火轮夹板等船百五十吨以上，吨纳银四钱，以下一钱为船钞。咸丰十一年，《长江通商收税章程》第十二款云，洋商由上海运土货进长江，应在上海交纳出口正税，并先完长江复进口之半税。（其由别口运到上海，在别口已完出口税，上海已完复进口税者，则无庸另纳此两税，见第三款。又长江复进口半税所以必在上海豫纳者，以是时粤事未平，长江流域不在清人手中故也。粤事平后，均在所进之口完纳，并不豫征。）到长江各口后，一经离口贩运，无论洋商华商，均逢关纳税，遇卡抽厘。（案本国之沿海贸易，本有出口进口两税，复进口半税者，即沿岸贸易之进口税也。所以必税之者，以货物自内地运往，亦有税也。当时中国沿海贸易，亦有在外人手中者，故须订入约章。）

同治二年《中丹条约》第四十四款载明，通商各口载运土货，约准出口，先纳正税，复进他口，再纳半税。后欲复运他口，以一年为期，准向该关取给半税存票，不复更纳正税，惟到改运之口，再纳半税。其时抽税之法，尚系临时另估，从量从价，各口不一律。光绪元年，乃改定办法，一律完正税之半，不另估。（免税品亦完百分之二又五。）子口税者，所以替代内地之税厘者也,亦曰抵代税。以其税率为进口之半,故又称子口半税,或内地半税。《江宁条约》第十款谓英国货物照例纳税后,即准中国商人遍运天下,所过税关,只可照估价则例加税几分。盖虑我别设新章,以阻难洋货,欲求与土货之经过税关者享同一之权利也。咸丰八年,《中英天津条约》第二十八款以英商称货物自内地至口岸,自口岸至内地,各子口恒设新章,实于贸易有损,定立约之后,各领事移文各关监督,由关监督将所经之处应纳税数,明晰照复,彼此出示,晓谕汉英商民。惟英商愿一次纳税,以免各子口征收纷繁者,亦可照准其税。洋货在海口完纳,内地货在首经之子口完纳,税率为百分之二又五,俟在上海重修税则时,亦可将各货应纳之数议定。是年,《中英通商章程善后条约》第七款载明,入口货在海关完纳,内地税饷由海关发给内地税单,经沿途子口时,呈验盖戳放行。其在内地置货者,到第一子口验货,发给执照,各子口查验盖戳,至最后子口,先赴出口海关报完内地税项,方许通过。(俟下船出口时,再完出口税。)而将前得由关监督照复税数一节取销。此时,此项办法限于洋商。光绪二年,《中英烟台条约》乃云,嗣后各关发给单照,应由总理衙门核定,画一款式,不分华洋商人,均可请领。惟又云,若非英商自置土货,该货若非实在运往海关出口者,不得援照办理。盖所以保护固有之国内通过税也。自有此约,洋货进口后,无论在洋商手,抑在华商手,均不受内地税厘之阻难矣。光绪二十一年,《中日马关条约》第六款第四项云,日本臣民在中国制造一切货物,其于内地运送税,即照日本臣民运入中国之货物一体办理。于是洋商所置土货,不出洋而运往通商各口供洋厂家制造者,亦得享一次纳百分之二又五之内地税不再重征之权利。然华商则除机制及仿造洋货许呈请政府完直百抽五之出口税豁免沿途税厘外,其余原料品及非机制品,均须逢关纳税,遇卡抽厘也。

《马关条约》第六款第四项为洋商在内地设厂所自始。其文云:"日本臣民得在中国通商口岸、城邑,任便从事各项工艺制造。又得将各项机器任便装运进口，只交所定进口税。日本臣民在中国制造一切货物，其于内地运送税，内地税钞课杂派，以及在中国内地沾及寄存栈房之益，即照日本臣民运入中国之货物一体办理，自应享优例豁除，亦莫不相同。"此款非徒许其在中国设厂，并税率亦加协定，则我不能加税，以阻其设立。明年，《中日通商口岸日本租界专条》（又名《中日公立文凭》。）第三款云："日本政府允中国政府任便酌量课机器制造货物税饷，但其税饷不得比中国臣民所纳加多，或有殊异。"则我虽欲减轻本国厂税，以事保护，亦有所不能矣。此类条件，看似彼此平等，然彼在我国设厂，而与我国人所自设者一律，且以我国幼稚之工业，而与彼在同一条件之下竞争，其不平等实已甚也。

陆路通商始于俄。康熙二十八年《尼布楚条约》，雍正五年《恰克图条约》，咸丰元年《伊犁塔尔巴哈台通商章程》，八年《瑷珲条约》，十年《北京条约》，均系无税。征税始同治元年之《通商章程》。光绪七年收回伊犁，重订《陆路通商章程》，订明十年修改一次，然其后迄未修改。光绪十七年，《通商章程》所定两国边境百里内为不纳税地方。伊犁、塔尔巴哈台、喀什噶尔、乌鲁木齐、关外天山南北路各城为暂不纳税地方。其俄商运货物至天津、肃州者照海关税则三分减一。如运至天津之货再由海道往通商各口，应将原免三分一之税补缴。如系运往内地者，并须交子口半税。俄商在天津、通州贩土货由陆路回国者，应照税则完纳出口正税。在张家口贩卖土货出口回国者，在该口纳一子口半税。如由内地贩卖土货运往通州、张家口回国者，照各国在内地贩卖土货成例，交一子口半税。光绪二十二年，《东省中俄合办铁路公司合同章程》第十款规定："货物由俄国经此铁路运往中国，或由中国经此铁路运赴俄国者，应照各国通商税则，分别交纳进口出口正税。惟此税较之税则所载之数减三分之一交纳。若运往内地，仍应交纳子口税，即所完正税之半。"但铁道竣工后，中国迄未设立税关。至光绪三十一年，《中日协约》

中国开放满洲商埠多处，俄人恐中国在开放之地设立税关，损及俄商特权，乃要求中国协定北满税关。三十三年，两国委员议定税关章程大纲。明年正月，吉林交涉局总办与俄总领事订结章程：（一）两国边境各百里仍为无税区域；（二）由铁路输出入之物，照海关税率三分减一；（三）输入东三省之物，照海关税率减三分之二课通过税；输入内地之物，照海关税率减二分之一课通过税。其输入税则照海关税率征收章程定。后于铁路两端绥芬河、满洲里各设税务分局，于哈尔滨设总局。

中法陆路通商，光绪十一年《中法新约》、十二年《越南边界通商章程》（其中第十一、第十二两款为互惠条款。）规定，法货运进云南、广西者，按照中国海关税则减五分之一。十三年，续订《商务专条》十条，（其中第三、第四两款为互惠条款。）规定进出口税均减十分之四。

中英藏印间，光绪十九年《中英会议藏印条款九款续款》三款开亚东为商埠，并规定免税五年。后又增开江孜、噶大克为商埠，并规定凡关涉亚东各款，亦应在江孜、噶大克一律施行。当时虽规定免税五年，然其后迄未收税。滇缅之间，光绪二十年《中英续议滇缅界商务条款》二十条（其中第八、第九、第十三数条为互惠条款。）与二十三年《中缅条约附款》规定，英商可于思茅等地贸易，货自缅运入中国者，完税照海关税则减十分之三，若货由中国运缅者减十分之四。

道咸间允许外国船舶在通商口岸间载货往来营业，本系各国所无之例。光绪二十五年《中墨条约》第十一款云："两国商船，准在彼此现在或将来开准通商各口，与外洋往来贸易；但不准在一国之内各口岸往来载货贸易。盖于本国之地往返各口运货，乃本国子民独享之利也。如此国将此例施于别国，则彼国商民自应一律均沾，但须妥立互相酬报专条，方可照行。"似有意于挽救矣。乃二十八年《中英商约附加章程》又许外国商船往返于通商口岸，至其内地之间，如奉允准，并得由此不通商口岸之内地，至彼不通商口岸之内地，专行往来，反较旧例又加甚焉。

岂战败之后，有所不暇顾虑邪？抑虽欲顾虑而不得邪？

新海关之设，初由各国领事按货课税，交我政府。后各领事各徇其私，咸丰元年，乃改由我官吏课税。其时上海税关设于旧城。三年八月，小刀会占上海，海关关吏以下皆弃职而去。英、法、美领事以照约未完税之商船不得出口，乃派员代征其税，或使商人立约，于恢复后如数偿还。明年正月，三国领事以改良税关组织，请命上海道与议。六月二十九日，上海道与三领事订立章程，聘英人微德 T. Wade，（或作维德，或作威妥玛。）法人斯密次 A. Smith，美人卡尔 L. Carr 襄办。《税务章程》第一条谓此项人员应由道台慎选遴委，并应予以信任事权，俾得改良一切云。于是建海关新屋于租界。三外人中，微德娴中国语言，故实权皆归其手。一年后，微德去，翻译官勒伊 H. N. Lay（或作莱以，或作李泰国。）继之，税收大增，政府善之，而外商多以为税重。咸丰八年，《天津条约》规定改订税则，钦差大臣桂良、花沙纳、何桂清与各国公使在上海订定新税率，遂任勒伊为税务司。其权限及任用规定，于附章第十款中谓任凭总理大臣邀请英人帮办税务，毋庸英官指荐干预云云，则任用之权，固在我也。（是时总税务司属理藩院。咸丰十年总署设立后改属之。）明年，勒伊因病请假回国，以赫德 Robert Hart 署理。（本系广州海关副税务使，同治二年为中国海关总税务司。）同治四年，迁总税务司署于北京总理衙门，命赫德订募用外人帮办税务章程，于是各关税务司悉用洋人矣。光绪二十四年，《中英通商条约》规定，英人对华贸易超过各国时，总税务司一职应用英人。中国亦声明，英国对华贸易苟不能超过各国，则此约当然无效。而是年《英德借款约》第六条第二项又申明，在此借款未清偿前，中国政府不得变更海关行政之组织，其处心积虑深矣，宜乎他国之不平也！光绪三十四年，赫德病归，以布雷顿代理。宣统三年，赫德没，以安格联继之。庚子赔款以海关税为担保，其时海关税入仅二千万。《辛丑条约》乃将各通商口岸常关暂拨归洋关管理。清末镑价高涨，又益以常关五十里内各分口。民国十五年一月十九日，汕头海关监督兼交涉员马文车以洋关及通商口岸常关所入，已足敷赔债所需，而炮台口司事王盛唐舞弊案，牵涉副税务司马多隆，呈请东征军总指挥批准，于是日将潮海关50里内各分口，派员收回。税务司提出抗议，国民政府以马氏事前未得政府许可，手续不合，于二月五日撤销之。

今日海关行政，全在外人手中。据近来调查，税务司43，英人27；副税务司30，英人18；帮办157，英人62。华人之为副税务司者，惟清季亚东关有一人，民国五年有一人，至民国十五年，华人之升税务司者乃得一人（思第），升副税务司者得三人云。（粤海常关、秦皇岛、嘉兴分关。）各海关本有监督，然条约上税务司系受命于总税务司，故监督命令，税务司不之听，必呈财政部，由部咨税务处转，由总税务司下令也。税务处设于光绪三十二年，有督办税务大臣，总税务司以下，皆受管辖，后并入度支部。民国以来，亦归财政部管辖，各关监督有专任兼任之分，专任监督兼管所在地之常关，兼任者以道尹为之。

关税存放，民国以来亦成为一问题。我国以关税担保债款，由来已久。咸丰八年、十年英法赔款，即以关税指拨，（至同治四年清讫。）同治六年甘肃军事借款，亦以关税担保。其后，甲午俄法英德各款及庚子赔款，亦均以关税为担保。清时关道有库，海关收入皆交关道指定之中国银钱号，由关道指拨道库，海关自身并无经营收付之权也。（即海关经费，亦向关道具领。）应付债赔各款，由关道按期（或按月或半年。）将本息交付银行或银团，平时则分存上海各银钱号，其时收入，年约4 000余万。上海银钱号得此大宗存款，颇足以资周转。辛亥革命，银行钱庄倒闭，关款始有亏欠。先是庚子赔款，因海关收入不足以偿，分摊之于各省，各省所认亦悉交上海道。及是各省或则不认，或虽认而解不以时，偿赔各款始有拖欠。各外银行乃在沪组织委员会，以清理积欠为名，为处分押品之计，拟具办法八条，呈诸外交团。外交团略加改动，于民国元年一月，由领衔驻使交我政府，勒逼照行。该委员会系以对1900年以前，以关税作保而现未清偿之债款及庚子赔款，有关系之银行，即汇丰、德华、道胜分存，总税务司应将关税净收入报告该委员会，至中国政府能付债赔各款为止。民国二年，政府恐内地税款收解之权，亦落外人之手，由外财两部及税务处组织关税委员会研究此事，结果与税务司商定征收税款，统交中、交两行，订立合同九条，然税务司只认为中、交两行营业之关系，不认为关税与国库之关系，故积有成数，即照解汇丰，存行之期，至多不过7日，为数至多不过10万而已。

现在海关税存放办法，系每月按期平均分作三份，以三分之二存于汇丰、道胜两行，为债之担保。该两行即以所收数目支配于以下五项：（一）1898年四厘半金债，每月拨汇丰。（二）1896年五厘金债，每月拨汇丰。（三）1895年四厘金债，每年于6月及12月拨道胜。（四）由总税务司以命令照拨之关余。（五）弥补庚子赔款，按月拨入庚子赔款项下。此外三分之一，则存入汇丰之总税务司海关收入保留项下。通商口岸50里以内之常关税，系在汇丰，为赔款之担保，记入总税务司常关税存款项下，以定率分作八份，每月按四期分配于以下两项：（一）庚子赔款项下（此项尚有由海关税按月拨入者），向分存正金、汇丰、荷兰、华比、花旗、道胜、汇理七银行。欧战起，英法美日俄意比等国以我加入参战之故，自1917年起，准我停付庚子赔款五年，我即以此停付部分担保七年公债基金，悉以关银折算存入总税务司，担保七年短期内国公债项下，而以总税务司之命令，分存于正金、汇理、华比、花旗、道胜、汇丰六银行。（二）总税务司常关收入保留项下，向为拨存德华银行，以抵（甲）偿还奥赔款，（乙）部分的德国赔款之用，自对德奥宣战停付后，即改由汇丰保管，其中关于德国部分已移充民三、民四两种内国公债之担保，奥国部分则拨中国银行，充作两种关税借款之担保。所谓关余者，系关税所入，支配上项各款，尚有盈余，然后再交政府者。故关余名词，实始于1917年也。

现在关税存放支配之权，完全操诸外人，而外人复有改善税款存放之主张，即（一）取利益均沾主义，须分存与中国有关系各银行，不能由一二银行垄断。（二）特组税务银行，由海关当局及各债权关系国派人共同管理。华会之际，日本代表会有希望将海关税，由日本银行保管一部分之要求，并另附有意见书，法代表赞同日代表主张，亦有同样之书面声明。比国意国代表并与日法代表声明，取同一态度。我国自华会决定加税之后，因外人议及存放问题，始知其关系重大，乃始加以研究，有（一）应由中央金库保管说。（二）指定银行保管说。（主此说者，以中央金库之银行，往往对政府滥行借债，致失信用，不如分存各商办大银行，由税务司指定较为可靠，亦少流弊。）（三）国民银行保管说。欲集全国商会，共同发起组织。（四）新旧税分管说。（主此说者，以旧税向存外国银行，抵偿外债，已成惯例，一旦收回，恐不易办。新附加税，则必争归本国银行保管。）（五）旧税亦必拨存本国银行一部分说。（主此说者，以关税按月有盈，盈余部分及已退还之赔款，亦应争回。）（六）组织关税保管委员会说。（以财长税务处督办总税务司审行公会会长总商会会长组织之。）

又按关款之充债赔款者，英葡由汇丰存付，美由花旗存付，俄由道胜存付，日由正金存付，法、西、瑞典由东方汇理存付，意由华义银行存付，比由华比银行存付，荷由荷兰银行存付，最近道胜又以倒闭闻矣。

最近关税问题，皆因《辛丑条约》及《九国关税条约》而起。《辛丑条约》赔款负担既重，我国要求加税，各国乃以裁厘为交换条件。英约第八款，许我裁厘后，进口货税加至值百抽十二又五，出口货税不逾值百抽七又五，其中丝斤不逾值百抽五。（美约第四款，日约附加第一款，葡约第九款略同。）并许我裁厘后对土货征销场税、（以常关为征收机关，常关以载在《清会典》及《户部则例》者为限。惟（一）有海关无常关，（二）沿边沿海而非通商口岸，（三）新开口岸，皆可增设。）出厂税。（本款第九节已见前，美约略同。）美约附件又许我抽出产税。照英约本应于1904年1月1日实行。然政府既惮裁厘，又习于因循，迄未筹备，厘金所病者，华商至外货入中国内地，本有半税可代，且通商口岸愈增，则内地愈少，故外人亦迄未提及。光绪三十四年外务部乃向各国提议加税，英日谓我于原约未曾履行，遂又延宕。至华府会议开会，中国代表提出关税自主案，其结果乃有所谓九国中国关税条约者，最近之关税会议，实根据此约而来者也。（九国者，美比英华法意日荷葡也。）

（一）修正1918年12月19日上海修正税则委员会，所定海关进口货税表，以期切实值百抽五。此项委员会，由上开各国及列席华府会议各国承认之政府，曾与中国订有值百抽五之税则之条约，而愿参与修正之各国代表组织之。本案议决之日起，四个月以内修正完竣。至早公布后两个月实行。

（二）由特别会议立即设法，以便从速筹备，废除厘金，并履行1902年9月5日《中英商约》第八款，1903年10月8日《中美商约》第四款第五款及1903年10月8日《中日附加条约》第一款所开之条件，以相征收各该条款内所规定之附加税。特别会议由签字本约各国之代表组织之，凡依据本约第八条之规定，愿参与暨赞成本约之政府，亦得列入。该会议应于本条约实行后三个月内，在中国会集，其日期与地点由中国定之。

（三）特别会议应考量裁厘，履行第二条所载，各条约诸条款所定条件之前，所应用之过渡办法，并应准许对于应纳关税之进口货，得征收附加税，其实行日期用途及条件，均由特别会议议决之。此项附加税，一律值百抽二又五，惟某种奢侈品，据特别会议意见，能负较大之增加，尚不至有碍商务者，得将总额增加，惟不得逾值百抽五。

（四）中国进口货海关税表，按照第一条，立即修改完竣。四年后，应再行修正，以后每七年修改一次，以替代中国现行条约每十年修改之规定。

（五）关于关税各项事件，缔约各国应有切实之平等待遇及机会均等。

（六）中国海陆边界，划一征收关税之原则，即予以承认，特别会议应商定办法，俾该原则得以实行。凡因交换局部经济利益，曾许以关税上之特权，而此种特权，应行取消者，特别会议得秉公调剂之。一切海关税率，因修改税则而增加者，与各项附加税，因本约而增收者，陆海边界均应一律。

（七）第二条所载办法，尚未实行以前，子口税一律值百抽二又五。

（八）凡缔约各国，从前与中国所订各条约，与本条约各规定有抵触者，除最惠国条款外，咸以本条约各条款为准。

所谓切实值百抽五者，吾国关税虽协定为值百抽五，然因货物估价之关系，实只值百抽一二。《辛丑条约》乃有切实值百抽五之说，于是年修改一次。民国七年，因加入参战，对协约国要求实行值百抽五，又将税则修改一次。据熟于商情者评论，其结果亦不过值百抽三又七一五而已。其时欧战未平，货价异常，外交部及各国驻使均备文申明，俟欧战终结后二年，再行修改。九国条约改定修改税则委员会，于十一年三月二十一日在上海开会，我国派蔡廷干为委员，与会者有英法意荷西葡比丹瑞挪瑞士美日。（并中国，凡十三国。）所修税则于十二年一月十七日实行。（近人云《南京条约》后，入口税则，共修改四次。出口税至今未改，或云1858年，即咸丰八年，曾随进口税修改一次，未知然否？又云我国出口税，皆系从量，故随物价之变，征税轻重，大有不同。如茶自1806年以前，由中国垄断，其时茶价最高，自此以后，遂逐渐降低。而茶之从量征税如故，则加重。又如丝价逐渐高涨，而其从量征税如故，则减轻是也。我国出口税率，无原料、制造品……分别，概从一律协定，以致欲免某物之税，或欲加重某物之税，以图保护，皆有所不能，实一大缺点也。）

关税特别会议，民国十一年十二月五日派顾维钧为筹备处处长，八日许顾辞，以王正廷代之。先是五月间，黑河华侨商会请召集各省商会各派代表在京开关税研究会议，财农两部从之。九月九日成立商会，所推副会长张维镛，又邀各商会代表及全国商会联合会驻京评议员开商约研究会，于十月一日成立。

关税研究会中，所争论最大者，为产销税问题。商会代表欲废产销税，以营业所得两税代之。其理由谓现有常关43，又50里内常关19，合分关分卡，约340—350，（其收入50里内常关500余万，50里外常关700余万。）实为厘金之变相，存之仍不免留难。又英约常关以《清会典》所有为限，沿边及有海关处，虽可添设，内地则可移动而不能增设。关既有限制，征收必难普遍公平，且厘局长由省委任，要求撤换较易，关监督由中央委任，呼吁赴诉更难也。（边远省份尤为不便。）又英约无出产税，日约第一款虽有出产字样，而订明悉照中国与各国商定办法，毫无歧异，则出产税可办与否尚属疑问。至于销场税，则如何办法，约文未言。当时总署饬赫德，即谓未知议约大臣意旨所在，难以拟具。何者厘既裁矣，查验为约文所禁，有限之常关，断不能遍征全国之销场税也。政府之意，主就条约所许，存留常关，以征产销两税。财部所拟办法，产税于起运后第一常关征收，销税于最后常关征收，惟特种大宗货物得就地征收产税。（此据英约第八款第三节第七第八节。）又产税得于最后常关征收，并征销场税。距常关远者，并得由当地商会代征。（补征产税亦然。）通商口岸现有海关而无常关者，沿边区域（包水陆沿海三者）及内地自辟商埠，一律添设。（各常关管辖区域另定，有海关处，常关仍照现在办法，轮船由海关收税，民船由常关收税。）其税额，产税为百之二又五，销税竞争品（如丝茶。）需要品（如粮食。）百之二又五，资用品百之五，奢侈品百之七又五。此省运至彼省，途经通商口岸，在海关完过出口税者，如已满产销两税总额，即免征销场税，否则照不足之数补征。将税司兼管50里内常关之权解除，而照英美约，由省长官在海关人员中选一人或数人为常关监察员，（不限外人。)当时政府及商会代表争持不决,后乃融通定议,谓赶于两年以内,将所得税、营业税、出产税、销场税等同时筹备,而究行何税,则俟特别会议议定。土货出口税,照约尚可加抽二又五,合为七又五之数,商会代表要求分别货物之性质(原料竞争品、手工制造品等。)以定,或应减轻,或应全免,议决由政府与商民合组商品研究会,随时讨论施行。九国条约第六款,所谓关税上之特权,应指中英续议滇缅条约及中法会议越南边界通商章程续议专条内,彼此允让之利益而言,议决此事,须为进一步之要求于特别会议,提出局部经济交换之利益,与最惠国条款不相冲突。各国对于商约中关税部分,不能引机会均等各例,要求利益均沾,如此办法并可由单制协定渐入于复制协定。迭次修改税则,派员协定货价,时间每虑匆促,办理易致迁延。议次各财政讨论会所议,预定公布洋货进口货价办法,由政府于上海、汉口、天津、广州、大连五口设立调查机关,求平均之货价,供随时之修改。(按此案后仅办到上海一处。)过渡期内值百抽二又五之进口附加税。华会宗旨欲以整理外债,或可提出一部为行政必要经费及教育公益事业之处,商会代表欲存为裁厘担保。议决将来会议时,如能拟出担保或裁厘办法,地方长官不致顾虑反对,则亦可将增收之附加税,拨充整理公债之用。

  民国十四年八月五日九国公约批准文件全到华盛顿,按该约第十条,该约即发生效力。政府乃于八月十八日召集各国开特别会议,十月二十六日开会,我以王宠惠为全权代表,与会者凡十二国,会中组织四委员会,第一委员会处理关税自主问题,第二委员会处理关税自主以前应用之过渡办法,第三委员会处理其他有关事件,第四委员会为起草委员会。当1922年太平洋与远东问题委员会开第十七次会议时,中国委员宣言,对于关税条约,虽予承认,并无放弃关税自主之意,召集照会中即报此,再行提出。关税会议既开,中国政府提出:(一)与议各国向中国政府正式声明,尊重关税自立,并承认解除现行条约中所包含之关税束缚,并中国国定关税条例于1929年1月1日发生效力。(二)我国政府允裁厘,与国定关税定率条例同时实行。(三)未实行国定关税定率条例以前,于现行值百抽五外,加收临时附加税。普通品值百抽五,甲种奢侈品,即烟酒值百抽三十,乙种奢侈品值百抽二十。(四)临时附加税条约签字后,三个月开始征收。

关于(一)十四年十一月十九日,在第一二委员会议合通过,中国亦公布关税定率条例。(据某当局谈话云:实附有数种保留条件,其时法意代表知会我国代表团,谓法意政府,只能照下列条件赞同上项议案,即(1)已纳关税之洋货,不得加征捐税。(2)各种条件互相维系。(3)裁厘应由双方承认与实行。(4)意国单独提出整理外债互惠税率问题。驻京日使馆与外交部于十五年一月二十日、二十七日先后换文两次,文内所列原则:(1)此互惠办法之施行,系为缔约国双方之利益。(2)缔约国之某种货物,得享互惠税率之利益。(3)互惠协定期间之规定,必须能符合缔约国两方经济变迁之情形之需要。(4)互惠协定一俟中国关税定章实行,即行有效。)(二)中国政府曾正式声明,尽十八年一月一日前切实办竣。又宣言抛弃不出之土货之出口税,复进口半税,以为裁厘初步。关于(三)中国尝公布烟酒进口税条例,日主实行华约第三条第二段,美主立即征收二又五附加税,奢侈品可值百抽五,水陆一律。(英亦主水陆一律。)又日欲于过渡期内,议订新条约,规定某物互惠的协定税率与国定税率,同时施行。海关施行附加税后之进款,美主(1)只补各省裁厘损失。(2)各省违背裁厘复行征税,对于被税者予以赔偿。(3)整理无抵押借款。(4)中央行政费。后各国允将附加税增至"收入可增至7000万元至9000万元之间"之数,未能正式决定。政变作,我国代表多不能出席。七月三日英美法意日比西荷葡宣言,俟中国代表能正式出席时,立即继续会议。我国政府乃修正关税会议委员会组织条例,派蔡廷干、顾维钧、颜惠卿、王宠惠、张英华、王荫泰为全权代表,然各国代表多已出京,迄今未曾开会。

会中提出者，又有（一）外侨纳税案。自与各国通商以来，无论何项条约，均未许外人在租界内租界外免纳税捐。迩年中国推行税务，外侨辄藉口租界，托词未奉本国政府训令，抗不交纳，租界外铁道附属地亦然，华人住租界铁道附属地者，亦不令纳税。中国政府不得已，暂在租界及铁道附属地周围，设卡征收，于外国商务，实亦有关碍。故政府宣言，凡外侨在中国领土居住者，无论在租界内或租界外，或铁道附属地及其他区域，均与中国人民同一服从中国政府公布之办法，负担其一切捐税。（二）从前遍订货价，亦出协定（1）集会愆期，（2）会议中间停顿，（3）已订施行迟延，以致多所延搁。华府会议业经要求先收回调查货价之自由，并应用自动修改之原则，今者1929年1月1日后当然修改，亦依中国法令，在此过渡期间，仍依据华会精神，拟具修改税则章程草察提交关会第二委员会，希望予以同意。

南方对于关余。民国八年至九年三月之关余，本曾分付广东政府，（占全额百分之十三又七。）后因七总裁意见分歧，政府瓦解，遂仍付诸北方。九年底南方政府恢复，要求照拨，并还以前积欠。总税务司暨外交团谓须请示本国政府，后美政府电谓应交外国所承认之政府，关余遂尽归北方。十二年九月五日南方政府照会北京外交团，请"各使训令代理关税各银行，将关余拨交总税务司，由本政府训令总税务司，分解南北，并令总税务司以政府辖境内之关余，须另行存储，并将1920年3月以后之关余补拨，否则将另委员海关总税务司"。外人疑南方政府将干涉海关行政，外交团令驻华海军赴广州，电领事团转复南方政府，谓关余为中国所有，外交团不过保管人，如欲分取，当与北京政府协议云云。此事遂未有结果。（当时实业界，因民国十年北方政府曾定以关余为内国公债基金，颇反对南方分用。据南方政府之言，则谓此项基金，尚可以1400万元盐余及1000万元烟酒税充之，且北方政府本不应自由处置南方应得之关余也。）迨"五卅"案起，广东又有六月廿二日之沙基惨案，粤人封锁港澳。十五年中央政治会议第二十六次会议，决定征收入口货之消费税，普通货物百分之二又五，奢侈品百分之五，以为解除封锁最低限度，交换条件于十月十一日施行。（照会中仍申明无意干涉海关行政。）封锁亦即于是日取消。驻粤首席总领事曾禀承驻京首席公使之训令，向粤政府提出抗议，粤政府以不能承认北京首席公使驳覆之。（领袖公使亦曾向北方政府提出抗议，以广东与山东及其他地方官吏并言。）

欧战后，中国于对德和约未曾签字，十年五月二十日所结中德协约第四条，两国有关税自主权，惟人民所办两国间或他国所产未制已制货物，其应纳之进出口税，不得超过本国人民所纳税率。奥约则我仍签字，奥放弃1902年8月29日关于中国关税之协定。中俄解决悬案大纲协定第十三条，两缔约国政府允在本协定第二条所定之会议中，订立商约时，将两缔约国关税税则，采取平等相互主义，同意协定。

内地常关，清季惟崇文门左右翼及张绥各边关直隶中央，此外均由各省派员征收。民国二年将淮安、临清、凤阳、武昌、汉阳、夔、赣等关改归中央，等派监督管理。三年设局多伦，四年改为税关。又将旧属于省之潼关、辰州、浔州、成都等关改简监督，雅安、宁远两关，改归部辖。广元、永宁两关属之成都，打箭炉关属之雅安。

厘金，清咸丰三年，太常寺卿雷以諴饷军扬州，始倡之于仙女庙，幕客钱江之谋也。本云事定即裁，后遂留为善后经费，由布政使派员征收。厘局之数，据前数年之调查，全国凡700余处，但只指总局而言，分局及同类之稽征局不在其内。

直隶	15	奉天	34	黑龙江	31	甘肃	43
新疆	11	山西	42	山东	10	河南	32
江苏	58	浙江	42	湖南	34	四川	20
福建	45	广东	29	广西	30	贵州	44
吉林	44	江西	47	安徽	42	陕西	30

湖北　25　　云南　44　　共735厘局。

其收入光绪初年为2000万两，（据云实有7000万，余皆被中饱。）清末预算所列为3500万两，民国初年，预算所列为2400万两。最近之调查则如下：

厘金收入调查一

1912年	36584005元
1913年	36882877元
1914年	34186047元
1916年	40290084元
1919年	39251522元

厘金收入调查二

直隶 681295元	吉林 1267087元	山东 227888元
山西 623504元	安徽 1599412元	奉天 4169733元
黑龙江 537087元	河南 615553元	江苏 5791113元
江西 2651936元	福建 1238737元	湖北 5049819元
湖南 2598722元	浙江 4225532元	陕西 933791元
新疆 391079元	甘肃 995806元	四川 636989元
广东 2545568元	广西 982784元	云南 398000元
贵州 525561元	热河 319621元	察哈尔 250894元
总计 39257518元		

（译自日本《中华经济》）

厘金之中饱，据各方面之调查，皆云超过归公之数。其病民在于设卡之多，一宗货物经过一次，厘卡收税即不甚重，而从起运以至到达，究须经过几次，能否免于重征，初无把握。厘本百分抽一之谓，据调查实在百分之五至百分之十之间，且皆非从价而从量，(盖因征收者之无能也。)又有七四厘捐、(抽百之一又一。)九厘捐(抽千分之九。)等。凡抽税，何者为税之物？何物税率如何？必有一定之法，并须明晰榜示。(即如《清会典》与户部关税云：凡货财之经过关津者，必行商大贾挟资货殖以牟利者。乃征之物有精粗，值有贵贱，利有厚薄，各按其时也，以定应征之数，部设条科，颁于各关，刊之木榜，俾商贾周知，而吏不能欺……至小民日用所需，担负奇零之物，皆不在征榷之条，以历代之通法也。)惟厘金不然，开办虽须得中央核准，然办法则并无一定，税品税率以及征收之方法，皆由各省官吏，各自为政，其可随时改变。据调查江苏一省，即有八种不同之办法云。各省后来亦谋改良，然其所谓改良者，大抵名异而实则相差无几也。下表为民国四年以后各省所行之厘税。

省名	税名	税率
直隶	厘金（一次抽收）	天津 1.25% 大石高黄 1%
奉天	产销税	普通货物 2% 粮 1% 豆 3%
吉林	销场税	运销本省货物 2%
黑龙江	销场税	5%
甘肃	统捐落地捐	统捐 5% 落地捐 2.5%
新疆	统捐	3%
山西	厘金（一次抽收） 落地捐	1.2%—2.4% 1.5%
陕西	统捐	5%—6%
山东	厘金地捐	厘金约 2%
河南	厘金（一次抽收）	1.25%

续表

省名	税名	税率
江苏	宁属厘金 认捐 落地捐 苏属统捐（两次抽收）	约一分外加出江捐一道 2.5% 2%
安徽	统捐 厘金 落地捐 包捐	2%
江西	统捐（四次抽收）	3%—2.5%
湖北	过境税 销场税 落地捐	2% 5% 2%—4%
浙江	统捐（两次抽收） 落地捐	约5% 2.5%
湖南	厘金（一次或两次抽收） 落地捐	3%—1.5%
四川	统捐（一次抽收）	5%
福建	厘金（四次抽收）	10%
广东	厘金（两次抽收）	内地2% 沿海1%—1.6%
广西	统捐	梧州贺县2.5%—5%，粮石3.5%—5%，他地普通货物值百抽五
云南	征厘加厘	5%
贵州	厘金	未详

统捐即一次征收。产销税照例产地在本省，而销地不在本省者，即不征销税。销地在本省而产地不在者，即不征产税，但通过者，即两税皆不征，过境税则又不然。落地税者，缴销子口单之拘，承买商人直指销货地点，完税一次。征收方法，除由官吏征收外，又有认捐及包捐，认捐由本业中人与税务机关商定，认数由财厅核准，包捐则由业外之人

为之，此两法可免检查之烦，及节省征收费，然认包之人，所有之权太大。铁路兴后，有寓征于运之议。民国二年通过国务会议，拟先从国有铁路试办，苟有成效，再推及其他各路及他种运输业。五年交通部拟裁路厘，创办一特别运输税，皆未能行。

最近政府已在特别会议宣布裁厘，财政善后委员会所拟办法，厘金、统捐、统税、货物税、铁路货捐以及名异实同之通过税，商埠50里内外常关正杂各税之含有通过性质者，海关征收之子口税、复进口半税及由此口到彼口之出口税，均在裁撤之列，合计所裁之数为7500余万元。裁厘自是善政，然以此与加税为交换条件，则不当。何则？厘乃内政，苟以裁厘与列国交换，当以各国减轻中国货物之入口税为条件也。且有谓裁厘，决非三数年间所能办到者，其说由美之产业税，行之百余年，无人不以为恶税，亦能于三年内裁之邪？

盐税自担保借款以来，于主权亦颇有关系。现在盐务行政，由财部附设之盐务署主管。（督办由财政总长兼任，署长由次长兼任。署中设总务处及场产运销二厅，总务处司盐务人员之任用及考绩，场产厅司建造盐场仓栈及缉私之事，运销厅司运销，此外有盐运使10人，副使4人，总场长2人，盐场知事127人，榷运局9所，官硝总厂1所，掣验局2所，蒙盐局1所，扬子总栈1所，运销局1所。）为担保善后大借款，故于署内设稽核总所，总办由署长兼任，会办聘外人任之。产盐地方设稽核分所，经理由华员任之，协理亦聘外人任之。盐税均存银行，非总会办会同签字，不能提用也。（该借款契约且订明本利拖欠逾展缓近情之日期，即须将盐政事宜归入海关管理。）

续表

盐产地	引地
两淮 十五场 海盐	江宁旧宁属六县南通及如皋、泰兴两县及扬州府属（以上为淮南食岸），淮安府属及今徐海道（除铜山丰沛萧砀，以上为淮北食岸），湖南殆全省（淮南湘岸），湖北武昌等31县（淮南鄂岸。另钟祥等30县与川盐并消），江西南昌等57县（淮南西岸），安徽怀宁等50县（淮南皖岸）
两浙 二十九场 海盐	浙江全省，江苏镇、苏、常、松、太、海门25县，安徽休宁、广德、建平等8县，江西玉山等7县
云南 十二场 井盐	云南殆全省，贵州普支等4县
陕西 四场 土盐	即产盐之朝邑、蒲城、榆林、富平4县附近
长芦 三场 海盐	京兆直隶及河南之开封、陈留等52县
山东 六场 海盐	山东全省，江苏之铜山及丰沛萧砀，安徽之涡阳、宿县，河南之商丘、宁陵、鹿邑、夏邑、永城、虞城、睢县、考城、柘城
福建 十二场 海盐	福建殆全省
四川 二十三场 井盐	四川全省，贵州之殆全省，湖北恩施等8县，云南昭通、宣威等8县
河东 一场 池盐	本省45县，河南伊阳等32县，陕西长安等35县
东三省 七场 海盐	东三省全部
两广 十九场 海盐	两广及湖南永兴11县，江西兴国等17县，福建长汀等8县，贵州下江等11县
甘肃十四场	甘肃殆全省，陕西甘泉等47县

税率轻重不等，最重者，每百斤至四元七角及三两。最轻者不满一元。（因生产运输之费不同，以此调剂之。）盐税当担保庚子赔款，时每年收入不过1200万两，近年则在9000万元左右。除善后大借款外，民国元年之克利斯浦500万金镑，借款亦以盐税为担保。民国十年三月北方

政府指定每年盐税中，拨1400万元为内国公债基金。盐税自担保大借款后，征税之地，均能交中交两行，每十日由中交两行汇交就近外国银行，再汇至汇丰、道胜、德华、正金、汇理五银行。对德宣战后，由四行经理。民国十一年，因关税收入增加，借款本息均以关税支付，盐款实际已与借款无关，然此项办法仍未变更。民国十五年，道胜银行停业，稽核所令道胜经理之款，概交汇丰，汇往伦敦，名为：盐务稽核总所拨备归还俄发债券本息账。其德发债票向由道胜汇出者，亦令该三行分汇伦敦，经阁议议决照办。但令该财部对三行声明："对于道胜经理中国各种外债之权利，政府保留自由处分移转之特权。"

民国二年，财政部颁行盐税条例，除蒙古、青海、西藏外，产盐销盐各地方划为两区，第一区为奉天、直隶、山东、山西、甘肃、陕西、江苏之淮北各产地及吉林、黑龙江、河南、安徽之皖北各销盐地方。第二区为江苏之淮南、两浙、福建、广东、四川、云南各产地，安徽之皖南，江西、湖北、湖南、广西、贵州各销盐地方。三年，第一区百斤税二元，第二区仍照从前税则，四年以后，与第一区同，此为第一期办法，至第二期，则均改为二元五角，其后此项税率未能实行。

清时茶税，随地附加之捐颇多。故各省税率互有轻重，一省之中，亦彼此互殊。咸同以后，原定引制，渐成具文，光宣之交，各省或设统捐，或抽厘捐，或又按引征课，税率亦不一致。（大较西北重于东南。）民国三年十月，因华茶运销外洋者，江河日下，将出口茶叶，向来每担征银一两二五者减为一两，而湘鄂皖赣洋庄红茶，求减轻茶厘，则未能实行。

烟酒牌照税，系民国元年熊希龄以总理兼财长时所办，整卖年税40元，零卖分16元、8元、4元三等。纸烟输入，当清光绪二十六年，年仅3000元，民国元年已达3000万元（现在1.7亿元）。当时举办烟酒税，意在对外国输入之卷烟加以抽收，而结果仅办到牌照税而止。民国四年，政府曾于京兆，设烟酒公卖局，定有暂行章程十四条，旋又定全国烟酒公卖局暂行章程二十条，立全国烟酒事务署，以纽传善为督办，各省皆设烟酒公卖局，由商人承办分栈，前此各省所收烟酒税（如烟叶捐、烟丝捐、刨烟捐、酿造税、烧锅税之类。）及烟酒牌照税，均归并征收。传善去后，张寿龄继之，于民国十年八月三日，与英美烟公司立声明书十一条：凡自通商口岸运入内地者，无论其自外洋运来，抑在中国所制，除海关税及北京崇文门税外，均完一内地统捐，分四等，第一等每 5 万支，完 12.375 元，次 7.125 元，次 4.125 元，次 2.25 元，完过此项统捐者，各省厘金及各种税捐均免。在华制者，每 5 万支另完出厂捐 2 元，其在通商口岸或商埠销售者，出厂捐外，不完内地统捐，各省各有更税者，得以捐单为据，抵缴此项应纳捐款，惟营业税、牌照税不在此例。（另以公函声明，广东、广西、湖南、云贵五省为例外。）遂于上海设全国纸烟捐总局，津、汉设捐务处，前此各省自抽之零星纸烟捐税陆续取消，均归沪局征收。（收入年约 200 余万元。）而浙江于十二年三月开办纸烟特税，江苏、安徽、江西、湖南、湖北、直、鲁、豫、川、陕等继之，或称销场税或营业税，其税率大约为百分之二十，仿光绪初等洋药税厘并征之额也。英美烟公司，遂以此抵缴烟酒事务署所收之捐，英美公使亦迭向外部提出抗议。汪瑞闿为全国纸烟捐务督办，欲修改声明书，令英美烟公司于原有二五捐外，加捐若干，拨归各省应用，而使各省取消特税。曾于民国十三年与英领事及江苏所派委员，在江苏省公署协议，议未有成。十四年三月，督办全国烟酒事务姚国桢，与英美烟公司续订声明书四条，于十六日呈奉段执政核准。据该续订声明书，公司于先所认捐项外，加征保护捐一道，其额为百分之五，照纸烟所销售之省份，拨归该省，以抵补特税。倘各省于此外，再行征收，得将所征之数，于应缴该省数内扣抵，扣抵不足，仍得将应缴烟酒署之捐扣抵，此项办法于各省取消特税时发生效力。烟酒署与英美烟公司所订声明书，据舆论之批评，损失颇大。（一）通商口岸及商埠定为免捐区域。（续订声明书时，据烟酒署云：烟公司已允实行，时通商口岸及商埠，均贴印花。然系口头声明。)(二)出厂税例，征百分之五，今校最下等内地统捐之数，尚觉不及。(三)出厂捐条文云："在华制造行销各省"，因之运销国外者(海参崴、南洋群岛等。)均不纳税。(四)海关税除外，而50里内常关漏未提及，以致外商投报常关扣抵应纳之捐。而其关系尤大者。(五)子口税本所以代内地厘金，故在英文为Transit Duty 沿途税。光绪二十四年总署咨准洋商进口货物领有税单者，自通商口岸至单内指定之地，允免重征，既至该地后，子口税单即应缴销，子口税单既经缴销，即与无单之货无异。故落地税等，我国向来自由征收，绝不受条约限制。(浙江之洋广货落地捐，江苏之洋广货业认捐等是。)质言之，我国受条约限制者，惟(A)国境税及(B)国内税之通过税。(厘金及类似厘金之税。)今乃许其将厘金及各种税捐概行免纳，是并国内税而亦与协定也。又(六)该声明之第九条，公司声明条约应享之权利，毫不抛弃。然则条约所享之权利优，即以条约为据，条约外之权利，又可以声明书攫得之，设使各种商业而皆如此，条约将等于无效矣。(七)烟税各国皆重，(美国五万支抽至美金百元，日本值百抽二百。)实为良好税源，若与外人协定，姑不论他种捐税，外人踵起效尤，即就烟税而论，已失一笔大宗收入。(日本至一万数千万元。)(八)至续订声明书所加税率，亦仅百分之五，此乃汪瑞闿在江宁省署协议时，烟公司已允，而我方未之许者，且此事之得失，不在税率之重轻，苟与协定，即税率加重，在彼方犹为有利也。(九)声明书期限为8年，财部宣布，照会英使时，曾声明如实行加税，修改税则，不受此声明书有效期间之限制，然除此以外，吾国改订税法，则不能不受其限制矣。然此项声明书实系违反约章，故以法律论，尝无效力之可言。各省开办卷烟特税，英美提出交涉，谓声明书允免重征，据吾国人之解释，则此项捐纳，乃所以代子口半税，子口半税，则所以代厘金，故所免者，亦应以厘金及与厘金同性质之税捐为限，各省所办非营业税，即销场税性质，营业税声明书且已除外，销场税据马凯条约，必入口洋货加征至百分之十二又五时，乃限制仅可征于土货，否则固当任我征收也。（或谓营业税系行为税，当按商店纯益，用累进法征收，性质与所得税相似。今按值百抽几，对货征收，明明非营业税，江苏官场解释，谓日本营业税以（1）售出货价，（2）赁房价格，（3）店伙人数为征收之标准。我国省略（2）（3）两项手续耳。又我方谓免纳限于英美烟公司。今营业税，取之营销店铺，间接取之吸户。营业者为我国人营业店铺之物，实为我国之物。彼谓批发商大都公司代理人，货物仍系公司财产。我方谓约章外商不得在内地开设行栈，我惟认为中国商人，故许其在内地营业，且制造营销合为一人时，两税当分别征收，固各国之通例也。又议决本省单行条例及省税，为省议会之职权，中央亦不能干涉。）各省所办纸烟特税，成绩不甚佳良。（浙省除开支外，仅得数十万，而中央所收，为烟公司扣抵者百余万，苏省初云招商包办，实多业外之人，化名承充，尤属责有繁言。）民国十四年，湖北督军萧耀南曾派军需课长与公司交涉，就厂征税，订立草合同。萧卒后，吴佩孚派军警督察处长李炳煦，将草合同修正，即派李为湖北全省纸烟捐务总办，于十五年三月十六实行。（原设特捐总处分局及包，概行取消。）土产酒类公卖章程行后，久经征税，各省税率且逐渐增加，洋酒自民国四五年后输入日多，华洋商人，又多在华仿制者，近年政府乃颁行机制酒类贩卖条例，于京兆设机制酒类征税处，向贩卖洋酒商店征收。

渔税向视为杂税之一，沿海州县间或征收。此外则吏役埠头需索，水师营汛私费而已。日人既据大连青岛，遍设水产组合所，向中国渔民索取组合费，不纳则禁其捕鱼，而彼在中国沿海却肆意滥捕，又将所得组合费作为经营渔业之资。（大连水产会社水产试验场、满洲渔市场、东洋捕鲸会社、青岛渔业会社等经费，不下数千万元。据报载多出自组合费，费之变相渔税。又据报载农商部尝与日本缔结渔业借款600万元，以七省领海划作数渔区为抵押品。）长此以往，我国沿海渔民必将失业，难免不流为海盗，甚可虑也。近年农商部始公布渔业条例，"非中华民国人民不得在中华民国领海采捕水产动植物及取得关于渔业之权利"。（第一条。）然日本渔轮仍有利用我国人，巧立名目，朦混注册者。（欧美日本对于领海，均有捕鱼区域及禁区域之别，凡属民船采捕之地，渔轮机船不许羼入，所以维沿海渔民之生计也。台湾此项区域，以沿海岛屿灯塔向外量起，自10海里至60海里不等，平均计算离岛屿约35海里。民国十年，外海两部汇订领海线，以各岛潮落，向外起算3英里为界。江浙渔会曾函上海总商会，拟议扩充。）

烟酒牌照税为营业税之一。此外属于营业税者，有牙税、（有领帖费，有常年税，自十余元至数百元。）当税、特种营业执照税。（民国三年，定分十三种，计其资本抽百分之二又五。）

登录税分契税及注册费两种。契税所包其广凡产业移转有契为凭者，皆税焉。注册费分（1）轮船，（2）铁路，（3）商业，（4）公司，（5）矿业，（6）律师，（7）著作权七类。

清代鉴于明末矿税之弊，各地之矿，有司多奏请封闭，惟云南有铜矿，户工二部恃以铸钱。此外率多私采。民国乃定矿税条例，分为矿区税、矿产税，视其种类及矿区之大小、矿产之多少而定。

印花税民国二年所行者，第一类发货票、银钱收据15种，第二类提货单、股票、汇票等11种。三年八月续颁人事凭证帖用印花条例，为出洋及内国游历护照、免税单照、官吏试验合格证书、中学以上毕业证书、婚书等。

牲畜税及屠宰税本系杂税。（清初凡贸易之牲畜，值百抽三，屠宰无税，季年东南各有屠宰税，民国因之。）民国三年冬，财政部调查各省牲畜税为骡马驴牛羊豕六种，西北多于东南。四年正月，财政部颁屠宰税简章，以猪牛羊三种为限。

房捐起于清末，（清初大兴宛平有铺面税，仁和、钱塘有间架房税，江宁有市廛钞，北京琉璃高瓦两厂，有计檩输税之法，新疆乌鲁木齐亦有铺面税，康雍间先后奉旨豁免。）由各地方自办，民国亦有仍之者。

第十五章

官　制

官制一门，在制度中最为错杂，此由历代设官时有变迁，即其制不变者，其职亦或潜行改易。最初因事设官，即因事立名，不难循名而知其职。变迁既甚，则或有其名而无其实，或无其实而有其名，于是循其名不能知其职之所在。而骈枝之官错出，与固有之官之分职，又多出于事之偶然，而无理之可求，则知之弥艰矣。夫制度因事实而立，亦必因事实而变，此为理之当然。然思想之变迁，必不如事实之变迁之速，往往制度已与事实不切，人犹墨守旧制而不知更。然虽欲墨守旧制，而其制既与事实不合，在势必不能行，而名是实非之弊遂起。一朝创制之时，未始不欲整齐之，使归于画一，然思想之变更既不能与事实之变更相副，则所定之制度，往往与实际不合，制甫定而潜行变迁之势已起于其中，此官制之所以错杂而难理也。然官制实为庶政之纲，研求史事者必不容不究心，最好以官制与他种制度相参考，既就一切政事求其属于何官，更就凡百职官求其所司何事，更通观前后而知其所以变迁之由，考诸并时而得其所以分职之故，则不独官制可明，即于一切庶政，亦弥觉若网在纲矣。

官之缘起，予旧作《释官》一篇可以明之，今录其辞如下。原文曰：

"《曲礼》曰：'在官言官，在府言府，在库言库，在朝言朝。'注曰：'官谓板图文书之处，府谓宝藏货贿之处也，库谓车马兵甲之处也，朝谓君臣谋政事之处也。'然则官字古义与今不同，今所谓官，皆为政事所自出，古则政出于朝，官特为庋藏之处，与府库同耳。盖古者政简，不须分司而理，故可合谋之于朝。后世政治日繁，势须分职，而特设之机关遂多，各机关必皆有文书，故遂以藏文书之处之名名之也。

"官既为庋藏文书之处，则处其间者不过府史之流，位高任重者未必居是。《论语》：'冉子退朝。子曰：何晏也？对曰：有政。'（《子路》。）荀子入秦，'及都邑官府，其百吏肃然。……入其国，观其士大夫，出于其门，入于公门，出于公门，归于其家'，（《荀子·强国》。）其证也。然则司政令者不居官，居官者不司政令，故官在古代不尊，所尊者为爵。《仪礼·士冠礼》曰：'以官爵人，德之杀也。死而谥，今也。古者生无爵，死无谥。'《檀弓》谓士之有诔，自县贲父始。诔所以作谥，明古者大夫有谥，士无谥。生无爵，则死无谥，明大夫为爵，士不为爵也。《王制》曰：'司马辨论官材，……论定然后官之，任官然后爵之，位定然后禄之。'官之者任以事，是为士，爵之禄之则命为大夫也。《曲礼》曰：'四十曰强，而仕。'《士冠礼》曰：'古者五十而后爵。'则任事十年，乃得为大夫矣，所谓'任官然后爵之'也。《檀弓》又曰：'仕而未有禄者，君有馈焉曰献，使焉，曰寡君，违而君薨，弗为服也。'《王制》云'士禄以代耕'，而此曰未有禄者。《曲礼》又曰：'无田禄者，不设祭器；有田禄者，先为祭服。'禄指土田言，故代耕所廪，不为禄也。《檀弓》：工尹商阳曰：'朝不坐，燕不与，杀三人，亦足以反命矣。'注：'朝燕于寝，大夫坐于上，士立于下。'坐于上为有位，立于下为无位，必爵为大夫，然后有田，则所谓位定然后禄之也。古者国小民寡，理一国之政者，亦犹今理一邑之事者耳，势不得甚尊。至于国大民众而事繁，则其势非复如此矣。则凡居官任事者，皆有以殊异于齐民矣。上下之睽，自此始也，故曰德也。"（以上《释官》原文。）

我国官制当分为五期。三代以前为列国之制。秦制多沿列国之旧。而汉因之，以其不宜于统一之世，东汉以后，乃逐渐迁变，至隋唐而整齐之。然其制与隋唐之世又不适合，唐中叶后又生迁变而宋因之。元以蒙古族入主中国，其治法有与前代不同者。明人顾多沿袭，清又仍明之旧，故此三朝之治，又与唐宋不同。此我国官制之大凡也。

古代官制不甚可考，今文家言天子三公、九卿、二十七大夫、八十一元士、（《王制》《昏义》《尚书大传》《韩诗外传》《春秋繁露》《白虎通》《五经异义》《今尚书》夏侯、欧阳说皆同。公卿、大夫、元士凡百二十。《白虎通》云："下应十二子。"《异义》云："在天为星辰，在地为山川。"）二百四十三下士。（《春秋繁露·官制象天篇》合公卿、大夫、元士凡三百六十，法天一岁之数。案《洪范》曰："王省惟岁，卿士惟月，师尹惟日。"与此说合。）此仅言有爵者之数耳，未尝详其官职也。三公之职，诸书皆云司马、司徒、司空。九卿即不详，或曰：《荀子·王制序官》所列举者，曰宰爵，曰司徒，曰司马，曰大师，曰司空，曰治田，曰虞师，曰乡师，曰工师，曰伛巫跛击，曰治市，曰司寇，曰冢宰。除冢宰及司徒、司马、司空外，恰得九官，即九卿也。然此特数适相合耳，更无他证，似不应武断。古文家谓天子立三公，曰太师、太傅、太保，与王同职。又立三少以为之贰，曰少师、少傅、少保，是为三孤。冢宰、司徒、宗伯、司马、司寇、司空，是为六卿。（古《周礼》，说见《五经异义》。伪《古文尚书·周官篇》同。）案冢宰似不当与余官并列，司马、司徒、司空三官确较他官为要，宗伯、司徒似亦不当与之并列。撰《周官》者盖杂取古代制度纂辑之，而未计及其不相合。汉武谓为渎乱不验之书，良有以也。诸书又有言四辅、言五官者，皆取配四方五行而已，与分职授政实无涉也。

侯国之官，《春秋繁露》谓三卿、九大夫、二十七上士、八十一下士，《王制》则云三卿、五大夫，（此主大国及次国言之，小国则二卿。《王制》曰：

"大国三卿，皆命于天子。下大夫五人，上士二十七人。次国三卿，二卿命于天子，一卿命于其君，下大夫五人，上士二十七人。小国二卿，皆命于其君，下大夫五人，上士二十七人。"郑注："小国亦三卿，一卿命于天子，二卿命于其君。此文似误脱耳，或者欲见畿内之国二卿与。"郑注盖据上文"小国之上卿，位当大国之下卿，中当其上大夫，下当其下大夫"言之。《公羊》襄十一年《解诂》曰："古者诸侯有司徒、司空、上卿各一，下卿各二；司马事省，上下卿各一。"疏云："所谓诸侯之制三卿五大夫矣。"《王制疏》引崔氏，谓司徒兼冢宰，司马兼宗伯，司空兼司寇。司徒下小卿二，曰小宰、小司徒。司空下小卿二，曰司寇、小司空。司马下惟小卿一，曰小司马。则又牵合《周官》为说也。）未知孰是。要之，其制略与天子之国同也。（古官因事而名，司其事者即可称之，不关体制也。如司徒、司马为王国之官，然《檀弓》云："孟献子之丧，司徒旅归四布。"《左》昭二十五年"叔孙氏之司马鬷戾"，是大夫家亦有司徒、司马也。大夫家亦有宰，但不称冢宰而已。）

分地而治之官，今文家云："古八家而为邻，三邻而为朋，三朋而为里，五里而为邑，十邑而为都，十都而为师，州十有二师焉。"（《尚书大传》。）又曰："一里八十户，八家共一巷。"（《公羊》宣十五年《解诂》。）与井田之制相合。古文则乡以五家为比，比有长；五比为闾，闾有胥；四闾为族，族有师；五族为党，党有正；五党为州，州有长；五州为乡，乡有大夫。遂以五家为邻，邻有长；五邻为里，里有宰；四里为酂，酂有长；五酂为鄙，鄙有师；五鄙为县，县有正；五县为遂，遂有大夫。（《周官》。比长爵下士，自此递升一级，至乡大夫为上大夫。遂则邻长无爵，里宰为下士，自此递升一级，遂大夫为中大夫。）与军制相应，疑古代国中之人充兵，用什伍之制，野外之人为农，依井田编制也。（《史记·商君列传》："令民为什伍，而相牧司连坐。"又云："集小都乡邑聚为县。"此两事盖相因，县固甲兵所自出也。《管子·立政》："分国以为五乡，乡为之师。分乡以为五州，州为之长。分州以为十里，里为之尉。分里以为十游，游为之宗。十家为什，五家为伍，什伍皆有长焉。"《乘马》："五家而伍，十家而连，五连而暴，五暴而长，命之曰某乡。"亦皆以五起数。《礼记·杂记》："里尹主之。"注："里尹，闾胥里宰之属。《王度记》曰：百户为里，里一尹，其禄如庶人在官者。"疏："按《别录王度记》云：似齐宣王时淳于髡等所说也。其记云：百户为里，里一尹。其禄如庶人在官者，则里尹之禄也。按《撰考》云：古者七十二家为里。《洛诰传》云：古者百家为邻，三邻为朋，三朋为里。郑云：盖虞夏时制也。其百户为里，未知何代，或云殷制。"案《后汉书·百官志》云："里有里魁，民有什伍，善恶以告。本注曰：里魁掌一里百家。"与《王度记》说合。又案七十二家为里，即三朋为里也。百户为里，或即此制，而举成数言之耳。或疑什伍之制，后世行之，今文家所述之制，何以不可见，不知此由井田废坏故也。）爵禄内官与外诸侯无异，所异者世袭与不世袭耳。然其后内官亦多世袭，则事实为之，而非法本如此也。（《王制》："王者之制禄爵，公、侯、伯、子、男凡五等。诸侯之上大夫卿、下大夫、上士、中士、下士凡五等。天子之田方千里，公侯田方百里，伯七十里，子男五十里。不能五十里者，不合于天子，附于诸侯，曰附庸。天子之三公之田视公侯，天子之卿视伯，天子之大夫视子男，天子之元士视附庸。"又曰："天子之县内诸侯，禄也。外诸侯，嗣也。"）

汉制多沿自秦，秦制则沿自列国时代，故此一期之官制，去古最近。秦制掌丞天子，助理万机者为丞相。（秦有左右，高帝即位，置一丞相。十一年，更名相国。孝惠、高后时，置左右丞相。文帝二年，复为一丞相。）丞相之贰为御史大夫。主兵者曰太尉，汉初仍之，哀帝时乃改太尉为司马，丞相为司徒，御史大夫为司空，其议建自何武，盖行今文经说也。（后汉同，惟改大司马为太尉。）其太傅前汉惟高后元年、八年置之。后汉每帝初即位，则置太傅录尚书事，薨即省。此与古文经说无涉。惟哀帝元寿二年置太傅，而平帝始元二年又置太师、太保，其时王莽辅政，系行古文经说耳。（《汉书·朱博传》："初，汉兴，袭秦官，置丞相、御史大夫、太尉。至武帝罢太尉，始置大司马，以冠将军之号，非有印绶官属也。及成帝时，何武为九卿，建言：'古者民朴事约，国之辅佐必得贤圣，然犹则天三光，备三公官，各有分职。今末俗之弊，政事烦多，宰相之材不能及古，而丞相独兼三公之事，所以久废而不治也。宜建三公官，定卿大夫之任，分职授政，以考功效。'其后上以问师安昌侯张禹，禹以为然。时曲阳侯王根为大司马骠骑将军，而何武为御史大夫。于是上赐曲阳侯根大司马印绶，置官属，罢骠骑将军官，以御史大夫何武为大司空，封列侯，皆增奉如丞相，以备三公官焉。议者多以为古今异制，汉自天子之号，下至佐史，皆不同于古，而独改三公，职事难分明，无益于治乱。是时御史府吏舍百余区井水皆竭；又其府中列柏树，常有野乌数千栖宿其上，晨去暮来，号曰朝夕乌，乌去不来者数月，长老异之。后二岁余，朱博为大司空，奏言：'帝王之道，不必相袭，各繇时务。高皇帝以圣德受命，建立鸿业，置御史大夫，位次丞相，典正法度，以职相参，总领百官，上下相监临，历载二百年，天下安宁。今更为大司空，与丞相同位，未获嘉祐。故事，选郡国守相高第为中二千石，选中二千石为御史大夫，任职者为丞相，位次有序，所以尊圣德，重国相也。今中二千石未更御史大夫而为丞相，权轻，非所以重国政也。臣愚以为大司空官可罢，复置御史大夫，遵奉旧制。臣愿尽力，以御史大夫为百僚率。'哀帝从之，乃更拜博为御史大夫。会大司马喜免，以阳安侯丁明为大司马卫将军，置官属，大司马冠号如故事。后四岁，哀帝遂改丞相为大司徒，复置大司空、大司马焉。"案政治各有统系，选举亦宜有次序，当时议者及朱博之言是也。汉世自改三公之后，权转移于尚书。而曹操欲揽大权，仍废三公而置丞相，可见总揆之职，不宜分立众司，而事之克举与否，初不系设司之多寡矣。）

奉常、（秦官。掌宗庙礼仪。景帝中六年，更名太常。）郎中令、（秦官。掌宫、殿、掖门户。武帝更名光禄勋。）卫尉、（秦官。掌宫门卫屯兵。）太仆、（秦官。掌舆马。）廷尉、（秦官。掌刑辟。景帝、哀帝皆尝改为大理，旋复故。）典客、（秦官。掌诸归义蛮夷，武帝更名大鸿胪。）宗正、（秦官。掌亲属。）治粟内史、（秦官。掌谷货，武帝更名大司农。）少府，（秦官。掌山海池泽之税，以给供养。）皆中央政府分理众事之官，汉以为九卿，分属三公。（奉常、郎中令、卫尉，太尉所部。太仆、廷尉、大鸿胪，司徒所部。宗正、大司农、少府，司空所部。此亦取应经说而已，无他义。）又有将作少府、（秦官。掌治宫室。景帝更名将作大匠。）典属国、（秦官。掌蛮夷降者。成帝省并大鸿胪。）水衡都尉、（武帝置。掌上林苑，后汉省。）大子太傅、少傅、詹事、（秦官。掌皇后、太子家。成帝省，并属大长秋。）长信詹事、（掌皇太后家。景帝更名长信少府，平帝更名长乐少府。）将行（秦官。景帝中六年，更名大长秋。或用中人，或用士人。）等。

武官通称尉。太尉、卫尉外，有中尉、（秦官。掌徼循京师。武帝更名执金吾。）护军都尉、（秦官。武帝元狩四年，属大司马。成帝绥和元年，居大司马府，比司直。哀帝元寿元年，更名司寇。平帝元始元年，更名护军。案高帝以陈平为护军中尉，即此官，主护诸将，故人谗平受诸将金，多者得善处，少者得恶处也。魏晋以后为护军将军，主武官选。）司隶校尉、（武帝征和四年初置。持节，从中都官徒千二百人，捕巫蛊，督大奸猾。后罢其兵，察三辅、三河、弘农。哀帝属大司空，比司直。后汉时领州一，郡七，比刺史。）城门校尉。（掌京师城门屯兵。）又有中垒、（掌北军垒门内外，掌西域。后汉但置中侯，以监五营。《续书·百官志》："大将军营五部，部校尉一人。部下有曲，曲有军侯一人。"）屯骑、（掌骑士。）步兵、（掌上林苑门屯兵。）越骑、（掌越骑。）长水、（掌长水、宣曲胡骑。）胡骑、（掌池阳胡骑。不常置，后汉并长水。）射声、（掌待诏射声士。）虎贲（掌轻车。后汉并射声。）八校尉，各统特设之兵。（参看《兵制》篇。）其西域都护，则为加官。宣帝地节二年初置，以骑都尉谏大夫使护西域三十六国。有副校尉，（后汉通西域时亦置。）又有戊、己校尉，元帝初元二年置，亦治西域。（后汉但置己校尉。）又有使匈奴中郎将、（主护南单于。）度辽将军、（明帝初置，以卫南单于众新降有二心者。其后数有不安，遂为常守。）护乌桓校尉、（护乌桓。）护羌校尉，（护西羌。）皆主护各夷之降者也。

内史，秦官，掌治京师。后分置左右。武帝更右内史曰京兆尹，左内史曰左冯翊。又改都尉（主爵中尉，秦官，掌列侯。景帝中六年，更名都尉。）为右扶风，治内史右地，（列侯更属大鸿胪。）是为三辅。后汉更以河南为尹。以三辅陵庙所在，不改其号，但减其秩而已。

外官分郡县两级。县（列侯所食县曰国。皇太后、皇后、公主所食曰邑。蛮夷曰道。）万户以上曰令，（秩千石至六百石。）减万户曰长，（秩五百石至三百石。）皆有丞、尉。（秩四百石至二百石，是为长吏。百石以下，有斗食、佐史之秩，是为少吏。师古曰："《汉官名秩簿》云：斗食月俸十一斛，佐史月俸八斛也。一说斗食者岁俸不满百石，计日而食一斗二升，故云斗食也。"《续汉书·百官志》："边县有障塞尉。"）郡守汉景帝更名太守，（秩二千石。）有丞。边郡又有长史，掌兵马。（秩皆六百石。）郡尉景帝更名都尉，掌佐守，典武职甲卒。（秩比二千石。）亦有丞。（秩六百石。）又有关都尉、（后汉省。）农都尉、（边郡主屯田植谷。）属国都尉。（《汉书·武帝纪》元狩二年注："凡言属国者，存其国号，而属汉县，故曰属国。"）郡有盐官、铁官、工官、都水官者，随事广狭，置令长及丞。

监御史，秦官，掌监郡。汉省。丞相遣史分刺州，不常置。武帝元封五年，初置部刺史，掌奉诏条察州。（《后汉书·百官志》云："蔡质《汉仪》曰：诏书旧典，刺史班宣，周行郡国，省察治状，黜陟能否，断理冤狱，以六条问事，非条所问，即不省。一条：强宗豪右，田宅逾制，以强陵弱，以众暴寡。二条：二千石不奉诏书，遵承典制，倍公向私，旁诏守利，侵渔百姓，聚敛为奸。三条：二千石不恤疑狱，风厉杀人，怒则任刑，喜则任赏，烦扰苛暴，剥戮黎元，为百姓所疾。山崩石裂，妖祥讹言。四条：二千石选署不平，苟阿所爱，蔽贤宠顽。五条：二千石子弟，恬恃荣势，请托所监。六条：二千石违公下比，阿附豪强，通行货赂，割损正令。"）员十三人。成帝绥和元年，更名牧。哀帝建平二年，复为刺史。元寿二年，复为牧。后汉光武建武十八年，复为刺史。十二人，各主一州。其一州属司隶校尉。案汉刺史监纠非法，不过六条。（《日知录·六条之外不察》："汉时部刺史之职，不过以六条察郡国而已，不当与守令事。故朱博为冀州刺史，敕告吏民欲言县丞尉者，刺史不察黄绶，各自诣郡。鲍宣为豫州牧，以听讼所察过诏条被劾。而薛宣上疏言：吏多苛政，政教烦碎，大率咎在部刺史，或不循守条职，举错各以其意，多与郡县事。《翟方进传》言：'迁朔方刺史，居官不烦苛，所察应条辄举。'自刺史之职下侵，而守令始不可为。天下之事，犹治丝而棼之矣。")"传车周流，匪有定镇。"（刘昭语。《后汉书·百官志》："诸州常以八月巡行所部郡国，录囚徒，考殿最。初岁尽诣京都奏事，中兴但因计吏。"《三国志》：司马宣王报夏侯太初书曰："秦时无刺史，但有郡守长吏。汉家虽有刺史，奉六条而已，故刺史称传车，其吏言从事，居无常治，吏不成臣，其后转更为官司耳。"）实非理人之官也。成帝时，丞相翟方进、大司空何武乃奏："古选诸侯贤者以为州伯，《书》曰'咨十有二牧'，所以广聪明，烛幽隐也。今部刺史居牧伯之位，任重职大，《春秋》之义，用贵治贱，不以卑临尊，刺史位下大夫，而临二千石，轻重不相准，失位次之序。臣请罢刺史，更置州牧，以应古制。"此成帝所由改制。及哀帝时，朱博奏言："部刺史奉使典州，督察郡国，吏民安宁。故事居部九岁，举为守相。其有异材，功效著者，辄登擢。秩卑而赏厚，咸劝功乐进。前丞相方进奏罢刺史，更置州牧，秩真二千石，位次九卿。九卿缺，以高第补。其中材则苟自守而已，恐功效陵夷，奸宄不禁。请罢州牧，置刺史如故。"此哀帝所由复旧。元寿二年之改制，盖王莽所为。莽事多泥古，不足论。《后汉书·刘焉传》："灵帝政化衰缺，四方兵寇。焉以为刺史威轻，既不能禁，且用非其人，辄增暴乱。乃建议改置牧伯，镇安方夏，清选重臣，以居其任。"（《三国志·二牧传》亦载此事，而不如《后汉书》之详。）于是"改刺史，新置牧"。（《灵帝纪》中平五年。）史以为"州任之重，自此而始"焉。（《魏志》言："汉季以来，刺史总统诸郡赋政于外，非复曩时司察之任而已。"）案刺史之职，秩卑而权重。秩卑则其人激昂，权重则能行其志，"得有察举之勤，未生陵犯之衅"。（《后汉书·百官志》刘昭注语。）《王制》："天子使其大夫为三监，监于方伯之国，国三人。"金华应氏曰："方伯权重则易专，大夫位卑则不敢肆，此大小相维，内外相统之微意也。"（《日知录·部刺史》。）古者诸侯各统其国，置牧伯以监之，以为权归于上矣。后世天下一家，以事权委郡守，设刺史以督察之，斯其宜也，焉用假牧伯以重权以致尾大不掉乎？何武之言，实为不达世变者矣。（汉世郡守皆有兵权，小盗自可逐捕，大盗则当命将专征，事已即罢，亦不必立方伯而重其权也。刘焉既创斯议，遂牧益州，终至窃据，故刘昭讥其"非有忧国之心，专怀狼据之策"。《申鉴时事》："或问曰：州牧刺史、监察御史之制孰优？曰时制而已。古诸侯建家国，世位权柄存焉。于是置诸侯之贤者为牧，总其纪纲而已，不统其政，不御其民。今郡县无常，权轻不同，而州牧秉其权重，势异于古，非所以强干弱枝也，而无益治民之实，监察御史斯可也。若权时之宜，则异论也。"顾亭林谓"自古迄今，小官多者其世盛，大官多者其世衰"。其言殊有至理。《三国志·夏侯玄传》："以为司牧之主，欲一而专。""始自秦世，不师圣道，私以御职，奸以待下。惧宰官之不修，立监牧以董之，畏督监之容曲，致司察以纠之。宰牧相累，监察相司，人怀异心，上下殊务。汉承其绪，莫能匡改。""今之长吏，皆君吏民，横重以郡守，累以刺史。若郡所摄，惟在大较，则与州同，无为再重。宜省郡守，但任刺史。""县皆径达，事不拥隔。"案两汉之制，自后世观之，已觉其简易直截。而太初更欲省郡存州，刺史非治民之官，则成一级制矣。此自非后世所能行，然汉刺史之职，则当时之良法也。）

汉初，封建体制崇隆，诸侯王皆得自治其国，有太傅以辅，二内史以治国民，中尉掌武职，丞相统众官。群卿大夫都官如汉朝，国家惟为置丞相。其御史大夫以下，皆自置之。景帝中五年，乃令诸侯王不得复治国，天子为置吏，改丞相曰相，诸官或省或减，其员皆朝廷为署，不得自置。成帝绥和元年省内史，令相治民，如郡太守，中尉如都尉，自此郡之与国，徒异其名而已。（列侯所食县为侯国，功大者食县，小者食乡亭，得臣其所食吏民。武帝令诸侯王得推恩分众子土，国家为封，亦为列侯。每国置相一人，至治民如令长不臣也，但纳租于侯，以户数为限。关内侯无土，寄食所在县，民租多少，各有户数。）

秦汉去古未远，故古代设治繁密之意，犹有存者。《汉书·百官公卿表》曰："大率十里一亭，亭有长。十亭一乡，乡有三老、有秩、啬夫、游徼。三老掌教化。啬夫职听讼，收赋税。游徼徼循禁贼盗。县大率方百里，其民稠则减，稀则旷，乡、亭亦如之，皆秦制也。"（《后汉书·百官志》："又有乡佐，属乡，主民收赋税。"注引《汉官仪》曰："五里一邮，邮间相去二里半。"）《后汉书·百官志》曰："里有里魁，民有什伍，善恶以告。"本注曰："里魁掌一里百家。什主十家，伍主五家，以相检察。民有善事恶事，以告监官。"此等制度，后世亦非无之，然特虚有其名，汉世则不然。高帝二年二月，"举民年五十以上，有修行，能帅众为善，置以为三老，乡一人。择乡三老一人为县三老，与县令、丞、尉以事相教"。高帝为义帝发丧，以洛阳三老董公之说。（皆见《汉书·高帝纪》。）武帝明戾太子之冤，亦以壶关三老茂上书。（《汉书·武五子传》。）爰延为外黄乡啬夫，仁化大行，民但闻啬夫，不知郡县。（《后汉书·爰延传》。）朱邑自舒桐乡啬夫官至大司农，病且死，属其子曰："必葬我桐乡。后世子孙奉尝我，不如桐乡民。"其子葬之桐乡西郭外，民共为起冢立祠，岁时祠祭。（《汉书·循吏传·朱邑传》。）盖其上之重之，而民之尊之如此，此其所以能有所为也。后世一县百里之地旷焉，无一乡亭之职，其职当古乡官者，非穷困无聊，听役于官，则欲借官之权势，以鱼肉其邻里者耳。令长孤立于上，政令恩意皆不下逮，是古百里之国有公侯而无卿大夫士也，何以为治乎？

汉世宰相权重而体制亦崇。（丞相进，天子御坐为起，在舆为下。丞相有病，皇帝法驾亲至问疾。丞相府门无兰，不设铃，不警鼓，言其深大阔远，无节限也。）自东汉以后，其权乃移于尚书。魏晋以后，又移于中书。刘宋以后，又移于其门下。尚书本秦官，汉武帝游宴后庭，始用宦官，改名中书谒者令，（《后汉书·百官志》。《汉书·司马迁传》："迁既被刑之后，为中书令，尊宠任职。"即此官也。不言谒者，文省耳。）为置仆射。（《汉书·成帝纪》四年《注》引臣瓒说。）宣帝时弘恭、石显为之。元帝时，萧望之白，欲更置士人，卒为恭、显谮杀，其权力可谓大矣，然特宦寺之弄权者耳。成帝建始四年，罢中书宦官，置尚书员五人，分主内外官、庶人上书、外国刑狱之事。（师古曰："《汉旧仪》云：尚书四人为四曹：常侍尚书，主丞相御史事。二千石尚书，主刺史二千石事。户曹尚书，主庶人上书事。主客尚书，主外国事。成帝置五人，有三公曹，主断狱事。"）其后增置日多，分曹亦日广，而三公之权遂潜移于其手焉。中书者，魏武帝为魏王，置秘书令，典尚书奏事。文帝改为中书，置监、令，以孙资、刘放为之。明帝大渐，本欲用燕王宇等辅政，而资、放乘帝昏危，引用曹爽，参以司马懿，卒以亡魏，（见《魏志·明帝纪》注引《汉晋春秋》。）其权任可想。（晋荀勖自中书监迁尚书令，或贺之。勖怒曰："夺我凤皇池，诸公何贺焉？"可见是时中书较尚书为亲。）侍中在汉为加官，初以名儒为之，其后贵戚子弟或滥其职。宋文帝与大臣不相中，信荆州王府旧僚，皆置之侍中。自此侍中又较中书为亲。至隋唐乃即以此三省长官为相职焉。（尚书省以令为长官，仆射副之，领录皆重臣秉枢要者为之，不常置也。尚书及诸曹郎皆统于令、仆。尚书有兼曹，有不兼曹，尚书曹郎不相统也。隋始以令、仆总吏部、礼部、兵部、都官、度支、工部，六尚书分统列曹侍郎。炀帝增置左右丞，六曹各一侍郎，其余诸曹但曰郎，是为后世以六部分统诸司之本。分曹之数，历代不一。汉初设四曹，盖因秦之旧，秦尚书四人也。其后事务益繁，则分置益多。魏、晋以后，大抵分二三十曹，皆不相统。炀帝之以六尚书分统诸曹侍郎，盖取法于《周官》，实近沿卢辩之制也。唐太宗尝为尚书令，其后臣下避不敢当，故唐尚书省以仆射为长官。魏文帝改秘书为中书，置监、令及通事郎。晋改通事郎为中书侍郎，江左命舍人通事谓之通事舍人。元魏亦置监、令、侍郎、舍人，别为省，领于中书。隋改中书省曰内史省，废监，置令二舍人，不别为省。唐仍曰中书。门下省，汉有侍中、给事黄门侍郎、散骑常侍、给事中、通直散骑常侍、员外散骑常侍、散骑侍郎、通直散骑侍郎、员外散骑侍郎等。宋、齐以后，别为集书省，魏、齐同。又有谏议大夫。隋废集书诸官，皆隶门下。唐置散骑常侍、谏议大夫、补阙、拾遗，皆分左右，右隶中书，左隶门下。）三省之职，中书主取旨，门下司封驳，尚书承而行之，然其后仍合议于政事堂。即三省长官亦不轻以授人，多以他官居之，而假以他名焉。（《新唐书·百官志》曰："其品位既崇，不欲轻以授人，故常以他官居宰相职，而假以他名。自太宗时，杜淹以吏部尚书参议朝政，魏征以秘书监参预朝政，其后或曰参议得失、参知政事之类，其名非一，皆宰相职也。贞观八年，仆射李靖以疾辞位，诏疾小瘳，三两日一至中书门下平章事，而平章事之名盖起于此。其后，李绩以太子詹事同中书门下三品，谓同侍中中书令也，而同三品之名盖起于此。然二名不专用，而他官居职者犹假他名如故。故自高宗以后，为宰相者必加同中书门下三品，虽品高者亦然；惟三公、三师、中书令则否。其后改易官名，而张文瓘以东台侍郎同东西台三品。同三品入衔，自文瓘始。永淳元年，以黄门侍郎郭待举、兵部侍郎岑长倩等同中书门下平章事。平章事入衔，自待举等始。自是以后，终唐之世不能改。"又曰："初，三省长官议事于门下省之政事堂，其后，裴炎自侍中迁中书令，乃徙政事堂于中书省。开元中，张说为相，又改政事堂号中书门下，列五房于其后：一曰吏房，二曰枢机房，三曰兵房，四曰户房，五曰刑礼房，分曹以主众务焉。"）

汉世宰相，于事无所不统。其佐之为治者，当属曹掾。丞相曹掾不可考。三公曹掾分职甚详，疑本因丞相之旧也。（西曹主府史署用。东曹主二千石长吏迁除及军吏。户曹主民户、祠祀、农桑。奏曹主奏议事。辞曹主辞讼事。法曹主邮驿科程事。尉曹主卒徒转运事。贼曹主盗贼事。决曹主罪法事。兵曹主兵事。金曹主货币、盐、铁事。仓曹主仓谷事。黄阁主簿录省众事。）自尚书列曹分综庶务，而宰相遂无实权。东汉以后，揽重权者必录尚书事。丞相则自魏以后不复置，其有之，则人臣篡夺之阶也。三公亦无实权，然开府分曹，旧规犹在。至隋唐而公、孤等官，乃无复官属，徒以处位望隆重之人而已。（魏初置太傅，末年又置太保。晋初以景帝讳，置太宰以代太师，而太尉、司徒、司空亦并存，大司马、大将军又各自为官，于是八公并置，然非相职也。诸将军、左右光禄、光禄大夫，开府者位亦从公，皆置官属。江左相承，以太尉、司徒、司空为三公，惟梁太尉不为公。魏齐以太师、太傅、太保为三师，大司马、大将军为二大，太尉、司徒、司空为三公，亦皆有僚属。隋无二大，三师不与事，不置府僚，三公参国大事，有僚属，而位多旷。唐三师、三公皆无官属。）

秦御史大夫本有两丞。一为中丞，外督部刺史，内领侍御史，受公卿奏事，举劾案章。汉因之。成帝更御史大夫为大司空，而中丞官职如故。哀帝建平二年，复为御史大夫。元寿二年，又为大司空，而中丞出外御史为台主。东汉、魏、晋皆沿其制。侍御史，两汉所掌凡有五曹。魏置八人。晋置九人，分掌十三曹。汉宣帝幸宣室，斋居而决事，使两侍御史侍侧。后因别置，谓之治书侍御史。魏又置治书执法，掌奏劾，而治书侍御史掌律令。晋惟置治书侍御史四人，后为二人。殿中侍御史者，魏兰台遣二御史居殿中，伺察非法，即其始也。晋置四人，江左二人，后复为四人。魏、齐御史台有中丞二，（隋有大夫一。）治书侍御史二，侍御史八，殿中侍御史十二，（炀帝省四。）检校御史十。（隋曰监察御史，炀帝增为十六。）唐有大夫一人，中丞三人为之贰，所属分三院：曰台院，侍御史隶焉；曰殿院，殿中侍御史隶焉；曰察院，监察御史隶焉。

后汉将军比公者四，第一大将军，次骠骑将军，次车骑将军，次卫将军。大将军之职，大抵外戚居之。晋时诸号将军开府者，位皆从公。梁置二十五号将军，凡十品二十四班，叙于百官之外。晋、宋以领军、护军、左右卫、骁骑、游击将军为六军，又有左右前后四将军，屯骑、步兵、越骑、长水、射声五校尉，虎贲、冗从、羽林三将，积射、强弩二军，殿中将军，武骑之职，皆以分司丹禁，侍卫左右。梁天监六年，置左右骁骑、左右游击将军。改旧骁骑曰云骑，游击曰游骑。又置朱衣直合将军，以经方牧者为之。隋炀帝置十二卫。（左右翊卫、左右骁卫、左右武卫、左右屯卫、左右御卫、左右候卫。）唐为十六卫。（左右卫、左右骁卫、左右武卫、左右威卫、左右领军卫、左右金吾卫、左右监门卫、左右千牛卫。）

众务既统于尚书，则九卿一类之官，理宜并省，乃觉统系分明。然历代皆不然。晋世将作大匠、太后三卿、（卫尉、少府、太仆，以太后所居宫名为号，在同名卿上。）大长秋，（皇后卿。）与汉时九卿，并为列卿。梁以太常、宗正、大司农为春卿，大府、（梁所置，掌金帛、关市。隋、唐掌左右藏、京市。）少府、太仆为夏卿，卫尉、廷尉、大匠为秋卿，光禄、鸿胪、大舟（汉有水衡都尉，又有都水长丞，属太常。东汉省都尉，置河堤谒者，魏因之。晋武省水衡，置都水使者一人，以河堤谒者为其官属。江左省河堤谒者，置谒者二人。梁改都水使者为大舟卿。）为冬卿。北朝以大常、光禄、卫尉、宗正、太仆、大理、鸿胪、司农、少府为九寺，各有卿、少卿、丞。隋、唐因之。炀帝又以秘书、（魏文既置中书令，改秘书为监，晋武尝并中书，惠帝复置。元魏曰省。唐仍曰监。）殿内、（炀帝分太仆门下二司所立。）与尚书、门下、内史合称五省谒者，（魏置仆射，掌大拜，授百官班次统谒者十人。）司隶与御史并称三台，（唐无谒者司隶，而有司天台。）国子、（国子学，晋所立。北齐曰寺，隋仍为学，炀帝改曰监。）少府、将作、都水、（魏、齐有都水，称台。隋废，入司农，炀帝改为监。）长秋（魏、齐有长秋寺、中侍中省，并用宦者。隋省长秋寺，改中侍中省为内侍省。炀帝改为长秋监，参用士人。唐仍为内侍省。）合称五监。（唐以国子，少府、将作、都水、军器为五监。）

自后汉改刺史为州牧，而外官遂成三级制。晋武既定天下，罢州牧，省刺史兵，令专监察之事，如两汉。（案论者多以晋武罢州郡兵为致乱之源，此误也。晋之致乱，别有其由。其省州牧，罢刺史兵，则正所以去灵帝以来尾大不掉之弊，而复两汉之良规也。刘昭述其诏曰："上古及中代，或置州牧，或置刺史，置监御史，皆总纲纪，而不赋政，治民之事，任之诸侯郡守。昔汉末四海分崩，因以吴、蜀自擅，自是刺史内亲民事，外领兵马，此一时之宜尔。今赖宗庙之灵，士大夫之力，江表平定，天下合之为一，当韬戢干戈，与天下休息。诸州无事罢其兵，刺史分职，皆如汉氏故事，出颁诏条，入奏事京城。二千石专治民之重，监司清峻于上，此经久之体也。其便省州牧。"刘昭以为"虽有其言，不卒其事"。其后强藩自擅，有逾汉末，曷尝有已乱之效乎？昭论见《后汉书·百官志》注。)其后九州云扰，南北分离，而所谓使持节都督者盛焉。(《晋书·职官志》曰："前汉遣使始有持节。光武建武初，征伐四方，始权时置督军御史，事竟罢。建安中，魏武为相，始遣大将军督之。魏文帝黄初三年，始置都督诸州军事，或领刺史。又上军大将军曹真都督中外诸军事、假黄钺，则总统内外诸军矣。魏明帝太和四年秋，宣帝征蜀，加号大都督。高贵乡公正元二年，文帝都督中外诸军，寻加大都督。及晋受禅，都督诸军为上，监诸军次之，督诸军为下；使持节为上，持节次之，假节为下。使持节得杀二千石以下；持节杀无官位人，若军事，得与使持节同；假节惟军事得杀犯军令者。江左以来，都督中外尤重，唯王导等权重者乃居之。")是时境土日蹙，而好多置州郡，遂有所谓侨郡者，并有所谓双头郡者，讥之者所谓"十室之邑，亦立州名，三家之村，虚张郡号"者也。于是州之疆域与郡无异。(汉十三州，梁但有南方之地，乃百有七州。)至隋文帝罢郡以州统县，(开皇三年。《通典》谓其"职同郡守"。)炀帝改州为郡，复为两级制焉。

监察之职，唐中宗神龙二年始分天下为十道，道置巡察使二人。睿宗景云二年，改为按察使，道一人。玄宗开元二十二年，改为采访处置使，理于所部之大郡。(天宝九载诏但采举大纲，郡务并委郡守。)肃宗至德后，改为观察使。分天下为四十余道，道大者十余州，小者二三州，此古刺史之任也。魏、晋以来之都督，后周改曰总管。隋文于并、益、荆、扬四州置大总管。其余总管府置于诸州，分上、中、下三等，加使持节。炀帝悉罢之。唐诸州复有总管，亦加号使持节。刺史加号持节后，改大总管府曰大都督府，总管府曰都督府，分上、中、下三等。后亦停罢。然又有所谓节度使者，(参看《兵制》篇。)其初仅置于边方，安史乱后，乃遍于内地。节度本仅主兵，然观察多由节度兼领，遂成一道长官，复变为三级制云。(《新唐书》：李景伯为太子右庶子，与太子舍人卢俌议："今天下诸州,分隶都督,专生杀刑赏。使任非其人,则权重衅生,非强干弱枝、经邦轨物之谊。愿罢都督,留御史,以时按察,秩卑任重,以制奸宄便。"由是停都督。《旧唐书·乌重胤传》:"元和十三年,为横海节度使。上言曰:臣以河朔能拒朝命者,其大略可见。盖刺史失其职,反使镇将领兵事。若刺史各得职分,又有镇兵,则节将虽有禄山、思明之奸,岂能据一州为叛哉?所以河朔六十年能拒朝命者,只以夺刺史、县令之职,自作威福故也。臣所管德、棣、景三州,已举公牒,各还刺史职事讫,应在州兵,并令刺史收管。从之。由是法制修立,各归名分。"嗣后虽幽、镇、魏三州以河北旧风,自相更袭,在沧州一道,独禀命受代,自重胤制置使然也。)

唐初官制,至中叶以后又有变迁,而宋代因之。(南朝官制,沿自魏、晋。魏、晋变自东京,后魏道武皇始元年,始仿中国置官。其后数有改革。孝文太和中,王肃来奔,为定官制,百司位号,皆准南朝。周、齐沿焉。周太祖命卢辩依《周官》改定官制,见《北史》辩本传。隋受周禅,仍去之,从前朝之制。唐又因隋。故自东京至唐,官制实相一贯。制度久则与事实不切,故至唐中叶以后,而变迁复起焉。)宋置中书于禁中,号为政事堂。(尚书、门下并列于外。)宰相曰同平章事,无常员。(有二人,则分日知印。)次相曰参知政事。盖沿唐三省长官不以授人,而名虽分立,实仍合议于政事堂之旧也。其财权皆在三司,(盐铁、度支、户部各有使、副判官。又置三司使、副判官以总之。三司号曰计省,三司使亦称计相。)兵权皆在枢密,(或置使副,或置知院、同知院,资浅者以直学士签书院事。)则以唐中叶后户部不能尽管天下之财,财利分在度支、盐铁,而枢密自五代以来为主兵之官故也。环卫只为武散官,全国之兵悉隶三衙。(殿前司及侍卫马步军司,皆有正、副都指挥使及正、副都虞侯。)此为宋代特创之制,所以集兵权于中央也。

宋代之官,治事悉以差遣,其事亦始于唐。《宋史·职官志》曰:"唐天授中,始有试官之格,又有员外之置,寻为检校、试、摄、判、知之名。其初立法之意,未尝不善。盖欲以名器事功甄别能否,又使不肖者绝年劳序迁之觊觎。而世戚勋旧之家，宠之以禄，而不责以献为。其居位任事者，不限资格，使得自竭其所长，以为治效。且黜陟进退之际，权归于上，而有司若不得预。殊不知名实混淆，品秩贸乱之弊，亦起于是矣。"又谓：宋"台、省、寺、监，官无定员，无专职，悉皆出入分莅庶务。故三省、六曹、二十四司，类以他官主判，虽有正官，非别敕不治本司事，事之所寄，十无二三。其官人受授之别，则有官、有职、有差遣。官以寓禄秩，叙位著，职以待文学之选，而别为差遣以治内外之事。其次又有阶、有勋、有爵。故仕人以登台阁、升禁从为显宦，而不以官之迟速为荣滞；以差遣要剧为贵途，而不以阶、勋、爵邑有无为轻重。"盖在唐世，因官制与事实不合而变迁随之以生，宋则承唐迁流所届，而未尝加以厘订也。

宋代厘定官制，始于神宗时。熙宁末，命馆阁校《唐六典》。元丰三年，以摹本赐群臣，乃置局中书，命翰林学士张璪等详定。八月，下诏肇新官制。其所改多以《唐六典》为本，盖欲举唐中叶以后之变迁，还诸唐初之旧制也。然唐旧制实不能尽合事势，故元丰定制后，又时有变迁焉。元丰之制，以中书、门下、尚书三省为相职，侍中、中书令、尚书令以官高不除。又以尚书令之贰左、右仆射为宰相，左兼门下侍郎，以行侍中，右兼中书侍郎，以行中书令之职，左右丞贰之。政和改左、右仆射为太宰、少宰，仍兼两省侍郎。靖康复旧。建炎三年，吕颐浩请左、右仆射并加同中书门下平章事，门下、中书两侍郎并改参知政事，而废尚书左、右丞，于是三省之政合乎一。乾道八年，改左、右仆射为左、右丞相，复置左、右丞，则删去三省长官虚称，与宋初之制无异矣。

宋初，兵事归枢密院。元丰还其职于兵部，然仍留枢密为本兵之职，略如今之参谋部也。宋初，兵财两权皆非宰相所有，南渡后，宰相始有兼枢密使者。（始于绍兴七年张浚。）特用兵时然，兵罢则免。开禧时，韩侂胄为之，遂成永制。平章军国重事，或称同平章军国事。元祐初，文彦博、吕公著为之，五日或两日一朝，非朝日不赴都堂。后蔡京、王黼以太师总二省事，（宋太师、太傅、太保为三师，太尉、司徒、司空为三公，为宰相，亲王使相加官，不与政事。政和二年，以太师、太傅、太保为三公，为真相；少师、少傅、少保为三孤，为次相，而罢太尉、司徒、司空。）三日一赴都堂。开禧元年，韩侂胄以平章军国事为名，省"重"字，则所预者广，去"同"字，则所任者专也。边事起，乃命一日一朝，省印亦归其第，宰相不复知印矣。

宋初，六部之职，除户部在三司，兵部在枢密外，其吏部则在审官院，礼部在礼仪院，刑部在审刑院，工部在文思院，将作少监、军器监等，元丰悉还其职于本部，惟文思院、将作少监、军器监未废。文思院隶属工部。南渡后，将作少监、军器亦隶焉。

宋初有宣徽南北院，总领内诸司及三班内侍之籍，犹各国之有宫内省也。元丰以其职分隶省寺。（宋九卿与隋、唐同，初以他官主判，元丰时各还其职。大宗正司置于景祐三年，元丰仍之。国子、少府、将作、军器、都水五监，亦各正其职。罢司天监，立太史局，隶秘书省。）

学士之职，起于唐，而实原于古之秘书。秘书者，藏图籍之所，简文学之士掌之，亦或以备顾问，司撰述。唐初，有弘文馆，隶门下集贤殿书院，属中书，皆有学士，亦以典图籍、侍讲读、司撰述而已。文书诏令，皆中书舍人掌之。翰院者，待诏之所也。艺能技术之流杂居焉。太宗时，召名儒学士草制，未有名号。乾封后，召文士草诸文辞，常于北门候进止，时人谓之北门学士，非官称也。玄宗置翰林待诏，以张说等为之，掌四方表疏批答，应和文章，既而以中书务剧，文书壅滞，选文学之士，号为供奉，与集贤学士分掌制诰诏敕。开元二十六年，改翰林供奉为学士，别置学士院，（无所属。此时已与翰林分离，然犹冒其名。）专掌内命。（即内制也，对中书制言之。）其后选用益重，礼遇益隆，至号为内相焉。顺宗听王叔文欲除宦官，叔文迄居翰林中谋议，亦可见其权任矣。（唐翰林学士无定员，自诸曹尚书下至校书郎，皆得与选，班次各以其官。）宋改弘文馆为昭文馆，与史馆、集贤院并称三馆，皆寓崇文院。端拱元年，又就崇文院中堂建秘阁，藏三馆真本书籍及内出古画、墨迹，于是儒馆有四，例以上相为昭文馆大学士，监修国史，次为集贤殿大学士，若置三相，则昭文、集贤两学士与监修国史各除。（秘阁以两制以上官判。）三馆为储才之地，直馆、直院谓之馆职，以他官兼谓之贴职。其殿学士，则资望极峻。观文殿大学士以曾任宰相者为之。观文殿学士及资政殿大学士以曾任执政者为之。端明殿学士以待学士之久次者。南渡后，拜签枢者多领焉。又有龙图（太宗）、天章（真宗）、宝文（仁宗）、显谟（神宗）、徽猷（哲宗）、敷文（徽宗）、焕章（高宗）、华文（孝宗）、宝谟（光宗）、宝章（宁宗）、显文（理宗）诸阁，以藏历代御书御集，皆有学士、直学士、待制所谓职也。此所以厉文学、行义之士，高以备顾问，次以与论议、典校雠。得之为荣，选择尤精。元丰废崇文院为秘书监，建秘阁于中，三馆之直馆、直院皆罢，独以直秘阁为贴职。庶官之兼职名者皆罢，满岁补外，然后加恩兼职焉。翰林学士掌制诰诏令撰述之事。（学士久次者称承旨。他官入院未除学士者，谓之直院。学士俱阙，他官暂行院中文书者，谓之权直。）元丰官制，学士院承唐旧典不改。侍读学士、侍讲学士唐隶集贤殿，宋亦冒以翰林之名，（秩卑资浅者，为崇政殿说书。）元丰去之，专为经筵官焉。（南渡后，言路多兼经筵。）

三衙之制，元丰无所更改，以宋兵制与前代异故也。渡江草创三卫之制未备，其后稍稍招集三帅资浅者，则称主管某司公事。（又尝置御营司，以王渊为统制。）旧制，出师征讨，诸将不相统一，则拔一人为都统制以总之。绍兴十一年，三大将之罢，其兵仍屯驻诸州，冠以"御前"字，擢其偏裨为御前统领官，以统制御前军马入衔，秩高者则称御前诸军都统制，以屯驻州名冠军额之上云。

宋代使名最多，因兵事而设者，有制置、经略安抚、宣抚、镇抚、招讨、招抚等名。南渡后岳飞、韩世忠、张浚并为宣抚使，卒为秦桧所罢。惟四川地远不便遥制，仍设制置使以总之。因财政而设者，有发运使，掌漕淮、浙、江、湖六路之粟，兼制茶盐、泉宝。各路皆设转运使，以经画一路之财赋。南宋有军旅之事，或别置随军转运使。其诸路事体当合一者，则别置都转运使以总之。此外常平、茶盐、茶马、坑冶、市舶各设提举。又有总领财赋，起于张浚之守川、陕，以赵开为之。（称总领四川财赋。）其后大军在江上，版曹或太府、司农卿为调钱粮，皆以总领为名。三大将之兵既罢，设淮东西、湖广三总领，以朝臣为之，仍带专一报发御前军马文字。盖又使与闻军政矣。提点刑狱起太宗淳化二年，命诸路转运使各命常参官一人，专知纠察州军刑狱。真宗景德四年，始独立为一司焉。

宋承唐五代藩镇之弊，务集权于中央。艺祖召诸镇节度会于京师，赐第以留之，分命朝臣出守列郡，号权知军州事，军谓兵，州谓民也。叶适谓艺祖"始置通判，以监统刺史而分其柄。（案宋通判大郡置二员，余置一员，州不及万户者不置，如武臣知州，则虽小郡亦特置焉。建隆四年，诏知府公事并须长吏、通判签议连书。方许行下。）令文臣权知州事，使名若不正，任若不久者，以轻其权。监当知权税，都监总兵戎，而太守块然，徒管空城，受词诉而已。诸镇皆束手请命，归老宿卫。昔日节度之害尽去，而四方万里之远，奉尊京城。文符朝下，期会夕报，伸缩缓急，皆在朝廷矣"。是宋初本有刺史，而别设知州以代其权，后则罢刺史而专用知州，以权设之名为经常之任矣。县令亦选京朝官知。（大县四千户以上，选京官知。小县三千户以下，选朝官知。）盖由五代注官甚轻县令，（《宋朝事实》云："凡曹掾、簿尉，有龌龊无能，以至昏老，不任驱策者，始注为县令。故天下之邑，率皆不治，甚者诛求刻剥，秽迹万状。"案《北史·元文遥传》："北齐宇文多用厮滥，至于士流耻于百里。"则轻视守令之选，殆乱世之常矣。）故以此矫其弊也，可谓知所本矣。

真宗咸平三年，濮州盗夜入城，略知州王守信、监军王昭度。知黄州王禹偁上言，谓"太祖、太宗削平僭伪，当时议者，乃令江、淮诸郡毁城隍，收兵甲，撤武备。书生领州，大郡给二十人，小郡十五人，以充长从。号曰长吏，实同旅人；名为郡城，荡若平地"云云。宋初之削外权，可谓矫枉过直矣。然宋之削弱，则初不由此，而论者多以其废藩镇为召外侮之原，则不察情实之谈也。《宋史》刘平为鄜延路总管，上言："五代之末，中国多事，惟制西戎为得之。中国未尝遣一骑一卒远屯塞上，但任土豪为众所服者，封以州邑，征赋所入，足以赡兵养士，由是无边鄙之虞。太祖定天下，惩唐末藩镇之盛，削其兵柄，收其赋入，自节度以下，第坐给俸禄。或方面有警，则总师出讨，事已则兵归宿卫，将还本镇。彼边方世袭，宜异于此，而误以朔方李彝兴、灵武冯继业一切亦徙内地，自此灵、夏仰中国戍守，千里馈粮，兵民并困矣。"《路史·封建后论》曰："冯晖节度灵武，而杨重勋世有新秦，藩屏西北。晖卒，太祖乃徙其子冯翊，而以近镇付重勋，于是二方始费朝廷经略。折、李二姓自五代来世有其地，二寇畏之。太祖于是俾其世袭，每谓边寇内入，非世袭不克守。世袭则其子孙久远，家物势必爱吝，分外为防。设或叛涣，自可理讨，纵其反噬，原陕一帅御之足矣。况复朝廷恩信不爽，奚自有他，斯则圣人之深谋，有国之极算，固非流俗浅近者之所知也。厥后议臣以世袭不便，折氏则以河东之功，姑令仍世，而李氏遂移陕西，因兹遂失灵、夏，国之与郡，其事固相悬矣。议者以太祖之惩五季，而解诸将兵权，为封建之不可复。愚窃以为不然。夫太祖之不封建，特不隆封建之名，而封建之实固已默图而阴用之矣。李汉超以齐州防御监关南兵马凡十七年，敌人不敢窥边。郭进以洺州防御守西山巡检累二十年。贺惟忠守易，李谦溥刺隰，姚内斌知庆皆十余载。韩令坤镇常山，马仁瑀守瀛，王彦升居原，赵赞处延，董遵诲屯环，武守琪戍晋，何继筠牧棣若，张美之守沧景，咸累其任，管榷之利，贾易之权，悉以畀之。又使得自诱募骁勇，以为爪牙，军中之政，俱以便宜从事，是以二十年间，无西北之虞。"云云。此两条《日知录》采之，意亦以宋废藩镇为致弱之由也。其实不然。宋之失在于平定中原之后，未能尽力经略西北耳。太宗之下北汉，正直契丹之强，不度事势，轻用疲兵，一战而北，其后再举不克，遂至赍志以殂。继位者无复雄才，徒欲藉天书慑敌，以固和议。（见《宋史·真宗纪论》。）西夏一方，初以为边隅小寇，无足轻重，鞭长莫及，遂尔置之，坐令元昊以枭雄崛起，尽服诸部，而其势遂不可制矣。然后来王韶以一人之力，竟复熙河，则西夏究未足称大敌也。使有如太祖之才以继太宗之后，训卒厉兵，以伺二方之隙，契丹未必遂无可乘，而况于西夏乎？焉用重边将之权，与敌相守，使之尾大不掉，徒为政令之梗，而其兵亦终入于暮气而不可用乎？《老子》曰："抗兵相加，哀者胜矣。"哀者，骄之对也。兵屯驻久则必骄，骄则不足御外侮，而适足以滋内乱。河北抗命，契丹坐大，正其覆辙，岂可因循。若其反噬，御以一帅，又何言之易乎？

辽、金本族官制，见杜撰《中国民族史》附录《契丹部落》《金初官制》二条。其模仿中国者，无足称述，今姑略之。

元代官制，大体模仿宋朝，而又有其特创之处，为明、清二代所沿袭，与近代政治关系颇大，今述其略。元代官制定自世祖，时以中书省、枢密院对掌文武二柄，而以御史台司监察，盖仿宋制也。尚书省屡设屡罢，至大四年并入中书省。省废而六部仍在，明、清两代皆沿其制。（元六部中，户、工二部设官最多，以其好聚敛，务侈靡也。）宣政院为元所特有，掌释教僧徒及吐蕃之境，吐蕃有事则设分院往镇，大征伐则会枢府议，其用人自为选，其选则僧俗并用，而军民通摄。盖以吐蕃信佛，特设此官以治之，因以举国之释教隶之也。此外蒙古翰林院、（掌译写一切文字及颁降玺书，并用蒙古新字，仍各以其国之字为副。蒙古国子监、国子学属焉。）艺文监、（天历二年置。专以国语敷译儒书，兼治儒书之合校雠者。）内八府宰相，（掌诸王朝觐傧介之事，遇有诏令，则与蒙古翰林院官同译写而润色之。谓之宰相者，其贵似侍中，其近似门下，故特宠以是名。虽有是名，而无授受宣命，秩视二品。）亦为元所特有。

元代官制关系最大者，厥惟行省。行省之制，由来已久，前代之尚书行台，即是物也，但皆非常设耳。（金初行军设元帅府，其后设尚书行省，兵罢即废。）元则于全国设行中书省十一，（省有丞相一，平章二，右左丞各一，参知政事二。）行御史台二，（设官亦如内台，一在江南，一在陕西。）以统宣慰司，而以宣慰司统路、府、州、县，遂于监司之上，又增一级焉。明虽废中书行省，改设布政、按察两司，然区域一仍其旧。清代督抚复成常设之官，民国以来之巡阅使、督军，即督抚之蜕化也。

中国行政最小之区域为县，自创制迄今，未尝有变。县以上曰郡，郡以上曰州，秦、汉之制如是。东晋以降，州郡大小相等，则合为一级，或以郡号，或以州名。至于府，惟建都之地称之。（唐初惟京兆、河南二府。后以兴元为德宗行幸之地，升为府。）宋时，大郡多升为府，几有无郡不府之势。其上更有监司之官，即汉刺史之任也。元以宣慰司领郡县，实与唐、宋监司相当。然腹地有以路领府，府领州，州领县者；府与州又有不隶路，直隶行省者。盖由各府州名虽同而大小间剧不同故也。元初省冗官，兼领县事。明初遂并附郭县入州，于是隶府之州与县无别，而不隶府之州地位仍与县同，遂有散州与直隶州之别，名之不正甚矣。

明初承元制，设中书省为相职。洪武十三年，宰相胡惟庸谋反伏诛，乃罢中书省，并敕嗣君毋得议置丞相，臣下有奏请设立者，处以极刑。（二十八年事。）析中书之政，归之六部，以尚书任天下事，侍郎贰之。于是吏、户、兵三部之权为重，以翰林、春坊详看诸司奏启，兼司平驳。殿阁学士特侍左右，备顾问而已。成祖即位，特简解缙、胡广、杨荣等直文渊阁，参预机务。阁臣与务自此始。然是时入内阁者，皆编、检、讲读之官，不置官属，不得专制诸司。诸司奏事，亦不得相关白。仁宗以杨士奇、杨荣东宫旧臣，升士奇为礼部侍郎兼华盖殿大学士，荣为太常卿兼谨身殿大学士，阁职渐崇。宣宗时，事无大小，悉下大学士杨士奇等参可否，虽吏部蹇义、户部夏原吉时召见，得与诸部事，然希阔，不敌士奇等亲。自是内阁权日重，一二吏、兵之长，与执持是非辄败。景泰后，诰敕房、制敕房俱设中书舍人，六部靡所不领，阁权盖重。至世宗中叶，夏言、严嵩遂赫然为真宰相矣。（嘉靖后，朝会班次俱列六部之上。明学士系华盖殿、文华殿、武英殿、文渊阁、东阁，皆太祖置。谨身殿，仁宗置。世宗时，改华盖为中极，谨身为建极。殿阁学士授餐大内，常侍天子，殿阁之下，避宰相之名，故称内阁焉。洪武时，令编修、检讨、典籍同左春坊左司直郎、正字、赞读考驳诸司奏启，平允则署其衔曰："翰林院兼平驳诸司文章事某官某"，列名书之。成祖特简讲、读、编、检等官参预机务，谓之内阁。然解缙、胡广等既直文渊阁，犹相继署院事。至洪熙以后，杨士奇等加至师保，礼绝百僚，始不复署。嘉、隆以前，文移关白，犹称翰林院，以后则径称内阁矣。）

清未入关时，置文馆以司文书。天聪十年，设内三院，曰内国史院，（司记事。）曰内秘书院，（拟谕旨。）曰内弘文院，（译汉书。）各设学士一人。顺治元年，又各增一人。二年，以翰林官分隶之。十五年，改内三院为内阁学士，俱加阁衔。（殿之名四，曰中和，曰保和，曰文华，曰武英。阁之名二，曰文渊，曰东阁。然中和殿之名，实未尝用，后删之而增体仁阁。）翰林院别为官。十八年，复为内三院，废翰林院。康熙九年，复为内阁，翰林院亦复。内阁学士初无定员，康熙间率四人，雍正时至六人，后又增协办一二人，乾隆十三年定大学士满、汉各二，协办各一，内阁学士则满六汉四焉。（侍读学士满四、蒙汉各二。）内阁为政治之枢机，军事则付议政王大臣议奏，盖其未入关时旧习。雍正用兵西北，始设军需房于隆宗门内，选内阁中书谨密者内直缮写，后称为军机处。自军机处立，而内阁之权分矣。（军机大臣无定员，大率四人至六人。军机章京办理文书，满、汉各十六人。清代奏章在内部院经送内阁，曰部本；在外由通政司转达内阁，曰通本。凡本皆有正副。正本得旨后即交察院，副本由内阁票签，由满签票处交批本处进呈，既奉批则称红本。红本逐日由内阁收发，红本处交给事中，岁终仍交还内阁。内阁有稽察房选侍读任其事。凡奉旨交部院议奏之事，由票签处传送稽察房，依次登载，月终察其议覆与否而汇奏焉。又有稽察钦奉上谕事件处，以大学士、尚书、左都御史管理其事。部院事件每月检阅存案，年终汇奏一次，八旗之事，三月汇奏一次，故内阁实政治之总汇也。自有军机处，乃有所谓廷寄谕旨者，凡虑机事漏泄，不便发钞者，由军机大臣撰拟呈进，发出后即封入纸函，钤用办理军机处银印，交兵部加封驿递。凡谕旨非即时奉行者，军机处簿记，至时乃再奏请；若事涉机密，则亦密封存记，及时乃发焉。必事后查无违碍，乃以付内阁。故自军机处设，而内阁之于政治，始有不与闻者矣。)

明代六部，皆以尚书一人为长官，侍郎贰之，下有郎中、员外郎、主事，分设清吏司，以理事务。清则尚书、侍郎，皆满、汉并置，而吏、户、兵三部，又皆有管理事务大臣，（理藩院亦然。）于是互相牵掣，一事不办。（六部设于天聪四年，每部皆以贝勒管理。崇德三年七月，更定六部、理藩院、都察院衙门官制，都设满洲承政一员，其下设左右参政、理事、副理事、主事等官。顺治五年，改承政为尚书，六部皆置汉尚书，侍郎则满、汉各二，都察院亦置汉都御史，是为六部、都察院长官满、汉并置之始。先是各部皆命诸王贝勒管理，及是仍命亲王、郡王或内阁大学士管部，后以亲王、郡王权力过大，专用大学士。赵翼《檐曝杂记》云："一部有满、汉两尚书、四侍郎，凡核议之事，宜允当矣。然往往势力较重者一人主之，则其余皆相随画诺，不复可否。若更有重臣兼部务，则一切皆惟所命，而重臣者实未尝检阅也，但听司员立谈数语，即画押而已。故司员中为尚书所倚者，其权反在侍郎上。为兼管部务之重臣所熟者，其权更在尚书上。甚有尚书、侍郎方商榷未定，而司员已持向重臣处画押来，皆相顾不敢发一语。"云云，其弊可谓甚矣。）又明初本以六部为相职，后虽见压于内阁，而事权犹在。（吏、兵二部权尤重。明代吏部真能用人，兵部真能选将，非如清代京官五品、外官道府以上，悉由枢桓，选将筹边，皆在军机，吏、兵二部仅掌签选也。）郎中、员外郎多自进士出身，迁除较速，（明郎中一转京卿，可放巡抚；主事一转御史，可放巡按。清则进士分部十余年，乃得补缺；又十余年，乃得外放知府也。）仍得召见奏事，故年少气盛，犹可有为。清则初压于内阁，再压于军机，尚书非入直枢垣者，皆累日乃得召见，京官无大功绩，循资迁授，率六七十乃至尚书，管部又系兼差，志气昏耄，事冗鲜暇，一切听命吏胥而已。此清代之六部所以奄奄无生气，而为丛弊之薮也。（六部为全国政事所萃，亲务者实曹郎也。故部郎关系极重。汉初三公曹掾，率皆自辟。上自九卿二千石，下至草泽奇士，皆得为之，故得人极多。其后政归台阁，则尚书郎亦极清要之选，诸曹郎与尚书同隶令、仆，左右丞尚书亦有兼曹者，曹郎不隶尚书也。隋以六曹统二十四司，六曹皆置侍郎，而二十四司但置郎，始分贵贱。然唐时尚书三品，侍郎四品，郎中五品，相去一阶而已。自宋迄清，尚书递升至一品，侍郎二品，而郎中仍为五品，于是高下悬殊，而郎署无一人才矣。）

理藩院虽以院名设官，亦同六部。清代设此以理蒙、藏之事，亦犹元设宣政院之意也。（清初有所谓蒙古衙门者，崇德三年，改名理藩院，设承政及左右参政。顺治元年，改承政为尚书，参政为侍郎。十六年，以其并入礼部。十八年如故，有尚书一，左右侍郎各一，任用不分满、汉，额外侍郎一，以蒙古贝勒、贝子任之。其下亦设郎中、员外郎，分清吏司。）御史一官，至明而权力极大。明初亦设御史台，后改为都察院，置都御史、副都御史、佥都御史，皆分左右，十三道监察御史百有十人。（浙江、江西、河南、山东各十人，福建、广东、广西、四川、贵州各七人，陕西、湖广、山西各八人，云南十一人。）在外巡按，（北直隶二人，南直隶三人，宣大一人，辽东一人，甘肃一人，十三省各一人。）清军，提督学校，（两京各一，万历末南京增一。）巡盐，（两淮一人，两浙一人，长芦一人，河东一人。）茶马，（陕西。）巡漕，巡关，（宣德四年设立钞关御史，至正统十年始遣主事。）赞运，印马，屯田。师行则监军纪功，各以其事专监察。而巡按代天子巡守，所按藩服大臣、府州县官诸考察，举劾尤专，大事奏裁，小事立断，其权尤重。清左都御史满、汉各一，左副都御史满、汉各二，右都御史、右副都御史以授在外督抚。

（光绪三十三年，改官制，改为都御史一，副都御史二。）监察御史分十五道，凡五十六人。（京畿、河南满、汉各二，江南各四，浙江、山西各二，山东各三，陕西、湖广、江西、福建各二，四川、广东、广西、云南、贵州各一。凡监察御史，亦分察在内各衙门。）

给事中一官，历代本属门下。明废门下省，而独存给事中，分六科，以司封驳稽察。（吏、户、礼、兵、刑、工皆都给事中一，左、右给事中各一，吏科给事中四，户科八，礼科六。都给事中掌本科印，谓之掌科。虽分六科，而重事，各科皆得奏闻，但事属某科，则列某科为首耳。）旨必下科，其有不便，给事中驳正到部，谓之科参。六部之官，无敢抗科参而自行者，故其品卑而权特重。顾亭林谓"万历之时，九重渊默，泰昌以后，国论纷纭，维持禁止，往往赖抄参之力"焉。清雍正时，以隶都察院，（分察在内各衙门。）给事中遂失其独立。又自军机处设，惟例行本章乃归内阁，率皆无足置议，封还执奏，有其名无其事矣。此外，明官又有通政使司、（使一，左右通政参议皆各一。清使副参议皆满、汉各一。明时内外章奏皆由通政司。清世宗始命机要者直达内阁。）宗人府、（令一，左、右宗正、宗人皆各一，以亲王领之，后以勋戚大臣摄府事，不备官，所属皆移之礼部。清令一，由亲王、郡王中特简，左、右宗正由亲王、郡王、贝勒、贝子、镇国公、辅国公中特简，左、右宗人由贝勒、贝子、镇国公、辅国公、镇国将军、辅国将军中特简，惟府丞一为汉人，用以校理汉文册籍，余皆用宗室。旗人宗室，觉罗议叙议处，无职者专归宗人府，有职者宗室由府会同吏、兵二部，觉罗由吏、兵二部会府办理。宗室觉罗之讼，专归府理。与民讼者，宗室由府会户、刑部，觉罗由户、刑部会府。左、右翼宗学、八旗觉罗学皆属宗人府。）大理寺、（寺皆有卿、少卿。清皆满、汉并用，末年改官制，以为最高审判。）太常寺、光禄寺、（吴元年置宣徽院，洪武元年改为光禄寺。）太仆寺、鸿胪寺、（清太常、鸿胪二寺，皆有管理事务大臣，太仆故有之，雍正十三年革。）翰林院、（明有学士一，侍读、侍讲学士、侍读、侍讲各二。清掌院学士满、汉各一，由大学士、尚书中特简。侍读、侍讲学士满二汉三,侍读、侍讲满三汉四。修撰、编修、检讨、庶吉士,两朝皆无定员。翰林院至明代极清要,内阁后虽独立,其初实自此出。六部自成化时,周洪谟以后,礼部尚书、侍郎必由翰林,吏部两侍郎必有一由翰林。其由翰林者,尚书兼学士,侍郎兼侍读、侍讲学士。六部皆然。詹事府及坊、局官,视其品级,亦必带翰林院衔焉。)詹事府、(詹事一,少詹事二,丞二,通事舍人二,所属左右春坊,皆有大学士,庶子、谕德各一,中允、赞善、司直各二。清詹事、少詹事皆满、汉各一,左右春坊庶子、中允、赞善亦皆满、汉各一。魏、晋以来,太子官称春坊。唐置詹事府,以比尚书,左右春坊以比门下中书。明初废宰相,詹事府与翰林官同侍左右,备顾问,已见前。清不建储,但为翰林扬历之阶而已。光绪二十八年,改官制,并翰林院。)国子监、(祭酒、司业各一。清祭酒满、汉各一,司业满、蒙、汉各一。)钦天监、(正一,副二。清初皆汉人。康熙四年,定满、汉监正各一人,左右监副各二人。八年,废监正,用西洋人为监修。雍正三年,授为监正,以满人为副。)太医院,(使一,判二。清代皆汉人。)清代皆因之。(卫尉、司农、太府之官,至明皆废,宗正改为宗人。明以六部尚书、都御史、通政使、大理寺卿为九卿。清以宗人、顺天二府,大理、太常、光禄、太仆、鸿胪五寺,国子监、通政司为九卿。)

明有中、东、西、南、北五城兵马指挥司,各指挥一,副指挥四,掌巡捕盗贼,疏理街道沟渠及囚犯、火禁之事。(唐、宋时职在府尹。)清巡视五城御史,皆满、汉各一,由给事中及十五道监察御史任之。(二年交代。)其下有兵马司正副指挥。(巡城御史得专决杖以下罪,徒以上送部。)又有步军统领,统八旗步军及巡捕五营,除户婚田土外,巡城御史所理之事,步军统领亦得理焉。(大兴、宛平二县,几于仅理民事。)光绪庚子,联军入京,城内之地,由各国分管,皆设安民公所,雇中国人为巡捕,以其宪兵督之。辛丑后,遂沿其制,而设工巡总局,以大臣一人管理其事,其下有工巡总监及副总监,分工程、巡捕二局。自此内城警察事务,归诸工巡总局,五城御史仅管外城矣。

明宦官有十二监、四司、八局，所谓二十四衙门也。此外监、司、库、局与诸门官尚多。太祖定制，内侍毋许识字。洪武十七年，铸铁牌，文曰："内臣不得干预政事，犯者斩。"置宫门中。又敕诸司毋得与内宫监文移往来。然洪武时已不能尽守其法。成祖入京，藉宦官为内应，任之尤深。（太祖洪武二十五年，命聂庆童往河州敕谕茶马，实为中官奉使之始。成祖时，中官四出。永乐元年，李兴等赉敕劳暹罗国王，此奉使外国之始也。三年，命郑和等率兵二万，行赏西洋古里、满剌诸国，此将兵之始也。八年，敕王安等监都督谭青等军，马靖巡视甘肃，此监军、巡视之始也。及洪熙元年，以郑和领下番官军守备南京，遂相沿不改。敕王安镇守甘肃，而各省皆设镇守矣。）宣德四年，特设文书房，命大学士陈山专授小内使书，而太祖不许读书识字之制，由此而废。其后内阁之票拟，决于内监之批红，而明代宦竖之专权，遂为历代所无有矣。清代供奉总于内务府，（所属有七司一处，上驷、武备二院及奉宸苑亦属焉。有总管大臣，无员限，以大学士、六部尚书、侍郎为之，多用旗籍或包衣，以下各官亦皆用包衣。）宦官初有十三衙门，（乾清宫执事官：司礼监、御用监、内官监、司设监、尚膳监、尚衣监、尚宝监、御马监、惜薪司、钟鼓司、直殿局、兵仗局。）圣祖废之，立敬事房以管理太监，属内务府。（太监选取，由内务府会计司。犯罪慎刑司治之，笞杖专决，徒以上报刑部。）

明初略定地方，皆置行省。洪武九年，改设承宣布政使司。督抚在明代非常设之官，至清代变为常设。明时布政司之参政、参议，分司各道。按察司之副使、佥事，分巡各道。本系两司属官，至清代亦若在府司之间，别成一级，于是地方行政督抚、司、道、府、县遂若成为五级矣。

明代巡按秩卑任重，与汉之刺史相似，而其一年一代，又非汉制所及。论者极称之。既有巡按，即不必再行遣使，然又时遣巡抚等，以其与巡按御史不相统属，乃定以都御史为巡抚。其兼军务者加提督，所辖多事重者曰总督。尚书、侍郎总督军务者，亦兼都御史。清代因之，凡总督皆带兵部尚书、右都御史提督军务兼理粮饷，凡巡抚皆带兵部侍郎、右副都御史亦有提督军务兼理粮饷之衔。（山东西、河南、新疆四省不设总督，其巡抚皆兼提督，以巡抚本主抚民，必兼提督，乃有统军之权也。江西、安徽两巡抚有提督衔。贵州巡抚有节制兵马衔。以两江、云贵总督辖境皆远，云贵尤苗族等错处，恐总督不能兼顾故也。）自督抚变为常设，藩臬遂为所压，不复能专折奏事，虽可会衔参劾督抚，亦多成具文，外重之势寖成矣。

清代督抚之设，略如下表，乃康、雍、乾以来逐渐所改定也。末造论者多以督抚同城为非，德宗变法，尝裁湖北、云南、广东三巡抚，孝钦后垂帘复之，后湖北、云南又裁。十八省外，台湾尝改为行省，以福建巡抚移驻焉。新疆于光绪十年改省，亦惟设巡抚。关东改省，事在末年，见下。其非综理地方而专治一事者，则有河道及漕运总督，后皆裁撤。（明成化时，始设总河侍郎，后常以都御史总督河道。清初，设河道总督，驻济宁。康熙时，移驻清江浦。雍正时，改称总河，并设副总河，旋改总河为江南河道总督，副总河为河南、山东河道总督，增设直隶河道水利总督及副总河。乾隆时，裁之，并其职于直隶总督。咸丰时，黄河北徙，又裁江南河督，其后遂并河南、山东之河督而裁之。漕运总督亦驻清河，管山东、河南、江苏、安徽、江西、浙江、湖北、湖南八省漕政。清末改为江淮巡抚，欲分江苏、安徽之北别为一省，旋不果行。）清代督抚所统既广，于事几无所不与，如直隶、两江总督兼南、北洋大臣，统率南、北洋水师，其一端也。光绪二十四年十一月上谕："向来沿海沿江通商省分，交涉事务本繁，及内地各省，亦时有教案，应行核办。如直省将军、督抚，往往因事隶总理衙门，不免意存诿卸；总理衙门亦以事难悬断，未便径行，以致往还转折，不无延误。嗣后各省将军、督抚，均著兼总理各国事务大臣，仍随时与总理衙门大臣和衷商办。"及改总理衙门为外务部，（二十七年六月。）乃谕"各将军督抚毋庸兼衔，惟交涉一切关系繁重，皆地方大吏分内应办之事，该将军督抚仍当加意讲求"云。清代外交，初本倚重疆吏，至此时犹未能破此积习，亦可见积重之势矣。

省名	总督	巡抚
直隶	直隶总督	以总督兼
江苏	两江总督	有
安徽		有
江西		有
湖南	湖广总督	有
湖北		有
云南	云贵总督	有
贵州		有
广东	两广总督	有
广西		有
陕西	陕甘总督	有
甘肃		以总督兼
浙江	闽浙总督	有
福建		有
四川	四川总督	以总督兼
山东		有
山西		有
河南		有

明时分守、分巡诸道，名目孔多。（分守有督粮督册，分巡有督学、清军、驿传、兵备、水利、屯田、盐法等。）盖一省事务本繁，故令两司丞属分地以司之也。（两京不设布、按，则系衔于邻近之省。）清初守、巡之别犹存，（如康熙八年，改通、蓟为守，总管钱粮，霸、易道为巡，总管刑名。九年，定顺天府所属州县钱谷归守道，刑名属巡道是也。）其后渐泯，而道遂若自为一级，不属于两司者焉。道多特有所司，如通商之处则置海关道，（大多以守巡道兼。）福州之船政厂令盐道兼管，不置运使之地，盐务即属其他之

盐法道是也。

明时巡盐茶马等务，悉委御史，已见前。清代盐政设于长芦、河东、两淮，或特简，或由都察院奏差。福建、两广以总督兼理，两浙以巡抚兼理，甘肃、四川、云南、贵州均由巡抚管理。都转运盐使司，明设于两淮、两浙、长芦、河东、山东、福建，清设于长芦、山东、河东、两淮、两广，而两浙设运副。盐课提举司，明设于四川、云南（井盐）及蒙古（池盐）、辽东（煎盐），清惟设于云南。市舶提举司，明设于太仓、黄渡、泉州、明州、广州，茶马司设于洮、秦、河三州，清代皆不设其官。明于顺天、应天，清于顺天、奉天二府皆置尹。清顺天又有管理府事大臣。（为六部汉尚书、侍郎兼差。）此外，府有知府，州有知州，县有知县。州有直隶州、散州之别，直隶州视府，散州视县。清代同知通判有驻地者曰厅，亦有散厅与直隶厅之别。直隶州无附郭县，府则有之，惟承德、思恩及贵州诸府为独异。直隶州皆领县，厅则否，惟叙永为独异。关东当明末即为满洲所据，满洲兵民合一，故亦治民与治兵之官不分。除奉天以为陪都，置府尹，又本有锦州一府外，吉林、黑龙江皆仅有将军、副都统，旗汉事务皆其所理。奉天有户、礼、兵、刑、工五部，各有侍郎，大抵民刑之事，皆归户、刑二部，将军则专治军。其后汉人出关者日众，咸丰以降，乃于三省设理事同知以治之。（清代同知、通判，皆冠以所司事务之名，如缉捕、军粮、管河、江防、海防等是也。其设于八旗驻防之地，以理旗民词讼者，曰理事同知。）光绪二年，从奉天将军崇实言，将军加兵部尚书、右都御史衔，以行总督之事，府尹加副都御史衔，以行巡抚之事，知府以下官皆加理事衔，改省之机始肇。及日、俄战后，危机益迫，乃改三省官，皆如内地各设巡抚，而合三省设一总督焉。

新疆及蒙古、青海、西藏，清代皆以驻防之官治之。于青海、蒙古曰西宁办事大臣，驻甘肃之西宁。于内属察哈尔则以察哈尔都统、副都统、（驻宣化。）绥远城将军、（驻绥远。）归化城副都统（驻归化。）领之。

（内蒙古无驻防。）其汉人移殖者，口北道所属三厅、归绥道所属十厅，皆有理事抚民同知、抚民通判。其承德之事，则热河都统。口北三厅之事，则察哈尔都统。归绥十厅之事，则绥远城将军，亦可与直督晋抚会奏焉。新疆于伊犁置将军，（副都统二人，亦驻伊犁。）统参赞、（一驻伊犁，一驻塔城，一驻乌什。）领队、（分驻伊犁、塔城、库尔喀喇、乌苏乌什、吐鲁番。）办事、（分驻叶尔羌、和阗、喀什喀尔、库车、哈喇沙尔、吐鲁番、阿克苏、乌什、哈密。）协办诸大臣，（分驻乌什、叶尔羌、喀什噶尔、和阗。）分驻各处。（乌鲁木齐亦有都统、副都统。）西藏有西藏办事大臣、帮办大臣，分驻前后藏。（宣统三年，裁帮办大臣，设左右参赞。左参赞与驻藏大臣皆驻前藏。右参赞驻后藏。）后新疆改为行省，蒙古、西藏亦有改省之议，迄未果行。

以上为清闭关时官制，与各国交通后，首设总理各国事务衙门，（大臣无定员，所派者多系兼差，颇似军机处。）次设海军衙门。海军衙门经费皆入颐和园，为孝钦所私费，故甲午战败，而海军衙门转裁。庚子以后，改总署为外务部。（班在各部前，有管理事务大臣一，会办大臣一，尚书一，侍郎二，下有左右丞、左右参议，分四司。）又设政务处、练兵处、财政处、学务处、税务处、商部、巡警部。光绪三十二年，既定立宪，乃改官制。时则有外务、吏、民政、（巡警部改。）度支、（户部改，财政处、税务处并入。）礼、（太常、光禄、鸿胪三寺并入。）学、（学务处改，国子监并入。）陆军、（兵部改，太仆寺、练兵处并入。）农工商、（工部改，商部并入。）邮传、理藩、（理藩院改。）法（刑部改。）十一部。除外务部外，皆设尚书一、侍郎二，不分满、汉。都察院改都御史、副都御史，大理寺改政院，设资政、审计二院。宣统二年，立责任内阁，设总协理大臣，裁军机处、政务处及吏、礼二部，（并职内阁。）而增设海军部及军谘府，改尚书为大臣，与总协理负联带责任。外官亦改，按察司为提法，学政为提学，与布政、（东三省称民政。）盐运、交涉，凡五司。裁分巡、分守，设劝业、巡警二道，而以督抚为长官焉。

民国肇建，临时政府组织大纲定行，改设五部，曰外交，曰内务，曰财政，曰军务，曰交通。后修改此条，设陆军、海军、外交、司法、财政、内务、教育、实业、交通九部，时采美制，不设总理。孙文既逊位，袁世凯就职北京，《临时政府组织大纲》改为《临时约法》，设总理，析实业为农林、工商二部。三年，袁世凯开约法会议，修改《临时约法》为《中华民国约法》，（即所谓新《约法》。）复废总理，设国务卿，并农林、工商二部为农商部。袁世凯死，黎元洪为总统，复设总理、外官。民军起义时，执一省之军权者曰都督，司民治者曰民政长，废司道府州，但存县。袁氏改都督曰将军，民政长曰巡按使，设道尹。护国军起，掌军者复称都督。黎元洪为总统，改都督将军皆曰都督，巡按使曰省长。凡督军皆专一省之兵，侵及民政，论者因有军民分治之议，不果行。其所辖跨数省，或兼辖数省者，则称巡阅使云。此民国以来，北京政府官制之大略也。

古代地方自治之制，久废坠于无形。清光绪末叶，既定行立宪，乃从事预备，城镇乡自治为第一年应行之事，于是，于光绪三十四年十二月颁布章程。（府厅州县治为城，此外人口满五万曰镇，不满五万曰乡。）宣统元年复订京师地方自治章程，民国以来各省有自订章程试办者，三年二月袁世凯通令停办，十二月公布重订地方自治试行条例，明年四月复公布其施行细则，然迄亦未行。

官品之别，盖原于古之命数。周代官有九命，《仪礼·丧服》注："命者加爵服之名。"盖所以别其位之高卑，定其礼之差等也。汉代食禄多寡，即所以辨官位之高下。后世九品之制，盖起自曹魏，而晋以后因之。（《通典》载魏以后官，皆明列等第。岳珂《愧郯录》疑之，然《通典》亦必有所据。）梁时九品之外，又有十八班。品以少为尊，班则以多为贵。后魏初制九品，各分正从，正从之中，复分上、中、下阶，后惟四品以下分上、下阶，周、隋革之。南朝陈氏仅有九品，不分正从。唐时四品至九品，亦各分上、下阶，盖周、隋暂废之制至此而复也。自宋以后，乃但以九品分正从，更无所谓阶。又前代官分清浊，梁制别有流外七班以处寒微，魏亦九品之外，小人之官复有七等。至宋以后，此等区别亦俱泯矣。

散官之名，肇见于隋，而其实则由来已久。汉之大夫、郎等，既无职守，亦无员数，但备侍从顾问，特进、奉朝请亦优游无所事，即后世所谓散官也。但未尝别立散官之名，与执事官相对耳。魏、晋以降，开府仪同、特进以及诸大夫、诸号将军不任职者甚多，犹汉法也。隋置上柱国、柱国、上大将军、大将军、上开府仪同三司、开府仪同三司、上仪同三司、仪同三司、大都督、帅都督、都督，总十一等以酬勋劳，是为唐所谓勋官。又以特进及诸号大夫为散官，诸号将军为散号，是则唐所谓文武散官也。炀帝及唐皆有改革，然官名虽改，而勋散恒析为两途。而唐又有检校之法、（太师、太傅、太保、太尉、司徒、司空、左右仆射、六部尚书等，宋初犹必加检校，然后得除开府；既开府，然后得除三司。）功臣之号，（始于德宗。）故唐臣之有功者，或叙阶，或赐勋，或加检校，或赐名号，又申之以封爵，重之以实封，其酬奖之法，初无一定。宋则合为一途，郊祀则功臣酬勋若干级，进阶若干等，彻国若干户，举以与之。人但见其烦，而不知其用意之周矣。明代仍有文武勋官。清省。

官禄至近代而大薄，亦为官吏不能清廉之原因。古者禄以代耕，以农夫一人所入为单位，自士以至于君，禄或与之埒，或加若干倍。在位者之所得，在一国中居何等，较之平民相去奚若，皆显而易见。后世生计日益复杂，此等制度自不易行。然历代官禄多钱谷并给，或给以田，至明世始专以银为官俸，而其所给，乃由钞价转折而来。清代制禄，顾以此为本，而银价又日落，官吏恃俸给遂至不能自存矣。汉代官禄：大将军、三公奉月三百五十斛，中二千石奉月百八十斛，二千石奉月百二十斛，比二千石奉月百斛，千石奉月八十斛，六百石奉月七十斛，比六百石奉月五十斛，四百石奉月四十五斛，比四百石奉月四十斛，三百石奉月四十斛,比三百石奉月三十七斛,二百石奉月三十斛,比二百石奉月二十七斛,百石奉月十六斛。汉一斛当今六十斤,则中二千石月得今百余石。即百石亦近今十石,而赏赐又在其外。(元帝时,贡禹上书:"臣为谏议大夫,秩八百石,奉钱月九千二百,廪食太官。又拜为光禄大夫,秩二千石,俸钱月万二千。禄赐愈多,家日以益富。"案前汉官禄,亦钱谷并给,见于此。汉时谷价石仅数钱,黄金一斤值钱万,而当时赏赐金有至千斤者,亦可谓厚矣。)二千石以上致仕者,又得以三分之一禄终其身。(成帝绥和二年诏。案宣帝时,尝以张敞、萧望之言,益百石以下俸十五。是年又益三百石以下俸。后汉则千石以上减于西京,六百石以下增于旧秩。)其能优游尽职,而无后顾之忧,宜也。(汉禄之重如此,然荀悦已议其轻于古矣。见《申鉴·时事》。)晋制,尚书令食俸日五斛,春秋赐绵绢,百官皆有职田,(一品五十顷,递减五,至九品十顷。)又得荫人为衣食客。隋制,正一品食禄九百石,每差以百,至从四品为二百五十石,自此差以五十,至从六品为九十石,自此差以十,至从八品五十石而最微。(隋九品官不给禄。)刺史、太守、县令则计户数为九等之差。(州以四十为差,自六百二十石至三百石。郡以三十为差,自二百四十石至百石。县以十为差,自百四十石至六十石。)内官初给廨钱,回易生利,后罢之,改给职田。外罢,给禄一斛,给地二十亩。唐制,略因隋旧。宋代给赐名目尤多,亦有职田,又有祠禄,以养罢剧告休之臣。要之,历代制禄厚薄虽有不同,其足以养其身,赡其家,使其润泽及于九族乡党而犹有余裕,则一也。自元代以钞制禄,明时钞法既废,而官禄顾折高价以给之,又罢其实物之给,而官吏始蹩然无以自给矣。《日知录·俸禄》条曰:"前代官吏皆有职田,故其禄重。禄重则吏多勉而为廉,如陶潜之种秫,阮长之之芒种前一日去官,皆公田之证也。《元史》:世祖至元元年八月乙巳,诏定官吏员数,分品从官职,给俸禄,颁公田。《太祖实录》:洪武十年十月辛酉,制赐百官公田,以其租入充俸禄之数。是国初此制未废,不知何年收职田以归之上,而但折俸钞。(原注:《实录》

《会典》皆不载。)其数复视前代为轻,始无以责吏之廉矣。"又曰:"《大明会典·官员俸给条》云:每俸一石,该钞二十贯;每钞二百贯,折布一匹。后又定布一匹,折银三钱。是十石之米,折银仅三钱也。"自古官禄之薄,未有如此者。而清定官禄,顾以此为本,正一品岁俸银百八十两,至从九品仅三十两,给米斛数如银两之数,然米实不给,银又多折罚以尽。雍正后虽加养廉,犹不足自赡。于是京曹望得总裁、主考、学政等差,以收门生而取其贽敬,或抽丰于外官,收其冰敬炭敬。御使不肖者,参劾可以卖买。部曹之取费于印结,则明目张胆矣。上官取于属员,时曰办差;小官取诸地方,则曰陋规。清节既隳,贪风弥肆,人人蹙然若不可终日,官官以私利相护,委差缺则曰调剂,有亏累则责令后任弥补,若市鬻求匄然,无复以为怪者。今日中国之官吏以好贿闻于天下,明清制禄之薄,固有以使之也。或曰:"财产私有之世,人孰不求利,既求利岂有限极,而不闻亭林之言乎?亭林曰:'天启以前,无人不利于河决者。侵尅金钱,则自总河以至于闸官,无所不利。支领工食,则自执事以至于游闲无食之人,无所不利。其不利者,独业主耳。而今年决口,明年退滩,填淤之中,常得倍蓰,而溺死者特百之一二而已。于是频年修治,频年冲决,以驯致今日之害,非一朝一夕之故矣。……不独此也,彼都人士,为人说一事,置一物,未有不索其酬者;百官有司受朝廷一职事一差遣,未有不计其获者。自府吏胥徒至于公卿大夫,真可谓同心同德者矣。苟非返普天率土之人心,使之先义而后利,终不可以致太平。愚以为今日之务,正人心急于抑洪水也。'(《日知录·河渠》。)此不啻为今日之官吏写照也。夫人心不正,则虽厚官吏之禄,亦安能使之不贪乎?若曰禄厚则人重其位,不敢为非也。吾见夫为非者未必诛,守正者未必赏也。既上下交征利,则此必相护,为非者安得觉。且禄厚则其位极不易得,必以贿得之,以贿则必取偿于既得之后,吾见其贪求乃愈甚耳。今之居官富厚者,孰不足以赡其身家及于数世,其孰肯遂止。况于侈靡之事所以炫惑诱引之者，又日出而不穷乎？厚禄岂有益哉！"是固然，然则待至财产公有，人人不忧冻馁，不私货利，而后任官乎？处财产私有之世，欲人自不嗜利，终不可得，势不能已于监察，然亦必禄足以赡其身，而后监察有所施。不然，虽管、葛复生，无益也。人之度量，相越固远，众虽嗜利，固必有一二人不嗜利者，今日所冀，则此不嗜利之人获处于监察之位，使众嗜利之徒有所惮而不敢肆耳。重禄者所以使监察有所施，非谓恃此而遂已也。赵广汉请令长安游徼狱吏秩百石，其后百石吏皆差自重，不敢枉法妄系留人，杨绾承元载汰侈，欲变以节俭，而先益百官之俸，可谓知所务矣。

第十六章

选　举

选举之制，古者盖重世官。《王制》曰："司徒修六礼以节民性，明七教以兴民德，齐八政以防淫，一道德以同俗，养耆老以致孝，恤孤独以逮不足，上贤以崇德，简不肖以绌恶。命乡，简不帅教者以告，耆老皆朝于庠。元日，习射尚功，习乡尚齿，大司徒帅国之俊士与执事焉。不变，命国之右乡简不帅教者移之左，命国之左乡简不帅教者移之右，如初礼。不变，移之郊，如初礼。不变，移之遂，如初礼。不变，屏之远方，终身不齿。命乡，论秀士，升之司徒，曰选士。司徒论选士之秀者，而升之学，曰俊士。升于司徒者，不征于乡。升于学者，不征于司徒，曰造士。乐正崇四术，立四教，顺先王《诗》《书》《礼》《乐》以造士。春秋教以《礼》《乐》，冬夏教以《诗》《书》。王大子、王子、群后之大子、卿大夫元士之适子、国之俊选，皆造焉。凡入学以齿。将出学，小胥、大胥、小乐正简不帅教者以告于大乐正，大乐正以告于王。王命三公九卿、大夫、元士皆入学。不变，王亲视学。不变，王三日不举，屏之远方，终身不齿。大乐正论造士之秀者以告于王，而升诸司马，曰进士。司马辨论官材，论进士之贤者以告于王，而定其论。论定，然后官之。任官，然后爵之。位定，然后禄之。"如此说，则教育选举合冶一炉，乡人与王大子等得以同入大学。所争者，乡人须"节级升之"，"王子与公卿之子，本位既尊，不须积渐，学业既成，即为造士"而已。(《王制》疏。)其在王畿之外者，又有贡士、聘士之法。《白虎通》曰："诸侯三年一贡士者，治道三年有成也。诸侯所以贡士于天子者，进贤劝善者也。天子聘求之者，贵义也。治国之道，本在得贤。得贤则治，失贤则乱。故《月令》：季春之月，开府库，出币帛，周天下，勉诸侯，聘名士，礼贤者。有贡者复有聘者何？以为诸侯贡士，庸才者贡其身，盛德者贡其名，及其幽隐，诸侯所遗失，天子之所昭，故聘之也。"(《白虎通》佚文，据陈立疏证本。)可谓廓然大公矣。然俞氏正燮曰："周时，乡大夫三年比于乡，考其德行道艺，而兴贤者出使长之，用为伍长也。兴能者入使治之，用为乡吏也。其用之止此。《王制》推而广之，升之司马曰进士焉止矣。诸侯贡士于王，以为士焉止矣。太古至春秋，君所任者，与共开国之人及其子孙也。虑其不能贤，不足共治，则选国子教之。上士、中士、下士、府吏、胥徒，取诸乡兴贤能。大夫以上皆世族，不在选举也。故孔子仕委吏乘田，其弟子俱作大夫家臣。周单公用羁，巩公用远人，皆被杀。齐能用管敬仲、甯戚，秦能用由余、百里奚，楚能用观丁父、彭仲爽，善矣。战国因之，招延游谈之士夫。古人身经百战而得世官，而以游谈之士加之，不服也。立贤无方，则古者继世之君，又不敢得罪于巨室也。"(《癸巳类稿·乡兴贤能论》。)盖《王制》之说，征诸古籍，未见实行。《周官》所云，则任之止于士，虽未尝不可升为大夫，然究系破格之举。平民之与贵族，仕进自不同途也。(《管子·大匡》《小匡》两篇所言，亦平民选举之法，可与《周官》参看。)

俞氏谓"古人身经百战而得世官"，不肯轻弃，此据后世事推度，古代情形实异于此。古人抟结，非以其族，则以其宗。为人臣者举其宗族与同患难休戚，固非羁旅之人所得比也。孟子谓齐宣王曰："所谓故国者，非谓有乔木之谓也，有世臣之谓也。王无亲臣矣，昔者所进，今日不知其亡也。"亲臣者，恩礼相结，意气相孚，若三良之于秦穆，豫让之于智伯是也，犹不足比于世臣，世臣之为国柱石可见矣。若周、召二公之于周，令尹子文之于楚，盖其选也。孟子道殷之不易亡，谓其故家犹有存者，盖诚有以夹辅之，岂特如杨愔之事齐文宣，主昏于上，政清于下而已哉。所以然者，古诸侯之国与卿大夫之家，虽有大小之异，其为举族之所托命则同。既为君臣，则其家国之存亡恒相共，其休戚自相关也。若夫游士则不然，朝秦暮楚，以一身托于人，不合则纳履而去耳。故有不惜为倾危之行，卖人之国以自利者矣。故秦散三千金，而天下之士斗。《史记·田敬仲世家》曰："后胜相齐，多受秦间金，多使宾客入秦。秦又多予金。客皆为反间，劝王去从朝秦，不修攻战之备，不助五国攻秦。秦以故得灭五国。五国已亡，秦兵卒入临淄，民莫敢格者。王建遂降，迁于共。齐人歌之曰：松邪柏耶？住建共者客耶？疾建用客之不详也。"苏秦曰："使我有雒阳负郭田二顷，吾岂能佩六国相印乎！"游士之所求，大之富贵利达，小之衣食而已，宜其以人之家国为孤注也。

然世官终不能不废，游士终不能不用者，何也？则以世禄之家，习于骄奢淫佚，不能任事，而能任事者，转在游士也。术家所为焦唇苦口，明督责之义，贵法术之士者以此。（法、术有别。法所以治民，术所以治治民之人。见《韩非子·定法篇》。）秦之商鞅、楚之吴起，皆为贵族所深仇，而其君卒深信而不疑者，亦以此也。古代草野之士，莫能任事，而后世则不然者，何也？曰一以政术之精深，一以等级之平夷，一亦以在官之学散在民间。《王制》曰："凡执技以事上者，不贰事，不移官。"此制为后世所沿，而普通官吏则不能。然其在古昔，王公大人与执技以事上者，流品之贵贱虽有不同，其学有专长，非凡人所可摄代，则一也。至在官之学散在民间，而情势一变矣。孔讥世卿，（《公羊》隐公三年。）墨明尚贤，亦时势使然也。

古代黜陟之权，盖在大宰，而选士之权，则在司马。《周官》：大宰，"以八柄诏王驭群臣。一曰爵，以驭其贵。二曰禄，以驭其富。三曰予，以驭其幸。四曰置，以驭其行。五曰生，以驭其福。六曰夺，以驭其贫。七曰废，以驭其罪。八曰诛，以驭其过"。内史，"掌王之八枋之法，以诏王治"。盖大宰之贰也。司士，"掌群臣之版，以治其政令，岁登下其损益之数，辨其年岁与其贵贱，周知邦国都家县鄙之数，卿大夫士庶子之数"。司士属司马，与《王制》司马辨论官材合，可想见古代登庸，悉以武力也。

战国之世，游士遍天下。至汉初，公卿皆起于屠贩，先王公卿之胄，才则用，不才则弃，古代用人重阶级之习始渐破除。汉世入仕，其途孔多，今约举之。一曰任子。《汉书·哀帝纪》元年"除任子令"，注："应劭曰：任子令者，《汉仪注》吏二千石以上视事满三年，得任同产若子一人为郎。"成帝时，侯霸以族父任为太子舍人。平帝时，龚胜、邴汉乞骸骨，诏上，子若孙若同产子一人，皆除为郎，则并及兄弟之子矣。哀帝虽有此令，然东汉仍有任子之法。故《后汉书·杨秉传》谓宦官任人及子弟为官，布满天下也。一曰吏道。汉时儒吏未隔，士之起家于吏者甚多，郡国上计之吏，尤为入仕要途。《后汉书·和帝纪》永元十四年，"始复郡国上计补郎官"，注："上计，今计吏也。《前书音义》曰：旧制使郡丞奉岁计。武帝元朔中，令郡国举孝廉各一人，与计偕，拜为郎中，中废，今复之。"《杨秉传》云："时郡国计吏，多留拜为郎。秉上言：三署见郎，七百余人。帑藏空虚，浮食者众。而不良守相，欲因国为池，浇灌雎秽。宜绝横拜，以塞觊觎之端。自此终桓帝世，计吏无复留拜者。"计吏之盛，可以想见。《论衡》谓世俗共短儒生，儒生之徒亦自相少，则汉世选用吏，且视儒为优也。一曰辟举。公府及二千石长吏皆得自辟所属。《后汉书·百官志》引或说曰："汉初掾史辟，皆上言之，故有秩比命士。其所不言，则为百石属。其后皆自辟除，故通为百石云。"辟除之广，亦可见矣。

而其关系最大者，实惟郡国选举之制。

《汉书·董仲舒传》：仲舒对策曰："长吏多出于郎中、中郎，吏二千石子弟选郎吏，又以富訾，未必贤也。臣愚以为使诸列侯、郡守、二千石各择其吏民之贤者，岁贡各二人以给宿卫，且以观大臣之能；所贡贤者有赏，所贡不肖者有罚。夫如是，诸侯、吏二千石皆尽心于求贤，天下之士可得而官使也。"此古诸侯贡士之法，《汉书》谓州郡举茂材孝廉，实自仲舒发之。案高帝十一年诏曰："盖闻王者莫高于周文，伯者莫高于齐桓，皆待贤人而成名。今天下贤者智能岂特古之人乎？患在人主不交故也，士奚由进！今吾以天之灵，贤士大夫定有天下，以为一家，欲其长久，世世奉宗庙亡绝也。贤人已与我共平之矣，而不与吾共安利之，可乎？贤士大夫有肯从我游者，吾能尊显之。布告天下，使明知朕意。御史大夫昌下相国，相国酂侯下诸侯王，御史中执法下郡守，其有意称明德者，必身劝，为之驾，遣诣相国府，署行、义、年。有而弗言，觉，免。年老癃病，勿遣。"文、景之世，亦屡诏公卿郡国举士，则其事实不始于武帝，然前此皆有特诏则举，无则旷绝，至武帝以后乃为典常矣。此《汉书》所以归功于仲舒也。《后汉书·百官志》注：应劭《汉官仪》曰："世祖诏：方今选举，贤佞朱紫错用。丞相故事，四科取士。一曰德行高妙，志节清白；二曰学通行修，经中博士；三曰明达法令，足以决疑，能案章覆问，文中御史；四曰刚毅多略，遭事不惑，明足以决，才任三辅。令：皆有孝悌廉公之行。自今以后，审四科辟召，及刺史、二千石察茂才尤异孝廉之吏，务尽实核，选择英俊、贤行、廉洁、平端于县邑，务授试以职。有非其人，临计过署，不便习官事，书疏不端正，不如诏书，有司奏罪名，并正举者。《汉官目录》曰：建武十二年八月乙未诏书，三公举茂才各一人，廉吏各二人，光禄岁举茂才四行各一人，察廉吏三人；中二千石岁察廉吏各一人，廷尉、大司农各二人；将兵将军岁察廉吏各二人；监察御史、司隶、州牧岁举茂才各一人。"《后汉书·百官志》云："孝廉，郡口二十万举一人。"《后汉书·丁鸿传》："时大郡口五六十万举孝廉二人，小郡口二十万并有蛮夷者，亦举二人。帝以为不均，下公卿会议。鸿与司空刘方上言：凡口率之科，宜有阶品，蛮夷错杂，不得为数。自今郡国率二十万口岁举孝廉一人，四十万二人，六十万三人，八十万四人，百万五人，百二十万六人。不满二十万二岁一人，不满十万三岁一人。帝从之。"（《三国·魏志》黄初二年，初令郡国口满十万者，岁察孝廉一人，其有秀异，无拘户口。）此皆岁举之常选，后世科目实原于是。其天子特诏，标其科名令公卿郡国荐举者，则唐世制科之先河也。此与博士及博士弟子皆为登用人才之途，二者并自仲舒发之，仲舒之功亦伟矣哉！

然选举之弊，汉时即已甚深，高帝有"有而弗言，觉，免"之诏。武帝元朔元年诏，谓"深诏执事，兴廉举孝……今或至阖郡而不荐一人……其与中二千石、礼官、博士议不举者罪"，则郡国选举，汉初应者尚鲜。然世祖既有"贤佞朱紫错用"之言，章帝建初元年诏谓："刺史、守相不明政事，茂才、孝廉岁以百数，既非能显，而当授之政事，甚无谓也。"和帝永元五年三月诏谓："郡国举吏，不加简择，故先帝明敕在所，令试之以职，乃得充选。又德行尤异，不须经职者，别署状上。而宣布以来，出入九年，二千石曾不承奉，恣心从好，司隶、刺史讫无纠察。"则希荣于进者始多矣。而考试之事，遂因之而起。马贵与谓"自孝文策晁错之后，贤良方正，皆承亲策，上亲览而第其优劣。至孝昭年幼未即政，故无亲策之事，乃诏有司问以民所疾苦，然所问者盐铁、均输、榷酤，皆当时大事。令建议之臣，与之反复诘难，讲究罢行之宜"。又谓"汉武帝之于董仲舒也，意有未尽，则再策之，三策之。晋武帝之于挚虞、阮种亦然"。当时所谓策问者，实与考试异其事。《后汉书·左雄传》：雄上言："郡国孝廉，古之贡士。出则宰民，宣协风教。若其面墙，则无所施用。孔子曰四十不惑。《礼》称强仕。请自今孝廉年不满四十，不得察举，皆先诣公府，诸生试家法，文吏课笺奏。"此实限年加试，以防冒滥之始。而史称"滥举获罪，选政为肃"，可以觇风气之变迁矣。

又章帝建初元年诏曰："每寻前世举人贡士，或起畎亩，不系阀阅。"五年诏："其以岩穴为先，勿取浮华。"和帝永元六年诏，又令"诏岩穴，披幽隐"。则选举之右门第，重虚誉，亦自东汉开之。《樊儵传》：儵上言："郡国举孝廉，率取年少能报恩者。耆宿大贤，多见废弃。"《种暠传》："河南尹田歆外甥王谌，名知人。歆谓之曰：今当举六孝廉，多得贵戚书命，不宜相违。欲自用一名士以报国家，尔助我求之。"此后世门生座主相朋比之始也。《献帝纪》：初平四年九月甲午，试儒生四十余人。上第赐位郎中，次太子舍人，下第者罢之。诏曰："孔子叹学之不讲，不讲则所识日忘。今耆儒年逾六十，去离本土，营求粮资，不得专业。结童入学，白首空归，长委农野，永绝荣望，朕甚愍焉。其依科罢者，听为太子舍人。"此后世以赐第授官为施恩之具之始也。史之所载如此。其见于私家著述者，若王符之《潜夫论》、（《务本》《论荣》《贤难》《考绩》《本政》《潜叹》《实贡》《交际》。）荀悦之《申鉴》、（《时事》。）徐干之《中论》、（《考伪》《谴交》。）葛洪之《抱朴子》，（《审举》《交际》《名实》《汉过》。）道当时选举之弊，尤属穷形尽相，其不能不变为隋、唐后之科目，固有由矣。

赀选之弊，亦起汉世。《汉书·景帝纪》：后二年五月诏曰："人不患其不知，患其为诈也；不患其不勇，患其为暴也；不患其不富，患其亡厌也。其唯廉士，寡欲易足。今赀算十以上乃得宦，廉士算不必众。有市籍不得宦，无赀又不得宦，朕甚愍之。赀算四得宦，亡令廉士久失职，贪夫长利。"服虔曰："赀万钱，算百二十七也。"应劭曰："古者疾吏之贪，衣食足知荣辱，限赀十算乃得为吏。十算，十万也。"此尚出于求吏廉之意。别有所谓卖爵者，《汉书·食货志》：晁错说文帝，"使天下人入粟于边，以受爵免罪"。文帝从之，"令民入粟边，六百石爵上造，稍增至四千石为五大夫，万二千石为大庶长，各以多少级数为差。错复奏言：……边食足以支五岁，可令入粟郡县矣；足支一岁以上，可时赦，勿收农民租。……上复从其言，乃下诏赐民十二年租税之半。明年，遂除民田之租税。后十三岁，孝景二年，令民半出田租，三十而税一也。其后，上郡以西旱，复修卖爵令，而裁其贾以招民；及徒复作，得输粟于县官以除罪"。盖文帝时仅卖爵，至景帝乃并令民得赎罪，而文帝之卖爵，则郡县粟足交一岁以上而遂止，故景帝时言复修也。此卖爵非卖官，至武帝则异于是。《志》述其事曰："募民能入奴婢得以终身复，为郎增秩，（师古曰："庶人入奴婢则复终身，先为郎者就增其秩也。一曰入奴婢少者复终身，多者得为郎，旧为郎更增秩也。"）及入羊为郎。"又曰："有司请令民得买爵及赎禁锢免臧罪，请置赏官，名曰武功爵。级十七万，凡直三十余万金。诸买武功爵官首者试补吏，先除；千夫如五大夫；其有罪又减二等；爵得至乐卿，以显军功。军功多用超等，大者封侯、卿大夫，小者郎。吏道杂而多端，则官职耗废。"（臣瓒曰："《茂陵中书》有武功爵，一级曰造士，二级曰闲舆卫，三级曰良士，四级曰元戎士，五级曰官首，六级曰秉铎，七级曰千夫，八级曰乐卿，九级曰执戎，十级曰政戾庶长，十一级曰军卫。此武帝所制，以宠军功。"案"级十七万"四字疑有讹误。又案汉爵本二十级，沿自秦。一级曰公士，二上造，三簪袅，四不更，五大夫，六官大夫，七公大夫，八公乘，九五大夫，十左庶长，十一右庶长，十二左更，十三中更，十四右更，十五少上造，十六大上造，十七驷车庶长，十八大庶长，十九关内侯，二十彻侯，避武帝讳，曰通侯，或曰列侯。）又曰："法既益严，吏多废免。兵革数动，民多买复及五大夫、千夫，征发之士益鲜。于是除千夫、五大夫为吏，不欲者出马；故吏皆适令伐棘上林，作昆明池。""始令吏得入谷补官，郎至六百石。"（师古曰："吏更迁补高官，郎又就增其秩，得至六百石也。"）"所忠言：世家子弟富人或斗鸡走狗马，弋猎博戏，乱齐民。乃征诸犯令，相引数千人，名曰株送徒。入财者得补郎，郎选衰矣。"此则后世之卖官矣。《贡禹传》：禹言："孝文皇帝时，贵廉絜，贱贪污。贾人赘婿及吏坐赃者皆禁锢不得为吏。赏善罚恶，不阿亲戚。罪白者伏其诛，疑者以与民。亡赎罪之法。故令行禁止，海内大化。……武帝使犯法者赎罪，入谷者补吏，是以天下奢侈，官乱民贫，盗贼并起，亡命者众。郡国恐伏其诛，则择便巧史书、习于计簿、能欺上府者，以为右职；奸轨不胜，则取勇猛能操切百姓者，以苛暴威服下者，使居大位。故亡义而有财者显于世，欺谩而善书者尊于朝，悖逆而勇猛者贵于官。故俗皆曰：何以孝弟为？财多而光荣。何以礼义为？史书而仕宦。何以谨慎为？勇猛而临官。故黥劓而髡钳者犹复攘臂为政于世，行虽犬彘，家富势足，目指气使，是为贤耳。故谓居官而置富者为雄桀，处奸而得利者为壮士，兄劝其弟，父勉其子，俗之坏败，乃至于是！察其所以然者，皆以犯法得赎罪，求士不得真贤，相守崇财利，诛不行之所致也。"亦可以见其弊矣。然卖官鬻爵之事，终两汉时有之。《后汉书·百官志》注："《古今注》曰：成帝鸿嘉三年，令吏民得买爵，级千钱。"《后汉书·安帝纪》：永初三年四月，"三公以国用不足，奏令吏人入钱谷，得为关内侯、虎贲羽林郎、五大夫、官府吏、缇绮、营士各有差"是也。《灵帝纪》：光和元年，"初开西邸卖官，自关内侯、虎贲、羽林，入钱各有差。私令左右卖公卿，公千万，卿五百万"。注："《山阳公载记》曰：时卖官，二千石二千万，四百石四百万，其以德次应选者半之，或三分之一，于西园立库以贮之。"中平四年，"卖关内侯，假金印紫绶，传世，入钱五百万"。此则后世之卖官鬻缺非著之法令者矣。

郡国选举之变，则为九品中正。《通考》曰："魏文帝时，三方鼎立，士流播迁，四民错杂，详覆无所。延康元年，尚书陈群以为天朝选用，不尽人才，乃立九品官人之法。州郡县俱置大小中正，各取本处人在诸府公卿及台省郎吏有德充才盛者，为之区别。所管人物，定为九等。其有言行修著则升进之，道义亏缺则降下之。是以吏部不能审定核天下人才士庶，故委中正铨第等级，凭之授受，谓免乖失及法弊也。唯能知其阀阅，非复辨其贤愚。所以刘毅云：下品无高门，上品无寒士。南朝至于梁、陈，北朝至于周、隋，选举之法虽互相损益，而九品及中正至开皇中方罢。"案九品中正之法，盖因后汉俗尚清议，重乡评，所以可行。然《通考》云："陈寿遭父丧，有疾，使婢丸药，客见之，乡里以为贬，坐是沈滞累年。谢灵运爱幸会稽郡吏杜德灵，及居父忧，赠以五言诗十余首，坐废不豫荣伍。尚书仆射殷景仁爱其才，乃白文帝，言臣小儿时便见此文，而论者云是惠连，其实非也。文帝曰：若此，便应通之。元嘉七年，乃始为彭城王义康参军。阎缵父卒，继母不慈，缵恭事弥谨，而母疾之愈甚。乃诬缵盗父时金宝，讼于有司。遂被清议十余年。缵孝谨不怠，母后意解，更移中正，乃得复品。以此三事观之，其法甚严，然亦太拘。"石虎诏谓"魏立九品之制，三年一清定之"，而时人沈滞者往往至于十余年，则三年清定，亦徒有其名耳。夫以一人之识力，鉴别群伦，其事本不可恃，况乎此一人者，又未必能亲接一地方之人，而一一核其才行，则即使大公无私，亦不免崇尚虚声，而遗悃幅无华之士，更谓不然，亦谨知其行履之无亏，而未知其才能之可用也。即知其才之可用，亦未尝历试之而觇其效，无从明注其所长也。此犹以公正无私言，若其不然，则任爱憎，快恩仇，慑势畏祸之弊必作，其必至于"惟计官资以定品格"，盖势所必然矣。等第进退之当否，中正既不负其责，而其背公徇私，又无赏罚以为之防，所恃者俗重乡评而畏清议，操衡鉴进退之柄者，亦不敢过枉是非耳。然风俗非一成不变之物，恃是立制，而欲行之永久，宜其不胜其弊也。

郡国选举及中正官人之法，既已极敝，则其势不得不令人投牒自举，而加之以考试。而隋、唐以后科举之法兴焉。科举之法，始于隋而盛于唐。唐制取士之科，多因隋旧，然其大要有三，由学馆者曰生徒，由州县者曰乡贡，皆升于有司而进退之。今据《唐书·选举志》略述其制如下：

秀才　试方略策五道，以文理通粗，为上上、上中、上下、中上，凡四等，为及第。永徽二年停。

明经　其制有五经，有三经，有二经，有学究一经，有三礼，有三传，有史科。先帖文，然后口试，经问大义十条，答时务策三道，亦为四等。贞元二年，诏明经习律以代《尔雅》。元和二年，明经停口试，复试墨义十条。五经取通五，明经通六。三传，长庆时立《左氏传》问大义五十条，《公羊传》《谷梁传》三十条，策皆三道，义通七以上、策通二以上为第，白身视五经，有出身及前资官视学究一经。史科亦长庆时立，每史问大义百条、策三道，义通七、策通二以上为第。能通一史者，白身视五经、三传，有出身及前资官视学究一经；三史皆通者，奖擢之。案史科似即下所谓一史、三史，不知《选举志》之文本有复重，抑后人误改也。

俊士。

进士　试时务策五道，帖一大经。经策全通为甲第，策通四、帖通四以上为乙第。先是，进士试诗、赋及时务策五道，明经策三道。建中二年，中书舍人赵赞权知贡举，乃以箴、论、表、赞代诗、赋，而皆试策三道。太和八年，礼部复罢进士议论，而试诗赋。（宝应二年，礼部侍郎杨绾言："进士科起于隋大业中，是时犹试策。高宗朝，刘思立加进士杂文，明经填帖。"《唐书·选举志》："永隆二年，考功员外郎刘思立建言，明经多钞义条，进士唯诵旧策，皆亡实才，而有司以人数充第。乃诏自今明经试帖十得六以上，进士试杂文二篇，通文律者然后试策。"《志》又云："上元二年，加试贡士《老子》策，明经二条，进士三条。""及注《老子道德经》成，诏天下家藏其书，贡举人减《尚书》《论语》策，而加试《老子》。"）

明法　试律七条，令三条。全通为甲第，通八为乙第。

明字　先口试，通，乃墨试。《说文》《字林》二十条，通十八为第。

明算　凡算学，录大义本条为问答，明数造术，详明术理，然后为通。

试《九章》三条、《海岛》《孙子》《五曹》《张丘建》《夏侯阳》《周髀》《五经算》各一条，十通六，《记遗》《三等数》帖读十得九，为第。试《缀术》《缉古》录大义为问答，明数造术，详明术理，无注者合数造术，不失义理，然后为通。《缀术》七条、《缉古》三条，十通六，《记遗》《三等数》帖读十得九，为第。落经者，虽通六，不第。

一史。

三史。

开元礼　通大义百条、策三道者，超资与官；义通七十、策通二者，及第。散、试官能通者，依正员。贞元二年诏习《开元礼》者举同一经例。

道举　开元二十九年，始置崇玄学，习《老子》《庄子》《文子》《列子》，亦曰道举。其生，京、都各百人，诸州无常员。官秩、荫第同国子，举送、课试如明经。天宝十二载，停《老子》，加《周易》。

童子　十岁以下，能通一经及《孝经》《论语》，每卷诵文十通者予官，通七者予出身。

《唐志》曰："此岁举之常选也。其天子自诏者曰制举，所以待非常之才焉。"（唐制科目及登科人姓名，见《文献通考》。）

乡贡皆怀牒自列于州、县。试已，长吏以乡饮酒礼，会属僚，设宾主，陈俎豆，备管弦，牲用少牢，歌《鹿鸣》之诗，因与耆艾叙长少焉。既至省，皆疏名列到，结款通保及所居，始由户部集阅，而于考功员外郎试之。开元二十四年，考功员外郎李昂为举人诋诃，帝以员外郎望轻，遂移贡举于礼部，以侍郎主之。礼部侍郎亲故移试考功，谓之别头。贞元十六年，中书舍人高郢奏罢，议者是之。元和十三年，权知礼部侍郎庾承宣奏复。大和三年，高锴为考功员外郎，取士有不当，监察御史姚中立又奏停。六年，侍郎贾𫟔又奏复之。初，开元中，礼部考试毕，送中书门下详覆，其后中废。元和十三年，侍郎钱徽所举送，覆试多不中选，由是贬官，而举人杂文复送中书门下。长庆三年，侍郎王起言："故事，礼部已放榜，而中书门下始详覆。今请先详覆，而后放榜。"大和八年，宰相王涯以为礼部取士，乃先以榜示中书，非至公之道。自今一委有司，以所试杂文、乡贯、三代名讳送中书门下。其武举则起于武后长安二年，亦以乡饮酒礼送兵部焉。

唐世科目，本以秀才为最高，后废不举，常行者惟明经、进士两科。《唐志》云："进士科当唐之晚节，尤为浮薄，世所共患也。"然明经试帖经墨义，只责记诵，尤为世所轻。（《通考》曰："凡举司课试之法帖经者，以所习经掩其两端，中间开帷一行，裁纸为帖。凡帖三字，随时增损，可否不一，或得四，或得五，或得六为通。后举人积多，故其法益难，务欲落之，至有帖孤章绝句疑似参互者以惑之，甚者或上抵其注，下余一二字，使寻之。难知谓之倒拔。既甚难矣，而举人则有驱县孤绝索幽隐为诗赋而诵习之，不过十数篇，则难者悉详矣。其于本文大义，或多墙面焉。"又曰："愚尝见东阳丽泽吕氏家塾有刊本吕许公夷简应本州乡举试卷，因知墨义之式，盖十余条。有云：作者七人矣，请以七人之名对，则对云七人某某也，谨对。有云：见有礼于其君者，如孝子之养父母也，请以下文对，则对云：下文曰：见无礼于其君者，如鹰鹯之逐鸟雀也，谨对。有云请以注疏对者，则对曰：注疏曰云云，谨对。有不能记者，则只对云未审。盖既禁其挟书，则思索不获者，不容臆说故也。其上则具考官批凿。如所对善，则批一通字，所对误及未审者，则批一不字。大概如儿童挑诵之状。故自唐以来贱其科。所以不通者，殿举之罚特重，而一举不第者，不可再应。盖以其区区记诵，犹不能通悉，则无所取材故也。"）

选官之法，至东汉而一变，至隋而又一变。汉制，郡国之官，非傅相，其他既自署置，又调僚属及部人之贤者，举为秀才、廉吏，而贡于王庭，多拜为郎，居三署。五官左右中郎将无常员，或至千人，属光禄勋。故卿校牧守居闲待诏，或郡国贡送，公车征起，悉在焉。光禄勋复于三署中铨第郎中，岁举秀才、廉吏出为他官，以补阙员。东汉之制，选举于郡国属功曹，于公府属东西曹，于天台属吏曹尚书，亦曰选部。灵帝时，吕强上言："旧典选举，委任三府。三府有选，参议掾属，咨其行状，度其器能，受试任用，责以成功。若无可察，然后付之尚书。尚书举劾，请下廷尉，覆按虚实，行其诛罚。今但任尚书，或复敕用。如是，三公得免选举之负，尚书亦复不坐，责赏无归，岂肯空自苦劳乎？"盖选权寖集于尚书矣。自是以后，尚书尝掌铨衡之任。晋初，山涛、王戎皆负知人之鉴。宋营阳王时，以蔡廓为吏部尚书。廓谓傅亮曰："选事若悉以见付，不论；不然，不能拜也。"亮以语录尚书徐羡之。徐羡之曰："黄门郎以下悉以委蔡，吾徒不复措怀，自此以上，故宜共参同异。"廓曰："我不能为徐干木署纸尾。"遂不拜。其权重如此。自后魏崔亮创停年格，而尚书衡鉴之任始轻。自隋文尽废辟举，大小之官，悉由吏部，而尚书之务始繁猥矣。

《魏书·崔亮传》："迁吏部尚书。时羽林新害张彝之后，灵太后令武官得依资入选。官员既少，应选者多。前尚书李韶循常擢人，百姓大为嗟怨。亮乃奏为格制，不问士之贤愚，专以停解日月为断。虽复官须此人，停日后者，终于不得。庸才下品，年月久者，灼然先用。沈滞者皆称其能。亮外甥司空谘议刘景安书规亮。亮答书曰：今勋人甚多，又羽林入选，武夫崛起，不解书计，惟可彍弩前驱，指踪捕噬而已。忽令垂组乘轩，求其烹鲜之效，未曾操刀，而使专割。又武人至多，官员至少。设令十人共一官，犹无官可授，况一人望一官，何由可不怨哉？吾近面执，不宜使武人入选，请赐其爵，厚其禄。既不见从，是以权立此格，限以停年耳。昔子产铸刑书以救弊，叔向讥之以正法，何异汝以古礼难权宜哉。仲尼言：德我者亦《春秋》，罪我者亦《春秋》。吾之此指，其由是也。但令当来君子知吾意焉。后甄琛、元修义、城阳王徽相继为吏部尚书，利其便己，踵而行之。自是贤愚同贯，泾渭无别。魏之失才，从亮始也。"然观其答书之指，实亦不得已而为之。《北齐书·文襄帝纪》："摄吏部尚书。魏自崔亮以后，选人常以年劳为制，文襄乃厘改前式，铨擢惟在得人。又沙汰尚书郎，妙选人地以充之。至于才名之士，咸被荐擢。"则其制既废矣，而后世复行此法者，则唐之裴光庭实为之。《通典》云："唐自高宗麟德以后，承平既久，人康俗阜，求进者众，选人渐多。总章二年，裴行俭为司列少常伯，始设长名、姓历、榜引、铨注之法。又定州县官资高下升降，以为故事。其后莫能革焉。至玄宗开元十八年，行俭子光庭为侍中兼吏部尚书，先是选司注官，惟视其人之能否。或不次超迁，或老于下位。有出身二十余年不得禄者。又州县亦无等级，或自大入小，或初近后远，皆无定制。光庭始奏用循资格。凡官罢满，以若干选而集，各有差等。官高者选少，卑者选多，无问能否，选满则注。限年蹑级，不得逾越。非负谴者，皆有升无降。庸愚沈滞者皆喜，谓之圣书。虽小有常规，而抡才之方失矣。其有异才高行，听擢不次，然有其制而无其事，有司但守文奉式，循资例而已。"案资格用人，为昔人所深非，然官之为利禄计久矣，破弃定法，一任鉴衡，势必弊余于利，似尚不如慎其选举，严其考核，而当其用之之际，则一循资格之为愈也。

《日知录》"掾属"条曰："《古文苑》注：王延寿《桐柏庙碑》人名，谓掾属皆郡人，可考汉世用人之法。今考之汉碑皆然，不独此庙。盖其时惟守、相命于朝廷，而自曹、掾以下，无非本郡之人，故能知一方之人情，而为之兴利除害。其辟用之者，即出于守相。而不似后代之官，一命以上皆由于吏部。故广汉太守陈宠入为大司农，和帝问：在郡何以为理？宠顿首谢曰：臣任功曹王涣，以简贤选能；主簿镡显，拾遗补阙。臣奉宣诏书而已。帝乃大悦。至于汝南太守宗资任功曹范滂，南阳太守成瑨委功曹岑晊，并谣达京师，名标史传。而鲍宣为豫州牧，郭钦奏其举错烦苛，代二千石署吏。是知署吏乃二千石之职，州牧代之，尚为烦苛。今以天子而代之，宜乎事烦而日不给"云云。案《隋书》云："旧周、齐州、郡、县职，自州都、郡、县正以下，皆州、郡将、县令至而调用，理时事。至是（开皇三年。）不知时事，直谓之乡官。别置品官，皆吏部除授。每岁考殿最。刺史、县令三年一迁，佐官四年一迁。（佐官以曹为名者，并改为司。十二年，诸州司以从事为名者，改为参军。）开皇十五年，遂罢州、县乡官。"当时吏部尚书牛弘问于刘炫曰："魏、齐之时，令史从容而已，今则不遑宁处，其事何由？"炫曰："往者州唯置纲纪，郡置守、丞，县惟令而已，其所具僚，则长官自辟，受诏赴任，每州不过数十。今则不然，大小之官，悉由吏部，纤介之迹，皆属考功，所以繁也。"案以吏部选天下之官，诚难于得人，州县佐官不用本处人，亦诚难得地方情弊。然僚属悉由自辟，后世亦实有难行者，似亦不如由吏部循定法选用，而严其选取之途，密其考核之法之为得也，但当立定限，勿使任职之地距其本贯遥远耳。

唐制，凡选有文、武，文选吏部主之，武选兵部主之，皆为三铨，尚书、侍郎分主之。每岁五月，颁格于州县，选人应格，则本属或故任取选解，列其罢免、善恶之状，以十月会于省，过其时者不叙。其以时至者，乃考其功过。同流者，五五为联，京官五人保之，一人识之。刑家之子、工贾异类及假名承伪、隐冒升降者有罚。文书乖错，隐幸者驳放之；非隐幸则不。凡择人之法有四：一曰身，二曰言，三曰书，四曰判。得者为留，不得者为放。五品以上不试，上其名中书门下；六品以下始集而试，观其书、判。已试而铨，察其身、言；已铨而注，询其便利而拟；已注而唱，不厌者得反通其辞，三唱而不厌，听冬集。厌者为甲，上于仆射，乃上门下省，给事中读之，黄门侍郎省之，侍中审之，然后以闻。主者受旨而奉行焉，谓之"奏受"。视品及流外，则判补。皆给以符，谓之"告身"。凡官已受成，皆廷谢。凡试判登科，谓之"入等"，甚拙者谓之"蓝缕"。选未满而试文三篇，谓之"宏词"；试判三条，谓之"拔萃"。中者即授官。

其取人之路，方其盛时，著于令者，纳课品子、诸馆及州县学、太史历生、天文生、太医药童、针咒诸生、太卜卜筮、千牛备身、备身左右、进马、斋郎、诸卫三卫监门直长、诸屯主副、诸折冲府录事府史、校尉、执仗、执乘、亲事、帐内、集贤院御书手、史馆典书楷书、尚药童、诸台省寺监军卫坊府之胥史，皆入官之门户，而诸司主录已成官及州县佐史未叙者，不在焉。至于铨选，其制不一。凡流外、兵部、礼部举人，郎官得自主之，谓之"小选"。太宗时，以岁旱谷贵，东人选者集于洛州，谓之"东选"。高宗上元二年，以岭南五管、黔中都督府得即任土人，而官或非其才，乃遣郎官、御史为选补使，谓之"南选"。其后江南、淮南、福建大抵因岁水旱，皆遣选补使即选其人。而废置不常，选法又不著。

科举之法，至王安石而一变。案科举之善，在能破朋党之私。前此九品中正之制无论矣，即汉世郡国选举得之者，亦多能奔走标榜之人，观王符等之论可知。惟科目听其投牒，而试之以一日之短长，当其初行时，尚无糊名易书之法，主司固得采取誉望，士子亦得托人荐达，或竟自以文字投谒。究之京城距士子之乡土远，试者与所试者关系不深，而辇毂之下，众目昭彰，拔取苟或不公，又可加以覆试，亦不敢显然舞弊。前此选举，皆权在举之之人，士有应举之才，而举不之及，夫固无如之何。既可投牒自列，即不得不就而试之，应试者虽不必其皆见取，然终必于其中取出若干人。是不能应试者，有司虽欲徇私举之而不得。苟能应试，终必有若干人可以获举也。此实选举之官徇私舞弊之限制，而亦人人有服官之权之所以兑现于实也。论者多以投牒自列为无耻，姑无论古之君子欲行其道者无不求仕，即谓其应举仅为富贵利达计，较之奔走标榜其贤远矣。故科举实良法也。然其弊亦有不容讳者，一则学非所用，诗赋之浮华无实，帖经墨义之孤陋寡闻是已；一则试之以一日之短长，可以侥幸而获，不知其果有学问与否也。欲祛第一弊，当变其所试之物；欲祛第二弊，则非以学校易科举不可，此宋时之改革所由起也。

宋代贡举，初沿唐法，有进士、九经、五经、三礼、三传、《开元礼》、（开宝中，改为通礼，熙宁罢，元祐六年复。）学究、明法等，皆秋取解，冬集礼部，春考试。合格及第者，列名放榜于尚书省。诸州判官试进士，录事参军试诸科，不通经义，则别选官考校，而判官监之。开宝五年，礼部奏合格进士、诸科凡二十八人，上亲召对讲武殿，而未及引试也。明年，翰林学士李昉知贡举，取宋准以下十一人，而进士武济川、三传刘睿材质最陋，对问失次，上黜之。济川，昉乡人也。会有诉昉用情取舍，帝乃籍终场下第人姓名，得三百六十人，皆召见，择其一百九十五人，并准以下，御殿给纸笔，别试诗赋。命殿中侍御史李莹等为考官，得进士二十六人，五经四人，《开元礼》七人，三礼三十八人，三传二十六人，三史三人，学究十八人，明法五人，皆赐及第。昉等皆坐责。殿试遂为常制。帝尝语近臣曰："昔者，科名多为势家所取，朕亲临试，尽革其弊矣。"八年，亲试进士王式等，定王嗣宗第一，王式第四。自是御试与省试名次，始有高下之别。旧制，礼部已奏名至御试黜落者甚多。嘉祐二年以后，始尽赐出身，则杂犯亦免黜落矣。又有所谓特奏名者，盖始于开宝三年，诏礼部阅贡士及十五举尝终场者，得百有六人，赐本科出身。其后则凡贡于乡而屡绌于礼部，或廷试所不录者，积前后举数，参以其年而差等之，遇亲策士则别籍其名以奏，径许附试，谓之特奏名焉。元祐初，知贡举苏轼、孔文仲言："此曹垂老无他望，布在州县，惟务黩货。"乃诏定特奏名考取数，进士入四等以上、诸科入三等以上，通在试者计之，毋得取过全额之半，著为令。案此皆以多取为施恩之具也，失抡才之意矣。

宋代改革举法始于范仲淹。庆历时，仲淹为参知政事，数言兴学校，本行实。乃诏州县立学，士须在学三百日，方听预秋试，旧尝充试者百日而止。三场，先策，次论，次诗赋，通考为去取，而罢帖经、墨义，士通经术愿对大义者，赐十道。仲淹去，执政意皆异。是冬，诏罢入学日限。时言初令不便者甚众，以为"诗赋声病易考，而策论汗漫难知，祖宗以来，莫之有改，且得人尝多矣"。乃诏一切如故。

迨王安石变法，乃罢诸科，而存进士，进士亦罢诗赋，且不用帖经、墨义，士各占治《易》《诗》《书》《周礼》《礼记》一经与《论语》《孟子》。每试四场，初大经，次兼经，大义凡十道，（后改《论语》《孟子》义各三道。）次论一首，次策一道。（礼部试增二道。）取诸科解名十之三，增进士额，京东西、陕西、河北、河东五路创试进士及府、监、他路之舍诸科而为进士者，得所增之额以试。皆别为一号考取。又立新科明法，试律令、刑统、大义、断案，以待诸科之不能改业进士者。未几，选人、任子，亦试律令始出官。又诏进士自第三人以下皆试法。或言："高科不试，则人不以为荣。"乃诏悉试焉。武举，始试义、策于秘阁，武艺试于殿前司，及殿试，则试骑射及策于廷。后诏武举与文举进士，同时锁试于贡院，以防进士之被黜改习者，遂罢秘阁试。元丰元年，立《大小使臣试弓马艺业出官法》，所试步射、马射、马上武艺、《孙》《吴》义、时务边防策、律令义、计算钱谷文书等。崇宁间，诸州置武学。立《考选升贡法》，仿儒学制，后罢。（南渡后亦有武举、武学。）

自神宗后，宋科举之法凡数变。元祐四年，立经义、诗赋两科，罢试律义。诗赋进士，于《易》《诗》《书》《周礼》《礼记》《春秋左传》内听习一经。初试本经义二道，《语》《孟》义各一道，次试赋及律诗各一首，次论一道，末试子、史、时务策二道。专经进士，习两经，以《诗》《礼记》《周礼》《左氏春秋》为大经，《书》《易》《公羊》《谷梁》《仪礼》为中经，《左氏春秋》得兼《公羊》《谷梁》《书》，《周礼》得兼《仪礼》或《易》，《礼记》《诗》并兼《书》，愿习二大经者听，不得偏占两中经。初试本经义三道，《论语》义一道，次试本经义三道，《孟子》义一道，次论策，如诗赋科。并以四场通定高下，而取解额中分之，各占其半。专经者以经义定取舍，兼诗赋者以诗赋为去留，其名次高下，则以策论参之。后通定去留，经义毋过三分之一。自是士多习诗赋，而专经者十无二三，此一变也。绍圣时，进士罢诗赋，专习经义，廷试仍对策，此又一变也。徽宗崇宁三年，诏天下取士，悉由学校升贡，其州郡发解及试礼部法并罢。自此，岁试上舍，悉差知举，如礼部试。

在学积岁月，累试乃得应格，贫老者以为病。于是五年及大观四年，各复行科举一次。宣和三年，其法遂罢。高宗建炎二年，定诗赋、经义取士，第一场诗赋各一首，习经义者本经义三道，《语》《孟》义各一道；第二场论一道，第三场策三道。殿试策如之。自绍圣后，举人不习诗赋，至是始复，于是声律日盛。高宗尝曰："为士不读史，遂用诗赋。今则不读经，不出数年，经学废矣。"绍兴十三年，用国子司业高闶议，以本经、《语》《孟》义各一道为首场，诗赋各一首次之，子史论一道、时务策一道又次之。二十七年，复行其制，第一场大小经义各减一道。三十一年，礼部侍郎金安节请复诗赋、经义两科，永为成宪。从之。案科举所试之物，不切于用，此易变也。所最难者，则悬利禄以诱人，来者皆志在利禄，其所能者必仅足应试而止。久之，应试之文遂别成为一种文字，无学问者亦能为之。试之既仅凭文字，断无以知其果有学问与否。而为利禄来者，皆志在速化，迫令入学肄业，或限以在校若干日始得应试之法，又必不能行。于是辨别其有无学问之法穷矣，乃有欲分期试之者。朱子贡举议欲分《易》《书》《诗》为一科，《周礼》《仪礼》、二《戴记》为一科，《春秋》三传为一科，史则以《左氏》《国语》《史记》、《两汉》为一科，《三国志》《晋书》、《南北史》为一科，《新旧唐书》《五代史》为一科，时务则律历、地理为一科，诸子分附焉。以次分年试之，即欲以救此弊也。然如是则其岁月淹久，更甚于在学肄业矣。夫岂好速化之士所能从邪？

因读书惟求应举故，乃至牵及党争，此又变科举之法者所不及料矣。宋代科举行新法，则禁程、朱之说；行旧法，则绝王氏之学，自北都已然。南渡初，赵鼎主程，秦桧主王，余习未泯。秦桧死后，尝诏毋拘一家之说，务求至当之论。道学之禁稍解矣。刘德秀奏请毁除语录。叶翥知贡举，请令太学及州军学，各以月试合格前三名程文，上御史台考察。其有旧习不改，则坐学官及提学司之罪。其推波助澜如此。自是语涉道学者，皆被摈。理宗最尊程、朱，元延祐贡举亦用程、朱之书，异论乃息，然明、清两代科举之士之固陋，则又专诵程、朱之书为之也。要之，以应举故而读书，读书仅为应举计，则万变而万不当而已。

制科，宋初有"贤良方正能直言极谏""经学优深可为师法""详闲吏理达于教化"三科，景德增"博通坟典达于教化""才识兼茂明于体用""武足安边、洞明韬略运筹决胜、军谋宏远材任边寄"等科。仁宗时分"识洞韬略运筹帷幄""军谋宏远材任边寄"为两科，而无"经学优深可为师法"一科，凡六科，以待京、朝官被举及起应选者。又置"书判拔萃科"，以待选人之应书者，"高蹈丘园""沈沦草泽""茂材异等"三科以待布衣之被举者。其法先上艺业于有司，有司较之，然后试秘阁，中格，然后天子亲策之。馆职，则太宗以来，凡特旨召试者，或于中书学士舍人院或特遣官专试，所试诗、赋、论、颂、策、制诰三篇或一篇，中格者授以馆职。神宗时，吕惠卿言进士试策与制科无异，罢之。试馆职则更以策论，元祐元年复之，绍圣初复罢。三省言："今进士纯用经术。如诏诰、章表、箴铭、赋颂、赦敕、檄书、露布、诫谕，其文皆朝廷官守日用不可阙，且无以兼收文学博异之士。"遂改置弘词科，岁许进士及第者诣礼部请试，见守官则受代乃请，率以春试上舍生附试，不自立院。取毋过五人，中程则上之三省覆试之，分上、中二等，推恩有差；词艺超异者，奏取旨命官。大观四年改为词学兼茂科，岁附贡士院试，取毋过三人。政和增为五人，中格则授职。宣和罢试上舍，随进士试于礼部。南渡绍兴元年，初复馆职试，凡预召者，学士院试时务策一道，天子亲览焉。然是时"校书"多不试，"正字"或试或否。二年，诏举贤良方正能直言极谏科，一遵旧制。应诏者先具所著策、论五十篇缴送，两省侍从参考之，分为三等，上中等召赴秘阁，试论六首，于九经、十七史、七书、《国语》、《荀》、《扬》、《管子》、《文中子》内出题，学士两省官考校，御史监之，四通以上为合格。乾道七年，增至五通。仍分五等，入四等以上者，天子亲策之。第三等为上，恩数视廷试第一人，第四等为中，视廷试第三人，皆赐制科出身；第五等为下，视廷试第四人，赐进士出身；不入等者与簿尉差遣。已上并谓白身者。若有官人，则进一官与升擢。绍兴三年，又立博学鸿词科焉。

宋制，凡入仕，有贡举、奏荫、摄署、流外、从军五等。吏部铨惟注拟州县官，旧幕职官皆使府辟召，宋由吏曹拟授。两京诸司六品以下官皆无选，中书特授。五代时后周每藩郡有阙，或遣朝官权知。太祖始削外权，牧伯之阙，止令文臣权莅。其后内外皆非本官之职，但以差遣为资历。京朝官则审官院主之。（前代常参官，宋谓之朝官，未常参官谓之京官。）使臣则三班院主之。少卿、监以上中书主之。刺史、副率以上内职，枢密院主之。其后，典选之职分为四：文选曰审官东院，曰流内铨，武选曰审官西院，曰三班院。元丰定制而后，铨注之法，悉归选部，以审官东院为尚书左选，流内铨为侍郎左选，审官西院为尚书右选，三班院为侍郎右选。（《陔余丛考》"宋制武选归吏部"条："《文昌杂录》记御史台言：文德殿视朝仪，兵部侍郎与吏部侍郎东西相向对立，盖因唐制武选在兵部也。今吏部左选掌文官，右选掌武官，请自今以后视朝以吏部左右侍郎分立殿廷。诏可。此可见宋制武官亦归吏部铨选。按《宋史·苏颂传》：唐制，吏部主文选，兵部主武选。神宗谓三代、两汉本无文武之别，议者不知所处。颂言：唐制吏部有三铨之法，分品秩而掌选事。今欲文武一归吏部，则宜分左右曹掌之，每选更以品秩分治。于是吏部始有四选法。"）

辽贡举始于圣宗统和六年。叶隆礼《契丹国志》云："限以三岁，有乡、府、省三试。乡中曰乡荐，府中曰府解，省中曰及第。程文分两科：一曰诗赋，一曰经义，魁各分焉。每三岁辄一试。殿试临期取旨。又将第一人特增一官，授奉直大夫翰林应奉文字。第二、第三人授征事郎，余并授从事郎。圣宗时，止以词赋法律取士，词赋为正科，法律为杂科。"《续通考》云："辽科目始见于统和，而《室昉传》称会同初登进士第，则进士之来远矣。"又云："传言赵徽中重熙五年甲科,王观中重熙七年乙科,则辽时科第亦有甲、乙之分。"又"辽进士皆汉人,契丹人无举进士之条。传载重熙中耶律富鲁举进士第,帝怒其父庶箴擅令子就科目,有违国制,鞭之二百。然《天祚纪》载:耶律大石举天庆五年进士,而纪于五年又不云放进士,盖史之阙漏多矣。"

金设科皆因辽宋,有词赋、经义、策试、律科、经童之制。海陵天德三年,罢策试科。世宗大定十一年,创设女直进士科。章宗明昌初,又设制举弘词科。故金取士之目有七。其试词赋、经义、策论中选者,谓之进士。律科、经童中选者,谓之举人。凡诸进士、举人,由乡至府,由府至省,乃殿廷,凡四试皆中选,则官之。廷试五被黜,则赐之第,谓之恩例。又有特命及第者,谓之特恩。凡词赋进士,试赋、诗、策论各一道。经义进士,试所治经义、策论各一道。策论进士者,选女直人之科也。先是大定四年,世宗命颁行女直大小字所译经书,每谋克选二人习之。寻兴女直字学校,猛安谋克内多择良家子为生,诸路至三千人。九年,选异等者百人,荐于京师,廪给之,命温迪罕缔达教以古书,作诗、策。十一年,议行策选之制。十三年,定每场策一道,以五百字以上成,免乡试、府试,止赴会试、御试。且诏京师设女直国子学,诸路设女直府学,拟以新进士充教授,以教士民子弟之愿学者。行之久,学者众,则同汉进士例,三年一试。二十年,以女直学大振,诏今后以策、诗试三场,策用女直大字,诗用小字,程试之期皆依汉进士例。二十八年,以女直进士惟试以策,行之既久,人能预备,命于经内出题,加试以论。章宗承安二年,敕策论进士限丁习学。遂定制,内外官员、诸局分承应人、武卫军、猛安谋克女直及诸色人,户止一丁者不许应试,两丁者许一人,四丁二人,六丁以上止许三人。三次终场,不在验丁之限。三年,定制,以女直人年四十五以下,试进士举,于府试十日前,委佐贰官善射者试射。律科进士,又称诸科,其法以律令内出题,府试十五题,每五人取一人。

其制始见于海陵正隆元年。世宗大定二十二年定制,会试每场十五题,三场共通三十六条以上,文理优、拟断当、用字切者,为中选。临时约取之,无定数。二十九年,章宗即位,以有司言,令今后于《论》《孟》内试小义一道,府会试别作一日引试,命经义试官出题,与本科通考定之。制举有贤良方正、能直言极谏、博学宏材、达于从政等科,试无常期,上意欲行,即告天下。试法先投所业策论三十道于学士院,视其词理优者,群经子史内出题,试论三道,如可,则庭试策一道。宏词科试诏、诰、章、表。于每举赐第后进士及在官六品以下无公私罪者,在外官荐之。二科皆章宗所设也。经童之制,士庶子年十三以下,能诵大经二、小经三,又诵《论语》诸子及五千字以上,府试十五题通十三以上,会试每场十五题,三场共通四十一以上,为中选。始于熙宗,天德间废。章宗立,复之。武举,皇统时设之,有上、中、下三等。其制定于章宗泰和元年。三年,又定武举出职迁授格。文武选皆吏部统之。自从九品至从七品职事官,部拟。正七品以上,呈尚书省以听制授。文散官谓之文资官。武散官谓之右职,又谓之右选。文资则进士为优,右职则军功为优,皆循资,有升降定式而不可越。自进士、举人、劳效、荫袭、恩例之外,入仕之途尚多。凡外任循资官谓之常调,选为朝官谓之随朝。吏部选者谓之部选,尚书省选者谓之省选,部选分四季拟授,省选理资考升迁。

元太宗始取中原,中书令耶律楚材请用儒术选士。九年八月,下诏令断事官术忽觯与山西东路课税所刘中,历诸路考试。以论及经义、词赋分为三科,作三日程,专治一科,能兼者听。中选者复其赋役,令与各处长官同署公事。得东平杨英等若干人,皆一时名士,而当世或以为非便,事复中止。世祖时,议立程式而未果行。仁宗延祐二年,始开科。顺帝至元元年,罢之。六年复,仍稍变程式焉。

蒙古、色目人作一榜,汉人、南人作一榜。蒙古、色目人试汉人、南人科目,中选者加一等注授。乡会试并同。御试,汉人、南人策一道,限千字以上；蒙古、色目人时务策一道，限五百字以上。

元代选政最为紊乱。《元史·选举志》："当时仕进有多歧，铨衡无定制，其出身于学校者，有国子监学，有蒙古字学、回回国学，有医学，有阴阳学。其策名于荐举者，有遗逸，有茂异，有求言，有进书，有童子。其出于宿卫、勋臣之家者，待以不次。其用于宣徽、中政之属者，重为内官。荫叙有循常之格，而超擢有选用之科。由直省、侍仪等入官者，亦名清望。以仓庾、赋税任事者，例视冗职。捕盗者以功叙，入粟者以资进，至工匠皆入班资，而舆隶亦跻流品。诸王、公主，宠以投下，俾之保任。远夷、外徼，授以长官，俾之世袭。凡若此类，殆所谓吏道杂而多端者欤。矧夫儒有岁贡之名，吏有补用之法。曰掾史、令史，曰书写、铨写，曰书吏、典吏，所设之名，未易枚举。曰省、台、院、部，曰路、府、州、县，所入之途，难以指计。虽名卿大夫，亦往往由是跻要官，受显爵；而刀笔下吏，遂致窃权势，舞文法矣。故其铨选之备，考核之精，曰随朝、外任，曰省选、部选，曰文官、武官，曰考数，曰资格，一毫不可越。而或援例，或借资，或优升，或回降，其纵情破律，以公济私，非至明不能察焉。是皆文繁吏弊之所致也。"可以见其略矣。

	第一场	第二场	第三场
蒙古、色目人	经问五条。《大学》《论语》《孟子》《中庸》，主朱氏章句集注。至元六年，减二条，而增本经义。	第一道，时务限五百字以上。	不试。
汉人、南人	明经经疑二问。《大学》《论语》《孟子》《中庸》，主朱氏章句集注，复以己意结之，限三百字以上。经义一道，各治一经，《诗》主朱氏，《尚书》蔡氏，《易》程氏、朱氏，以上三经，皆兼用古注疏。《春秋》三传及胡氏《传》《礼记》古注疏，限五百字以上。至元改经疑之一为本经疑。	古赋诏诰章表内科一道。诏诰用古体，章表四六，参用古体。至元改古赋外于诏诰、章表内科一道。	策一道，经史时务，限一千字以上。

明试士之法，专取四子书及《易》《书》《诗》《春秋》《礼记》五经命题，盖太祖与刘基所定。其文略仿宋经义，然代古人语气为之，体用排偶，谓之八股，通谓之制义。三年大比，以诸生试之直省，曰乡试。中式者为举人。次年，以举人试之京师，曰会试。中式者，天子亲策于廷，曰廷试，亦曰殿试。分一、二、三甲。一甲止三人，曰状元、榜眼、探花，赐进士及第。二甲若干人，赐进士出身。三甲若干人，赐同进士出身。状元、榜眼、探花之名，制所定也。而士大夫又通以乡试第一为解元，会试第一为会元，二、三甲第一为传胪云。子、午、卯、酉年乡试，辰、戌、丑、未年会试。乡试以八月，会试以二月，皆初九日为第一场，又三日为第二场，又三日为第三场。初设科举时，初场试经义二道，《四书》义一道；二场，论一道；三场，策一道。中式后十日，复以骑、射、书、算、律五事试之。后颁科举定式，初场试《四书》义三道，经义四道。《四书》主朱子《集注》，《易》主程《传》、朱子《本义》，《书》主蔡氏《传》及古注疏，《诗》主朱子《集传》，《春秋》主《左氏》《公羊》《谷梁》三传及胡安国、张洽《传》，《礼记》主古注疏。永乐间，颁《四书五经大全》，废注疏不用。其后，《春秋》亦不用张洽《传》，《礼记》止用陈澔《集说》焉。二场试论一道，判五道，诏、诰、表、内科一道。三场试经史时务策五道。廷试，以三月朔。乡试，直隶于京府，各省于布政司。会试，于礼部。主考，乡、会试俱二人。同考，乡试四人，会试八人。举子，则国子生及府、州、县学生员之学成者，儒士之未仕者，官之未入流者，皆由有司申举性资敦厚、文行可称者应之。其学校训导专教生徒，及罢闲官吏、倡优之家、与居父母丧者，俱不许入试。考试者用墨，谓之墨卷。誊录用朱，谓之朱卷。廷试用翰林及朝臣文学之优者，为读卷官。共阅对策，拟定名次，候临轩。或如所拟，或有所更定，传制唱第。状元授修撰，榜眼、探花授编修，二、三甲考选庶吉士者，皆为翰林官。其他或授给事、御史、主事、中书、行人、评事、太常、国子博士，或授府推官、知州、知县等官。举人、贡生不第，入监而选者，或授小京职，或授府佐及州县正官。此明一代取士之大略也。清制略同，惟乡会试皆首场四书义三道，诗一首，次五经义五道，三场策五道，会试改于三月，殿试于四月二十六日而已。案唐时所放进士不过二三十人，又未便释褐，尚须试吏部，或为人论荐，或藩方辟举，乃得入仕，仕亦不过丞尉。(《通典》：举人条例：四经出身授紧县尉，判入第三等授望县尉，五经出身授望县尉，判入第三等授畿县尉，进士与四经同资。)宋太宗太平兴国二年，赐进士诸科出身者五百余人，第一、第二等进士及九经，授将作监丞、大理评事，通判诸州，余皆优等注拟，则当时以为异数矣。然乡举在宋为漕试，谓之发解，不过阶以应会试，必累举不第乃得推恩特奏，未尝以为仕阶也。明始亦为入仕之途，举贡生监既特异于杂流进士，尤特异于举贡，遂至与他途殊绝，然转以启朋比之风，不亦哀乎！(《日知录》"进士得人"条曰："明初，荐辟之法既废，而科举之中尤重进士。神宗以来，遂有定例。州县印官，以上中为进士缺，中下为举人缺，最下乃为贡生缺。举贡历官，虽至方面，非广西、云、贵不以处之，以此为铨曹一定之格。间有一二举贡受知于上，拔为卿贰，大僚则必尽力攻之，使至于得罪谴逐，且杀之而后已。于是不由进士出身之人，遂不得不投门户以自庇。资格与朋党，二者牢不可破，而国事大坏矣。至于翰林之官，又以清华自处而鄙夷外曹。崇祯中，天子忽用推知，考授编检，而众口交哗，有适从何来遽集于此之诮。呜呼！科第不与资格期，而资格之局成。资格不与朋党期，而朋党之形立。防微虑始，有国者其为变通之计乎！"又《日知录》"科目"条《集释》："赵氏曰：有明一代，最重进士。凡京朝官清要之职，举人皆不得与。即同一外选也，繁要之缺必待甲科，而乙科仅得遥远简小之缺。其升调之法，亦各不同。甲科为县令者，抚按之卓荐，部院之行取，必首及焉，不数年即得御史部曹等职。而乙科沈沦外僚，但就常调而已。积习相沿，牢不可破。嘉靖中，给事陆粲虽疏请变通，隆庆中，阁臣高拱亦请科贡与进士并重，然终莫能挽。甚至万历三年，特诏抚按官有司,贤否一体荐劾,不得偏重甲科,而积重难返如故也。《明史》丘橓疏云:今荐则先进士,而举监非有凭藉者不与焉。劾则先举监,而进士纵有訾议者罕及焉。于是同一官也,不敢接席而坐,比肩而立。贾三近疏言:抚按诸臣,遇州县长吏,率重甲科而轻乡举。同一宽也,在进士则为抚字,在举人则为姑息。同一严也,在进士则为精明,在举人则为苛戾。是以为举人者,非头童齿豁不就选。此可以见当时风气矣。")

明科举始于洪武三年。诏曰:"前元待士甚优,而权豪势要,每纳奔竞之人,夤缘阿附,辄窃仕禄。其怀材抱道者,耻与并进,甘隐山林而不出。风俗之弊,一至于此。自今年八月始,特设科举。使中外文臣皆由科举而进,非科举者毋得与官。"时以天下初定,令各行省连试三年,且以官多缺员,举人俱免会试,赴京听选。既而谓所取多后生少年,能以所学措诸行事者寡,乃但令有司察举贤才,而罢科举。十五年,复设。十七年,始定科举之式,命礼部颁行各省,后遂以为永制,而荐举渐轻,久且废不用矣。

洪武十八年廷试,擢一甲进士丁显等为翰林院修撰,二甲马京等为编修,吴文为检讨。进士之入翰林自此始。时又使进士观政于诸司,其在翰林、承敕监等衙门者,曰庶吉士。进士之为庶吉士自此始,(其在六部、都察院、通政司、大理寺等衙门者,仍称观政进士。观政进士之名,亦自此始也。)不专属翰林也。永乐二年,既授一甲三人官,复命于二甲择文学优等五十人,及善书者十人,俱为翰林院庶吉士。庶吉士遂专属翰林矣。复命学士解缙等选才资英敏者,就学文渊阁。弘治四年,大学士徐溥言:"自永乐二年以来,或间科一选,或连科屡选,或数科不选,或合三科同选,初无定限。或内阁自选,或礼部选送,或会礼部同选,或限年岁,或拘地方,或采誉望,或就廷试卷中查取,或别出题考试,亦无定制。自古帝王储才馆阁以教养之。本朝所以储养之者,自及第进士之外,止有庶吉士一途,而或选或否。且有才者未必皆选,所选者未必皆才,若更拘地方、年岁,则是已成之才又多弃而不用也。请自今以后，立为定制，一次开科，一次选用。令新进士录平日所作论、策、诗、赋、序、记等文字，限十五篇以上，呈之礼部，送翰林考订。少年有新作五篇，亦许投试翰林院。择其词藻文理可取者，按号行取。礼部以糊名试卷，偕阁臣出题考试于东阁，试卷与所投之文相称，即收预选。每科所选不过二十人，每选所留不过三五辈，将来成就必有足赖者。"孝宗从其请，命内阁同吏、礼二部考选以为常。自嘉靖癸未至万历庚辰，中间有九科不选。崇祯甲戌、丁丑，复不选，余悉遵例。其与选者，谓之馆选。以翰、詹官高资深者一人课之，谓之教习。三年学成，优者留翰林为编修、检讨，次者出为给事、御史，谓之散馆。与常调官待选者，体格殊异。成祖初年，内阁七人，非翰林者居其半。翰林纂修，亦诸色参用。自天顺二年，李贤奏定纂修专选进士。由是，非进士不入翰林，非翰林不入内阁，南北礼部尚书、侍郎及吏部右侍郎，非翰林不任。而庶吉士始进之时，已群目为储相。通计明一代宰辅一百七十余人，由翰林者十九。盖科举视前代为盛，翰林之盛则前代所绝无也。清进士殿试中式者，状元授修撰，榜眼、探花授编修，二甲以下考选庶吉士。庶吉士无员，考取者给馆舍贮书，简满、汉学士各一人教习，是曰庶常馆。三年期满，试以诗赋，谓之散馆。留馆者二甲授编修，三甲授检讨，余以主事、知县用。或再肄业三年，与次科庶吉士同应试。

明太祖极重荐举，甲辰三月敕中书省："自今有能上书陈言、敷宣治道、武略出众者，参军及都督府具以名闻。或不能文章而识见可取，许诣阙面陈其事。郡县官年五十以上者，虽练达政事，而精力既衰，宜令有司选民间俊秀年二十五以上、资性明敏、有学识才干者，辟赴中书，与年老者参用之。十年以后，老者休致，而少者已熟于事。如此则人才不乏，而官使得人。其下有司，宣布此意。"于是州县岁举贤才及武勇谋略、通晓天文之士，间及兼通书律者。既而严选举之禁，有滥举者逮治之。吴元年，遣起居注吴林、魏观等，以币帛求遗贤于四方。洪武元年，征天下贤才至京，授以守令。其年冬，又遣文原吉、詹同等分行天下，访求贤才。三年，谕廷臣曰："六部总领天下之务，非学问博洽、才德兼美之士，不足以居之。虑有隐居山林或屈在下僚者，其令有司悉心推访。"六年复下诏："山林之士德行文艺可称者，有司采举，备礼遣送至京。"是年，遂罢科举，别令有司察举贤才，以德行为本，而文艺次之。其目，曰聪明正直，曰贤良方正，曰孝弟力田，曰儒士，曰孝廉，曰秀才，曰人才，曰耆民。皆礼送京师，不次擢用。而各省贡生亦由太学以进。于是罢科举者十年，至十七年始复，而荐举之法并行不废。时中外大小臣工皆得推举，下至仓、库、司、局诸杂流，亦令举文学才干之士。其被荐而至者，又令转荐。由布衣而至大僚者，不可胜数。尝谕礼部："经明行修练达时务之士，征至京师。年六十以上七十以下者，置翰林以备顾问。四十以上六十以下者，于六部及布、按两司用之。"盖是时仕进无他途，故往往多骤贵者。而吏部奏荐举当除官者，多至三千七百余人，其少者亦至一千九百余人。又俾富户耆民皆得进见，奏对称旨，辄与美官。洎科举复设，两途并用，亦未尝畸轻重。建文、永乐间，荐举起家犹有内授翰林、外授藩司者。自后科举日重，荐举日轻，能文之士率由场屋进以为荣，有司虽数奉求贤之诏，第应故事而已。清康熙十八年、乾隆元年，皆开博学鸿词科，各取十五人。乾隆二年，又续取五人。皆授翰林院官。乾隆十六年，命举经学人才。光绪二十五年，下诏开经济特科。至二十九年，乃试之。此则前朝制科之遗，与明之荐举非同物也。

明代任官，文归吏部，武归兵部。吏部凡四司，而文选掌铨选，考功掌考察，其职尤要。选人自进士、举人、贡生外，有官生、恩生、功生、监生、儒士，又有吏员、承差、知印、书算、篆书、译字、通事诸杂流。进士为一途，举贡等为一途，吏员等为一途，所谓三途并用也。（《日知录》"通经为吏"条曰："《大明会典》：洪武二十六年，定凡举人出身，第一甲第一名，从六品。第二名、第三名,正七品,赐进士及第。第二甲,从七品,赐进士出身。第三甲,正八品,赐同进士出身。而一品衙门提控,正七品出身。二品衙门都吏,从七品出身。一品二品衙门掾史、典吏,二品衙门令史,正八品出身。其与进士不甚相远也。后乃立格以限其所至,而吏员之与科第,高下天渊矣。故国初之制,谓之三途并用,荐举一途也,进士、监生一途也,吏员一途也。或以科与贡为二途,非也。"原注:"从考试而得者,总谓之一途。")京官六部主事、中书、行人、评事、博士,外官知州、推官、知县,由进士选。外官推官、知县及学官,由举人、贡生选。京官各府、六部首领官,通政司、太常、光禄寺、詹事府属官,由官荫生选。州、县佐贰,都、布、按三司首领官,由监生选。外府、外卫、盐运司首领官,中外杂职、入流、未入流官,由吏员、承差等选。此其大凡也。初授者曰听选,升任者曰升迁。凡升迁,必满考。若员缺应补不待满者,曰推升。内阁大学士、吏部尚书,由廷推或奉特旨。侍郎以下及祭酒,吏部会同三品以上推。太常卿以下,部推。通、参以下,吏部于弘政门会选。詹事由内阁,各衙门由各掌印。在外官,惟督、抚廷推,九卿共之,吏部主之。布、按员缺,三品以上官会举。监、司则序迁。其防边兵备等,率由选择、保举,付以敕书,边府及佐贰亦付敕。蓟、辽之昌平、蓟州等,山西之大同、河曲、代州等,陕西之固原、静宁等六十有一处,俱为边缺,尤慎选除。有功者越次擢,误封疆者罪无赦。内地监司率序迁,其后亦多超迁不拘次,有一岁中四五迁,由佥事至参政者。监、司多额外添设,守巡之外往往别立数衔,不能画一也。在外府、州、县正佐,在内大小九卿之属员,皆常选官,选授迁除,一切由吏部。其初用拈阄法,至万历间变为掣签。洪武间,定南北更调之制,南人官北,北人官南。其后官制渐定,自学官外,不得官本省,亦不限南北也。给事中、御史谓之科道。科五十员,道百二十员。明初至天顺、成化间,进士、举贡、监生皆得选补。其迁擢者,推官、知县而外,或由学官。其后监生及新科进士皆不得与。或庶吉士改授,或取内外科目出身三年考满者考选，内则两京五部主事、中、行、评、博，国子监博士、助教等，外则推官、知县。自推、知入者，谓之行取。其有特荐，则俸虽未满，亦得与焉。考选视科道缺若干，多寡无定额。其授职，吏部、都察院协同注拟，给事皆实补，御史必试职一年始实授，惟庶吉士否。保举者，所以佐铨法之不及，而分吏部之权。至若坐事斥免，因急才而荐擢者，谓之起废。家居被召，因需缺而预补者，谓之添注。此又铨法所未详，而中叶以后间尝一行者也。

考满、考察，二者相辅而行。考满，论一身所历之俸，其目有三，曰称职，曰平常，曰不称职，为上、中、下三等。考察，通天下内外官计之，其目有八，曰贪，曰酷，浮躁，曰不及，曰老，曰病，曰罢，曰不谨。考满之法，三年给由，曰初考，六年曰再考，九年曰通考。依《职掌》事例考核升降。诸部寺所属，初止署职，必考满始实授。外官率递考以待核。杂考或一二年，或三年、九年。郡县之繁简或不相当，则互换其官，谓之调繁、调简。考察之法，京官六年，以己、亥之岁，四品以上自陈以取上裁，五品以下分别致仕、降调、闲住为民者有差，具册奏请，谓之京察。自弘治时定外官三年一朝觐，以辰、戌、丑、未岁，察典随之，谓之外察。州县以月计上之府，府上下其考，以岁计上之布政司。至三岁，抚、按通核其属事状，造册具报，丽以八法。而处分察例有四，与京官同。明初行之，相沿不废，谓之大计。计处者不复叙用，永为定制。京察之岁，大臣自陈。去留既定，而居官有遗行者，给事中、御史纠劾，谓之拾遗。拾遗所攻击，无获免者。弘、正、嘉、隆间，士大夫以挂察典为终身之玷。至万历时，阁臣间留一二以挠察典，而水火之争，莫甚于辛亥、丁巳。党局既成，互相报复，至国亡乃已。

兵部凡四司，而武选掌除授，职方掌军政，其职尤要。凡武职，内则五府、留守司，外则各都司、各卫所及三宣、六慰。流官八等：都督及同知、佥事，都指挥使、同知、佥事，正、副留守。世官九等：指挥使及同知、佥事，卫、所镇抚，正、副千户，百户，试百户。直省都指挥使二十一，留守司二，卫九十一，守御、屯田、群牧千户所二百十有一。此外则苗蛮土司，皆听部选。自永乐初，增立三大营，各设管操官，各哨有分管、坐营官、坐司官。景泰中，设团营十，已复增二，各有坐营官，俱特命亲信大臣提督之，非兵部所铨择也。其途有四，曰世职，曰武举，曰行伍，曰纳级。官之大者，必会推。其军政，则犹文之考察也。

　　清选官归吏、兵二部，与明同。科目、贡监、荫生，谓之正途；荐举、捐纳、吏员，谓之异途。进士之考庶吉士未入选者，内以通政司知事、翰林院典簿、詹事府主簿、国子监丞博士、光禄寺署丞，外以知县教授用。举人，近省会试三科，远省一科，（福建、湖南、广东、广西、四川、云南、贵州。）选授知县教职及直隶州州同，亦得挑取国子监学正、学录及誊录教习。（是为大挑。）优拔贡生朝考后，授小京官、知县教职。恩副岁贡以州同、州判、教职注选。捐监则主簿吏目。荫生，视所荫品，内以部院员外郎、主事、都察院通政司经历、詹事府主簿、大理寺寺正、寺副、评事，光禄寺署正、署丞，太常光禄寺典簿、鸿胪寺主簿、各部寺司库、中书科中书，外以同知、通判、知州、知县选用。难荫以知州、知县、布按首领州县佐杂、县丞、主簿、吏目选用。荐举有贤良方正、山林隐逸，由督抚确访具题，或铨同通州县，或赏给顶戴，大抵于皇帝即位时行之。督抚幕宾，许特疏保荐。司道以下由督抚保题，请旨考试，分别任用。吏员之名不一，（在内阁、翰林院、宗人府等衙门者，曰供事；在部院者曰经承；在督抚、学政、监政各仓各监督衙门者，曰书吏，在司、道、府、厅、州、县衙门者，曰典吏；在州县佐杂之下者，曰攒典。此外尚有他名。）皆以五年为役满，得考职。考职分四等，一等以府经历，二等以主簿，三等以从九品杂职，四等以未入流杂职用。吏员多世业，罕应选者。义和团事件后，六部文卷多毁，书吏亦逃，御史陈璧奏请例案惟留要者，令司员掌文书稿案。从之。并谕："各省院司书吏多与部吏勾通，各府、州、县衙门书吏，又往往勾通省吏，舞文弄法，朋比为奸。著命督抚通饬各属，将例行案卷，一并清厘，妥定章程，遵照部章，删繁就简。嗣后无论大小衙门，事必躬亲，书吏专供缮写，不准假以事权。其各衙门额设书吏，各分别裁汰。"虽有此令，不能行也。捐纳起于顺治六年。户部议开监生吏典等援纳，并给僧道度牒，准杖徒折赎，借以筹饷。康熙时，三藩兵起，再开。十六年，侍郎宋德宜奏："开捐三载，所入二百余万，以知县为最多，计五百余人。流弊甚大，请停之。"噶尔丹战事起，又开，且加捐免保举之例。乾隆元年，停之，仅留户部捐监一条。嘉、道后，因军务、河工、振务等，屡屡奏开。至海防、郑工而后，则内官自郎中，外官自道府而下，皆可报捐矣。光绪二十七年八月，诏停实官捐，然仕途之滥冗，已不可救药矣。

选授之法，特简、特授，皆出上意，无定格。其由吏部或军机处列举候补人姓名以闻者，曰开列；选正副二人引见，由旨任其一，曰拣授。资格相当者，皆引见以待旨，曰推授。皆由吏部行之。他衙门属官，亦由该衙门咨吏部行之。由吏部铨选，曰内选；由督抚题调，曰外补。外官本部选，而改由督抚就候补人员中任用者，曰留缺。此外概归部选。部选由吏部会同河南道监察御史，以掣签行之。签由候选者亲掣，不能亲到，则由吏部堂官代掣。除闰月及京察大计之月外，每月皆选，故又称月选。待部铨者，曰候选。由吏部指定省份，或以捐纳指定待该省长官任用者，曰候补。候补分即用、候补两种。然候补仍为大名，可该即用也。大抵尚侍缺出，以他部尚侍转补。侍讲、侍读及侍讲、侍读两学士以次推升。监察御史，满、蒙由郎中、员外、内阁侍读任用，（不考。）汉由编修、检讨、郎中、员外郎、主事、内阁侍读、中书科中书、大理寺评事、太常寺博士考选。（由各堂官保送吏部，吏部请旨考试记名，遇缺简用。非正途出身及见任京官三品以上、各省督抚之子弟，皆不得与考。）总督由左都御史、侍郎、巡抚升。巡抚由学士、左副都御史、府尹、布政司升。

布政使由按察使，按察使由运使及各道升。运使由知府升。皆列名请旨。道以郎中、知府升。知府以同知、员外郎，直隶州以主事、散州知县升。道府不胜任者，降简郡及府佐。知县不胜任者，改教职。此其大略也。（道府缺，有请旨，有拣，有题，有调，有留，余由部选。州县最要缺，要缺大抵外补，中缺、简缺由部选。）清官缺有满、汉、包衣、汉军、蒙古之分。满缺中有专以宗室任之者，然宗室除督、抚、布、按由特旨任用外，不得外任。（嘉庆四年上谕，见《东华录》。）包衣除专缺外，亦得任满缺。汉军司官以上，可补汉缺，京堂以上，又得补满缺。宗室觉罗铨政，操之宗人府。内务府包衣，由总管内务大臣选拔引见，旨授，（亦有不必得旨者。）皆不由吏部也。武缺亦有满、汉、汉军、蒙古之分，大抵八旗皆满人，绿营以汉人为主。八旗武职，自副都统以上，绿营武职，自总兵以上，皆由兵部开列请旨，以下由部选，或督、抚、提、镇任用。武官有世职、武科、荫生、军功、行伍、捐纳六途，而以军功行伍为尚。（明、清皆有武科。明成化十四年，始定乡、会试，悉视文科例。弘治六年，定六年一行。十七年，改为三年一行。其殿试则始崇祯四年。清武进士，一甲一名授一等侍卫，二名、三名授二等侍卫，二甲授三等侍卫，三甲授蓝翎侍卫外用。一等侍卫，旗人以副将，汉军以参将，二等旗人参将，汉军游击，三等皆以都司，汉人一、二等以参将、游击，三等以游击、都司用。武举由兵部拣选，得授千总。武科停于清光绪二十七年，武职捐纳停于同治四年，见《东华录》。）

考察内官曰京察，外官曰大计，皆三年一行。武职曰军政，五年一行。京察分四格、六法。四格曰守，曰才，曰政，曰年。六法曰不谨，曰罢软无为，曰浮躁，曰才力不及，曰年老，曰有疾。（初有贪、酷为八法，后贪、酷归特参。）按四格分三等。大计分卓异、供职。军政四格，八旗曰操守、才能、骑射、年力，绿营曰才技、年力、驭兵、给饷。六法与文官同。京察，三品京堂由部开列事实，具奏请旨，四五品请特简王、大臣验看，余听察于其长。大计由直省督、抚核其属官，注考达部。军政，将军、都统、副都统由部具疏请旨,三品以下听察于其长,在京八旗武职,特简大臣考察,绿旗听察于其长,由本管注考达部。

訾近代之选政者曰:"科目则学其所学,而实不可云学,非科目更无所为学"是已。然此为历代之通弊,非明、清所独有也。掣签之法,创于明之孙丕扬,亦为论者所深讥。然丕扬之所为,亦犹之崔亮之停年格耳。夫固出于不得已,举而废之,未必利余于弊,且恐不胜其弊也。(《陔余丛考》"吏部掣签"条曰:"按于慎行《笔麈》,谓孙公患中人请托,故创为此法。一时宫中相传以为至公,下逮闾巷,亦翕然称颂,而不知非体也。古人见除吏条格,却而不视,奈何自处于一吏之职,人才长短,资格高下,皆所不计乎?顾宁人亦主其说。然吏弊日滋,自不得不为此法。所以二百年来,卒不能改,亦时势然也。")惟南北更调之制,至明代而始严,清人因之,变本加厉,使居官者不悉民情,且因路遥到官,先有债累,实为巨缪。(《汉书》:严助,会稽吴人。既贵,上问助居乡里时,助对曰:"家贫,为友婿富人所辱。"上问所欲,对"愿为会稽太守"。于是拜为会稽太守。又朱买臣,会稽郡吴人,后出为会稽守。韩安国,梁成安人,为梁内史。《后汉书》:景丹,栎阳人,光武以其功封为栎阳侯,谓"富贵不归故乡,如衣绣夜行,故以封卿"。是汉时尚无回避之例。杜佑《通典》,谓汉时丞尉及诸曹掾,多以本郡人为之,三辅则兼用他郡人,而必特奏。可见汉时掾属官吏,更无不用本郡者。《蔡邕传》:朝议以州县相党,人情比周,乃制昏姻之家,及两州人士,不得互相监临。于是又有三互法,禁忌转密。邕乃上疏,极言其弊。然则回避本籍,以及亲族相回避之例,盖起于后汉之季也。然魏、晋以来,亦有不拘此者。宋授官本籍之例,大概有三:一以便就养;一以优老臣;一以宠勋臣。亦或不尽关此。南宋之末,以军事重,守乡郡者更多。《高宗纪》:绍兴二年,诏监司避本贯,则回避本籍,惟在监司。金、元亦间有不避本籍者。明惟洪武时不拘。清则督抚大吏外,常调官惟有亲老改补近省之例而已。又历代铨选,有不必尽赴京师者,如唐东都、黔中、闽中、岭南、江南各自为选是也。宋神宗诏川、陕、福建、广南四转运使各立格就注。

南渡后，四川仍沿此制，近代亦无此例。以上略据《陔余丛考》及《日知录》。案清代官，惟教职止避本府，余官须避原籍，寄籍并须避邻省五百里以内，又京官祖孙父子不得同在一署，外任则五服之族、母妻之父兄弟、女婿适甥、儿女姻亲、师生，皆不得相统属，皆以卑避尊，此其所谓回避之法也。诚非廓然大公，然背公党私，久成锢习，不肖者固巧法徇私而不易治，贤者亦苦公私难以两全而无以自处，其法亦不可尽废。要以相去不至太远，致民情风俗不易悉，又难以赴任为限耳。又明初官之赴任，及其去官归里，或身没妻子归里，舟车皆由官给，亦有特给以资者，今后似亦宜酌给。驭吏者必使俯仰无忧，乃可责之以廉也。）又明代吏部用人，尚有大权，虽有弊而亦有利。（《廿二史札记》"明吏部权重"条谓明六部堂官、巡抚、布政等，皆吏部所选用。严嵩当国时，始有吏、兵二部选郎，各持簿任嵩填发之事。万历中，孙丕扬长吏部，不得已用掣签法，以谢诸贿属者，亦以吏部注授官职，可以上下其手也。虽有会推之例，亦吏部主之。熊开元疏曰："督抚官缺，明日廷推，今日传单，其人姓名不列。至期，吏部出诸袖中，诸臣唯唯而已。"）清则循例选授外，几无余事，官职稍高，即非所得预。用人之权，内夺于军机、内阁，外专于总督、巡抚，尚侍所行，真成一吏之事矣。此亦清代政治不克振起之一因也。

康有为《官制议》曰："官职之与爵位，同用而不可缺者也。官职以治事也，事惟其才，则能者任之，其义在用也。爵位以酬勋旧年德也，所以尊显之，其义在报。春秋列国大夫无数，而任职者无几人。若夫白屋之俊才，异邦之羁旅，试以职事，亦不必遽授高爵。战国立关内侯十九等之虚爵。汉世因之，亦官爵并用之义也。六朝之世，官爵合而为一。然当时尚无资格年劳之限。其用人也，气疏以达。然是时实崇贵族，有华腴寒素之别，故上品无寒门，下品无贵族，盖即以门族之人望为爵位，此无可称焉。汉武帝妙用人才，则诸曹侍中诸吏给事之差出矣。光武不委用三公重臣，则尚书权重矣。魏、晋又用中书小臣为重任，而远尚书矣。岂非官自用才，不必贵显，位自尊重，不必执政，实自然不得已之理邪？唐太宗时，不用尚书令仆及中书令，而以庶僚同三品平章政事，亦重差事官也。自崔亮、裴光庭后，资格年劳之法日积，所以限人士之登庸，备选部之铨简者，其道日隘，其格日深，人才之登用甚难。故唐时遂创检校行守试之法。宋太祖因而妙用之，令官与爵异，官可不次拔用，爵则论功次迁。其职事官者差也，其官也、职也、勋也、阶也、爵也，皆爵位也。盖自光武罢诸将兵柄，而授以特进、奉朝请之位，又以隆礼高位待公卿，而以事权万务归台阁。范蔚宗谓其高秩厚礼，允答元勋，峻文深宪，责成吏职，故勋旧得保全，而职事克举。盖自孝廉为尚书郎，则已手握王爵，口含天宪，出为刺史守令，更迭互用，位略平等，而守相望深，即为公卿，其制良美矣。宋艺祖酷效之，而更妙其用。于是得是官者只以酬年劳而寄禄，不必任其事。任其事者但在举其职，不必至是官。故自京朝六部诸司百执省台寺监之长，外至漕司州郡，尽为差事，上至故相，下至八品朝官，皆得为之，惟才是与，不论爵位。至于迁转，则各按其原资，积年劳，累功效，而后渐至大位。事权轻重视其差，恩荣轻重视其位。两不相蒙，各有所得。才贤争效其职，大臣不怨遗佚，权贵不至尸位。善哉！复古之制，未有如宋祖者也。王安石不知法意，徒务正其空名，元丰官制行，于是宋祖之美意不见矣。然以大夫郎之散阶代官，仍留判、行、守、试、权差遣之法；大夫郎馆职，则待年劳而后转；判、行、守、试、权差遣，仍不拘品位以任事，宋祖之良法仍存焉。（其法以大夫郎为寄禄本阶，其差高于本阶一品者为行，下一品者为守，下二品为试，再高者则为判，再下者则为权发遣，而于不拘品位之中，仍有选人之位限。若某官用两制以上，或馆职以上，或朝官以上，或京官以上是也。其寄禄之阶官，凡二十四等，四年一转，有出身或馆职者超转，至朝议大夫以上七年一转，如司马光曾为宰相者也。《通鉴》署衔曰太中大夫，正四品阶也。端明殿学士从二品馆阁之职，以故相枢密副使改为之也。侍读则三品官也。神霄宫使乃差遣，上柱国则勋一品，温国公则爵一品，是其阶职官爵品数皆不同，各自升转，各受恩侍，而以判行守试视权发遣为之，则无不可也。）元以蒙古入中国，其时权要议制之臣，粗疏而不知法意，尽罢宋制，有官无爵，虽有勋阶，皆随官位而授之，不以为寄禄、判、行、守、试之地位也。于是唐、宋以来官爵并行之良法美意，扫地尽矣。明太祖起自草茅，不知古事，亦不知古意，不知官爵并行之法，但其用人不次，生杀不次，故以布衣一日而任卿相，又一日而杀之。其操纵类于汉武，此为英雄偶用之事，而非可垂后行远者也。然明世大学士位仅五品，皆以翰林官充之。英宗时，俞镒、萧纲尚得以贡生生员入阁，乃至崇祯时尚有以修撰为大学士，而知县可为御史也。巡抚皆以四五品卿衔为之。御史可出而巡按，两转可为巡抚。主事中行评博可为御史，再三转皆为京卿。四五品京卿皆得选大学士。故明世虽无官爵并行之法，而酷类汉制，气疏以达，故磊落英勇之才，得以妙年盛气举其职而行其志，然不如宋制之深稳妥帖矣。然明世外省事权最大者，则有总督、巡抚，兵权最大者，莫如提督、将军，国务政权，则入内阁预机务，是三者皆差事而非职官也。然则官爵之分，差事官之美，历朝所莫能外矣。惟国朝之制，乃累百代之弊，尽去其精美，而取其粗恶也。其达官有权者只有尚、侍、督、抚四十余人，其能以言上达者只有御史京卿数十人，举国所寄命在此矣。而宋之六部诸司长官可以八品官判其事者，今则一切职事能达于上者，必以一二品之大学士、尚、侍、督、抚为之，虽三品卿如大理、太常、太仆、光禄，古为极雄峻之位者，国朝尚不得与闻政事焉。如今之议开铁路、矿务、商务、垦务、学务诸司，及查办事件，皆必以大学士、尚、侍为之，宁以数大臣而共办一职，又以一大臣而兼领数职。而所谓大学士、尚、侍、督、抚者，其品秩皆在第一第二，与人间隔绝，高高不可攀者也。盖自魏、晋、六朝至唐宰相，皆不过三品，尚、侍诸卿亦皆三四品，而外之刺史别驾，亦皆三四品，故多自刺史别驾而入为宰相者，况百司乎？夫刺史别驾者，今之知府同知耳。其去藩臬，尚如登天之无阶，况督抚乎？况宰相六卿乎？如京官迁转，尤为可笑。如工右之至吏左，同为侍郎，而几须十转乃至。盖右侍郎之转，仅至左侍郎，工部之升，仅为刑部。若工尚之升，必从总宪，总宪之任，必自吏左，若自京卿至侍郎，则自鸿少卿迁光少卿，光少卿迁通参，通参迁阁读学士，然后迁鸿卿，进而常少仆少，又进而理少通副，又进而光卿仆卿，又进而府尹常卿，又进而理卿通使，又转为宗丞，进为副宪，然后得为侍郎。盖必十余转乃能至焉。若自五品员外郎而为四品卿，亦须九转乃至。一升郎中，再升御史，三升巡城掌印御史，四升给事，五升掌印都给事，六升鸿少，七升光少，八升通参，九升乃至阁读学士。其自主事中书而至御史，必历十数年乃能补缺。主事则一再升郎员，乃能考取御史。中书则再升侍读，乃能考取御史。即编修亦非十余年不能开坊，不能入清秘堂而保选知府焉。苟官未至尚、侍、督、抚，虽藩臬之尊，不得上达，内阁学士三品卿之贵，不闻政事，曾不得比宋世之八品朝官也。而欲至尚、侍、督、抚之位，非经数十转不得至焉。经此数十转也，即使弱冠通籍，顺风直上，绝无左降，未尝病卧，亦必年已耆耄矣，精神衰耗矣，血气销缩矣，阅历疲倦矣，非耳聋目暗，则足跛病忘矣。除已衰在得以谋子孙而娱暮老之外，无余志矣。夫安有立竞争优胜劣败之世，任天下大事于冢中枯骨，而望其有成者乎？"（《官制议》卷十三《改差为官改官为位》。）康氏之言如此，于清代用人之弊，可谓穷形尽相矣。

考试为中国固有之良法，然历代任官，由于考试者，实仅科举一途而已，犹未尽其用也。及孙文乃大昌，其义列为五权宪法之一焉。案自国民政府成立以前，各省已有举行考试者，以县长佐治员，教育、警察、卫生各行政人员，会计人员，司法员吏（管狱员、承审员、承发吏等）为多。使领馆职员，外交部亦曾举行考试，然非定法也。十八年一月一日，国民政府乃公布考试法，分考试为普通、高等、特别三种。普通考试在各省区举行，高等考试在首都或考试院指定之区域举行，每年或间年一举。

初试国文、党义，次分科试其所学。其事由典试委员会任之，以主考官为委员长。（普通考试，主考官由国民政府简派，高等考试特派。）监察院派员监试。应试及格者，由考试院发给证书予以登记。举行考试之前，先之以检定考试，在各省举行。二十年三月公布特种考试法，以试候选及任命人员及应领证书之专门职业或技术人员而定其资格。定以是年四月至六月为检定考试之期，七月十五日举行高等考试，其普通考试分区巡回举行。分全国为九区，区设典试委员会，以次分赴各省。江苏、浙江、安徽、湖南、湖北、江西六省为第一区，河北、山东、河南、山西、察哈尔、绥远六省为第二区，辽宁、吉林、黑龙江、热河四省为第三区，陕西、甘肃、青海、宁夏四省为第四区，四川、西康、云南、贵州四省为第五区，广东、广西、福建三省为第六区，新疆为第七区，蒙古为第八区，西藏为第九区。第一次甘肃、宁夏、青海三省，四川、西康两省皆合并举行，新疆暂行委托考试，蒙古西藏则暂缓。定于是年九月十五日举行，高等考试既毕，大水为灾，交通艰阻，展期至次年一月至六月间，因国难又未果，展至七月至十二月间，至十二月乃有山西省举行。明年河北、绥远、河南继之。二十三年首都及浙江乃又行之焉。军兴以来，需材孔亟，而平时典试等法，至此或难尽行。二十八年十月二十八日，乃公布非常时期特种考试暂行条例，规定特种考试由考试院视需要随时举行，分类分科及应考资格亦由院规定。其试法得分初试再试，而二者又各得分为若干试，亦有院定之。得不设典试委员会，由院派员办理。与普通考试相当者，得委托任用机关行之。高等考试及普通考试，亦颇得援用其法。考试院又拟订战地任用人才考试办法，先分地调查，次分类筹备，乃指定后方地点，派员巡回举行。又制定全国人才登记规程，有应高等、普通考试资格者，或由调查，或因申请，予以登记其学历经验，优者或介绍工作，或举行奖学考试，以资鼓励。其特种公务员（邮电、路航、关盐等。）及专门职业技术人员考试之法，亦在拟订之中。（前此数尝举行，惟未有定法。）高等考试是年十月一日分在重庆、成都、昆明、桂林、皋兰、城固、永康七处举行，先是中央政治会议议决，此后高等考试分初试及再试，初试合格者一律入中央政治学校训练，期满后举行再试，及格乃依法任用。及是依以举行初试及格者，皆送中央政治学校训练，训练之期定为一年，期满由院再试，及格则发给证书，依法任用。不及格者得再试一次，训练期内，膳食、服装、讲义均由学校供给，并月给津贴30元焉。其普通考试，战后广西、云南、陕西，皆尝举行。二十九年十二月十六日公布县参议员及乡镇民代表候选人考试暂行条例，分试验、检讨二项，试验科目由考试院定之，检讨除审查资格外，得举行测验或口试，其办法亦由考试院订定。

高等考试之分科，有外交官、领事官、教育、卫生、财务、行政人员，有会计统计人员，有司法官、监狱官、律师，有西医师、药师，其条例皆十九年公布，有警察行政人员、工业、农业、农林技术人员，其条例皆二十年公布，后又有建设人员普通考试，科目有普通行政人员，教育卫生行政人员，监狱官、书记官，其条例皆十九年公布，警察、农林行政人员，工业、农业技术人员，其条例皆二十年公布。后又有审计人员。二十八年高等考试分（一）普通行政，（二）财务行政，（三）经济行政，（四）土地行政，（五）教育行政，（六）司法官，（七）外交官、领事官，（八）统计人员，（九）会计、审计人员九项，后又加合作行政人员一项。特种考试，有监所看守，有图书管理员，有助产士，有牙医，有商品检验技术人员，有邮务人员，有中小学教师（检定），有引水人，其条例皆二十年公布，战后财务、交通、电信、路政、邮务、会计、工程、地方行政、农业推广、土地呈报、教育视察、气象测候，皆尝举行考试。盖有所求，则试之无定限，已公布之条例，或亦不能改废也。

十九年十一月二十九日国民政府公布考试复核条例，京内外各官署，在考试院举行考试以前，遵照中央法令所举行之考试，均依该条例加以复核，如考试章程是否根据中央法令，或经中央核准考试方法，是否依照考试章程考试科目，是否与所任职务相当，成绩是否及格是也。二十年一月乃呈请，嗣后各省请举行考试者，一律停止。各项考试概归考选委员会呈院核夺施行焉。惟仍有由各机关自办而呈院核准备案者，建设委员会于普通工程及事务人员，即尝行之。

铨叙部设登记、甄核、育才三司及铨叙审查委员会，以审查公务员资格成绩，任免升降转调俸给年金奖恤（抚恤本属内政及司法行政部。）及规划公务员补习教育及公益之事。十九年四月公布现任公务员甄别审查条例，印就表格及证明书发交中央各院部会及各省市政府，请转发所属各机关，限期填送。是年六月开始审查，分资格、成绩两项，资格分革命功勋、学历、经历、考试及格四项，成绩由长官加具考语，分甲乙丙丁四等。报部之期本定是年十二月，后展期五次，至二十二年六月乃截止，然未填送者，实尚十之六七也。审查既竣，乃行登记，举审查合格者而籍录之，是曰初次登记。其后升降调免及其他事项（如死亡等。）一一籍录，谓之动态登记焉。二十八年十二月八日公布非常时期公务员考绩条例，分工作、操行、学识为三项，工作占50分，操行、学识乃各占25分，总计满60分为及格留任。（惟工作不及30分，操行、学识不及15分者，仍以不及格论。）不及格者降级或免职，在80分以上者晋级。二十九年十二月二十日公布各机关人事管理暂行条例，规定各机关就原有经费及人员中，设置人事处司科股或指定专任人员办理送请铨叙，进退迁调，考核奖惩，其他人事登记，训练补习，抚恤公益等事项焉。

法不难于立而难于行。二十二年四月，考试院秘书处致考选委员会公函，内附周邦道等条陈云：两年来第一届高考及格，依法任用，呈荐试署实授者，只34人，内已遭罢免者10人，现在任用者，不过24人，皆有备员之名，而无得官之实。公务员任用法虽已施行，能否推行尽致，尚不可知。且依该法施行条例，有轮班选补3名叙一之法则，如教育部分发，尚未任用者有6人，即令今后历任长官均能守法不渝，亦须候至第十六个缺，第六人始能进叙，实非一二年所能，其他机关情形，亦多类是云云。考试及格者，任用之难可以想见。二十七年二月四日译报载《字林西报》云，中国目前引用私人非常普遍，文官考试实已不存。六月二十八日《文汇报》转载《新华日报》"保卫武汉与第三期抗战问题意见"一文，其第五节，解决一切问题之中心枢纽云：一是党派门户成见未能全泯，二是个人亲故私情时常发生作用。抗战之时如此，平时可知。今之所谓公务员任用法者，核其实，已难尽如人意，而其行之之难，犹如是。昔人所谓去河北贼易，去中朝朋党难，其理亦不外是也。

第十七章

兵　制

古言兵制者亦有今古文之异。《白虎通·三军篇》："三军者何法？法天地人也。以为五人为伍，五伍为两，四两为卒，五卒为旅，五旅为师，师二千五百人。师为一军，六师一万五千人也。《传》曰：一人必死，十人不能当。百人必死，千人不能当。千人必死，万人不能当。万人必死，横行天下。虽有万人，犹谦让，自以为不足，故复加五千人，因法月数。月者群阴之长也，十二足以穷尽阴阳，备物成功。万五千人亦足以征伐不义，致太平也。《谷梁传》曰：'天子有六军，诸侯上国三军，次国二军，下国一军。'"（此文庸有讹误，然卢校改非是。万五千人与月数不合。《说文》及《一切经音义》引《字林》，皆以四千人为一军，则三军适法十二月，知《白虎通》窜乱多矣。今《谷梁》襄十一年："古者天子六师，诸侯一军。"）《公羊》隐公五年《解诂》："二千五百人为师。礼，天子六师，方伯二师，诸侯一师。"（《诗》："周王于迈，六师及之。"《孟子》："三不朝则六师移之。"）此今文家说也，其详不可得闻矣。古文家说见于《周官·大司徒》职云：令五家为比，五比为闾，五闾为族，五族为党，五党为州，五州为乡。《小司徒》职云："乃会万民之卒伍而用之。五人为伍，五伍为两，四两为卒，五卒为旅，五旅为师，五师为军。"《夏官》序官云："凡制军，万有二千五百人为军。王六军，大国三军，次国二军，小国一军，军将皆命卿。二千有五百人为师，师帅皆中大夫。五百人为旅，旅帅皆下大夫。百人为卒，卒长皆上士。二十有五人为两，两司马皆中士。五人为伍，伍皆有长。"此其成军之法也。其出车之法，则《公羊》宣十五年《解诂》云："十井共出兵车一乘。"又昭元年《解诂》云："十井为一乘，公侯封方百里，凡千乘；伯四百九十乘，子男二百五十乘。"襄十二年云："礼，税民公田不过十一，军赋十井不过一乘。"《礼记·坊记》："故制国不过千乘。"注曰："古者方十里，其中六十四井，出兵车一乘，此兵赋之法也。成国之赋千乘。"《论语·学而》："道千乘之国。"《集解》："包曰：道，治也。千乘之国者，百里之国也。古者井田，方里为井，井十为乘。百里之国，适千乘也。"此今文说也。古文家所用为《司马法》。《司马法》有二说。其一："六尺为步，步百为亩，亩百为夫，夫三为屋，屋三为井，井十为通，通为匹马，三十家士一人，徒二人。通十为成，成百井，三百家革车一乘，士十人，徒二十人。十成为终，终千井，三千家革车十乘，士百人，徒二百人。十终为同，同方百里，万井，三万家革车百乘，士千人，徒二千人。"郑注《周礼·小司徒》所引也。其又一说，则郑注《论语》"道千乘之国"引之。见《小司徒疏》，而《汉书·刑法志》亦取其说。《汉志》曰："四井为邑，四邑为丘。丘，十六井也，有戎马一匹，牛三头。四丘为甸。甸，六十四井也，有戎马四匹，兵革一乘，牛十二头，甲士三人，卒七十二人，干戈备具，是谓乘马之法。一同百里，提封万井，除山川沈斥，城池邑居，园囿术路，三千六百井，定出赋六千四百井，戎马四百匹，兵车百乘，此卿大夫采地之大者也，是谓百乘之家。一封三百一十六里，提封十万井，定出赋六万四千井，戎马四千匹，兵车千乘，此诸侯之大者也，是谓千乘之国。天子畿方千里，提封百万井，定出赋六十四万井，戎马四万匹，兵车万乘，故称万乘之主。"

《小司徒疏》及成元年《左氏正义》以前法为畿内法，后一法为邦国法。前一法与《鲁颂》"公车千乘，公徒三万"合。后一法则天子畿内有甲士三万，卒七十二万。故《史记》谓牧野之战，纣卒七十万人。孙子亦云："怠于道路，不得操事者七十万家。"

《春秋繁露·爵国篇》云："方里八家，一家百亩，以食五口。上农夫耕百亩，食九口，次八人，次七人，次六人，次五人，多寡相补，率百亩而三口，方里而二十四口。方里者十，得二百四十口。方十里为方里者百，得二千四百口。方百里为方里者千，得二万四千口。方千里为方里者万，得二十四万口。"法三分而除其一，"得良田方十里者六十六，十与方里（当作与十方里。）六十六。定率得十六万口，三分之，则各五万三千三百三十三口，为大口军三，此公侯也。天子地方千里，为方百里者百，亦三分除其一，定得田方百里者六十六，与方十里者六十六，定率得千六百万口，九分之，各得百七十七万七千七百七十七口，为京口军九。三京口军，以奉王家"。"故伯七十里，七七四十九，三分除其一，定得田方十里者二十八，与方十里者六十六，定率得十万九千二百一十二口，为次国口军三"。"故子男方五十里，五五二十五，与方十里者六十六，定率得四万口，为小国口军三"。（"与方十里者六十六"句原误，今改正。"定率得四万口"句亦误。）此又自为一说。如此说，方十里，得二千四百口，三分去一，更以三除之，为五百三十三口，故云"有田一成，有众一旅"也。

论古代兵制者皆为兵农合一之说所误。江氏永《群经补义》论此事最核，可检阅。盖服兵役者惟乡人，野鄙之农不与。故《周礼》亦只云"军出于乡也"。朱氏大韶《实事求是斋经义·司马法非周制说》论此事亦详。《繁露》《司马法》以一部分人所服之兵役均摊之于全国人，则说不可通矣。《繁露》盖孔子所改之制，非事实。《司马法》则战国时书。战国时服兵役者已不限于乡人。作者但睹当时之制而不知古，故亦以古兵数均摊之全国人邪，抑亦欲少澹干戈之祸也。

古服兵役限于乡人者，以其初为战胜之族，而野人则被征服之族也。（讲阶级篇时已言之矣。）然当时之野人亦非不能为兵，特仅用以保卫乡里不出征耳。至战国时，乃皆使之征戍，故兵数骤增。（苏秦说六国，谓燕、赵、齐、韩皆带甲十万，楚带甲数百万，魏武士二十万，苍头二十万，奋击二十万，厮徒二十万。观当时坑降斩级动以万计，则秦之言非虚也。）鞌之战，齐侯见保者曰："勉之，齐师败矣。"而战国时论者谓"韩魏战而胜秦，则兵半折，四境不守"。此保卫乡里之民尽充征戍之士之明征也。此可见战事之日烈矣。

《日知录》曰："春秋之世，戎翟之杂居于中夏者，大抵皆在山谷之间，兵车之所不至。齐桓、晋文仅攘而却之，不能深入其地者，用车故也。中行穆子之败翟于大卤，得之毁车崇卒，而智伯欲伐仇犹，遗之大钟，以开其道，其不利于车可知矣。势不得不变而为骑，骑射所以便山谷也。是以公子成之徒谏胡服而不谏骑射，意骑射之法必有先武灵而用之者矣。"案此亦可见争战之日烈也。（苏秦谓燕骑六千匹，赵万匹，魏五千匹，楚万匹。）

战国时，实为举国之民皆服兵役之世。降逮秦汉，犹沿其余烈焉。《汉书·刑法志》云："天下既定，蹹秦而置材官于郡国，京师有南北军之屯。至武帝平百粤，内增七校，（晋灼曰："《百官表》中垒、屯骑、步兵、越骑、长水、胡骑、射声、虎贲，凡八校尉，胡骑不常置，故此言七也。"）外有楼船，皆岁时讲肄，修武备云。至元帝时，以贡禹议，始罢角抵，而未正治兵振旅之事也。"此孟坚总述西汉兵制之大略也。案《后汉书·光武纪》建武七年注引《汉官仪》："高祖命天下郡国选能引关蹶张、材力武猛者，以为轻车、骑士、材官、楼船。常以立秋后讲肄课试，各有员数。平地用车骑，山阻用材官，水泉用楼船。"此汉时兵之种类也。《汉书·高帝纪》二年注引《汉仪注》："民年二十三为正，一岁为卫士，一岁为材官骑士，习射御骑驰战陈。""年五十六衰老，乃得免为庶民，就田里。"《昭帝纪》元凤四年注："如淳曰：更有三品，有卒更，有践更,有过更。古者正卒无常人,皆当迭为之,一月一更,是为卒更也。贫者欲得雇更钱者,次直者出钱雇之,月二千,是谓践更也。天下人皆直戍边三日,亦名为更,律所谓繇戍也。虽丞相子亦在戍边之调。不可人人自行三日戍,又行者当自戍三日,不可往便还,因便住一岁一更。诸不行者,出钱三百入官,官以给戍者,是为过更也。律说,卒践更者,居也,居更县中五月乃更也。后从尉律,卒践更一月,休十一月也。《食货志》曰:'月为更卒,已复为正,一岁屯戍,一岁力役,三十倍于古。'此汉初因秦法而行之也。后遂改易,有谪乃戍边一岁耳。"此当时人民所服兵役之义务也。汉南北军皆调自人民。详见《文献通考》。自武帝初年以前用兵亦多调自郡国,实战国以来之成规也。其非出自人民者,《百官公卿表》:"越骑校尉掌越骑。"如淳曰:"越人内附,以为骑也。"《表》:"长水校尉掌长水、宣曲胡骑。"师古曰:"长水,胡名也。宣曲,观名,胡骑之屯于宣曲者。"《表》:"胡骑校尉掌池阳胡骑。"师古曰:"胡骑之屯池阳者也。"又光禄勋所属"期门掌执兵送从,武帝建元三年初置,比郎,无员,多至千人,有仆射,秩比千石。平帝元始元年更名虎贲郎,置中郎将,秩比二千石。羽林掌送从,次期门,武帝太初元年初置,名曰建章营骑,后更名羽林骑。又取从军死事之子孙养羽林,官教以五兵,号曰羽林孤儿。羽林有令丞。宣帝令中郎将、骑都尉监羽林,秩比二千石"。《东方朔传》:"微行,常用饮酎已。八九月中,与侍中常侍武骑及待诏陇西北地良家子能骑射者期诸殿门,故有期门之号。"此则非复出于普通人民,故论者以校尉为募兵之始。羽林、期门拟唐之常从。然此等兵在汉固无关重要也。

民兵之制所以渐废者,实缘秦汉以后疆域式郭,征戍日远。古代风气强悍,人民于战斗,初非所惮。所惮者则路遥而征戍之期长,废生业而又有跋涉之苦耳。故自秦世已有谪发,至汉而用之益广。夫用谪发则不甚用平民为兵,不甚用平民为兵,则人民右武乐战之习日以衰矣。此民兵渐废之由也。

秦代谪发之制见于《汉书·晁错传》。错论《守边备塞书》曰："臣闻秦时北攻胡貉，筑塞河上，南攻扬粤，置戍卒焉。其起兵而攻胡、粤者，非以卫边地而救民死也，贪戾而欲广大也，故功未立而天下乱。且夫起兵而不知其势，战则为人禽，屯则卒积死。夫胡貉之地，积阴之处也，木皮三寸，冰厚六尺，食肉而饮酪，其人密理，鸟兽毳毛，其性能寒。扬粤之地，少阴多阳，其人疏理，鸟兽希毛，其性能暑。秦之戍卒不能其水土，戍者死于边，输者偾于道。秦民见行，如往弃市，因以谪发之，名曰'谪戍'。先发吏有谪及赘婿、贾人，后以尝有市籍者，又后以大父母、父母尝有市籍者，后入闾，取其左。发之不顺，行者深怨，有背畔之心。凡民守战至死而不降北者，以计为之也。故战胜守固则有拜爵之赏，攻城屠邑则得其财卤以富家室。故能使其众蒙矢石，赴汤火，视死如生。今秦之发卒也，有万死之害，而亡铢两之报，死事之后不得一算之复，天下明知祸烈及己也。陈胜行戍，至于大泽，为天下先倡，天下从之如流水者，秦以威劫而行之敝也。""陛下幸忧边境，遣将吏发卒以治塞，甚大惠也。然令远方之卒守塞，一岁而更，不知胡人之能，不如选常居者，家室田作，且以备之。以便为之高城深堑，具蔺石，布渠答，复为一城其内，城间百五十步。要害之处，通川之道，调立城邑，毋下千家，为中周虎落。先为室屋，具田器，乃募罪人及免徒复作令居之；不足，募以丁奴婢赎罪及输奴婢欲以拜爵者；不足，乃募民之欲往者。皆赐高爵，复其家，予冬夏衣，廪食，能自给而止。郡县之民得买其爵，以自增至卿。其亡夫若妻者，县官买予之。人情非有匹敌，不能久安其处。塞下之民，禄利不厚，不可使久居危难之地。胡人入驱而能止其所驱者，以其半予之，县官为赎其民。如是，则邑里相救助，赴胡不避死。非以德上也，欲全亲戚而利其财也。此与东方之戍卒不习地势而心畏胡者，功相万也。"此可见谪戍之弊，及募民实边之益。使当时沿边之地能举如错议行之，则民不劳而边患抒，实策之最善者也。然当时不能如是，而武帝以后，征戍既远，征调尤繁，人民难数扰动，故谪发之用尤甚也。

汉世谪发，见于《汉书》纪传者甚多，今就本纪，略举若干事，以见其概。

《高帝纪》十一年，"赦天下死罪以下，皆令从军"。

《武帝纪》元鼎五年，"夏四月，南越王相吕嘉反"。秋，"遣伏波将军路博德出桂阳，下湟水；楼船将军杨仆出豫章，下浈水；归义越侯严为戈船将军，出零陵，下离水；甲为下濑将军，下苍梧。皆将罪人，江淮以南楼船十万人。越驰义侯遗别将巴蜀罪人，发夜郎兵，下牂柯江，咸会番禺"。

元封二年，"朝鲜王攻杀辽东都尉，乃募天下死罪击朝鲜"。秋，"遣楼船将军杨仆、左将军荀彘将应募罪人击朝鲜"。

六年，"益州、昆明反，赦京师亡命，令从军，遣拔胡将军郭昌将以击之"。

太初元年，"遣贰师将军李广利发天下谪民西征大宛"。师古曰："庶人之有罪谪者也。"《李广利传》："太初元年，以广利为贰师将军，发属国六千骑及郡县恶少年数万人以往。"

天汉四年，"发天下七科谪及勇敢士"。张晏曰："吏有罪一，亡命二，赘婿三，贾人四，故有市籍五，父母有市籍六，大父母有市籍七，凡七科也。"

《昭帝纪》始元元年，"遣水衡都尉吕破胡募吏民及发犍为、蜀郡奔命击益州，大破之"。应劭曰："旧时郡国皆有材官骑士以赴急难，今夷反，常兵不足以讨之，故权选取精勇。闻命奔走，故谓之奔命。"李斐曰："平居发者二十以上至五十为甲卒，今者五十以上六十以下为奔命。奔命，言急也。"师古曰："应说是也。"

《昭帝纪》元凤元年，"武都氐人反，遣执金吾马适建、龙雒侯韩增、大鸿胪广明将三辅、太常徒，皆免刑击之"。苏林曰："是时太常主诸陵县治民也。"

五年,"六月,发三辅及郡国恶少年吏有告劾亡者,屯辽东"。如淳曰:"告者,为人所告也。劾者,为人所劾也。"师古曰:"恶少年谓无赖子弟也。告劾亡者,谓被告劾而逃亡。"

《宣帝纪》本始二年秋,"大发兴调关东轻车锐卒,选郡国吏三百石伉健习骑射者,皆从军"。

神爵元年,"西羌反,发三辅、中都官徒弛刑,及应募佽飞射士、羽林孤儿,胡、越骑,三河、颍川、沛郡、淮阳、汝南材官,金城、陇西、天水、安定、北地、上郡骑士、羌骑,诣金城"。李奇曰:"弛,废也。谓若今徒解钳釱赭衣,置任输作也。"师古曰:"中都官,京师诸官府也。《汉仪注》长安中诸官狱三十六所。"佽飞射士,臣瓒曰:"本秦左弋官也,武帝改曰佽飞官,有一令九丞,左上林苑中结矰缴以弋凫雁,岁万头,以供祀宗庙。"

此皆汉世所用之兵出于民兵以外者也。用此等兵日多,则民兵之用日少,而人民右武好斗之习日以衰矣。当是时,贾人、赘婿、刑徒、谪吏惟所用之,无不如志。以卫青之柔懦,霍去病之骄恣,犹能绝汉以立大功,岂有他哉!其众强也,举国皆兵之流风余烈亦可见矣。李陵提步卒五千,深践戎马之地,足历王庭,垂饵虎口,横挑强胡,询之往史,莫之能再,汉之负陵则深矣。而陇西士大夫犹以李氏为愧,路博德羞为陵后,而不闻有羞与卫、霍、贰师伍者。距封建之世近,民尊君亲上之心亦非后世所逮也。使汉武能以法任人,善用其众,国威之遐畅岂值如两汉之已事哉!

后汉光武承大乱之后,欲与民休息,乃尽去兵备。《后书·光武纪》建武六年,"是岁,初罢郡国都尉官。"刘攽曰:"案郡有都尉,国有中尉。此时罢郡都尉官耳,不当有国字。"案此或并罢中尉,言不具耳。七年三月丁酉,"诏曰:今国有众军,并多精勇,宜且罢轻车、骑士、材官、楼船士及军假吏,令还复民伍"。九年,"是岁,省关都尉"。十三年,

"大飨将士，班劳策勋。功臣增邑更封"。"罢左右将军官"。《续书·百官志》："建武六年，省诸郡都尉，并职太守，无都试之役。省关都尉，惟边郡往往置都尉及属国都尉，稍有分县，治民比郡。安帝以羌犯法，三辅有陵园之守，乃复置右扶风都尉、京兆虎牙都尉。"《文献通考》云："光武罢都尉，然终建武之世，已不能守前法，罢尉省校，辄复临时补置。""明帝以后，又岁募郡国中都官死罪系囚出戍；听从妻子日占边县以为常。凡从者皆给弓弩衣粮。于是北胡有变则置度辽营，南蛮或叛则置象林兵，羌寇三辅则置长安、雍二尉，鲜卑寇居庸则置渔阳营。其后盗作，缘海稍稍增兵，而魏郡、赵国、常山、中山六百一十六坞，河内、通谷冲要三十三坞，扶风、汉阳、陇道三百坞，置屯多矣。"《后书·灵帝纪》中平五年，"八月，初置西园八校尉"。注："乐资《山阳公载记》曰：小黄门蹇硕为上军校尉，虎贲中郎将袁绍为中军校尉，屯骑校尉鲍鸿为下军校尉，议郎曹操为典军校尉，赵融为助军左校尉，冯芳为助军右校尉，谏议大夫夏牟为左校尉，淳于琼为右校尉，凡八校尉，皆统于蹇硕。"盖兵民至此分矣。

兵民分而州郡之兵起焉。自永初羌乱而凉州之兵独强，自灵帝用刘焉议改刺史为州牧而方面之权始重，卒有董卓、吕布、李傕、郭汜之干纪而王室如赘旒，东方州郡借讨卓为名纷纷起兵，而海宇遂至于割裂。割裂之世，外兵不能不重，而司马氏遂以军人篡位。平吴以后，始罢州牧之任。顾复假诸王以兵权，（大国三军，五千人。次国二军，三千人。小国一军，千五百人。）于是有八王之乱，五胡云扰，群盗如蝟毛。夹辅王室，保卫地方，胥不得不资方镇，而州郡之权复重矣。

渡江以后，荆、江二州，为甲兵所聚，本小末大，而内外猜忌之形势以成。王敦、桓温再图篡，而大难卒发于桓玄。下流之兵，自殷浩以前累用之而无效。至北府兵出而扬州之兵力始强。刘裕用之以剪除异己，倾覆晋室。裕既代晋，以荆州为上流重镇，遗命必以亲子弟居焉。少帝之弑，叛徒命谢晦急据之，文帝借檀道济之力以平晦，又杀道济。自是出刺大郡者多用同姓及亲臣。然自宋迄陈，历代骨肉之相屠，君臣之相忌则仍一，东晋以来之局也。此时恃以折冲御侮者，皆方镇之兵，用民兵之事绝鲜。然外不能奏勘定之烈，而内日在猜防劫制之中。州郡之兵之明效大验，可见于此矣。（南朝用民兵最著者，为宋元嘉二十七年之役。史称江南白丁，轻进易退，卒以致败。盖民不习兵既久，急而用之，则诚所谓以不教民战也。）

五胡乱华，所用皆其种人，或他种族人，用汉人者绝鲜。魏太武遗臧质书曰："我今所遣斗兵尽非我国人。城东北是丁零与胡，南是氐羌。设使丁零死，正可减常山、赵郡贼，胡死减并州贼，羌死减关中贼。"高欢语鲜卑则曰："汉民是汝奴，夫为汝耕，妇为汝织，输汝粟帛，令汝温饱，汝何为陵之！"语华人则曰："鲜卑是汝作客，得汝一斛粟、一匹绢，为汝击贼，令汝安宁，汝何为疾之！"其明征也。石虎之伐燕也，司冀、青、徐、幽、并、雍之民，五丁取三，四丁取二。苻坚之攻晋也，民每十丁遣一兵。其良家子有材勇者皆拜羽林郎，则以兵数太多，不得已而役及汉人耳。自冉闵大肆诛戮，而胡羯云亡，苻坚丧师，北方酋豪并起角立，而既入中原之氐、羌、鲜卑，亦以俱敝。惟拓跋氏在塞外，气足力完，尽收率北方之种族而用之，兵锋遂所向披靡。然魏恃兵力以立国，终亦不戢自焚。自东西魏、周、齐之互竞，而随六镇之乱，以侵入中原之北族亦衰，乃不得不用汉人，乃不得不令兵屯种以自养，而府兵之制起焉。

六镇之乱，论者皆归咎于边任太轻，镇将不得其人，"专事聚敛"，"政以贿立"，又待其人太薄，以致愤郁思乱。其实正由必使之为兵，乃有此弊耳。盖惟必欲强六镇之兵，乃不得不留"高门子弟"于其地。既留之于六镇，则其选用，自不得与从幸洛阳者同。乃有"同族留京师者得上品，通官在镇者即为清途所隔"之弊。其人自不得不逃逸；听其逃逸，则六镇之兵势必不能维持。乃不得不"峻边兵之格"，令"镇人不得浮游在外"，而"少年不得从师，长者不得游宦，独为匪人"之不平作矣。向使南迁以后，革除六镇旧制，别谋防边之法，何至于是。魏兰根谓："宜改镇立州，分置郡县。凡是府户，悉免为民。"乃真治本之策也。或谓但能优待六镇将士，则既得强兵，又不虞其倒戈，岂不更善！然兵力岂有终不腐坏之理！清代非始终以兵制治东三省，而待旗人且甚优者邪！

府兵之制，昉自后周太祖。太祖辅西魏时，用苏绰言，仿《周典》制六军，藉六等之民，择魁健材力之士以为之首，尽蠲租调，而刺史以农隙教之，合为百府。每府一郎将主之，分属二十四军，开府各领一军。大将军凡十二人，每一将军，统二开府。一柱国主二大将，将复加持节都督以统焉。凡柱国六员，众不满五万人。隋十二卫，各分左右，皆置将军，以分统诸府之兵。有郎将、副将、坊主、团主，以相统治。其外又有骠骑、车骑二府，皆有将军。后更骠骑曰鹰扬郎将，车骑曰副郎将，别置折冲、果毅。

唐武德初，始置军府，以骠骑、车骑两将军府领之。析关中为十二道，皆置府。三年，更以各道为军，军置将、副各一人，以督耕战，以车骑府统之。六年，以天下既定，遂废十二军，改骠骑曰统军，车骑曰别将。居岁余，十二军复，而军置将军一人，军有坊，置主一人，以检察户口，劝课农桑。太宗贞观十年，更号统军为折冲都尉，别将为果毅都尉，诸府总曰折冲府。凡天下十道，置府六百三十四，皆有名号，而关内二百六十一，皆以隶诸卫。凡府三等：兵千二百人为上，千人为中，八百人为下。府置折冲都尉一人，左右果毅都尉各一人，长史、兵曹、别将各一人，校尉六人。士以三百人为团，团有校尉；五十人为队，队有正；十人为火，火有长。民年二十为兵，六十而免。自高宗、武后之时，天下久不用兵，府兵之法寖坏，番役更代多不以时，卫士稍稍亡匿。玄宗时，益耗散，宿卫不能给。宰相张说乃请一切募士宿卫。号曰"彍骑"，分隶十二卫，卫万人。天宝以后，又稍变废。其后折冲诸府徒有兵额，官吏宿卫皆市人。禄山反,皆不能受甲矣。

所谓方镇者,节度使之兵也。其原皆起于边将之屯防者。唐初,兵之戍边者,大曰军,小曰守捉,曰城、曰镇,而总之者曰道。其军、城、镇、守捉皆有使,而道有大将一人,曰大总管,已而更曰大都督。太宗时,行军征讨曰大总管,在其本道曰大都督。永徽后,都督带使持节者谓之节度使,然犹未以名官。景云二年,以贺拔延嗣为梁州都督、河西节度使。自此而后,接乎开元,朔方、陇右、河东、河西诸镇,皆置节度使。禄山反后,武夫战卒以功起行陈,列为侯王者,皆除节度使。由是方镇相望于内地。

南衙,诸卫兵;北衙者,禁兵也。高祖以义兵起于太原,已定天下,悉罢遣之,其愿留宿卫者三万人。以渭北白渠旁民弃腴田分给之,号"元从禁军"。后老不任事,以其子弟代。贞观初,太宗择善射者百人,为二番于北门长上,曰"百骑",以从田猎。又置北衙七营,选材力骁壮,月以一营番上。十二年,始置左右屯营于玄武门,领以诸卫将军,号"飞骑"。复择马射为百骑,为游幸翊卫。高宗龙朔二年,始取府兵越骑、步射置左右羽林军,大朝会执仗以卫阶陛,行幸则夹驰道为内仗。武后改百骑曰"千骑"。中宗又改曰"万骑"。及玄宗以万骑平韦氏,改为左右龙武军,皆用唐之功臣子弟,制若宿卫兵。肃宗至德二载,置左右神武军,补元从、扈从子弟,总曰"北衙六军"。又择便骑射者置衙前射生手千人,亦曰"供奉射生官",又曰"殿前射生",分左、右厢,总号曰"左右英武军"。代宗即位,以射生军入禁中清难,皆赐名"宝应功臣",故射生军又号"宝应军"。上元中,以北衙军使卫伯玉为神策军节度使,镇陕州,中使鱼朝恩为观军容使,监其军。初,哥舒翰破吐蕃临洮西磨环川,即其地置神策军,以成如璆为军使。及安禄山反,如璆以伯玉将兵千人赴难,伯玉与朝恩俱屯于陕。时神策故地沦没,即诏伯玉所部兵,号"神策军",以伯玉为节度使,与陕州节度郭英义皆镇陕。后伯玉罢,以英乂兼神策军节度。英乂入为仆射，军遂统于观军容使。代宗广德元年，避吐蕃幸陕，朝恩举在陕兵与神策军迎扈，悉号"神策军"。天子幸其营。及京师平，朝恩遂以军归禁中，自将之，然尚未与北军齿也。永泰元年，吐蕃入侵，朝恩又以神策军屯苑中，自是寖盛，分为左、右厢，势居北军右，遂为天子禁军，非它军比。朝恩乃以观军容宣慰处置使知神策军兵马使。大历四年，请以京兆之好畤，凤翔之麟游、普润，皆隶神策军。明年，复以兴平、武功、扶风、天兴隶之，朝廷不能遏。德宗时，神策兵虽处内，而多以神将将兵征伐，往往有功。及李希烈反，河北盗且起，数出禁军征伐，神策之士多斗死者。建中四年，下诏募兵，以白志贞为使。神策军既发殆尽，志贞阴以市人补之，名隶籍而身居市肆。及泾卒溃变，皆戢伏不敢出。志贞等流贬，神策都虞侯李晟自飞狐道赴难，为神策行营节度，屯渭北，军遂振。贞元二年，改神策左右厢为左右神策军，特置监句当左右神策军，以宠中官。而益置大将军以下。改殿前射生左右厢为殿前左右射生军，亦置大将军以下。三年，改殿前左右射生军曰左右神威军，置监左右神威军使。左右神策军皆加将军二员，左右龙武军加将军一员，以待诸道大将有功者。自肃宗后，北军增置威武、长兴等军，名类颇多，而废置不一。惟羽林、龙武、神武、神策、神威最盛，总曰左右十军。其后京畿之西，多以神策军镇之，皆有屯营。自德宗幸梁还，以神策兵有劳，皆号"兴元元从奉天定难功臣"。十二年，以窦文场为左神策军护军中尉，霍仙鸣为右神策军护军中尉，张尚进为右神威军中护军，焦希望为左神威军中护军。护军中尉、中护军皆古官。帝既以禁卫假宦官，又以此宠之。十四年，又诏左右神策置统军，以崇亲卫，如六军。时边兵衣饷多不赡，而戍卒屯防，药茗蔬酱之给最厚。诸将务为诡辞，请遥隶神策军，禀赐遂赢旧三倍，塞上往往称神策行营内统于中人矣；其军乃至十五万。元和二年，省神武军。明年，又合左右神威军为一，曰"天威"。八年，废天威军，以其兵分隶左右神策军。及僖宗幸蜀，田令孜募神策新军为五十四都，离为十军，令孜自为左右神策十军兼十二卫观军容使，以左右神策大将军为左右神策诸都指挥使，诸都又领以都将，亦曰"都头"。昭宗以藩臣跋扈，天子孤弱，议以宗室典禁兵。及伐李茂贞，乃用嗣覃王允为京西招讨使，神策诸都指挥使李鐬副之，悉发五十四军屯兴平。石门、莎城之幸，诏嗣薛王知柔入长安收禁军、清宫室。又诏诸王阅亲军，收拾神策亡散，益置安圣、捧宸、保宁、安化军，曰"殿后四军"，嗣覃王允与嗣廷王戒丕将之。三年，茂贞再犯阙，嗣覃王战败，昭宗幸华州。明年，韩建散殿后兵，杀十一王。及还长安，复稍置左右神策军，以六千人为定。是岁，左右神策中尉刘季述幽帝。凤翔之围，诛中尉韩全晦等二十余人。还长安，悉诛宦官，神策左右军由此废矣。诸司悉归尚书省郎官，两军兵皆隶六军，以崔胤判六军十二卫事。六军者，左右龙武、神武、羽林，名存而已。自是军司以宰相领。及朱全忠归，留步骑万人，以子友伦为左右军宿卫都指挥使，禁卫皆汴卒。崔胤立格募兵于市，全忠阴以汴人应之。胤死，宰相裴枢判左三军，独孤损判右，向所募士悉散去。全忠亦兼判左右六军十二卫。及东迁，惟小黄门打毬供奉十数人、内园小儿五百人从。至谷水，又尽屠之，易以汴人，于是天子无一人之卫。

唐中叶后，为患最深者为禁军，藩镇惟河北始终抗命，余皆时奏削平之。虽亦有效命之臣，终不能赫然中兴者，则以中枢为宦官所把持，君相欲去之而辄败也，卒借朱全忠以除之，而唐祚亦与之同尽。盖积重之势所必至矣。以言乎外则地擅于将，而将又擅于兵，朝廷因无如节度何，节度亦莫能自必其命也。五代十国，惟南平始终称王，余皆称帝，实仍一节度使耳。其废立，其兴亡，与唐世之藩镇无以异也。五代纲纪之迄不能振，以此至周世宗而后破其弊，至宋太祖而后竟其功。

宋之兵有三：天子之卫兵，以守京师，备征戍，曰禁军；诸州之镇兵，以分给役使，曰厢军；选于户籍或应募，使之团结训练，以为在所防守，曰乡兵。又有蕃兵，则国初具籍塞下，团结以为藩篱；而其后分队伍，给旗帜，缮营堡，备器械，律以乡兵之制者也。禁兵，殿前、侍卫二司总之。其最亲近扈从者，号诸班直；其在外者，非屯驻、屯泊，则就粮军也。

宋初，鉴于五代藩镇之弊，务为强干弱枝，诸州兵之强者，悉送阙下，以补禁旅之阙。其留本州者，罕教阅，给役而已。又立更戍之法，以免兵擅于将，且使兵不至于骄惰。然兵不知将，将不知兵，且厢兵皆升为禁军。又每逢水旱，则以募兵为救荒之计，故兵数日广。开国之初，养兵仅二十万。开宝末，增至三十七万八千。至道时，六十六万六千。天禧间，九十一万二千。庆历，百二十五万九千。治平稍减，亦百十六万二千。然曾不能以一战。当时论其弊者云："今卫士入宿，不自持被而使人持之；禁军给粮，不自养而雇人养之。今以大礼之故，不劳之赏三年而一遍，所费八九十万，有司不敢缓月日之期。兵之得赏，不以无功知愧，乃称多量少，道好嫌恶，小不如意，则持梃而呼，群聚欲击天子之命吏。今天下之兵，不耕而聚于畿辅者数十万，皆仰给于县官。天下之财，近自淮甸，远至于吴楚，凡舟车所至，人力所及，莫不尽取以归，于京师晏然无事，而赋敛之重至于不可复加，而三司犹苦其不给，又有循环往来屯戍于郡县者。今出禁兵而戍郡，远者或数千里，其月廪岁给之外，又日供其刍粮，三岁而一迁，虽不过数百为辈，而要其归，无异于数十万之兵，三岁而一出征也。"盖募兵之弊至是而极矣。

军各有营，营各有额。皇祐间，马军以四百，步军以五百为一营。承平既久，额存而军阙，马一营或止数十骑，兵一营或不满二百，而将校猥多，赐予廪给十倍士卒，递迁如额不少损。熙宁二年，始议并废。又诏不任禁军者降厢军，不任厢军者降为民。四年，诏"拣诸路小分年四十五以下胜甲者，升为大分，五十以上愿为民者听"。旧制，兵至六十一始免，犹不即许也。及是免为民者甚众，冗兵由是大省。熙宁七年，始诏总开封府畿、京东西、河北路兵分置将、副。自河北始，第一将以下凡十七将，在河北四路；自十八将以下凡七将，在府畿；自二十五将以下凡九将，在京东；自三十四将以下凡四将，在京西，凡三十七将。而鄜延、环庆、泾原、秦凤、熙河又自列将。鄜延九，元丰六年并为五。泾原十一，元符元年增置第十二。环庆八，秦凤五，熙河九。元丰四年，团结东南路诸军共十三将：自淮南始，东路为第一，西路为第二，两浙西路为第三，东路为第四，江南东路为第五，西路为第六，荆湖北路为第七，南路潭州为第八，全、邵、永州应援广西为第九，福建路为第十，广南东路为第十一，西路桂州为第十二，邕州为第十三。总天下为九十二将，而鄜延五路又有汉蕃弓箭手，亦各分隶诸将。凡诸路将各置副一人，东南兵三千人以下唯置单将；凡将副皆选内殿崇班以上、尝历战阵、亲民者充；又各以所将兵多少，置部将、队将、押队、使臣各有差；又置训练官次诸将佐；春秋都试，择武力士，凡千人选十人，皆以名闻，而待旨解发，其愿留乡里者勿强遣。此宋兵制之一变也。（此外，京东、西有马军十三指挥，京西有忠果十二指挥，勇捷两指挥。）

保甲始熙宁三年，诏畿内之民，十家为一保，选主户有干力者一人为保长；五十家为一大保，选一人为大保长；十大保为一都保，选为众所服者为都保正，又以一人为副。主客户两丁以上，选一人为保丁，附保。两丁以上有余丁而壮勇者亦附之。同保不及五家者并他保。有自外入保者，则收为同保，俟满十家，乃别置焉。兵器非禁者听习。每一大保夜轮五人警盗。同保中犯强盗、杀人、放火、强奸、略人、传习妖教、造畜蛊毒，知而不告，依律伍保法。余事非干己，又非敕律所听纠，皆毋得告。其居停强盗三人，经三日，保邻虽不知情，科失觉罪。既行之畿甸，遂推之五路，以达天下。时则以捕盗贼相保任，而未肄武事也。四年，始诏畿内保丁肄习武事。岁农隙，所隶官期日于要便乡村都试骑步射。第一等保明以闻，天子亲阅试，命以官使。第二等免当年春夫一月，马槁四十，役钱二千。三四等视此有差，而未番上也。五年，主户保丁愿上番于巡检司者,十日一更,疾故者次番代之,月给口粮、薪菜钱,分番巡警,每五十人轮大保长二,都副保正一统领之。都副保正月给钱七千,大保长三千。捕逐剧盗,下番人亦听追集,给其钱斛,事讫遣还,毋过上番人数,仍折除其上番日。十一月,又诏尉司上番保丁如巡检司法。六年,行于永兴、秦凤、河北东西、河东五路,惟毋上番,余路止相保任,毋习武艺,内荆湖、川、广并边者可肄武事,令监司度之。保甲初隶司农,八年,改隶兵部,增同判一、主簿二、干当公事官十,分按诸州,其政令则听于枢密院。元丰二年十一月,始立《府界集教大保长法》。三年,大保长艺成,乃立团教法,以大保长为教头,教保丁。府界法成,推之河北、陕西、河东三路,各置文武官一人提举,以封桩养赡义勇保甲钱粮给其费。四年,改五路义勇为保甲。其年,府界、河北、河东、陕西路会校保甲,都保凡三千二百二十六,正长、壮丁凡六十九万一千九百四十五,岁省旧费缗钱一百六十六万一千四百八十三,岁费缗钱三十一万三千一百六十六,而团教之赏不与焉。熙宁九年,籍义勇、保甲及民兵凡七百十八万二千二十八人云。

保甲之行,王安石主之最力。安石谓:"必复古行伍之制,然后兵众而强。兵不减,则费财困国无已时;更减,则无以待缓急,故不能理兵,稍复古制,则中国无富强理。且募兵皆偷惰顽猾不能自振之人,而为农者皆朴力一心听令之人,则缓急莫如民兵可用,此其所以决行而不疑也。"当时言其效者,谓前此环畿群盗,攻夺杀掠,岁且二百起,至是尽绝,仅长野一县捕获府界剧贼及迫逐出外者,皆三十人。以之为兵,艺既胜于正兵,而一时赏赉,皆取之封桩,或禁军阙额,未尝费户部一钱。章惇谓:仕官及有力之家子弟,皆欣然趋赴。及引对,所乘皆良马,鞍辔华楚,马上艺事,往往胜诸军,知县巡检又皆得转官或减军,以此上下踊跃自效,司农官亲任其事,督责检察极精密。县令有抑令保甲置衣装,非理骚扰者,亦皆冲替,故人莫敢不奉法。而司马光、王岩叟辈则极言保正长及巡检使之诛求无厌。又谓使者犒设赏赍，所费不可胜计。民有逐养子、出赘婿、再嫁其母、兄弟析居以求免者，有毒目、断指、炙肌肤以自残废而求免者，有尽室以逃而不归者，甚有保丁自逃，更督其家出赏钱以募之者。又谓保丁执指使，逐巡检，攻提举司干当官，大狱相继。又谓自教阅保甲以来，河东、陕西、京西盗贼多白昼公行，入县镇，杀官吏。官军追讨，经历岁月，终不能制。其言适相反，盖皆不免于已甚也。

元祐时，司马光得政，言禁旅尽属将官，长吏势力出其下，不足防寇贼窃发。又兵不出戍，养成骄惰。将下有部队将、训练官等一二十人，而诸州又自有总管、钤辖、都监、监押，设官重复，虚破廪禄。于是诏除陕西、河东、广南不出戍，河北差近里一将更赴河东外，诸路逐将与不隶将之兵并更互出戍，稍省诸路钤辖及都监员，以将官兼州都监职，而保甲法亦次第废罢。元符时，更欲议复。曾布谓当时保丁存者无几，卒不能行。盖宋自元丰以前，专用募兵，元丰以后，民兵日盛，募兵日衰，募兵阙额，则收其廪给，以为民兵教阅之费。元祐以后，民兵亦衰。崇宁、大观以后，蔡京用事，兵弊日滋，至于受逃亡，收配隶，犹恐不足。政和后，久废搜补，军士死亡之余，老疾者徒费廪给，少壮者又多冗占，集体既坏，纪律遂亡。童贯握兵，凡遇阵败，耻于人言，第申逃窜。河北将兵，十无二三，多住招阙额，以为上供之用。陕西诸路，兵亦无几。金兵入侵，种师道将兵入援，仅得万五千人而已。

高宗南渡，殿前司以左言权领，而侍卫二司犹在东京。诸将杨维忠、王渊、韩世忠以河北兵，刘光世以陕西兵，张俊、苗傅等以帅府及降盗兵，皆在行朝，不相统一。于是置御营司，因其所部为五军，以渊为使司都统制，世忠、俊、傅等并为统制。又命光世提举使同一行事务。三年，又置御前五军，杨沂中为中军总宿卫，张俊为前军，韩世忠为后军，岳飞为左军，刘光世为右军，皆屯驻于外。四年，废御营司，归其事于枢密院。后改御前五军为神武五军，御营五军为神武副军，并隶枢密院。又废神武中军，以隶殿前司。复立侍卫马步二司，而三衙始复矣。然所谓御前军者，初不尽隶三衙也。南渡之初，诸军较有名者，韩、岳、张、刘而外，则王彦之八字军、湖南王瓆、川陕曲端、王庶、刘子羽、吴玠之军。八字军初随张浚入蜀，后赴行在，归入马军司。王瓆绍兴五年罢，其军五千隶韩世忠。刘光世死，其将郦琼以兵七万叛降齐，王德以八千人归张俊。于是三衙而外，韩、岳、张之兵最盛。岳飞驻湖北、韩世忠驻淮东、刘光世驻江东，皆立宣抚司。绍兴十一年，给事中范同献策秦桧，召韩、岳、张，皆除枢副。张俊首纳所部兵。分命三大帅副校各统所部，更其衔曰统制御前军马。罢宣抚司，遇出师，则取旨，兵皆隶枢密院，而屯驻则仍旧，谓之某州驻札御前诸军。故岳飞旧部在鄂，张俊旧部在建康，韩世忠旧部在镇江。刘光世之军之叛也，始以吴玠军为右军。曲端为张俊所杀，及王庶、刘子羽之卒，其兵皆并于玠。玠死，胡世将为宣抚使，吴璘以二万人守兴州，杨政以二万人守兴元，郭浩以八千人守金州，而玠中部三万人分屯仙人关左右，亦并统之，分屯十四郡，亦以御前诸军为号。凡御前诸军，皆直达朝廷，帅臣不得节制，然又不隶于三衙。而三衙所统禁兵，则但供厮役，如昔之厢军而已。此南渡后军制之变迁也。四御前军之财赋，特设总领司之。厢禁军及士兵等，则仰给于州郡。

辽为游牧之国，兵众而强。而为之中坚者，则部族也。今据史略述其制如下：

御帐亲军　太祖即位之后，以宗室盛强，分迭剌部为二，（五院、六院。）宫卫内虚，未皇鸠集。皇后述律氏居守之际，摘蕃汉精锐为属珊军二十万骑。太宗益选天下精兵，置诸爪牙为皮室军三十万骑。合骑五十万。

宫卫骑军　太祖既分本部为五院、六院，而亲卫缺然。乃立斡鲁朵法，分州县，析部族，以强干弱支。嗣后，每帝践位则置之。入则居守，出则扈从。《营卫志》所谓"居有宫卫，谓之斡鲁朵；出有行营，谓之捺钵"

也。葬则因以守陵。十二宫一府，自上京至南京总要之地，各置提辖司。（重地每宫皆置，内地一二而已。凡诸宫卫，丁四十万八千，出骑兵十万一千人。）有兵事，不待调发州县、部族，十万骑军已具矣。

大首领部族军　亲王大臣征伐之际，往往置私甲以从王事。大者千余骑，小者数百人，著籍皇府。国有戎政，量借三五千骑，常留余兵为部族根本。

众部族军　分隶南北府，守卫四边。《营卫志》曰："部落曰部，氏族曰族。契丹故俗，分地而居，合族而处。有族而部者，五院、六院之类是也。有部而族者，奚王、室韦之类是也。有部而不族者，特里特免、稍瓦、曷术之类是也。有族而不部者，遥辇九帐、皇族三父房是也。""《旧志》曰：契丹之初，草居野次，靡有定所。至涅里始制部族，各有分地。太祖之兴，以迭剌部强炽，析为五院、六院。奚六部以下，多因俘降而置。胜兵甲者即著军籍，分隶诸路详稳、统军、招讨司。番居内地者，岁时田牧平莽间。边防纠户，生生之资，仰给畜牧，绩毛饮湩，以为衣食。各安旧风，狃习劳事，不见纷华异物而迁。故家给人足，戎备整完。卒之虎视四方，强朝弱附，部族实为之爪牙云。"

五京乡丁　可见者一百十万七千三百人，不出戍。

属国军　属国可纪者五十九，朝贡无常。有事则遣使征兵，或下诏专征，不从者讨之。助军众寡，各从其便，无定额。

金初所用皆诸部族之兵，强勇而耐劳，忠朴而听令，故其强遂无敌于天下。《金史·兵志》云："金之初年，诸部之兵无他徭役，壮者皆兵，平居则听以佃渔射猎习为劳事，有警则下令部内，及遣使诣诸孛堇征兵，凡步骑之仗粮皆取备焉。"其《兵志叙》云："金兴，用兵如神，战胜攻取，无敌当世，曾未十年，遂定大业。原其成功之速，俗本鸷劲，人多沉雄，兄弟子姓，才皆良将，部落保伍，技皆锐兵。加之地狭产薄，无事苦耕，可给衣食，有事苦战，可致俘获，劳其筋骨，以能寒暑，征发调遣，事同一家。是故将勇而志一，兵精而力齐，一旦奋起，变弱为强，以寡制众，用是道也。"其制战时之统帅，即平时之部长，平时曰孛堇，战时则从其多寡称猛安、谋克。猛安千夫长，谋克百夫长也。谋克之副曰蒲里衍，士卒之副从曰阿里喜。猛安、谋克之制定于太祖二年，以三百户为谋克，谋克十为猛安。其后诸部来降，率以猛安、谋克之名授之，亦以此制施之辽、汉之众。既入中原，惧民情勿便，乃罢是制，从汉官之号，置长吏。熙宗以后，复罢辽东汉人、渤海猛安谋克承袭之制，浸移其兵柄于国人焉。大定初，窝干平，又散契丹隶诸猛安谋克。《兵志叙》又云："及其得志中国，自顾其宗族国人尚少，乃割土地、崇位号以假汉人，使为之效力而守之。猛安谋克杂厕汉地，听与契丹、汉人婚姻以相固结。迨国势寖盛，则归土地、削位号，罢辽东、渤海汉人之袭猛安谋克者，渐以兵柄归其内族。然枢府佥军募军兼采汉制，伐宋之役参用汉军及诸部族而统以国人，非不知制胜之策在于以志一之将、用力齐之兵也，第以土宇既广，岂得尽任其所亲哉。"盖金人之于辽东、渤海、汉人，虽歧视亦不能不用也。

熙宗分猛安谋克为上、中、下三等，宗室为上，余次之。海陵天德二年，削上、中、下之名，但称诸猛安谋克，循旧制间年一征发，以补死亡之数。贞元以后，移猛安谋克户于中原，渐染华风，日趋奢惰，其势遂不复振。大定十五年，遣吏部郎中蒲察兀虎等十人分行天下，再定猛安谋克户，每谋克户不过三百，七谋克至十谋克置一猛安。大定时，宗室户百七十，猛安二百有二，谋克千八百七十八，户六十一万五千六百二十四。南迁后，以二十五人为谋克，四谋克为一猛安。每谋克除旗鼓司火头外，任战者仅十八人，不足成队伍，但务存其名而已。

宣宗南迁，尽拥猛安户老稚渡河，侨置诸总管府以统之，器械既缺，粮粟不给，乃行括粮之法，一人从征，举家待哺。又谓无以坚战士之心，乃令其家尽入京师，不数年至无以为食，乃听其出，而国亦屈矣。

哀宗正大二年，议选诸路精兵，直隶密院。先设总领六员，分路拣阅，因相合并。军势既张，乃易总领之名为都尉，班在随朝四品之列，必以尝秉帅权者居之，虽帅府行院亦不敢以贵重临之也。天兴初元，有都尉十五。复取河朔诸路归正人，送枢密院，增月给三倍他军，授以官马，名曰忠孝，意以示河朔人也。后至七千，千户以上将帅尚不预焉。其后归正人日多，乃系于忠孝籍中别为一军，所给减忠孝之半，所谓合里合军也。又阅试亲卫马军，取武艺如忠孝军者得五千人。凡进征，忠孝居前，马军次之。将相旧人谓军士精锐，械器坚整，较之全盛犹为过之云。时京师尚有建威都尉军一万，亲卫军七千，其余都尉十三四军犹不在内。此外，招集义军名曰忠义。《金史·兵志》谓："要皆燕、赵亡命，虽获近用，终不可制，异时擅杀北使唐庆以速金亡者，即此曹也。"河朔亡命虽不足用，究尚略资捍御，至猛安谋克，则刘炳谓："将帅非才，外托持重之名，内为自安之计。择骁果以自卫，委疲懦以临阵。阵势稍动，望风先奔，士卒从而大溃。"侯挚谓："从来掌兵者多用世袭之官，此属自幼骄惰，不任劳苦，且心胆懦怯。"陈规谓："今之将帅，大抵先给出身官品，或门阀膏粱之子，或亲故假托之流，平居则意气自豪，临敌则首尾退缩。又居常刻众纳其馈献，士卒因之扰民。"其不足用愈甚矣。

凡汉军有事，则签取于民，事已亦或放免。刘祁谓："金之兵制最弊，每有征伐及边衅，辄下令签军，使远近骚动。民家丁男若皆强壮，或尽取无遗，号泣动乎邻里，嗟怨盈于道路，驱此使战，欲其胜敌，难矣。"

禁军之制，本于合扎谋克。合扎，言亲军也，以近亲所领，故以名焉。贞元迁都，更以太祖、辽王宗干、秦王宗翰军为合扎猛安，谓之侍卫亲军，立司以统之。后于其中选千六百人，以备宿卫。骑兵曰龙翔，步兵曰虎步。五年，罢亲军司，以所掌付大兴府，置左右骁骑，所谓从驾军也。（置都副指挥使隶点检司，步军都副指挥使隶宣徽院。）

凡猛安之上置军帅，军帅之上置万户，万户之上置都统。时亦称军帅为猛安，而猛安则称亲管猛安焉。袭天祚时，始有都统之名，伐宋改为元帅府，置元帅及左、右副元帅，左、右监军，左、右都监。元帅必以谙班孛极烈为之，恒居守而不出。六年，诏还二帅。诸路各设兵马都总管府，州镇置节度使，边州置防御使。州府所募射粮军及牢城军，每五百人为一指挥使司，设使，分为四都，都设左右什将及承局押官。其军数若有余或不足，则与近者合置，不可合者以三百或二百人亦设指挥使，若百人则只设军使，百人以上立为都，不及百人止设什将及承局管押官各一员。天德三年，以元帅府为枢密院，嗣后行兵则为元帅府，罢复为院。罢万户官，诏曰：太祖"设此职许以世袭，乃权宜之制，非经久之利。今子孙相继专揽威权，其户不下数万，与留守总管无异，而世权过之"云云。南迁封九公，假以便宜从事，沿河诸城置行枢密院元帅府，大者有"便宜"之号，小者有"从宜"之名。元光间，招义军以三十人为谋克，五谋克为千户，四千户为万户，四万户为副统，两副统为都统，此复国初之名也。见《古里甲石伦传》，然又外设一总领提控，故时皆称元帅为总领云。（射粮军兼给役，牢城军乃尝为盗窃者以充防筑之役。）

元初典兵之官，视兵数多寡，为爵秩崇卑。长万夫者为万户，千夫者为千户，百夫者为百户。世祖时，内立五卫，以总宿卫诸军，卫设亲军都指挥使；外则万户之下置总管，千户之下置总把，百户之下置弹压，立枢密院以总之。方面有警，则置行枢密院，事已则废，而移都镇抚司属行省。万户、千户、百户分上中下。万户、千户死阵者，子孙袭爵，死病则降一等。总把、百户老死，万户迁他官，皆不得袭。是法寻废，后无大小，皆世其官，独以罪去者则否。各省官居长者二员，得佩虎符，提调军马，余佐贰者不得预，惟云南虽牧民官亦得佩符虎，领军务焉。

军士初有蒙古军及探马赤军。探马赤者，诸部族也。其法，家有男子，十五以上、七十以下，无众寡尽命为兵。十人为一牌，设牌头，上马则备战斗，下马则屯聚牧养。孩幼稍长，又籍之，曰渐丁军。既平中原，发民为卒，是为汉军。或以贫富为甲乙，户出一人，曰独户军，合二三而出一人，则为正军户，余为贴军户。或以男丁论，尝以二十丁出一卒，至元七年十丁出一卒。或以户论，二十户出一卒，而限年二十以上者充。士卒之家，为富商大贾，则又取一人，曰余丁军，至十五年免。或取匠为军，曰匠军。或取诸侯将校子弟充军，曰质子军，又曰秃鲁华军。是皆多事之际，权宜之制。天下既平，尝为军者，定入尺籍伍符，不可更易。贫不能役，则聚而一之，曰合并；贫甚者、老无子者，落其籍。户绝者，别以民补之。奴得纵自便者，俾为其主贴军。继得宋兵，号新附军。又有辽东之纠军、契丹军、女真军、高丽军、云南之寸白军、福建之畲军，则皆不出戍他方，盖乡兵也。其以技名者，曰炮军，曰弩军，曰水手军。应募而集者，曰答刺罕军云。

其名数，则有宪宗二年之籍，世祖至元八年之籍、十一年之籍，而新附军有二十七年之籍。兵籍，汉人不阅，虽枢密近臣职专军旅者，亦惟长官一二人知之。故有国百年，而内外兵数之多寡，人莫有知之者。

旧例，丁力强者充军，弱者出钱，故有正军、贴户之籍。行之既久，强者弱，弱者强，而籍如故。其同户异居者，私立年期，以相更代，故有老稚从军，强壮家居者。至元二十二年，从枢密院请，严立军籍条例，选壮者及有力之家充军焉。

镇戍之制，定于世祖。世祖混一海宇，始命宗王将兵镇边徼襟喉之地，河洛、山东据天下腹心，则以蒙古、探马赤军列大府以屯之。江、淮以南，地尽南海，则名藩列郡，各以汉军及新附等军戍焉。皆世祖与二三大臣所谋也。然承平既久，将骄卒惰，军政不修，而天下之势遂至于不可为。

李璮之叛，分军民为二，而异其属，后平江南，军官始兼民职。凡以千户守一郡，则率其麾下从之，百户亦然。至元十五年十一月，令军民各异属如初。元制，镇戍士卒皆更相易置，既平江南，以兵戍列城，其长军之官，皆世守不易，多与富民树党，因夺民田宅里居，干有司政事。

至元十七年，知浙东道宣慰司张铎言其弊，请更制，限以岁月迁调焉。

元亲卫之制，曰四怯薛。怯薛，犹言番直宿卫也。第一怯薛直申、酉、戌日，博尔忽领之。博尔忽早绝，代以别速部，而非四杰功臣之类，故太祖自以名领之，曰也可怯薛。也可，犹言天子自领也。第二怯薛直亥、子、丑日，博尔术领之。第三怯薛直寅、卯、辰日，木华黎领之。第四怯薛直巳、午、未日，赤老温领之，后绝，常以右丞相领之。怯薛长之子孙，或由天子亲任，或由宰相荐举，或其次序所当为，即袭其职，以掌环卫。虽官卑勿论也，及年劳既久，则遂擢为一品官。四怯薛之长，天子或又命大臣总之，然不常设。其他预怯薛之职者，分掌冠服、弓矢、食饮、文史、车马、庐帐、府库、医药、卜祝之事，悉世守之。虽服官极贵，一日归至内廷，则执其事如故，至于子孙无改，非甚亲信，不得预也。世祖又设五卫，置都指挥使领之。用之大朝会，谓之围宿军；用之大祭祀，谓之仪仗军；用之车驾巡幸，则曰扈从军；守护天子之帑藏，则曰看守军，夜以之警非常，则曰巡逻军。岁漕至京师，用以弹压，则为镇遏军，则特以备仪制而已。

明卫所之制，与唐府兵相似，而实亦沿自元。其制以五千六百人为卫，一千一百十二人为千户所，百十有二人为百户所。所设总旗二，小旗十。其取兵，有从征，有归附，有谪发。从征者，诸将所部兵，既定其地，因以留戍。归附，则胜国及僭伪诸降卒。谪发，谓以罪迁隶为兵者也。在外都指挥使司十三，曰北平、陕西、山西、浙江、江西、山东、四川、福建、湖广、广东、广西、辽东、河南。后增贵州、云南。行都指挥使司二，曰甘州、大同，俱隶大都督府。征伐则命将充总兵官，调卫所军领之。既旋，则将上所佩印，官军各归卫所。都指挥使与布、按并称三司，为封疆大吏。而专阃重臣，文武亦无定职，世犹以武为重。正德以来，军职冒滥，为世所轻。内之部科，外之监军、督抚，叠相弹压，五军府如赘疣，弁帅如走卒。至于末季，卫所军士，虽一诸生可役使之。积轻积弱，重以隐占、虚冒诸弊，遂至举天下之兵，而不足以任战守矣。

洪武、永乐间，边外归附者，官其长，为都督、都指挥、指挥、千百户、镇抚等官，赐以敕书印记，设都司卫所，是为羁縻卫所。

卫所而外，郡县有民壮，佥民而为之。或富人上直于官，官为之募。后亦令出戍，或征银以充召募。边郡有士兵，出于召募。随其风土，各有长技，间调以佐军旅缓急，时曰乡兵。逝、川、辽有隶军籍者；其不隶军籍者，所在多有。西南边有土司，末年，边事急，亦时调湖南、广西、四川三省之土司兵焉。

卫所之兵番上京师者，总为三大营，时曰班军。其弊也，或因占役而愆期，或则纳银将弁而免行，时曰折干。有事则召募以应，多佣丐者而已。其至者多以之充役。又或居京师，为商贩工艺，以钱入诸将，初不操练也。

三大营：曰五军，肄营阵；曰三千，肄巡哨；曰神机，肄火器。五军者，初建统军元帅府，寻改大都督府，又分前、后、中、左、右五军都督府。三千，以得边外降兵三千立营，故名。神机则征交阯得火器法而设者也。洪熙时，始命武臣一人总理营政。土木之难，京军没几尽。景帝用于谦为兵部尚书。谦以三大营各为教令，临期调拨，兵将不相习，乃请于诸营选胜兵十万，分十营团练。于三营提督中推一人充总兵官，监以内臣，兵部尚书或都御史一人为提督。其余军归本营，曰老家。京军之制一变。谦死，团营罢。宪宗立，复之，增为十二。成化二年，复罢。命分一等、次等训练。寻选得一等军十四万有奇。帝以数多，仍命分十二营团练，命侯十二人掌之，各佐以都指挥，监以内臣，提督以勋臣，名其军曰选锋。不任者仍为老家以供役，而团营法又稍变，帝在位久，京营特注意，然缺伍至七万五千有奇，大率为权贵所隐占。又用汪直总督团营，禁旅掌于内臣，自帝始也。孝宗即位，乃命马文升为提督。武宗即位，十二营锐卒仅六万五百余人，稍弱者二万五千而已。及刘六、刘七起事，边将江彬等得幸，请调边军入卫。于是集九边突骑家丁数万人于京师，命曰外四家。立两官厅，选团营及勇士、四卫军于西官厅操练。勇士者，永乐时以迤北逃回军卒，供养马役，给粮授室，号曰勇士。后多以进马者充，而听御马监官提调，名隶羽林，身不隶也。宣德六年，乃专设羽林三千户所统之，凡三千一百余人。寻改武骧、腾骧左右卫，称四卫军。正德元年，所选官军操于东官厅。自是两官厅军为选锋，而十二团营且为老家矣。武宗崩，大臣以遗命罢之。时给事中王良佐奉命选军，按籍三十八万，而存者不及十四万，中选者仅二万余。世宗立，久之，从廷臣言，设文臣知兵者一人领京营。是时额兵十万七千余人，而存者仅半。二十九年，俺答入寇，营伍不及五六万。驱出城门，皆流涕不敢前，诸将领亦相顾变色。于是悉罢团营，复三大营旧制。更三千曰神枢。设武臣一，曰总督京营戎政，以咸宁侯仇鸾为之；文臣一，曰协理京营戎政，以摄兵部王邦瑞充之。鸾言于帝，选各边兵六万八千人，分番入卫，与京军杂练，复令京营将领分练边兵，于是边兵尽隶京师。塞上有警，边将不得征集，边事益坏。隆庆初，改其制，三大营各设总兵，寻改提督。又用三文臣，亦曰提督。自设六提督后，遇事旬月不决，乃仍设总督、协理二臣。张居正当国，营务颇饬。后日废弛。庄烈益用内臣。兵事亟，命京营出防勤，皆监以中官。多夺人俘获以为己功，轻折辱诸将士，诸将士益解体。李自成军入居庸，京军出御，至沙河，闻炮声溃而归。李自成长驱直入，守陴者仅内操之三千人，自成遂入京师。大率京军积弱，由于占役买闲。其弊实起于好贿之营帅，监视之中官，竟以亡国云。（占役者，以空名支饷，临操乃集市井之徒充数。买闲，谓富者内贿置名老家。）

侍卫上直军者，太祖即吴王位，设拱卫司，领校尉，隶都督府。洪武二年，改亲军都尉府，统中、左、右、前、后五卫军，而仪銮司隶焉。十五年，罢府及司，置锦衣卫。所属有南北镇抚司十四所。太祖之设锦衣也，专司卤簿。是时，方用重刑，有罪者往往下锦衣卫鞫实，本卫参刑狱自此始。文皇入立，倚锦衣为心腹。所属南北两镇抚司，南理本卫刑名及军匠，而北专治诏狱。凡问刑、奏请皆自达，不关自卫帅。用法深刻，为祸甚烈。又锦衣缉民间情伪，以印官奉敕领官校。东厂太监缉事，别领官校，亦从本卫拨给，因是恒与中官相表里。皇城守卫，用二十二卫卒，不独锦衣军，而门禁亦上直中事。京城巡捕之职，洪武初置兵马司，已改命卫所镇抚官，而掌于中军都督府。永乐中，增置五城兵马司，后则以兵协五城，兵数增，统带亦渐增，至提督一，参将二，把总十八，巡军万一千，马五千匹。然每令锦衣官协同，遂终明之世云。

太祖之取婺州也，选富民子弟充宿卫，曰御中军。已，置帐前总制亲兵都指挥使。后复省，置都镇抚司，隶都督府，总牙兵巡徼。而金吾前后、羽林左右、虎贲左右、府军左右前后十卫，以时番上，号亲军。有请，得自行部，不关都督府。及定天下，改都镇抚司为留守，设左、右、前、后、中五卫，关领内府铜符，日遣二人点阅，夜亦如之，所谓皇城守卫官军也。

垛集令者，卫所著军士姓名、乡贯为籍，具载丁口，以便取补。三丁以上，卫正军一，别有贴户，正军死，以贴户丁补之。成祖令正军、贴户更代，贴户单丁者免。其弊也，有逃，有受抑为军，又黠者匿籍，诬攘良民充伍。于是有清军，遣给事、御史为之。而勾军之制最酷，逃、故者，勾及家丁族党，有株累数十家，勾摄数十年者。东南资装出于户丁，解送出于里递，每军不下百金。凡军卫掌于职方，勾清则武库主之。有所勾摄，自卫所开报，先核乡贯居止，内府给批，下有司提本军，谓之跟捕；提家丁，谓之勾补。间有恩恤开伍者。而凡户有军籍，必仕至兵部尚书始得除焉。军士应起解者，皆佥妻；有津给军装、解军行粮、军丁口粮之费。其册单编造皆有恒式。初定户口、收军、勾清三册。嘉靖三十一年，又编四册，曰军贯，曰兜底，曰类卫，曰类姓。其勾军另给军单。终明世，于军籍最严。然弊政渐丛，而扰民日甚。

历代边防，无如明之严密者。《明史》谓"东起鸭绿，西抵嘉峪，绵亘万里，分地守御"。凡今之长城，殆皆明之遗迹也。初设辽东、宣府、大同、延绥四镇，继设宁夏、甘肃、苏州三镇，而太原总兵治偏头，三边制府驻固原，亦称二镇，是为九边。洪武二十年，置北平行都司于大宁。李文忠等取元上都，设开平卫及兴和等千户所，东西各四驿，东接大宁，西接独石。二十五年，又筑东胜城于河州东受降城之东，设十六卫，与大同相望。成祖改北平行都司为大宁都司，徙之保定，以大宁地界兀良哈。自是辽东与宣、大声援阻绝，又以东胜孤远难守，调左卫于永平，右卫于遵化而弃其地。先是兴和亦废，开平徙于独石，宣、大遂为重镇焉。翁万达之总督宣、大也，筹边事甚悉。其言曰："山西保德州河岸，东尽老营堡，凡二百五十四里。西路丫角山迤北而东，历中北路，抵东路之东阳河镇口台，凡六百四十七里。宣府西路，西阳河迤东，历中北路，抵东路之永宁四海冶，凡一千二十三里。皆逼临巨寇，险在外者，所谓极边也。老营堡转南而东，历宁武、雁门、北楼至平型关尽境，约八百里。又转南而东，为保定界，历龙泉、倒马、紫荆、吴王口、插箭岭、浮图峪至沿河口，约一千七十余里。又东北为顺天界，历高崖、白羊，抵居庸关，约一百八十余里。皆峻岭层冈，险在内者，所谓次边也。敌犯山西必自大同，入紫荆必自宣府，未有不经外边能入内边者。"因请修筑宣、大边墙千余里，烽三百六十三所云。

军官皆有定职。总兵官总镇军为正兵，副总兵分领三千为奇兵，游击分领三千往来防御为游兵，参将分守各路东西策应为援兵。营堡墩台分极冲、次冲，为设军多寡。平时走阵、侦探、守瞭、焚荒诸事，无敢稍惰。违制辄按军法。而其后皆废坏云。然千关隘设，戍于沿边，置千户所，修边墙，筑墩堡，注意屯田，令商人以盐入中，由是富商自出财募兵屯塞下，规制之密，盖未有过明者也。（墩亦称烟墩。）

太祖时，沿边设卫，惟土著兵及有罪谪戍者。遇有警，调他卫军往戍，谓之客兵。永乐间，始命内地兵番戍，谓之边班。其后占役逃亡之数多，乃有召募，有改拨，有修守民兵、士兵，而边防日益坏焉。

沿海亦设指挥司卫所，造快船、火船，出洋巡徼。沿江造舟，设水兵。明初，时派重臣勋戚巡视海上，并筑沿海诸城。自世宗罹倭患以来，沿海大都会，各设总督、巡抚、兵备副使及总兵官、参将、游击等员。舟制江海各异，亦极详备。

古所谓炮，皆以机发石。元初，得西域炮，攻金蔡州城，始用火。然造法不传，后亦罕用。至明成祖平交阯，得神机枪炮法，特置神机营肄习。嘉靖八年，始造佛郎机炮，谓之大将军，发诸边镇。佛郎机者，国名也。正德末，其国舶至广东。白沙巡检何儒得其制。其后大西洋船至，复得巨炮，曰红夷。天启中，赐以大将军号，遣官祀之。崇祯中，大学士徐光启请令西洋人制造，发各镇。明置兵仗、军器二局，分造火器，凡数十种。正德、嘉靖间造最多。又各边自造，自正统十四年四川始。永乐十年，诏自开平至怀来、宣府、万全、兴和诸山顶，皆置五炮架。二十年，从张辅请，增置于山西大同、天城、阳和、朔州等卫以御敌。然利器不可示人，朝廷亦慎惜之。宣德五年，敕宣府总兵官谭广："神铳，国家所重，在边墩堡，量给以壮军威，勿轻给。"正统六年，边将黄真、杨洪立神铳局于宣府独石。帝以火器外造，恐传习漏泄，敕止之。

清兵制有八旗、绿营之分。八旗又有满洲八旗、蒙古八旗、汉军八旗。满洲八旗之制，定于太祖，初止黄、白、红、蓝四色，后增镶黄、镶白、镶红、镶蓝四旗。镶黄为第一旗，与正黄、正白为上三旗，属内府。余为下五旗，属诸王。雍正时，乃撤去焉。蒙古及汉军八旗，皆太宗时制。旗置都统一，满语曰固山额真；副都统二，曰梅勒额真。辖五参领，时曰甲喇额真。每参领辖五佐领，曰牛录额真。每佐领三百人。佐领下有领催、马甲等。其后驻防八旗辖以将军、副都统。八旗兵皆世袭，一丁领饷，全家坐食。驻防者又与汉族分城而居，割近城肥田为马厂，故其人少与汉人接，不能治生。绿营沿自明，皆汉人。有马、步、守兵三种，隶于提督、总兵。总兵下有副将、参将、游击、都司、守备、千总、把总等官。凡督、抚皆得节制提、镇，而督、抚又有本标兵。绿营兵饷视旗兵为薄。乾、嘉以前，大抵外征用八旗不足，则辅以绿营，对内用绿营不足，乃翼以八旗。其后尝减绿旗兵额，而以其饷加厚。抽练绿营壮丁，直隶举办最早。同治初，即于督标、抚标及四镇兵内抽练，后江、浙、福建诸省亦次第举办焉。

川、楚白莲教举事，绿营、旗兵皆不足恃，而转有借于乡兵，时曰勇营，亦曰练勇。太平军、捻军起，仍借湘、淮军镇压，而勇营始为全国武力重心。重要之地，且遣勇营防戍焉。勇营之制，以百人为一哨，五哨为一营，三营为一旗；马队以二百五十人为营，营分五哨，哨五十人；水师以三百八十八人为一营。其后一败于法，再败于中日之战，乃知勇营亦不足恃。乃择其精壮者，加饷更练焉。武卫军其著者也。最后又有征兵之议，全国拟练三十六镇，未及成而亡。其制于各省设督练公所，挑选各州县壮丁入营教练，是为常备兵。三年放还乡里，为续备兵。又三年为后备兵。又三年脱军籍。兵官分三等九级，镇有步队二协，协二标，标三营，营四队，队三排，排三棚，棚十四人。马队一标，标三营，营四队，队二排，排二棚。炮队一标，标三营，营三队，队三排，排三棚。工程队一营，营四队，队两排，排三棚。辎重队一营，营四队，队两排，排三棚。民国军制沿之，而改镇曰师，协曰旅，标曰团，队曰连。

新军官制
- 上等
  - 一级　正都统
  - 二级　副都统
  - 三级　协都统
- 中等
  - 一级　正参领
  - 二级　副参领
  - 三级　协参领
- 下等
  - 一级　正军校
  - 二级　副军校
  - 三级　协军校

水师本有内河、外海之分。江西、湖南北水师曰内河，天津、山东、福建水师曰外海，江、浙、广东则兼有内河外海，统以水师提督。湘军起，始有长江水师。洪杨事定后，设船政局于福州、上海。光绪六年，设水师学堂于天津。十年，立海军衙门。十三年，聘英人琅威理教练舰队，分南北洋，以威海驻军，旅顺修舰，各设提督。后旅大、威海、广州湾相继租借，海军遂无停泊之所矣。末年，设海军部，分诸舰为巡洋、长江两舰队，议经营荣城、象山、三门、榆林、三沙诸湾为军港，亦未有成。

第十八章

刑　法

中国法律之进化，盖可分为数端。礼与法之渐分，一也。古代各种法律，浑而为一，至后世则渐分析，二也。古代用刑，轻重任意，后世则法律公布，三也。刑罚自残酷而趋宽仁，四也。审判自粗疏而趋精详，五也。而法律必与道德合一，刑之所期为无刑，故郅治之隆，必曰刑措象刑之制，意主明耻，而不必加戕贼于人之体肤，虽未易行，要不失为极高之理想也。

刑法之可考者，始于五帝之世。《书·吕刑》曰："苗民弗用灵，制以刑。惟作五虐之刑曰法。""皇帝清问下民鳏寡有辞于苗。德威惟畏，德明惟明。乃命三后，恤功于民。伯夷降典，折民惟刑。"《尧典》曰："象以典刑，流宥五刑，鞭作官刑，扑作教刑，金作赎刑。眚灾肆赦，怙终贼刑。"又曰："帝曰：皋陶，蛮夷猾夏，寇贼奸宄，女作士，五刑有服，五服三就。五流有宅，五宅三居。"五刑为后世所沿，而其制实起于唐、虞之世，知我国之刑法，其所由来昔旧矣。

成文法起于何时，不可考。《左》昭六年，叔向诒子产书曰："夏有乱政而作《禹刑》，商有乱政而作《汤刑》，周有乱政而作《九刑》。"文十八年，季文子曰："先君周公制周礼，……作誓命曰：毁则为贼，掩贼为藏，窃贿为盗，盗器为奸。主藏之名，赖奸之用，为大凶德，有常无赦，在《九刑》不忘。"案叔向言，"三辟之兴，皆叔世也"，则夏刑、汤刑初非禹、汤所作，犹之《吕刑》作于周穆王，五刑亦非穆王所制也。周公作誓而曰："在《九刑》不忘。"则《九刑》实出周公以前。《周官·司刑》疏引《尚书》郑注曰："正刑五，加之流宥鞭朴赎刑，此之谓九刑。"岂九刑实唐虞之制，而周公述之欤？三辟之兴，不知仅申明法制，抑著之文字？其前此曾著之文字与否，亦不可考。予谓既有文字，即用之以记刑法，必欲凿求成文法始于何时，只可曰有文字之时，即有成文法之时耳。《周官·大司寇》："正月之吉，始和布刑于邦国都鄙，乃悬刑象之法于象魏，使万民观刑象，挟日而敛之。"刑象盖施刑之象，则未有文字之先，已用图画公布刑法矣。此亦可见斤斤焉凿求成文法起于何时之无当也。（楚文王有仆区之法，见《左》昭七年。）

县法象魏，盖使民观之而知畏惧。至于犯何法当得何罪，则悉由在上者之心裁。故子产之铸刑书，叔向讥之曰："民知有辟，则不忌于上，并有争心，以征于书。"（《左》昭六年。）赵鞅、荀寅之铸刑鼎，仲尼亦讥之曰："民在鼎矣，何以尊贵"也。（《左》昭二十九年。）《周官》有属民读法之举，（《地官》。）《管子》有正月之朔，出令布宪之事，（《立政》。）所读所布，盖皆人民所当守之法，而非犯何法当得何罪之典。且其法其宪，必时有改更，故须岁岁读之布之也。至郑铸刑书，晋作刑鼎，则罪所当得，悉可知矣。此实刑法之大变，故叔向、仲尼皆讥之也。

赵鞅、荀寅之铸刑鼎也，赋晋国一鼓铁。（鼓，量名。）子产之铸刑书，杜注亦谓铸之于鼎，虽未知果然以否，然士文伯讥其"火未出而作火以铸刑器"，则亦必铸之金属之器也。又定九年，郑驷歂杀邓析，而用其竹刑。盖当时布诸众者，皆铸之金属之器，藏之官者，则书之竹简也。

古语有曰："出于礼者入于刑。"由今思之，殊觉无所措手足。所以然者，一以古代社会拘束个人之力较强，一亦由古之礼皆原于惯习，为人人所知，转较后世之法律为易晓也。古者"君子行礼不求变俗"，(《曲礼》。)亦以此。后世疆域日扩，各地方之风俗各有不同，而法律不可异施，个人之自由亦益扩张，则出礼入刑之治不可施矣。此自今古异宜，无庸如守旧者之妄作慨叹，亦不必如喜新者之诋訾古人也。

古代之出礼入刑，其以社会惯习拘束个人，诚觉稍过，然"无情者不得尽其辞"，(《大学》。)"如得其情，则哀矜而勿喜"。(《论语·子张》。)其维持道德之力实较大，而"道之以德，齐之以礼"，必期其"有耻且格"。(《论语·为政》。)为下者固不容貌遵法律而实挟奸心，在上者亦不容以束缚驰骤为治之极则。斯时之风俗必较朴实，而民情必较淳厚，其得失固足与自由之扩张相偿，不容以此疑古代法网之密也。

《周官》：大司寇"以五刑纠万民。一曰野刑，上功纠力。二曰军刑，上命纠守。三曰乡刑，上德纠孝。四曰官刑，上能纠职。五曰国刑，上愿纠暴"。大司徒"以乡八刑纠万民。一曰不孝之刑。二曰不睦之刑。三曰不姻之刑。四曰不弟之刑。五曰不任之刑。六曰不恤之刑。七曰造言之刑。八曰乱民之刑"。孝、弟、睦、姻、任、恤，即"乡三物"中之"六行"也。大司徒之职又曰："凡万民之不服教而有狱讼者，与有地治者听而断之。其附于刑者归于士。"大司寇之职，"以圜土聚教罢民。凡害人者，置之圜土而施职事焉，(注："以所能役使之。")以明刑耻之"。(注："书其罪恶于大方版，著其背。")又曰："以嘉石平罢民。凡万民之有罪过而未丽于法而害于州里者，桎梏而坐诸嘉石，役诸司空。"司徒固主教之官，即司寇亦欲作其廉耻，冀其悔改，而不欲遽加以刑罚。"不教而杀谓之虐"，(《论语·尧曰》。)在古代固非空言矣。

五刑之目，曰墨、劓、剕、宫、大辟，见于《吕刑》。(《书传》曰："决关梁，逾城郭而略盗者，其刑膑。男女不以义交者，其刑宫。触易君命，革舆服制度，奸轨盗攘伤人者，其刑劓。非事而事之，出入不以道义，而诵不详之辞者，其刑墨。降畔、寇贼、劫略、夺攘、矫虔者，其刑死。"见《周官·司刑》

郑注。案此所谓肉刑也。）膑即刖，双声字也。《周官·司刑》则曰墨、劓、刖、宫、杀。注曰："周改膑作刖。"盖以意言之。段玉裁曰："膑，去膝头骨。刖，即汉之斩趾。刖兀同音。《庄子》鲁有兀者叔山无趾踵，见仲尼，即受刖刑者也。"（受刖刑者无趾，故其履曰踊。《太平广记》载有人行路遇一人，为刺足，出黑血，遂日行五百里。其人又曰：更为君去膝头骨，即可日行八百里矣。行者惧而止。即影射膑刑以为戏也。）《周官·掌戮》："掌斩杀贼谍而搏之。凡杀其亲者焚之，杀王之亲者辜之。"注："斩以斧钺，若今要斩也。杀以刀刃，若今弃市也。……搏当为膊诸城上之膊字之误也。膊，谓去衣磔之。焚，烧也。辜之言枯也，谓磔之。"则出五刑之外矣。（斩、膊、焚、辜，合诸墨、劓、刖、宫、杀为九，岂所谓九刑者邪？郑以流宥、鞭、朴、赎合五刑为九。贾、服以正刑一加之以八，议为九，见《左》文十八年疏。案古人恒言，刑者不可复属。所谓刑者，必戕贼人之肢体者也。郑及贾、服之说并非。）

《吕刑》曰："墨罚之属千，劓罚之属千，剕罚之属五百，宫罚之属三百，大辟之罚，其属二百。"此《白虎通》所谓"科条三千，应天地人情"者也。《周官·司刑》云："墨罪五百，劓罪五百，宫罪五百，刖罪五百，杀罪五百。"注曰："夏刑大辟二百，膑辟三百，宫辟五百，劓、墨各千。周则变焉。所谓刑罚世轻世重者也。"疏："夏刑以下据《吕刑》而言。案《吕刑》腓辟五百，宫辟三百，今此云膑辟三百，宫辟五百，此乃转写者误。当以《吕刑》为正。"案《唐律疏义》、（卷一。）《玉海》（《律令》。）引长孙无忌《唐律疏》，皆引《尚书大传》"夏刑三千条"，则郑注亦本《书传》也。

《王制》曰："爵人于朝，与士共之。刑人于市，与众弃之。"《文王世子》曰："公族其有死罪，则磬于甸人。其刑罪，则纤剸，亦告于甸人。公族无宫刑。"《周官·掌囚》，"凡有爵者与王之同族，奉而适甸师氏以待刑杀"。《公羊》宣元年，"古者大夫已去，三年待放。君放之，非也。大夫待放，正也"。注："古者刑不上大夫，盖以为摘巢毁卵，则凤凰不翔；刳胎焚夭，则麒麟不至。刑之，则恐误刑贤者，死者不可复生，刑者不可复属，故有罪放之而已。所以尊贤者之类也。三年者，古者疑狱三年而后断。""自嫌有罪当诛，故三年不敢去。"《曲礼》："刑不上大夫。"注："不与贤者犯法。其犯法则在八议轻重，不在刑书。"（八议见《周官·小司寇》，谓议亲、议故、议贤、议能、议功、议贵、议勤、议宾。）疏云："《异义礼》戴说：刑不上大夫。《古周礼》说：士尸肆诸市，大夫尸肆诸朝。是大夫有刑。许慎谨按：《易》曰：鼎折足，覆公餗，其刑渥凶。无刑不上大夫之事，从《周礼》之说。郑康成驳之云：凡有爵者，与王同族，大夫以上适甸师氏，令人不见，是以云刑不上大夫。"案《王制》《公羊》《曲礼》为今文说，《周官》《文王世子》为古文说，今文主尚贤，古文主贵贵也。

　　《曲礼》曰："刑人不在君侧。"《王制》曰："公家不畜刑人，大夫弗养，士遇之途，弗与言也。屏之四方，惟其所之。不及以政，亦弗故生也。"此今文义。《周官·掌戮》，"墨者使守门，劓者使守关，宫者使守内，刖者使守囿，髡者使守积"。此古文义。《孟子·梁惠王下》："罪人不孥。"《康诰》：父子兄弟，罪不相及。此今义。（《书·甘誓》："予则孥戮汝。"陈乔枞《今文尚书经说考》谓孥当作奴，止于其身，且军刑也。）《周官·司厉》，"其奴，男子入于罪隶，女子入于舂槁。"（即后世官奴婢。）此古文义也。审判机关亦如后世，与行政合一。《王制》曰："成狱辞，史以狱成告于正，正听之。正以狱成告于大司寇，大司寇听之棘木之下。大司寇以狱之成告于王，王命三公参听之。三公以狱之成告于王，王三又，然后制刑。"正盖即《周官》所谓有地治者。《周官·大司徒》，"凡万民之不服教而有狱讼者，与有地治者听而断之。其附于刑者归于士"。有地治者谓乡师、遂士、县士、方士也。监狱之制，《北堂书钞》引《白虎通》："夏曰夏台，殷曰羑里，周曰囹圄。"《意林》

引《风俗通》同此，以夏台、羑里证夏、殷之有狱，非谓夏之狱名夏台、殷之狱名羑里也。《周官》：掌囚"掌守盗贼凡囚者，上罪梏拳而桎，中罪桎梏，下罪梏。王之同族拳，有爵者桎，以待弊罪"。司圜，"掌收教罢民。凡害人者，弗使冠饰而加明刑焉。任之以事而收教之。能改者，上罪三年而舍，中罪二年而舍，下罪一年而舍。其不能改而出圜土者杀。虽出三年不齿。凡圜土之刑人也，不亏体，其罚人也，不亏财"。司救"掌万民之邪恶过失而诛让之，以礼防禁而救之。凡民之有邪恶者，三让而罚，三罚而士加明刑，耻诸嘉石，役诸司空"。（注："罚谓挞击之也。加明刑者，去其冠饰，而书其邪恶之状，著之背也。"）其有过失者，三让三罚而归于圜土，皆近后世之监狱也。

听讼之法，《王制》曰："必三刺。有旨无简，不听。附从轻，赦从重。凡制五刑，必即天论。邮罚丽于事。凡听五刑之讼，必原父子之亲，立君臣之义以权之，意论轻重之序，慎测浅深之量以别之。悉其聪明，致其忠爱以尽之。疑狱，泛与众共之。众疑，赦之。必察小大之比以成之。"《周官》：小司寇"以五声听狱讼，求民情"。（辞听、色听、气听、耳听、目听。）司刺"掌三刺三宥三赦之法，以赞司寇听狱讼"。（壹刺曰讯群臣，再刺曰讯群吏，三刺曰讯万民。壹宥曰不识，再宥曰过失，三宥曰遗忘。壹赦曰幼弱，再赦曰老旄，三赦曰惷愚。）均足见其审慎也。

象刑之说，见于《书传》曰："上刑赭衣不纯。中刑杂屦。下刑墨幪。"又《慎子》曰："有虞氏之诛，以幪巾当墨，以草缨当劓，以菲履当刖，以艾韠当宫，布衣无领当大辟。"《荀子》极驳之，见《正论》篇。《汉书·刑法志》亦引其说。案象刑即《周官》明刑之类，风俗淳朴之时，刑轻已足为治，及其衰敝，则重刑犹或弗胜。故法家力主重刑，使民莫敢犯其治，异其意。期于无刑，则同象刑之说。《荀子》则战国末造之论，时异，故其言亦异，彼此不足相非也。

中国法律自秦以后始可确考。秦人用刑极为严酷，《史记·秦本记》：

文公二十年,"法初有三族之罪"。自此族诛者屡见。《汉书·刑法志》云:"陵夷至于战国,韩任申子,秦用商鞅,连相坐之法,造参夷之诛,增加肉刑、大辟,有凿颠、抽胁、镬烹之刑。至于秦始皇,兼吞战国,遂毁先王之法,灭礼谊之官,专任刑罚,躬操文墨,昼断狱,夜理书,自程决事,日县石之一。而奸邪并生,赭衣塞路,囹圄成市,天下愁怨,溃而叛之。"又云:"汉兴之初,其大辟尚有夷三族之令。令曰:当三族者,皆先黥,劓,斩左右趾,笞杀之,枭其首,菹其骨肉于市。其诽谤詈诅者,又先断舌。故谓之具五刑。彭越、韩信之属皆受此诛。"盖战国之世,各国竞尚严刑,正不独一秦也。至汉世,而刑法乃渐趋于轻。高后元年,除三族罪、妖言令。孝文二年,除收孥相坐法。十三年,齐大仓令淳于公有罪当刑,诏狱逮系长安。淳于公无男,有五女。会逮,骂其女曰:"生子不生男,缓急非有益也!"其少女缇萦,自伤悲泣,乃随其父至长安。上书曰:"妾父为吏,齐中皆称其廉平。今坐法当刑。妾伤夫死者不可复生,刑者不可复属,虽后欲改过自新,其道亡繇也。妾愿没入为官婢,以赎父刑罪,使得自新。"书奏天子,天子怜悲其意,遂下令曰:"制诏御史:盖闻有虞氏之时,画衣冠、异章服以为戮,而民弗犯,何治之至也!今法有肉刑三,(孟康曰:黥、劓二,斩左右趾合一,凡三也。)而奸不止,其咎安在?夫刑至断支体,刻肌肤,终身不息,何其刑之痛而不德也!岂称为民父母之意哉?其除肉刑,有以易之。"于是当黥者,髡钳为城旦舂;当劓者,笞三百;当斩左趾者,笞五百;当斩右趾,及杀人先自告,及吏坐受赇枉法,守县官财物而即盗之,已论命复有笞罪者,皆弃市。然斩右趾者既当死,笞五百、三百者亦多死。景帝元年,乃改笞五百曰三百,笞三百曰二百,犹尚不全。中六年,又减笞三百曰二百,笞二百曰一百。又定箠令。箠长五尺,其本大一寸,其竹也,末薄半寸,皆平其节。当笞者笞臀,毋得更人。毕一罪乃更人。自是笞者得全。《通考》曰:"景帝元年诏言,孝文皇帝除宫刑,出美人,重绝人之世也。则知文帝并宫刑除之。至景帝中元年，赦徒作阳陵者死罪，欲腐者许之。而武帝时李延年、司马迁、张安世兄贺皆坐腐刑，则是因景帝中元年之后，宫刑复用，而以施之死罪之情轻者，不常用也。"愚按《汉志》言"其后，新垣平谋为逆，复行三族之诛"，则并在文帝之世，然此特偶有轶法之事，以大体言，肉刑固自此而除矣。

汉代用刑之宽严，视乎时主之好尚。《志》云：当孝惠、高后时，萧、曹为相，填以无为，是以刑罚用稀。及孝文即位，躬修玄默，而将相皆旧功臣，少文多质，惩恶亡秦之政，论议务在宽厚，耻言人之过失。化行天下，告讦之俗易。风流笃厚，禁罔疏阔。选张释之为廷尉，罪疑者予民，是以刑罚大省，至于断狱四百，有刑错之风。及至孝武即位，招进张汤、赵禹之属，条定法令，作见知故纵、监临部主之法，缓深故之罪，急纵出之诛。其后奸猾巧法，转相比况，禁罔寖密。文书盈于几阁，典者不能偏睹。是以郡国承用者驳，或罪同而论异。奸吏因缘为市，所欲活则傅生议，所欲陷则予死比，议者咸冤伤之。宣帝自在间阎而知其若此，及即尊位，廷史路温舒上疏，上深愍焉，乃下诏曰："今遣廷史与郡鞠狱，任轻禄薄，其为置廷平，秩六百石，员四人。"于是选于定国为廷尉，求明察宽恕黄霸等以为廷平，季秋后请谳。时上常幸宣室，斋居而决事，狱刑号为平矣。案尚严之主，历代有之。汉武特侈欲多所兴作耳，非必暴虐也。然则汉代刑罚所以刻深，得仁主仅能宽民于一时，得中主遂至于残民者，实以当时治狱之吏崇尚残酷，成为风气，而律令又错乱繁杂故也。路温舒曰："秦有十失，其一尚存，治狱之吏是也。秦之时，贱仁义之士，贵治狱之吏。"可见所谓狱吏者，在当时自成风气矣。而其风气，则温舒言之曰："上下相驱，以刻为明；深者获公名，平者多后患。故治狱之吏皆欲人死，非憎人也，自安之道在人之死。是以死人之血流离于市，被刑之徒比肩而立，大辟之计岁以万数。夫人情安则乐生，痛则思死。棰楚之下，何求而不得？故囚人不胜痛，则饰辞以视之。吏治者利其然，则指道以明之。上奏畏却，则锻炼而周内之。盖奏当之成，虽咎繇听之，犹以为死有余辜，何则？成炼者众，文致之罪明也。是以狱吏专为深刻，残贼而亡极，媮为一切，不顾国患。故俗语曰：画地为狱，议不入；刻木为吏，期不对。"可以见其略矣。《汉志》谓"昭、宣、元、成、哀、平六世之间，断狱殊死，率岁千余口而一人，耐罪上至右止，三倍有余"。诚令后世闻之酸鼻。《志》推刑所以蕃，谓由（一）礼教不立，（二）刑法不明，（三）民多贫穷，（四）豪桀务私，奸不辄得，（五）狱豻不平所致。（一）、（三）、（四）皆政治为之，（二）与（五）则法律为之也。

《汉志》曰："汉兴，高祖初入关，约法三章曰：杀人者死，伤人及盗抵罪。蠲削烦苛，兆民大说。其后四夷未附，兵革未息，三章之法不足以御奸，于是相国萧何攈摭秦法，取其宜于时者，作律九章。"而孝武以后，则律令凡三百五十九章，大辟四百九条，千八百八十二事，死罪决事比万三千四百七十二事，其烦苛可谓甚矣。宣帝时，涿郡太守郑昌上疏，谓若开后嗣，不若删定律令。宣帝未及修正。元帝初立，乃下诏议律令可蠲除轻减者，条奏。成帝河平中，复下诏与中二千石、二千石、博士及明习律令者议减死刑及可蠲除约省者，令较然易知，条奏。史称有司"徒钩摭微细，毛举数事，以塞诏而已"。后汉章帝纳尚书陈宠言，决狱行刑，务于宽厚。其后遂诏有司，禁绝钻鑽诸酷痛旧制，解袄恶之禁，除文致，请谳五十余事，定著于令。永元六年，宠又代郭躬为廷尉，复校律令，奏称："今律令，犯罪应死刑者六百一十，耐罪千六百九十八，赎罪以下二千六百八十一，溢于《甫刑》千九百八十九，其四百一十大辟，千五百耐罪，七十九赎罪。"请除之。未及施行，会宠抵罪，遂寝。宠子忠，后复为尚书，略依宠意，奏上三十三条，为决事比，以省请谳之弊。又上除蚕室刑，解赃吏三世禁锢，狂易杀人得减重论，母子兄弟相代死，听赦所代者，事皆施行。然虽时有蠲革，而律令繁苛，迄未删定。直至魏、晋之世，而纂辑法律之业乃成。（《晋志》载后汉梁统《疏》："元帝初元五年，轻殊刑三十四事，哀帝建平元年尽四年，轻殊死者刑八十一事。"）吾国法律，相沿行用，虽有改革，迄未中断者，起于商鞅所用李悝之《法经》，距今二千三百年矣。其篇目见《晋志》。《晋志》曰："是时承用秦、汉旧律，其文起自魏文侯师李悝。悝撰次诸国法，著《法经》。以王者之政，莫急于盗贼，故其律始于《盗》《贼》。盗贼须劾捕，故著《网》《捕》二篇。其轻狡、越城、博戏、借假不廉、淫侈逾制以为《杂律》一篇，又以《具律》具其加减。是故所著六篇而已，然皆罪名之制也。商君受之以相秦。汉承秦制，萧何定律，除参夷、连坐之罪，增部主见知之条，益事律《兴》《厩》《户》三篇，合为九篇。叔孙通益律所不及傍章十八篇，张汤《越宫律》二十七篇，赵禹《朝律》六篇，合六十篇。又汉时决事，集为《令甲》以下三百余篇，及司徒鲍公撰嫁娶辞讼决为《法比》，都目凡九百六卷。世有增损，率皆集类为篇，结事为章。一章之中或事过数十，事类虽同，轻重乖异。而通条连句，上下相蒙，虽大体异篇，实相采入。《盗律》有贼伤之例，《贼律》有盗章之文，《兴律》有上狱之法，《厩律》有逮捕之事，若此之比，错糅无常。后人生意，各为章句。叔孙宣、郭令卿、马融、郑玄诸儒章句十有余家，家数十万言。凡断罪所当由用者，合二万六千二百七十二条，七百七十三万二千二百余言，言数益繁，览者益难。天子于是下诏，但用郑氏章句，不得杂用余家。"其后，又下诏改定刑制，令司空陈群、散骑常侍刘邵、给事黄门侍郎韩逊、议郎庾嶷、中郎黄休、荀诜等删约旧科，傍采汉律，定为魏法，制《新律》十八篇，《州郡令》四十五篇，《尚书官令》《军中令》合百八十余篇。其序略云："凡所定增十三篇，就故五篇，合十八篇。"所谓十三篇者，曰《劫略律》，曰《诈律》，曰《毁亡律》，曰《告劾律》，曰《系讯》《断狱律》，曰《请赇律》，曰《兴擅律》，曰之《留律》，曰《邮驿令》，曰《变事令》，曰《惊事律》，曰《偿赃律》，曰《免坐律》，其《刑名》别为一篇，冠于篇首。"更依古义，制为五刑。其死刑有三，髡刑有四，完刑、作刑各三，赎刑十一，罚金六，杂抵罪七，凡三十七名，以为律首。""文帝为晋王，患前代律令本注烦杂，陈群、刘邵虽经改革，而科网本密，又叔孙、郭、马、杜诸儒章句，但取郑氏，又为偏党，未可承用。于是令贾充定法律，与太傅郑冲等十四人典其事，就汉九章增十一篇，仍其族类，正其体号，改旧律为《刑名》《法例》，辨《囚律》为《告劾》《系讯》《断狱》，分《盗律》为《请赇》《诈伪》《水火》《毁亡》，因事类为《卫宫》《违制》，撰《周官》为《诸侯律》，合二十篇，六百二十条，二万七千六百五十七言。蠲其苛秽，存其清约，事从中典，归于益时。其余未宜除者，若军事、田农、酤酒，未得皆从人心，权设其法，太平当除，故不入律，悉以为令。施行制度，以此设教，违令有罪则入律。其常事品式章程，各还其府，为故事。凡律令合二千九百二十六条，十二万六千三百言，六十卷，故事三十卷。泰始三年，事毕，表上。四年正月，大赦天下，乃颁新律。"其后，明法掾张斐又注律，表上之。案法学有所谓性法派、历史法派者，性法派谓有遍于四海永合人心之公理，历史法派则谓无之。中国之法学近性法派，故于律文不轻改动，此时以权设者为令，即系此意。后世之改例不改律，亦由于此。

法家宗旨，一在信赏必罚，一在重刑。信赏必罚者，欲使为善者必受福，为恶者必获祸，如自然法之不可逭。此其事固不易致，然以理言之，法律之设，固当如是也。重刑非临时加重，乃重之于立法之先，使人畏而不敢犯，其意亦以求无刑也。法家之旨，凡事当一任法，如衡石度量之于短长轻重。然既设法，固不宜改轻，亦断不容加重。世以严刑峻法为法家之本旨者，实大缪不然之论也。然人事之善恶，既非如短长轻重之较然易知，人情之变动，亦非如衡石度量之漠然不动，况又有巧伪以奸法任喜怒、快恩仇、利货赂以坏法者乎？流失之势，必缘本意之所偏，法家之易流于严，犹儒家之易失之纵，中道不可得见时，任儒法以矫弊而协于宜，亦理所应尔也。东周之世，定法之可考者，有子产。子产之学近于法。有邓析为名学，名法相近。有李悝，《汉志》列诸法家之首。然则周、秦之际之法律，殆多成于法家。至汉世则渐变，汉武时，淮南王反，使董仲舒之徒吕步舒治之，以其明《春秋》也。应劭言："仲舒老病致仕，朝廷每有政议，数遣廷尉张汤至陋巷，问其得失。于是作《春秋》折狱二百三十二事。"汉人引经折狱之事，不知凡几，魏、晋新律，其必有儒家言羼入者矣。近人撰《五朝法律索隐》，谓五朝之法倍美者有数端，一曰重生命，二曰恤无告，三曰平吏民，四曰抑富人。重生命之法二，一父母杀子者同凡论，二走马城市杀人者不得以过失杀人论。恤无告之法一，诸子姓复仇者勿论。平吏民之法二，一部民杀长吏者同凡论，二官吏犯杖刑者论如律。抑富人之法二，一商贾皆殊其服，二常人有罪不得赎。案父杀其子者当诛，明见《白虎通义》，其余亦多与儒家宗旨合，明魏、晋新律采用儒家之义必多矣。（后世父母杀子皆从轻，此其法起于后魏，盖鲜卑之俗也。然法家释之则曰：父子至亲，至于相杀，必有大不得已之故，因而原之，非谓父可杀子也。然则晋法虽废，而其立法之意，究未尽亡矣。）

　　晋律为宋、齐所沿用，至梁乃重定，然其实则相承也。《隋书·刑法志》曰：梁武帝时，"欲议定律令。得齐时旧郎济阳蔡法度，家传律学。云齐武时，删定郎王植之，集注张、杜旧律，合为一书，凡一千五百三十条，事未施行，其文殆灭。法度能言之。于是以为兼尚书删定郎，使损益植之旧本，以为《梁律》"。定为二十篇。"其制刑为十五等之差：弃市已上为死罪，大罪枭其首，其次弃市。刑二岁已上为耐罪，言各随伎能而任使之也。有髡钳五岁刑，笞二百，收赎绢，男子六十匹。又有四岁刑，男子四十八匹。又有三岁刑，男子三十六匹。又有二岁刑，男子二十四匹。罚金一两已上为赎罪。赎死者金二斤，男子十六匹。赎髡钳五岁刑笞二百者，金一斤十二两，男子十四匹。赎四岁刑者，金一斤八两，男子十二匹。赎三岁刑者，金一斤四两，男子十匹。赎二岁刑者，金一斤，男子八匹。罚金十二两者，男子六匹。罚金八两者，男子四匹。罚金四两者，男子二匹。罚金二两者，男子一匹。罚金一两者，男子二丈。女子各半之。五刑不简，正于五罚，五罚不服，正于五过，以赎论，故为此十五等之差。又制九等之差：有一岁刑，半岁刑，百日刑，鞭杖二百，鞭杖一百，鞭杖五十，鞭杖三十，鞭杖二十，鞭杖一十。又有八等之差：一曰免官，加杖督一百；二曰免官；三曰夺劳百日，杖督一百；四曰杖督一百；五曰杖督五十；六曰杖督三十；七曰杖督二十；八曰杖督一十。论加者上就次，当减者下就次。""其谋反、降叛、大逆已上皆斩。父子、同产男，无少长，皆弃市。母妻姊妹及应从坐弃市者，妻子女妾同补冤官为奴婢。赀财没官。劫身皆斩，妻子补兵。遇赦降死者，黥面为劫字，髡钳，补冶锁士终身。其下又谪运配材官冶士、尚方锁士，皆以轻重差其年数。其重者或终身。士人有禁锢之科，亦有轻重为差。其犯清议，则终身不齿。大凡定罪二千五百二十九条。天监二年四月癸卯，法度表上新律，又上《令》三十卷，《科》三十卷。帝乃以法度守廷尉卿，诏班新律于天下。三年八月，建康女子任提女，坐诱口当死。其子景慈对鞠辞云，母实行此。是时法官虞僧虬启称：景慈宜加罪辟。诏流于交州。至是复有流徒之罪。其年十月甲子，诏以金作权典，宜在蠲息。于是除赎罪之科。十四年，又除黥面之刑。大同十一年十月，复开赎罪之科。中大同元年七月甲子，诏自今犯罪，非大逆，父母、祖父母勿坐。陈武帝求得梁时明法吏，令与尚书删定郎范泉，参定律令。又敕尚书仆射沈钦、吏部尚书徐陵、兼尚书左丞宗元饶、兼尚书左丞贺朗参知其事，制《律》三十卷，《令律》四十卷。其制惟重清议禁锢之科。若缙绅之族，犯亏名教，不孝及内乱者，发诏弃之，终身不齿。先与士人为婚者，许妻家夺之。其获贼帅及士人恶逆，免死付治，听将妻入役，不为年数。又存赎罪之律，复父母缘坐之刑。其余篇目条纲，轻重简繁，一同梁法。"

后魏自昭成以前，所用皆其旧俗。至道武乃入中原，其用法始末具见《魏书·刑罚志》。《志》曰：太祖"既定中原，患前代刑网峻密，乃命三公郎王德除其法之酷切于民者，约定科令，大崇简易"。"世祖即位，以刑禁重，神麚中，诏司徒崔浩定律令。除五岁四岁刑，增一年刑。分大辟为二科死，斩死，入绞。大逆不道腰斩，诛其同籍，年十四已下腐刑，女子没县官。害其亲者轘之。为蛊毒者，男女皆斩，而焚其家。巫蛊者，负羖羊抱犬沈诸渊。当刑者赎，贫则加鞭二百。畿内民富者烧炭于山，贫者役于圊溷，女子入舂槀；其固疾不逮于人，守苑囿。王官阶九品，得以官爵除刑。妇人当刑而孕，产后百日乃决。年十四已下，降刑之半，八十及九岁，非杀人不坐。"正平元年，诏详案律令。于是游雅与中书侍郎胡方回等改定律制。盗律复旧，加故纵、通情、止舍之法及他罪，凡三百九十一条。门诛四，大辟一百四十五，刑二百二十一条。高宗又增律七十九章，门房之诛十有三，大辟三十五，刑六十二。延兴四年，诏自非大逆干纪者，皆止其身，罢门房之诛。太和三年，先是以律令不具，诏中书令高闾集中秘官等修改旧文，随例增减。又敕群官，参议厥衷，经御刊定。五年冬讫，凡八百三十二章，门房之诛十有六，大辟之罪二百三十五，刑三百七十七，除群行剽劫首谋门诛，律重者止枭首焉。

齐文宣命群官议造齐律，至武成河清三年，乃成十二篇，又新令四十卷。其不可为定法者，别制权令二卷，与之并行。周律成于保定三年，谓之《大律》，凡二十五篇。隋高祖受周禅，诏高颎等更定新律。后又敕苏威、牛弘等更定，凡十二卷。炀帝又敕修律令，凡十八篇，谓之《大业律》。齐制死罪四等，曰枭首、斩、绞，流刑未有道里之差，耐罪五等，鞭五等，杖四等，凡十五等。后周杖、鞭、徒、流、死各为五等。隋以笞、杖、徒、流、死为五刑，而除前代鞭刑及枭首、轘裂之法，（死刑二，曰斩，曰绞。）后世遂莫之能易。《通考》曰："汉文除肉刑，善矣，而以髡、笞代之。髡法过轻，而略无惩创。笞法过重，而至于死亡。其后乃去笞而独用髡，减死罪一等，即止于髡钳。进髡钳一等，即入于死罪。而深文酷吏，务从重比，故死刑不胜其众。魏、晋以来病之，然不知减笞数而使之不死，乃徒欲复肉刑以全其生，肉刑卒不可复，遂独以髡钳为生刑，所欲活者傅生议，于是伤人者或折腰体，而才剪其毛发，所欲陷者与死比，于是犯罪者既已刑杀，而复诛其宗亲，轻重失宜，莫此为甚！及隋、唐以来，始制五刑，曰笞、杖、徒、流、死。此五者即有虞所谓鞭、朴、流、宅，虽圣人复起，不可偏废也。"

《唐书·刑法志》："唐之刑书有四，曰：律、令、格、式。令者，尊卑贵贱之等数，国家之制度也。格者，百官有司之所常行之事也。式者，其所常守之法也。凡邦国之政，必从事于此三者。其有所违及人之为恶而入于罪戾者，一断以律。律之为书，因隋之旧。"其用刑有五：一曰笞，二曰杖，三曰徒，四曰流，五曰死。自隋以前，死刑有五，曰：磬、绞、斩、枭、裂。而流、徒之刑，鞭笞兼用，数皆逾百。至隋始定为笞刑五，自十至于五十；杖刑五，自六十至于百；徒刑五，自一年至于三年；流刑三，自一千里至于二千里；死刑二，绞、斩。除其鞭刑及枭首、輘裂之酷。又有议、请、减、赎、当、免之法。唐皆因之。太宗即位，诏长孙无忌、房玄龄等复定旧令，议绞刑之属五十，皆免死而断右趾。其后蜀王法曹参军裴弘献驳律令四十余事，乃诏房玄龄与弘献等重加删定。玄龄等以谓"古者五刑，刖居其一。及肉刑既废，今以笞、杖、徒、流、死为五刑，而又刖足，是六刑也"。于是除断趾法，为加役流三千里，居作二年。

宋因唐律、令、格、式之旧，而随时损益则有《编敕》，一司、一路、一州、一县又别有《敕》。建隆初，诏判大理寺窦仪等上《编敕》四卷，凡一百有六条，诏与新定《刑统》三十卷并颁行于天下。太平兴国中，增至十五卷，淳化中倍之。咸平中增至万八千五百五十五条，诏给事中柴成务等删定可为《敕》者二百八十六条，准律分十二门，总十一卷。又为《仪制令》一卷。当时便其简易。大中祥符中，又增三十卷，千三百七十四条。又有《农田敕》五卷，与《敕》并行。仁宗命官修定，取《咸平仪制令》及制度约束之在《敕》者五百余条，悉附《令》后，号曰《附令敕》。天圣七年《编敕》成，合《农田敕》为一书，视《祥符敕》损百余条。凡此皆在律令之外者也。庆历又复删定，增五百条，别为《总例》一卷。后又修《一司敕》二千三百十七条，《一路敕》千八百二十七条，《一州》《一县敕》千四百五十一条。凡此，又在《编敕》之外者也。嘉祐初，有《禄令》《驿令》。又重编《敕》。七年，书成。总千八百三十四条。又别为《续附令敕》三卷。神宗以律不足以周事情，凡律所不载者一断以敕，乃更其目曰敕、令、格、式，而律恒存乎敕之外。熙宁初，置局修敕。元丰中，成二十有六卷，复下二府参订，然后颁行。帝曰："禁于已然之谓敕，禁于未然之为令，设于此以待彼之谓格，使彼效之之谓式。"于是凡入笞、杖、徒、流、死，自名例以下至断狱十二门，丽刑名轻重者，皆为敕。自品官以下至断狱三十五门，约束禁止者，皆为令。命官之等十七，吏、庶人之赏等七十七，又有倍、全、分、厘之级凡五等，有等级高下者，皆为格。表奏、帐籍、关牒、符檄之类凡五卷，有体制模楷者，皆为式。元祐时，刘挚、孙觉等言其烦，诏挚等刊定。崇宁元年，下诏追复元丰法制，凡元祐条例悉毁之。徽宗每降御笔手诏，变乱旧章，由是吏缘为奸。（崇宁五年，尝诏三省以常法沮格，特旨以大不恭论。见《宋史》卷二百。）高宗播迁，断例散逸，建炎以前，凡所施行，类出人吏省记。三年四月，始命取嘉祐条法与政和敕令对修而用之。绍兴元年，书成，号《绍兴敕令格式》，而吏胥所省记者亦引用焉。乾道六年，成《乾道敕令格式》。时法令虽具，然吏一切以例从事，法当然而无例，则事皆泥而不行，甚至隐例以坏法，贿赂既行，乃为具例。后有《淳熙敕令格式》，时以官不暇遍阅，吏得容奸，令敕令所分门编类为一书，名《淳熙条法事类》，前此所未有也。后又有《庆元敕令格式》《淳祐敕令格式》。淳祐十一年，又与庆元法校定为四百三十卷。度宗以后遵行，无所更定矣。其他一司、一路、一州、一县《敕》，时有增损，不可胜纪焉。

	天圣七年敕	庆历修司路州县敕在编敕外	嘉祐七年敕视庆历敕所增之数
大辟之属	一七	三一	六〇
流之属	三四	二一	五〇
徒之属	一〇六	一〇五	六一
杖之属	二五八	一六八	七三
笞之属	七六	一二	三八
配隶之属	六三	八一	三〇
大辟而下奏听旨者	七一	六四	四六

辽刑法有死、杖、徒、流四等，盖亦取法于中原。其旧制不可考。《辽史·刑法志》云："太祖初年，庶事草创，犯罪者量轻重决之。其后治诸弟逆党，权宜立法。"一归于重，欲闲民使不为变，盖本无定制也。其可考见者，如亲王有罪，或投诸高崖杀之；淫乱不轨者，五车轘杀之；逆父母者视此；犯上者以熟铁椎摏其口杀之。又为枭磔、生瘗、射鬼箭、炮掷、支解诸刑，均可见其用刑之酷。厥后穆宗淫刑以逞，卒亡其躯。天祚赏罚无章，终覆其国。虽曰其君之无道，未始非其部族之旧习有以启之也。神册六年，诏大臣定治契丹及诸夷之法，汉人则断以《律令》，是为契丹定法之始。太宗时，治渤海人一依汉法，余无改焉。道宗清宁六年，以契丹、汉人风俗不同，而国法不可异施，命惕隐苏、枢密使乙辛等更定条制。凡合于《律令》者，具载之；不合者，别存之。存否以《律令》为准，盖用汉法以改旧法也。契丹、汉人相殴至死，其法本轻重不均，圣宗时乃等科之。

《金史·刑志》云："金国旧俗，轻罪笞以柳葼，杀人及盗劫者，击其脑杀之，没其家赀，以十之四入官，其六偿主，并以家人为奴婢，其亲属欲以马牛杂物赎者从之。或重罪亦听自赎，然恐无辨于齐民，则劓、刵以为别。"盖凡罪皆许以财赎，故《金史·刑志》又云"金初，法制简易，无轻重贵贱之别，刑、赎并行"也。《世纪》：始祖解完颜部及他部之斗，"约曰：凡有杀伤人者，征其家人口一、马十偶、牸牛十、黄金六两，与所杀伤之家，即两解，不得私斗。女真之俗，杀人偿马牛自此始"。可见其由来之旧矣。又云："康宗七年，岁不登，民多流莩，强者转而为盗。欢都等欲重其法，为盗者皆杀之。太祖曰：以财杀人，不可。财者人所致也。遂减盗贼征偿法为征三倍。"可见其治盗贼亦以征偿之法行之矣。其狱掘地为之，深广数丈，盖穴居之遗习也。太宗稍用辽、宋法。天眷三年，复取河南，诏所用刑法皆从律文。皇统间，诏诸臣，以本朝旧制，兼采隋、唐之制，参辽、宋之法，类以成书，名曰《皇统制》，颁行中外。时则并用古律。海陵多更旧制，正隆间，有《续降制书》，与《皇统制》并行。世宗即位，以正隆之乱，盗贼公行，兵甲未息，一时制旨多从时宜，集为《军前权宜条理》。大定五年，令有司复加删定，与前《制书》并用。后以正隆《制书》多任己意，伤于苛察，而与《皇统制》并行，是非淆乱，莫知适从，奸吏因得上下其手，乃置局，令大理卿移剌慥总中外明法者共校正。以《皇统制》、正隆《制》、大定《军前权宜条理》，后《续行条理》，删繁正失，阙者以律文足之，《条理》内有可常行者亦为定法，余别为一部存之。凡校定千一百九十条，分为十二卷，以《大定重修制条》为名，诏颁行焉。时大定十七年也。明昌元年，上问宰臣曰："今何不专用律文？"平章张汝霖曰："前代律与令各有分，犯令者以律决之。今制、律混淆，固当分也。"遂置详定所，命审定律、令。五年，详定官言："若依重修制文为式，则条目增减，罪名轻重，当异于律。与旧同颁，则使人惑而易为奸，请用今制，准律文修定，采前代刑书以补遗阙，取《刑统》疏文以释之，命曰《明昌律义》。新编榷货、边部、权宜等事，集为《敕条》。"宰臣谓："先所定令文尚有未完，俟皆通定，然后颁行。"于是重修新律。至泰和元年，新修律成，凡十二篇：（一）《名例》，（二）《卫禁》，（三）《职制》，（四）《户婚》，（五）《厩库》，（六）《擅兴》，（七）《贼盗》，（八）《斗讼》，（九）《诈伪》，（十）《杂律》，（十一）《捕亡》，（十二）《断狱》。实《唐律》也，但加赎铜皆倍之，增徒至四年、五年为七，削四十七条，增百四十九条，略有损益者二百八十二条，余百二十六条皆从其旧；又加以分其一为二、分其一为四者六条，凡五百六十三条，为三十卷，附注以明其事，疏义以释其疑，名曰《泰和律义》。又《律令》二十卷、《新定敕条》三卷、《六部格式》三十卷。以明年五月颁行之。

元初，循用金律。世祖平宋，始定新律，颁之有司，号曰《至元新格》。仁宗时，又以格例条画有关风纪者，类集成书，曰《风宪宏纲》。英宗时，复取前书加损益焉，号曰《大元通制》。其书之大纲有三：曰诏制，九十四条；曰条格，一千一百五十一条；曰断例，七百十七条。大概纂集世祖以来法制事例而已。其五刑之目：凡七下至五十七，谓之笞刑；六十七至一百七，谓之杖刑，皆以十递加；其徒法，年数杖数，相附丽为加减，一年杖六十七，一年半杖七十七，二年杖八十七，二年半杖九十七，三年杖一百七，盐徒盗贼既决而又镣之；流则南人迁于辽阳迤北之地，北人迁于南方湖广之乡；死刑有斩而无绞，恶逆之极，则有陵迟处死之法。教徒犯罪与平民处治不同。蒙古人与汉人亦不平等。其见于《元史》者，如《职制上》云："诸僧、道、儒人有争，有司勿问，止令三家所掌会问。诸哈的大师，止令掌教念经，回回人应有刑名、户婚、钱粮、词讼并从有司问之。诸僧人但犯奸盗诈伪，至伤人命及诸重罪，有司归问。其自相争告，从各寺院住持本管头目归问。若僧俗相争田土，与有司约会；约会不至，有司就便归问。"《杀伤》云："诸蒙古人因争及乘醉殴死汉人者，断罚出征，并全征烧埋银。"皆是也。

明太祖平武昌，即议律令。吴元年十月，命左丞相李善长为律令总裁官，参知政事杨宪、傅瓛，御史中丞刘基，翰林学士陶安等二十人为议律官。十二月，书成，凡为令一百四十五条，律二百八十五条。又恐小民不能周知，命大理卿周桢等取所定律令，自礼乐、制度、钱粮、选法之外，凡民间所行事宜，类聚成编，训释其义，颁之郡县，名曰《律令直解》。洪武六年夏，刊《律令宪纲》，颁之诸司。冬，诏刑部尚书刘惟谦详定《大明律》。明年二月，书成。篇目一准于唐，合六百有六条，分为三十卷。其后时有增损。二十二年，命翰林院同刑部官，取比年所增者，以类附入。三十年，作《大明律》《诰》成，刊布中外。《大诰》者，洪武十八年，采辑官民过犯，条为《大诰》。次年，复为《续编》《三编》，皆颁学宫以课士，并置塾师教之。因有《大诰》者，罪减等。命刑官取《大诰》条目，撮其要略，附载于律。盖太祖之于律令也，草创于吴元年，更定于洪武六年，整齐于二十二年，至三十年始颁示天下焉。弘治十三年，刑官上言："中外巧法吏或借便己私，律浸格不用。"于是下尚书白昂等会九卿议，增历年问刑条例经久可行者二百九十七条。自是以后，律例并行。嘉靖二十八年，诏尚书顾应祥等定议，增至二百四十九条。三十四年，又因尚书何鳌言，增入九事。万历十三年，刑部尚书舒化等辑嘉靖三十四年以后诏令及宗藩军政条例、捕盗条格、漕运议单与刑名相关者，律为正文，例为附注，共三百八十二条，删世宗时苛令特多。

《大诰》所用刑甚峻。凡三《诰》所列凌迟、枭示、种诛者，无虑千百，弃市以下万数。其目凡十。其第十曰"寰中士夫不为君用"。当时，贵溪儒士夏伯启叔侄断指不仕，苏州人才姚润、王谟被征不至，皆诛而籍其家。此科所由设也。自《律》《诰》出，《大诰》所载诸峻令未尝轻用。其后罪人率用《大诰》减等，亦不复论其有无矣。《清吏律·公式·讲读律令》曰："百工技艺诸色人等，有能熟读讲解通晓律意者，若犯过失，及因人连累致罪，不问轻重，并免一次。其事干谋反叛逆，不用此律。"

其用意与明以《大诰》减罪同,皆欲人民通晓律令也。

清顺治三年,刑部尚书吴达海奉诏参酌《明律》,纂《大清律集解附例》。康熙九年,大学士管刑部尚书事对喀纳等奉诏校正。十八年,特谕刑部定律外,条例有应存者,详加酌定,刊刻通行各现行则例。二十八年,台臣盛符升请以现行则例载入《大清律》内。命尚书图纳、张玉书等为总裁。至四十六年,缮写进呈。雍正元年,大学士朱轼、尚书查郎阿奉诏续成之。五年书成,名《大清律集解附例》。高宗即位,从尚书傅鼐请,命律例馆总裁三泰等考正。五年,纂入则例一千又四十九条。自是数年修,以新例分附律后,遂称《大清律例》,律四百五十七门。雍正五年,删改增并为四百三十六门,后迄仍之,例递有增益。嘉庆六年,为一千五百七十三条。

日本织田万曰:"近世诸国,各法皆有法典,然行政法典不过学者私撰。葡萄牙虽有行政法典,然仅关地方制度,非括行政全体,仍不得以行政法典视之也。惟《大清会典》纯乎行政法典之性质。虽行政法规之全体,尚有他种成文法及不文法以辅之,然行政机关之组织权限及事务,莫不以《会典》为主,则《会典》之为行政法典无疑矣。"案明清《会典》源于《唐六典》,《唐六典》模范《周官》。《周官》究出何时何人,辩论纷如。鄙意谓大体当出战国时。《唐六典》之作,始于开元十年,而成于十六年,实西历七百二十二至七百二十八年也,亦可谓早矣。(《周官》:"大宰之职,掌建邦之六典,以佐王治邦国。以八法治官府。以八则治都鄙。"注:"则,亦法也。典、法、则,所用异,异其名也。"疏曰:"典、法、则三者相训,其义既同,但邦国言典,官府言法,都鄙言则,是所用处异,故别言之,其实义通也。"案此则治官府与人民之法,当分别为书,古人早知之矣。)

清修《会典》始于康熙二十三年,二十九年成。凡一百六十卷。雍正十年修之,乾隆二十九年又修之,为百卷。嘉庆十八年,修为八十卷。同治十二年续修,迄未成,因义和团事起,乃中止。织田万云:"嘉庆本体裁全变，顺次及分类亦与前异，实足当简明精审之称。自乾隆修后，以逐年事例别为一书，名曰《大清会典则例》。嘉庆本合之而成《会典事例》，凡九百二十卷。旧例分局课纂辑，错杂难寻。此则统一官厅之事例，就事件性质分类，各类中事例皆按年编纂，甚易考也。"

律
- 名例
- 吏
  - 职制
  - 公式
- 户
  - 户役
  - 田宅
  - 婚姻
  - 仓库
  - 课程
  - 钱债
  - 市廛
- 礼
  - 祭祀
  - 仪制
- 兵
  - 宫卫
  - 军政
  - 关津
  - 厩牧
  - 邮驿
- 刑
  - 贼盗
  - 人命
  - 斗殴
  - 骂詈
  - 诉讼受赃
  - 作伪
  - 犯奸
  - 杂犯
  - 捕亡
  - 断狱
- 工
  - 营造
  - 河防

《会典》规定，多袭前朝，修改亦止则例。其凡例谓："以典为纲，以则为目。"乾隆时，始区则与典为二，谓"例可通，典不可变，今缘典而传例，后或因例以淆典也"。从事纂修者为会典馆，不常设。律例则五年一小修，限十个月成，十年一大修，限一年成。馆属刑部，平时亦无人，至纂修之年，临时任命，事毕即罢。

织田万曰："典与例实不免矛盾。实际重则例，然例易变，而典不然。至例废，则典又发生效力。然则典未尝废，其与例矛盾不见引用时，只可谓停止效力耳。"又曰："律不得轻改，而例因时变通。其性质及关系，亦如会典之与则例。律尚简，例尚繁。律断法，例准情。故律重者例可轻，律轻者例可重。有例则置律，例有新则置故，律例皆无正条，则比而稽焉。然则舍律用例，乃舍旧用新耳。"又曰："条例不必官修，如现行《大清律例统纂集成》，乃嘉庆时沈之奇所撰。道光时，山阴姚雨芗一再修辑，兵燹后传本颇少。同治初，吴晓帆得其原本，就会稽任彭年厘订，至六年告成。十年，吴氏又续修之。光绪初，会稽陶骏及陶念霖又加校补是也。"凡旧例不纂入新例，即为废止。乾隆四年，《大清律例》部颁凡例曰："颁发之后，内外问刑，衙门悉令遵照办理。其有从前例款此次修辑所不登入者，皆经奏准删除，毋得以曾经通行仍复援引，违者论如律是也。"

又曰："则例者，官厅执务生疑义，经行政阶级顺次申中央政府转发该部议奏，经敕裁即成新设事例，其裁可之形式如此。例之本质，不过行政机关处理事务之法，然以形式设定则，对于将来之事可为准则，非仅在内部有效力，即对于人民亦有效力也。集此等事例，以一定之年纂辑之，经敕裁后即为行政可据之法规，此则所谓则例也。例之制定如此，故其效力，事实上为拘束行政官厅之先例，法律上为君主裁可发布之成文法，固非集辑先例之文书也。纂修则例，各部皆有定期，而各部不同。又有不依定期者。世所传新例，遂往往误缪脱漏，于是私修则例之事起。同治八年沈贤书、孙尔耆，光绪十五年屠焕辰皆私撰《六部处分则例》焉。"

又曰："则例定期由各部纂修，而乾隆时概括之为《大清会典则例》，此一新例也。至嘉庆，乃更改编纂之式，《会典》务揭纲要，别设《会典事例》，从来之事例皆编入焉。然统各部以纂修甚难，故后不复修，《会典事例》第由各部纂修实例而已。刑部应为则例之事，编入条例中，故各部皆有则例，刑部独无之。又所谓《六部处分则例》者，乃吏部所修，以通治六部官吏，故名，非合六部之则例而编纂之也。"

织田氏又曰："《钦定吏部则例》《大清会典则例》等，一般则例也。《钦定物料价直则例》《八旗则例》《六部处分则例》等，特别则例也。《大清通礼》《户部漕运全书》等，虽无则例之名，实亦特别则例也。省例为各省所特有，而定省例时，往往考采他省之例，使相一致，所谓各省通行之例是也。故虽名省例，效力殆与条例、则例同，纂入条例、则例中者亦甚多。纂修省例未见定期奏请中央，抑以地方职权专决，法律上亦无明证。"

又曰："成案者，各部省之判决例也。其应永行者，编入条例、则例中，即成成文法；即未纂入时，亦有一定法力，然不为法规，故成案实为不文法。中国土广民众，各地方习俗不同，成文法不能包括，故不文法势力甚大。不文法广分之为惯习、裁判例、学说、条理四种。近世立法事业完备之国，独认惯习法，裁判例实际甚重，而不能为法，学说、条理更不待言矣。然古于此多有法力，中国亦然。又刑法依严正之解释，法无明文，无论如何不能以理论罪，中国亦许援引比附。《清律》断罪无正条云：凡律令该载，不异事理，若断罪无正条者，援引他律者，附应加应减定拟罪名，议定奏问，若辄断决，致罪有出入，以故失论。"

明制笞刑五，自一十至五十，杖刑五，自六十至一百，皆每十为一等加减。徒刑五，徒一年杖六十，一年半杖七十，二年杖八十，二年半杖九十，三年杖一百，每杖十及徒半年为一等加减。流刑三，二千里，二千五百里，三千里，皆杖一百，每五百里为一等加减。死刑二，绞、斩。五刑之外，徒有总徒四年，（遇例减一年者。）有准徒五年。（斩、绞、杂犯减等者。）流有安置，有迁徙，（去乡一千里，杖一百，准徒二年。）有口外为民，其重者为充军。充军者，明初惟边方屯种。后定制，分极边、烟瘴、边远、边卫、沿海、附近。军有终身，有永远。二死之外，有凌迟，以处大逆不道诸罪者。

明《名例律》称二死三流各同为一减。如二死遇恩赦减一等，即流三千里；流三等以《大诰》减一等，皆徒五年。犯流罪者，无不减至徒罪矣。故三流常设而不用。而充军之例为独重。军有逃故，按籍勾补。永远者罚及子孙。明初法严，县以千数，数传之后，以万计矣。有丁尽户绝，止存军产者，或并无军产，户名未除者，朝廷岁遣御史清军，有缺必补。每当勾丁，逮捕族属、里长，延及他甲，鸡犬为之不宁。万历二年，罢岁遣清军御史，并于巡按，民稍获安。然亲族有科狱军装之费，里递有长途押解之扰。至所充之卫，卫官必索常例。而又利其逃去，可干没口粮，每私纵之。其后律渐弛，发解者不能十一。其发极边者，长解辄贿兵部，持勘合至卫，虚出收管，而军犯顾在家偃息云。

赎法有二，有律得收赎者，有例得纳赎者。律赎无敢损益，而纳赎之例则因时权宜，先后互异。大抵赎例有二，一罚役，一纳钞。罚役者，后多折工值纳钞。及钞法既坏，则纳钞亦变为纳银、纳米焉。

清五刑皆同明，亦有总徒、准徒。充军分附近、近边、边远、极边、烟瘴五等，罪更重者，给黑龙江等处戍兵为奴，时曰发遣。流之地由刑部定之，军流之地则由兵部定之。宗室以罚养赡银代笞，以板责圈禁代徒流充军。（代徒流者，拘禁；代充军者，锁禁。）雍正十二年以后，并施之觉罗，死罪多以特恩赐自尽。旗人以鞭责代笞杖，枷号代徒流及充军，死刑以斩立决为斩监候，斩监候为绞。宗室者，显祖之子孙，俗称黄带子，有罪革退则红带。觉罗者，显祖之旁支，俗称红带子，有罪革退则紫带。宗人府名籍，亦宗室黄册，觉罗红册焉。凡殴伤红黄带子者，罪重于凡，惟不系此带，无由知其为红黄带子时，仍同凡论。系带入茶坊酒肆亦然，以其自亵皇族之尊也。

明以刑部掌受天下刑名，都察院司纠察，大理寺主驳正，并称三法司。

京师自笞以上罪，悉由部定。洪武初决狱，笞五十者县决之，杖八十者州决之，一百者府决之，徒以上具狱送行省。二十六年，布政司及直隶府州县，笞杖就决；徒流、迁徙、充军、杂犯死罪解部，审录行下，具死因所坐罪名上部详议如律者，大理寺拟覆平允，监收候决。其决不待时重囚，报可，即奏遣官往决之。情词不明或出入者，大理寺驳回改正，再问驳至三，改拟不当，将该官吏奏问，谓之照驳。若亭疑谳决，而因有番异，则改调隔别衙门问拟。二次番异不服，则具奏，会九卿鞫之，谓之圆审。至三四讯不服，而后请旨决焉。正统四年，徒流就直省决遣，死罪以闻。

会官审录之例，定于洪武三十年。初制，有大狱必面讯。十四年，命法司论囚，拟律以奏，从翰林院、给事中及春坊正字、司直郎会议平允，然后覆奏论决。继令五军都督府、六部、都察院、六科、通政司、詹事府，间及驸马杂听之。仁宗特命内阁学士会审重囚。宪宗罢。隆庆元年，高拱复行之。朝审始于天顺三年，霜后命三法司同公、侯、伯会审重囚。历朝遵行。凡决囚，每岁朝审毕，法司以死罪请旨，刑科三覆奏，得旨行刑。在外者奏决平于冬至前，会审决之。大审，成化十七年，命司礼太监一员会同三法司堂上官，于大理寺审录。南京则命内守备行之。自此，每五年辄大审。万历二十九年，不举。四十四年，复行之。热审始成祖永乐二年。成化时，有重罪矜疑、轻罪减等、枷号疏放诸例。正德元年，推行于南京。自小满后十余日，司礼监传旨下刑部，即会同都察院、锦衣卫题请，通行南京法司，一体审拟具奏。京师自命下之日至六月终止。南京自部移至日为始，亦满两月而止。春审始于宣德七年。在外会审之例，定于成化时。初，太祖遣御史治各道囚，宣宗敕三司遣官审录。正统六年，敕遣三法司官详审天下疑狱。九年，选按察司官一员与巡按御史同审。成化十七年，定在京五年大审。即于是年遣部寺官分行天下，会同巡按御史行事。此等举动，虽得矜慎刑狱之意，然参与司法之官太多，讯鞫太烦，实非法也。而廷杖之滥用，及东西厂、锦衣卫、镇抚司之残酷，尤为明代之弊制。

　　锦衣卫者，明之诏狱也。太祖时，天下重罪逮至京者，收系狱中，数更大狱，多使断治。后悉焚卫刑具，以囚送刑部审理。二十六年，申明其禁，诏内外狱毋得上锦衣卫，大小咸经法司。然及成祖，复用之。镇抚司职理狱讼，初止立一司，与外卫等。洪武十五年，添设北司，而以军匠诸职掌属之南镇抚司，于是北司专理诏狱。然大狱经讯，即送法司拟罪，未尝具狱词也。成化元年，始令覆奏用参语，法司益掣肘。十四年，增铸北司印信，一切刑狱毋关白本卫。即卫所行下者，亦径自请上可否，卫使毋得与闻。故镇抚职卑而其权日重。初，卫狱附卫治，至门达掌问刑，又于城西设狱舍，拘系狼藉。达败，用御史吕洪言，毁之。东厂始成祖。迁都后，以内臣提督。宪宗时，别设西厂，以汪直领之。自京师及天下，广遣侦事，后废。孝宗时，厂卫不敢横。及武宗复设西厂及东厂，皆用刘瑾党，刺事四方，无赖乘之为奸。时卫使亦瑾党，厂卫合矣。瑾又改惜薪司外薪厂为办事厂，荣府旧仓地为内办事厂，自领之。京师谓之内行厂，虽东西厂皆在伺察中。瑾诛，西厂、内行厂俱革，东厂如故。世宗驭中官严，厂权不及卫。至魏忠贤，而厂之祸极矣。庄烈帝诛之，然厂如故，告密之风未尝息也。凡中官掌司礼监印者，其属称之曰宗主，而督东厂者曰督主。东厂之属无专官，掌刑千户一，理刑百户一，亦谓之贴刑，皆卫官。其隶役悉取给于卫，最轻黠儇巧者，乃拨充之。役长曰档头，专主伺察。其下番子数人为干事。京师亡命，诓财挟仇，视干事者为窟穴。得一阴事，由之以密白于档头，档头视其事大小，先予之金。事曰起数，金曰买起数。既得事，帅番子至所犯家，左右坐曰打桩。番子即突入执讯，无有佐证符牒，贿如数，径去。少不如意，榜治之，名曰干醡酒，亦曰搬罾儿，痛楚十倍官刑。且授意使牵有力者，有力者多与金，即无事。或靳不与，与不足，立闻上，下镇抚司狱，立死矣。每月旦，厂役数百人，掣签廷中，分瞰官府。其视中府诸处会审大狱、北镇抚司考讯重犯者曰听记。他官府及各城门访缉曰坐记。某官行某事，某城门得某奸，胥吏疏白坐记者上之厂，曰打事件。至东华门，虽霆夜，投隙中以入，即屏人达至尊。以故事无大小，天子皆得闻之。家人米盐猥事，宫中或传为笑谑，上下惴惴无不畏打事件者。卫之法亦如厂。然须具疏，乃得上闻，以此其势不及厂远甚。然厂卫未有不相结者，狱情轻重，厂能得于内。而外有扦格者，卫则东西两司房访缉之，北司拷问之，锻炼周内，始送法司。即东厂所获，亦必移抚司再鞫，而后刑部得拟其罪。故厂势强，则卫附之，厂势稍弱，则卫反气凌其上。陆炳缉司礼监李彬、东厂马广阴事，皆至死，以炳得内阁嵩意。及后中官愈重，阁势日轻，阁臣反比厂为之下，而卫使无不竞趋厂门，甘为役隶矣。

  锦衣卫升授勋卫、任子、科目、功升，凡四途。嘉靖以前，文臣子弟多不屑就。万历初，刘守有以名臣子掌卫，其后皆乐居之。士大夫与往还，狱急时，颇赖其力。守有子承禧及吴孟明，其著者也。庄烈帝疑群下，王德化掌东厂，以惨刻辅之，孟明掌卫印，时有纵舍，然观望厂意不敢违。而镇抚梁清宏、乔可用朋比为恶。凡缙绅之门，必有数人往来踪迹。故常晏起早阖，毋敢偶语。旗校过门如被大盗，官为囊橐，均分其利。京城中奸细潜入，无一举发，而高门富豪踽踽无宁居。其徒黠者恣行请托，稍拂其意，飞诬立构，摘竿牍片字，株连至十数人。锦衣旧例有功赏，惟缉不轨者当之。其后冒滥无纪，所报百无一实。吏民重困，而厂卫题请辄从。隆庆初，给事中欧阳一敬言："缉事员役，其势易逞，而又各类计所获功次，以为升授。则凭可逞之势，邀必获之功，枉人利己，何所不至！有盗经出首幸免，故令多引平民以充数者；有括家橐为盗赃，挟市豪以为证者；有潜构图书，怀挟伪批，用妖言假印之律相诬陷者；或姓名相类，朦胧见收；父诉子孝，坐以忤逆。所以被访之家，谚称为划，毒害可知矣。乞自今定制，机密重情，事干宪典者，厂卫如故题请。其情罪不明，未经谳审，必待法司详拟成狱之后，方与纪功。仍敕兵、刑二部勘问明白，请旨升赏。或经缉拿未成狱者，不得虚冒比拟，及他词讼，不得概涉，以侵有司之事。如狱未成，而官校及镇抚司拷打伤重，或至死者，许法司参治。法司容隐扶同，则听科臣并参。如此则功必覆实，访必当事，而刑无冤滥。"时不能用也。崇祯十五年，御史杨仁愿言："高皇帝设官，无所谓缉事衙门者。臣下不法，言官直纠之，无阴讦也。后以肃清辇毂，乃建东厂。臣待罪南城，所阅词讼，多以假番故诉冤。夫假称东厂，害犹如此，况其真乎？此由积重之势然也。所谓积重之势者，功令比较事件，番役每悬价以买事件，受买者至诱人为奸盗而卖之，番役不问其从来，诱者分利去矣。挟忿首告，诬以重法，挟者志无不逞矣。伏愿宽东厂事件，而后东厂之比较可缓，东厂之比较缓，而后番役之买事件与卖事件者俱可息。"后复切言缇骑不当遣。帝为谕东厂，言所缉止谋逆乱伦，其作奸犯科，自有司存，不宜缉，并戒锦衣校尉之横索者。然帝倚厂卫益甚，至国亡乃已。

清制，厅州县及直隶州厅皆为亲民之官，而府属厅州县由府审转，直隶州厅由道审转。重案报告上司曰通详。急切不知事之始末，但报其事者曰通禀。对府、道、藩、臬、督、抚同时为之，故有六路通详之名。若关军事，即武衙门亦须报，关生员以上并报学政。又按月分旧管、新收、开除、实在报府，曰月报。其控官吏者，户婚、田土、钱债案件，由布政司亲讯，刑案按察司亲讯，仍会同布政司。其诉之督抚者，亦例发两司。督抚亦受上诉，有须亲讯者，有可委员审讯者，省城所设之发审局是也。再上则为户、刑部矣。凡京控，或特派员查办，或即令督抚查办。凡民事，州县皆得决断，重大者亦可申布政司。刑事，州县决徒以下，府道同。流刑由按察司亲审，经督抚以达刑部。死刑由府拟律达督抚，经秋审乃上奏。秋审，在内由三法司，在外则督抚会同两司，于四月一日行之，大抵惟就原供，问其服否，不服则发发审局或按察司重审，故其事一日即毕。五月奏闻，并咨刑部。刑部俟各省奏报齐全，于七月初汇呈御览。霜降后使三法司会审，就督抚拟律审其当否，再经御览。命内阁钦天监择日，约当冬至前两月，至日御便殿，由大学士勾决，内阁送本管监察御史，监察御史送刑部，刑部下该省督抚。勾决者行刑，否者仍监禁。在京死罪，刑部拟律入朝审。朝审由六部、大理寺、通政司、都察院会审，是为九卿。特命解京之犯亦附焉。北京民事案，由县经府达户部。顺天府得决笞杖以下，徒由刑部。京城外顺天府得决徒以下。大抵民事归大、宛二县及顺天府，刑事多由步军统领、五城御史，则习惯使然也。凡京控，刑部、提督、都察院皆得受理。都察院有具折奏闻者，有咨回各省督抚审办者，亦有驳斥不准者。嘉庆四年谕俱不准驳斥，案情较重者应即行具奏，咨回本省者亦应视控案多寡，一两月汇奏一次。宗室、觉罗由宗人府审讯，军流以上须请旨；与人民诉讼，会同户、刑部审讯。八旗、包衣由内务府慎刑司，笞杖专决，徒以上咨刑部，死罪送三法司；与汉人交涉，会同地方官。旗人由将军、都统、副都统，在京杖以下专决，徒以上送刑部。刑部得决徒流，死罪仍由三法司。民事小事专决，大事移户部。在外得决徒以下。理事同知属将军者，得审旗人。盛京乾隆六年以前，旗人之审理，厅州县不与焉。六年改之，刑事得决杖以下，以上由盛京刑部。民事小者专决，大者送盛京户部。刑部得决徒罪，死罪入盛京秋审。盛京秋审由将军、五部府尹会同审理，亦始乾隆时。蒙古由旗长、盟长顺次达理藩院。其刑徒以下罚牲，不能代以鞭责。流罪遣送内地，遣送报理藩院会刑部决之。死罪解理藩院，会三法司定之。内属蒙古亦属将军、副都统，与汉人交涉会同地方官审理。

光绪二十八年四月，命沈家本、伍廷芳参照各国法律，改订旧律，于是改笞杖为罚金。（分五钱、一两、一两五钱、二两、二两五钱、五两、七两五钱、十两、十二两五钱、十五两，凡十等。）代徒流以工作。（徒一年、一年半、二年、二年半、三年，皆依限工作。流二千里者工作六年，二千五百里者八年，三千里者十年。）死刑分绞、斩而除枭示、陵迟、戮尸，免缘坐，除刺字例。所有之军遣亦代以工作。十二年，废奴婢及满、汉相异之条，于二十九年行之。后又改刑名为死、徒、（分有期、无期。）拘留、罚金焉。三十年四月，设修订法律馆。明年，改刑部为法部，大理寺曰院，各省按察司为提法司。三十三年，定《各级审判厅章程》。

宣统元年，定《法院编制法》。预备立宪案定光绪三十六年颁布《新刑律》，三十九年实行。是年颁布《民商律》《刑民事诉讼律》。四十一年实行同时编订法律。民国成立，因而改良之，仍设修订法律馆，颁布单行法多种。（如《国籍法》《商会法》《商标法》《商业注册条例》《公司注册条例》《商事公断处章程》《证券交易所章程》《物品交易所章程》《会计师暂行章程》《森林法》《狩猎法》《矿业条例》《著作权法》等。）然根本大法未立，（吾国之根本大法，萌芽于民军起义时，各省都督府代表所定临时政府组织大纲，参议院成，修改之为《临时约法》，其五十四条，规定宪法由国会制定。逮国会开，而赣宁之役起，于是有先选总统，后定宪法之议。总统选出，而国会解散。袁世凯召集约法会议，修改临时约法，名之曰《中华民国约法》，世称之曰《新约法》。黎元洪为总统，恢复《临时约法》，召集国会，宪法会议亦续开。未几张勋胁元洪，解散国会，议员自行集会于广州，又开宪法会议，迄亦未成。直奉战后，徐世昌去位，黎元洪复职，撤销解散国会之令，国会再开，至十二年十月一日而宪法乃成。时直系曹锟为总统，南方诸省拒之，曹锟败后，段祺瑞为执政，召集国民代表会议。其《条例》第一条云：临时政府为制定宪法及其施行附则，召集国民代表会议云云。则亦未承认国会所定之宪法也。）民刑商法亦未完善，（《新刑律草案》系清末修订，法律馆所拟，光绪三十三年八月成，由各部各省加以签注，宪政编查馆核订，资政院通过，其总则宣统二年十二月颁行。民国元年三月十日大总统令，从前法律及《新刑律》，除与国体抵触各条外，均准暂行援用。其《民法》清末拟订未成，而《民刑事诉讼法》则成于光绪三十二年，而未颁布。《商律》起光绪二十九年三月，命载振、袁世凯、伍廷芳拟订,是年商部成《商人通例》及《公司律》,民国皆修改颁行。三十二年又成《破产律》,则民国亦迄未颁布也。民国十年十一月十四日大总统令,将《民刑事诉讼条例》,施行于东省特别法院。明年一月六日又令,自是年七月一日起,通行全国,二十五日又公布《民刑事简易程序暂行条例》,其后国务会议,又议决准法制局呈。民国十四年修订法律馆所拟《民律草案总则编》《民律草案续编》《票据法案》,及清宣统元年修订法律馆所拟《商律商行为法案》《海船法案》,及民国四年法律编查会所拟《破产法案》,均准参酌采用,仍饬修订,法律馆将该项法案分别妥为厘订,呈请颁布。)而《惩治盗匪法》,(三年十一月二十七日颁行,十一年十二月司法部以部令废之,而河南、湖北、江苏各军事长官反对。十二年三月三日大总统又以命令复之,惩治盗匪审讯全由县知事,京兆呈准司法部,外省呈准省长执行。高级军官驻处,距审判厅、县公署在百里以上,或时机紧急时,亦得审讯,呈准最高级直辖长官执行。)《治安警察法》,(三年三月二日颁行,所以限制结社集会公众运动,收藏军器等,轻者由警厅,重者由法院处理。)《戒严法》,(元年十二月十五日颁布戒严,由司令官发布。)《出版法》等(三年十二月四日颁行,十五年废,此法规定警察官得没收出版物。)颇伤峻刻。兼之警察权限太广,(违警罚法,四年十一月七日颁布,罚则有六:曰训诫,曰罚金,曰拘留,曰没收,曰停止营业,曰勒令歇业。罚金自 1 角至 15 元,拘留自 1 日至 15 日,然涉及二款者,罚金得增至 30 元,拘留得增至 20 日,京师又倍之。第二十六条,与警署以逮捕之权,而无立讯、取保、待传等规定,则人人可以细故被拘已。中国警察,普通者为京师警察、地方警察、县警察,谓省会及商埠之警察也。其官制,皆三年八月二十九日所公布。《治安警察章程》公布于六年九月二十六日,此外有司法警察,有水上警察,而铁路税务处、盐务署、烟酒事务署等,亦皆得行警察权。警察处分为行政处分,只能诉之上级行政官,而不能诉之普通法庭也。)颇损人民之自由,尚有待于改订也。

审判之法,清季所行为四级三审制。四级者,大理院、高等审判厅、地方审判厅、初级审判厅。三审者,初审在初级厅,上诉止于高级厅;

初审在地方厅，则上诉终于大理院也。（惟内乱外患，妨害国家三罪，以高等厅为初审，大理院为复审，为四级二审。）审判厅皆与检察厅并设。（大理院及总检察厅设于京师，高等审判检察厅设于各省，大理院得就高等厅内设分院，高等地方皆得设分厅。）盖采德、日之法也。鼎革以还，亦就其法而加以改进，未设审判厅处，皆于县署附设审检所。民国三年裁之，并及初级审判厅，减地方厅之权，而就县公署设简易庭，以承审员、县知事司审判。（其条例系民国三年四月五日公布，县知事受高等审判厅长监督，承审员由县知事呈请高等厅长任命，其上诉在邻近地方厅及高等厅。非新式法院，律师不得出庭。见民国二年二月十六日司法部令。）其制迄今未革。民国六年五月尝命全国各县皆设县司法公署，以理初审事件，不问事之轻重，以司法部考试合格者，与县知事并行其事，然设者寥寥也。东省特别法院，设于民国九年十月三十一日，初以治俄人，其后凡无领事裁判权国之外人，皆归审理焉。（高等及地方审判厅各一，在哈尔滨；分庭三，在满洲里、海拉尔、横道河子。）平政院为民国所创设，凡行政诉讼及诉愿至最高级行政长官，而仍不服者，则控诉于此。（私人对政府主张权利，仍归普通法庭。）审判处设于内、外蒙古。（处长为简任职，得以道尹兼；审理员若干人，由都统选任，由司法部长呈请任命。热、察、绥、库伦、恰克图、乌里雅苏台、科布多、唐奴乌梁海皆设之。）新疆则沿清末所设之司法筹备处，不服县之判决者上诉焉。（再上即至大理院。）在内地省长有监督司法行政之权，在内、外蒙古，则由热、察、绥都统，外蒙古宣抚司监督。司法官、（考试章程系民国六年十月十八日公布。）书记官、（考试章程民国八年六月二十日公布。）承发吏、（民国九年五月十六日公布。）县司法公署审判官、（民国六年五月一日公布。）承审员（民国八年六月二十日公布。）皆考试而后任用。律师公会之法，系民国六年十月十八日颁布，无领事裁判权国之律师，得代理其国人之诉讼，有暂行章程（系民国九年十二月十四日所公布。）

新刑律所用刑罚分主刑及从刑，主刑可以独科，从刑则必随主刑。

主刑五：曰死，用绞刑于狱中行之；曰无期徒刑，除假释赫免外，终身监禁；曰有期徒刑，一等自10年至15年，二等自5年至10年，三等自3年至5年，四等自1年至3年，五等自2月至1年；曰拘役，自2日至1月；曰罚金。从刑二：曰没收；（违禁之物，犯罪用之物，犯罪所得之物，以无他人之权利者为限。）曰褫夺公权。（其类有六：一服官，二选举，三受勋章，四入军籍，五为学校职教员，六为律师。褫夺有一部、全部之分。时间亦有远近，必犯徒刑以上刑，始得褫夺公权。）

美国太平洋会议时，中国曾提出撤销领事裁判权案，议决与会各国各派委员一人，组织委员会，考察在中国领事裁判权之情形及中国之法律、司法制度、司法行政，将考察所得，报告各国政府，其改良之法，以及他国辅助中国改良，及渐次撤销领事裁判权之法，委员会认为适宜者，并得建议于各国政府。（惟采用与否，各国皆得自由。所谓各国，中国亦在内。）此案议决于民国十年十二月二日，原定闭会后三个月即行组织，其后迟至十五年一月十二日，始在北京开会，至五月十日出京调查，历汉口、九江、江宁，抵上海，更经青岛至哈尔滨及吉林，参观其法院监狱看守所，九月十六日将报告书签字。全书凡分四编：第一编述各国在华领事裁判权之沿革及其现在情形；第二编述中国之法律及司法制度、司法行政；第三编加以评论；第四编则建议也。就其第三、四编观之，实足为我它山之石焉。按该报告书所不满于我者，曰无根本法。（总统发布法律，系根据《约法》，而今《约法》失效，则凡所发布之法律，皆无根据。）曰军事法令及审判权力太大。（案：我国审理军人者，曰陆海军高等军法会审，设于陆海军部审理，将以上陆海军军法会审就军队所驻之地设之，陆海军别有刑事条例，然非军人而犯此条例者，亦适用之。而军人则只由军法审判，是平民受治于军法，而军人不受治于法庭也。加以戒严之权在于军人，其审讯也，既无律师出庭，并且禁止旁听，又无上诉机关，并无解严之后，得由普通法院复审之规定。而得施棍刑，至于600，平民权利，存者亦仅矣。）曰重要法律多未制定，而已公布之法，多援引未公布之法，使人无所适从；又施行细则，颁布太迟，或竟不颁布。（委员会建议宜速修正者为刑法，速颁布者为《民法》《商法》《银行法》《破产法》《专利法》《公证人法》《土地收用法》。）曰各省多自定章程颁行。（如当时东三省自定伪造操纵军用票者处死刑之法。）曰以行政官监督司法。（谓省长等。）曰新式法院太少，（当时共150。）兼理诉讼之县知事太多。（合计约1800。）新式监狱之数，当时为63所，此外则法院附设看守所，以羁禁刑事未决之犯及民事被告，典狱长、看守所长由检察长监督，职员亦由考试任用，其余皆旧式监狱矣。承审员由其选用，律师又不许出庭，判决多由口头，而罚金自60元，拘役自30日以下，只许行政诉讼，人民权利无所保障。曰警察得行检察权，得为行政处分，又多越权受利之事。（警察得逮捕人民，又得与检察官同时从事侦查。）曰人才太乏、经费太少，以是薪俸未足养廉，监狱官尤甚，又以此故，法院不能多设。统计须400万人，乃有一新式第一审法院，30万人乃有一县知事公署，且多以地方厅摄初级厅，高等厅摄地方厅之事。平政院则全国只有一所，交通又极不便，诉讼太难。曰未决犯人之保释太难，拘押民事被告太无限制。曰内地用刑讯及虐待囚徒之事尚多。曰国民不甚了解新法律，故新法虽颁，旧法依然通行。其所痛心疾首者，尤在军人。谓其戒严，初不宣布，军事裁判既操其手，又多侵越司法之权，即杀人多用斩刑，可见其肆无忌惮。（案：除《惩治盗匪法》外，无斩刑。）其所最称许者，则为新式法院及监狱，谓诚足以治理欧美人而无惭色也。观于他人之评论，而我当知所以自奋矣。

领事裁判权为法权未明时之遗制，17世纪即绝迹于欧洲，而存于地中海东南岸诸国，其根据由于积习相沿，而在远东，则概由于条约。（如中国、日本、朝鲜、暹罗。）中国之界外人以领事裁判权，始于英。（《五口通商章程》十三款。又咸丰八年《天津条约》，光绪二年《芝罘条约》。）而美国、（道光二十四年《条约》第十六、第二十一、第二十四、第二十五、第二十九各款，又《天津条约》及光绪六年《条约》。法国道光二十四年《条约》第二十七、第二十八款，《天津条约》第三十八、第三十九款。）继之其后。各国得此权者，还有德国、（《天津条约》第三十五款。）俄国、（《天津条约》第七款。）瑞典、（道光二十七年《广州条约》第二十款，又光绪三十四年《条约》。）挪威、意大利、（同治五年《天津条约》第十五、十六、十七款。）丹麦、（《北京条约》十五款。）荷兰、（同治二年《天津条约》第六款。）比利时、（同治六年《北京条约》第十六款。）瑞士、（民国七年六月三日《条约》，此中国畀外人以领事裁判权最后者。）墨西哥、（光绪二十五年《条约》。）巴西、秘鲁、（《天津条约》第十二条。）日本（同治十年之约，两国皆有此权，中日战后，乃为彼所独有。）等国，事有先后，约文亦不一律。然各约多有最优待国之条，彼此得互相援引，故其办法略有一定也。

凡原被告均系外国人，而其国籍同者，即由其国领事审判。若均为外人而国籍异者，则由该两国自行立约办理，中国不过问。（通常亦系向被告之领事控诉。）原、被告有一人为华人，则华控洋在其国之领事，而中国官员得观审；洋控华在中国官署，而其国领事得观审，此皆定之于条约者也。（观审之权见于条约者，为光绪六年《中美条约》第四款，惟历来所行，亦多由习惯，而至不尽根据于条约也。）无约国人控有约国人，当向有约国领事自不待言，其有约国人控无约国人，或两无约国人相控，则仍归我国审判，惟邀一外国官员陪审，此则《洋泾浜设官会审章程》阶之厉也。

我国自设新式法院，不许外人观审，律师亦限用中国人，外人如必欲行其观审之权，则只有就行政官起诉耳。然多乐就新法庭者。民国八年五月二十三日始公布《无领事裁判权国人民民刑诉讼章程》，（编者按：即《审理无领事裁判权国人民事诉讼章程》。）九年十月三十日及《比利时条约》宣告废弃后，尝两次修正章程，规定此项审理均归新式法院，无者须送附近之新式法院；路遥或有不能移送情形者，呈报司法部核办管收及监禁，亦用新式监狱及拘留所，无者则以适宜房屋代之。

咸丰八年《中英条约》第二十一款规定，外人住所、船只非经其国领事许可，不得搜查，即有中国罪犯潜入其中者，亦必照会领事，查明实系犯罪，然后交出。外人以住屋、船只庇护逃人，实基于此。至外人所雇佣之华人，亦必领事许可，然后可以逮捕，则又条约所无，而《洋泾浜章程》阶之厉者也。又照条约，中国警察本得逮捕外人，（惟逮捕后须交该国领事。）惟租界警察由外人办理，逮捕之权，遂为所有。至上海则虽欲逮捕居住租界之中国人，亦必经领事签字，由会审公廨预审，方能解交中国官署矣。故租界不除，即领事裁判权撤消，我国法权亦尚不能无损也。又咸丰八年《中英条约》第九款、《中法条约》第八款，均规定外人之至内地者，领事裁判权亦不丧失，故苟犯罪，亦必须送交就近领事官，沿途只得拘禁，不得虐待。此亦外人之至内地者，所以恒为人民所疾视也。

《中英通商章程》（编者按：即《中英五口通商章程》。）谓两国人民相控，领事应先行调处，他国之约亦多有。此说于民事多用之，而在上海之法人，用之尤多。大抵始由领事调处，不能宁息，则由领事会同中国官员调处。所会同之官，初无一定，自交涉员以下皆可。凡外人控诉华人者，如不服判决，旧以上海道为上诉机关。后易之以交涉员、领事亦得观审，更不服，则法无上诉机关，惟可移至京师，由该国使臣与外部交涉耳。华人控外人而不服领事之判决者，可依其国之法上诉，惟事不易行耳。

领事裁判之名，初不符于事实，《中英天津条约》第十六款，明言英国人民有犯事者，由英国领事官或委员惩办。当时华文译本，但称由英国惩办而已。其后《芝罘条约》于此特重加声明。（第二款。）英、美、意、挪威、日本，在我国皆设有法院，（英有高等法院在上海，系于1904年所设；美以上海领事兼法院司法委员，其等级与地方审判厅同，每年至天津、汉口、广州各一次，亦得至各领事馆开庭，其制始于1906年；意国法院附设于领事馆中；

挪威则上海总领事即为法院法官，以有法官资格者为之；日本领事亦有一定资格，其审级与初审法院同。）余则皆以领事判决，或派会审员副之。上诉或在其本国，或在中国附近。（如法在河内、西贡，葡在澳门卧亚。）终审除荷在巴达维亚，日本在旅顺、汉城、台湾外，（侨寓东三省之日人，上诉在关东高等审判厅，终诉即在该厅内之最终上诉庭；在间岛者，上诉在汉城之高等审判厅，终诉在汉城大理院；在中国南方者，上诉在台湾高等审判厅，终诉亦在该厅之最终上告庭；在中国中部者，上诉在长崎高等审判厅，终诉在其本国之大理院。）皆在其本国。英、美、法、日皆有监狱，以禁短期罪犯。他国罪犯，或寄此四国狱中，或寄上海租界西牢，或送至其本国，法律皆从其本国；亦有参酌地方习惯，或用条理，或依国际法。用外国法者，领事亦有因该国法律许可，得定章程，令侨民遵守者。各国律师均得出席于其本国之法庭，在他国则以相互为条件。此在我国各国领事裁判权之大致也。

  领事裁判权之行于近东，以彼此所奉之教不同为口实，然虐待异教徒，土耳其等国有之，我国无有也。或谓由彼此习尚不同，则我于彼，亦应有此权矣。又靳而不与，何也？故其所藉口，仍在我法律及司法制度之不善也。（其所列举，约有数端：刑罚残酷一也；监狱不善二也；司法行政不分三也；官吏歧视外人四也；连坐之法，累及无辜，五也；罪未定而先用刑讯，六也。）此说诚非尽诬，然此制之存于我有害，于彼亦未必有利。其害于我者，则主权之受损，一也；外人之横行，二也；领事官究非法官，用法不尽能持平，不免偏袒其本国人，华人又不谙其诉讼程序，不免受损，三也；华人及其财产在领事馆注册，即不受中国法律治理，四也；有外籍者，欲享外人所不能享之权利，则自称华人，逮其犯事，又请外国领事保护，五也；外人以其住宅船舶庇护中国之逋逃，六也；中国与各国无交还罪人之约，各国之间亦然，以致罪人往往漏网，（外人亦有逃入华界及他外国人住宅者。）七也。彼之不利，则法律错杂，一也；（两造为原被告异，其权利义务异。）除停止审理及移交其本国领事外，无惩治原告之法，原告或藐视被告国之领事，二也；被告反诉，即须在别一领事处，两领事判决或不同，则室碍难行，待之则迟延已甚，三也；数国人共犯一罪，必由数国领事，各自分别审理，不便尤甚，四也；上诉太远，即如英、美在中国有法院者，相距较远之侨民，赴诉亦甚不便，五也；（证人证物远不能致，即赴诉，亦甚难审理。）领事所辖太广，即初诉亦甚遥远，六也。（如意在中国领事有五，上海领事兼管苏、皖、闽、浙、山东之侨民，汉口领事兼管两湖、四川、江西、河南、陕甘，天津领事兼管直隶、山西，哈尔滨领事兼管东三省，广州领事兼管两广、云贵，以此而言，赴诉诚觉远哉遥遥，虽云领事可至他处开庭，然其事亦甚难行也。）且外人之来，本为通商，通商之局，今后决不能限于数口岸。然领事裁判权不除，中国终不能许外人杂居内地，则尤其大不利者也。职是故，领事裁判之制，固我之所痛心，亦彼此所疾首也。

辛丑和议成后，重订商约，英、（第十二款。）美、（第十五款。）日（第十一款。）三国皆有俟我法律完备，司法制度改善，即弃其领事裁判权之条。光绪三十四年，《瑞典条约》第十款则谓，各国皆允弃其领事裁判权，瑞典亦必照办。民国七年，《瑞士条约》同。民国十年九月二十六日墨西哥照会，允于将来修改。1899年《墨西哥条约》明载放弃领事裁判权条文。民国四年二月二十八日《智利条约》，于领事裁判权，未曾提及。民国九年六月一日《波斯条约》，则明定无领事裁判权。欧战后德、俄、奥、匈诸国丧失其领事裁判权者，亦皆于条约中订明。即日本以兵力胁我，所订民国四年五月二十五日之约，亦有南满、东蒙地方司法改良，日侨即统归中国审理之语。故领事裁判权之废迟早必有其事，不过如我国今日司法情形，而欲外人之即肯放弃，则非如俄、德等之遭遇事变，恐亦难旦夕期之。为我计者，当尽力改良司法，而交涉则宜各别为之。巴黎和会、太平洋会议两次提案，一则空言无补，一则转使人协以谋我，则殊为无谓耳。（调查委员之来，南方政府以领事裁判权应即撤废，无待调查，拒之是也。）

领事裁判权而外，又有所谓会审公廨者。其事起于同治七年之《洋泾浜设官会审章程》，而其事权旁落于外国领事之手，至今华人诉讼，亦受外人干预，则鼎革之际，华官之弃职为之也。初上海之既开埠也，两江总督、江苏巡抚会奏，令苏松同知移驻上海，专管华洋事件。是时士大夫多深恶洋人，称租界曰夷场，以涉足其间为耻，居其地者，仅极贫无籍之民，租界甚寥落也。逮太平军起，沿江之民避难者，多至上海。咸丰三年刘丽川又陷上海县城。于是上海之民，亦多避入租界者，租界居民始繁。其时中国官吏遁逃租界内，居民无治理，英、美、法领事乃自定条例以治之，并进而裁判华人案件矣。同治七年上海道与三国领事订定章程十条，遴委同知一员，常驻洋泾浜，管理华洋诉讼，即俗所称华洋同知者也。其《章程》第一条云："遴委同知一员，专治洋泾浜，管理各国租地界内钱债、斗殴、窃盗、词讼各案，立一公馆，（此即后来所谓公廨者。）置备枷杖以下刑具，并设饭歇。凡有华民控告华民及洋商控告华民，无论钱债与交易各事，均准其提讯定断，照中国常例审讯，并准其提讯定断及发落枷杖以下罪名。"第二条云："凡遇案件牵涉洋人必应到案者，必须领事官会同委员审问，或派洋官会审。若案情只系中国人，并无洋人在内，即听中国委员自行讯断，各国领事官，毋庸干预。"权限原自分明，惟第三条规定受雇于洋人之华人及第六条规定无约国人民之讼案者，不免丧失国权耳。当时此项章程，系由上海道禀陈两江总督，由两江总督奏请，饬下总署，照会英使，然后由上海道宣示，不过行政处分，在内非法律，对外非条约，本可由行政官署更改废弃者也。此后除租界所生刑事案件，捕房解至公廨者，亦由领事派员参与，（上海人称之曰早堂。其民事案，由华员独审，则称晚堂。）为越出权限外，余皆照章办理。公廨经费由上海道拨给，上诉亦在上海道，固纯然中国法庭也。《洋泾浜章程》之订定也。法领事谓其第十条与条约冲突，故未签字，明年就法领事署，别设会审公廨，然其章程亦多援用沪道所定。光绪二十四年，租界地址扩充，三十一年以领事要求，各国公使商决，续订《章程》十一条，未为中国所承认，然实则多已照行。（与于此役者，为英、美、德、奥、意、俄、荷、比、日、韩十国。）是岁停止刑讯，乃以五年以下之徒刑为公廨发落之限。其实旧时徒刑，最重不过三年。所谓枷杖，乃指违警之轻罪。（杖以笞代。）旧时罪重于此者，均归上海县审断，（命案亦由县相验。）以知县品卑于同知，而为正印官也。此次之改变，公廨越权多矣。然亦未满足其遂，为外人侵我法权之伥也。辛亥扰攘之际，外人乘之侵我主权，会审官变为由各领事会同聘用华会审官，正一人，副四人，洋会审官一人或二人，华人民事案，亦由其会审，除无期徒刑及死刑，预审后移交中国外，其余悉由其判决。徒刑有至二十年者，上诉在公共租界，或即由原审官，或则易人重审。在法租界，则以资格较深之员复审，亦不复上诉上海道尹与交涉员矣。审理虽以租界为限，然停泊上海之船只，亦在审理之内。别有检察处，（类中国法院之书记厅。）处长一人，员十二人，皆由工部局推荐旅沪外人，由各领事会同委用。（内分交保处、收支处、总写字间、洋务案处、车务案处。总写字间者，办理刑事案件者也。属于华官者，有华官办公处，官秘书一人，科长三人，书记若干人。廨官俸给，均在上海道存款内划交，其他费用在罚金中提取。）华会审员既非法官，洋会审员亦徒熟华事，不知法律。所用法律既杂，又或参酌习惯，判决先后互异，律师非遍通各国之法，不能承当，需索特甚，诉状堂供皆须兼用中英文，所费既多，办理尤滞，案积如山，民事有延至一二月，然后审理者。恃强攘权而又不能善其事，即外人亦莫不齿冷也。

领事之攘夺会审公廨，其所藉口者，曰革命之际，代我管理。然则民国政府成立，即应交还，本无待于交涉。乃始因各国尚未承认民国而搁置，及承认之后，外交部照会公使，请其交还。领衔英使朱尔典反谓公廨自外人代管以后，较胜华人自管之时，必须酌改办法，方可交还。（当时报载朱尔典所提条件,有会审官参用外人,一切罪名,均可判决。上诉亦由原机关复审,监狱收支,均须用外人管理等,说未知确否?)民国四年八月三日外交部拟定办法五条,照会领衔美使,以欧战起,中国又迭遭政变搁置。十一年十月二十六日,外交部又将前定五条办法酌改,大致民事案件,专由华官审理,刑事案件许洋员会审,但以与租界治安有关者为限。(案:案件之究为民事抑刑事极难定,本民事也,在狡猾者不难使之牵涉刑事,或变为刑事,故此项办法,当时论者颇以为不安也。)照会领衔葡使,亦无成议。□□年五月三日,领衔荷使照会我国外部,谓苟欲交还公廨,则公廨经费必须有着,公廨判决,中国法庭均须承认,其办事亦须予以协助,(案:自外人代管公廨之后,大理院判例,均以其判决为无效;司法部亦训令各司法机关,不许予以协助。)并须承认推广上海租界云云。中国不许。而德人受英、美、意、日等国所委会审官审理,亦提出抗议。(对中国外交部。)"五卅"案起,沪人以交还公廨列为十三条要求之一,外部趁机废原拟五条办法,别提新案,外人又不可。时则东省特别法院业已设立,于是议仿其制,亦设特别法院于上海,议未就,而孙传芳使淞沪商埠总办丁文江、特派交涉员许沅商诸各领事。自十五年五月至八月,与英、美、挪、荷、日五国领事会商者,凡七次,乃改会审公廨为临时法院。(一)有关租界治安之刑事,(二)犯《洋泾浜章程》及其附则者,(三)有领事裁判权国之人所雇佣之华人为被告,均许其观审。(1)有约国人及工部局为原告之民事,(2)有约国人告诉之刑事,则准其会审于法庭中。别设上诉庭,庭长由临时法庭庭长兼任,初审许观审者,此时亦许观审,许会审者,至此亦许会审,刑事上诉即于此。民事案则以交涉员为上诉机关,由交涉员约同领事会审,租界内检验,由推事会同领袖领事所派之员为之,适用法律须顾及本章程所定及公廨诉讼惯例,有约国人之传票、拘票及搜查其住所,仍须领事签字,监狱由工部局警务处管理,法庭庭长得派员会同领袖领事所派之员视察,司法警察由工部局警务处选派,工部局警务处所拘捕之人，24小时内，须送交临时法庭。事务会计归书记长管理，书记长由领袖领事推荐，此皆《交还公廨章程》（编者按：即《收回上海公共租界会审公廨暂行章程》。）所定也。别以换文申明：（甲）以前公廨判决及此后临时法庭判决，苏省政府视为与他法院判决效力相同。（乙）刑事发生于外国船上，外国人所有之地，属于工部局租界外马路及上宝区内，均临时法院管辖。（丙）无领事裁判权国之人民为刑事被告，由第三国领事观审。（丁）庭长推事之名，须通知领袖领事。（戊）许观审之案，外国律师均得出庭，原被告诉状答诉状，均别备英文者一份。（己）法院须雇用外国人10名，由工部局选派。（庚）江苏省政府指定法院之补助费等项，法院庭长、推事，均由省政府任命。十年以上徒刑（交还后一年之内仍否，另以换文申明。）及死刑，经省政府核准，死刑在租界外官厅执行，亦规定于章程中。此章程施行期限为三年，三年之内，中央政府如别有办法，即行废止，否则续行三年，唯期满六个月前，省政府得通知领事团，提议修正。（后以换文申明领事团亦有此权。）又在此期限之中，中国如撤销领事裁判权，不受此约拘束。《章程》以八月三十一日签字，公廨于明年一月一日交还。初设特别法庭于上海之议之起也，论者谓中国新式法院向不许外人观审，苟在上海许之，则又生一恶例，故在上海设法院亦不当许其观审。外人苟不弃其观审之权，则当今其在上海县公署起诉，而以交涉公署为上诉机关，又传票、拘票之送致，判决之执行，必不容领事签字，且不当用租界警察。孙传芳所定约，实未暇计及此，迄今亦未有善其后也。（国民政府颁行新刑律后，许观审之刑事，以新旧比照定之。而鸦片罪案，彼即弃其观审之权，以其太多也。）

以上为洋泾浜会审公廨之始末，至法租界之会审公廨，则根据条约，必由外交部交涉方可解决也。又会审公廨，汉口及厦门亦有之，汉口之会审公廨权与于光绪二十一年，是年改洋街保甲局为洋务会审公所，初袭保甲局弹压委员成规，专管租界警务，后亦审理华洋案件，驯至纯系华人案件，亦许其会审。徒刑至二年以上，其初羁押，皆在夏口县署。民国元年始自设拘留所，期长者犹禁湖北省立模范监狱，七八年间因多狱隘，不能容，遂并押公所之拘留所。为厦门之会审公廨权与于光绪二十八年《鼓浪屿公共地界章程》，（第十二、第十三、第十四三条。）革命时事权落入外人之手，与上海同。迄今尚未有办法也。